清宫隐史

《红楼梦》索隐之一

隋邦森 隋海鹰 著

中央编译出版社

序 言

北京有金太祖阿骨打的陵墓，沈阳有努尔哈赤皇太极等后金皇族的陵墓，《红楼梦》将北京、盛京都称为"金陵"，以与金陵南京鱼目混珠、掩人耳目。《红楼梦》是一部隐写历史的小说，是一部畸形的历史——所谓"真事隐去，假语村言"，所谓"白骨如山忘姓氏，无非公子与红妆"。研究《红楼梦》，不仅要研究文学，更要索解历史。

《红楼梦》记载了明亡清兴长达半个世纪的血火纷杂的中国历史。它的主题并非"悼明之亡，揭清之失"，而是中华各民族兄弟消除隔阂，相互谅解，取长补短，共同繁荣。对于汉族来说，将"太虚幻境"建成"真如福地"，是"假去真来真胜假，无原有是有非无"；对于满蒙少数民族来说，是"福善祸淫，古今定理。现今荣宁两府，善者修缘，恶者悔祸，将来兰桂齐芳，家道复初，也是自然的道理"。

《红楼梦》的作者中有政治家、文学家、历史学家，其政权意识非常强烈，是非观点也非常明确：既指责清朝皇室（贾宝玉帝系）"一代不如一代"，也指责明朝皇室（甄宝玉帝系）贪恋女色荒淫误国，在国破家亡之后，才幡然悔悟，浪子回头。

民初王梦阮指出：《红楼梦》"其参互错综学《周易》"。"看《红楼》万不可呆板，大抵作者胸中欲言之隐，不过数人数事。只须笔记数行即可了此公案，尚复有何趣味？惟将真事隐去，演出一篇大文。""盖上下数百人中，不必一一派定角色，或比此言彼，或数人合演一人，或一人分扮数人，或先演后半部再演前半部，或但用之此一场即不复问下一场。"

清人戚廖生是识破《红楼梦》隐秘的第一位文人，但他没有深入研究，也不敢道破真相，只指明了揭示真相的方法。他认为《红楼梦》"一声两歌，一手二牍；黄华二牍，左腕能楷，右腕能草。神乎技矣！吾未之见也。今则两歌而不分乎喉鼻，二牍而无区乎左右，一声也而两歌，一手也而二牍，此万万不能有之事，不可得之奇，而竟得之《红楼梦》一书，噫，异矣"！

清代紫琅山人说《红楼梦》的小说分部是"土鼓瓦缶"，而将其中隐藏的历史部分称为"黄钟宝鼎",预言"或数世,或十百世,终会有识者出也"。他在《妙复轩评〈石头记〉序》中云:"作者洋洋洒洒千万言,一往天下后世之智者愚者,口之耳之目之,而其隐寓于语言文字之中,以待默灰于语言文字之外者,又逆料天下后世必有人焉,能得其指归之所在。"紫琅山人将《石头记》阴阳对立、正反两面的真相看得透透彻彻。

《红楼梦》是用中国的方块字修筑的传统文化的万里长城,是五千年中华文明的光辉结晶,是中华民族团结统一的历史丰碑,是人类智慧的珠穆朗玛。

2013 年春于北京

隋邦森

目 录

第一章　开头的几个问题 ·· 1
- 第一节　顽石与金陵十二钗 ·· 1
- 第二节　元妃省亲接驾游园晚会 ······································ 3
- 第三节　大荒山无稽崖青埂峰 ·· 5
- 第四节　《红楼梦》开始于天聪九年 ································ 6
- 第五节　冷子兴演说荣国府——清皇室族谱 ······················ 8
- 第六节　《红楼梦》的三组作者 ····································· 10

第二章　隐射双关系统 ·· 15
- 第一节　时间隐射系统 ·· 15
- 第二节　地点隐射系统 ·· 17
- 第三节　人物隐射系统 ·· 20
- 第四节　事件隐射系统 ·· 22
- 第五节　甄真贾假隐射系统 ·· 28

第三章　天命年间 ·· 35
- 第一节　清太祖定都赫图阿拉 ······································· 35
- 第二节　大观园试才——金朝建都北京史 ······················· 36
- 第三节　清朝四迁都与南明四接驾 ································ 37
- 第四节　葫芦庙炸供——清大举伐明 ···························· 39
- 第五节　《甄士隐梦幻识通灵》隐藏的历史信息 ············· 45

第四章　天聪年间 ……………………………………………………………… 57
第一节　林如海隐射崇祯皇帝 ……………………………………………… 57
第二节　孔有德与袁崇焕 …………………………………………………… 59
第三节　《冷子兴演说荣国府》隐藏的历史信息 …………………………… 63

第五章　崇德年间 ……………………………………………………………… 78
第一节　甄士隐人梦——一段风流公案 …………………………………… 78
第二节　贾府辈数与官爵高低 ……………………………………………… 79
第三节　庄妃色诱洪承畴 …………………………………………………… 81
第四节　林四娘殉难 ………………………………………………………… 86
第五节　秦钟死，秦可卿葬 ………………………………………………… 89
第六节　皇太极的死因 ……………………………………………………… 93

第六章　多尔衮入主北京 ……………………………………………………… 96
第一节　多尔衮、范文程、孝庄对入主中原的态度 ……………………… 96
第二节　吴三桂引清兵入关 ………………………………………………… 100
第三节　大观园工程 ………………………………………………………… 106
第四节　孝庄掌权一年总结 ………………………………………………… 109
第五节　贾宝玉为什么"沉思" …………………………………………… 112

第七章　女皇开国 ……………………………………………………………… 116
第一节　南明败家子 ………………………………………………………… 116
第二节　大清国的实际开创者 ……………………………………………… 119
第三节　顺治北京登基 ……………………………………………………… 153
第四节　刘老老汤若望 ……………………………………………………… 157

第八章　顺治初年 ……………………………………………………………… 165
第一节　顺治的童年与少年时代 …………………………………………… 165
第二节　扬州、嘉定、江阴屠城 …………………………………………… 168
第三节　风流倜傥的豫亲王 ………………………………………………… 178
第四节　孝庄尚能控制朝政 ………………………………………………… 183
第五节　爱新觉罗、孔有德、吴克善、吴三桂四大家族 ………………… 190

第六节　第四回中隐藏的历史信息 ················· 192

第九章　太后下嫁 ····························· 207
　　第一节　贾琏偷娶"尤二姐"双层隐意 ············· 207
　　第二节　太后下嫁的舆论准备与下嫁经过 ············· 211
　　第三节　七年的事实婚姻 ······················ 217
　　第四节　谋杀多尔衮 ························· 220
　　第五节　赵姨娘惨死 ························· 223
　　第六节　"义忠亲王老千岁坏了事" ················ 227

第十章　《金陵十二钗》 ························· 233
　　第一节　《金陵十二钗》正册 ··················· 233
　　第二节　《金陵十二钗》副册、又副册 ·············· 248
　　第三节　《警幻仙曲演红楼梦》隐藏的历史信息 ········ 250

第十一章　顺治亲政 ··························· 261
　　第一节　多尔衮三兄弟 ······················· 261
　　第二节　薛文龙悔娶河东狮 ····················· 264
　　第三节　袭人隐射顺治的第二位皇后 ··············· 271
　　第四节　贾珠、李纨与贾兰 ····················· 276

第十二章　婚外恋 ····························· 281
　　第一节　顺治皇帝爱上了弟媳妇 ·················· 281
　　第二节　顺治皇帝与孔四贞一见钟情 ··············· 285
　　第三节　顺治幽会董鄂氏 ······················ 287
　　第四节　从防范到妥协 ······················· 293

第十三章　后宫风云 ··························· 302
　　第一节　董鄂妃三面受敌 ······················ 302
　　第二节　董鄂氏死因之一 ······················ 304
　　第三节　爱情与人性塑造了贾宝玉性格 ·············· 310
　　第四节　袭人挨了窝心脚 ······················ 313

第十四章　孔四贞带发修行 ····· 321
第一节　孔四贞悲壮的人生 ····· 321
第二节　郑成功兵临南京 ····· 329

第十五章　董鄂氏之死 ····· 331
第一节　香消玉殒 ····· 331
第二节　董鄂氏之葬 ····· 341
第三节　顺治削发 ····· 344

第十六章　顺治驾崩 ····· 348
第一节　汤若望其人 ····· 348
第二节　贾珠"一病死了" ····· 352
第三节　"罪己诏" ····· 356
第四节　董鄂氏贞妃殉葬 ····· 359
第五节　顺治皇帝情缘的因果 ····· 363

第十七章　三藩之乱 ····· 370
第一节　康熙亲政 ····· 370
第二节　皇室与辅政四大臣的矛盾 ····· 372
第三节　薛蟠打死张三 ····· 374
第四节　薛姨妈对宝钗的交代 ····· 381

第十八章　三藩之乱后 ····· 384
第一节　平定三藩 ····· 384
第二节　孔四贞自解兵权 ····· 389
第三节　北京的公主坟 ····· 397
第四节　收复台湾 ····· 399

第十九章　孝庄薨逝 ····· 406
第一节　西府海棠背时开 ····· 406
第二节　孝庄与多尔衮的女儿 ····· 412
第三节　贾探春的艺术原形 ····· 417

第四节 巧姐儿的亲事风波 …………………………………… 420

第二十章 大清国没落 …………………………………………… 425
第一节 甄应嘉返京 ………………………………………… 425
第二节 追忆南明灭亡 ……………………………………… 427
第三节 贾宝玉一心要出家 ………………………………… 431
第四节 大幕徐徐落下 ……………………………………… 435

参考文献 ………………………………………………………… 441

第一章 开头的几个问题

第一节 顽石与金陵十二钗

《红楼梦》是明亡清兴隐史,隐写元玺被皇太极改造镌刻成清玺后,在崇德、顺治与康熙年代到人间历劫的历史。第一回甄士隐所谓"十九日乃黄(皇)道之期",乃明亡清兴三朝九位皇帝的皇道历史坐标:

(1) 清太宗皇太极于天聪十年、崇祯九年启用元清传国玉玺。

(2) 明崇祯皇帝于崇祯十七年三月十九日在煤山自缢。

(3) 大顺皇帝李自成于崇祯十七年三月十九日占领北京皇宫。

(4) 顺治皇帝于崇祯十七年九月十九日入主北京皇宫。

(5) 康熙元年也就是顺治十九年。

(6) 南明五帝(南京弘光、福州隆武、广州绍武、鄌西定武、肇庆永历)坚持抗清十九年,至康熙二年南明亡。

元玺是孝庄皇太后的远祖元顺帝留下的废玺。孝庄的丈夫皇太极获元玺后改国号后金为清——取清为水,朱明为火,水能克火之意。孝庄乃元顺帝后裔及清太宗皇太极之妻,因而有资格成为元玺变为清玺的历史见证与艺术象征。

大荒顽石(元玺)隐射孝庄是元顺帝的血统继承者。

通灵宝玉(清玺)隐射孝庄是清太宗皇太极的妻子。

清玺(顽石变成的通灵宝玉)的艺术化身是孝庄皇太后(秦可卿、元妃、王熙凤、王夫人与贾母等)。

隐射顺治乃太虚幻境(乾清宫)的神瑛侍者(入关后清朝第一帝),绛珠草隐射顺治后宫所有的苦命女人(第五回所谓"万艳同悲"与"千红一哭"),以仅活了22岁就"香消玉殒"的董鄂氏皇贵妃为首。明清皇家档案库皇史宬宗室女孙黄册玉牒里的后妃格格,才能进入《金陵十二钗》正册、副册、又副册。《金陵十二钗》正册隐射了顺治后宫的七个后妃格格:

第一是孝庄皇太后（元春、王熙凤、秦可卿）。

第二是顺治的两个皇后，即追封的董鄂氏"端敬"皇后（林黛玉）与废皇后静妃（薛宝钗），每人占半个席位。

第三是多尔衮（贾政与贾琏）与孝庄皇太后（王夫人与凤姐儿）生的亲女儿（探春与巧姐儿）。

第四是下嫁吴三桂（薛蟠）大公子吴应熊（孙绍祖，其副为潘又安）的皇太极十四格格（迎春，其副为司棋）。

第五是孔有德的女儿、孝庄义女孔四贞郡主（贾惜春、史湘云与妙玉）。

第六是康熙皇帝（贾兰、巧哥儿）的母亲康妃佟佳氏（李纨与王熙凤）。

顺治皇帝的新皇后孝惠章皇后（袭人）列在又副册第一名。为顺治皇帝殉葬的贞妃小董鄂氏（晴雯）列在又副册第二名。吴三桂（薛蟠）与李自成（冯渊）争夺代表明朝传国玉玺的陈圆圆（甄英莲），以在野党的身份赫然列在副册第一名，她是汉族正统的代表。

其他的后宫嫔妃即使应该列入《金陵十二钗》，但作者没有为她们画像或题词。总之，进入《金陵十二钗》者都是皇宫的主子。而奴才身份者，即使权力再大，也不能入册。例如顺治、康熙两朝后宫的具体管理者、孝庄皇太后的"上官婉儿"——苏麻喇姑（贾母的鸳鸯与王熙凤的平儿）就没有列入《金陵十二钗》。由此可见，《红楼梦》作者非常明白皇家制度，只有宗室女孙黄册玉牒里的后妃格格才有资格进入《金陵十二钗》。

崇祯十七年四月三十日，李自成放火烧毁明故宫与北京九门，然后落荒而逃。《爝火录》大清顺治元年、明崇祯十七年（1644）四月云："二十九日丙戌：李自成僭帝号于武英殿，追尊七代皆为帝后……下午，贼（李自成）命运草入宫城，塞诸殿门。是夕，焚宫殿及九门城楼。三十日丁亥，李自成先走……出宫时，用大炮打入诸殿。又令诸贼各寓皆放火。日晡火发，狂焰交奋……门楼既崩，城门之下皆火……日夕，各草场火起，光耀如同白昼，喊声、炮声彻夜不绝。"

多尔衮五月二日进驻北京，立刻领导明代老臣范文程、洪承畴、金之俊三位大学士（"老明公山子野"即明朝归降三子也），用不足五个月（从五月二日到九月十九日）的时间加以修缮，迎接孝端、孝庄两宫皇太后领着小儿子顺治皇帝，从沈阳到北京来走亲戚——就是《红楼梦》里贾政与贾琏在老名（明）公山子野的设计参与下，修建大观园，迎接"元妃省亲"的故事。

崇祯十七年五月初二，摄政王多尔衮（贾政、贾琏）入京后，一切布置，都由范文程（贾代儒）、洪承畴（贾瑞，即贾天祥）酌定。范、洪二人拟就两道告示，四处张贴。一道是"除暴救民"告示，以羁縻百姓；一道是为崇祯帝发丧告示，以礼改葬故明帝，尽快安抚汉族人心。多尔衮重修明故宫，迎接孝端、孝庄与顺治进京，大致上等于贾政、贾琏修建大观园，迎接元妃省亲。八月，迎銮大臣回报，两宫择于九月内启銮。多尔衮遂派降臣金之俊为监工大臣，从京城至山海关，填筑大道。又招集侍女、太监，派往各宫承值。多尔衮政务余闲，亦亲去监察。

眼看九月十九日孝庄皇太后"省亲"的日子就要到了。可房子修好了，但内装修不行。多尔衮（贾政）很着急，领着几个文人先去各处题词立匾添对联，然后急忙检查东西（第十七回隐射崇祯十七年）：

……贾琏见问，忙向靴筒内取出靴掖里装的一个纸折略节来，看了一看，回道："妆蟒洒堆、刻丝弹墨，并各色绸绫大小幔子一百二十架，昨日得了八十架，下欠四十架。帘子二百挂，昨日俱得了。外有猩猩毡帘二百挂，湘妃竹帘一百挂，金丝藤红漆竹帘一百挂，黑漆竹帘一百挂，五彩线络盘花帘二百挂，每样得了一半，也不过秋天都全了。椅搭、桌围、床裙、机套，每分一千二百件，也有了。

这段原文里只有两个字最重要——"秋天"。哪年"秋天"？崇祯十七年（顺治元年）秋天九月十九日之前也！

"椅搭、桌围、床裙、机套，每分一千二百件，也有了。"——总共四千八百件小装饰！

"那原是一起工程之时就画了各处的图样，量准尺寸，就打发人办去的，想必昨日得了一半。"——全数是九千六百件小零碎！大头儿都没有算在内！

这是北京故恭王府的内装修吗？这是袁子才南京随园的内装修吗？这是北京蒜市口曹天佑家的内装修吗？这是江宁织造署西花园的内装修吗？这是北京植物园正白旗村所谓"曹雪芹故居"的内装修吗？这是洪升家杭州西溪"洪园"的内装修吗？统统都不是——只能是明亡清兴，大清国开国北京，多尔衮准备接驾用的内装修！而且只提了极不值钱的一点点小东西！

第二节　元妃省亲接驾游园晚会

崇祯十七年（顺治元年）秋天九月十九日——是孝庄母子到达北京的日子，也是《红楼梦》里元妃"省亲"隐射的真实日子。书上说"次年正月十五日上元之日，恩准贵妃省亲"。这是作者有难言之隐，不得不耍花枪。

《红楼梦》第十八回摘要：

（1）一把曲柄七凤金黄伞……此时自己回想当初在大荒山中，青埂峰下，那等凄凉寂寞；若不亏癞僧、跛道二人携来到此，又安能得见这般世面。——隐射省亲的"元妃"身份是皇太极的皇后、顺治的皇太后。她从"凄凉寂寞"的关外，入主京华，觉得很见"世面"，心里很感激皇太极与孔有德。

（2）贾妃乃下舆。只见清流一带，势若游龙，两边石栏上，皆系水晶玻璃各色风灯，点的如银光雪浪；上面柳杏诸树，虽无花叶，然皆用通草绸绫纸绢依势作成，粘于枝上的，每一株悬灯数盏；更兼池中荷荇凫鹭之属，亦皆系螺蚌羽毛之类作就的。诸灯上下争辉，真系玻璃世界，珠宝乾坤。船上亦系各种精致盆景诸灯，珠帘绣幕，桂楫兰桡，自不必说。"——秋树秋花是真，因为北京最美九月间。绢毛"依势作成"是假，"假做真时真亦假"也。

如果将上段原文中的人工花卉变成真实的秋色秋香，就是顺治元年九月十九日孝庄入主北京的欢庆——"火树银花不夜天"也。

（3）忽见一对红衣太监骑马缓缓的走来，至西街门下了马……贾赦领合族子侄在西街门外，贾母领合族女眷在大门外迎接……那版舆抬进大门、入仪门往东去。"——原文写得十分别扭，自相矛盾，荣国府忽然开门向西？为什么？"读者糊涂了三百年，作者却一点也没有糊涂，是在写实。

其实，"元妃省亲"的真实情况，是多尔衮（贾政）为迎接孝端、孝庄皇太后，还有七岁小皇帝顺治，于顺治元年九月底，在现在中南海辽阔的水面上举行的一次接驾联欢晚会。多尔衮在中南海"西街门外"接驾。两宫皇太后从中南海西大门而入，"入仪门往东去"，到达中南海现怀仁堂广场与紫光阁（贾母正室）。绝对不是荣国府改换门面了。

皇家久别的亲族们好不容易又见面了，但热土难舍，亲人难忘，联欢会上少了一个人——大行皇帝皇太极。想起沈阳的老家与留在东北故土的亲人遗骨，两个可怜的寡妇，领着一个前途未卜的七岁孤儿，竟相对着流起眼泪来了。这就是大观园省亲的动人场面。因为两宫皇太后毕竟是两个寡妇，而顺治皇帝福临只是一个乳臭未干的孩子。

两个寡妇抱着一个孤儿哭泣，就是"元妃省亲"的主题思想，如此而已。

顺治皇帝与后妃的活动舞台是故宫后宫、故宫御花园、北海、中南海与景山（宁荣大观园）。宁荣二府大观园隐射的清皇宫与西苑，由中南海东墙到北海西墙，折合"三里半大"。如果读者有兴趣，不妨亲自去量一量，真是一点不差。

"甲申"年即崇祯十七年。本年三月十九日崇祯皇帝于煤山自缢。林如海，朱由校之弟朱由检，二木成林，走到（如）海棠树上吊也。甲申年是猴年，大明皇帝在海棠树上自缢，即"树倒猢狲散"也。

顺治（神瑛侍者）与所有后妃（绛珠仙子）是《红楼梦》的主角与配角。皇宫里有几千个与顺治有关系的男女，《红楼梦》里只有四百多个演员，所以主要演员必须演几个甚至几代的历史人物。而主要历史人物又必须由多名演员分段表演，一个故事要隐射好几件、好几代的历史事实，或好几个故事隐射同一件历史事实。只有如此，才能蒙住清廷文化官员的眼睛。王梦阮《红楼梦索隐》云："盖上下数百人中，不必一一派定角色，或以此言彼，或数人合演一人，或一人分扮数人，或先演后半部再演前半部，或但用之此一场即不复问下一场。"可谓一针见血的分析。

第三节　大荒山无稽崖青埂峰

孝庄乃女娲氏炼石补天弃置不用的大荒顽石所化，是清王朝的开国女皇帝。元玺于后金天聪九年、明崇祯八年（1635）获自察哈尔蒙古。皇太极获元玺，以为受命于天之祥瑞，次年即将后金改为清，将天聪十年改为崇德元年。"崇德"的意思，就是要与崇祯皇帝平起平坐，先平分秋色，再取而代之。

大荒山无稽崖青埂峰指多尔衮获得元玺的地方，即鄂尔多斯托里图一带。"大荒山无稽崖青埂峰"实为大青山（阴山山脉）。元至正二十八年、明洪武元年（1368），元顺帝撤离大都，向漠北溃退，匆忙之间将传国玉玺丢落于此，二百年后才被牧羊人拾得，后来献给了元顺帝的后裔察哈尔蒙古头领林丹汗。林丹汗被皇太极与多尔衮击败，远逃青海，并死在那里。他的后人将元顺帝的废玺（大荒顽石）献给多尔衮，多尔衮又转献给兄长皇太极。第一回甄士隐云："十九日乃黄道之期，兄可即买舟西上。"于是，《红楼梦》的故事开始了。

承德避暑山庄——历史与文学水乳交融。作者预言这里是大清国葬丧地、大荒顽石的归宿。由于察哈尔的首府逐渐移向热河，康熙时代又在那里修建避暑山庄，成为清朝夏秋季的政治中心，所以"大荒山无稽崖青埂峰"就隐射乾隆皇帝命名的承德磬锤峰（老百姓俗称"棒槌峰"）。换句话说，青埂峰不是为了隐射放弃元玺的蒙古人，而是隐射获得元玺的满洲人。青埂峰象征着孝庄与多尔衮镇压汉人的大棒槌。

读者不必到长白山去找青埂峰，因为孝庄不是满族人，而是蒙古族。在承德避暑山庄向东眺望"棒槌峰"，向南寻觅热河的源头——热河源头处，有一只皇家建造的大船，停泊在水面上，十分醒目。看到它，你立刻就会联想到《红楼梦》第五回里的描写：

> 后面又画着两人放风筝，一片大海，一只大船，船中有一女子掩面泣涕之状。也有四句写云：
> 才自精明志自高，生于末世运偏消。
> 清明涕送江边望，千里东风一梦遥。

原来，这就是多尔衮与孝庄的女儿远嫁察哈尔、做蒙古王妃的地方。如今"放风筝"的"两人"（父母）早已作古。"掩面泣涕"的探春（女儿）也香消玉殒。他们都期待着聪明的后人，揭开《红楼梦》隐射的令人荡气回肠的历史真相。

第四节 《红楼梦》开始于天聪九年

元朝玉玺变成清朝玉玺——大荒顽石变成通灵宝玉，发生于明崇祯八年、后金天聪九年（1635）。此乃《红楼梦》的开端，所以第一回云："此开卷第一回也。作者自云：因曾历过一番梦幻之后，故将真事隐去，而借'通灵'之说，撰此《红楼梦》一书也。故曰'甄士隐'云云。"

《清史稿》云：天聪九年"八月庚辰，贝勒多尔衮、岳讬、萨哈廉、豪格以获传国玉玺闻。先是元顺帝北狩，以玺从，后失之。越二百余年，为牧羊者所获。后归于察哈尔林丹汗。林丹汗亦元裔也。玺在苏泰太妃所。至是献之。时岳讬以疾留归化城，多尔衮等率兵略明山西，自平虏卫入边，毁长城，略忻州、代州，至崞县。甲申，绘太祖实录图成。乙巳，上率大贝勒代善及诸贝勒迎多尔衮等师次平虏堡。丁未，渡辽河，阅巨流河城堡。九月癸丑，贝勒多尔衮等师还，献玉玺，告天受之"。

皇太极曾经五次入关掠明（第十九回"老耗子"令小耗子下山去偷"果有五品"），又把内蒙古各部收服。林丹汗逃奔青海，一病身亡，其子额哲势孤力竭，只得率领家属，向满洲乞降。额哲叩见统帅多尔衮毕，献上一颗无价之宝，就是元朝的传国玉玺。当年九月，多尔衮班师，将元玺献于皇太极。皇太极得玺后，焚香告天，大开朝贺。诸贝勒联名上表，请进尊号。边外诸国亦遣使奉书，愿为臣属。蒙古各部，且挑选有姿色的女子，献入满洲，做皇太极的妾妃。皇太极得了元代玉玺，登基称崇德皇帝，史称清太宗，《红楼梦》的历史大幕就这样拉开了。

《红楼梦》第一回交代了上述史实：

原来女娲氏炼石补天之时，于大荒山无稽崖炼成高经十二丈，方经二十四丈顽石三万六千五百零一块。娲皇氏只用了三万六千五百块，只单单剩了一块未用，便弃在此山青埂峰下。谁知此石自经煅炼之后，灵性已通，因见众石俱得补天，独自己无材不堪入选，遂自怨自叹，日夜悲号惭愧。

一日，正当嗟悼之际，俄见一僧一道远远而来，生得骨格不凡，丰神迥异，说说笑笑来至峰下，坐于石边高谈快论。……那僧又道："若说你性灵，却又如此质蠢，并更无奇贵之处。如此也只好踮脚而已。也罢，我如今大施佛法助你，待劫终之日，复还本质，以了此案。你道好否？"石头听了，感谢不尽。那僧便念咒书符，大展幻术，将一块大石登时变成一块鲜明莹洁的美玉，且又缩成扇坠大小的可佩可拿。那僧托于掌上，笑道："形体倒也是个宝物了！还只没有实在的好处，须得再镌上数字，使人一见便知是奇物方妙。然后携你到那昌明隆盛之邦，诗礼簪缨之族，花柳繁华地，温柔富贵乡去安身乐业。"石头听了，喜不能禁，乃问："不知赐了弟子那几件奇处，又不知携了弟子到何地方？望乞明示，使弟子不惑。"那僧笑道："你且莫问，日后自然明白的。"说着，便袖了这石，同那道人飘然而去，竟不知投奔何方何舍。

这是皇太极（一僧）将孝庄代表的元顺帝废弃玉玺（大荒顽石）改造成清玉玺（通灵宝玉）的艺术化——"将一块大石登时变成一块鲜明莹洁的美玉……须得再镌上数字"。

"二师仙形道体，定非凡品，必有补天济世之材"——隐射皇太极代表的清朝政治与军事势力，孔有德代表的汉族政治与军事势力，必能辅助孝庄入主北京，统一中国。

"竟不知投奔何方何舍"——先"投奔"后金首都盛京（沈阳）。

"然后携你到那昌明隆盛之邦……"——到明朝首都北京的皇宫去。

顺治皇帝贾宝玉既然为孝庄大荒顽石所生，是"通灵宝玉"的佩带者，也必然具有"玉玺"的先天脾性——喜欢红色的印泥。《红楼梦》作者将他写有爱红的毛病，喜欢吃女儿脸上的胭脂与口红。第十九回云："袭人道：'再不许毁僧谤道，调脂弄粉。还有更要紧的一件，再不许吃人嘴上擦的胭脂了，与那爱红的毛病儿。'""黛玉因看见宝玉左边腮上有纽扣大小的一块血渍，便欠身凑近前来，以手抚之细看，又道：'这又是谁的指甲刮破了？'宝玉侧身，一面躲，一面笑道：'不是刮的，只怕是才刚替他们淘漉胭脂膏子，蹭上了一点儿。'"贾宝玉甚至猴到鸳鸯姐姐面前，要吃她口唇上的胭脂，鸳鸯不得不请求袭人来解围。

应当注意，宝玉只喜欢"吃"胭脂，而非要求与女孩子接吻；属于先天病态的自然流露，并非后天养成的轻薄行为。

当年皇太极在盛京（沈阳）创设三院：一名内国史院——编制实录，记注起居；一名内秘书院——草拟敕书，收发章奏；一名内弘文院——讨论古今政事得失。命范文程（贾代儒）作为总监，汇三院文员，恭定称尊典礼。复营建天庙天坛，添造宫室殿陛。数月后大礼已定，皇宫建筑告成，遂尊皇太极为宽温仁圣皇帝，易国号为大清，改天聪十年为崇德元年。次日，皇太极（贾赦）上列代帝祖尊号，谥努尔哈赤（贾代化与贾代善合演）为承天广运圣德神功肇纪立极仁孝武皇帝，庙号太祖。追封功臣，配享太庙。后殿改名中宫，皇后居之（孝端文皇后，乃孝庄姑姑，贾母最早的艺术原形之一，孝庄为贾母第二个艺术原形）。中宫两旁，添置四宫，东为关雎宫（宸妃，乃孝庄的姐姐，最早的薛宝钗艺术原形），西为麟趾宫（懿靖大贵妃，小襄亲王生母），次东为衍庆宫（康惠淑妃），次西为永福宫（第五位的庄妃——"后廊上五嫂子"与最早的林黛玉艺术原形），罗列妃嫔。册封大贝勒代善为礼亲王（赖爷爷），贝勒济尔哈朗为郑亲王（李贵），多尔衮为睿亲王（贾政与贾琏），多铎为豫亲王（贾蔷），豪格为肃亲王（焦大与金荣），岳讬为成亲王（贾芹），阿济格为武英郡王（贾蓉）。拜范文程为大学士（贾代儒），作为宰相。孔有德（一道、张道士、贾敬）、耿仲明、尚可喜三降将，得封恭顺王、怀顺王与智顺王（潘三保之二）。皇太极自称崇德帝（秦业、秦钟、秦可卿、贾赦）。

第五节　冷子兴演说荣国府——清皇室族谱

冷子兴介绍的贾家族谱，是读懂《红楼梦》的门票。冷子兴隐射皇室大总管索尼，他是宗人府头目，所以他介绍的清皇室族谱很详细可靠。

索尼（1601—1667）姓赫舍里氏，满洲正黄旗人，大学士希福之亲侄，于清太祖时代自哈达来归。赫舍里家族是天命、天聪、崇德、顺治四代的文臣与史官。索尼精通满、蒙、汉文，任职弘文馆，赐"巴克什"号，授一等侍卫。索尼历任清太祖、清太宗、清世祖三朝吏部大臣，原系皇太极嫡系之一，军功政绩卓著，世职晋至二等子。索尼智勇双全，在两黄旗（正黄旗与镶黄旗）大臣中威望甚高。崇德八年八月初九，皇太极暴死，盛京满洲朝廷争权夺利。多尔衮三兄弟的白旗系统与皇长子豪格的黄旗系统剑拔弩张，几成水火。索尼与两黄旗大臣盟誓于盛京故宫大清门前,誓立皇子福临。顺治初年,索尼很受摄政王多尔衮赏识,曾几次拉拢他,但索尼忠贞不贰,誓死效忠先帝和少年天子福临。多尔衮恼羞成怒,对索尼屡加打击,革职罚银,甚至遣往盛京守皇太极的昭陵。顺治亲政后,即让索尼还朝复爵,先后擢任内大臣、议政大臣、总管内务府事,晋世爵至一等伯。

《红楼梦》里说,冷子兴(索尼)是周瑞的女婿,他的岳母是周瑞家的,乃王夫人(孝庄皇太后)的陪房,显然是科尔沁蒙古人。周瑞是荣国府(清室)古董房的头目,管理皇室子孙与孝庄子女(果子)的档案。而顺治年代的周瑞与"贾政,字存周"都隐射睿(瑞)亲王多尔衮。

第二回《冷子兴演说荣国府》原文:

> 子兴叹道:"正说的是这两门呢。待我告诉你:当日宁国公与荣国公是一母同胞弟兄两个。宁公居长,生了四个儿子。宁公死后,贾代化袭了官,也养了两个儿子:长名贾敷,至八九岁上便死了,只剩了次子贾敬袭了官,如今一味好道,只爱烧丹炼汞,余者一概不在心上。幸而早年留下一子,名唤贾珍,因他父亲一心想作神仙,把官倒让他袭了。他父亲又不肯回原籍来,只在都中城外和道士们胡羼。这位珍爷倒生了一个儿子,今年才十六岁,名叫贾蓉。如今敬老爹一概不管。这珍爷那里肯读书,只一味高乐不了,把宁国府竟翻了过来,也没有人敢来管他。再说荣府你听,方才所说异事,就出在这里。自荣公死后,长子贾代善袭了官,娶的也是金陵世勋史侯家的小姐为妻,生了两个儿子:长子贾赦,次子贾政。如今代善早已去世,太夫人尚在,长子贾赦袭着官,次子贾政,自幼酷喜读书,祖父最疼,原欲以科甲出身的,不料代善临终时遗本一上,皇上因恤先臣,即时令长子袭官外,问还有几子,立刻引见,遂额外赐了这政老爹一个主事之衔,令其入部习学,如今现已升了员外郎了。这政老爹的夫人王氏,头胎生的公子,名唤贾珠,十四岁进学,不到二十岁就娶了妻生了子,一病死了。第二胎生了一位小姐,生在大年初一,这就奇了,不想后来又生一位公子,说来更奇,一落胎胞,嘴里便衔下一块五彩晶莹的玉来,上面还有许多字迹,就取名叫作宝玉。你道是新奇异事不是?"

宁府贾代化长子贾敷,"至八九岁上便死了"——皇太极死于崇德八年八月九日。"次子贾敬"隐射孔有德。贾珍是孔有德的儿子,却成了宁国府的家长,说明贾珍隐射顺治皇帝。贾珍之子贾蓉乃借来隐射康熙。

荣府贾代善长子贾赦是一个"假设"的人物,名为荣国府家长,却住在"东小院",经济上又独立核算。事实上,他是死人皇太极的影子。次子贾政是荣国府的"员外郎"——属于编外人员，是代理家长，是假正。

贾赦除隐射死人皇太极以外，贾赦（摄）贾政（政）贾琏（王连）——连起来隐射摄政王多尔衮绚丽多彩而又悲剧的一生。

由此可见，宁府的贾珍与荣府的贾琏、贾珠、贾宝玉四个人都隐射顺治皇帝一个人。

宁府的贾蓉与荣府的贾兰两个人代表末代满洲皇帝，从康熙直到宣统皇帝。而贾蓉、贾兰主要隐射康熙皇帝一辈。

宁荣二府血统的分合关系，可参见以下系列。

宁府：努尔哈赤的父亲塔克石（宁公）——清太祖努尔哈赤（贾代化）——定南王孔有德（贾敬）——清世祖顺治皇帝（贾珍）——康熙大帝以下的清朝帝系（贾蓉）。

荣府：努尔哈赤的父亲塔克石（荣公）——清太祖努尔哈赤（贾代善）——假设的皇太极（贾赦＝假设）与实际的定南王孔有德（国公替身，跛足道人，一道，张道人，终了真人等）——清世祖顺治皇帝（贾琏、贾珠、贾宝玉、贾芸，还有柳湘莲即冷二郎）。

结论是令人惊讶的：宁荣二府都与努尔哈赤或皇太极没有血缘关系。宁荣二府都是孔有德的后代。

作者制作的真假混淆十分难辨的族谱如下：努尔哈赤的父亲塔克石（宁公与荣公）——清太祖努尔哈赤（贾代化与贾代善）——定南王孔有德、清太宗皇太极与皇叔摄政王多尔衮（贾敬、贾赦与贾政）——清世祖顺治皇帝与堂弟（贾珍、贾琏、贾珠、贾宝玉、贾芸与贾环）——康熙大帝以下的清朝帝系与睿亲王后裔（贾蓉与贾兰隐射康熙，还有多尔衮的义子多尔博）。

作者让三个人（贾敬、贾赦与贾政）来代表努尔哈赤下一代当权的两个儿子皇太极与多尔衮，却多出来一个贾敬。又说贾赦与贾政是长子与次子，还是多出来一个贾敬。于是只好让两个人（贾敬与贾赦）来代表皇太极一人而两身，而且让贾敬（孔有德）排在第一，让贾赦（死人皇太极）排在第二。又说贾赦（皇太极）与贾政（多尔衮）是亲兄弟。说来说去，顺治皇帝是孔有德的儿子。贾敬、贾赦与贾政皆是从"文"字旁，"文"者，孝庄文皇后之谓也，三旁"文"隐射孝庄依靠的三个男人。

第六节 《红楼梦》的三组作者

顺治时代的文风仍然沿袭明末。庙堂上有风流天子，江湖里有风流才子。

康熙年间，辅政四大臣掌权，文字狱大兴，如庄氏之《明史》案、沈天甫之狱、戴名世《南山集》案、金圣叹的哭庙案等等，都是震动天下的著名大狱。文字狱大兴，加强了清朝统治者对思想文化的控制，但严重窒息了文化学术的健康发展，在文化界造成浓重的恐怖气氛，"避席畏闻文字狱，著书都为稻粱谋"，就是当时文坛风气的真实写照。

康熙年间的士大夫既震慑于统治者的淫威，又无法压抑内心的愤懑，"往往借古人之歌哭笑骂，以陶写我之抑郁牢骚"（吴伟业《北词广正谱序》）。《红楼梦》正是这一时代的产物。

吴伟业是与《红楼梦》关系极为重要的明朝遗老。他的《秣陵春》中，人鬼合一、身魂分离、阴阳一体的写法，与《红楼梦》如出一辙。《红楼梦》里隐射的第一大人物皇太极，就有"一僧"、"癞头和尚"、"秦业"、"秦钟"、"秦鲸卿"、"秦可卿"、"贾雨村"、"贾赦"、"大狗"等多个化身，而且男女不分、父子不分、人兽不分、人鬼不分。这明显是汤显祖《牡丹亭》创作手法的延续与发展。吴伟业，号梅村，清初著名文豪。吴梅村《读史偶述》第十六首云："故国满前君莫道，凄凉酒盏斗成窖。"说明他暗将汤若望嘲为孝庄野老儿。吴诗所谓"故国"指明朝，"满前"指清朝，"君莫道"意为隐射，"凄凉酒盏"隐射寡妇思春，不耐寂寞。《读史偶述》认为吴梅村是《红楼梦》的作者之一。否则，吴梅村何以在康熙年间就知道刘老老隐射汤若望？

《红楼梦》的书名也有五个分身，甲戌本第一回云：

因毫不干涉时世，【甲戌侧批：要紧句。】方从头至尾抄录回来，问世传奇。从此空空道人因空见色，由色生情，传情入色，自色悟空，遂易名为情僧，改《红楼梦》为《情僧录》。至吴玉峰题曰《红楼梦》。东鲁孔梅溪则题曰《风月宝鉴》。【甲戌眉批：雪芹旧有《风月宝鉴》之书，乃其弟棠村序也。今棠村已逝，余睹新怀旧，故仍因之。】后因曹雪芹于悼红轩中披阅十载，增删五次，纂成目录，分出章回，则题曰《金陵十二钗》。【甲戌眉批：若云雪芹披阅增删，然则开卷至此这一篇楔子又系谁撰？足见作者之笔狡猾之甚。后文如此者不少。这正是作者用画家烟云模糊处，观者万不可被作者瞒蔽了去，方是巨眼。】

（1）《红楼梦》写的是"一僧"、"一道"与"石头"牵头的历史故事。《红楼梦》的要害是《情僧录》。而"情僧"表面上是指空空道人，实指"行痴"与"痴道人"顺治皇帝。

（2）"从此空空道人因空见色，由色生情，传情入色，自色悟空，遂易名为情僧,改《红楼梦》为《情僧录》",暗示《红楼梦》与《情僧录》主要写的是孝庄与顺治的历史故事,而强调的是清兴的历史记录。

(3)"至吴玉峰题曰《红楼梦》",暗示作者是汉族文人,《红楼梦》又是悼明的文学艺术作品。"吴玉峰"者,"吴语讽"也,是历史学家南方人的化身。

(4)"东鲁孔梅溪则题曰《风月宝鉴》",暗示《红楼梦》写了明亡清兴的历史,以孔有德、顺治与康熙三人为主,正面看"无非公子与红妆",反面看"白骨如山忘姓氏",是一部文学性很强的阴阳对立正反两面的《资治通鉴》。其中"孔"指孔有德一代,"梅翰林"指顺治一代,"溪"指康熙一代。《风月宝鉴》偏重"贰臣传"。"东鲁孔梅溪"隐指《桃花扇》作者孔尚任。

(5)《甲戌本朱眉》:"雪芹旧有《风月宝鉴》之书,乃其弟棠村序也。今棠村已逝,余睹今怀旧,故仍因之。""棠村弟"指吊死景山海棠树的崇祯帝的弟弟,即南明五帝也。

(6)"后因曹雪芹于悼红轩中披阅十载,增删五次,纂成目录,分出章回,则题曰《金陵十二钗》。""悼红轩"指故宫皇家档案馆皇史宬,暗示《红楼梦》是以清朝皇宫后妃为主角的历史文学作品。

由此可见,空空道人、情僧、吴玉峰、孔梅溪、棠村、曹雪芹等都为此书的创作(抄录)、改名、题名、作序、披阅、增删做了工作。空空道人与情僧是一个人,乃《红楼梦》第一作者朱明皇室人物的化名。吴玉峰、孔梅溪、棠村三个名字里面,隐着清初著名文豪吴梅村的名号,他应该是第二作者。曹雪芹乃皇史宬史官吴禄的化名,他是第三作者。一个是政治军事领袖,一个是捉笔作书的文豪,一个是宫内资料的提供与整理者。

空空道人"方从头至尾抄录回来,问世传奇",表明空空道人是根据石头的经历,创作了《红楼梦》。"抄录"者,创作的另一种说法也,他无疑是第一作者。

"空空道人"在剃发令的压力下改名为"情僧"。而"清僧"头目顺治皇帝却自愿削发当了"痴道人"。说明空空道人与痴道人具有对等的帝王身份。"空空道人"应该是南明的皇帝,很可能就是康熙二年、定武十八年"不知所终"的韩王朱本铉。

《红楼梦》一百〇三回的甄士隐,就是他的化身。知机县急流津,"村旁有一座小庙",在"一株翠柏,下荫着一间茅庐,庐中有一个道士,合眼打坐"。"雨村复又心疑:'想去若非士隐,何貌言相似若此?离别来十九载(南明政权维持十九年),面色如旧,必是修炼有成,未肯将前身说破……'"这段文字就是一个"风月宝鉴"。

崇祯自缢后十九载，正是南明定武十八年。此处的甄士隐代表南明皇室，而定武十八年的最后一位南明皇室不正是甄士隐代表的韩王吗？

第一百〇四回云：

那衙役请了安，回说："小的奉老爷的命回去，也没等火灭，冒着火进去瞧那道士，那里知他坐的地方儿都烧了。小的想着那道士必烧死了。

那烧的墙屋往后塌了，道士的影儿都没有了。只有一个蒲团，一个瓢儿，还是好好的。小的各处找他的尸首，连骨头都没有一点儿。小的恐怕老爷不信，想要拿这蒲团瓢儿回来做个证见，小的这么一拿，谁知都成了灰了。"雨村听毕，心下明白，知士隐仙去，便把那衙役打发出去了。

出家当道士的甄士隐没有死，不就是"韩王不知所终"吗？不就是《红楼梦》作者空空道人吗？甄士隐参加《好了歌》注的写作，正好证明空空道人写了《红楼梦》。甄士隐以《好了歌注解》的形式，表达了改朝换代的亡国之痛，等于告诉读者他隐射的"空空道人"以"真事隐"的形式创作了《红楼梦》。

韩王空空道人写了《好了歌》，还写了第一回的"楔子"。而"楔子"完全是一个争天下失败的帝王口气："我堂堂须眉，诚不若彼裙钗，我实愧则有余，悔又无益，大无可如何之日也！当此日，欲将已往所赖天恩祖德，锦衣纨裤之时，饫甘餍肥之日，背父兄教育之恩，负师友规训之德，以致今日一技无成，半生潦倒之罪，编述一集，以告天下。"

韩王空空道人不可能写作《红楼梦》全书，他仅是《红楼梦》的组织领导者。吴玉峰与孔梅溪将《石头记》题名为《红楼梦》与《风月宝鉴》，棠村作序，说明他们是《红楼梦》的第二作者，而且是书评者与作序者。因为除了作者本人，别人不可能给作品题名。曹雪芹是《红楼梦》的披阅增删与编辑者。但这个曹雪芹不是江宁织造曹寅的孙子曹天佑。因为红学家不能证明曹寅有一个叫曹雪芹的孙子。曹寅的字为"雪樵"，孙子的字绝不可能叫"雪芹"。曹雪芹硬要起一个与爷爷曹雪樵平辈的字号，然后在自己创作的《红楼梦》里，让焦大、柳湘莲、尤三姐当面辱骂曹家的列祖列宗，还让自己的嫂子在镜子里不断地向男人招手，拉进去就"云雨"几番，有这个可能吗？

曹雪芹应该是顺治与康熙时代皇宫里某位史官的化名。很可能是养心殿的吴禄，乃大总管太监吴良辅的义子。他跟随顺治皇帝多年，康熙时代又到清宫档案馆皇史宬（悼红轩）当差。他对皇宫的地理与历史掌故一清二楚。文献记载，吴禄十岁入宫，经专门的文史培训，才分到养心殿当差。《红楼梦》作者中如果没有一个长期居住在皇宫里的文人,是不可想象的。因为其中记载的清宫资料,是外人不可能单凭想象写出的。至于为什么要取"曹雪芹"这样一个笔名,尚待考据。"芹"开白花,有悼亡之意。雪地里不能生长芹,但大雪可以埋藏之,雪芹有深藏悼亡之意。"曹"字显然为"身在曹营心在汉"也。

吴玉峰、孔梅溪与棠村三个名字里面,隐藏着清初著名文人吴梅村的名字。吴梅村在《北词广正谱序》里说:"往往借古人之歌哭笑骂,以陶写我之抑郁牢骚。"明朝灭亡后,吴梅村闭门不出,写了不少悯时伤世之作,如《避乱》、《读史杂感》、《琵琶行》、《圆圆曲》等,文风沉郁苍凉,文字深邃含蓄。他嘲骂吴三桂的名句:"恸哭六军俱缟素,冲冠一怒为红颜。"将汉奸骂得狗血喷头。他写的《清凉山赞佛诗》就是根据顺治皇帝和董小宛的爱情传说而作。《红楼梦》中贾宝玉和林黛玉的故事,就隐写清世祖与董鄂妃的爱情悲剧。历史学家全隐了名字,大文学家只半隐了名字,"犹抱琵琶半遮面"也。

吴伟业字骏公,号梅村,太仓人,出身于没落的书香之家。崇祯四年,他以会试第一、殿试第二的成绩考取进士。当时有人为了攻击主考官周廷儒,牵连吴伟业。崇祯皇帝亲自审阅了吴伟业的考卷,批示"正大博雅,足式诡靡",才使这场风波平息了。吴伟业当时尚未成婚,崇祯皇帝特赐他归里娶亲,荣极一时。在崇祯年间,吴伟业历任翰林院编修、东宫讲读、国子监司、左中允、左庶子等职。崇祯自缢后,吴伟业南渡,到南京任南明弘光朝少詹事,但因与把持朝政的权奸等不合,居官两月就辞官归里。清顺治十年,朝廷征诏至,他再三推辞不过,再度回到北京,任秘书院侍讲、国子监祭酒。清顺治十三年,吴伟业因丧母辞官回家,以后一直居家不仕,隐居十余年。

吴伟业一生坎坷,在故明、南明与清三朝都当过官,目睹了明亡清兴的全过程,从崇祯、天聪、崇德、顺治,直到康熙早期。他的一生几乎与南明韩王及清朝的孝庄皇太后相始终。他可以按第一作者的宗旨创作《红楼梦》,但有自己独立的见解,不会单纯地宣扬反清复明,开历史的倒车,而是反思历史。

总而言之,《红楼梦》有五个书名,至少有三组作者,肯定还有隐姓埋名的历史学家。像《三国》、《西游》与《水浒》一样,《红楼梦》乃集体创作。

第二章 隐射双关系统

第一节 时间隐射系统

《红楼梦》涉及了明亡清兴所有重大的历史事件，而且都有明确的标志。举例如下：

（1）甄士隐初见贾雨村为明万历四十四年（后金天命元年）之前。万历皇帝（甄士隐）册封25岁的努尔哈赤（贾雨村）为建州卫都督并授予龙虎将军印。甄士隐送贾雨村"白银五十两与两套冬衣"——"五十两"隐射满汉战争50年；"两套冬衣"隐射天命、天聪两个大汗的王袍。希望他们在关外自治、不要入主中原。同时隐射崇祯皇帝按照清和议条约，每年交给清太宗银子与布匹，"五十两"是讨论还价之数也。

（2）贾雨村（皇太极）首次出任应天府知府（奉天府土皇帝）为天聪十年、崇祯九年（"十九日乃黄道之期"）。崇祯十七年三月十九日明帝煤山自缢（"十九日乃黄道之期"），贾雨村隐射的多尔衮顺利入主北京。

（3）柳湘莲（顺治皇帝令部下多尔衮与多铎等）击败强盗（李自成）救了薛蟠的日子为崇祯十七年四月二十二日（山海关石河战役）——见第二十六回指代1644年4月26日李自成侥幸逃回北京。

（4）贾雨村（多尔衮）进京（护送林黛玉进京）的日子为顺治元年五月初二（林如海说的"出月初二"，"出"字五划，隐射"五"——见《红楼梦》第三回）。多尔衮五月二日入主北京。

（5）贾雨村以应天府（北京清朝朝廷）知府（皇叔父摄政王多尔衮）名义偏袒薛蟠（吴三桂）打死冯渊（李自成）的日子为崇祯十七年五月初三，乃吴三桂正式臣服清朝的日子，即薛蟠的生日（见第四回）。五月初三满清开始执政北京（贾宝玉生日）。

（6）姑苏（"故都"谐音）阊门城（北京城二环路城墙原址是个"昌"

字）于崇祯十七年三月十五日被火，四月三十日晨李自成放火烧毁故宫大殿与九门城楼（霍启＝火起＝李自成大军三月十五叩关八达岭，四月三十日逃跑。——见《红楼梦》第一回）。"严老爷来拜"之"严"为"炎"，两把战火也。西为李自成，东为清兵叩击山海关。

（7）贾政、贾琏与贾蔷（多尔衮与多铎）从顺治元年五月初二开始修建大观园——故宫殿堂，还包括御花园、太庙花园、社稷坛花园、景山花园、北海与中南海花园与其中的皇家庙宇与道观。到当年九月十九日"大观园"修缮工程算是草草完工了，为的是迎接孝端、孝庄两宫皇太后与顺治皇帝驾临北京。当晚在中南海举行了盛大的庆祝晚会，即"元妃省亲"仪式与游园活动（见第十七、十八回）。

（8）林黛玉（孝庄皇太后）于顺治元年九月十九日经通州燕郊接驾行营、永定门、正阳门、天安门、端门、午门、太和殿、中和殿、经保和殿东北门，来到乾清门广场，由东往西，到了乾清门（正门三间的宁国府大门。《红楼梦》作者让演员退回去，又走了一遍，算是"重拍"吧。第二次来到乾清门，说是"荣国府"大门到了。其实"宁国府大门"与"荣国府大门"都是后廷的唯一大门乾清门。林黛玉"只进了西边角门"。向正北走了"一箭之地"的汉白玉大甬道，到乾清宫殿前下轿，绕过乾清宫东穿堂，到正后方的交泰殿举行了欢迎仪式。然后住进坤宁宫。本情节中贾母、王夫人指孝端，林黛玉指孝庄皇太后，贾宝玉是七龄小儿顺治，住在养心殿（绛芸轩）。

（9）贾雨村（多尔衮）起复为应天府知府（入主北京当摄政王）的日子为崇祯十七年（顺治元年）五月初二。贾雨村（顺治）起复为应天府知府（北京登基当皇帝）的日子为崇祯十七年（顺治元年）十月一日（见第二、第四回）。

（10）顺治八年八月顺治（贾宝玉）大婚，年14岁，迎娶第一位皇后孝庄的侄女博尔济吉特氏，也是走的林黛玉进宫路线。不到两年皇后废黜为静妃（"冷"宫美人薛宝钗与"泼皮破落户"王熙凤——见第三回）。

（11）顺治十一年六月十六日，福临第二次大婚，迎娶第二位皇后孝庄侄孙女与外孙女博尔济吉特氏袭人，也是走的林黛玉进宫路线。

（12）林黛玉进宫，主要是描写顺治低调迎娶弟媳妇董鄂氏进宫，时在顺治十二年夏。顺治十三年八月册封为"贤妃"，十二月晋升皇贵妃，册封时走的就是林黛玉的路线。当时已经入宫两年了，所以宝玉看罢，因笑道："这个妹妹我曾见过的。"（见第三回）

总之，第三回林黛玉进宫，写了三件历史事实，隐射了三个历史人物：一是孝庄皇太后由沈阳进京；二是顺治第二位皇后小博尔济吉特氏的大婚册封袭人；三是董鄂氏皇贵妃受封的情景。

第二节 地点隐射系统

（1）大荒山无稽崖青埂峰隐射大青山与承德"棒槌峰"。大荒山不是满族起源地长白山"天池"或宁古塔地区，而是察哈尔蒙古的热河地区。因为"大荒顽石"隐射元顺帝丢失的元朝传国玉玺。青埂峰原指大青山（阴山），是"牧羊者"拾到元顺帝传国玉玺的地方。实际为内蒙古绵亘千里的大青山脉，书中则转而隐射清皇室承德避暑山庄对面的磬锤峰，老百姓俗称"棒槌峰"。孝庄是元顺帝的后人，《红楼梦》作者按血缘关系，将孝庄说成"大荒顽石"（元玺）的化身，又进而说成是镇压汉族人的大棒槌。

（2）甄士隐的家隐射北京明故宫。第一回："当日地陷东南，这东南一隅有处曰姑苏，有城曰阊门者，最是红尘中一二等富贵风流之地。这阊门外有个十里街，街内有个仁清巷，巷内有个古庙，因地方窄狭，人皆呼作葫芦庙。庙旁住着一家乡宦，姓甄，名费，字士隐。"此处甄士隐指崇祯皇帝。"地陷东南"——源于"天塌西北，地陷东南"的古代神话传说。从地理上说，"地陷东南"隐射中原大地。从政治形势上说，崇祯末年，李自成与张献忠农民大起义发生在西北陕甘地区，已经形成"天塌地陷"的严重局面。"姑苏"是故都的谐音。"阊门"城有两解：一解为北京城墙图是个"昌"字（现在的二环路）。二解为当时的中国"天有二日"：一为独立称尊的盛京崇德小朝廷（日）；二为北京正统的明朝大朝廷（曰）。曰上加日为"昌"字。当时日昌曰衰，形势逼人。"阊门外有个十里街"隐射阻挡不住清朝五次进关骚扰的万里长城。"仁清巷"是两个朝廷并列的局面。"葫芦庙"隐射沈阳的满族"胡虏"庙堂。"姓甄，名费，字士隐"："甄"即真，明朝真命天子也。"名费"为"国家名器废除"也。葫芦庙里住和尚——贾雨村，尚下坐贝为赏，"一僧"到贾家讨赏，开口一万两，隐射贾家是坐江山的清朝万岁爷。

（3）贾府的老宅隐射沈阳清故宫。《红楼梦》第二回贾雨村说："去岁我到金陵地界，因欲游览六朝遗迹，那日进了石头城，从他老宅门前经过。街东是宁国府，街西是荣国府，二宅相连，竟将大半条街占了。"这段话说得真真假假，看到"金陵"、"六朝遗迹"、"石头城"字样，认为他去了南京。其实真实的意思是贾雨村多尔衮游览了"金陵地界"。"金陵"者——后金陵墓所在地也，其实是隐射后金盛京与金朝燕京。"老宅"即北京明清故宫。

"街东是宁国府，街西是荣国府，二宅相连，竟将大半条街占了。"引文中的"街"隐射万里长城。"街东是宁国府"隐射长城以东是后金与早期的清，发源于宁古塔的满族人的府邸（盛京），也叫东府，是努尔哈赤与皇太极建立的王朝：后金政权。"街西是荣国府"隐射长城以西原来是汉族人明朝的府邸（北京），也叫西府，后是孝庄与多尔衮建立的王朝：清政权。"二宅相连"隐射后金政权与清朝是一脉相承的政权。"二宅相连，竟将大半条街占了"，意思是说，关内关外的大半个中国，都被清朝八旗占领了，只剩下江南苟延残喘的南明流亡政府。这是顺治元年三月贾雨村多尔衮站在宁远城的位置，放眼中国所看到的政治形势。

（4）贾府的新宅隐射北京清皇宫。《红楼梦》第一回贾家在"长安大都"的新宅就是北京的清皇宫，原为明皇宫，也就是现存的北京故宫。北京并不存在所谓东府宁国府与西府荣国府。宁国府与荣国府是合而为一的一个府邸，即贾府。因为位于北京（长安大都），写成一个府邸十分扎眼，无法隐瞒。迫不得已，就让林黛玉进京时，在乾清门广场重新从东往西走了一遍。因此，书中凡提到"两府"字样的地方，都是指清皇宫一个地方，因为宁府的贾珍与荣府的贾宝玉都隐射顺治皇帝，而宁府的贾蓉与荣府的贾兰都隐射康熙皇帝。当写"宁府"九门大开的时候，是指故宫前部行政区。当写荣府大观园时，是指故宫后廷居住区与西苑三海。

（5）贾府含有家（国家）府的意思，也就是国家的府邸：朝廷皇宫也，所以宁府祭祖，九门洞开："宁国府从大门（正阳门）、仪门（大清门）、大厅（天安门）、暖阁（端门）、内厅（午门）、内三门（太和门与两侧昭德门、贞度门）、内仪门（太和殿）并内塞门（中和殿），直到正堂（保和殿），一路正门大开，两边阶下一色朱红大高照，点的两条金龙一般。"

（6）第三回，王夫人带领林黛玉去贾母处吃饭，从乾清宫昭仁殿（王夫人小院）出发，经乾清宫与交泰殿之间，乾清宫长寿右门，往南宽夹道，折向西夹道，途经永寿门前、启祥门前、春华门前，就到达慈宁宫大院的北墙外，从后门进慈宁宫，须从中宫殿穿过，首先是一个倒座三间的抱厦厅，迎面是一个粉油大影壁，其南就是中宫殿。穿过去就是一个小院落（王熙凤小院）。出小院就是现存的东西穿堂大佛堂。穿过大佛堂就是慈宁宫后院。从后门可以进入慈宁宫。这是《红楼梦》记载的皇宫"西线"。

（7）第四回还详细记载了薛姨妈见王夫人的路线，乃是《红楼梦》记载的皇宫"东线"："原来这梨香院即当日荣公暮年养静之所，小小巧巧，约有十余间房屋，前厅后舍俱全。另有一门通街，薛蟠家人就走此门出入。西南有一角门，通一夹道，出夹道便是王夫人正房的东边了。""梨香院"的贞顺门通外广场，故宫东北角的"竹香馆"，属冷宫，"珍妃井"在此。"一门通街"

指故宫后门神武门通景山。"西南有一角门"指萃赏楼西南处的角门。"通一夹道"指东五所门前的东西夹道，从东向西直达御花园东墙外。"出夹道便是王夫人正房的东边了"——指坤宁宫、交泰殿与乾清宫大院的东墙外南北夹道，为东一长街，经长寿左门口往南，进龙光门就是乾清宫（"王夫人正房"）。

（8）第六回，刘老老（汤若望）在周瑞家的带领下，从后门进荣国府，到凤姐院，隐射从神武门经贞顺门，穿竹香馆西南的东二长街、东六所前夹道、御花园西夹道、乾清宫西夹道（西一长街），折向西夹道，到中宫殿（王熙凤小院）。这是从故宫东北角到西南角的路线。

（9）第六十九回，"贾琏嫌后门出灵不像，便对着梨香院的正墙上通街现开了一个大门"。隐射当年董鄂氏出殡，因棺椁太大，顺治皇帝命令将故宫东北宫墙"上通街现开了一个大门"的史实。"八个小厮和几个媳妇围随"，隐射满蒙八旗亲贵抬灵，贵夫人必须高声哭灵，否则严惩不贷的真实历史。

（10）贾家一次"舜巡"、两次接驾隐射后金三次迁都——第一次"太祖皇帝仿舜巡"——隐射1616年（明万历四十四年）清太祖努尔哈赤从鄂多哩城迁都赫图阿拉（兴京）建立后金王朝。第二次接驾——隐射1621年（后金天命六年）清太祖努尔哈赤从赫图阿拉迁都辽阳。第三次接驾——隐射1625年（后金天命十年）清太祖努尔哈赤从辽阳迁都沈阳，改名盛京。

（11）甄府四次接驾隐射南明维持了19年的五帝四"迁都"——福王弘光帝监国南京，不算接驾。其他四帝为隆武（福州）、绍武（广州）、定武（郧西）、永历（肇庆），此乃甄家接驾四次。

（12）狭义大观园隐射明清皇宫的后廷与西苑三海——大观园分狭义与广义两个概念。狭义的大观园隐射明清皇宫的后廷部分与景山、北海、中南海花园庙宇道观区，不包括乾清门广场以前的朝廷庙堂大殿。这是贾政与贾琏（多尔衮）从顺治元年五月初二开始，到当年九月十九日基本完工的明皇宫修复工程的一部分。整个修复范围就是李自成烧毁的那一部分，最后恢复为现在的故宫殿堂，御花园、太庙花园、社稷坛花园、景山花园、北海与中南海花园与其中的皇家庙宇与道观。狭义的大观园是为了迎接孝庄与顺治皇帝的。

"有凤来仪"是贾宝玉小顺治皇帝的涂鸦之作，认为自己这个小"龙驹凤雏"跟着孝庄这只凤凰，从沈阳的皇宫来到臣服的民家故明皇宫。而女政治家孝庄认为如此题名极不妥当，沈阳故宫与故明皇宫绝非君臣两家的关系，而是一家一国的关系，沈阳是老宅，北京是别墅，也是金朝女真族的旧首都。

"大观园"修缮工程首先抢修被李自成烧毁的明皇宫，最早完工的是武英殿，以便皇室处理朝政。广义的大观园极大，泛指祖国的美丽山河。第十六回："自此后，各行匠役齐集，金银铜锡以及土木砖瓦之物，搬运移送不歇。先令匠人拆宁府会芳园墙垣楼阁，直接入荣府东大院中。荣府东边所有下人一带群房尽已拆去。当日宁荣二宅，虽有一小巷界断不通，然这小巷亦系私地，并非官道，故可以连属。会芳园本是从北拐角墙下引来一股活水，今亦无烦再引。其山石树木虽不敷用，贾赦住的乃是荣府旧园，其中竹树山石以及亭榭栏杆等物，皆可挪就前来。如此两处又甚近，凑来一处，省得许多财力，纵亦不敷，所添亦有限。"这一段话所涉及的地理概念全是由历史概念转化而来的。像贾雨村游历"金陵"，描写贾府老宅一模一样。"街东是宁国府"隐射沈阳故宫，"街西是荣国府"隐射北京明故宫。"街"隐射万里长城，所以叫"两宅相连"——祖国山河能不相连吗？

此处写的是北京明故宫修缮工程，而此时的贾赦（假设的历史人物）隐射作古将近一年的崇德皇帝皇太极。他住在北京清皇宫假设的"东小院"里，用一个地理概念的小空间，隐射崇德朝代在沈阳八年的时间。用黑油大门的"黑"隐射历史的阴影，隐射后宫东部家庙奉先殿。

"宁府会芳园"隐射沈阳故宫御花园，其中的花神秦可卿隐射已死的皇太极与淫荡的孝庄妃。

"拆宁府会芳园墙垣楼阁，直接入荣府东大院中"，隐射清朝入关后辽河流域与滦河海河流域已经连成一片。

"荣府东边所有下人一带群房尽已拆去"，隐射长城附近的明清驻军营房尽行拆除了。不要理解为将故宫的墙拆了。

"当日宁荣二宅，虽有一小巷界断不通，然这小巷亦系私地，并非官道，故可以连属。""界断不通"的小巷隐射戚继光修建的明长城一线。

"会芳园本是从北拐角墙下引来一股活水，今亦无烦再引"，"一股活水"隐射当年划定的明清边界辽河。

"贾赦住的乃是荣府旧园"——广义的"荣府旧园"沈阳，本来就是明朝的旧地建州。狭义的"荣府旧园"指代故宫后宫的家庙"奉先殿"。

"如此两处又甚近，凑来一处，省得许多财力，纵亦不敷，所添亦有限"，长城与辽河流域的两侧"凑来一处，省得许多财力"，统一还是比分裂好啊！省却了游牧民族与农耕民族三千年的战争，难道不好吗？

第三节　人物隐射系统

甄士隐——隐射万历皇帝。贾雨村——隐射努尔哈赤（葫芦庙赠银与冬衣)。

　　甄士隐——隐射崇祯皇帝。贾雨村——隐射皇太极（葫芦庙吟《中秋诗》）。

　　甄士隐——隐射南明五帝（失火后流亡大如州）。

　　贾雨村——隐射皇太极与多尔衮（进京赶考——皇太极在沈阳称帝与多尔衮入主北京）。

　　秦业、秦钟、秦可卿——隐射皇太极。智能儿、王熙凤——隐射孝庄。

　　林黛玉——隐射妹妹庄妃。薛宝钗——隐射姐姐宸妃（天聪崇德时代）。

　　贾母、王夫人——先隐射孝端与孝庄，后来都隐射孝庄。

　　林如海——隐射崇祯皇帝。贾雨村——隐射皇太极与多尔衮（坐馆身教＝进关掠夺）。

　　贾琏与林黛玉——隐射多尔衮与孝庄（入关后为崇祯帝发丧）。

　　贾敬——隐射孔有德。贾赦——隐射皇太极。贾政——隐射多尔衮（贾府三家长）。

　　贾母与林黛玉——隐射孝庄。贾珍——隐射顺治（为孔有德发丧）。

　　张道士——隐射孔有德。贾宝玉——隐射顺治皇帝。

　　邢夫人——先隐射孝端后为孝庄影子。迎春——隐射十四格格。

　　贾政——隐射多尔衮摄政王。王夫人——隐射孝庄皇太后（法定婚姻）。

　　贾琏——先隐射多尔衮，尤二姐、尤三姐指朝鲜两公主。

　　贾琏——隐射多尔衮摄政王。王熙凤——隐射孝庄皇太后（事实婚姻）。

　　金寡妇——隐射皇太极庶妃。金荣——隐射肃亲王豪格（还有焦大）。

　　后廊上五嫂子——隐射孝庄皇太后。贾芸——隐射顺治皇帝（亲政前）。

　　甄宝玉——隐射南明五帝，首先是福王弘光帝（甄家被抄没）。贾宝玉——隐射顺治与康熙皇帝。

　　薛蟠薛文起——隐射吴三桂。冯渊——隐射李自成（争夺陈圆圆＝甄英莲）。

　　冯紫英——隐射李自成（两次酒宴＝石河会战）。

　　薛文龙——隐射顺治皇帝。夏金桂——隐射第一位皇后（《薛文龙悔娶河东狮》）。

　　薛蟠（呆霸王）——隐射顺治皇帝。冯渊（逢冤）——隐射顺治十一弟襄亲王（顺治霸占弟媳妇）。

　　贾琏——隐射顺治皇帝。尤二姐——此处隐射董鄂氏。张华——隐射襄亲王。

　　柳湘莲——隐射顺治皇帝。尤三姐——隐射董鄂氏。

来旺儿——隐射顺治皇帝。彩霞——隐射董鄂氏。贾环——隐射襄亲王。

喜鸾和四姐儿——隐射董鄂氏。鸳鸯——隐射苏麻喇姑。

潘又安——隐射顺治皇帝与吴应熊。司棋——隐射董鄂氏与皇十四格格。鸳鸯——隐射苏麻喇姑。

贾芸——隐射未亲政的顺治皇帝。林红玉——隐射刚入宫的董鄂氏。

贾珍、贾琏、贾珠、贾宝玉、贾芸、柳湘莲——隐射孔有德儿子顺治皇帝（"假做真时真亦假"）。

贾母——隐射孝庄太皇太后。贾宝玉——隐射康熙皇帝。

李家店张氏——隐射孝庄皇太后。张大、张二、张三——隐射皇太极、顺治与康熙。

贾蓉、贾兰——隐射康熙皇帝（将要像"达摩祖师带领徒弟过江去了"，退回满洲）。

甄宝玉——先隐射南明流亡皇帝，后隐射改正错误的未来的汉族皇室。

贾宝玉——先隐射顺治皇帝，后隐射康熙皇帝。

甄士隐——先隐射明与南明皇帝，后隐射抗清十九年的韩王朱本铉与空空道人，最后是未来汉帝的灵魂。

贾雨村——先隐射清朝帝系，后隐射未来清朝亡国皇帝的下场，如皇太极、多尔衮、福临、鳌拜等。

第四节 事件隐射系统

《红楼梦》历史事件隐射系统——从建州都督府的努尔哈赤到康熙二十六年孝庄之死为主要部分，直到康熙二十八年签定《尼布楚条约》，康熙三十六年御驾亲征噶尔丹。

（1）《甄士隐梦幻识通灵》中，甄士隐葫芦庙赠银与冬衣给贾雨村，隐射明万历皇帝册封25岁的努尔哈赤为建州卫都督，兼龙虎将军。

一僧一道在青埂峰下与大荒顽石相遇，隐射崇祯八年、天聪九年多尔衮从察哈尔蒙古获得元顺帝废玉玺，交给皇太极（一僧），并改造成清玺（通灵宝玉）。而当时的孝庄（大荒顽石）已经与孔有德（一道）有染，定南王孔有德（跛足道人）是第三者。此乃《红楼梦》的正式开端。

"石头听了，喜不能禁，说着，便袖了这石，同那道人飘然而去，竟不知投奔何方何舍。"隐射元玺到了盛京。

贾雨村葫芦庙吟《中秋诗》，隐射天聪十年皇太极将改后金为清朝，当崇德皇帝（"玉在椟中求善价，钗于奁内待时飞"——皇太极的庄妃宸妃。

"恰近日这神瑛侍者凡心偶炽，乘此昌明太平朝世，意欲下凡造历幻缘，已在警幻仙子案前挂了号。警幻亦曾问及，灌溉之情未偿，趁此倒可了结的。……因此一事，就勾出多少风流冤家来，陪他们去了结此案。"隐射崇祯十一年、清崇德三年，顺治皇帝（神瑛侍者）降生。次年董鄂氏（绛珠仙子）降生。"已在警幻仙子案前挂了号"，隐射崇德二年孝庄怀了福临（"红光满室，盘旋如龙形"，"烛光盈室"——赤瑕宫也。）

（2）《王熙凤毒设相思局》，追述崇德七年孝庄妃在盛京三官庙诱降洪承畴。

（3）《秦可卿死封龙禁尉》，先隐射崇德八年八月，皇太极在盛京的盛大国葬。秦可卿死后托梦王熙凤，隐射皇太极遗嘱孝庄妃，不要轻易从沈阳迁都北京。时在崇德八年八月初九。第二隐射在景山海棠树上吊的"美人"崇祯——"雕梁画栋落看尘"中的梁栋指景山寿皇亭与绮望楼。天香楼则是寿皇亭。最后隐射顺治十七年八月顺治追封董鄂氏皇贵妃为"端敬"皇后。

（4）《贾宝玉路谒北静王》隐射多尔衮等于崇德八年八月二十五日扶植6岁的顺治皇帝在盛京登基（1643）。也隐射明朝"北京王"，将明朝皇权交给7岁小儿与多尔衮（1644）。

（5）《贾元春才选凤藻宫，秦鲸卿夭逝黄泉路》隐射崇德八年八月初九皇太极（秦鲸卿）死后不久，孝庄（贾元春）就养起小叔子（贾政）来了，"昨日黄土陇头送白骨，今宵红灯帐底卧鸳鸯"也。

（6）《贾雨村风尘怀闺秀》中贾雨村葫芦庙吟《中秋诗》隐射顺治元年多尔衮企图入主北京当皇帝，像赵匡胤那样搞陈桥兵变。

（7）《甄士隐梦幻识通灵》中甄家三月十五被火隐射崇祯十七年三月十五日李自成经昌平而兵临北京城下。此时的甄士隐隐射崇祯皇帝。

（8）《林如海捐馆扬州城》中林如海死于九月初三己时隐射崇祯帝三月十九日上午10时在煤山自缢。此时的林如海隐射崇祯皇帝。九月初三也是史可法复书多尔衮的日子，福王在南京建立"旌忠祠"，祭祀在北京死难的诸朝臣。《林如海捐馆扬州城》又隐射《史可法捐躯扬州城》。

（9）《尤三姐思嫁柳二郎》中柳湘莲救薛蟠隐射多尔衮、多铎等于崇祯十七年四月二十二日在山海关外救吴三桂（石河会战）。薛蟠设宴招待贾宝玉隐射崇祯十七年四月吴三桂请求多尔衮入关。此时的柳湘莲代表顺治皇帝。

（10）《托内兄如海荐西宾》中贾雨村"出月初二"护送林黛玉进京隐射崇祯十七年多尔衮五月初二占领北京，准备接驾。从五月到九月修建大观园隐射修复被李自成焚毁的明故宫。林黛玉进京隐射多尔衮迎接孝端、孝庄两宫皇太后，于崇祯十七年、顺治元年九月十九日入主北京。贾雨村"出月初二"护送林黛玉进京又隐射崇祯十八年、顺治二年五月初二，史可法义子史德威由清兵护送回京，以"忠臣遗孤"名义做人质。

（11）《皇恩重元妃省父母》中元妃省亲隐射孝端、孝庄两宫皇太后与小顺治皇帝驾临北京，多尔衮（贾政）在中南海的水面上安排了欢迎晚会。銮驾从中南海西门而入，所以荣国府大门忽然开门向西。

（12）《起嫌疑顽童闹学堂》隐射崇祯十七年、顺治元年十月一日，顺治在太和门登极。各派政治军事力量纷争庙堂。

（13）《醉金刚轻财尚义侠》隐射汤若望（醉金刚倪二）与顺治近十年的友好交往。醉金刚无息借给贾芸"十五两三钱四分二厘"银子，隐射顺治十三、十四年去南堂拜会汤若望24次。在顺治亲政之前，他受到蒙族（与满族）亲贵（卜世仁，为"不是人"）的冷落，只有汤若望无私地帮助了他。

（14）《不肖种种大承笞挞》隐射因为亲政（为蒋玉菡的红汗巾子，即"龙袍"）问题，多尔衮（贾政）公开欺凌顺治皇帝（贾宝玉），孝庄（贾母与王夫人）为此几乎与摄政王决裂。"回南京去"是指"回盛京去"。时在顺治六年。第三十三回，隐写三加三，为顺治六年。

（15）《魇魔法姊弟逢五鬼 通灵玉蒙蔽遇双真》隐射顺治五年多尔衮（赵姨娘）与范文程（马道婆）企图篡位夺权，加害孝庄（凤姐）与顺治（贾宝玉），满洲八旗（一僧皇太极）与汉军八旗（一道孔有德）联合起来，动用国家神器（清朝玉玺），粉碎了这个阴谋。"逢五鬼"为顺治五年。

（16）《村姥姥是信口开河 情哥哥偏寻根究底》隐射顺治七年八月三日在汤若望（刘老老）助产术的帮助下，孝庄为多尔衮生下一个女儿（巧姐儿、探春）。13岁的顺治皇帝好奇地问来问去。

（17）《林潇湘魁夺菊花诗 薛蘅芜讽和螃蟹咏》——顺治八年多尔衮三兄弟的势力被扫荡一空，14岁的顺治皇帝亲政。《螃蟹咏》挖苦多尔衮三兄弟的败死（"饕餮王孙应有酒，横行公子却无肠"）。《菊花诗》庆祝顺治掌握了权杖（"黄花若解怜诗客，休负今朝挂杖头"）已经九个月。

（18）《葫芦僧判断葫芦案》中薛宝钗"待选"梨（离）香院，隐射顺治第一位皇后于顺治八年二月进京，等待到当年八月才举行大婚。两年后废为静妃，又等待四年二月十二天，才复辟为长春宫主位。

（19）《薛文龙悔娶河东狮 贾迎春误嫁中山狼》隐射顺治八年八月顺治皇帝娶的第一位皇后是"河东狮"，于顺治十年八月被废黜。同月皇太极十四格格（迎春）下嫁吴应熊（孙绍祖）。

（20）《死金丹独艳理亲丧》隐射孔有德于顺治九年七月四日败死桂林，

顺治十一年六月由孔四贞扶柩回京。贾府隆重发丧隐射顺治皇帝为生父隆重发葬。

（21）《幽淑女悲题五美吟》隐射顺治十一年七月四日孔有德两周年忌日，孝庄（林黛玉）悲悼情夫孔有德。

（22）《意绵绵静日玉生香》"小耗（贾宝玉顺治）现形笑道：'我说你们没见世面，只认得这果子是香芋，却不知盐课林老爷的小姐才是真正的香玉呢'"隐射多尔衮偷情孝庄。也隐射顺治十一年二月八日圣寿节，顺治与弟媳妇在南苑第一次偷情。茗烟与万儿交媾隐射索尼与孝庄偷情。十九回指代崇祯十九年，万儿"十六七岁"指代孝庄三十三岁。

（23）《痴女儿遗帕惹相思》隐射顺治（贾芸与贾宝玉）与弟媳妇董鄂氏（林红玉）坠入情网，私相往来，交换信物，顺治（贾宝玉）想纳弟媳妇董鄂氏（林红玉）为妃，怕新皇后（袭人）不高兴。

（24）《接外孙贾母惜孤女》中林黛玉进京隐射顺治十一年六月十六日迎娶孝庄的亲外孙女（林黛玉是贾母女儿贾敏的独生女）、新皇后（袭人）进宫。

（25）《贾宝玉神游太虚境 警幻仙曲演红楼梦》隐射顺治十二年。《金陵十二钗》乃宗室女孙玉牒，孝庄引领福临视察皇史宬玉牒档案，二月八日孝庄圣寿节，孝庄一方面规劝教育，一方面安排顺治皇帝与董鄂氏在自己的秘密卧室幽会。警幻仙姑隐射孝庄皇太后。贾宝玉隐射19岁的顺治皇帝。奉兼美为弟媳妇董鄂氏。

（26）《贾二舍偷娶尤二姨》与林黛玉进荣国府，隐射顺治迎娶弟媳妇襄亲王大福晋董鄂氏低调入宫，时在顺治十二年五月初三夜晚。

（27）《王熙凤恃强羞说病 来旺妇倚势霸成亲》隐射孝庄（来旺妇）支持儿子（来旺儿）霸占弟媳妇。时在顺治十二年五月。

（28）《苦尤娘赚入大观园》中尤二姐流产隐射董鄂氏大福晋进宫后不久即小产一个男胎。时在顺治十二年七八月。

（29）《埋香冢飞燕泣残红》中林黛玉《哭花阴》与《葬花吟》隐射董鄂皇贵妃痛哭流产男胎与四阿哥荣亲王之死，时在顺治十五年春。

林黛玉《哭花阴》与《葬花吟》发生在四月二十五日下午与四月二十六日，祭奠顺治二年（"蔷"字十八划，隐指崇祯十八年）四月二十五日下午史可法殉国与四月二十六日开始的扬州屠城。

（30）《惑奸谗抄检大观园》隐射顺治皇帝听信谗言，抄检董鄂皇贵妃的承乾宫，又抄检了景仁宫等后宫，这是董鄂氏（尤三姐）死亡的重要原因。时在顺治十六年。

（31）《矢孤介杜绝宁国府》："惜春冷笑道：'我虽年轻，这话却不年轻。你们不看书不识几个字，所以都是些呆子，看着明白人，倒说我年轻糊涂。'……尤氏道：'可知你是个心冷口冷心狠意狠的人。'惜春道：'古人曾也说的，不作狠心人，难得自了汉。我清清白白的一个人，为什么教你们带累坏了我！'"——惜春与尤氏的矛盾隐射孔四贞与孝惠章皇后的终生矛盾。时在顺治十三四年。

（32）《秦可卿死封龙禁尉》隐射董鄂皇贵妃死封"端敬"皇后。时在顺治十七年八月十九日。秦可卿的隆重葬礼隐射皇太极、崇祯帝与董鄂氏"端敬"皇后三次国葬。一次在崇祯十七年与崇德八年八月，一次在顺治十七年。

瑞珠为秦可卿"触柱而亡"隐射三十名宫女太监殉葬董鄂氏，和尚劝阻乃止。"珠"者，三十朱血也，时在顺治十七年九月底。"瑞珠"者，"泪珠"也，又隐射追随崇祯自缢的太监王承恩。

（33）《痴公子杜撰芙蓉诔》隐射顺治在董鄂氏灵前念的那篇著名诔文，时间是顺治十七年九月中旬。说董鄂氏与自己偷情（小耗子偷"香芋"，在顺治十一年二月八日），次年（顺治十二年，董鄂氏18岁）入宫，侍奉顺治皇帝"五年八月有畸"，死时22岁（顺治十七年八月壬寅，即八月十九日，1660年9月23日）。前后恰好"五年八月"。

（34）《冷二郎一冷入空门》中柳湘莲因尤三姐之死而出家，隐射顺治在董鄂氏死后痛不欲生而削发。尤三姐说："姐姐只在五年前想就是了。"证明董鄂氏确实侍奉顺治皇帝"五年八月有畸"。时在顺治十七年。

（35）《情小妹耻情归地府》中尤三姐之死隐射董鄂氏含冤羞愤而死。尤三姐魂灵对柳湘莲说："妾痴情待君五年矣，不期君果冷心冷面，妾以死报此痴情。"隐射顺治怀疑董鄂氏，打了她一个嘴巴，还抄检了承乾宫与全部后宫（第七十四回《惑奸谗抄检大观园》）。时在顺治十七年。

（36）《薛宝钗出闺成大礼》中的"黛死钗嫁"——并无此史。隐射顺治"秘密奏折"被孝庄皇太后偷梁换柱为顺治"罪己诏"，既平息了满蒙亲贵的强烈不满，又为康熙皇帝确定了清规戒律。时在顺治十八年正月初七。

（37）《以假混真宝玉疯癫》："凤姐看了道：'象倒象，只是颜色不大对，不如叫宝兄弟自己一看，就知道了。'这时宝玉正睡着才醒。凤姐告诉道：'你的玉有了。'宝玉睡眼蒙胧，接在手里也没瞧，便往地下一撂道：'你们又来哄我了。'说着只是冷笑。"隐射顺治皇帝知道"秘密奏折"已经被偷梁换柱。时在顺治十八年正月初七。

（38）《瞒消息凤姐设奇谋》："到了正月十七日，王夫人正盼王子腾来京，只见凤姐进来回说：'今日二爷在外听得有人传说：我们家大老爷赶着进京，离城只二百多里地,在路上没了!太太听见了没有?'"其实写的是"到了正月十七日,王夫人正盼王子腾来京",但"没了"。——隐射顺治皇帝死。时在顺治十八年正月实七日。

(39)《冷子兴演说荣国府》贾珠之死隐射顺治"死于"天花(顺治十八年正月初七)。"黛死钗嫁"与"移花接木"隐写废黜顺治,康熙接替。

(40)《俏丫鬟抱屈夭风流》中晴雯"直着嗓子喊了一夜"而死,隐射贞妃董鄂氏为顺治殉葬前的痛苦挣扎。时在顺治十八年春。

(41)《占旺相四美钓游鱼 奉严词两番入家塾》隐射进入了康熙时代。

(42)《博庭欢宝玉赞孤儿 正家法贾珍鞭悍仆》——传位康熙,而清君侧。

"忽见宝玉进来,手中提了两个细篾丝的小笼子,笼内有几个蝈蝈儿,说道:'我听说老太太夜里睡不着,我给老太太留下解解闷。'"——"两个细篾丝的小笼子",隐射两个传位方案。

"贾母道:'你们娘儿两个跟着我吃罢。'李纨答应了。一时摆上饭来,丫鬟回来禀道:'太太叫回老太太,姨太太这几天浮来暂去,不能过来回老太太,今日饭后家去了。'于是贾母叫贾兰在身旁边坐下,大家吃饭,不必细述。"——最后确立了康熙的皇位。

(43)《昧真禅雨村空遇旧》隐射南明亡,甄士隐代表的定武皇帝"韩王不知所终"。时在康熙三(二)年,距崇祯上吊恰好"十九载矣"。

(44)《醉金刚小鳅生大浪》隐射汤若望天算案。

(45)《奉严词两番入家塾》与《阅邸报老舅自担惊》隐射三藩之乱。

"薛蟠(吴三桂)打死张三(废除康熙年号)"隐射吴三桂在康熙十三年一月叛乱,于康熙十七年、吴周昭武元年(1678)称帝,不久死。

(46)《破好事香菱结深恨》隐射陈圆圆抱怨吴三桂不该降而复叛,造成生灵涂炭。

(47)《琉璃世界白雪红梅 脂粉香娃割腥啖膻》隐射平定三藩,收复台湾。时在康熙二十三年冬。

(48)《薛小妹新编怀古诗》中薛宝琴写的十首《怀古诗》,回顾了郑成功三代转战东南与经营台湾的功名事业。薛小妹隐射郑克塽。十首《怀古诗》,导致郑克塽三十五岁夭亡。

(49)"昨夜朱楼梦,今宵水国吟"隐射朝廷对台湾的基本政策。《俏平儿情掩虾须镯》隐射索额图对黑龙江满奸的处分。

(50)《宁国府除夕祭宗祠》隐射康熙二十四年春节(元宵),纪念祖国大一统,收复台湾。

(51)《寿怡红群芳开夜宴》隐射康熙二十二年七月三日庆祝平定三藩与收复台湾。袭人两次提到"预备四十碟果子",隐射从顺治元年(1644)清朝入关,到1683年、康熙二十二年(1684)收复台湾,恰好为40年。第六十三回隐写康熙三十六年御驾亲征噶尔丹。

(52)《宴海棠贾母赏花妖 失宝玉通灵知奇祸》隐射康熙二十五年,孝庄回光返照。

(53)《史太君寿终归地府 王凤姐力诎失人心》隐射康熙二十六年孝庄薨逝。

(54)《忏宿冤凤姐托村妪》隐射康熙二十五年,孝庄安排与多尔衮所生女儿的前途。

(55)《王熙凤历幻返金陵》隐射康熙二十六年孝庄薨逝。

(56)《得通灵幻境悟仙缘》的对联:乃作者直接告诉读者《红楼梦》写了过去、现在、未来三部分。

(57)《甄士隐详说太虚情 贾雨村归结红楼梦》中花袭人从贾府嫁给蒋玉菡,隐射龙袍回到了汉族(正统)皇室。顺治废黜,新皇后没了丈夫。

"贾雨村犯婪索罪,今遇大赦,递籍为民。"预告清鳌拜下场与末代皇帝结局。

"士隐道:宝玉,即'宝玉'也。那年荣宁查抄之前,钗黛分离之日,此玉早已离世。一为避祸,二为撮合。从此凤缘一了,形质归一。又复稍示神灵,高魁贵子,方显得此玉乃天奇地灵锻炼之宝,非凡间可比。前经茫茫大士渺渺真人携带下凡,如今尘缘已满,仍是此二人携归本处:便是宝玉的下落。"隐射福临废黜,撮合玄烨登基。

总之,在《红楼梦》里,凡明确的数字,都是标记历史事件的密码。读者千万不要认为这些数字都是顺手编造。其实每一组数字都是作者精心设计的,等待后人破译。

第五节 甄真贾假隐射系统

(1)甄士隐代表明万历皇帝、崇祯皇帝与南明五帝。

(2)甄宝玉先隐射与顺治、康熙对应的南明弘光皇帝等五帝,后来隐射未来的汉族皇帝(李自成的大顺皇帝,吴三桂的大周皇帝,洪秀全的天朝皇帝,乃至袁世凯的短命皇帝)。因为他们争夺或保护的明朝传国玉玺(甄英莲)是明朝皇帝(甄士隐)的女儿,而传国玉玺(甄英莲)还留了后代,"遗一子于薛家，以承宗祧"（一百二十回）。

（3）贾家分真贾与假贾两支——真贾血统指爱新觉罗氏；假贾血统指孔有德孔氏。清朝皇室从努尔哈赤（清太祖天命朝——贾代化与贾代善）到皇太极（清太宗天聪与崇德朝——贾赦）两代是真贾，即真正的爱新觉罗血统。自顺治皇帝（贾珍、贾珠、贾琏、贾宝玉与柳湘莲）以下，如康熙（贾蓉与贾兰）、雍正、乾隆等，都是孔有德的后代，属于假贾血统。

（4）真贾血统——皇太极（贾赦）与多尔衮（贾政）、豪格（焦大）、阿济格（贾蓉）、多铎（贾蔷）、代善（赖爷爷）、济尔哈朗（李贵）、豪格（金荣）——已经住在贾府之外，属于真贾血统。

（5）假贾血统——孔有德（贾敬，乃贾代化起血统变化的儿子，即贾代化的假儿子）。

皇太极（贾赦）是顺治（贾琏＝假连）假设的父亲。

多尔衮（贾政）是顺治（贾珠＝假珠与贾宝玉＝假宝玉）假设的叔父。

顺治（贾珍、贾琏、贾珠、贾宝玉与柳湘莲）是孔有德（贾敬与张道士）之子。

孔四贞（惜春、史湘云与妙玉）是孔有德（贾敬、张道士与"一道"）之女。

《红楼梦》对血统关系写得很准确、很认真。但这是空空道人与曹雪芹的观点，正史里不可能出现这样的记录。《红楼梦》讲的甄真贾假是指小说里的真假故事与真假血统。仅此而已。值得注意的是，被公认的索隐派领导人物蔡元培先生在《石头记索隐》里提出了两个根本观点：一认为"宝玉"指国家玉玺。二认为"贾宝玉，言伪朝之帝系也"。此乃索隐派两大支柱。对于前者，有人认为，不是"传国玉玺"，而是不能传国的"短命玉玺"。对于后者，有人鼓吹在全部红学中，"蔡元培"先生的"贾宝玉，言伪朝之帝系也"为"最是辉煌第一说"。

笔者认为，蔡元培先生的"宝玉——国家玉玺"说百分之百的正确。而蔡元培先生"贾宝玉，言伪朝之帝系也"，乃百分之百的错误。

"贾宝玉，言伪朝之帝系也"完全违背了《红楼梦》作者的本意，与《红楼梦》主题思想背道而驰。蔡元培先生的追随者甚至认为："贾宝玉者，其为作者之死敌，中国之灾星乎？甄宝玉者，其为作者之化身，中国之救星乎？"这是反《红楼梦》反历史的。

清末民初继承国学传统的索隐派看出了《红楼梦》的隐义为"悼明揭清"，"贾宝玉言伪朝之帝系"，但考证出来的结果正确的少，谬误的多，俞平伯批评说："东鳞西爪亦仿佛似之，徐按之又都不能自圆其说。"

《红楼梦》写了许多僧人、道士的故事。古怪的是铁槛寺里既有和尚，又有道士，栊翠庵里有道婆，水仙庵里有老道。说明并非宗教意义上的庙宇与道观，而是满人统治下满汉杂居的臣民。

（1）一僧一道——皇太极与孔有德

"正当嗟悼之间，俄见一僧一道，远远而来，生得骨格不凡，丰神迥异。""那僧笑道：'你且莫问，日后自然明白的。'说着，便袖了这石，同那道人飘然而去，竟不知投奔何方何舍。"（第一回）——崇祯八年、天聪九年，皇太极获得元玺，带到盛京去了。

"一日，炎夏永昼，士隐于书房闲坐，至手倦抛书，伏几少憩，不觉朦胧睡去。梦至一处，不辨是何地方。忽见那厢来了一僧一道，且行且谈。"——隐射崇德二年皇太极与孔有德的部队入关掠夺。次年正月三十，顺治皇帝降生。

甄士隐"这日拄了拐扎挣到街前散散心时，忽见那边来了一个跛足道人，疯狂落拓，麻鞋鹑衣"（第一回）。道人念"好了歌"，士隐注解"好了歌"。士隐"将道人肩上的褡裢抢过来背上，竟不回家，同着疯道人飘飘而去"（第一回）。——隐射崇祯自缢后，南明皇室飘零江南。

"宝玉忙托着锁看时，果然一面有四个字，两面八个字，共成两句吉谶。""莺儿笑道：'是个癞头和尚送的，他说必然錾在金器上。'"（第八回）"宝钗因往日母亲对王夫人曾提过'金锁是个和尚送的，等日后有玉的方可结为婚姻。'"（第二十八回）——隐射满蒙联姻是当年后金皇室与科尔沁会盟定的基本国策。

"贾瑞此时要命心急，无药不吃，只是白花钱，不见效，忽然这日有个跛足道人来化斋，口称专治冤孽之症。""那个跛足道人……抢了镜子，眼看着他飘然去了。"（第十二回）——隐射跛足道人孔有德的灵魂来救助贾瑞洪承畴，但已经不可救药。

正当众人一筹莫展之际，"忽听见空中隐隐有木鱼声，念了一句'南无解冤解结菩萨。有那人口不利，家宅不安，中邪祟，逢凶险的，找我们医治。'贾母王夫人都听见了，便命人向街上找寻去。原来是一个癞和尚同一个跛道士。"……"那僧道：'长官你那里知道那物的妙用。只因他如今被声色货利所迷，故不灵验了。你今且取他出来，待我持颂持颂，只怕就好了。'……那和尚接了过来，擎在掌上，长叹一声道：'青埂峰一别，展眼已过十三载矣！'"……"凤姐宝玉果一日好似一日的。"（第二十五回）——自天聪九年获元玺，十三年后为顺治五年，多尔衮（赵姨娘）与范文程（马道婆）阴谋篡位，被皇太极系统的满洲八旗与孔有德为首的汉军部队联合粉碎。

柳湘莲"似梦非梦,睁眼看时,竟是一座破庙,旁边坐着一个瘸腿道士捕虱"(第六十六回)。柳湘莲"被道人数句冷言,打破迷关,竟自截发出家,跟随这疯道人飘然而去"(第六十七回)。——顺治皇帝(柳湘莲)在董鄂氏(尤三姐)死后,由孔有德的灵魂接去。

(2) 空空道人

"有个空空道人……忽然一块大石……将这'石头记'……从头至尾抄写回来,闻世传奇。从此……遂改名情僧。"(第一回)——表明空空道人是《红楼梦》第一作者。空空道人即甄士隐。若非作者,何必隐瞒真实?何必解注《好了歌》?空空道人、甄士隐,就是抗清十九年、于康熙二年"韩王不知所终"的南明末帝朱本铉。

(3) 葫芦庙炸供的和尚"葫芦僧"

《红楼梦》中提到两个"葫芦庙"和尚。一个是"葫芦庙"和尚贾雨村(第一回)——隐射皇太极与多尔衮。另一个就是葫芦庙出身的门子。"原来这门子本是葫芦庙里一个小沙弥,因被火之后,无处安身……遂趁年纪轻,蓄了发,充当门子。"(第四回)这个门子,拿出了"护官符",揭开了贾史王薛四大家族联络友亲的内幕。——隐射满洲八旗亲贵。所谓"八九年"前指代皇太极称帝的崇德元年。

(4) 智通寺

"雨村闲居无聊……信步至一山环水漩,茂林修竹之处,隐隐有座庙宇,门巷倾颓,墙垣剥落。有额题曰'智通寺',门旁又有一副破旧的对联云:身后有余忘缩手,眼前无路想回头。"(第二回)——"智通寺"对联是对清朝入主中原后果的预报。此时的贾雨村隐射顺治元年将要入关的多尔衮,"智通寺"的意思是,多尔衮"直通死"。当了摄政王,又想当皇上,能不"直通死"吗?直通寺指代宁远城。

(5) 玄真观道士

贾敬"一味好道,只爱烧丹炼汞……又不肯住在家里,只在都中城外与那些道士们胡羼"(第二回)。贾敬宾天,尤氏"命人先到玄真观将所有的道士都锁起来,等大爷来家审问"(第六十三回)。众道士说:"原是秘制的丹砂吃坏了事,小道们也曾劝过说:'功夫未到,且服不得。'不承望老爷子于今夜守庚申时,悄悄的服下了去,便升仙去了。这是虔心得道,已出苦海,脱去皮囊了。"(第六十三回)——隐射孔有德降清是"误服金丹移真骨",不得好死。六十三回为六加三,指顺治九年。

(6) 专治无名病症的和尚

薛宝钗有那宗病,"也不知请了多少大夫,吃了多少药,花了多少钱,总不见一点儿效验儿。后来还亏了一个和尚，专治无名的病症，因请他看了，他说我这是从胎里带来的一股热毒，幸而我先天壮，还不相干，要是吃凡药，是不中用的。他就说了个海上仙方儿，又给了一包末药作引子，异香异气的，他说犯了时吃一丸就好了"（第七回）。——这个会配药的和尚，是"行痴"和尚顺治皇帝，配药时间四年二月十二天，他的第一位皇后博尔济吉特氏废黜为"冷美人"静妃了，顺治十四年八月废黜，顺治十四年十月复为长春宫主位，正好四年二月十二天。

（7）水月庵、智通、智能儿、芳官

周瑞家的奉命送宫花，"只见惜春正同水月庵的小姑子智能儿两个一处玩耍呢"（第十五回）。——惜春隐射孔四贞，智能儿隐射孝庄。"水月庵"指清后宫。"馒头庵"指入主北京的清后宫。当时的民谣云："朱家麦，李家磨，做成一个大馍馍，送给对巷赵大哥。"

（8）秦可卿丧事

秦可卿死后"这四十九日，单请一百零八众僧人在大厅上拜大悲忏"，"天香楼，是九十九位全真道人，打十九日解冤洗业醮"，"会芳园中，灵前另外五十众高僧，五十位高道，对坛按七作好事"（第十三回）。"五七正五日上，那应佛僧正开方破狱……那道士们正伏章申表……又有十二众青年尼僧，搭绣衣，红鞋，在灵前默诵接引诸咒，十分热闹。"（第十四回）——隐射皇太极与董鄂氏相隔18年的两次隆重国葬。

（9）铁槛寺住持色空、十二小沙弥、十二小道士

"铁槛寺是宁荣二公当日修造的，现今还有香火地亩，以备京中老了人口，在此停灵。"（第十五回）贾珍"因见发引日近，亲自坐车带了阴阳生，往铁槛寺来踏看寄灵之所，又一一嘱咐住持色空好生预备新鲜陈设，多请名僧，以备接灵使用"（第十四回）。——隐射董鄂氏隆重国葬。

元春省亲前，大观园里建有"玉皇庙并达摩庵两处"（第二十三回），"采访聘买得十二个小尼姑、小道姑，都到了"（第十七回）。不久，"一班小尼姑，道姑也都学会念佛诵经"（第十八回）。元春省亲，"忽见山环佛寺，忙盥手进去焚香拜佛，又题一匾云：'苦海慈航'，又额外加恩与一班幽尼女道"（第十八回）。元春省亲后，"十二个小沙弥并十二个小道士""送到家庙铁槛寺去"，交贾芹去管（第二十三回）。——隐射皇太极的隆重国葬。

（10）馒头庵、静虚、智善、智能

王熙凤"带着宝玉秦钟往馒头庵来"，"静虚带领智善智能两个徒弟出来迎接"（第十五回）。这一夜，馒头庵里不平静，同时上演两台好戏。

一台是情爱戏。秦钟和智能儿在荣府时常玩笑，"二人虽未上手，却已情

投意合了"。"秦钟趁黑晚无人,来寻智能儿"。此戏为《秦鲸卿得趣馒头庵》(第十五回)。——秦钟隐射多尔衮,智能儿隐射孝庄,在皇太极殡葬期间,已经"养小叔子"了。

一台是政治戏。静虚为了一桩官司请求王熙凤帮忙。"我想如今长安节度云老爷,和府上相好……写一封书子,求云老爷和那守备说一声,不怕他不依。要是肯行,张家那怕倾家孝顺,也是情愿的。"此戏为《王凤姐弄权铁槛寺》(第十五回)。——先隐射孝端孝庄皇太后情愿割断与皇太极的夫妻名分而"养小叔子",后隐射孝庄迫使襄亲王与董鄂氏解除婚姻关系。

(11)栊翠庵、妙玉、道婆(蟠香寺、牟尼院、妙玉的师父)

妙玉"苏州人氏,祖上也是读书仕宦之家,因自幼多病……到底这姑娘入了空门"(第十八回)。邢岫烟说:"我和他做过十年的邻居,只一墙之隔,他在蟠香寺修炼。"(第六十三回)妙玉进大观园时18岁,"去年随了师父上来,现在西门外牟尼院住着,他师父精演先天神教,于去冬圆寂了"(第十七回)。照上述推算,妙玉7岁前就进了蟠香院了。而7岁的孩子如何会与邢岫烟有"半师之分"?可见妙玉的历史有许多"真事隐"了。

妙玉在大观园涉及三场戏。

《贾宝玉品茶栊翠庵》(第四十一回)妙玉向贾母等敬茶后,"只见道婆收了上面茶盏来",忙命将刘老老喝过的茶杯"搁在外头去罢"。

《芦雪亭争联即景诗》(第五十回)贾宝玉为什么能够向妙玉要来梅花事后,连邢岫烟也诧异,"怪不的上年竟给你那些梅花"(第六十三回)。

《寿怡红群芳开夜宴》(第六十三回)宝玉收到"一张粉红笺纸,上面写道:'槛外人妙玉恭肃遥叩芳辰。'""妙玉并没亲来,只打发个妈妈送来。"宝玉请教了邢岫烟,"写了帖子,上面只写'槛内人宝玉熏沐谨拜'几字,亲自拿了到栊翠庵,只隔门缝儿投进去"。妙玉是金陵十二钗第六号人物,是唯一与四大家族没有血缘关系的人物。妙玉凭什么能搭上"金陵十二钗"——原来"十八岁"隐射康熙十八年,孔四贞将军从驻扎10年的桂林回到了北京。《寿怡红群芳开夜宴》指康熙二十二年五月三日(实际为七月初三)庆祝平定三藩并收复台湾。《贾宝玉品茶栊翠庵》与《芦雪亭争联即景诗》隐射孔四贞与康熙的姑侄情结,还回忆了平藩与收台十年的战乱。

(12)马道婆隐射范文程,他协助多尔衮篡位,事在顺治五年("逢五"鬼)。

马道婆,"宝玉寄名的干娘",指代福临的老师范文程。

赵姨娘为了大人偏疼宝玉和不服王熙凤这个主儿,"将首饰拿了些出来,并体己散碎银子,又写了五十两欠约,递与马道婆"(第二十五回),请马道婆帮忙算计宝玉和王熙凤。马道婆"满口应承,伸手先将银子拿了,然后收了契"。马道婆回去施妖法,"自有效验的"。

（13）清虚观、张法官、众道士、一个小道士

元春"打发夏太监出来送了一百二十两银子,叫在清虚观初一到初三打三天平安醮"（第二十八回）。

贾母等"到了清虚观门口,只听钟鸣鼓响,早有张法官执香披衣,带领众道士在路旁迎接"。指顺治七年为多尔衮求福。

"有个十二三岁的小道士儿……正欲得便且藏出去,不想一头撞在凤姐怀里,凤姐便一扬手,照脸打了个嘴巴,把那小孩子打了一个跟头。"——指福临正想报复多尔衮,被母后阻止。

幸喜贾母出面调停才平息这场小小的风波。"可怜见儿的……给他几个钱买果子吃,别叫人难为了他。"

张法官,"当日荣国公的替身……现今王公藩镇都称为'神仙'"。——指孔有德乃皇太极替身。

张法官为宝玉说媒。张法官立马为巧姐换寄名符。

张法官借让"那些远来的道友和徒子徒孙们见识见识"那块宝玉之机,送来"或有'事事如意',或有'平平安安',皆是珠穿宝嵌,玉琢金镂,共有三五十件"。指顺治十八年南明停止反抗。（以上引自第二十九回）

（14）水仙庵、老姑子、老道

宝玉和焙茗来至水仙庵门前,"那老姑子见宝玉来了,事出意外,竟象天上掉下个活龙来的一般,忙上来问好,命老道来接马"（第四十三回）——顺治皇帝（活龙宝玉）祭奠谨贵人（金钏儿）,孝庄（老姑子）很满意。

（15）地藏庵、圆信、蕊官、藕官

蕊官和藕官是一对同性恋情人。"蕊官藕官二人跟了地藏庵的圆信"（第七十七回）——蕊官和藕官的任务是解释女人死了男人应该再找一个新欢。为孝庄圆场也。

（16）天齐庙、老王道士

"天齐庙"指南明政权。"老王道士"指南明抗清头领。"疗妒汤"无效,隐射反清行动失败。事在顺治、康熙交接期间。（第八十回）

贾宝玉去天齐庙还愿,"请了当家的老王道士来陪他们说话儿"。（第八十回）

（17）"可怜绣户侯门女,独卧青灯古佛旁。"（第一百二十回）——惜春隐射孔四贞晚年在皇宫隐居。惜春与妙玉都隐射解甲归隐的孔四贞将军。

第三章 天命年间

第一节 清太祖定都赫图阿拉

明万历四十四年、后金天命元年（1616）正月初一，努尔哈赤建立后金——定都赫图阿拉，揭开了清朝296年的历史序幕。

清朝开基的地方在沈阳东边。初起时聚群而居，垒土为城，地名鄂多哩，远祖为通古斯族，后称女真族。相传唐虞以前便居住辽东，称为肃慎国。舜帝二十五年，肃慎国进贡弓箭，史册上曾有记载。赵宋时代，金太祖阿骨打击败辽国，定都北京，京城在广安门一带，然后开疆拓土，直到黄河南岸，这就是金朝。

女真族的金朝与汉族的宋朝南北对立，势同水火。岳飞抗金，与金兀术血战中原，名垂青史。秦桧和金，与宋高宗狼狈为奸，害死了岳飞，因而遗臭万年。这段历史家喻户晓，所以金朝在汉族人的心目中，名声很臭。后来蒙古族兴起，金朝逐渐衰落。蒙古与南宋联兵，将金朝吞灭。女真遗族逃奔东北，伏处辽东海滨。经过二百多年，爱新觉罗·努尔哈赤登上了我国东北的历史舞台。随着军事力量的日益强大，努尔哈赤不愿意臣服日薄西山的明朝了，竟然分庭抗礼，建立后金王朝，统一满洲，定都赫图阿拉（兴京，现辽宁省新宾市），史称清太祖（贾代化与贾代善）。其上一代塔克世为世祖宣皇帝（宁国公与荣国公），居住在宁古塔，宁公的"宁"字即指宁古塔。《红楼梦》第五回云："吾家自国朝定鼎以来，功名奕世，富贵流传，虽历百年，奈运数终尽，不可挽回者。"是红学一道最重要的数学题。新红学家咬定是从后金建国的1616年算起，到1715年6月4日"曹雪芹"出生，于是通灵宝玉成了曹寅老奴才的孙子。其实第五回发生在顺治十二年二月初八孝庄圣寿节（1655），上推96年为1559年，明嘉靖三十八年，清太祖出生。再推至1555年为塔克世娶妻，建都赫图阿拉（新宾），恰好一百年，这才是作者的本意。

《红楼梦》中王熙凤所谓"太祖皇帝仿舜巡的故事",就是指清太祖建立后金,定都赫图阿拉。元春省亲隐射孝端、孝庄皇太后与顺治皇帝入主北京,时当1644年(顺治元年),距1616年(后金天命元年)共计28年。所以凤姐(孝庄皇太后)说,"早生二三十年方能赶上"。指"太祖皇帝仿舜巡的故事"为明万历四十四年、后金天命元年。

"早生二三十年"是《红楼梦》给读者提供的重要历史时间坐标(第十六回《贾元春才选凤藻宫》)。

努尔哈赤建国后,极想占领叶赫,向西扩张,而明朝帮护叶赫。努尔哈赤于是背明,不做建州卫都督了,自称后金开国大汗,要复兴金太祖阿骨打的霸业,并筑造宫殿,建立年号为天命元年,形成山海关外的地方割据势力。

读者必须心里有数,努尔哈赤原为明朝的建州卫都督,后来才建立后金王朝。这个地方政权入主北京后,建立大清帝国,充其量是少数民族取代汉族来管理国家。说来说去,都是中华民族各兄弟之间的家事。女真族先祖曾在南宋年间建都北京。努尔哈赤的孙辈顺治皇帝入主中原,是女真族第二次在北京称帝了。

第二节 大观园试才——金朝建都北京史

《红楼梦》第二号人物多尔衮的化身贾政,对金朝建都北京的往事记忆犹新,但很不高兴汉族归降的大臣们(清客相公)提到它。

第十七回大标题就明确指出,孝端、孝庄两宫皇太后与顺治皇帝入主北京,并非到了新地方,而是"归省"老家——金朝的旧都北京。

(1)宝玉道:"尝闻古人有云:'编新不如述旧,刻古终胜雕今。'况此处并非主山正景,原无可题之处,不过是探景一进步耳。莫如直书'曲径通幽'这旧句旧诗在上,倒还大方气派。"众人听了,都赞道:"是极!二世兄天分高,才情远,不似我们读腐了书的。"——顺治皇帝(贾宝玉)认为,北京故宫题字,对后金政权来说,是"述旧",是"刻古",并非"编新"或"雕今"之事。

(2)一个道是:"淇水遗风。"贾政道:"俗。"又一个是:"睢园遗迹。"贾政道:"也俗。"……贾政道:"难道'淇水''睢园'不是古人的?"宝玉道:"这太板腐了。莫若'有凤来仪'四字。"众人都哄然叫妙。——顺治皇帝(贾宝玉)认为,将金国故都直棱棱地叫作"金朝遗风"与"金朝遗迹",未免"太板腐了",也未表现出满蒙联姻与"满汉一家"的新的意义,题上

"有凤来仪"四字,突出了母亲孝端、孝庄两位国母的正统与崇高地位,是最为重要的。

(3)众人道:"再不必拟了,恰恰乎是'武陵源'三个字。"贾政笑道:"又落实了,而且陈旧。"众人笑道:"不然就用'秦人旧舍'四字也罢了。"宝玉道:"这越发过露了。'秦人旧舍'说避乱之意,如何使得?莫若'蓼汀花溆'四字。"——汉族清客用"武陵源"与"秦人旧舍"来形容清回到北京,是当年的金朝复辟了,有对多尔衮(贾政)巴结奉承之意,但显然没有理解当年皇太极改后金为清的政治企图,越发会引起汉族人的反感。因此,多尔衮批评说"又落实了,而且陈旧"。顺治皇帝也批评说:"这越发过露了。'秦人旧舍'说避乱之意,如何使得?"——"落实"与"陈旧"者,将清的新气象落实为大金国复辟了。"过露"与"避乱之意"者,揭露了大金国的历史罪恶也,"如何使得"?

(4)贾政与众人进去,一入门,两边都是游廊相接。院中点衬几块山石,一边种着数本芭蕉;那一边乃是一棵西府海棠,其势若伞,丝垂翠缕,葩吐丹砂。众人赞道:"好花,好花!从来也见过许多海棠,那里有这样妙的。"贾政道:"这叫做'女儿棠',乃是外国之种。俗传系出'女儿国'中,云彼国此种最盛,亦荒唐不经之说罢了。"众人笑道:"然虽不经,如何此名传久了?"宝玉道:"大约骚人咏士,以花之色红晕若施脂,轻弱似扶病,大近乎闺阁风度,所以以'女儿'命名。想因被世间俗恶听了,他便以野史纂入为证,以俗传俗,以讹传讹,都认真了。"众人都摇身赞妙。——"女儿棠"与"西府海棠"皆隐射孝庄皇太后。"女儿国"隐射大清国是女人掌权的国家。多尔衮(贾政)是打着"为君父报仇"的旗号,联合吴三桂(薛蟠),击溃李自成(冯渊)的。顺治皇帝(贾宝玉)委婉地指出,汉人乃"俗恶"自己的母亲孝庄皇太后,所以称她建立的大清国是"女儿国",其实是"以野史纂入为证,以俗传俗,以讹传讹",乃无稽之谈也。

第三节 清朝四迁都与南明四接驾

《红楼梦》中的贾代化与贾代善,还有秦业,都隐射后金大汗——清太祖努尔哈赤。"代化"与"代善"者,女真族转化为满族的伪善政权也。"秦业"者,秦始皇"虎狼之国"的事业也。

关于"接驾"——《红楼梦》里共有八次——四次隐射清廷,四次隐射南明。

（一）贾府有四次——指清廷皇家的四次迁都：

（1）1616年（明万历四十四年、后金天命元年）努尔哈赤从鄂多哩城迁都赫图阿拉（兴京）建立后金王朝——"太祖皇帝仿舜巡"。1644年（顺治元年）凤姐（孝庄皇太后）说，"早生二三十年方能赶上"就是指此。这是科尔沁蒙族人的看法。

（2）1621年（明天启元年、后金天命六年）努尔哈赤从赫图阿拉迁都辽阳——赵嬷嬷道："咱们贾府……只预备接驾一次。"就是指此。这是满族人的感受。

（3）1625年（明天启五年、后金天命十年）努尔哈赤从辽阳迁都沈阳，改名盛京——王熙凤说"我们王府也预备过一次"。这是清皇室蒙族媳妇的看法。

（4）1644年（顺治元年、崇祯十七年）9月19日，孝庄与顺治皇帝入主北京（元妃省亲），10月1日顺治于太和门登基（《起嫌疑顽童闹学堂》）。这是满蒙联姻的新政权代表元朝与金国的老祖宗回到老家也。

（二）甄府有四次——按之史实，崇祯皇帝的从兄福王朱由崧（弘光）自立于南京，因为南京是明朝故都，不能视为"迁都"。朱由崧是"襄阳侯老三"。朱由俭为"襄阳侯老二"也。

（1）鲁王朱以海在绍兴就监国位，不久败亡，同时，郑芝龙、黄道周等也拥立唐王朱聿键在福州称帝，建元隆武。鲁王、唐王两个政权互争真伪，不能合作。鲁王政权内部矛盾重重，政治腐败。1646年（顺治三年）6月，清军渡过钱塘江，进攻绍兴，鲁王在张名振的保护下浮海南逃。唐王朱聿键政权内部同样十分腐朽，其军政大权完全掌握在郑芝龙手里，而郑芝龙无意抗清。首辅黄道周挺身而出，请求督师北伐，但郑芝龙却百般刁难。黄道周在进军途中兵败被俘，不屈遇害。当清军南下进逼福建时，郑芝龙便准备降清。1646年秋，福州失守，唐王逃至汀州（长汀），被清军俘杀，郑芝龙不听儿子郑成功的劝告，剃发降清，隆武政权倾覆。

（2）绍武自立于广州，不久败亡。

（3）桂王朱由榔在广东肇庆即皇帝位，改元永历。腐朽的桂王政权不仅不能利用抗清斗争的有利形势，反而加剧了内部的竞争。对立集团互相攻击，各图私利。他们还百般刁难、排挤大顺农民军，这就削弱了抗清的力量。1662年（康熙元年）春，吴三桂由缅甸俘桂王还昆明，后以弓弦绞杀于市。

（4）定武朱本铉自立于郧西。康熙二年、南明定武十八年，韩王朱本铉"不知所终"，坚持19年的南明亡。朱本铉即甄士隐与空空道人。

这就是所谓的南明五帝四"接驾"。

在50年血火纷飞的满汉战争期间，中国始终有两个政权，满蒙新贵说南明为流亡残余，算不得什么朝廷。而南明认为清朝北京政府是伪朝假府。降清的汉族臣将认为自己为明朝与清朝出力，都是为国家出力，南北政府都是国家政权，自己没有错。所以代表陈圆圆的香菱将南北朝的局面解释为"并蒂莲"，而拥兵自重的史湘云（孔四贞）干脆提出了"双悬日月照乾坤"的历史概念。

第十六回《贾元春才选凤藻宫》中，赵嬷嬷道："那是谁不知道的？如今还有个口号儿呢，说'东海少了白玉床，龙王来请金陵王。'这说的就是奶奶府上了。还有如今现在江南的甄家，嗳哟哟，好势派！独他家接驾四次。"

赵嬷嬷是贾琏的奶妈，隐射顺治皇帝的奶妈一品奉圣夫人李嬷嬷。她挖苦南明四个往南流窜的皇帝迁都四次、南明的群臣接驾四次。"别讲银子成了土泥，凭是世上所有的，没有不是堆山塞海的，'罪过可惜'四个字竟顾不得了。"讽刺南明亡命之君连国家都保不住了，还要摆谱装门面，改不了汉家皇室的骄奢淫逸与贪婪腐败，真是"罪过可惜"。

清太祖自建国改元后，正式组成满洲八旗，锐意进取关内。到了皇太极与多尔衮时期，"葫芦庙（后金朝廷）就炸供了，那些和尚（满蒙八旗与汉军八旗部队）不加小心，致使油锅火逸（火上加油，趁火打劫），便烧着窗纸。此方人家多用竹篱木壁者（明朝防务薄弱），大抵也因劫数（明朝天数已尽），于是接二连三，牵五挂四，将一条街（万里长城内外）烧得如火焰山一般。彼时虽有军民来救（贾道士孔有德，石呆子袁崇焕，贾天祥洪承畴，薛大呆子吴三桂，潘三保的吴耿尚等部），那火已成了势，如何救得下？直烧了一夜（近五十年），方渐渐地熄去，也不知烧了几家（只有长城内外两家）。只可怜甄家在隔壁（长城西边的北京），早已烧成一片瓦砾场了（崇祯十七年四月三十日的故宫与北京城景象）"——这就是第一回《甄士隐梦幻识通灵》隐写的历史。这就是《红楼梦》里满汉战争的缩影与简写。

第四节　葫芦庙炸供——清大举伐明

明万历四十六年、天命三年（1618）四月，努尔哈赤誓师西征。命太子皇太极（贾赦）监国，自率二万劲旅，到天坛祭天，宣读伐明檄文"七大恨"，大举攻掠明朝边境。

努尔哈赤以七大恨祭告天地堂子，大举侵明，占领抚顺城，根据"马无夜草不肥"的古训，大肆掠夺。这场大火从辽东半岛直烧到北京、南京、广州与昆明，从后金天命三年（1618）直烧到康熙二年、南明定武十八年（1663）南明灭亡为止（是年韩王不知所终），整整持续了半个世纪。

天命三年四月十三日，努尔哈赤（贾代化与贾代善）率军西进，展开了明清战争中的首场战役——计取抚顺。他利用抚顺集市的机会，先派"马贩子"入城，做好里应外合的准备。努尔哈赤在抚顺城外，有明朝秀才范文程求见，自称宋朝范仲淹之后，沈阳人氏。范文程认为以力服人，不如以德服人。应先礼而后兵，给抚顺守将李永芳书信，劝他投降。李永芳见信，果然开城跪接。范先生一言，抚顺百姓未遭杀戮，努尔哈赤记范文程首功，请他参赞军机，主持文馆（家学学堂校长），命诸贝勒格外敬礼，大家都呼范文程为范先生。《红楼梦》里的贾代儒即隐射范文程，他是汉族大学士中唯一与努尔哈赤（贾代化与贾代善）平辈的人物。李永芳变节投降，后来还担任劝降辽阳守将张铨的工作。努尔哈赤对归顺的汉臣抚慰有加，对劝降过来的李永芳给予高官厚禄，提升为副总兵，并将第七子阿巴泰的女儿嫁给他为妻。

努尔哈赤对范文程与李永芳的态度，为后代清朝皇帝的招降纳叛政策树立了榜样。皇太极更是有过之而无不及。这与崇祯皇帝将忠臣袁崇焕千刀万剐的政策，形成了鲜明的对照。

《红楼梦》作者认为清朝得国都是汉人引导，所以，将归降清朝的汉族文官写成贾府的清客相公，名曰卜固修（不顾羞），或曰单聘仁（善骗人）。范文程为汉族文人的首席代表。另一个就是洪承畴，他们后来都成为摄政王多尔衮的座上客，经常进入乾清宫（贾政的"荣禧堂"）。

贾蔷下姑苏——隐射多铎等征服南明三皇帝

清初江南战役的安排，请看《红楼梦》第十六回原文加注：

贾蓉（英亲王阿济格）在身旁灯影下悄拉凤姐（孝庄）的衣襟，凤姐（孝庄）会意，因笑道："你也太操心了，难道大爷（贾珍顺治皇帝）比咱们（多尔衮与孝庄）还不会用人？偏你又怕他不在行了。谁都是在行的（谁都是天生会指挥战争）？孩子们已长的这么大了，'没吃过猪肉，也看见过猪跑'（没当过总司令，也当过将军）。大爷派他去，原不过是个坐纛旗儿（皇族权威代表），难道认真的叫他讲价钱会经纪去呢（亲临第一线拼杀）！依我说就很好。"……贾蔷（豫亲王多铎）又近前回说："下姑苏（下江南消灭南明政权）聘请教习（汉族士大夫），采买女孩子（掠夺美女），置办乐器行头（皇宫用品）等事，大爷（贾珍顺治皇帝下旨：顺治元年十月一日，派豫亲王多铎，挂帅南征）派了侄儿，带领着赖管家两个儿子（礼亲王代善的孙子），还有单聘仁、卜固修两个清客（降清）相公（大学士），一同前去，所以命我来见叔叔。"贾琏（睿亲王多尔衮）听了，将贾蔷（豫亲王多铎）打量了打量，笑道："你能在这一行么（有实战经验）？这个事（战役）虽不算甚大，里头大有藏掖的（战争形势复杂多变）。"贾蔷笑道："只好学习着办罢了（在战争中学习战争）。"……贾琏因问："这一项银子动那一处的？贾蔷道："才也议到这里。赖爷爷说，不用从京里带下去，江南甄家（南明政权）还收着我们五万银子（五个残余皇帝）。明日写一封书信（大将军委任状）会票（讨伐檄文）我们带去，先支三万（消灭三个），下剩二万存着（存了十九年），等置办花烛彩灯并各色帘栊帐幔的使费。"贾琏点头道："这个主意好（战略部署好）。"凤姐忙向贾蔷道："既这样，我有两个在行妥当人，你就带他们去办，这个便宜了你呢。"贾蔷忙陪笑说："正要和婶婶讨两个人呢，这可巧了。"因问名字。凤姐便问赵嬷嬷。彼时赵嬷嬷（顺治皇帝的乳母）已听呆了话，平儿忙笑推他，他才醒悟过来，忙说："一个叫赵天梁，一个叫赵天栋（两个清朝宗室权贵）。"凤姐道："可别忘了，我可干我的去了。"说着便出去了。

同一天又派英亲王阿济格（贾蓉）为靖远大将军，自边外入陕西，西征李自成，八战皆捷。当时多铎败李自成，李弃西安，又放火，走商州。

这是《红楼梦》对满洲八旗南征西征前的描写。时间是顺治元年十月一日之前，孝庄到达北京之后不足20天。大观园（清皇宫）刚能使用，内部仍需要到南方掠夺财物装修。

襄阳侯兄弟老三与冯胖子——南明福王与李自成

万历皇帝是《红楼梦》里甄士隐隐射最早的明朝皇帝。在姑苏阊门城仁清巷接受甄士隐资助50两白银与两套冬衣的贾雨村，一隐射努尔哈赤。觉罗是满文"姓氏"的意思，爱新是满文"金"的意思，所以努尔哈赤建国，称后金。二隐射崇祯皇帝按照和平协议每年向皇太极交纳银子与布匹，因明朝穷了，只交了一半（50两），所以贾雨村连个谢字也不说。

第二回说林如海出身"钟鼎之家"，即"秦钟周鼎"的帝王之家。"原来这林如海之祖，曾袭过列侯，今到如海，业经五世。起初时，只封袭三世，因当今隆恩盛德，远迈前代，额外加恩，至如海之父，又袭了一代；至如海，便从科第出身。虽系钟鼎之家，却亦是书香之族……"——上引的原文像一个世系家谱。

《红楼梦》里只有两个郑重介绍的世系家谱。一个是贾府的五代世系家谱，一个是林如海的五代世系家谱。贾府世系隐射清皇室家谱与定南王孔有德的族谱，林如海的世系家谱与之对应，也是一个皇室的世系家谱。

王伯沆批曰："大似《史记》先立《项羽本纪》微意也。"王批汇录编者则按曰："此批意谓作者叙林氏家世格外郑重，有如《史记》作者同情项羽，特为之立《本纪》也。"

王伯沆先生竟然从这个世系家谱猜出这是亡国之君崇祯皇帝的家谱！真是独具慧眼。

万历四十八年七月——万历帝死，太子朱常洛继立，建元泰昌。同年九月，泰昌帝死，皇长子朱由校即位，是年为泰昌元年，以明年为天启元年。明朝天启帝朱由校，即第十三回太监戴权所谓的"襄阳侯老大"。"襄阳侯老二"指崇祯皇帝朱由检。"襄阳侯老三"指南明的福王弘光皇帝朱由崧。这是明朝末年"由"字辈三兄弟。三兄弟是三根木头朱皇帝。其中，朱由校的"木"与朱由检的"木"，二木成"林"，亡了明朝。"林如海"的"海"指上吊的海棠树。

第十三回《秦可卿死封龙禁尉》中的大明宫"太监戴权"，是个不简单的大人物，他要出卖两个皇帝（龙禁尉＝龙金位）的皇位——崇祯皇帝死了，顺治入主北京，中国出现持续19年的南北朝并存的局面。戴权说："昨日襄阳侯的兄弟老三（福王弘光帝朱由崧）来求我，现拿了一千五百两银子，送到我家里。你知道，咱们都是老相与，不拘怎么样，看着他爷爷（万历太子朱常洛）的分上，胡乱应了。还剩了一个缺，谁知永兴节度使冯胖子（李自成）来求，要与他孩子捐，我就没工夫应他。既是咱们的孩子要捐，快写个履历来。"戴权将南明的皇位（龙禁尉＝金銮殿的龙位）贱卖给了福王弘光，本来值一万两（万岁），贱卖到一千五百两。他将北京的皇位卖给了贾蓉，只值一千二百两。冯胖子（李自成）崇祯十七年三月十五日到昌平，四月三十日逃走，在北京呆了一个半月（月半，胖子也）只当了一天大顺皇帝（崇祯十七年四月二十九日），只会放火，没有资格买，所以"我就没工夫应他"，因为李自成第二天就逃跑了（崇祯十七年四月三十日）。

这是后宫太监首领对中国国家大权（戴权）转让过程的高度概括。

咱们贾府接驾一次——由赫图阿拉迁都辽阳

明天启元年、后金天命六年（1621）三月，后金陷沈阳、辽阳。河东五十寨与复州等七十余城皆降。后金在沈阳驻军三日，定议迁都辽阳。移辽阳官民于北城关厢，南城由皇室、贝勒与将士居住。当时明熹宗令孙承宗督师蓟辽。孙承宗在辽坐镇四年，令袁崇焕驻守宁远，关内外未失一寸土地。明朝与后金处于相持状态。

努尔哈赤趁暂时的和平，由赫图阿拉迁都辽阳。即赵嬷嬷所谓"咱们贾府……接驾一次"。此处的"贾府"指"贾不假，白玉为堂金作马"的真爱新觉罗氏。第十六回原文：

赵嬷嬷道："阿弥陀佛！原来如此。这样说，咱们家也要预备接咱们大小姐了？"贾琏道："这何用说呢！不然，这会子忙的是什么？"凤姐笑道："若果如此，我可也见个大世面了。可恨我小几岁年纪，若早生二三十年，如今这些老人家也不薄我没见世面了。说起当年太祖皇帝仿舜巡的故事，比一部书还热闹，我偏没造化赶上。"赵嬷嬷道："嗳哟哟，那可是千载希逢的！那时候我才记事儿……"

贾琏道："这何用说呢！不然，这会子忙的是什么？"——时间为顺治元年（1644）夏天，孝庄31岁。多尔衮（贾琏）忙于修复被李自成（冯渊、冯胖子、冯紫英）烧毁的明故宫（大观园）。当时距离迁都辽阳（天命六年，1621年）为23年。距离迁都赫图阿拉29年。上述两次迁都时孝庄才两岁至八岁，当然"没见世面了"。

"我们王府也接过一次驾"——太祖皇帝迁都沈阳

天命十年二月，后金朝廷由辽阳迁都沈阳，即盛京。满洲太祖皇帝自闻孙承宗守辽，数载不敢犯，派兵至沈阳营造城池，建筑宫殿。沈阳城开了四门，中置大殿，名笃恭殿，前殿名崇政殿，后殿名清宁宫，东有翔凤楼，西有飞龙阁，楼台掩映，金碧辉煌，不亚于大明京阙。太祖定议移都，遂率六宫后妃，满朝文武，齐至沈阳。此即凤姐所谓"我们王府也接过一次驾"。

此处的王家指"东海缺少白玉床。龙王来请金陵王"——隐射后金皇上册封的"科尔沁蒙古亲王"家，孝庄（王夫人）的哥哥"王子腾"吴克善家。他是蒙古四十九旗东北部的代表人物。由于后金与清实行满蒙联姻，孝庄娘家在皇太极时代出过两个皇后一个皇贵妃，顺治时代出过两个皇后四个妃子一个贵人。蒙古亲贵是清朝皇室最坚强的后盾。

《红楼梦》中的贾兰主要隐射康熙皇帝，李纨隐射顺治的康妃佟佳氏。佟佳氏的父亲是佟图赖。佟图赖的父祖佟养真与佟养性原籍开原，乃当地大户旧族，汉人也。清太祖起兵伐明，佟养性、佟养真举家响应，成为汉军八旗的最早统帅。从龙入关后在清廷中成为举足轻重的势力，称为"佟半朝"。康妃佟佳氏的"佳"字，是清朝后宫汉族后妃的标志。康熙登基后，"佟半朝"家抬旗为满洲正蓝旗，是皇家对汉族勋臣的最高奖赏。

"宁国公"封号源于魏忠贤养子

明天启六年、后金天命十一年（1626）八月，明熹宗天启帝杀前辽东经略熊廷弼，传首九边。九月，赐魏忠贤"顾命元勋"印，触犯魏忠贤者均下狱死。魏忠贤弹劾孙承宗，皇帝不辨是非，遂改由高第继任。

天启帝明熹宗登基后即宠客氏与魏忠贤，封乳母客氏为奉圣夫人，此名号清代亦沿袭以封乳母。熹宗赐太监魏忠贤世荫，锦衣千户，提督东厂，晋爵上公，从子良卿封"宁国公"，与《红楼梦》作者给予贾府长门一支"宁国公"的假托封爵一模一样。

"宁国公"借用魏忠贤从子魏良卿的封号，这绝非偶然的巧合，而是别有用心的隐射双关。因为在《红楼梦》里宁国府就隐射一个"从子"族谱：宁国公（努尔哈赤的父亲）——贾代化（爱新觉罗·努尔哈赤）——贾敬（孔有德）——贾珍（顺治皇帝：孔福临）——贾蓉（康熙皇帝：孔玄烨）。从爱新觉罗·努尔哈赤（贾代化）到孔有德（贾敬），血统发生了变化，所以叫作"假代化"。又作假，又替代，又变化，难道"宁国府"不是一个从子系统吗？果然下一代就是"假真"（贾珍）——"假真"者，弄假成真也。是说将"孔福临"弄成"爱新觉罗·福临"了。

努尔哈赤遭遇"石呆子"袁崇焕

天命十一年春夏之交。努尔哈赤乘草盛马肥之机，出发沈阳，渡过辽河，直达锦州，倍道进到宁远城，遥见城上架大炮一具，是当时罕见之物，太祖不觉惊异。次日，清太祖率部众攻城，城上大将乃东莞人袁崇焕。太祖急率军队回寨。众贝勒请战，太祖道：袁蛮子不是好惹的。

袁崇焕固守宁远，见敌骑蔽野而来，命开大炮。烟雾蔽天，血肉遍地。太祖急挥众逃走。众贝勒也劝太祖返驾，检点军士，丧失数千。清太祖叹息道："我自二十五岁起兵，战无不胜，攻无不取，不料小小宁远城，遇着这袁蛮子，偏吃了一场大亏！"太祖好胜，终于忧劳致疾。68岁的老人，遂恹恹成病。天命十一年八月，竟尔长逝。

袁崇焕就是《红楼梦》里的石呆子——"宁死也不卖扇子"。"湘扇"者，江山也。石呆子袁崇焕"宁死也不卖"明朝"江山"也。

天命十一年八月努尔哈赤死。皇太极即汗位，以明年（1627年）为天聪元年。皇太极状貌奇伟，素为乃父所钟爱，因此得立为太子。礼亲王大贝勒代善（赖爷爷）等承父遗命，奉皇太极即位，改元天聪，清史上称为清太宗文皇帝。

《红楼梦》将皇太极写成贾雨村："然生得腰圆背厚，面阔口方，更兼剑眉星眼，直鼻权腮。"又以"一僧"补充之："生得骨格不凡，丰神迥异。""一个长大的和尚。"

皇太极在皇父国丧期间，对辽东巡抚袁崇焕采取缓兵之计。往来书札中提出三个条件："第一条，画定国界；山海关以内属明（第二回"街东为宁国府，街西为荣国府"），辽河以东属满洲（第十六回"会芳园本是从北拐角墙下引来一股活水"）。第二条，修正国书；满洲国主让明帝一格，明诸臣亦当让满洲主一格。第三条，是输纳岁币；满洲以东珠、参、貂为赠。明以金银布缎为报。"袁崇焕置之不答，但饬水陆各军，赶紧备战。

《明史袁崇焕传》："曾奏称守为正着，战为奇着，和为旁着，可知崇焕之心，固非以议和为久计者。"然清太宗皇太极亦一英雄，比袁崇焕似乎技高一筹也。

《红楼梦》里的贾雨村收到甄士隐的馈赠，连个谢字都没有，并非说皇太极是个不讲礼仪之徒。那是指明朝按和议交纳银子与布匹，50两是照顾明经济拮据减半收费之义。后来皇太极与多尔衮设下离间计，借崇祯皇帝之手，害死了袁崇焕——算是借汉人之手，替父亲报了仇。

第五节　《甄士隐梦幻识通灵》隐藏的历史信息

第一回原文：

此开卷第一回也。作者自云：因曾历过一番梦幻之后，故将真事隐去，而借"通灵"之说，撰此《红楼梦》一书也。故曰"甄士隐"云云。但书中所记何事何人？自又云："今风尘碌碌，一事无成，忽念及当日所有之女子，一一细考较去，觉其行止见识，皆出于我之上。我堂堂须眉，诚不若彼裙钗，实愧则有余，悔又无益，大无可如何之日也！当此日，欲将已往所赖天恩祖德，锦衣纨裤之时，饫甘餍肥之日，背父兄教育之恩，负师友规训之德，以致今日一技无成,半生潦倒之罪,编述一集,以告天下:我之罪固不免,然闺阁中本自历历有人,万不可因我之不肖,自护己短,一并使其泯灭也。虽今日之茅椽蓬牖,瓦灶绳床,其晨夕风露,阶柳庭花,亦未有妨我之襟怀笔墨者。虽我未学,下笔无文,又何妨用假语村言,敷演出一段故事来,亦可使闺阁昭传,复可悦世之目,破人愁闷,不亦宜乎?"故曰"贾雨村"云云。

此回中凡用"梦"用"幻"等字,是提醒阅者眼目,亦是此书立意本旨。

《红楼梦》开头这段楔子,实乃作者创作动机的自白。不懂这段楔子,就根本看不懂《红楼梦》。如果弄不懂"甄士隐"—"贾雨村"—"通灵"之说—《红楼梦》这四个方面的对立统一与辩证关系,到死也走不出八卦迷魂阵。

这个楔子明确告诉你:《红楼梦》就是"石头"(元顺帝亡国玉玺)变"通灵宝玉"(清朝皇太极重刻玉玺),"通灵宝玉"又变"石头"(清朝宣统亡国玉玺)的故事。《红楼梦》是一部描写巾帼(孝庄皇太后)不让须眉,而堂堂须眉(《红楼梦》作者)虽服其才,但不服其德,故将真事隐去,用假语村言嘲讽揭露巾帼裙钗的隐书。因为以历史为背景,所以"离合悲欢,兴衰际遇,则又追踪蹑迹,不敢稍加穿凿,徒为供人之目而反失其真传者"。因为是文学创作,所以天马行空,独来独往,嬉笑怒骂,皆成文章。

当时不能明说的国家大事,只能是明亡清兴,光复中原。这件大事隐写在《红楼梦》里:"白骨如山忘姓氏,无非公子与红妆。"或者说:"明亡清兴铁与血,化做红楼儿女情。"总之一句话,《红楼梦》的主题是复兴故国,振兴中华。

李自成进京,清朝八旗入关,朱明国破家亡,中原臣民沦为满奴。朱明皇室有与孝庄争天下之雄心壮志,但力不从心。在顺治十八年间至康熙二年,"空空道人"朱本铉是反清复明的南明皇帝,手下既有武将,也有文臣,为救亡复国与孝庄的八旗劲旅进行过长期较量,但是回天无力,卒至"风尘碌碌,一事无成"。武略不行,只好改为文攻,于是化家仇国恨,铸成一部隐秘野史,丑诋孝庄,预写汉族光复。《红楼梦》就是在这种特殊的历史条件下孕育而成的。

要创作《红楼梦》这样一本隐书,只有两个法子:"隐射"与"双关"。

大历史事件——主要以顺治皇帝(贾宝玉)追封的"端敬"皇后董鄂氏皇贵妃(林黛玉)、孝庄亲侄女废皇后博尔济吉特氏"静妃"(薛宝钗)为主要艺术原形(主角)。次以孝庄亲侄孙女顺治新皇后小博尔济吉特氏(袭人)与"端敬"皇后叔伯妹妹小董鄂氏贞妃(晴雯)为艺术原形(配角)。主配角的活动场所是清皇宫的后宫（大观园），他（她）们分别住在坤宁宫（怡红院，袭人与晴雯）、承乾宫（潇湘馆，林黛玉）、与冷宫竹香馆（蘅芜院里的冷美人，薛宝钗）。

中历史事件——主要以贾政、贾琏（多尔衮）与王夫人、王熙凤（孝庄）为主要艺术原形（主角）。次以李纨、王熙凤（康妃佟佳氏）与贾兰、巧哥儿（康熙皇帝），以薛蟠（顺治）与夏金桂（废皇后），以孙绍祖（吴三桂大公子吴应熊）与迎春（皇太极十四格格和硕公主），以王熙凤（孝庄）与贾瑞、贾天祥（洪承畴）等为艺术原形（配角）。还有以贾代儒（范文程）为校长的家学学堂诸子弟，如贾瑞（洪承畴）、贾蔷（多铎）、金荣（豪格）、李贵（济尔哈朗）、四大书童（索尼等四位辅政大臣）。

小历史事件——主要以孝庄（娇杏、智能儿、万儿）与皇太极（贾雨村、贾赦、秦钟）为主要艺术原形。以甄英莲（陈圆圆）与拐子（田畹田国丈），甄英莲（陈圆圆北京豆蔻年华时期）与冯渊（李自成），甄香菱（陈圆圆北京妙龄少妇时期）与薛蟠（吴三桂），甄秋菱（陈圆圆昆明徐娘半老时期）与薛蟠（吴三桂），尤二姐（朝鲜两公主、董鄂氏皇贵妃）与贾琏贾二爷（多尔衮、顺治），尤三姐（董鄂氏皇贵妃）与柳湘莲、冷二郎（顺治），龄官儿（刘三季）与贾蔷（多铎），司棋（皇太极十四格格和硕公主）与潘又安（吴三桂大公子吴应熊）等为艺术原形（配角）。

《清史稿》说清朝爱新觉罗的祖先乃长白山天池附近的神女所生，因此，清朝得天下乃是天意，乃是天命所归，所以努尔哈赤立国，建元"天命"。《红楼梦》作者却要说，爱新觉罗的女祖宗，充其量也是女娲氏废弃的女神之流，不是什么好东西。长白山神女没有做开国女皇，所以，《红楼梦》里讲的大荒山与长白山毫无关系，因为这位神女没有大荒顽石差一点就去补天的女皇资格与经历。

金灭后遗族逃奔东北老家，经过二百多年，又产生一个重要人物，满洲人说他是天女所生。所谓天女，生在长白山下，名佛库伦。有一天她到天池洗浴，恰有灵鹊飞过，吐下一颗红色的果子，被她囫囵咽下，从此肚子就膨胀起来。十个月后，竟产出一男，状貌魁奇，语言清楚。佛库伦不忍抛弃，就在家中抚养。这就是爱新觉罗的先祖。

《红楼梦》利用了这个传说，将它附会到孝庄身上。因为孝庄是元顺帝的后代，元顺帝有一块被废弃的石头——元作废了的传国玉玺——被皇太极重新镌刻成大清国的传国玉玺。清皇室的女人中，只有孝庄与这块玉玺的拥有者元顺帝具有血缘关系，而且具有开国女皇的身份地位。

邓狂言《红楼梦释真》云："托于女娲者，何也？女娲为汉族初代之君主,并为初代之女主,而程子以娲嫛为皇,为天地间之奇变,为孝庄写照也。"

邓狂言看出《红楼梦》的主角大荒顽石,是一个开国女皇。《红楼梦》站在大汉族主义的立场上,不承认她的正统地位,因而将她写成被女娲当作废品弃置在大荒山无稽崖青埂峰下。但大荒顽石不服,认为自己也有为中华民族"补天"的资格,娲皇氏不让自己"补天",所以就只能下世历劫,非要到中原作乱("胡乱")不可。

"谁知此石自经煅炼之后,灵性已通,因见众石俱得补天,独自己无材不堪入选,遂自怨自叹,日夜悲号惭愧。"——看来大荒顽石对女娲十分不满,满腹牢骚,日夜伺机报复。后来在"一僧"皇太极(满洲男人的头儿)的点化(重新镌刻)下,幻化成"通灵宝玉"——大清国传国玉玺,含在贾宝玉(顺治皇帝)的口中来到人间。

《红楼梦》由两部分组成:(1)大荒顽石的经历,即孝庄文皇后经历的天命、天聪、崇德、顺治与康熙朝代。其中皇帝的朝政隐射在秦业(努尔哈赤)、秦钟(皇太极)、秦可卿(皇太极)、贾雨村(从努尔哈赤到宣统)身上,后妃的秘史隐射在智能儿(孝庄)、娇杏(孝庄)、秦可卿(孝庄)、兼美(孝庄)、元妃(孝庄)、王熙凤(孝庄)、林黛玉、薛宝钗(孝庄)、多姑娘(孝庄)、傅同芳(孝庄)、夏金桂(孝庄)等女人身上。(2)口衔通灵宝玉降生的贾宝玉的经历。因为贾宝玉主要代表顺治皇帝与康熙皇帝,所以第二部分主要是大清国从顺治入主北京到他死亡或出家的历史,然后是康熙平定三藩、收复台湾、签定《尼布楚条约》,击毙噶尔丹。次要部分是贾宝玉代表的清朝灭亡的历史。

当年顾颉刚看出:"甄士隐于首回出家为道,应该预示着贾宝玉将于末回出家为僧。"甄士隐首回出家为道代表明之亡,贾宝玉末回出家为僧代表清之亡。蔡元培说:"《红楼梦》叙事,自明亡始。第一回所云'这一日三月十五日,葫芦庙起火,烧了一夜,甄氏烧成瓦砾场。'即指甲申三月间明愍帝殉国,北京失守之事也。……甄士隐随跛足道人而去,言明之政事随愍帝之死而消灭也。"此话对了一大部分。因为甄士隐是明朝与南明帝系的化身,因此,甄士隐于首回出家为道,不仅意味着明亡,而且意味着南明亡于康熙二年,"韩王不知所终"——化名"空空道人",组织创作《红楼梦》去了。《红楼梦》原文:

出则既明,且看石上是何故事。按那石上书云:

当日地陷东南,这东南一隅有处曰姑苏,有城曰阊门者,最是红尘中一二等富贵风流之地。这阊门外有个十里街,街内有个仁清巷,巷内有个古庙,因地方窄狭，人皆呼作葫芦庙。庙旁住着一家乡宦，姓甄，名费，字士隐。嫡妻封氏，情性贤淑，深明礼义。家中虽不甚富贵，然本地便也推他为望族了……

"阊门"即北京城，"十里街"即北京的东西长安街。

"昌"字有三解：一解是北京城的城墙地图像个昌字，以东便门、崇文门、前门、宣武门、西便门的连线为界，北部是个"日"字，南部是个"曰"字，现在的二环路，正是一个"昌"字。二解是明清皇宫的皇城城墙地图也像个昌字，以午门前的东西天街为界，现在的故宫是个"日"字，天街南部东边的太庙（现劳动人民文化宫）、西边的社稷坛（现中山公园）与中间的天安门，形成一个"曰"字。所以说北京城，被《红楼梦》作者写成了"阊门城"。三解是北京为清朝占领后，中国成了南北朝局面，天有二日，形成一个"昌"字，整个中国成了"阊门城"。

"仁清巷"即明清隐写——清指努尔哈赤、皇太极、福临三代；"仁"指朱由校与朱由检二木成林的明朝，乃仁朝也。

"葫芦庙"隐指盛京的后金朝廷（沈阳"胡房庙"）。"葫芦"隐指"胡房"即清。"庙"者，庙堂也。清朝占领北京后，明故宫也变成了"葫芦庙"（北京"胡房庙"）。

"姓甄，名费，字士隐"："甄"即真也，真命天子，正统地位也。"名费"为"国家名器废除"，明朝"皇统废除"也。甄士隐代表朱明帝系，失去传国玉玺即成为亡国之君，所以名之曰"费"。一个费（废）字，不仅标明了甄士隐的身份，标明了甄士隐的未来，而且标明《红楼梦》始于明亡清兴。

"甄士隐"的第二层意思为明朝"真命天子隐匿山林"（韩王朱本铉等）、故明的"真士（太史文豪）隐"匿、明亡清兴的历史"真事隐"去。

"嫡妻封氏"乃"帝妻"皇后也，此时的"封氏"为"皇天后土"，得之于天的"明朝封疆"。

"望族"乃"首望之族"，明朝的朱氏皇族也。

"不以功名为念，每日只以观花修竹，酌酒吟诗为乐，倒是神仙一流人品"，乃指责明朝末代诸帝（明神宗等）玩物丧志，不理朝政，不食人间烟火，崇祯帝回天无力，南明诸帝昏庸无计。

"膝下无儿"隐喻明代帝业后继无人。

"甄英莲"的艺术原形无疑是陈圆圆，但隐喻明代灭亡"真应怜"。"甄英莲"代表明朝的传国玉玺。崇祯皇帝甄士隐失掉了它。吴三桂薛蟠利用它叛乱称帝，另建了短命的大周王朝。《红楼梦》原文：

清宫隐史——《红楼梦》索隐之一

一日，炎夏永昼，士隐于书房闲坐，至手倦抛书，伏几少憩，不觉朦胧睡去。梦至一处，不辨是何地方。忽见那厢来了一僧一道，且行且谈。只听道人问道："你携了这蠢物，意欲何往？"那僧笑道："你放心，如今现有一段风流公案正该了结，这一干风流冤家，尚未投胎入世。趁此机会，就将此蠢物夹带于中，使他去经历经历。"那道人道："原来近日风流冤孽又将造劫历世去不成？但不知落于何方何处？"那僧笑道："此事说来好笑，竟是千古未闻的罕事。只因西方灵河岸上三生石畔，有绛珠草一株，时有赤瑕宫神瑛侍者，日以甘露灌溉，这绛珠草始得久延岁月。后来既受天地精华，复得雨露滋养，遂得脱却草胎木质，得换人形，仅修成个女体，终日游于离恨天外，饥则食蜜青果为膳，渴则饮灌愁海水为汤。只因尚未酬报灌溉之德，故其五内便郁结着一段缠绵不尽之意。恰近日这神瑛侍者凡心偶炽，乘此昌明太平朝世，意欲下凡造历幻缘，已在警幻仙子案前挂了号。警幻亦曾问及，灌溉之情未偿，趁此倒可了结的。那绛珠仙子道：'他是甘露之惠，我并无此水可还。他既下世为人，我也去下世为人，但把我一生所有的眼泪还他，也偿还得过他了。'因此一事，就勾出多少风流冤家来，陪他们去了结此案。"……那僧道："若问此物，倒有一面之缘。"说着，取出递与士隐。士隐接了看时，原来是块鲜明美玉，上面字迹分明，镌着"通灵宝玉"四字，后面还有几行小字。正欲细看时，那僧便说已到幻境，便强从手中夺了去，与道人竟过一大石牌坊，上书四个大字，乃是"太虚幻境"。两边又有一幅对联，道是：

假作真时真亦假，无为有处有还无。

作者将明亡清兴的历史归结为一副对联："假作真时真亦假，无为有处有还无。"明亡清兴的历史是从两个女人与两个男人的故事开始的。两个女人一个是陈圆圆，一个是孝庄皇太后。两个男人一个是吴三桂，一个是多尔衮。这两对男女的故事可归结为四句诗："惯养娇生笑你痴，菱花空对雪澌澌。好防佳节元宵后，便是烟消火灭时。"

作者认为：导致明朝与顺朝灭亡的始作俑者或者罪魁祸首是李自成（霍启＝祸起。冯渊＝逢冤）。导致顺治北京称帝的始作俑者是孝庄皇太后（元妃、王熙凤、王夫人、贾母）。

李自成占领北京（祸起），吴三桂已经答应归降，李自成（逢冤）如果不去招惹陈圆圆，吴三桂不会降而复叛并引领多尔衮入关，也不会有三藩作乱湖南称帝的后事。多尔衮经略中原入关定鼎，如果没有孝庄的激励与勾引，也不会将江山拱手让给七龄小儿顺治皇帝，自己落一个挖坟鞭尸身首异处的可悲下场。明亡清兴都源于两个女人，李自成与多尔衮都犯了"不爱江山爱美人"的大忌。

顺治北京称帝，人谓由多尔衮或吴三桂之故。其实不然。吴三桂当初情愿归降李自成，未尝乞援满洲，却为爱姬陈圆圆故，迫而出此下策。多尔衮之经略东北，入关定鼎，横扫中原，亦自孝庄皇太后激励导引而来。千秋功罪，大是大非，红楼隐秘，难以词达。

"惯养娇生笑你痴，菱花空对雪澌澌。"隐射陈圆圆追随吴三桂故事。

"好防佳节元宵后，便是烟消火灭时。"隐射吴三桂发动叛乱。

《红楼梦》由两个梦组成：一是以甄士隐为代表的朱明帝系反清复明的"光复"梦；一是以贾宝玉为代表的维持满族长期统治的"太虚幻境"梦。

甄士隐入梦时为崇德二年，顺治尚未出世，"只因西方灵河岸上三生石畔，有绛珠草一株，时有赤瑕宫神瑛侍者，日以甘露灌溉，这绛珠草始得久延岁月。后来既受天地精华，复得雨露滋养，遂得脱却草胎木质，得换人形，仅修成个女体……"

"绛珠草"源于"西方灵河岸上三生石畔"，乃佛界也，隐射清朝系统；"草胎木质"而"得换人形"，又是"女体"，她得到神瑛侍者"甘露灌溉"，两人显然是夫妻关系。也就是说，佛界的神瑛侍者与绛珠仙子乃"木石前缘"，入世后隐射贾宝玉顺治皇帝与林黛玉董鄂氏。

一僧一道与蠢物（石头）是上一代的夫妻关系，一个合法丈夫（皇太极），一个野汉子（孔有德），一个红杏出墙的妻子（孝庄）。

神瑛侍者与绛珠仙子是下一代的夫妻关系，一个是皇帝（贾宝玉顺治），一个是皇贵妃（林黛玉董鄂氏）。这是读懂《红楼梦》的关键。

"假作真时真亦假，无为有处有还无。"——甄士隐在梦中见到了"太虚幻境"，隐射大明王朝将要化为乌有。"太虚幻境"牌楼上的那一副对联，意思是说：假的清朝皇帝将要入主中原，假的爱新觉罗子孙顺治皇帝将要成为中国的"真龙天子"。而以真龙天子为首的大明朝廷将要成为下野的"假朝廷"（南明残余势力）。没有补天资格的清女皇将拥有中原的一切，本来拥有天命的大明后裔将要丧失中原的一切。至第一百三回重又出现的甄士隐相当于南明最后的韩王朱本铉，他代表的南明灭亡了。

甄士隐入梦之后，一僧将通灵宝玉与之一观，还隐射天聪三年底皇太极入关掠夺，直逼北京，使崇祯皇帝噩梦联翩。

"士隐意欲也跟了过去，方举步时，忽听一声霹雳，有若山崩地陷。"隐喻崇祯帝想要预见一下大明朝未来的命运，见到的却是李自成造反的"一声霹雳"，而吴三桂引领清兵入关，大明朝"有若山崩地陷"。

清宫隐史——《红楼梦》索隐之一

《红楼梦》原文：

这士隐正在痴想，忽见隔壁葫芦庙内寄居的一个穷儒——姓贾名化，表字时飞，别号雨村者走了出来。这贾雨村原系胡州人氏，也是诗书仕宦之族，因他生于末世，父母祖宗根基已尽，人口衰丧，只剩得他一身一口，在家乡无益，因进京求取功名，再整基业。

《红楼梦》通过甄士隐与贾雨村的交往，回顾了从明朝万历皇帝与清太祖努尔哈赤开始的历史恩怨。

贾雨村与甄士隐是《红楼梦》里针锋相对的两个角色，就像贾宝玉与甄宝玉针锋相对一样。但《红楼梦》却将一对甄贾人物写成朋友，两家是老亲，其深意存焉。甄士隐是贾雨村的恩人，而贾宝玉（顺治）是甄宝玉（弘光）大一岁的兄长。说明作者在写第一回时，就设计了第一百二十回的结局。

甄士隐与贾雨村代表的明清两大帝系，是《红楼梦》的纲——甄真贾假。

贾雨村"原系胡州人氏"，是只身寄居在"隔壁葫芦庙内"的"一僧"。"胡州"乃"东胡"满洲人居住的我国东北地区。"隔壁"的"壁"隐喻万里长城。"葫芦庙"是"胡房庙"，即后金都城盛京的宫殿。"姓贾名化，表字时飞"，"贾化"的意思是"假天子的化身"。"时飞"意思为待时而飞，等待时机入主中原的意思。此时的贾雨村代表后金的三个皇帝与一个未来的皇父摄政王：努尔哈赤清太祖、皇太极清太宗、福临清世祖，还有多尔衮成宗义皇帝，他们相当于住在葫芦庙（沈阳故宫）里的三代僧人。《红楼梦》原文：

这里雨村且翻弄书籍解闷。忽听得窗外有女子嗽声，雨村遂起身往窗外一看，原来是一个丫鬟，在那里撷花，生得仪容不俗，眉目清明，虽无十分姿色，却亦有动人之处。雨村不觉看的呆了。那甄家丫鬟撷了花，方欲走时，猛抬头见窗内有人，敝巾旧服，虽是贫窘，然生得腰圆背厚，面阔口方，更兼剑眉星眼，直鼻权腮。这丫鬟忙转身回避……

一日，早又中秋佳节。士隐家宴已毕，乃又另具一席于书房，却自己步月至庙中来邀雨村。原来雨村自那日见了甄家之婢曾回顾他两次，自为是个知己，便时刻放在心上。今又正值中秋，不免对月有怀，因而口占五言一律云：

未卜三生愿，频添一段愁。
闷来时敛额，行去几回头。
自顾风前影，谁堪月下俦？
蟾光如有意，先上玉人楼。

雨村吟罢，因又思及平生抱负，苦未逢时，乃又搔首对天长叹，复高吟一联曰：

玉在椟中求善价，钗于奁内待时飞。

《甄士隐梦幻识通灵》——此时的甄士隐实即崇祯帝。"通灵"实即元玺重新镌刻的清玺。

《贾雨村风尘怀闺秀》——贾雨村代表满方帝系，与通灵对仗的闺秀是指携带通灵而来的孝庄，所以贾雨村此际代表皇太极与多尔衮。此一回目的真意之一为"皇太极风尘怀孝庄"，是说孝庄的美色，勾住了皇太极的魂魄。"闷来时敛额，行去几回头。"隐射孝庄勾引皇太极，与宸妃争宠。"蟾光如有意，先上玉人楼。"隐射皇太极到"大玉儿"孝庄闺楼上的历史。真意之二为"多尔衮风尘怀孝庄"，是说孝庄勾搭多尔衮。"蟾光如有意，先上玉人楼。"隐射孝庄养小叔子，最后太后下嫁。

孝庄十二三岁从科尔沁蒙古草原嫁给比她大21岁的皇太极。她的姑母、她的姐姐与她，三个人都是皇太极的后妃。

俞平伯说："实无所谓'怀'，所怀更非'闺秀'。"说明新红学派未读懂《红楼梦》。王梦阮说："但以目录载明实事，书内文词便随意挥写。"说明索隐派读懂了隐意。因为娇杏表面上是丫头，实际上隐射孝庄文皇后。"娇杏"即侥幸也，隐射孝庄侥幸利用了皇太极，后来又侥幸利用了多尔衮，从李自成手中夺取了北京政权，是趁火打劫的行为。本回提到的"严（炎）老爷来拜"，就是两个"火焰"老爷来拜也。"焰老爷"之一代表农民起义十几年的烈火，"焰老爷"之二隐射明清之间长达几十年的战火。

"玉在椟中求善价，钗于奁内待时飞。"这首诗很重要。《红楼梦》里的三个主角都囊括其中矣。"待时飞"实为贾时飞，贾雨村的表字也。从字面看，"玉"指"通灵宝玉"——清朝的传国玉玺。"钗"指"金锁"——后金的"传国金玺"。当时贾雨村隐射的皇太极或多尔衮尚未入关，意思是：大清国的传国玉玺装在"椟中"，要卖一个好价钱——准备入关称帝。后金改为清后，"传国金玺"暂时装在"奁"内，准备万一后来要用。此时的"玉"与"钗"根本不是人，而是物。

"玉"与"钗"用在人物身上，当然是指林黛玉与薛宝钗了。但这两个女人在与不同的男人结合时，隐射的历史人物完全不同。

《红楼梦》作者有意采用重复重叠的手法，使读者将葫芦庙里的"一僧"贾雨村（皇太极与多尔衮）与大观园里的贾宝玉（顺治皇帝）联系在一起，将娇杏（孝庄）、林黛玉、薛宝钗三人联系在一起。——原来贾雨村隐射皇太极、多尔衮，贾宝玉隐射顺治皇帝。原来娇杏、林黛玉与薛宝钗也隐射"大荒顽石"孝庄一个人。原来林黛玉与薛宝钗隐射上下两代的四个皇后（孝庄皇后，顺治废皇后——孝庄的亲侄女博尔济吉特氏，顺治追封的"端敬"皇后董鄂氏，还有顺治新皇后——孝庄的亲侄孙女小博尔济吉特氏）与一个贵妃（皇太极的宸妃）。在天聪崇德时代，贾雨村指代皇太极，"玉"指代不安分的庄妃，"钗"指代得宠的姐姐宸妃。她们都是皇太极的妃子。《红楼梦》原文：

　　须臾茶毕，早已设下杯盘，那美酒佳肴自不必说。二人归坐，先是款斟慢饮，次渐谈至兴浓，不觉飞觥献斝（音"假"）起来。当时街坊上家家箫管，户户弦歌，当头一轮明月，飞彩凝辉，二人愈添豪兴，酒到杯干。雨村此时已有七八分酒意，狂兴不禁，乃对月寓怀，口占一绝云：
　　时逢三五便团圆，满把清光护玉栏。
　　天上一轮才捧出，人间万姓仰头看。
　　士隐听了，大叫："妙哉！吾每谓兄必非久居人下者，今所吟之句，飞腾之兆已见，不日可接履于云霄之上矣。可贺，可贺！"乃亲斟一斗为贺。……当下即命小童进去，速封五十两白银，并两套冬衣。又云："十九日乃黄道之期，兄可即买舟西上，待雄飞高举，明冬再晤，岂非大快之事耶！"

　　贾雨村在士隐家中所吟之《中秋诗》，牵动《红楼梦》之全局。它预报了满洲入主中原的两个皇帝梦。士隐对此诗之赞语，从小说角度看，是说雨村所吟之句预示着他即将飞黄腾达。其历史隐意则是，皇太极、多尔衮即将一步登天。"可接步履于云霄之上"暗示他即将登上中国的帝位。同时慨叹崇祯皇帝感到回天无力，因而发出了无可奈何的自嘲。

　　据说赵匡胤未登极时，曾拿他作的《咏月》诗给徐铉看。徐铉读到"未离海底千山黑，才到中天万国明"两句时，认为帝王之兆已显（见宋代陈师半《后山诗话》）。以"天上一轮才捧出，人间万姓仰头看"与赵匡胤诗句相对照就会发现，两诗所抒襟怀十分类似，均可视为"帝王之兆已显"。作者似乎借此向读者说，小说里的贾雨村在大比之年会中进士，得官知府。其实这是说不通的。

　　一个穷秀才，后来最多做到知府，为什么要写想做皇帝的诗呢？难道不知道这是杀头之罪吗？其实，这是作者暗示贾雨村的《中秋诗》，暗喻着皇太极将要登基皇位，多尔衮要夺位登基。为什么要将爱新觉罗氏做皇帝与赵匡胤联系在一起呢？因为明末清初的民谣云："朱（明朝）家麦，李家（李自成）

磨，做成一个大馍馍，送给隔壁（长城）赵大哥（清朝）。"甄士隐"速封五十两白银，并两套冬衣"送给贾雨村，又云："十九日乃黄道之期，兄可即买舟西上……"正是对民谣"送给隔壁（长城）赵大哥（清朝）"的隐写。《红楼梦》原文：

……不想这日三月十五，葫芦庙中炸供，那些和尚不加小心，致使油锅火逸，便烧着窗纸。此方人家多用竹篱木壁者，大抵也因劫数，于是接二连三，牵五挂四，将一条街烧得如火焰山一般。彼时虽有军民来救，那火已成了势，如何救得下？直烧了一夜，方渐渐的熄去，也不知烧了几家。只可怜甄家在隔壁，早已烧成一片瓦砾场了。只有他夫妇并几个家人的性命不曾伤了。急得士隐惟跌足长叹而已。只得与妻子商议，且到田庄上去安身。偏值近年水旱不收，贼盗蜂起，无非抢田夺地，鼠窃狗偷，民不安生，因此官兵剿捕，难以安身。士隐只得将田庄都折变了，便携了妻子与两个丫鬟投他岳丈家去。

……士隐知投人不着，心中未免悔恨，再兼上年惊唬，急忿怨痛，已有积伤，暮年之人，贫病交攻，竟渐渐的露出那下世的光景来。

"霍启抱了英莲去看社火花灯……那有英莲的踪影？……便逃往他乡去了。"——"霍启"与"冯渊"隐射的都是李自成。"霍启"是"祸起"的谐音。作者认为李自成造反，是明朝灭亡的导火线。

"冯渊"是"逢怨"、"逢冤"的谐音，代表老百姓"怨声载道"、"冤狱遍于寰中"的意思。也就是说李自成造反，实乃官逼民反的结果。作者并不否认这一历史事实。李自成偏要将陈圆圆抢入宫内，招致吴三桂降而复叛，引多尔衮入关报仇，大顺朝一天而亡，就是因为李自成"逢"上了陈圆圆这个"冤"家也。

薛蟠又叫薛文龙，隐指顺治皇帝。冯渊（逢冤）指襄亲王博穆博果尔福晋董鄂氏（小襄妃子）被呆霸王顺治抢走了，自己被迫自杀。

"霍启抱了英莲"隐射李自成（霍启、冯渊、冯胖子、冯紫英）占领北京，抢了陈圆圆，隐射获得大明朝的传国玉玺"甄英莲"，在北京呆了一个半月（冯胖子＝冯月半），还当了一天大顺朝的皇帝。因为吴三桂（薛蟠＝三藩之首，草龙称帝）与李自成（冯渊）表面上争夺陈圆圆，实际上争夺明朝传国玉玺"甄英莲"。吴三桂引多尔衮（应天府知府贾雨村）入关助战，李自成（霍启）才丢了"甄英莲"，此后"便逃往他乡去了"。

李自成（冯胖子）于崇祯十七年（1644）三月十五日兵临北京城下，十九日攻陷北京，四月二十二日石河会战大败而归，四月二十九日称帝，四月三十日逃离北京，正是一个半月。甄英莲的艺术原形其实就是吴三桂的小妾陈圆圆。"恸哭六军皆缟素，冲冠一怒为红颜"，指的就是此事。但在《红楼梦》中，甄英莲不仅仅是陈圆圆的化身，而升华为明朝的传国玉玺（甄英莲）。

甄士隐被火，实指明亡，亦即李自成进入北京之日，时在明崇祯十七年三月十九。但三月十五日农民起义军已经兵临北京城下。作者将李自成攻陷北京，说成是清朝不断侵犯骚扰长城内外，使朝廷腹背受敌、兵力不足的结果。而多尔衮的清兵也是三月十五后兵寇山海关的。

事实上，李自成造反是"祸起"（霍启）的内因，清兵入关（葫芦庙中炸供）是外因。"和尚不加小心"是托词，"胡庯庙"里的"和尚"泛指清朝的八旗劲旅。"烧着窗纸"是指清朝八旗部队兵寇山海关——仅仅是一层"窗纸"。"一条街"指万里长城，隐射战火遍及长城内外也。

"只得与妻子商议，且到田庄上去安身。"甄士隐搬到田庄安身这段时间，实指三月十九日明亡至五月初三南明福王（弘光帝）监国南京这段时间。

"他岳丈名唤封肃，本贯大如州人氏……勉强支持了一两年……竟渐渐的露出那下世的光景来"，甄士隐搬到岳家至随道士出家这段时间，实指南明第一帝弘光于崇祯十七年、顺治元年五月初三监国南京的时期。"竟渐渐的露出那下世的光景来。"指南京沦陷至南明最后一帝韩王朱本铉于定武十八年、康熙二年（1663）不知所终这段时间。"封肃"是"封缩"的谐音，隐射南明政权的"封疆日缩"。"大如州人氏"，"大"指明朝皇帝，"如"指去向的意思，"大如州"就是南明皇帝去向的地方。"如"字被使用了两次。林如海指朱由校的弟弟朱由检走到景山海棠树上吊了，"大如州"指南明五帝跑到江南流亡了。

第四章 天聪年间

第一节 林如海隐射崇祯皇帝

明天启七年、后金天聪元年（1627），天启帝死，其弟信王即位，即崇祯帝，明年改元崇祯元年。第三回所谓"至如海，便从科第出身"，隐写崇祯皇帝因其兄无子，而选中了他做继位者。在《红楼梦》中，甄家被火时的甄士隐与两淮"醝政"林如海都隐射崇祯皇帝。

第三回《林黛玉抛父进京都》、第十三回《秦可卿死封龙禁尉》、第十四回《林如海捐馆扬州城》，均浓墨重彩大书特书了崇祯皇帝的业绩、自缢、国丧与厚葬，但因为是亡国之君，上述历史都隐藏在直接描写敌方的隆重活动中，所谓"泥沙俱下，鱼龙混杂"者也。读者必须去伪存真，认真分析，方能一见庐山真面貌。第三回原文：

那日，偶又游至维扬地面，因闻得今岁醝政点的是林如海。这林如海姓林名海，表字如海，乃是前科的探花，今已升至兰台寺大夫，本贯姑苏人氏，今钦点出为巡盐御史，到任方一月有余。原来这林如海之祖，曾袭过列侯，今到如海，业经五世。起初时，只封袭三世，因当今隆恩盛德，远迈前代，额外加恩，至如海之父，又袭了一代；至如海，便从科第出身。虽系钟鼎之家，却亦是书香之族。只可惜这林家支庶不盛，子孙有限，虽有几门，却与如海俱是堂族而已，没甚亲支嫡派的。今如海年已四十，只有一个三岁之子，偏又于去岁死了。虽有几房姬妾，奈他命中无子，亦无可如何之事。今只有嫡妻贾氏，生得一女，乳名黛玉，年方五岁。夫妻无子，故爱如珍宝，且又见他聪明清秀，便也欲使他读书识得几个字，不过假充养子之意，聊解膝下荒凉之叹。

林如海的"林"指天启帝朱由校与崇祯帝朱由检两个"木"字旁朱皇帝，

二木成林也。"如"是走向何处的意思。"海"指崇祯景山上吊的海棠树。

明末五帝之间的传替是按朱元璋的遗嘱执行的：父子相承或者兄终弟继。《红楼梦》作者将崇祯世系隐写为林氏世系。翻阅明史，只要将林如海世系还原为崇祯世系，就能确定林如海确实隐射崇祯皇帝。《林如海捐馆扬州城》隐射崇祯死。贾琏与林黛玉为林如海发丧，隐射摄政王多尔衮奉孝庄皇太后懿旨为崇祯皇帝建陵发丧。

明末世系谱与林如海世系谱对照：十一朝朱厚照（传位兄弟）——十二朝嘉靖帝朱厚熜（"林如海之祖曾袭过列侯"，隐指朱厚熜继兄为帝，即兄弟并列为帝；嘉靖帝死传位太子。太子即位，以明年为隆庆元年。此即林如海世系中"只封袭三世"之一）——十三朝隆庆帝朱载垕（隆庆帝死后传位太子。太子即位，以明年为万历元年。此即"只封袭三世"之二）——十四朝万历帝朱翊钧（万历帝死后传位太子。太子朱常洛继立，建元泰昌。此即"只封袭三世"之三）——十五朝泰昌帝朱常洛（乃长子继位）——十六朝天启帝朱由校（"又袭了一代"，天启帝传位兄弟）——十七朝崇祯帝朱由检（"至如海便从科第出身"，隐写十七朝朱由检崇祯皇帝是因朱由校无子，被众兄弟选举出来当了皇帝）。

"因闻得今岁鹾政点的是林如海。"有很深刻的隐意。卤为胡虏也，乃汉族皇帝对塞外游牧民族的称呼，汉唐指匈奴、突厥与鲜卑，宋朝指契丹、女真与蒙古族，明朝指蒙古与满族。"鹾"为"卤差"，即对付游牧民族侵犯的差使。"今岁鹾政点的是林如海"，是说崇祯皇帝登基十七年主要任务就是对付满蒙少数民族的入侵。至于"胡虏"的真实历史概念，分歧甚大。大体上以长城为界，汉人称塞外游牧民族为"胡虏"，而对方称关内的农耕民族为"蛮子"。"胡虏"是大汉族主义的政治概念。"蛮子"是地方民族主义的政治概念。

"三岁之子，偏又于去岁死了。"隐射崇祯三年"凌迟处死"袁崇焕，自毁长城。

"嫡妻贾氏，生得一女，乳名黛玉，年方五岁。……不过假充养子之意。"黛玉"假充养子"，隐射崇祯为上一朝代，孝庄为下一朝代，乃假设的父子关系也。

天聪元年三月满洲八旗劲旅征伐察哈尔蒙古，返还盛京途中大宴，皇太极云："蒙天眷佑，二幼弟随征……俘获凯旋，当赐以美号。"此役使睿亲王多尔衮（贾政与贾琏）与豫亲王多铎（贾蔷）崭露头角，成为后起之秀。阿济格、多尔衮、多铎三兄弟，后来成为定鼎中原的主要军事力量。

第十三回《秦可卿死封龙禁尉》直接描写了皇太极与董鄂氏皇贵妃的殡

葬与追封，但间接隐藏着崇祯皇帝的隆重国葬。

第十四回《林如海捐馆扬州城》零散描写了多尔衮与孝庄皇太后建陵厚葬的历史真实情况，还有多尔衮与孔有德祭奠崇祯皇帝的挽联。

第二节　孔有德与袁崇焕

孔有德、耿仲明秘密降清始于明崇祯二年、后金天聪三年（1629）初秋，袁崇焕督师蓟辽，擅自将东江总兵毛文龙杀死，孔有德与耿仲明恳求皇太极替毛帅报仇。毛文龙镇守东江，素性倔强，袁崇焕恐他跋扈难制，将他斩首，乃一大失误。孔、耿认毛文龙为义父，毛文龙被杀，随即逃往满洲，秘密降金。皇太极说，山海关有"南蛮子"袁崇焕把守，不易进取，询问二将可有良策破关？耿仲明建议绕道西北，从北京东北方向的龙井关攻入。孔有德说龙井关是北京东北的长城口，可经过蒙古沿长城入关。此关若入，可直趋遵化。遵化一下，北京便动摇了。皇太极喜形于色。多尔衮请二人速还，勿被袁崇焕闻知，二将仍回登州，阳顺明朝，阴助后金。

《红楼梦》第二回《冷子兴演说荣国府》首先写到孔有德、耿仲明二人："雨村正值偶感风寒，病在旅店，将一月光景方渐愈。一因身体劳倦，二因盘费不继，也正欲寻个合式之处，暂且歇下。幸有两个旧友，亦在此境居住，因闻得盬政欲聘一西宾，雨村便相托友力，谋了进去，且作安身之计。"此处隐射皇太极（贾雨村）于崇祯二年、天聪三年底首次入关掠夺明朝（盬政林如海家）。"幸有两个旧友，亦在此境居住"，即指秘密降清潜藏在明境内的孔有德、耿仲明两部。"雨村便相托友力，谋了进去"，指皇太极的满洲八旗部队从龙井关破关而入，也就是贾雨村到林如海家坐馆——皇太极到北京城给崇祯皇帝讲解孙子兵法去了。

崇祯二年、天聪三年（1629）十月，皇太极按孔有德、耿仲明二人献的密计，亲率八旗劲旅，抵龙井关，关上守卒四散逃去。满军整队而入，杀奔遵化。不到一月，蓟州、三河、顺义、通州等处都被占据，满军乘胜直到北京城下。明廷大震，飞诏各处勤王。袁崇焕奉旨，遣满桂率军入援，自己带领祖大寿、何可纲两总兵随后启程。及到北京，崇祯帝命他统率诸道援师，立营沙河门外，与满军对垒。范文程与皇太极秘商出一个离间计。过了一天，传报德胜门外及永定门外，遗有两封议和书，是满洲太宗致袁崇焕的密书。又过一天，满军捉住明太监二名，太宗令汉人高鸿中监守。又过一天，满军退五里下寨。又过一天，明太监脱逃，皇太极也不追问。又过一天，高鸿中入报明督师袁崇焕下狱。皇太极这一手，完全模仿《三国演义》。而崇祯皇帝竟然忘了"蒋干盗书"。

崇祯帝对袁崇焕擅杀毛文龙本来就不满，忽闻他与皇太极私自议和，便命锦衣卫缚置狱中。总兵祖大寿、何可纲闻主帅下狱，顿时大愤，率兵驰回山海关。明军失了主帅，群龙无首，皇太极却计中有计，他不乘势攻打北京，反向固安、良乡一带游弋掠夺，复回转卢沟桥。崇祯帝封满桂为武经略，屯西直、安定二门，出城三里与满军搏战。皇太极见久战不下，令侍卫改作明装，乘夜黑混入明军。满桂误作城内援兵，一阵混战，竟死于乱军之中。满军大获胜仗，皇太极恐师老日久，反致进退两难，遂退军而去。

皇太极率军退至通州，复至昌黎。过了数月，探子密报袁崇焕已经凌迟处死，百姓争食其肉，家产籍没。皇太极欣然道：此公已死，可长驱入明了。

《红楼梦》第四十八回《慕雅女雅集苦吟诗》里的石呆子就隐射袁崇焕。贾赦隐射皇太极。贾雨村隐射范文程。"讹他拖欠了官银，拿他到衙门里去"，隐射范文程设离间计，陷害袁崇焕进了监狱。石呆子的"湘扇"，江山也。20把扇子隐射明朝"从山海关到嘉峪关"等一扇扇门户。

贾赦（皇太极）要用"一万两"银子买石呆子（袁崇焕）的"扇子"——大明朝的万里江山与一个万岁爷。石呆子（袁崇焕）宁死不卖，结果被汉族皇帝崇祯自行剪除了。

崇祯三年八月十六日，秋高气爽，京城却是一派肃杀的气氛。一辆囚车缓慢地驶向刑场，囚笼里是犯有"通敌罪"的袁崇焕大将军。1630年明大将军袁崇焕遭陷害被凌迟处死。示众的旗杆上，只剩下一颗头，一双不瞑之目，怒向青天。袁崇焕的罪名是通敌谋反，替他掩埋尸骨是灭门九族的大罪。袁崇焕的谋士（"佘义士"）深知此乃天大的冤枉。就在当天晚上到刑场去盗袁大将军的头。那天是阴历八月十六，皓月当空，照得大地一片雪亮。就在"佘义士"无可奈何的时候，月亮忽然被浓云遮住，而且刮起了大风，"佘义士"飞身上杆，将旗杆上的人头摘了下来。出不去城，只好抱着人头回了家，埋在自家的后院里。因怕引来杀身之祸，他将园子辟为广东义园，从此辞去官职，隐姓埋名，终日守着这座无碑坟，早晚洒扫上香。

"佘义士"认为有朝一日能为袁大将军洗雪冤情。谁知等了14年，等来了清军入关，明朝垮台。袁大将军身后无子，"佘义士"决心永远守在袁大将军身边。"佘义士"17代后人佘幼芝说，其祖籍是广东顺德。从1630年起佘家就再也没有回过祖籍。佘氏子孙默默地守着袁崇焕将军的遗骨，这一守就是17代人。北京五十九中操场东南角有一座青砖围墙，围墙内一大一小两座墓碑，碑上刻着"有明袁大将军墓"。

第五章 崇德年间

1626年，42岁的袁崇焕被朝廷授为兵部右侍郎、辽东巡抚。1627年皇太极率兵进攻，袁崇焕指挥反击，赢得宁锦大捷。正当关外浴血奋战的时候，魏忠贤党羽捏造谎言，袁崇焕遭到了免职的处分。1627年8月明熹宗死，崇祯即位，再度起用袁崇焕，授兵部尚书兼副都御使，督蓟、辽，兼督登、莱、天津军务。

1629年满洲八旗避开宁远与山海关，按孔有德与耿仲明献的计策，绕道至龙井关，直围北京。敌兵放出谣言说袁崇焕要勾结满洲人京夺位。袁崇焕回师护京可能招来杀身之祸，不回京则大明将亡。他心如火焚，但仍然义无反顾地星夜疾驰，先于皇太极三日到达北京。待满洲八旗到京发现袁字大旗高高飘扬，顿时大惊。

面对十万铁骑，袁崇焕将九千兵马排成品字形，下令将士每人口含一枚铜钱，只准死战，不准惊呼。七天七夜的战斗，袁崇焕带头冲锋，跃马横刀，直杀得天昏地暗。袁军犹如一道坚不可摧的长城，将满洲八旗兵阻挡在京城之外。

倘若只有皇太极的反间计也难以达到杀袁的目的，朝廷内与袁不和的人早已忌能妒功。他们在皇上面前施以谗言，而崇祯皇帝恰恰是一个猜忌多疑的人，他全然不念袁崇焕舍命保国的一片赤诚，由信至疑，由疑至怒，终于铸成了千古奇冤，使崇祯皇帝成了咎由自取的历史罪人。

金兵暂退，袁军士无粮，马无草。袁崇焕多处受伤，请求皇上放军马入城，皇上不准，只逼着再战。袁请求皇上让将士进城休整，待大队援兵到来与清兵再战。谁知就在援军到京前两日皇上突然召袁崇焕进城。此时京城内谣言四起。袁崇焕早已听到城内的谣传，但他的内心一片坦荡，奉诏进城并没有想到大难就要临头。守城将士将他吊上城墙，一道圣旨便把他下了死牢。

众将士得知袁大将军被捕，一怒之下弃城而去。清兵再次围城，崇祯皇帝请兵回城，副将祖大寿不肯，崇祯无奈只得让人到死牢中向袁崇焕求助。袁崇焕知道，将士不听君命，而听自己指挥，自己性命必然难保，可为了城中的百姓，他写信命祖大寿回城解围。祖大寿手捧书信跪地大哭，他深知自己只要率兵进京，袁崇焕必死无疑。果然，北京解围了，可怜袁崇焕被定以纵兵、纵敌、通敌诸大罪，处以凌迟。祖大寿后来辗转降清，原因在此也。

1630年8月16日是汉族人的耻辱日。京城百姓在官方舆论的误导下，对这位百战百胜的将军恨得咬牙切齿。人们手执利器拥挤在街道两旁等候袁崇焕的囚车。这位令敌闻风丧胆的赫赫战将，未得百姓一饭一酒之哺，却身受数十刀，一路上鲜血淋漓，及至来到刑场，早已奄奄一息。刽子手寸寸脔割之，割一块，百姓以钱买来生啖。开膛取出肠胃，百姓群起抢之，得一节者和烧酒生吞，血流齿颊间，犹唾地大骂不已。拾得其骨以刀斧碎之，骨肉俱尽，只剩一颗头颅，高悬于旗杆之上。当年袁崇焕被誉为"长城"，明廷自毁长城，不久灭亡，真是应着明朝的天数尽了。

乾隆四十九年，乾隆皇帝编修清史，始知当年皇太极利用反间计铲除袁崇焕的真相。他惊愕不已，遂决心为他平反。百年沉冤，终于在乾隆皇帝的主持下得到昭雪，而昭雪却是来自当年的敌人，是悲还是喜？

感谢清高宗爱新觉罗·弘历的坦荡襟怀，他最早于正史中为昔年劲敌正名，使袁崇焕大将军得以流芳百世。第四十八回原文加注：

今年春天，老爷（皇太极）不知在那个地方看见了几把旧扇子（山海关等各古老关隘）……谁知就有一个不知死的冤（袁）家（崇焕），混号儿世人叫他作石呆子（山海关上的滚石袋子），穷的连饭也没的吃（宦官弄权，军饷不足），偏他家就有二十把旧扇子（从山海关到嘉峪关有二十个关口），死也不肯拿出大门来（死守长城关隘）。……原是不能再有的，全是湘妃、棕竹、麋鹿、玉竹的，皆是古人写画真迹（华夏文明），因来告诉了老爷。老爷便叫买他的，要多少银子给他多少（高官厚禄招降纳叛的政策）。偏那石呆子说："我饿死冻死，一千两银子一把我也不卖！"老爷没法子，……已经许了他五百两（一把旧扇子五百两，二十把等于一万两＝万里河山＝一个崇祯万岁爷），先兑银子后拿扇子。他只是不卖（不贪财卖国），只说："要扇子，先要我的命！"……谁知雨村那没天理的听见了，便设了个法子（离间计），讹他拖欠了官银（秘密议和），拿他到衙门（明朝的锦衣卫衙门）里去，说所欠官银，变卖家产赔补（袁崇焕被明廷锦衣卫抄家），把这扇子抄了来，作了官价送了来（汉人范文程开门揖盗）。那石呆子如今不知是死是活。

第一百○七回《复世职政老沐天恩》云：

北静王便述道："主上因御史参奏贾赦交通外官，恃强凌弱，据该御史指出平安州互相往来，贾赦包揽词讼，严鞫贾赦，据供平安州原姻亲来往，并未干涉官事，该御史亦不能指实。惟有倚势强索石呆子古扇一款是实的，然系玩物，究非强索良民之物可比。虽石呆子自尽，亦系疯傻所致，与逼勒致死者有间。今从宽将贾赦发往台站效力赎罪。"

这是《红楼梦》对袁崇焕镇守辽东、保卫北京与最后悲惨下场（凌迟处死，抄家灭族）的缩写。写得太可怜了，令汉族人冷汗淋漓无地自容也。读者要明白，除了江山社稷，谁家的扇子能价值一万两，而且宁死不卖？袁崇焕之死，乃汉族人"疯傻所致，与逼勒致死者有间"。这才是真正的悲剧。

第三节 《冷子兴演说荣国府》隐藏的历史信息

《红楼梦》第二回高度概括了清朝入关前后的政治、军事形势与清朝皇室的家谱，这是读懂后来百余回故事的关键。《红楼梦》原文：

诗云：

一局输赢料不真，香销茶尽尚逡巡。
欲知目下兴衰兆，须问旁观冷眼人。

却说封肃因听见公差传唤，忙出来陪笑启问。那些人只嚷："快请出甄爷来！"封肃忙陪笑道："小人姓封，并不姓甄。只有当日小婿姓甄，今已出家一二年了，不知可是问他？"那些公人道："我们也不知什么'真''假'，因奉太爷之命来问，他既是你女婿，便带了你去亲见太爷面禀，省得乱跑。"说着，不容封肃多言，大家推拥他去了。封家人个个都惊慌，不知何兆。

"一局输赢"与"目下兴衰"——点明《红楼梦》的主题乃汉满输赢、清明兴衰。在贾雨村"飞腾之兆已见"，甄士隐"渐渐的露出那下世的光景"的开头，小说主要人物尚未露面的时候，大谈"输赢"与"兴衰"，大谈当局者迷，旁观者清，不是明亡清兴的国家大事，难道是为了写曹家或别族抄家败落吗？是写一个漂亮妓女从良，然后化作《红楼梦》里的男主人公，成了"不男不女"的"天下古今第一"人妖吗？

"我们也不知什么'真''假'"——这是一句很有政治分量的话。意思是说，清代官员并不明白《红楼梦》里有一个甄真贾假的故事。其中所有与甄（真）家有关的人和事，都代表明朝与汉族的正统系统。所有与贾（假）家有关的人和事，都代表满清系统。

"应天府"相当于盛京与北京，分别是中国的最高首府——明与大清国的朝廷。贾雨村升任"应天府知府"，先是隐喻皇太极登基做了皇帝。"龙颜大怒，即批革职"，隐射皇太极已死。第三回"题奏之日，轻轻谋了一个复职候缺，不上两个月，金陵应天府缺出，便谋补了此缺"，隐射顺治登基。此时的贾雨村隐射进了北京的顺治皇帝，所以自称是贾政的"世侄"。贾政，字存周，隐射多尔衮入主北京当了"皇叔父摄政王"，是他将顺治皇帝贾雨村推上了皇帝（应天府知府）的宝座。

事情还没有如此简单。皇太极在盛京当了八九年的崇德皇帝，而贾雨村只当了一年多"应天府知府"就下台了，然后"担风袖月，游览天下胜迹"。从离开葫芦庙到复职当"应天府知府"，前后"八九年"（葫芦庙门子语）。在这段时间里贾雨村先后隐射三个历史人物：（1）第一任"应天府知府"贾雨村隐射清太宗皇太极。（2）"游览天下胜迹"的贾雨村隐射皇太极与多尔衮两个人物——揭露清朝八旗部队多次入关，在中原地区侵扰与掠夺五次（小耗子偷的"果有五品"）。（3）第二任起复的"应天府知府"贾雨村也隐射两个人物，一是傀儡"应天府知府"、"世侄"顺治小皇帝；二是真正的"应天府知府"、皇叔父摄政王多尔衮。

为什么要搞得如此复杂呢？因为第二任起复的"应天府"知府要演义两个重大的历史故事：一是多尔衮（贾雨村）娶了孝庄（娇杏），他的原配大福晋元妃死了，孝庄皇太后算是"扶了正"。二是多尔衮（贾雨村）要帮助吴三桂（薛蟠）击溃李自成（冯渊），夺回明朝的传国玉玺甄英莲（陈圆圆）。

贾雨村的公人"也不知什么真假"，这正是作者想要达到的目的。作者希望"公人"（清朝）"不知什么真假"，而希望"私人"（读者）能够分辨"真假"。

《红楼梦》以孝庄之死为界（康熙二十六年，1687年），分为前后两个部分：第一部分的主题是"假作真时真亦假"，隐射甲申之变与南明的灭亡，中华民族（其实仅指汉族）进入了一场噩梦。第二部分的主题是"假去真来真胜假"，预写中原汉族将要重见天日。作者原来估计大清国最多维持到康熙末年。他没有料想清帝国入关后会延续268年。主要原因是不承认清朝接替明朝是历史的进步，站在大汉族主义立场上，一味强调元与清是异族入主中原。直到结尾，作者才回到承认历史进步的正确立场上，五次修改书名，乃是五次思想的大飞跃。作者从狭隘的大汉族主义向中华民族大团结大融合大统一的升华，是令人敬佩之处。

作者希望在该书传播的过程中，当局最好蒙在鼓里。直到灭亡那一天，朝廷也没有弄明白《红楼梦》里有一个甄贾（真假）故事。而咸丰皇帝之后，《红楼梦》竟进入皇宫。《红楼梦》原文：

那天约二更时，只见封肃方回来，欢天喜地。……至次日，早有雨村遣人送了两封银子，四匹锦缎，答谢甄家娘子，又寄一封密书与封肃，转托问甄家

第五章　崇德年间

娘子要那娇杏作二房。封肃喜的屁滚尿流，巴不得去奉承，便在女儿前一力撺掇成了，乘夜只用一乘小轿，便把娇杏送进去了。雨村欢喜，自不必说，乃封百金赠封肃……

却说娇杏这丫鬟，便是那年回顾雨村者。因偶然一顾，便弄出这段事来，亦是自己意料不到之奇缘。谁想他命运两济，不承望自到雨村身边，只一年，便生了一子，又半载，雨村嫡妻忽染疾下世，雨村便将他扶侧作正室夫人了。正是：

偶因一回顾，便为人上人。

原来，雨村因那年士隐赠银之后，他于十六日便起身入都，至大比之期，不料他十分得意，已会了进士，选入外班，今已升了本府知府。虽才干优长，未免有些贪酷之弊，且又恃才侮上，那些官员皆侧目而视。不上一年，便被上司寻了个空隙，作成一本，参他"生情狡猾，擅纂礼仪，且沽清正之名，而暗结虎狼之属，致使地方多事，民命不堪"等语。龙颜大怒，即批革职。该部文书一到，本府官员无不喜悦。那雨村心中虽十分惭恨，却面上全无一点怨色，仍是嘻笑自若，交代过公事，将历年做官积的些资本并家小人属送至原籍，安排妥协，却是自己担风袖月，游览天下胜迹。

"不妨，我自使番役务必探访回来"，隐射顺治元年的历史。应天府知府贾雨村派出"番役"四处"寻访"甄士隐"女儿"的"下落"，扬言要"务必探访回来"，此事关系重大。小说的表面文字是贾雨村顾念与甄士隐"旧日相交"，实际上隐射着清廷一个重要的政治行为。贾雨村隐射刚得到天下的清皇室，甄士隐隐射刚丢失天下的明皇室，甄英莲代表大明朝的传国玉玺。清皇帝登基，南明皇帝隐居山林，明传国玉玺下落不明，这是政局动荡不安的潜在的危险因素。一旦明后裔或野心家得到这块丢失的玉玺，肯定会利用它打出反清复明的旗号，兴风作浪，搞得天下大乱。所以清皇室贾雨村（代表多尔衮与顺治）要"务必探访回来"。

后来这块传国玉玺（甄英莲）果然落入吴三桂（薛蟠）手里。而吴三桂果然利用它自立为大周皇帝，建立了一个短命的汉族王朝，与清廷争天下。战争持续了十年之久。

此时的"封肃"已经不再代表南明日益缩小的疆土，改名"肃封"，隐射皇太极"肃"然册"封"的科尔沁蒙古家族。"情性贤淑，深明礼义"的甄家娘子"封氏"改而隐射科尔沁蒙古王爷大贝勒寨桑之福晋。因为"封氏"本来就不是一个人，而是国家一片封疆的意思。俗话说"女人无姓地无主"，"封氏"既可代表明朝的疆土，当然也可以代表清朝的疆土了。此时的丫头娇杏,隐射博尔济吉特氏孝庄(布木布泰)。娇杏的隐意变成了"侥幸"。"杏"字挖苦孝庄不断地红杏出墙。

"封肃喜的屁滚尿流,巴不得去奉承……雨村欢喜,自不必说,乃封百金赠封肃,外谢甄家娘子许多物事。"——隐射科尔沁蒙古王爷封肃(吴克善父辈)巴不得去奉承皇太极贾雨村。贾雨村娶娇杏为二房,竟然"封百金赠封肃",这是作者埋的一个伏笔。《钦定大清会典》卷三八载:"皇帝大婚……大徵礼后,赐后父母金百两,银五千两。"封肃收到贾雨村百两黄金的聘礼,证明娇杏的实际身份乃是孝庄文皇后。

当贾雨村隐射多尔衮时,娇杏转而隐射入主北京的孝庄下嫁了小叔子,因为多尔衮的大福晋元妃刚死不久,孝庄娇杏就下嫁了,算是"扶了正"。

"偶因一回顾,便为人上人"——隐射的历史太复杂了。

娇杏产下一子,是指孝庄产下了顺治。扶侧作正,即指孝庄在姐姐宸妃死后,由妃子升为清太宗的皇后。表面说娇杏因回顾贾雨村而侥幸得为正室,其实是说孝庄一再勾搭皇太极,从妃子升为皇后,又隐射她一再勾搭孔有德、多尔衮、洪承畴、吴三桂、索尼,一再"嫁人"、"圆婚",得众男人之力而侥幸成为清朝开国女皇。

"至大比之期,不料他十分得意,已会了进士,选入外班,今已升了本府知府。"——贾雨村"中进士","升了""应天府""知府",隐射皇太极在奉天(盛京)登基当了皇帝("本府知府")。"不上一年……即批革职",后又"起复"为"应天府知府"——隐射"八九年"后多尔衮与顺治入主北京,分别当了摄政王与小皇帝。

第四回葫芦庙门子对刚起复的贾雨村说"老爷一向加官进爵,八九年来就忘了我了",是从贾雨村离开葫芦庙(盛京故宫)算起的,隐射皇太极"一向加官进爵",当了八九年皇帝,死了以后才换上新皇帝顺治与皇父摄政王。此处当了两次"应天府知府"的贾雨村,第一次隐射皇太极,第二次隐射刚"上任"的顺治小皇帝与"皇父"多尔衮。皇太极于天聪九年获元顺帝传国玉玺,次年即崇德元年改后金为清,登上皇位。崇德八年八月初九,皇太极无疾暴毙,年51岁。他前后当了恰好"八年"皇帝,一年后接任者为顺治与多尔衮,加在一起,总共"八九年",和葫芦庙门子说的时间完全符合。《红楼梦》原文:

雨村正值偶感风寒,病在旅店,将一月光景方渐愈。一因身体劳倦,二因盘费不继,也正欲寻个合式之处,暂且歇下。幸有两个旧友,亦在此境居住,因闻得醢政欲聘一西宾,雨村便相托友力,谋了进去,且作安身之计……

堪堪又是一载的光阴……这日，偶至郭外，意欲赏鉴那村野风光。忽信步至一山环水旋，茂林深竹之处，隐隐的有座庙宇，门巷倾颓，墙垣朽败，门前有额，题着"智通寺"三字，门旁又有一副旧破的对联，曰：

身后有余忘缩手，眼前无路想回头。

雨村看了，因想到："这两句话，文虽浅近，其意则深。我也曾游过些名山大刹，倒不曾见过这话头，其中想必有个翻过筋斗来的亦未可知，何不进去试试。"想着走入，只有一个龙钟老僧在那里煮粥。雨村见了，便不在意。及至问他两句话，那老僧既聋且昏，齿落舌钝，所答非所问。

这一段是神来之笔。此时的贾雨村隐射皇太极，升任应天府知府，隐喻当了皇帝。作者对皇太极的评价为："虽才干优长，未免有些贪酷之弊，且又恃才侮上，那些官员皆侧目而视……便被上司寻了个空隙，作成一本，参他'生情狡猾，擅纂礼仪，且沽清正之名，而暗结虎狼之属，致使地方多事，民命不堪'等语。"——隐写天聪十年，当年改为崇德元年。

按之历史，《红楼梦》里说贾雨村"担风袖月，游览天下胜迹"去了，八九年后才附灵于他的下一代顺治皇帝与多尔衮身上。这八九年的时间，不是"游览天下"，而是隐射皇太极命令多尔衮多次突破明朝的长城防线，到中原腹地大肆掠夺与烧杀去了。此时的贾雨村隐射皇太极与多尔衮兄弟两个人。1644年春多尔衮奉命进犯山海关，占领宁远城，在"智通寺"看到了大清国的过去与未来。像贾宝玉在"太虚幻境"看到过去与未来一样。

"智通寺"是大清国的缩影。破旧的对联："身后有余忘缩手，眼前无路想回头。"是对大清国全部历史的高度概括与最后结局的预报，也可以说是《红楼梦》隐意的高度概括与预报。

"身后有余忘缩手"——隐指后金时期，努尔哈赤与皇太极统一了东北地区，可谓"身后有余"，但仍然贪心不足，继续向山海关内伸手，最后占领中原，才知道乐极生悲。大清国因为孝庄的死，"通灵宝玉"不翼而飞，只好启用后金的金玺，让"皇储"贾兰像"达摩祖师带领和尚过江去了"一样，退居关外，回到辽河以东，叫作"眼前无路想回头"。而清朝皇室系统的末代人物贾宝玉，不得不出家当了和尚，像顺治削发出家一样。用贾雨村的话来说，就是"翻过筋斗来"的表现。

在智通寺里，贾雨村看到"那老僧既聋且昏，齿落舌钝，所答非所问"，显然是贾宝玉帝系晚年的写照，代表清朝灭亡以后的情景。

贾宝玉与甄士隐是反正对照的一对儿。第一回写了甄士隐代表的明朝灭亡。第二回马上预报贾宝玉代表的清朝也将要灭亡。《红楼梦》原文：

雨村不耐烦，便仍出来，意欲到那村肆中沽饮三杯，以助野趣，于是款步行来。将入肆门，只见座上吃酒之客有一人起身大笑，接了出来，口内说："奇遇，奇遇。"雨村忙看时，此人是都中在古董行中贸易的号冷子兴者，旧日在都相识。……

子兴叹道："老先生休如此说。如今的这宁荣两门，都萧疏了，不比先时的光景。"雨村道："当日宁荣两宅的人口也极多，如何就萧疏了？"冷子兴道："正是，说来也话长。"雨村道："去岁我到金陵地界，因欲游览六朝遗迹，那日进了石头城，从他老宅门前经过。街东是宁国府，街西是荣国府，二宅相连，竟将大半条街占了。大门前虽冷落无人，隔着围墙一望，里面厅殿楼阁，也还都峥嵘轩峻，就是后一带花园子里面树木山石，也还都有蓊蔚洇润之气，那里象个衰败之家？"冷子兴笑道："亏你是进士出身，原来不通！古人有云：'百足之虫，死而不僵。'如今虽说不及先年那样兴盛，较之平常仕宦之家，到底气象不同。如今生齿日繁，事务日盛，主仆上下，安富尊荣者尽多，运筹谋画者无一，其日用排场费用，又不能将就省俭，如今外面的架子虽未甚倒，内囊却也尽上来了。这还是小事。更有一件大事：谁知这样钟鸣鼎食之家，翰墨诗书之族，如今的儿孙，竟一代不如一代了！"

冷子兴做京都中的古董行贸易。冷子兴的"冷"字，从冰从令，又从二从令，隐指孝庄嫁过两个男人，一是皇太极，一是多尔衮。又隐射孝庄有两种以上的男人，一是满人，一是汉人。冷子兴，隐射孝庄的儿子正兴旺的意思。古董行，即骨董行，是管理人的部门。都中的古董行，乃清宫的宗人府，冷子兴是周瑞家的女婿，管理皇室的人事档案，所以才有资格演说孝庄的荣国府。他对清宫的内幕了如指掌，所以才冷眼旁观，得出结论："如今的这宁荣两门，都萧疏了，不比先时的光景"，"百足之虫，死而不僵"，"如今的儿孙，竟一代不如一代了！"所谓"欲知目下兴衰兆，须问旁观冷眼人"也。冷子兴的结论，一半是历史真实，一半是作者的诅咒。而贾雨村对冷子兴的看法不以为然，所谓"当局者迷""一局输赢料不真，香销茶尽尚逡巡"。

冷子兴隐射顺治皇帝的铁杆保皇派、康熙皇帝四大顾命大臣之首、康熙岳父噶布喇的父亲索尼。"冷"隐射孝庄皇太后。"子"隐射顺治皇帝。"兴"隐射康熙皇帝。冷子兴是三朝元老索尼的艺术化身。皇太极去世之际，索尼首议册立皇子而不立皇弟，为福临即位立了大功。多尔衮摄政时，索尼不肯阿附多尔衮，两次被借故罢官去职，差点儿杀头。直到顺治亲政，才恢复了他的职权，又晋一等伯世职，擢内大臣、议政大臣，并总管内务府，实际上就是皇室大管家。他的父亲硕色和兄长希福，在太祖时就是有名的文臣。他们父子兄弟精通满、汉、蒙文,是满洲少有的博学世家。索尼正直笃实,有时十分固执,但他所有这些品行,都服从一个忠字。他对太祖忠,对太宗忠,对顺治忠,对康熙忠,都达到愚忠忘我的程度。

冷子兴和曹雪芹是反正的一个对子,都是管理清朝皇室档案的。冷子兴是宗人府的官员,有老婆孩子。他在第二回与正要入主北京的摄政王多尔衮大谈清皇室的内幕。到了第一百二十回,贾雨村从监狱里出来,成了普通公民,没有威风了。《红楼梦》第一作者空空道人(朱明皇室)将草稿给他看,他说基本上都是他的经历,没有大错误,但希望将真事隐去,改写成假语村言。从历史著作改写成文学作品,给清皇家留一点脸面,所以让空空道人到清史馆(悼红轩)去找宫内史官曹雪芹,共同"披阅增删"一下,最后就这样办成了。这就是《红楼梦》。

"我也无紧事,且盘桓两日,待月半时也就起身了。"——冷子兴的这段话,表明他和贾雨村谈话的时间是明崇祯十七年、清顺治元年(1644年)的早春。地点在山海关外宁远城。明崇祯十六年、清崇德八年(1643)八月二十五日福临即皇帝位于盛京沈阳,不足6岁,以明年为顺治元年。当时清兵在山海关外,李自成尚未攻破北京。冷子兴说"且盘桓两日,待月半时也就起身了",隐射李自成在北京只逗留了"月半"的时间:从三月十九日攻入明宫,到四月三十日离开,正好折腾了一月半。冷子兴(索尼)应该是正白旗人,原是多尔衮贾政的属下,后来才是孝庄王夫人的属下,所以说起小顺治贾宝玉来很不客气。四月三十日李自成弃京归陕。五月初二多尔衮贾政的正白旗入居北京。九月十八日孝庄王夫人携7岁小儿顺治帝贾宝玉到达通州,多尔衮在通州预先设立了接驾的行宫(现在三河县燕郊区行营镇),亲率百官迎接,十九日经正阳门、大清门进入北京皇宫。十月初一日顺治贾宝玉即皇帝位于紫禁城皇极门(太和门)。《红楼梦》原文:

子兴叹道:"正说的是这两门呢。待我告诉你:当日宁国公与荣国公是一母同胞弟兄两个。宁公居长,生了四个儿子。宁公死后,贾代化袭了官,也养了两个儿子:长名贾敷,至八九岁上便死了,只剩了次子贾敬袭了官,如今一味好道,只爱烧丹炼汞,余者一概不在心上。幸而早年留下一子,名唤贾珍,因他父亲一心想作神仙,把官倒让他袭了。他父亲又不肯回原籍来,只在都中城外和道士们胡羼。这位珍爷倒生了一个儿子,今年才十六岁,名叫贾蓉。如今敬老爹一概不管。这珍爷那里肯读书,只一味高乐不了,把宁国府竟翻了过来,也没有人敢来管他。再说荣府你听,方才所说异事,就出在这里。自荣公死后,长子贾代善袭了官,娶的也是金陵世勋史侯家的小姐为妻,生了两个儿子：长子贾赦，次子贾政。如今代善早已去世，太夫人尚在，长子贾赦袭着官，次子贾政，自幼酷喜读书，祖父最疼，原欲以科甲出身的，不料代善临终时遗本一上，皇上因恤先臣，即时令长子袭官外，问还有几子，立刻引见，遂额外赐了这政老爹一个主事之衔，令其入部习学，如今现已升了员外郎了。这政老爹的夫人王氏，头胎生的公子，名唤贾珠，十四岁进学，不到二十岁就娶了妻生了子，一病死了。第二胎生了一位小姐，生在大年初一，这就奇了，不想后来又生一位公子，说来更奇，一落胎胞，嘴里便衔下一块五彩晶莹的玉来，上面还有许多字迹，就取名叫作宝玉。你道是新奇异事不是？"

冷子兴介绍的贾家族谱与作者介绍的林如海族谱，处于对等的位置，前者是清朝爱新觉罗氏的皇室族谱，后者是明末的朱明族谱。按冷子兴的说法，贾家应该分成后金政权宁公系统与清政权荣公系统两部分。宁公与荣公都隐射满洲开国皇帝努尔哈赤的父亲塔克石。宁府的贾代化与荣府的贾代善都隐射清太祖努尔哈赤一个人。

宁府的贾敬与荣府的贾赦、贾政隐射孔有德、皇太极与多尔衮一辈人。

宁府长子"贾敷，至八九岁上便死了"，由"次子贾敬袭了官"。"贾敷，至八九岁上便死了"，隐射皇太极崇德八年八月九日死了。"次子贾敬袭了官"，隐射孔有德取代皇太极成了清皇室的祖宗（"国公替身"）。

荣府"长子贾赦袭着官"。贾政单列出来隐射多尔衮，所以荣府"次子贾政……如今现已升了员外郎了"。"主事"隐射"皇父摄政王"。"员外郎"隐射孝庄的编外丈夫。贾赦为"假设"的皇太极。

宁府的贾珍与荣府的贾琏、贾珠、贾宝玉四个人隐射顺治皇帝一个人。

宁府的贾蓉与荣府的贾兰两个人代表末代满洲皇帝，从康熙直到宣统皇帝。而贾蓉、贾兰主要隐射康熙皇帝。

作者让三个人（贾敬、贾赦与贾政）来代表努尔哈赤下一代当权的两个儿子皇太极与多尔衮，却多出来一个贾敬。又说贾赦与贾政是长子与次子，还是多出来一个贾敬。于是只好让两个人（贾敬与贾赦）来代表皇太极一人而两身，而且让贾敬（孔有德）排在第一，让贾赦（皇太极）排在第二，又说贾赦（皇太极）与贾政（多尔衮）是亲兄弟，此乃《红楼梦》作者的恶毒之笔。

其实，贾敬不代表皇太极，而代表具有皇太极资格的一个汉人——一个与孝庄苟合的汉族臣子。"敬"字从苟从文。"苟"是男女苟合的意思。"文"字隐射孝庄文皇后——明确表明贾敬隐射与孝庄苟合的汉将孔有德。

贾敬是贾府里唯一的道士，是汉人，根据"箕裘颓堕皆从敬"，他应该是败坏爱新觉罗皇室（贾府）血统与门风的头号罪人。

综合以上隐意，孔有德就是与孝庄苟合的努尔哈赤（贾代化＝贾门血统从这一代发生了变化）的假儿子（贾敬）。他是宁国府的家长，但他从来不住在宁国府，只有他的儿孙住在宁国府里，而宁国府是清廷的代号。说明清廷是贾敬儿孙的朝廷，也就是汉族朝廷。贾敬表面上不愿意回宁府，实际上他没有资格住在宁国府，连过生日也不能回去。他"不肯回原籍来，只在都中城外和道士们胡羼"，"只爱烧丹炼汞"，最后中毒而死。隐射定南王孔有德一直在外地与南明的残余势力（道士）作战（胡羼），顺治九年七月四日被李定国（真道士）包围桂林，自杀身亡。

从《红楼梦》看，努尔哈赤的真儿子皇太极在传宗接代方面倒成了贾赦（等于假设＝仅是一个摆设）。贾赦的"贾"字代表爱新觉罗姓氏。"赦"字从赤从文。"赤"字隐射他是努尔哈赤的骨血。"文"字与"赤"字并列，隐射他是孝庄文皇后的合法丈夫皇太极。但从传宗接代的意义上来说，他只是后代顺治皇帝假设（贾赦）的父亲。隐射努尔哈赤的江山实际上传给了假儿子孔有德，顺治皇帝实际上是贾敬（孔有德）的后代——贾珍（假真＝弄假成真）。

贾珠与贾宝玉是一个人，隐射得天花死的顺治与削发想当和尚的顺治。三个人都是贾珍（假真）＝弄假成真的结果。也就是说，从顺治皇帝开始，清朝皇室的后代被孔有德偷梁换柱、移花接木了，与爱新觉罗氏毫无关系。作者胆大包天，竟然写成一副对联，堂而皇之地挂在大清国的国门上。作者在"太虚幻境"牌楼的对联上大书特书曰：

"假做真时真亦假，无为有时有还无"——假儿子（孔有德）的后代做了真皇帝（顺治），真儿子（多尔衮）只当了假皇帝（皇父摄政王），最后被扒坟鞭尸，扫地出门。无血缘关系的（顺治）有了皇位，而有血缘关系的（多尔衮）却无了皇位。这是《红楼梦》里最恶毒的"满纸荒唐言"。

"贾代化袭了官，也养了两个儿子：长名贾敷，至八九岁上便死了"——是一个非常重要的时间坐标。贾代化隐射努尔哈赤的天命朝，传给长子贾敷（皇太极），为天聪朝。"八九岁上便死了"，隐射从天聪九年皇太极获元玺，次年废后金国号，启用大清国号，并改元崇德元年，到崇德八年八月初九皇太极暴死，恰好"八九"年（"岁"）。"因他父亲一心想作神仙，把官倒让他袭了"——说明贾敬（孔有德）没有做清朝皇帝。他的儿子顺治（贾珍＝弄假成真）做了清朝的皇帝（假爱新觉罗即位）。顺治是个什么性格呢？《红楼梦》上说："这珍爷那里肯读书，只一味高乐不了，把宁国府竟翻了过来，也没有人敢来管他。"短短32个字，少年天子福临的暴戾乖张，跃然纸上。

贾珠、贾宝玉两个演员隐射顺治皇帝是另一个历史标记：顺治24岁得天花病死（贾珠）。顺治死前半年削发剃度，非要出家当和尚不可，还起了两个法号，即"行痴"与"痴道人"（柳湘莲与贾宝玉）。

"都中""古董行中贸易"——隐射北京清朝皇宫内务府大总管。"古董行"即故宫东北角的"古董房"——与之并列的五个部门自东向西依次为"古董房"、"四执房"、"敬事房"、"寿乐房"与"如意馆"。其前方一溜五个院落为"东五所"——皇子皇孙幼儿园。"古董房"（《红楼梦》里改为"古董行"）管理皇帝子孙的历史档案。

"十四岁进学"——这是确定"贾珠"身份的重要依据。一般贵族世家的子弟不可能拖延到14岁才进学，只有顺治皇帝受到多尔衮愚儿政策的严重阻挠，直到14岁亲政以后，才得以系统地学习汉学。此处的"进学"还有更重要的意思。"学"乃"家学学堂"，隐射清廷。"进学"则隐射顺治皇帝14岁时亲政，即顺治八年正月十二日正式亲政。

"不到二十岁就娶了妻生了子"——隐射顺治皇帝16岁迎娶13岁的佟佳氏。次年即顺治十一年三月十八日三阿哥玄烨降生。他的母亲康妃14岁。

贾政分身隐射多尔衮也是一个特殊的历史标记：贾政，字存周。贾政者，假正也，在家为假的代理家长，在国为"皇父摄政王"，帮助侄子周武王之子（顺治），存周（存清）之周公（摄政王）也。崇祯十七年五月二日多尔衮入主北京故宫，明太监与降臣为了巴结他，竟然动用皇帝的仪仗与卤簿迎接他。当时多尔衮大惊，连忙下轿，对皇宫正门行三跪九叩大礼，并当场发表了要效法周公、辅助侄子顺治皇帝的著名讲话——这就是"字存周"的出处。

冷眼旁观的"冷子兴"在介绍贾府族谱时，直统统地说出了《红楼梦》隐射的最大最深的国家机密。没有介绍宁府的女人，因为没有必要。他只介绍荣府（后宫）的女人，首先是"金陵世勋史侯家的小姐"史老太君贾母。

"自荣公死后，长子贾代善袭了官，娶的也是金陵世勋史侯家的小姐为妻，生了两个儿子：长子贾赦，次子贾政。如今代善早已去世，太夫人尚在。"

贾母是荣国府"尚在"的"太夫人"——既然是"史侯家的小姐"，嫁到贾府，熬成贾门的太婆婆，应该叫"贾老太君"才对，为什么反复称呼她为"史老太君"呢？史家的小姐，应该叫"史氏"，嫁到贾家就是"贾史氏"，老了称呼"贾老太君史氏"才对，如何简化成了"史老太君"？由此可见，贾母是"史侯家的小姐"应该为假（贾），贾母是"史侯家的"媳妇应该为真。这就叫作"假做真时真亦假"。

贾母就是这样一个贾门（爱新觉罗氏）的假媳妇。她其实是"史侯家的"真媳妇也。"金陵世勋史侯家"究竟是谁家？金陵可以是南京六朝故都，可以指金国陵墓所在地北京，可以指后金陵墓所在地盛京，可以指金碧辉煌的成吉思汗陵墓。此处的金陵乃是明朝的故都南京。明朝的首都从南京迁到北京，皇帝换了16位，但"史侯家"的"世勋"却未有改变；从宋到元再到明，乃至后来的清，"史侯家"的"世勋"仍然未有改变。"史侯家"隐射"衍圣公"孔家。孔家是"天下第一家"，"衍圣公"是历代不变的"世勋"也。孔有德就是"世勋"、"史侯""衍圣公"的后裔。"贾母史老太君"隐射孝庄皇太后实乃孔有德的媳妇也。

作者用贾母隐射姑姑孝端。又用贾母、王夫人与王熙凤婆媳三代人，隐射孝庄一个人，说贾母是贾代善（努尔哈赤）的妻子——隐射孝端孝庄是两代人。作者说贾母（孝庄皇后）是贾敬（臣子孔有德）的叔母——"母后与臣子乱伦"也。作者说王夫人（孝庄皇后）是贾政（多尔衮）的妻子——"养小叔子的养小叔子"也。

"金陵王"家隐射后金册封的科尔沁蒙古博尔济吉特王爷家。孝庄是元顺帝后裔博尔济吉特氏大贝勒寨桑的女儿。"金陵王"是指博尔济吉特氏在元代就是王孙贵胄，代代王爷。到后金与清，由于实行满蒙联姻的既定国策，博尔济吉特王爷家在天命、天聪、崇德、顺治朝出了几十位皇后、贵妃、妃子与贵人。皇床（白玉床）太多了，所以有"东海缺少白玉床，龙王来请金陵王"的民间谚语。孝庄和她的姑妈、姐姐三人都嫁给了太宗皇帝皇太极。他设置后宫，清宁中宫的大福晋即位正宫皇后，是孝庄的姑妈；西永福宫庄妃便是孝庄；东关雎宫宸妃是庄妃的姐姐。由于这种婚姻联系，科尔沁蒙古始终支持皇太极统一满洲、夺取天下的战争，成为蒙古四十九旗中最强大、举足轻重的一支。当年庄妃是个有名的蒙古美人，草原上远近闻名。但是，她的福命和聪慧更使她名扬天下。她是寨桑的小女儿，自幼气宇不凡，敏慧练达，娴于蒙文，爱读书史，通大略，善词令。据说她在7岁那年随兄弟们到草原上巡视，一个精通相术的喇嘛见了她大为惊异，说："这是大贵人哪，怎么会生在此间？大怪事！"喇嘛还说："此女当与大国君王为偶，母仪天下！此女当偶万乘之君，为华夏兆民之母。"

当时人们都当是一句奉承的笑话，谁知以后她13岁就嫁给了皇太极。《红楼梦》大荒山顽石的来历——女娲氏炼石补天遗弃一块大荒顽石的荒唐故事，就来源于这个精通相术的蒙古喇嘛。《红楼梦》原文：

雨村笑道："果然奇异。只怕这人来历不小。"子兴冷笑道："万人皆如此说，因而乃祖母便先爱如珍宝（笔者注：贾珍与贾宝玉＝顺治皇帝）。那年周岁时，政老爹便要试他将来的志向，便将那世上所有之物摆了无数，与他抓取。谁知他一概不取，伸手只把些脂粉钗环抓来。政老爹便大怒了，说：'将来酒色之徒耳！'因此便大不喜悦。独那史老太君还是命根一样。说来又奇，如今长了七八岁，虽然淘气异常，但其聪明乖觉处，百个不及他一个。说起孩子话来也奇怪，他说：'女儿是水作的骨肉，男人是泥作的骨肉。我见了女儿，我便清爽，见了男子，便觉浊臭逼人。'你道好笑不好笑？将来色鬼无疑了！"雨村罕然厉色忙止道："非也！可惜你们不知道这人来历。大约政老前辈也错以淫魔色鬼看待了。若非多读书识事，加以致知格物之功，悟道参玄之力，不能知也。"

按之历史，可将冷子兴介绍的情况总结如下：

清顺治元年（1644）三月十九日崇祯帝殉国北京，李自成入据北京。林如海指朱由校的弟弟朱由检，到景山四大天王殿山坡的海棠树上吊了。

四月二十二日，吴三桂合清兵于山海关外之石河战败李自成（薛蟠打死冯渊）。二十六日李自成逃回北京（"不幸中又大幸"）。

四月二十九日，李自成称帝。四月三十日，李自成弃京归陕。

五月初二，多尔衮入据北京，当了贾政（假正＝摄政王），存周（存清）也。五月初三在武英殿摄政（贾宝玉生日）。

五月初三，福王监国南京，是为南明之始。作者将此事写成"襄阳侯的兄弟老三"当了"龙禁尉"。

五月初三，吴三桂正式归附清廷。作者将此事写成"皇商"（后来的大周皇上）薛蟠打死冯渊李自成而进京（薛蟠的生日）。

五月初九，吴三桂受封平西王，后开藩云南。作者将此事写成呆霸王薛蟠吴三桂与河东吼夏金桂孝庄闹翻了，到南方"经商"去了（到云南做平西王去了）。

九月十九日，孝庄携7岁小儿顺治帝进北京。此即"如今长了七八岁，虽然淘气异常，但其聪明乖觉处，百个不及他一个"的贾宝玉顺治。

十月初一，顺治帝即皇帝位于太和门。小说中此一史实被改写为《起嫌疑顽童闹学堂》。

十一月，清开科取士，廷试贡生，上卷以知州用，中次卷以州判县丞教职用。此即"多姑娘"孝庄"考试"贾琏与贾府众男人，亦指汉族士子"傅（赴）试"。所谓"傅秋芳"就是"傅（赴）"一个"徐娘半老"（31岁）的女人的考试。

十一月，汤若望进新历，得旨："钦天监印信，着汤若望掌管。"这个汤若望被作者写成了三进荣国府不会用筷子（"叉靶子"）但会开密室秘密机关的刘老老——贾母孝庄的"老亲家"。

贾宝玉说："女儿是水作的骨肉，男人是泥作的骨肉。我见了女儿，我便清爽，见了男子，便觉浊臭逼人。"隐射女人是"清"人孝庄，因为水则清。七八岁的顺治听到朝政就糊涂，听母亲解释一下就"清爽"了。男人是"土"人，都是母亲孝庄皇太后的姘头，没有一个好东西。其中多尔衮最让顺治觉得"浊臭逼人"。

"雨村罕然厉色忙止道：'非也！可惜你们不知道这人来历。大约政老前辈也错以淫魔色鬼看待了。若非多读书识事，加以致知格物之功，悟道参玄之力，不能知也。'"——此话有深意存焉！意思是说读者千万不要像不学无术的假正经（贾政）的多尔衮一样，将有争议的贾宝玉顺治皇帝看成"淫魔色鬼"——他的"满汉一体"，"重文轻武"，"禁止圈地"，"废除逃人法"，都是长治久安之道也。说他是"古今天下第一淫人"，只指他的意淫。《红楼梦》原文：

雨村道："天地生人，除大仁大恶两种，余者皆无大异。若大仁者，则应运而生，大恶者，则应劫而生。运生世治，劫生世危。尧，舜，禹，汤，文，武，周，召，孔，孟，董，韩，周，程，张，朱，皆应运而生者。蚩尤，共工，桀，纣，始皇，王莽，曹操，桓温，安禄山，秦桧等，皆应劫而生者。大仁者，修治天下，大恶者，扰乱天下。清明灵秀，天地之正气，仁者之所秉也，残忍乖僻，天地之邪气，恶者之所秉也……"

子兴道："依你说，'成则王侯败则贼了'。"雨村道："正是这意。你还不知，我自革职以来，这两年遍游各省，也曾遇见两个异样孩子。所以，方才你一说这宝玉，我就猜着了八九亦是这一派人物。不用远说，只金陵城内，钦差金陵省体仁院总裁甄家，你可知么？"……

作者借贾雨村之口，讲了一通"若大仁者，则应运而生，大恶者，则应劫而生。运生世治，劫生世危"的历史观，并非表扬贾雨村有学问，而是揭示《红楼梦》的主题：就隐射反面讲，甄士隐甄宝玉系统代表"大仁者，修治天下"，如"尧，舜，禹，汤，文，武，周，召，孔，孟，董，韩，周，程，张，朱"。贾雨村贾宝玉系统代表"大恶者，扰乱天下"，如"蚩尤，共工，桀，纣，始皇，王莽，曹操，桓温，安禄山，秦桧等"。

贾雨村将《红楼梦》阴阳对立正反两面，如同"风月宝鉴"的特色全盘端了上来，隐射《红楼梦》女主角反面看是"骷髅"，正面看是美女。《红楼梦》的内容为"白骨如山忘姓氏，无非公子与红妆"。所以冷子兴直统统地说："依你说，'成则王侯败则贼了'。"正是满族人对明亡清兴的历史观点。

"曾遇见两个异样孩子。"是指冷子兴介绍的贾宝玉与贾雨村介绍的甄宝玉。即，一个指"金陵城内，钦差金陵省体仁院总裁甄家"的甄宝玉（南明帝系），另一个就是冷子兴说的贾宝玉（清帝系）。这段话指甄真贾假的小说隐意。《红楼梦》原文：

雨村道："正是。方才说这政公，已有衔玉之儿，又有长子所遗一个弱孙。这赦老竟无一个不成？"子兴道："政公既有玉儿之后，其妾又生了一个，倒不知其好歹。只眼前现有二子一孙，却不知将来如何。若问那赦公，也有二子，长名贾琏，今已二十来岁了，亲上作亲，娶的就是政老爹夫人王氏之内侄女，今已娶了二年。这位琏爷身上现捐的是个同知，也是不肯读书，于世路上好机变，言谈去的，所以如今只在乃叔政老爷家住着，帮着料理些家务。谁知自娶了他令夫人之后，倒上下无一人不称颂他夫人的，琏爷倒退了一射之地：说模样又极标致，言谈又爽利，心机又极深细，竟是个男人万不及一的。"

贾琏在荣府"帮着料理些家务"，隐射多尔衮在朝廷做"皇父摄政王"。"娶了他令夫人"是指贾琏娶了王熙凤。其实是隐射孝庄下嫁小叔子多尔衮。贾琏与贾政是两个并列的隐射摄政王多尔衮的小说人物。

王熙凤是孝庄的主要化身，在后金时期王熙凤孝庄的丈夫是秦可卿皇太极，所以秦可卿死亡必须让王熙凤去料理丧事。在清朝时期王熙凤孝庄下嫁给贾琏多尔衮，所以两口子貌合神离，相互戒备着过日子。贾琏多尔衮跑腿、出力、办事，而王熙凤孝庄大权独揽，"竟是个男人万不及一的"，"上下无一人不称颂"。

《红楼梦》里的故事情节，大多根据正史与野史相互补充，有时一个故事情节隐射两个历史事实。例如第十三回《秦可卿死封龙禁尉　王熙凤协理宁国府》，秦可卿隐射皇太极，王熙凤隐射孝庄，这是一个皇后为皇帝发丧的历史事实。另一个历史事实是，秦可卿隐射顺治的董鄂氏皇贵妃，"死封龙禁尉"，隐射她死后被顺治追封为"孝献庄和至德宣仁温惠端敬皇后"。其中的王熙凤隐射孝庄。这是一个孝庄皇太后为儿媳妇董鄂氏"端敬"皇后发丧的历史事实。

下面分析冷子兴介绍的贾府的四个女儿与一个媳妇。

贾元春——"元妃"隐射孝庄皇太后，进北京后下嫁多尔衮。"元妃"是直接借用了多尔衮大福晋的称呼,很大胆。

贾迎春——隐射皇太极的十四格格和硕公主,非孝庄所生,为笼络平西王吴三桂,下嫁给他的大公子吴应熊(中山狼孙绍祖)——留在北京当人质。

贾探春——隐射多尔衮与孝庄生的女儿,后远嫁蒙古,当了王妃。所以探春判词的画面为"两人放风筝","千里东风一梦遥"。

贾惜春——与史湘云、妙玉一起,共同隐射定南王孔有德(贾敬)的女儿孔四贞。史湘云隐射与贾宝玉顺治有染的孔四贞(死葬北京公主坟)。惜春隐射丈夫孙延龄死后回到宫里,至死未嫁的孔四贞。她后来在中南海的皇宫家庙里出家,带发修行,就是妙玉了。也就是说史湘云、惜春与妙玉各表演孔四贞的一段身世。

王熙凤——隐射皇太极与顺治两代皇帝的三个皇后。(1)首先是隐射下嫁贾琏多尔衮的孝庄皇太后。(2)隐射康熙皇帝的生母康妃佟佳氏,她生的巧哥儿,与李纨生的贾兰共同隐射康熙皇帝,因为生过天花(巧姐儿出痘),被刘老老汤若望取名(提议当皇帝)巧哥儿,说他将来会"逢凶化吉","全在一个巧字上"。(3)隐射被顺治废弃的第一任皇后——"亲上作亲,娶的就是政老爹夫人王氏之内侄女,今已娶了二年。"此处的"王夫人"就是孝庄,"政老爹"是多尔衮,孝庄的"内侄女"就是顺治先娶的博尔济吉特氏,她是孝庄娘家的亲侄女,成婚后两年,被顺治废黜为"静妃"。"今已娶了二年"就是指不久就要被废黜了,成了"泼皮破落户"与"凤辣子"。

第五章 崇德年间

第一节 甄士隐入梦——一段风流公案

明崇祯十一年、崇德三年（1638）正月三十日，孝庄在盛京永福宫产子福临，即清世祖顺治皇帝。

顺治皇帝福临就是"太虚幻境"的"神瑛侍者"。神瑛侍者于崇德三年被"一僧"皇太极（假父亲）与"一道"孔有德（真父亲）携带入世，化为宁荣二府（贾府）的贾珍、贾琏、贾珠、贾宝玉（假的珍珠宝玉），还有贾芸与柳湘莲，他们都隐射定南王孔有德的儿子顺治皇帝。

《红楼梦》第一回甄士隐入梦，就进入崇祯时代的北京了，时在崇德三年，即顺治皇帝福临降生的那一年。本年度，皇太极对明朝发动了又一次入关掠夺的战争，侵犯中原各地。甄士隐（崇祯皇帝）在噩梦中听到了什么呢？

那僧笑道："此事说来好笑，竟是千古未闻的罕事。只因西方灵河岸上三生石畔，有绛珠草一株，时有赤瑕宫神瑛侍者，日以甘露灌溉，这绛珠草始得久延岁月。后来既受天地精华，复得雨露滋养，遂得脱却草胎木质，得换人形，仅修成个女体，终日游于离恨天外，饥则食蜜青果为膳，渴则饮灌愁海水为汤。只因尚未酬报灌溉之德，故其五内便郁结着一段缠绵不尽之意。恰近日这神瑛侍者（顺治皇帝）凡心偶炽，乘此昌明太平朝世，意欲下凡造历幻缘，已在警幻仙子（孝庄皇太后）案前挂了号（怀了胎）。警幻亦曾问及，灌溉之情未偿，趁此倒可了结的。那绛珠仙子（董鄂氏灵魂）道：'他是甘露之惠，我并无此水可还。他既下世为人，我也去下世为人，但把我一生所有的眼泪还他，也偿还得过他了。'因此一事，就勾出多少风流冤家来（后宫的女人），陪他们去了结此案。"

"顽石"（孝庄）本来是"如此质蠢"、"只配垫脚"的废弃传国玉玺，被一僧（皇太极）的权力点化成了有效的清国传国玉玺——通灵宝玉。所谓点化，就是将元玺的蒙文磨去，再刻上满文，然后带到沈阳盛京。这是一僧一道（皇太极与孔有德）第一次出场——将孝庄的艺术化身大荒顽石，从蒙古带到沈阳。

"你携了这蠢物，意欲何往？"那僧笑道："你放心，如今现有一段风流公案正该了结，这一干风流冤家，尚未投胎入世。趁此机会，就将此蠢物夹带于中，使他去经历经历。"那道人道："原来近日风流冤孽又将造劫历世去不成？"——这是一僧一道（皇太极灵魂与孔有德灵魂）第二次出场，并到达北京，还见到了崇祯皇帝（的部众），隐射皇太极与孔有德的部队又一次入关掠夺。时在崇德三年。

福临于崇德三年正月三十日出生——"恰近日这神瑛侍者（顺治皇帝）凡心偶炽，乘此昌明太平朝世，意欲下凡造历幻缘，已在警幻仙子（孝庄皇太后）案前挂了号（怀了胎）。"

"警幻亦曾问及，灌溉之情未偿，趁此倒可了结的。那绛珠仙子（董鄂氏灵魂）道：'他是甘露之惠，我并无此水可还。他既下世为人，我也去下世为人，但把我一生所有的眼泪还他，也偿还得过他了。'因此一事，就勾出多少风流冤家来（后宫的女人），陪他们去了结此案。"——隐射顺治皇宫的女人也在此前后出生。首先是董鄂氏（绛珠草）。

所谓"趁此机会，就将此蠢物夹带于中，使他去经历经历"，隐射"蠢物"（大荒顽石孝庄皇太后）与顺治皇帝一起，要到北京去"经历经历"——说明大荒顽石与神瑛侍者是母子两个人。

神瑛侍者"意欲下凡造历幻缘，已在警幻仙子案前挂了号"，说明顺治皇帝是孝庄文皇后亲生的孩子。绛珠草要追随下世去"以泪还债"，说明顺治皇帝与董鄂氏岁数差不多——董鄂氏比福临小一岁。

第一百二十回对第一回神瑛侍者"意欲下凡造历幻缘"做了照应。贾政云："岂知宝玉是下凡历劫的，竟哄了老太太十九年！"——神瑛侍者顺治皇帝"是下凡历劫的"，"活了"24岁，做了19年皇帝："竟哄了孝庄老太太十九年！"

第二节　贾府辈数与官爵高低

明崇祯十二年、清崇德四年（1639）五月，皇太极于崇政殿集诸王贝勒，命豫亲王多铎跪受教谕，历数其过失罪恶，众议削其王爵，家产财物籍没。皇太极命降为贝勒，分其兵力。

此事反映在《红楼梦》里，就是多铎降了一辈。凡政治上降职削爵夺减兵权者，进入《红楼梦》中，就要降辈。降职越大，降辈越多。这是破解《红楼梦》的重要线索。例如：

（1）皇太极（贾赦）与阿济格（贾蓉）、多尔衮（贾政与贾琏）、多铎（贾蔷）是兄弟，但在《红楼梦》中，阿济格（贾蓉）降了两辈，多铎（贾蔷）也降了两辈，多尔衮（贾政与贾琏）降了半辈。君君臣臣，转换成父父子子。

（2）肃亲王豪格（焦大）是顺治皇帝（贾珍、贾珠、贾琏、贾宝玉）的大哥，但《红楼梦》降了何止一辈，甚至沦为老奴。

（3）荣国府与宁国府都隐射同一个清皇宫。皇宫里的皇帝并非爱新觉罗·努尔哈赤的后代，而是孔子后裔孔有德的子孙。例如，满人多尔衮当代理家长——摄政王（贾政与贾琏），汉人当皇帝（贾宝玉与贾兰）。另一个摄政王济尔哈朗（李贵）当了顺治皇帝（贾宝玉）的大跟班，礼亲王代善（赖爷爷）当了贾府大总管，孙子赖尚荣（七品县官）是贾府的家生子儿的奴才。

当年努尔哈赤（贾代化与贾代善，秦业）钟爱阿济格（贾蓉）、多尔衮（贾政与贾琏）、多铎（贾蔷）同母三兄弟，皇太极（一僧、贾赦、秦可卿、秦钟、张大、大狗）登基后，多铎与阿济格不服，多次纵容多尔衮分庭抗礼，但多尔衮未从。皇太极与三兄弟的矛盾，遂变成崇德朝的重大政治问题。

皇太极死后，长子肃亲王豪格（焦大）与三兄弟的矛盾达到剑拔弩张的程度，幸亏有礼亲王代善（赖爷爷）从中调处，才达成顺治（贾珍、贾珠、贾琏、贾宝玉、贾芸）6岁登基的折中方案。肃亲王豪格被整下去之后，接着就是三兄弟内部的矛盾，于是阿济格被整下去了，接着多铎被整下去了。最后，变成了多尔衮与孝庄母子的矛盾。多尔衮猝死，矛盾得以缓和。

崇德四年五月皇太极"教谕"多铎，然后降为贝勒，罚银一万两，兵力分三份，多铎自留两份，另一份给了多尔衮。库中财物平分给多尔衮与阿济格。如此处理，一不违背先皇的遗嘱，二又制造了三兄弟的内部矛盾。

借用多尔衮女儿（探春）的话说——贾府里的人个个都是"乌眼鸡"，"恨不得你吃了我，我吃了你"，"你们别忙，自然连你们抄的日子有呢！你们今日早起不曾议论甄家，自己家里好好的抄家，果然今日真抄了。咱们也渐渐的来了。可知这样大族人家，若从外头杀来，一时是杀不死的，这是古人曾说的'百足之虫，死而不僵'，必须先从家里自杀自灭起来，才能一败涂地"！孝庄皇太后（贾母）指出："我知道咱们家的男男女女都是'一个富贵心，两只体面眼'。"这更是说得入木三分。

第三节　庄妃色诱洪承畴

凤姐与贾瑞的风流案是研究《红楼梦》隐射的敲门砖。以蔡元培为首的索隐派有过精辟的分析，因为洪承畴确实是在孝庄的劝诱下归顺清朝的，史书上言之凿凿。而以胡适为首的考证派面对这个精彩故事显得无所适从，因为确实考证不出作者有一个漂亮嫂子，只好采取为长者讳的态度，避而不谈。

据《清史演义》记载：明崇祯十五年、清崇德七年（1642）的松潘之战是决定明清命运的一次战役。历史资料中记载的满汉双方风云人物，除祖大寿因为死得早，余者几乎全部进入了《红楼梦》。为了使读者体会，此处特加上对照注解：

崇德七年，清太宗（贾赦）发兵攻锦州。蓟辽总督洪承畴（贾瑞）统兵13万，马4万匹，由蓟州东指，直到宁远，所带粮草，足支一年。清太宗迎战于松山。松山在锦州城南18里，西南部的杏山为锦州的犄角。清太宗率范文程（贾代儒）等上山瞭望，见杏山后面的峰峦中深藏着塔山，范文程建议前去袭明军辎重。范文程从地图上寻出一条僻径。太宗令多尔衮（贾政与贾琏）、阿济格（贾蓉）去偷袭塔山。明营内军士毫不防备，见清兵捣入，人不及甲，马不及鞍，七座营盘，顷刻溃散，数百车辎重被搬运一空。洪承畴（贾瑞）闻粮草被劫，面如土色，只想拼个鱼死网破。

皇太极令豪格（焦大）、阿济格（贾蓉）从间道绕出明军背后，袭击明营，一面令多尔衮（贾政与贾琏）、多铎（贾蔷），伏在寨外，孔有德（贾敬）、耿仲明（潘三保之一）、尚可喜（潘三保之一）接应两边，前后攻击，明军大败。

洪承畴退入松山城，清兵团团围住。明兵被杀得四散，由杏山到塔山，积尸无数。吴三桂（薛蟠）等人落荒逃回山海关。

皇太极让范文程（贾代儒）写一招降书。松山城内粮食已尽，洪承畴（贾瑞）束手无策，先拔剑向项，后又想保全尸首，就解下腰带，挂在梁上。不防旁边转出数人，把他捆缚而去，牵到清太宗前。皇太极（贾赦）忙令范文程代为解缚，劝令归降。洪承畴不降。范文程（贾代儒）道：既到此地，徒死无益，不如归顺清朝，图个后半生事业。洪承畴（假文天祥，贾天祥）道："我知有死，不知有降。"

多铎（贾蔷）、豪格（焦大）想拔刀杀洪承畴（贾瑞）。皇太极（贾赦）喝令出帐。洪承畴镇压李自成（冯渊，冯紫英），镇守山海关，经略辽蓟，颇有威望，素为孔、耿、尚（三藩中的两藩）诸人推重，清太宗费尽心机，方将洪承畴擒住，简直如获至宝，必欲劝他归降。反复劝说无用，倒急得焦头烂额。

范文程（贾代儒）带洪承畴（贾瑞）同到国都（沈阳）。清太宗（贾赦）问范文程劝降洪承畴的情况如何？范文程说此老固执太甚，看来是无可晓谕了。清太宗主张慢慢等待。忽然永福宫太监跪报洪承畴已被娘娘（庄妃）说降了。皇太极又惊又喜。

洪承畴（贾瑞）虽然好色，但人本刚正。关押三关庙里，绝食待死。忽见一个绝色美妇（庄妃王熙凤）走近前来，轻呼将军名讳。洪承畴（贾瑞）应了一声。那美妇（王熙凤）问起洪承畴家眷，知其上有老母，下有妻妾子女，洪承畴不禁酸楚起来。那美妇随即让洪承畴喝几口人参汤（也就是《红楼梦》里贾瑞救命的"独参汤"）。洪承畴已觉口渴，又被美色所迷，便张嘴喝了。美妇知已入彀，索性说自己是崇德皇帝的妃子，特怜将军而来。将军今日死，于国无益，于家有害。请将军暂时降顺，为大清皇帝主持和议，两家息争。并作一密书，报知明帝，说是身在满洲，心在明国。闻知将军为国调停，崇祯帝断不致与家属为难。那时家也保了，国也报了，将来两国议和，将军在此固可，回国亦可，岂不是两全之计？这一席话，说得洪承畴心悦诚服。庄妃不威胁、不利诱，劝告洪承畴怜妻惜子，审时度势，以精辟的政治见解和独特的女性温柔，晓之以理，动之以情，终于使他回心转意，立了一个大功劳。当皇太极得到禀报来到三官庙时，洪承畴立即俯首称臣。庄妃的政治潜力得到了第一次充分的展示。

第十二回《王熙凤毒设相思局 贾天祥正照风月鉴》，挖苦洪承畴为假的"文天祥"，隐射孝庄正面看是美女，反面看是骷髅。

"凤姐（孝庄）笑道：'你该走了。'贾瑞（洪承畴）道：'我再坐一坐儿。——好狠心的嫂子！'"——挖苦洪承畴是有意上钩投降。

"原来贾瑞父母早亡，只有他祖父代儒（范文程）教养。那代儒素日教训最严，不许贾瑞（洪承畴）多走一步，生怕他在外吃酒赌钱，有误学业。今忽见他一夜不归，只料定他在外非饮即赌，嫖娼宿妓，那里想到这段公案，因此气了一夜。贾瑞（洪承畴）也捻着一把汗，少不得回来撒谎，只说：'往舅舅家去了，天黑了，留我住了一夜。'"——隐射范文程按皇太极与多尔衮的意志，对归降后的洪承畴采取控制使用的政策。

"贾瑞（洪承畴）料定晚间必妥，此时先去了。凤姐在这里便点兵派将，设下圈套。"——隐射洪承畴降清与后来的政治与军事行动，都在孝庄的监控之下。

"贾瑞（洪承畴）一见，却是贾蓉（英亲王阿济格），真臊的无地可入，不知要怎么样才好，回身就要跑，被贾蔷（豫亲王多铎）一把揪住道：'别走！如今琏二婶（孝庄）已经告到太太（孝端）跟前，说你无故调戏他。他暂用了个脱身计，哄你在这边等着，太太气死过去，因此叫我来拿你。刚才你又拦住他，没的说，跟我去见太太！'"——隐射阿济格与多铎等崇德朝满汉老战友总爱与洪承畴过不去，老是揭他的短，老是与他开玩笑。

"少不得撒谎说：'黑了，失脚掉在茅厕里了。'"——隐射洪承畴"一失足而成千古恨"。

"贾瑞收了镜子，想道：'这道士倒有些意思，我何不照一照试试。'想毕，拿起'风月鉴'来，向反面一照，只见一个骷髅立在里面，唬得贾瑞连忙掩了，骂：'道士混账，如何吓我！——我倒再照照正面是什么。'想着，又将正面一照，只见凤姐站在里面招手叫他。贾瑞心中一喜，荡悠悠的觉得进了镜子，与凤姐云雨一番，凤姐仍送他出来。"——隐射孝庄将洪承畴当男妓。这都是作者对孝庄皇太后与洪承畴极尽挖苦之能事。

第十一回《见熙凤贾瑞起淫心》，第十二回《王熙凤毒设相思局》，通过凤姐与贾瑞的风流韵事，隐射孝庄用色情诱降洪承畴。这是作者的政治用意。

《红楼梦》中未见刀枪剑戟，却写了满汉之间的无数次战争。作者将血火纷飞与刀光剑影，转化成孝庄与双方将帅谋臣间的卿卿我我或淫荡故事，亦即孝庄与皇太极、多尔衮、孔有德、耿仲明、尚可喜、洪承畴、吴三桂、汤若望等人之间的儿女情长——所谓"白骨如山忘姓氏，无非公子与红妆"。

蔡元培说：贾"瑞字天祥，言其为伪文天祥也（文小字宋瑞）"。王梦阮、杜世杰、李知其等也都认为凤姐戏贾瑞，是写孝庄色诱洪承畴。第十一回凤姐点戏，一出《还魂》、一出《弹词》、一出《双官诰》。《还魂》隐射洪承畴因为绝食，命如游丝，喝了孝庄妃的"独参汤"而起死回生，幽魂还身。《弹词》隐射孝庄劝降时巧言令色，口舌生花。《双官诰》隐射洪承畴甘为贰臣，又哄骗了崇祯皇帝，两头当好人。王梦阮所谓"言新夫故夫两重荣诰也"。

凤姐说贾瑞是"十个里头也挑不出一个来"，王梦阮索隐云："松山之败，与文襄同被执者……共十人，偏将以下百余人，除大寿获免外，余俱被杀，独械送文襄至盛京，拔识于囚房之中，有管仲释囚的隆遇，与群房不同。恰是十人，故曰十个里也挑不出一个来。此等笔墨，若嘲若誉，余意无穷。"

贾瑞"见凤姐如此打扮"，王梦阮索隐云："如此打扮，不知是何打扮，说来无根，不知即指上回所说洪的家常衣服也。瑞在宁府见凤是盛装，此时换家常衣服，另是一种打扮。作者着意写此，亦自有为而然。盖文襄松山之役被擒，太宗震其名，特令槛送盛京，百计劝降不从，绝粒多日。太宗问降人：'洪何好？有以饵之者否？'皆以好色对。太宗大喜，即饬美女数辈往，卒无效。时孝庄方为太宗妃，貌绝美，冠一时。乃效婢妆以进，遂降文襄。书中忽及改装一事，即指此也。"

凤姐说，"少不得再寻别计，令他知改"之后，王梦阮索隐云："下一'改'字，非改悔之改，是改节之改。凤姐方令其死，又何词恕之可言！可见作书人下字之妙，亦可见劝降之计，再试乃效，笔笔双关。"

凤姐为捉拿贾瑞而点兵派将，设下圈套之后，王梦阮索隐云："太宗之于文襄，纯以计降。范文肃测之于始，孝庄后成之于终。'点兵派将'，'设下圈套'八字，足以赅括。"

贾瑞头上被浇了一桶尿粪之后，王梦阮索隐云："从此遂蒙不洁，作者恶之深，故诋之丑。"对此，蔡元培则说："瑞字天祥，言其为伪文天祥也（文小字宋瑞）。头上浇粪，手中落镜，言其身败名裂而至死不悟也。"

贾瑞回家说谎，说是失脚掉在茅厕里了之后，王梦阮索隐云："一失脚成千古恨，是'失脚'二字的来历。"

贾瑞病入膏肓，要吃"独参汤"救命，王梦阮索隐云："文襄绝粒多日，太宗百计诱食，皆不效。气垂绝，孝庄效婢妆，贮参汁于壶，劝少饮而后就义，以壶承唇，文襄不得已，少沾饮焉，逾时竟不死，后复进，文襄连饮愈不死，精神加充。遂进馔，意转乃降。此言独参汤，即指此事。笔婉而达，意隐而讥，文襄见之，当有愧色。"

清末民初的索隐派大家们，受到史料的限制，索隐结果往往不准，但对贾瑞的分析却起了抛砖引玉的作用。没有他们在一片漆黑中碰壁的体会，恐怕后人连《红楼梦》中一句隐意也看不懂。

洪承畴降清后，参赞军机，与范文程的官位相同。因家眷在明，恐遭杀害，就依孝庄的训诲，去哄骗明廷。当时崇祯帝还认为洪承畴为国尽忠，大为痛悼，辍朝三日，赐祭十六坛，又命在城外建立专祠。崇祯帝御制祭文，要入祠亲奠，忽接洪承畴密书说"暂时降清，勉图后报"，始命罢祭。崇祯皇帝在袁崇焕问题上中了皇太极的离间计，在洪承畴问题上又中了孝庄的美人计。

第五章　崇德年间

康熙四年（1665）洪承畴死。第十二回对贾瑞的死做了很艺术的描写——隐射洪承畴名节丧尽，死得可怜，而来接应他的是孔有德的灵魂，为他发丧的是范文程的幽灵。第十二回《贾天祥正照风月鉴》原文加注：

倏又腊尽春回，这病更又沉重。代儒（范文程）也着了忙，各处请医疗治，皆不见效。……

那贾瑞（洪承畴）此时要命心胜，无药不吃，只是白花钱，不见效。忽然这日有个跛足道人（孔有德的灵魂）来化斋，口称专治冤业之症。贾瑞偏生在内就听见了，直着声叫喊说："快请进那位菩萨来救我！"一面叫，一面在枕上叩首（可怜相）。众人只得带了那道士进来。贾瑞一把拉住，连叫："菩萨救我！"那道士叹道："你这病非药可医！（名节坏了，药物何益？）我有个宝贝与你，你天天看时，此命可保矣。"说毕，从褡裢中取出一面镜子来——两面皆可照人，镜把上面錾着"风月宝鉴"四字——递与贾瑞道："这物出自太虚幻境空灵殿上，警幻仙子所制，专治邪思妄动之症，有济世保生之功。所以带他到世上，单与那些聪明俊杰（洪承畴也是一代俊杰）、风雅王孙（洪承畴也是王孙公子）等看照。千万不可照正面，只照他的背面，要紧，要紧！三日后吾来收取，管叫你好了。"说毕，佯常而去，众人苦留不住。

"三日"隐射三朝，指洪承畴为崇德、顺治、康熙三朝的著名"贰臣"。跛足道人让贾瑞照"风月宝鉴"，而《风月宝鉴》是《红楼梦》的别名，暗示孔有德与洪承畴（贾瑞）都进了《红楼梦》。贾瑞正反两面都照了"风月宝鉴"，然后死了，乃《好了歌》的最好注解。因为《好了歌》说得明白——"可知世上万般，好便是了，了便是好。若不了，便不好，若要好，须是了。"顺治九年七月初四，孔有德在桂林自杀前，琢磨透了贰臣的滋味，所以他对《好了歌》有最精辟的理解。

旁边伏侍贾瑞的众人，只见他先还拿着镜子照，落下来，仍睁开眼拾在手内，末后镜子落下来便不动了。众人上来看看，已没了气，身子底下冰凉渍湿一大滩精，这才忙着穿衣抬床（洪承畴死得不堪）。代儒（范文程）夫妇哭的死去活来，大骂道士（孔有德），"是何妖镜！若不早毁此物，遗害于世不小。"遂命架火来烧（自写的历史是烧不掉的），只听镜内哭道："谁叫你们瞧正面了！你们自己以假为真，何苦来烧我？"正哭着，只见那跛足道人从外跑来，喊道："谁毁'风月鉴'，吾来救也！"说着，直入中堂，抢入手内，飘然去了。

"你们自己以假为真，何苦来烧我?"——"你们"泛指洪承畴等一干降臣，如贾瑞、贾代儒、单聘仁（善骗人）、詹光（沾光）等"清客相公"。"以假为真"指将暂时的荣华富贵当了真。"何苦来烧我?"指何苦歪曲历史?

当下，代儒料理丧事，各处去报丧。三日起经，七日发引，寄灵于铁槛寺，日后带回原籍。当下贾家（清朝朝廷）众人齐来吊问，荣府贾赦（康熙皇室）赠银二十两，贾政（满洲八旗）亦是二十两，宁国府贾珍亦有二十两，别者族中人贫富不等，或三两五两，不可胜数。另有各同窗家分资，也凑了二三十两。代儒家道虽然淡薄，倒也丰丰富富完了此事（洪承畴殡葬得还算凑合）。

凤姐戏贾瑞这年的冬至是十一月三十日，而洪承畴降清的崇德七年（1642）正是十一月三十日冬至。这不是文字的巧合，是历史的真实记录。

洪承畴投降后，与范文程一起主持朝政，一副一正，首先与大学士金之俊一起完成了明故宫（大观园）的复建工程（老名公"山子野"——"明朝的三子也"）。顺治二年范文程推荐洪承畴为南征总指挥，直到平定江南。范文程的艺术化身贾代儒当家学学堂（清朝堂）的校长，而洪承畴的艺术化身贾瑞为代理副校长（见第七回《起嫌疑顽童闹学堂》）。两人都对国家的统一与安定作出了一定的贡献。

"跛足道人"孔有德就是那只"折足雁"，他早就正照过孝庄的"风月鉴"，和孝庄因野合而生了顺治皇帝。他负责保护孝庄的"风月鉴"。后来降清的吴三桂（薛蟠）正照过孝庄的"风月鉴"。照过之后，都乖乖地为孝庄的政权服务了。

第四节　林四娘殉难

《聊斋志异》与《红楼梦》都写了林四娘，很值得对照研究。

林四娘殉难故事记载了皇太极第五次纵兵入关，掠夺烧杀，在山东青州犯下的历史罪行。

明崇祯十五年、崇德七年（1642）五月，奉命大将军阿巴泰贝勒率清兵直抵兖州，杀明鲁王，克六十七县，破明军三十九处，获金一万两千余两，银二百二十余万两，珍珠四千四百四十余两。

崇德八年七月，皇太极总结云：大军一半过山东莱州、登州、海州。一半过莒州、沂州。左路过青州、德州、沧州、天津卫、北京南、三河、抵密云。右路过东平、广平、彰德、真定、北京北、抵密云。两路会合，斩关而出。

《清史稿·太宗本纪二》载："庚子，努山败明兵界岭口。癸卯，阿巴泰奏我军入明，克河间、顺德、兖州三府、州十八、县六十七，降州一、县五，与明大小三十九战，杀鲁王朱衣𤩰及乐陵、阳信、东原、安丘、滋阳五郡王，暨宗室文武凡千余员，俘获人民、牲畜、金币以数十万计，籍数以闻。"

山东青州乃明衡王藩封。城破之日，林四娘战死。王士桢《池北偶谈》、蒲松龄《聊斋志异》、林西仲《林四娘记》以及陈维松《妇人集》均特意纪念之。《红楼梦》作者与王士桢、蒲松龄诸公为同时代同年龄的文化人，将林四娘写进了第七十八回《老学士闲征姽婳词 痴公子杜撰芙蓉诔》——这是作者唯一一次正面的歌颂反清战争，竟然不再顾及避讳了。连当代红学家也一直认为林四娘战死青州没有深意，似乎节外生枝，因而论者极少，以至得出《姽婳词》是"游离于作品的文学作品"的结论。其实不然，公开记录明末反清战争，仅此一例，采用的又是奇袭取胜不顾避讳的方式，岂容轻忽。

第七十八回（七十八回为七加八即崇祯十五年）原文加注：

贾政乃道："当日曾有一位王封曰恒王，出镇青州。这恒王最喜女色，且公余好武，因选了许多美女，日习武事。每公余辄开宴连日，令众美女习战斗攻拔之事。其姬中有姓林行四者，姿色既冠，且武艺更精，皆呼为林四娘。恒王最得意，遂超拔林四娘统辖诸姬，又呼为'姽婳将军'。"……贾政道："谁知次年便有'黄巾''赤眉'一干流贼余党复又乌合，抢掠山左一带。恒王意为犬羊之恶，不足大举，因轻骑前剿。不意贼众颇有诡谲智术，两战不胜，恒王遂为众贼所戮。于是青州城内文武官员，各各皆谓'王尚不胜，你我何为！'遂将有献城之举。林四娘得闻凶报，遂集聚众女将，发令说道：'你我皆向蒙王恩，戴天履地，不能报其万一。今王既殒身国事，我意亦当殒身于王。尔等有愿随者，即时同我前往；有不愿者，亦早各散。'众女将听他这样，都一齐说愿意。于是林四娘带领众人连夜出城，直杀至贼营里头。众贼不防，也被斩戮了几员首贼。然后大家见是不过几个女人，料不能济事，遂回戈倒兵，奋力一阵，把林四娘等一个不曾留下，倒作成了这林四娘的一片忠义之志。"

"贾政道……'黄巾''赤眉'一干流贼余党复又乌合，……于是青州城内文武官员，各各皆谓'王尚不胜，你我何为！'遂将有献城之举。"——此处不写鲁王，而写"恒王遂为众贼所戮（鲁）"。因为青州的衡王是顺治元年投降的，而鲁王是崇德八年败死的——作者用曲笔也。

在《姽婳词》中，作者用"黄巾"、"赤眉"隐射满洲八旗部队的旗色，就将皇太极的清兵写成了"一干流贼"，又借用贾政之口，大骂满洲八旗为"犬羊之恶"，"贼众颇有诡谲智术"。"黄"是正黄旗，"黄巾"是镶黄旗，"赤"是正红旗，"赤眉"是镶红旗。如此而已。

"黄巾"、"赤眉"起义相距几百年，李自成与张献忠从未到过山东，而当地老百姓知道青州明衡王与林四娘的故事。史书上死于清兵入关掠夺的衡王，就是《红楼梦》里的"恒王"，山东人说话，"衡"与"恒"的发音没有差别。

在《红楼梦》里，贾政隐射多尔衮，贾兰隐射康熙，贾环隐射多尔博，贾宝玉隐射顺治。但面对《姽婳词》中为情为义而殉难的一个痴心女孩子，大家都放下了架子，都隐射《红楼梦》作者了。周汝昌当年还批评曹雪芹污蔑农民起义军，后来也认为是隐写崇德八年的入关掠夺。

第七十八回将《姽婳词》与《芙蓉诔》写在一起，貌似风马牛不相及，其实不然，作者利用《姽婳词》歌颂林四娘，是歌颂反清战争。利用《芙蓉诔》明诔贞妃小董鄂氏（晴雯），暗诔董鄂氏皇贵妃（林黛玉），同时为小董鄂氏（五儿）鸣冤抱不平。

《聊斋志异》将林四娘写成了风情女子，其中的批注也为林四娘鸣冤抱不平。这是很引人注目的文坛怪事，难道《红楼梦》作者读了《聊斋志异》？蒲松龄的小说云：

青州道陈公宝钥，闽人。夜独坐，有女子搴帏入。视之，不识；而艳绝，长袖宫装。笑云："清夜兀坐，得勿寂耶？"公惊问："何人？"曰："妾家不远，近在西邻。"公意其鬼，而心好之。捉袂挽坐，谈词风雅，大悦。拥之，不甚抗拒。顾曰："他无人耶？"公急阖户，曰："无。"促其缓裳，意殊羞怯。公代为之殷勤。女曰："妾年二十，犹处子也，狂将不堪。"狎亵既竟，流丹浃席。既而枕边私语，自言"林四娘"。公详诘之。曰："一世坚贞，业为君轻薄殆尽矣。有心爱妾，但图永好可耳，絮絮何为？"无何，鸡鸣，遂起而去。由此夜夜必至。每与阖户雅饮。谈及音律，辄能剖悉宫商。公遂意其工于度曲。曰："儿时之所习也。"公请一领雅奏，女曰："久矣不托于音，节奏强半遗忘，恐为知者笑耳。"再强之，乃俯首击节，唱伊凉之调，其声哀婉。歌已，泣下。公亦为酸恻，抱而慰之曰："卿勿为亡国之音，使人悒悒。"女曰："声以宣意，哀者不能使乐，亦犹乐者不能使哀。"

蒲松龄是山东淄川人，距离青州不过百里之遥，对于林四娘抗清阵亡的故事了如指掌，但他不敢明写巾帼英豪的动人事迹，又想代为立传，于是将他写成失身女子。但仍然转弯抹角地说——自言"林四娘"，"长袖宫装"，"妾家不远"，"近在"道台府"西邻"的恒王府，"一世坚贞"，"俯首击节，唱伊凉之调，其声哀婉。歌已，泣下"，"卿勿为亡国之音，使人悒悒。"

"林四娘"唱"亡国之音"，蒲松龄为"长袖宫装"的女英豪作传立碑。用心良苦也。

"林四娘"名下有注：四娘，蒲田人。明崇祯时，父为江宁府库官，捕拿下狱，四娘与表兄某悉力营救，同卧起半载，实无私。父出狱而疑不释。四娘因投缳，以明其无他。——这也算是一种避嫌的说法。"蒲田人""四娘"不姓林，非"长袖宫装"的青州林四娘也。根本不是一回事。

《红楼梦》中写的林四娘光明正大，豪气凛然，反清战死，万古留香。既赞美了反清巾帼女儿，也为世传的林四娘正了名。而《芙蓉诔》显然是为董鄂氏姐妹（黛玉与晴雯）的正名之作。

《姽婳词》与《芙蓉诔》既然写在同一回里，岂能不相关？

第五节 秦钟死，秦可卿葬

明崇祯十六年、清崇德八年（1643）八月初九，皇太极暴毙。

是年八月，清太宗皇太极闻阿巴泰凯旋，论功行赏，摆酒接风。宴毕回永福宫，孝庄妃陪太宗，饮酒数巡。是夕，清太宗竟发起寒热，遂宣太医诊视，一切朝政命郑亲王济尔哈朗与睿亲王多尔衮暂行代理，倘有大事着令多尔衮到寝宫面奏。数日后太宗病势越重，医药无效。多尔衮每天入宫问候几回。清太宗自知不起，对孝庄道：朕今年52岁，死不为夭。但不能亲统中原，未免恨恨。福临已立为太子，可惜年幼无知，未能亲政。这是正史上最不可信的一种记载。野史上还有中毒说、气极而脑溢血说。

第十六回真实记录了皇太极临死前对福临与孝庄放心不下的情景：

……此时秦钟（皇太极）已发过两三次昏了，移床易箦多时矣。宝玉（福临）一见，便不禁失声。李贵（郑亲王济尔哈朗）忙劝道："不可不可，秦相公（皇太极）是弱症，未免炕上挺扛的骨头不受用，所以暂且挪下来松散些。哥儿如此，岂不反添了他的病。"宝玉听了，方忍住近前，见秦钟面如白蜡，合目呼吸于枕上。宝玉忙叫道："鲸兄！宝玉来了。"连叫两三声，秦钟不睬。宝玉又道:"宝玉来了。"

那秦钟早已魂魄离身,只剩得一口悠悠余气在胸,正见许多鬼判持牌提索来捉他。那秦钟魂魄那里肯就去,又记念着家中无人掌管家务(朝政),又记挂着父亲还有留积下的三四千两银子(从中原掠夺的金银财物),又记挂着智能(孝庄)尚无下落,因此百般求告鬼判。无奈这些鬼判都不肯徇私,反叱秦钟道:"亏你还是读过书的人,岂不知俗语说的:'阎王叫你三更死,谁敢留人到五更。'我们阴间上下都是铁面无私的,不比你们阳间瞻情顾面,有许多的关碍处。"

正闹着,那秦钟魂魄忽听见"宝玉来了"四字,便忙又央求道:"列位神差,略发慈悲,让我回去,和这一个好朋友说一句话就来的。"众鬼道:"又是什么好朋友?"秦钟道:"不瞒列位,就是荣国公的孙子,小名宝玉。"都判官听了,先就唬慌起来,忙喝骂鬼使道:"我说你们放了他回去走走罢,你们断不依我的话,如今只等他请出个运旺时盛的人(未来的中国皇帝)来才罢。"众鬼见都判如此,也都忙了手脚,一面又报怨道:"你老人家先是那等雷霆电霉,原来见不得'宝玉'二字。依我们愚见,他是阳,我们是阴,怕他们也无益于我们。"都判道:"放屁!俗语说的好,'天下官管天下事'(皇帝是一统天下的"天下官"),自古人鬼之道却是一般,阴阳并无二理。别管他阴也罢,阳也罢,还是把他放回没有错了的。"众鬼听说,只得将秦魂放回,哼了一声,微开双目,见宝玉在侧,乃勉强叹道:"怎么不肯早来?再迟一步也不能见了。"宝玉忙携手垂泪道:"有什么话留下两句?"秦钟道:"并无别话。以前你我见识自为高过世人,我今日才知自误了。以后还该立志功名,以荣耀显达为是(入主中原,称帝北京)。"说毕,便长叹一声,萧然长逝了。

文中的李贵隐射摄政王郑亲王济尔哈朗。秦钟隐射皇太极,作者说他是秦鲸卿——虎狼之国盛京的主人。智能儿(聪明绝顶的女人)隐射孝庄皇太后。而最难舍难离的是贾宝玉福临。皇太极谆谆嘱咐儿子要"立志功名,以荣耀显达为是",做一个入主中原的好皇帝。

第十六回《贾元春才选凤藻宫　秦鲸卿夭逝黄泉路》的大标题很有讲究。初看起来两件事毫无关系,其实作者的原意为"孝庄后才选奉嫂宫,皇太极暴死黄泉路"。一个是后果,一个是前因,加上智能儿与秦钟私会气死秦业,都隐射同一个历史故事——孝庄与多尔衮偷情气死了皇太极:

(1) 一日正是贾政的生辰……忽有门吏忙忙进来,至席前报说:"有六宫都太监夏老爷来降旨。"唬得贾赦贾政等一干人不知是何消息……那夏守忠也不曾负诏捧敕,至檐前下马,满面笑容,走至厅上,面南而立,口内说:"特旨:立刻宣贾政入朝,在临敬殿陛见。"……贾赦等不知是何兆头。只得急忙更衣入朝。贾母等合家人等心中皆惶惶不定,不住的使人飞马来往探信。有两个时辰工夫,忽见赖大等三四个管家喘吁吁跑进仪门报喜,又说"奉老爷命,速请老太太带领太太等进朝谢恩"等语……贾母便唤进赖大来细问端的。赖大禀道:"小的们只在临敬门外伺候,里头的信息一概不能得知。后来还是夏太监出来道喜,说咱们家大小姐晋封为凤藻宫尚书,加封贤德妃。后来老爷出来亦如此吩咐小的。如今老爷又往东宫去了……"贾母等听了方心神安定……

"孝庄后才选奉嫂宫"是"皇太极暴死黄泉路"的后果,隐射崇德八年八月初九的事情。贾政隐射多尔衮,元春隐射孝庄妃。这一天是多尔衮大难不死的日子,所以写成了"一日正是贾政的生辰"。按野史记载,当时多尔衮娶了宸妃与庄妃的亲妹妹(小玉儿)为福晋。多尔衮与他的三位嫂子——孝端、宸妃与庄妃都有暧昧关系。首先是死于崇德六年九月的宸妃。宸妃于崇德四年晋封为"贤妃",崇德六年九月死后追封为"恭和元妃",而《红楼梦》里的贾元春就称为"元妃",并"加封贤德妃",贾政"又往东宫(当指关雎宫)去了"。显然是暗指宸妃。但崇德八年八月初九皇太极暴死时,宸妃已经死了两年,《贾元春才选凤藻宫 秦鲸卿夭逝黄泉路》应当与宸妃无关,只能与孝端与孝庄这两位嫂子有牵连了。正史载,八月初,清太宗闻阿巴泰凯旋,摆酒接风。是夕,太宗竟发起寒热,头眩目晕。不日而亡。另一种说法是皇太极御驾亲征关内,月余方得胜回朝。离开盛京期间,由睿亲王多尔衮监国。留长子肃亲王豪格准备皇二女固伦公主的下嫁事宜。豪格从多尔衮福晋处得知多尔衮与嫂子在永福宫厮混,报告了父皇。皇太极到永福宫问罪,暴死在孝庄的卧室。很像死于盛怒之下的脑溢血。《红楼梦》似乎采用了后一种说法,所以"彼时合家皆知,无不纳罕,都有些疑心。""不知是何消息","立刻宣贾政入朝,在临敬殿陛见","不知是何兆头。只得急忙更衣入朝","合家人等心中皆惶惶不安"。得知孝端与孝庄请多尔衮当摄政王,而不是要被皇兄杀头的坏消息,方"喘吁吁跑进仪门报喜"。皇太极(秦鲸卿)死了,多尔衮"才选奉嫂宫",孝庄妃"才选凤骚宫","夏太监出来道喜","于是宁荣两处上下里外,莫不欣然踊跃,个个面上皆有得意之状,言笑鼎沸不绝"。这是孝庄晋封"圣母皇太后"的写照。

《红楼梦》里经常出现这种意识流的写作方法。但本回先写贾府惊恐万状,后写转惊为喜,却是基本事实。

(2) 谁知近日水月庵的智能私逃进城，找至秦钟家下看视秦钟，不意被秦业知觉，将智能逐出，将秦钟打了一顿，自己气的老病发作，三五日光景呜呼死了。

这是用写实手法，将意识流写法具体化。秦钟隐射多尔衮，智能隐射孝庄，秦业隐射君父皇太极。"自己气的老病发作，三五日光景呜呼死了。"则采用了正史的时间记载。

(3) 宝玉心中怅然如有所失。虽闻得元春晋封之事，亦未解得愁闷。贾母等如何谢恩，如何回家，亲朋如何来庆贺，宁荣两处近日如何热闹，众人如何得意，独他一个皆视有如无，毫不曾介意。因此众人嘲他越发呆了。

年仅6岁的福临（宝玉）对父皇之死"心中怅然如有所失"，对母亲"晋封之事"（圣母皇太后）"皆视有如无，毫不曾介意"，对皇宫内发生的复杂情况完全不能理解，"因此众人嘲他越发呆了"。

戚廖生所谓"吾闻绛树两歌，一声在喉，一声在鼻；黄华二牍，左腕能楷，右腕能草。神乎技矣！吾未之见也"。正是指的这种写法。

第十一回《王熙凤探病秦可卿 张太医论病细穷源》中，王熙凤隐射孝庄，秦可卿隐射皇太极。秦可卿托梦王熙凤的内容隐射皇太极对孝庄的遗嘱：

凤姐（孝庄皇太后）方觉星眼微蒙，恍惚只见秦氏（皇太极）从外走来，含笑说道："婶婶好睡！我今日回去，你也不送我一程。因娘儿们素日相好，我舍不得婶子，故来别你一别（夫妻情深）。还有一件心愿未了，非告诉婶子，别人未必中用（别人说了不算）。"凤姐听了，恍惚问道："有何心事？你只管托我就是了。"秦氏道："婶婶，你是个脂粉队里的英雄，连那些束带顶冠的男子也不能过你，你如何连两句俗语也不晓得？常言'月满则亏，水满则溢'（明朝已亡，清朝也会亡）；又道是'登高必跌重'（迁都北京风险太大）。如今我们家赫赫扬扬，已将百载，一日倘或乐极悲生，若应了那句'树倒猢狲散'的俗语（树是孝庄，猢狲是满汉大臣），岂不虚称了一世诗书旧族了！"凤姐听了此话，心胸大快，十分敬畏，忙问道："这话虑的极是，但有何法可以永保无虞？"秦氏冷笑道："婶子好痴也。否极泰来，荣辱自古周而复始，岂人力能可常保的。但如今能于荣时筹画下将来衰时的世业，亦可谓常保永全了……"

皇太极对清朝入关的利弊与将来的结局，作了预报。第一百一回秦可卿再次出场作了归结："只听那人又说道：婶娘只管享荣华、受富贵的心盛，把我那年说的'立万年永远之基'，都付于东洋大海了？"隐射皇太极向孝庄再次提出带领满族后人退出关外、确保东北故土的严肃问题。

第六节　皇太极的死因

《红楼梦》第十五、第十六回莫名其妙地写了秦钟与小尼姑智能儿偷情，智能儿到秦钟家私会，被秦业逐出，秦业气愤而死的故事。按照常理，秦钟与秦可卿共同隐射皇太极之死之葬，在姐姐秦可卿殡葬期间，弟弟秦钟不应该在姐姐停灵的庙里与小尼姑偷情，而且被朋友贾宝玉当场拿获。这显然是节外生枝的游戏文字。请看第十五回原文：

那智能儿自幼在荣府走动，无人不识，因常与宝玉秦钟顽笑。他如今大了，渐知风月，便看上了秦钟人物风流，那秦钟也极爱他妍媚，二人虽未上手，却已情投意合了。……谁想秦钟趁黑无人，来寻智能。刚至后面房中，只见智能独在房中洗茶碗，秦钟跑来便搂着亲嘴。智能儿急的跺脚说："这算什么！再这么我就叫唤。"秦钟求道："好人，我已急死了。你今儿再不依，我就死在这里。"智能道："你想怎样？除非我出了这牢坑，离了这些人，才依你。"秦钟道："这也容易，只是远水救不得近渴。"说着，一口吹了灯，满屋漆黑，将智能抱到炕上，就云雨起来。那智能百般的挣扎不起，又不好叫的，少不得依他了。……正在得趣，只见一人进来，将他二人按住，也不出声。二人不知是谁，唬的不敢动一动。只听那人嗤的一声，掌不住笑了，二人听声方知是宝玉。秦钟连忙起来，抱怨道："这算什么？"宝玉笑道："你倒不依，咱们就喊起来。"羞的智能趁黑地跑了。宝玉拉了秦钟出来道："你可还和我强？"秦钟笑道："好人，你只别嚷的众人知道，你要怎样我都依你。"宝玉笑道："这会子也不用说，等一会睡下，再细细的算账。"

第十六回原文：

谁知近日水月庵的智能私逃进城，找至秦钟家下看视秦钟，不意被秦业知觉，将智能逐出，将秦钟打了一顿，自己气的老病发作，三五日光景呜呼死了。秦钟本自怯弱，又带病未愈，受了笞杖，今见老父气死，此时悔痛无及，更又添了许多症候。

作者在秦可卿（皇太极）殡葬期间，突然让智能儿出场扮演刚死了丈夫的孝庄皇太后，让秦钟扮演皇太极的弟弟多尔衮（秦钟＝秦鼎）。两人偷情，隐射孝庄养小叔子。

第十五回《秦鲸卿得趣馒头庵》（多尔衮得趣水月庵——清皇宫风月殿）与第十六回《贾元春才选凤藻宫》（孝庄后才选奉嫂宫——清皇宫永福宫），是一件事情的两面。"秦钟求道：'好人，我已急死了。你今儿再不依，我就死在这里。'智能道：'你想怎样？除非我出了这牢坑，离了这些人，才依你。'秦钟道：'这也容易，只是远水救不得近渴。'说着，一口吹了灯，满屋漆黑，将智能抱到炕上，就云雨起来。那智能百般的挣扎不起，又不好叫的，少不得依他了。"则是永福宫的现场特写。

"除非我出了这牢坑，离了这些人，才依你。"隐射孝庄纵容多尔衮害死皇太极，以便与多尔衮成为公开夫妻。这就是皇太极的真正死因。

"正在得趣，只见一人进来，将他二人按住……"隐射6岁的小顺治对叔父与母亲的行为不甚明白，采取了恶作剧的处理方式。这事发生在皇太极死葬期间。此处是补写。

"谁知近日水月庵的智能私逃进城，找至秦钟家下看视秦钟，……三五日光景呜呼死了。"隐射多尔衮与孝庄的私情被皇太极察觉，"气的老病发作，三五日光景呜呼死了"。

整个事情的顺序应该是：（1）《秦鲸卿得趣馒头庵》——多尔衮得趣风月殿，小福临抓奸恶作剧。（2）《张太医论病细穷源》——皇太极服用"益气养荣补脾和肝汤"。（3）《秦鲸卿夭逝黄泉路》——皇太极无疾暴死。（4）《贾元春才选凤藻宫》——孝庄后才选圣母皇太后，多尔衮当上摄政王。

正史载：崇德八年八月初九日晨，清太宗宣召诸王入宫。多尔衮奉命趋入，太宗已奄奄一息，济尔哈朗握笔代草遗诏。俟遗诏草毕，济尔哈朗递与多尔衮，然后即转呈太宗。太宗略略一阅，竟气喘痰涌，掷纸而逝。

当时阖宫举哀，多尔衮偕济尔哈朗出宫，令大学士范文程先草红诏，后草哀诏。红诏宣示皇太子福临即皇帝位，郑亲王济尔哈朗与睿亲王多尔衮摄政。哀诏宣示大行皇帝宴驾，全国举哀。济尔哈朗与多尔衮率亲贵齐集梓宫前哭临，大学士范文程率文武百官齐集大清门外哭临。皇太极梓宫奉安昭陵，即现在沈阳的北陵。皇太后、皇帝、各亲王、郡王、贝子、贝勒，暨文武百官，以及公主、格格、福晋、命妇，都依次恭送。皇太极出殡的浩大场面可参见第十四回《贾宝玉路谒北静王》：

走不多时,路旁彩棚高搭,设席张筵,和音奏乐,俱是各家路祭:第一座是东平王府祭棚,第二座是南安郡王祭棚,第三座是西宁郡王祭棚,第四座是北静郡王祭棚。原来这四王,当日惟北静王功高,及今子孙犹袭王爵。……一时只见宁府大殡浩浩荡荡、压地银山一般从北而至。

"东平王……南安郡王……西宁郡王……北静郡王",隐射清初八个"铁帽子王"。

这段文字隐射三件历史大事:一是崇德八年皇太极在沈阳的隆重国葬与多尔衮等扶植福临登基。二是顺治元年多尔衮与孔有德按孝庄旨意,为崇祯举行国葬。三是顺治十七年八月董鄂氏国葬后追封为"端敬"皇后——"秦可卿死封龙禁尉"。

三件历史大事相距 18 年。这就是"天外书传天外事,两番人作一番人"的写作方法。

第十三回《秦可卿死封龙禁尉》隐写了三件事:一是皇太极的临终遗嘱——秦氏托梦王熙凤;二是顺治皇帝追封董鄂皇贵妃为"端敬"皇后;三是崇祯皇帝厚葬北京思陵。三件大事合而为一,隆重国葬一箭三雕。"死封"强调的不是追封男人为皇帝,而是追封女人为皇后。努尔哈赤与皇太极都没有追封过皇后,只有顺治追封董鄂氏皇贵妃为"端敬"皇后。然后举行了一场大清国最隆重的国殡,其规模超过了皇太极在盛京的国葬。

《秦可卿托梦王熙凤》隐射皇太极遗嘱孝庄后,时间为天聪八年八月九日,地点在沈阳。《秦可卿死封龙禁尉》——隐射顺治追封董鄂氏皇贵妃为皇后。时间为顺治十七年九月,地点在北京。

因为需要记载的历史事件与历史人物太多,不得不字字斟酌。

顺治十七年八月十九日董鄂氏死,皇帝降谕礼部:"奉皇太后懿旨:'皇贵妃董鄂氏孝敬性成,淑仪素著,才德兼备,足毗内政。今忽尔薨逝,予心甚为轸惜,应追封为皇后,以示宠褒,钦此。'朕谨遵慈命,追封皇贵妃董鄂氏为皇后,应行典礼尔部即议以闻。"礼部不敢怠慢,在董鄂妃死后的第四天,便在停灵的承乾宫举行了隆重的追封礼,追封董鄂妃为皇后。

顺治的谕旨,给《秦可卿死封龙禁卫》做了最可信的证词。

第六章 多尔衮入主北京

第一节 多尔衮、范文程、孝庄对入主中原的态度

大清国顺治元年、明崇祯十七年（1644），岁在甲申，顺治7岁，孝庄31岁，为明亡清兴一大关键。《红楼梦》第一回《甄士隐梦幻识通灵》就发生在这个甲申之年——史称"甲申之变"。

顺治元年暮春，大学士范文程向多尔衮禀道：明京已被李闯王攻破，闻崇祯皇帝自尽。李闯王在北京称帝，国号大顺，改元永昌。清朝应当乘此天赐良机，出师中原，借吊民伐罪之名，布告天下，收拾残局，明朝臣民，必望风归附，驱流贼，占北京，定中原，兴大清，正在此举。

多尔衮认为范文程的意见确是不错，但他别有心事，就入宫与太后商量。孝庄皇太后道：范老先生的才识，先皇佩服。他既主张出师，请王爷照行。多尔衮道：人生如朝露，但得与太后长享快乐（满足于《贾元春才选凤藻宫》的现状），已很知足，何必出兵打仗，争这中原？

孝庄皇太后认为：纵然统一了满洲，总不及中原繁华，倘能趁此机会，得了中原，可谓锦上添花。

《红楼梦》第一回将孝庄的思想与入关动机归结为大荒顽石对一僧一道说的话："适闻二位谈那人世间荣耀繁华，心切慕之。弟子质虽粗蠢，性却稍通；况见二师仙形道体，定非凡品，必有补天济世之材，利物济人之德。如蒙发一点慈心，携带弟子得入红尘，在那富贵场中、温柔乡里受享几年，自当永佩洪恩，万劫不忘也。"

皇太极（"一僧"与"秦可卿"）的态度也是立足盛京，征服中原，留有后路——第一回中一僧道："那红尘中却有些乐事，但不能永远依恃；况又有'美中不足，好事多磨'八个字紧相连属，瞬息间则又乐极悲生，人非物换，究竟是到头一梦，万境归空，倒不如不去的好。"多尔衮（贾政与贾琏）的态

度也是保守盛京，偏安一隅，掠夺中原，与他的兄长所见略同。

孝庄皇太后见他不愿出师，故作怒容。多尔衮连忙赔罪，说有一事可虑：肃亲王豪格屡造谣言，恐于嗣君不利。太后答应凭他处置。多尔衮便召固山额真何洛会，联络数人共奏肃亲王豪格言词悖妄，恐致乱政。随即又偕郑亲王等审议定罪。豪格不服，出词挺撞。多尔衮说他悖妄属实，废为庶人。除掉了政敌（豪格肃亲王沦为"焦大"奴才），多尔衮奏请南征，由顺治帝祭告天地太庙，不日启行。

《红楼梦》将"豪格不服"、"屡造谣言"、"言词悖妄"、"出词挺撞"写成了焦大"爬灰的爬灰，养小叔子的养小叔子"那段振聋发聩的怒骂。"焦大"在《红楼梦》的人物隐射系统与故事隐射系统中，都是最成功的艺术形象。

豪格是皇太极的长子，是皇室子弟中屡立战功、威名赫赫、能名正言顺地威胁多尔衮与孝庄地位的人。"焦大"者，皇太极骄傲的大儿子肃亲王豪格也。焦大是《红楼梦》里唯一论及战功、回忆贾府先人追随"太爷"以骑射得天下的人。宁府管家夜里派他"护送"秦钟，就隐射豪格当年追随父亲皇太极转战关外的历史。他有委屈要到家庙"哭太爷去"，隐射豪格要到故宫太庙哭大行皇帝皇太极。

顺治小皇帝登基后，摄政王多尔衮服侍孝庄皇太后格外小心，又迷上了肃亲王豪格的福晋。孝庄太后是绝代佳人，豪格福晋更加年轻貌美。多尔衮认为倘得两美相聚，正是人生极乐，未必需要入主中原。豪格福晋是多尔衮的侄媳妇。后来多尔衮捏造种种罪名陷害肃亲王豪格，使他瘐死狱中，霸占了这个漂亮的侄媳妇。这是清初朝廷中最大的"爬灰"事件，也是后来顺治公开宣布的多尔衮的罪状之一。其实豪格福晋乃是孝庄的小妹妹。多尔衮霸占侄媳妇，她就变成了"凤姐屋里的平儿"。

当年肃亲王豪格偕平西王吴三桂发兵西行，到陕西，破西安，乘胜进军四川。豪格分兵四路，计破贼营百有三十，四川略定。

吴三桂向豪格贺喜，豪格闷闷不乐。三桂问故？豪格滴泪答道：兔死狗烹，也是常事，但自己又不在此例。三桂惊异道：莫非功高招忌么？豪格叹曰：并非功高招忌，乃是色上有刀。吴三桂猛悟，不敢再提此事，遂与豪格联衔报捷。过了一月，谕旨命豪格还朝，留吴三桂镇守汉中。豪格把一切交割政务，偕吴三桂回至汉中，临别时握着吴三桂的手道：汝宜保重，恐不复相见了。

顺治皇帝赐宴慰劳得胜之师。豪格征战远归，福晋汗颜相迎，谁知香衾未暖，狱卒闯门而入，将豪格牵入宗人府，说他克扣军饷，浮领兵费。豪格上书辩诬，竟无人理睬。闻得福晋博尔济吉特氏竟日夜留摄政王府中，豪格羞愤交并，怏怏成病。

令焦大豪格悲愤的是，叔父扒的竟是自己的娇娘博尔济吉特氏。豪格的死，"并非功高招忌，乃是色上有刀"，他死在老婆的美色上。故曰：焦大者，焦头烂额的大阿哥也。

满清入主北京故宫时，皇太极已经逝世一年多，北京朝政由皇太极的弟弟多尔衮掌管——皇叔父摄政王。甲申是猴年，明朝"树倒猢狲散"。五月初二，多尔衮从朝阳门入主北京明故宫，明朝太监与文武百官以皇帝的仪仗与卤簿迎接他进入皇宫，多尔衮坚决拒绝。他向皇宫宫门行三跪九叩大礼，当场宣布自己要效法周公旦辅佐侄子周成王那样，忠心辅助顺治皇帝，然后以摄政王礼仪进驻英武殿接受大礼。贾赦可以单独隐射天聪、崇德时代的皇太极。贾赦、贾政联合起来可以隐射后皇太极时代的摄政王多尔衮。贾赦、贾政、贾琏三人联合起来可以演义摄政王颇有争议的一生。进入北京皇宫后，多尔衮正式办公地点在武英殿，与孝庄联合办公地点在乾清宫与东小院昭仁殿。所以，老二贾政与王夫人居住在荣国府正院荣禧堂——乾清宫正堂。从崇德八年到顺治六年二月孝庄下嫁多尔衮，有七年的事实婚姻关系，《红楼梦》写成王熙凤与贾琏的关系，让焦大骂他们是"养小叔子的养小叔子"。当时多尔衮晚上回睿王府，白天与孝庄宣淫，不清不浑达七年之久。所以第七回《送宫花贾琏戏熙凤》中贾琏凤姐白昼宣淫，丫鬟们封闭院门，又端铜盆又弄水，十分不堪。太后下嫁之后，多尔衮与孝庄就是贾政与王夫人的关系了。第三回云：

一时黛玉进了荣府，下了车。众嬷嬷引着，便往东转弯（指从慈宁宫正门向东，先过一个小门洞向北转弯，再向东转弯），穿过一个东西的穿堂（隆宗门），向南大厅之后（指保和殿后面大广场），仪门内大院落（乾清宫正院，含汉白玉大甬道），上面五间大正房（乾清宫正殿），两边厢房鹿顶耳房钻山，四通八达，轩昂壮丽，比贾母处不同（比孝庄住的慈宁宫正殿不同）。黛玉便知这方是正经正内室（多尔衮与孝庄处理朝政的乾清宫），一条大甬路，直接出大门的（乾清宫院中心南北汉白玉大甬道，有"一箭之地"）。进入堂屋中，抬头迎面先看见一个赤金九龙青地大匾，匾上写着斗大的三个大字，是"荣禧堂"（此处现在悬挂的乃是顺治皇帝御笔题写的"正大光明"匾），后有一行小字："某年月日，书赐荣国公贾源"，又有"万几宸翰之宝"（即万岁宸翰之宝，乃清朝的传国玉玺，等于贾宝玉脖子上的"通灵宝玉"也。贾宝玉的"斗方儿"写得好，大家都要，指顺治的大楷写得好）。大紫檀雕螭案上，设着三尺来高青绿古铜鼎，悬着待漏随朝墨龙大画，一边是金彝，一边是玻璃。

地下两溜十六张楠木交椅,又有一副对联,乃乌木联牌,镶着錾银的字迹,道是:座上珠玑昭日月,堂前黼黻焕烟霞(皇帝宝座的珠玉如同日月照乾坤,朝堂百官的黼黻焕发着璀璨的烟霞)。

老大贾赦与邢夫人反而屈居荣府的东小院——第三回云:"邢夫人携了黛玉……方驾上驯骡,亦出了西角门,往东过荣府正门,便入一黑油大门中,至仪门前方下来。……进入三层仪门,果见正房厢庑游廊,悉皆小巧别致,不似方才那边轩峻壮丽,且院中随处之树木山石皆在。"贾赦的"东小院"究竟在何处?因为贾赦还可以指代死了的皇太极,所以居住在"一黑油大门中"。其实是皇宫的家庙祠堂——奉先殿。奉先殿位于后廷的东部,在乾清宫的东边。从慈宁宫出来,向东出隆宗门,经过乾清门之前、保和殿之后的大广场、再向东出景运门,到达箭亭后广场,向北就是奉先殿。进大门(一层仪门)、奉先门(一层仪门)、奉先殿正门(一层仪门),才到达后殿。所以说:"进入三层仪门,果见正房厢庑游廊,悉皆小巧别致,不似方才那边轩峻壮丽,且院中随处之树木山石皆在。"——此乃皇宫家庙祠堂。

奉先殿位于紫禁城内廷东侧,为明清皇室祭祀祖先的家庙,不同于天安门东侧的"太庙"。这个殿共有24个柱子,表示"二十四孝",明代这24个柱子都是金丝楠木的,后来"奉先殿"因火灾被烧毁,再建时使用的是东北松木,每个柱子只涂以灰绿色厚漆,不同于皇宫雕龙画凤的红柱子,所以说是"黑油大门"。顺治时代供奉着皇太极等先祖的神像,每室一帝一后,如太庙寝宫。贾赦的东小院就是这里。

当时的中原,一盘散沙,需要英雄人物来从头收拾旧山河,开辟中华新局面。反映在《红楼梦》里,就是大明宫太监戴权的一席谈话:李自成夺取了北京,但他却没有资格拥有天下,因为李自成入城后,不改烧杀抢掠的马贼作风。第十三回原文:

可巧这日正是首七第四日,早有大明宫掌宫内相戴权,先备了祭礼遣人来,次后坐了大轿,打伞鸣锣,亲来上祭。贾珍忙接着,让至逗蜂轩献茶。贾珍心中打算定了主意,因而趁便就说要与贾蓉捐个前程的话。戴权会意,因笑道:"想是为丧礼上风光些。"贾珍忙笑道:"老内相所见不差。"戴权道:"事倒凑巧,正有个美缺。如今三百员龙禁尉短了两员,昨日襄阳侯的兄弟老三来求我,现拿了一千五百两银子,送到我家里。你知道,咱们都是老相与,不拘怎么样,看着他爷爷的分上,胡乱应了。还剩了一个缺,谁知永兴节度使冯胖子来求,要与他孩子捐,我就没工夫应他。既是咱们的孩子要捐,快写个履历来。"

"永兴节度使冯胖子"即隐射李自成,挖苦他在北京只折腾了一个半月:三月十五日兵临城下,三月十九日入宫,四月三十日离京逃逸。"襄阳侯的兄弟老三"隐射福王弘光帝朱由崧。贾蓉代贾宝玉隐射的顺治皇帝。此处的秦可卿隐射顺治追封的"端敬"皇后董鄂氏,而不是死于一年前的皇太极,因为当时还谈不到李自成入北京的事,而皇太极也无须后人追封。秦可卿隐射三个人:皇太极、崇祯与董鄂氏,不要弄混了。

第二节 吴三桂引清兵入关

崇祯十七年(顺治元年)四月二十二日,吴三桂联合清兵于山海关外之石河地区一举击败李自成。此乃清朝入主中原最重要的事件,也是《红楼梦》浓墨重彩描写的故事。

据史料记载,明末腐败,民不堪命,各地农民起义风起云涌。崇祯三年(1630),李自成于米脂号召饥民起义。崇祯十七年,起义军在军师宋献策等人的协助下,攻克北京城,迫使崇祯帝朱由检自缢煤山(今景山)。李自成进京后,唯我独尊,以帝王自居,不听从部下的劝告,执意到山海关亲征吴三桂,致使吴三桂引清兵入关,结果被打得大败。

石河战役是明亡清兴的决定性一战,《红楼梦》隐写在薛蟠(吴三桂)与冯渊(李自成)争夺甄英莲(陈圆圆)、柳湘莲救薛蟠两个故事中。战争的时间、地点、人物、经过与结果,分写在冯紫英(李自成)宴请薛蟠(吴三桂)与贾宝玉(代表"姨夫"即义父多尔衮出席)的两次酒会上——第二十六回《潇湘馆春困发幽情》与二十八回《蒋玉菡情赠茜香罗》。

第一次酒会,薛蟠(吴三桂)其实是邀请多尔衮参加石河会战。

第二十六回原文加注:

转过大厅,宝玉心里还自狐疑,只听墙角边一阵呵呵大笑,回头只见薛蟠拍着手笑了出来,笑道:"要不说姨夫叫你,你那里出来的这么快。"焙茗也笑道:"爷别怪我。"忙跪下了。宝玉怔了半天,方解过来了,是薛蟠哄他出来。薛蟠连忙打恭作揖陪不是,又求"不要难为了小子,都是我逼他去的。"宝玉(顺治皇帝)也无法了,只好笑问道:"你哄我也罢了,怎么说我父亲(指"义父""姨夫"多尔衮)呢?我告诉姨娘(孝庄)去,评评这个理,可使得么?"薛蟠(吴三桂)忙道:"好兄弟,我原为求你快些出来(快派清兵帮助回击李自成),就忘了忌讳这句话。改日你也哄我,说我的父亲(指顺治将是吴三桂的君父)就完了。"……薛蟠道:"要不是我也不敢惊动,只因明儿五月初三日是我的生日(顺治元年五月初三日是吴三桂正式归附清朝的日子,被《红楼梦》作者写成了他的重生之日。又说五月初三日也是贾宝玉的生日,意思是说,吴三桂引领清兵入关之时,就是大清国入主中原之日)。"

一面说,一面来至他书房里。只见詹光、程日兴、胡斯来、单聘仁等并唱曲儿的都在这里,见他进来,请安的,问好的,都彼此见过了。吃了茶,薛蟠即命人摆酒来。说犹未了,众小厮七手八脚摆了半天,方才停当归坐。宝玉果见瓜藕新异,因笑道:"我的寿礼还未送来,倒先扰了。"薛蟠道:"可是呢,明儿你送我什么?"宝玉(小顺治皇帝)道:"我可有什么可送的?若论银钱吃的穿的东西,究竟还不是我的(未亲政),惟有我写一张字,画一张画(加盖玉玺的圣旨),才算是我的。"

"冷子兴"是管理皇子皇孙档案的官员。此处出现的"程日兴"为管理封疆大吏的吏部官员。薛蟠吴三桂想正式服官清朝,当然要有"程日兴"出场。"詹光"、"单聘仁"为降清的汉官武将。"胡斯来"隐射入关的满蒙八旗将领。吴三桂册封平西王,官场人物云集。

"怎么说我父亲(指"义父"、"姨夫"多尔衮)呢?"——说明吴三桂实际是请多尔衮出兵相救,归附清朝后也是向多尔衮道谢,顺治皇帝只是一个象征。

"我可有什么可送的?若论银钱吃的穿的东西,究竟还不是我的"——隐射顺治皇帝尚未亲政。"惟有我写一张字,画一张画,才算是我的。"——隐射顺治皇帝只有发谕旨盖玉玺的作用,并无实权也。

崇祯十七年春,山海关总兵平西伯吴三桂驻守宁远,廷旨促他入援京师。他率众西行,闻京师已陷,探马来报家属尽被李闯王拿去。吴三桂大怒,适李闯王派降将唐通赍白银5万两,并吴三桂父亲吴襄的招降书札来见。唐通再三规劝:崇祯已殁,不如归降为是。吴三桂道为老父故,无奈投降,请君先行回复,自己当入京去见新主。数日后李闯王差来的守关将吏赶到,吴三桂把关上事务交割,带了数千精兵,望北京进发。

到了滦州,有家人汇报:吴三桂姨太太陈圆圆被闯王选入后宫,不知死活。吴三桂听了此语,顿时怒发冲冠。第四回《薄命女偏逢薄命郎 葫芦僧乱判葫芦案》详细隐写了此事:

◈ 清宫隐史——《红楼梦》索隐之一

如今且说雨村,因补授了应天府,一下马就有一件人命官司详至案下,……那原告道:"被殴死者乃小人之主人。因那日买了一个丫头,不想是拐子拐来卖的。这拐子先已得了我家的银子,我家小爷原说第三日方是好日子,再接入门。这拐子便又悄悄的卖与薛家,被我们知道了,去找拿卖主,夺取丫头。无奈薛家原系金陵一霸,倚财仗势,众豪奴将我小主人竟打死了。"

门子笑道:"……这个被打之死鬼,乃是本地一个小乡绅之子,名唤冯渊,自幼父母早亡,又无兄弟,只他一个人守着些薄产过日子。长到十八九岁上(崇祯十七年加顺治一二年,李自成死),酷爱男风,最厌女子。这也是前生冤孽,可巧遇见这拐子卖丫头,他便一眼看上了这丫头,立意买来作妾,立誓再不交结男子,也不再娶第二个了,所以三日后方过门。谁晓这拐子又偷卖与薛家,他意欲卷了两家的银子,再逃往他省。谁知又不曾走脱,两家拿住,打了个臭死,都不肯收银,只要领人。那薛家公子岂是让人的,便喝着手下人一打,将冯公子打了个稀烂,抬回家去三日死了。"

"丫头"甄英莲——隐射陈圆圆,为吴三桂与李自成争夺者。

"薛家"公子薛蟠——隐射吴三桂。蟠龙是草龙,又是虫,后来的三藩之首与吴周皇帝。

"冯渊"——隐射李自成。李自成乃陕西米脂县"双泉堡马户之子"——"冯"的出处。"冯渊"与"李渊"——带出一个"李"字。"冯紫英"乃"冯唐之子",典出"冯唐易老,李广难封"与"云中太守,何日遣冯唐",说明李自成来自西北云中地区,在明朝末年搞得中国"天倾西北,地陷东南"。

"将冯公子打了个稀烂"——隐射吴三桂在石河战役中将李自成"打了个稀烂"。

"抬回家去三日死了"——"死了"指大顺朝维持一天就死了。李自成于四月二十六日返京,二十九日登基,当了一天皇帝,第二天逃走。

此处有一伏笔——冯渊先买香菱,薛蟠后买香菱,仅隐射李自成与吴三桂争夺陈圆圆,则与史实不符,因为陈圆圆先当了吴三桂之妾,后被李自成抢去,再被吴三桂夺回来。香菱的故事另一隐意是顺治霸占弟媳妇董鄂氏。此隐中薛文龙指顺治,冯渊(逢冤)指襄亲王博穆博果尔,他先娶了董鄂氏,后被皇兄抢占了去,致使其羞愤自杀。又是一箭双雕。第六十二回《呆香菱情解石榴裙》补写了此事,暗示宝玉与呆霸王是一人,所以香菱在宝玉面前解裙子。

陈圆圆出身苏州诗书人家,姓陈名沅,能诗能画,又善弹琴,因遭离乱,流落烟花。吴三桂在京时,与她彼此企慕。后来陈沅为崇祯田贵妃的父亲田畹以千金赎身，改名陈圆圆。

　　李自成陷西安，转陷太原，秦王、晋王被杀，累代积蓄，被抢得干干净净。田畹为此着急，陈圆圆窥破情景，乘机进言：宁远总兵吴三桂部下都是精锐，国丈何不与他结交，作为护符？可巧吴三桂入京，田畹遂设宴相请。吴三桂正念着陈圆圆，席间提起，田畹不得不召出来。吴三桂趁机道：若承国丈将此女赐予吴某，吴某誓为国丈效死。田畹勉强答道：老夫也不惜一伎，但未知圆圆愿否？陈圆圆禀告道：贱妾事小，国丈事大，贱妾敢不敬从！吴三桂起身向田畹谢赐，带陈圆圆上轿而去。

　　《红楼梦》以薛蟠争买甄英莲隐射此事，调侃也。作者的目的不是为吴三桂与陈圆圆作传，而是借用家喻户晓的陈圆圆故事，提醒读者：明朝的国玺后来落入了吴三桂之手（湖南衡阳称帝），清廷的玉玺是元玺"废品"改造而成。历史事实是，朱元璋南京称帝，明成祖迁都北京，都没有获得传国玉玺。而元玺"废品"，恰是忽必烈得之于南宋皇帝的汉玉。所以，只好承认"大荒顽石"（通灵宝玉）是汉族女神女娲氏所炼，只是二百年"弃置不用"罢了。

　　此事证明，《红楼梦》作者中肯定有朱明王朝的后裔，他了解明朝17位皇帝讳莫如深的这个历史事实。而民间也有人知道这个历史事实，所以，将清朝称为"赵大哥"。

　　吴三桂得知陈圆圆被李自成劫夺，即率诸将驰回山海关，令军士为崇祯帝服丧，扬言扫灭李闯，为明复仇。消息传到北京，李闯大惊，急发兵20万，下令亲征。《红楼梦》里冯紫英（李自成）说三月二十八日从北京出发，指先遣招降部队，符合历史记载。《流寇志》载，李自成亲自东征山海关是1644年阴历四月"庚午十三……五更启行"（宝玉说"前儿初三四儿"，指四月十二夜）。

　　吴三桂整备抵御，忽报清摄政王多尔衮带领雄兵10万将到宁远。吴三桂大惊失色，内有闯贼，外有清兵，如何对付？转念道：与其把明室江山送与闯贼，不若送与满人。

　　吴三桂何以产生这个念头？说起来令人伤心。当时中国存在三个政权：一是严阵以待的清政权；二是群龙无首的明政权，三是李自成农民政权。在国家与民族生死存亡的时刻，民心是决定性因素。清政权励精图治，对汉官汉将实行招降纳叛、高官厚禄、原职原薪、立功重赏的政策。明朝重用阉官，对文官武将实行猜疑监视、有职无权、滥杀功臣的政策。李自成迅速腐化，对明臣明将实行抄家灭族、扫地出门、抢掠金银、奸污妻女的政策。

　　三方面政策昭昭，国家大局已定，个人归向自明。具体到吴三桂身上，君王自缢，国家沦亡，家产抄没，父母关押，妻妾被占，腹背受敌，他要倒向哪一方，还需要考虑研究吗？

吴三桂决心已定，遂修好一书，赴清军乞援。此时多尔衮距宁远城只数里，闻报吴三桂来函，便与范文程与洪承畴商议。范文程道：此番可手定中原了。洪承畴道：此去中原，何患不灭李闯？但此番是为明帝讨贼的义师，与前次入塞不同，应申谕将士，毋屠人民，毋焚庐舍，毋掠财物。有敢违令者照军法从事。如此施行，中原人民，定当望风投诚，万里江山，唾手可得！范文程道：先招降吴三桂，令他与李闯交战，待他两边困乏，则率领精锐，援应三桂，驱逐李闯。

多尔衮送走明使，遂拔营进发，到了连山，遇吴三桂的使者复来，催清兵入关。多尔衮慨然应允，满汉联军，指向李自成。

吴三桂日盼清兵，不料李闯王的部队先到。吴三桂登关固守，但见千军万马后面有一黄盖，簇拥着李闯王（冯紫英与强盗），把吴三桂（薛蟠）困在垓心。两军从早晨杀到日暮，闯军未退。闯将唐通与白广恩带兵二万，也从关外杀来，吴三桂腹背受敌。正惊恐中忽听东北角炮声震天，一军疾驰而至，旗帜为红黄蓝白四色，乃清豫王多铎（贾蔷）、英王阿济格（贾蓉）率前队兵马来救。吴三桂方绝处逢生。

吴三桂开关东出，冲开一条血路，直奔清营，倒身下拜多尔衮（贾政）。多尔衮出座相扶，吴三桂哭诉李闯残毁宫阙、故主自尽、全家被掳。多尔衮答应为他报仇雪恨。吴三桂道：王爷仗义兴师，为吴某报仇，某非木石，敢负鸿慈？多尔衮道：如得定中原，当以王爵相报。

多尔衮命多铎、阿济格带兵五千，去杀退关外贼军，复召洪承畴（贾瑞）、祖大寿等汉族降将，与吴三桂共叙寒暄。洪承畴是吴三桂故帅，祖大寿是吴三桂母舅，故人相见，彼此汗颜，国破家亡，各自叹息。

李自成自松山一战，早识清兵厉害，今见清兵来援山海关，望风生畏，鼠窜而去。吴三桂便请多尔衮入关，复祭告天地，歃血为盟。这就是著名的杀马为誓、长城之盟。

"石河战役"的历史人物除祖大寿早逝以外，全体人马都进了《红楼梦》，这就是柳湘莲救薛蟠的故事。为加强印象，特加注解标明之。

多尔衮（贾雨村）令吴三桂（薛蟠）人马攻贼右面，清军兵马攻贼左面。两边排着阵势，李闯（冯渊、冯紫英）的兵约多一倍。吴三桂（薛蟠）领着本部人马，向闯兵最多处杀进。多尔衮（贾雨村、贾政与贾琏）领着英亲王阿济格（贾蓉）、豫亲王多铎（贾蔷）、洪承畴（贾瑞）、孔有德（贾敬）、尚可喜（潘三保之一）、祖大寿（早死而未进书中）等，上山观战。但见李闯（冯渊、冯紫英）挟着明太子诸王等，指麾贼众，把吴三桂（薛蟠）军围了四五重。吴三桂（薛蟠）军队人人血战，冲荡数十回，呼杀声震动海峤。海滨忽起一阵怪风，天昏地暗，不辨彼此。多尔衮（贾雨村、贾政与贾琏）惊道：吴三桂（薛蟠）要陷没阵中了，快去救他！多铎（贾蔷）、阿济格（贾蓉）应声而出，洪承畴（贾瑞）、孔有德（贾敬）、尚可喜（潘三保之一）、祖大寿等亦随下，万马奔腾，齐向敌阵冲入。

此即《红楼梦》中柳湘莲（顺治皇帝派部下）救薛蟠（吴三桂）故事的历史隐意。薛蟠隐射吴三桂。强盗隐射李自成的乌合之众。柳湘莲本人隐射顺治皇帝。柳湘莲救薛蟠隐射顺治皇帝的部下多尔衮、多铎、阿济格、洪承畴、祖大寿、孔有德、尚可喜等在石河战场解救吴三桂。

第六十六回《情小妹耻情归地府》原文加注：

薛蟠（吴三桂）笑道："天下竟有这样奇事。我同伙计贩了货物，自春天（崇祯十七年春）起身，往回里走（往北京走），一路平安（已经答应归降李自成）。谁知前日到了平安州（直隶，今河北滦州）界，遇一伙强盗（李自成部），已将东西劫去（李自成抢掠了吴家，还抢掠了女人陈圆圆）。不想柳二弟从那边来了（顺治皇帝部下多尔衮的满洲八旗兵马），方把贼人赶散，夺回货物，还救了我们的性命（石河战役得胜，夺回陈圆圆）。我谢他又不受，所以我们结拜了生死弟兄（多尔衮与吴三桂杀马为誓，长城之盟），如今一路进京（吴清联军，共同攻击占领北京的李自成）。从此后我们是亲弟亲兄一般（汉满一家亲了）。到前面岔口上分路，他就分路往南二百里有他一个姑妈，他去望候望候（隐射定南王孔有德的部队还要继续南征桂林）。我先进京去安置了我的事（五月三日正式归附清朝，受任平西王），然后给他寻一所宅子（指帮助多尔衮收拾好明故宫——贾政领导的大观园修建工程），寻一门好亲事，大家过起来。"

薛蟠（吴三桂）将明亡清兴的历史讲得一清二楚。

李闯正在山上督战，见无数辫发兵横跃入阵，督兵的都是红顶花翎，不觉失声道：这是满洲兵，如何到此？急麾军向山下退走。贼军不见主子，纷纷大乱，满汉各军，追赶四十里，斩首数万级，方收兵回关。

此即《红楼梦》所隐射的石河会战的历史真相——第二十六回原文加注：

薛蟠（吴三桂）见他面上有些青伤，便笑道："这脸上又和谁挥拳的？挂了幌子了。"冯紫英（李自成）笑道："从那一遭把仇都尉（九州之主——明朝皇帝）的儿子（崇祯皇帝自缢）打伤了，我就记了再不怄气，如何又挥拳？

这个脸上，是前日（崇祯十七年四月二十二日）打围，在铁网（长城）山（石河）教兔鹘（炮火）捎一翅膀。"宝玉道："几时的话？"紫英道："三月二十八日（李自成部离京征讨吴三桂的日子）去的，前儿也就回来了。"宝玉道："怪道前儿初三四儿（李自成出发石河的日子，乃四月十三），我在沈世兄家（沈阳故宫）赴席不见你呢。我要问，不知怎么就忘了。单你去了，还是老世伯也去了？"紫英道："可不是家父去，我没法儿，去罢了。难道我闲疯了，咱们几个人吃酒听唱的不乐，寻那个苦恼去？这一次，大不幸之中又大幸（石河会战李自成只留下一条命也）。"

冯紫英（李自成）听说，便立起身来说道："论理，我该陪饮几杯才是，只是今儿有一件大大要紧的事（急于回北京登基做大顺朝皇帝），回去还要见家父面回，实不敢领。"薛蟠（吴三桂）宝玉众人（顺治皇帝部下）那里肯依，死拉着不放（穷追猛打）。冯紫英笑道："这又奇了。你我这些年，那回儿有这个道理的（转战多年，未曾如此惨败）？果然不能遵命。若必定叫我领，拿大杯来，我领两杯就是了。"众人听说，只得罢了，薛蟠执壶，宝玉把盏，斟了两大海。那冯紫英站着，一气而尽（吴清联合作战，李自成连败两阵）。宝玉道："你到底把这个'不幸之幸'说完了再走。"冯紫英笑道："今儿说的也不尽兴。我为这个，还要特治一东，请你们去细谈一谈；二则还有所恳之处（指李自成多次求和）。"说着执手就走（李自成落荒而逃）。

第三节　大观园工程

多尔衮领导明代老臣利用不足五个月（从五月二日到九月十九）的时间为崇祯皇帝建陵发丧，紧急修缮北京故宫，拆毁辽河与长城两侧防务，迎接孝端、孝庄两宫皇太后与顺治皇帝从沈阳驾临北京——就是《红楼梦》里为林如海发丧、"秦可卿死封龙禁尉"、修建大观园，迎接元妃省亲的故事。

摄政王多尔衮入京后，由范文程、洪承畴酌定，拟就为崇祯帝发丧告示，以礼改葬明帝，尽快安抚人心。秦可卿出大殡，即隐射多尔衮、孔有德与范、洪二人为崇祯帝发丧。

多尔衮（贾政）于崇祯十七年（顺治元年）五月初二进驻北京，立刻开始了轰轰烈烈的修葺工程（修建大观园）。

百姓因李闯入京，军纪涣散，十分不满，闻清兵入城，把散兵游勇赶出，已是转悲为喜，又因清兵不加杀戮，复为故帝发丧，真是感激涕零。多尔衮见人心已靖，急召集民夫，修筑宫殿。武英殿先告竣工，多尔衮即缮好奏折，令辅国公屯齐喀和托及固山额真何洛会，到沈阳迎接两宫皇太后与顺治皇帝。

"元妃省亲"的真实情况，是多尔衮（贾政）于顺治元年九月底，在现在中南海辽阔的水面上，举行的一次接驾庆贺晚会。

《红楼梦》将修建大观园写成了修复战争创伤的综合工程：一方面修复全国臣民的精神创伤，一方面修复长城内外与北京故宫的物质创伤。

（1）为崇祯皇帝建陵与发丧——第十四回《林如海灵返苏州郡》云：

> 正闹着，人来回："苏州去的昭儿来了。"凤姐急命进来。昭儿打千儿请安，凤姐便问："回来做什么？"昭儿道："二爷打发回来的。林姑老爷是九月初三巳时没的。二爷帮了林姑娘同送林姑老爷的灵到苏州，大约赶年底回来。"

第十六回《贾元春才选凤藻宫》云：

> 且喜贾琏与黛玉回来，先遣人来报信："明日就可到家了。"宝玉听了，方略有些喜意……林如海已葬入祖茔了，诸事停妥。

"林姑老爷是九月初三巳时没的。二爷帮了林姑娘同送林姑老爷的灵到苏州，大约赶年底回来。"……"林如海已葬入祖茔了，诸事停妥。"——隐射孝庄特派代表与多尔衮一起为崇祯皇帝建陵发丧，妥善葬入明十三陵。这是安抚民心的重要举措。此处贾琏隐射已经进京的多尔衮。林黛玉为孝庄与孝庄的特使。林如海隐射崇祯皇帝。他自缢于三月十九日上午"巳时"，九月初三巳时为上午十时，即隐射三月十九日。因为作者不敢提三月十九日这个敏感日子，当时中国已有两套计时系统，一套是"子丑寅卯辰巳"老系统，一套是新的十二时西洋计时系统。"九月初三上午十时"的数字加起来为二十二，拆开恰好可以重组为三月十九日，可见作者的用心良苦也。为崇祯皇帝发丧时孝庄与顺治还在沈阳。"昭儿"是来回传递诏书的信使。贾琏多尔衮与王熙凤孝庄是事实婚姻的关系。《红楼梦》里所有的"姑苏"、"苏州"都隐射故都北京。由此可见，贾琏带领林黛玉到姑苏为林如海发丧，是公开描写多尔衮按孝庄皇太后的懿旨，在北京为崇祯皇帝发丧。顺治与孝庄是顺治元年九月十九日到达北京的，而崇祯皇帝的思陵于年底才竣工，所以第十四回《林如海捐馆扬州城》写道："昭儿道：'二爷打发回来的。林姑老爷是九月初三日巳时没的。二爷带了林姑娘同送林姑老爷灵到苏州，大约赶年底就回来。二爷打发小的来报个信请安，讨老太太示下，还瞧瞧奶奶家里好，叫把大毛衣服带几件去.'"——《红楼梦》在写真实的历史,而红学家却将"大毛衣服带几件去"研究成了"红学死结"。怎么会是"死结"呢?多尔衮大冬天到十三陵去监工,不带几件"大毛衣服",冰天雪地的,岂不是要冻死吗?

林如海(崇祯)是上一个朝代,林黛玉(孝庄)是下一个朝代,从历史学角度看,正是父女关系。此处乃处处史笔也。下一代王朝为上一代王朝出殡发表是中国传统美德。

(2) 拆除长城与辽河两侧的双方防务——《大观园试才题对额》。第十六回云:

只听贾蓉先回说:"我父亲打发我来回叔叔,老爷们已经议定了,从东边一带,接着东府里的花园起至西北,丈量一共三里半大,可以盖造省亲别院了。已经传人画图样去了,明日就得。"……先令匠役拆宁府会芳园的墙垣楼阁,直接入荣府东大院中。荣府东边所有下人一带群房已尽拆去。当日宁、荣二宅,虽有一条小巷界断不通,然亦系私地,并非官道,故可以联络。会芳园本是从北墙角下引了来的一股活水,今亦无烦再引。其山树木石虽不敷用,贾赦住的乃是荣府旧园,其中竹树山石以及亭栅栏杆等物,皆可挪就前来。如此两处又甚近便,凑成一处,省许多财力,大概算计起来,所添有限。全亏一个胡老名公号山子野,一一筹画起造。

"接着东府里的花园起至西北,丈量一共三里半大,可以盖造省亲别院了。"——指从景山东北角到北海西北角的实际距离。

"拆宁府会芳园的墙垣楼阁,直接入荣府东大院中。荣府东边所有下人一带群房已尽拆去。"——拆除清与明双方在长城两侧的营房。此处指广义的大观园。宁府指崇德王朝(沈阳故宫),荣府指崇祯王朝(北京故宫),并非多尔衮拆了故宫的宫墙。

"北墙角下引了来的一股活水"——指明清划定的临时界河辽河,像当年的楚河汉界。

"贾赦住的乃是荣府旧园"——皇太极的所谓首都沈阳,本来是明朝"旧园"。他的父亲是万历皇帝册封的建州卫都督,为地方行政长官。

"全亏一个胡老名公号山子野,一一筹画起造。"——"胡老名公"指归降清朝的老"明臣"。"山子野"为"三子也",指范文程、洪承畴与金之俊三位降清的大学士。

(3) 修复被李自成烧毁的明故宫——《荣国府归省庆元宵》。第十六回云:

贾琏笑说："多谢大爷费心，体谅我，就从命不过去了。正经是这个主意才省事，盖造也容易，若采置别的地方去，那更费事，且不成体统。你回去说，这样很好，若老爷们再要改时，全仗大爷深阻，万不可另寻地方。"

多尔衮（贾琏）认为只修被李自成烧毁的部分，"省事"又"容易"。不要像明朝那样另起炉灶，大兴土木，建造新的皇宫，不仅劳民伤财，也"不成体统"——因为清承明制，兄业弟继，何必推倒重来？

（4）迎接两宫皇太后与皇帝进京——《皇恩重元妃省父母》。第十八回云：

贾赦等在西街门外，贾母等在荣府大门外。街头巷口，用围幕挡严。……忽见两个太监骑马缓缓而来，至西街门下了马，将马赶出围幕之外，便面西站立……将那銮舆抬入大门往东一所院落门前，有太监跪请下舆更衣。

荣国府突然大门向西，隐射省亲晚会在中南海举行。孝庄皇太后等从中南海西门，即府右街西大门进入中南海。"贾妃下舆登舟，只见清流一带，势若游龙，两边石栏上，皆系水晶玻璃各色风灯，点的如银光雪浪"，是指中南海水上秋景。如此北京大观园的地望就清楚了——东北至景山，西北至北海，西南至中南海，半边长"三里半大"。景山在紫禁城以西，内有两山三湖，北海东北角有"沁芳闸"，直通什刹海、银锭桥、李广桥、积水潭与玉泉河的大"外河"，一直与玉泉山、西山与燕山山脉相接。——"芳园筑向帝城西，华日祥云笼罩奇。""山水横拖千里外，楼台高起五云中。""金门玉户神仙府，桂殿兰宫妃子家。""名园一自邀游赏，未许凡人到此来。"在等级森严、逾制杀头的封建社会，无论败落的曹家或者败落的洪家，都不敢也无力修建如此明确的皇家园林。

第四节　孝庄掌权一年总结

第十六回中一句"这一年来的光景"，是个重要的历史坐标，隐射崇德八年八月初九皇太极死，到顺治元年九月十九日孝庄与福临入主北京。期间发生了如下几件大事：一是多尔衮入关为崇祯发丧（贾琏与林黛玉到姑苏为林如海发丧）；二是孝庄在沈阳主政一年（凤姐为秦可卿发丧与弄权铁槛寺）；三是吴三桂臣服清朝（薛蟠纳香菱为妾）。

（1）贾琏与林黛玉到姑苏为林如海发丧——隐射多尔衮与孝庄特使为崇祯发丧。第十六回原文：

且喜贾琏与黛玉回来，先遣人来报信，明日就可到家，宝玉听了，方略有些喜意。细问原由，方知贾雨村也进京陛见，皆由王子腾累上保本，此来后补京缺，与贾琏是同宗弟兄，又与黛玉有师从之谊，故同路作伴而来。林如海已葬入祖坟了，诸事停妥，贾琏方进京的。本该出月到家，因闻元春喜信，遂昼夜兼程而进，一路俱各平安。宝玉只闻得黛玉"平安"二字，余者也就不在意了。

好容易盼至明日午错，果报："琏二爷和林姑娘进府了。"见面时彼此悲喜交接，未免又大哭一阵，后又致喜庆之词。宝玉心中品度黛玉，越发出落的超逸了。黛玉又带了许多书籍来，忙着打扫卧室，安插器具，又将些纸笔等物分送宝钗、迎春、宝玉等人。宝玉又将北静王所赠鹡鸰香串珍重取出来，转赠黛玉。黛玉说："什么臭男人拿过的！我不要他。"遂掷而不取。宝玉只得收回，暂且无话。

"贾雨村也进京陛见，皆由王子腾累上保本，此来后补京缺"——隐射多尔衮（贾雨村）与蒙古吴克善亲王（王子腾）皆入住北京。

"林如海已葬入祖坟了"——隐射多尔衮主持为崇祯发丧与建陵。

"黛玉说：'什么臭男人拿过的！我不要他。'遂掷而不取。"——隐射顺治元年孝庄并无下嫁多尔衮之意。她认为"才选奉嫂宫"就足够稳住多尔衮了。此处的林黛玉隐射孝庄皇太后。

（2）孝庄回忆在沈阳主政一年的情况。原文：

贾琏遂问别后家中的诸事，又谢凤姐的操持劳碌。凤姐道："我那里管得这些事！见识又浅，口角又笨，心肠又直率，人家给个棒槌，我就认作'针'。脸又软，搁不住人给两句好话，心里就慈悲了。况且又没经历过大事，胆子又小，太太略有些不自在，就吓的我连觉也睡不着。我苦辞了几回，太太又不容辞，倒反说我图受用，不肯习学了。殊不知我是捏着一把汗儿呢。一句也不敢多说，一步也不敢多走。你是知道的，咱们家所有的这些管家奶奶们，那一个是好缠的？错一点儿他们就笑话打趣，偏一点儿他们就指桑骂槐抱怨。'坐山观虎斗'，'借剑杀人'，'引风吹火'，'站干岸儿'，'推倒油瓶儿不扶'，都是全挂子的武艺。况且我年纪轻，头等不压众，怨不得不放我在眼里。更可笑那府里忽然蓉儿媳妇死了，珍大哥又再三再四的在太太跟前跪着讨情，只要请我帮他几日；我是再四推辞，太太断不依，只得从命。依旧被我闹了个马仰人翻，更不成个体统，至今珍大哥哥还抱怨后悔呢。你这一来了，明儿你见了他，好歹描补描补，就说我年纪小，原没见过世面，谁叫大爷错委他的。"

"又没经历过大事，胆子又小。"——隐射孝庄在沈阳初次执政，尚缺经验。

"太太又不容辞，倒反说我图受用，不肯习学了。"——隐射孝端姑姑支持她勤政。

"咱们家所有的这些管家奶奶们，那一个是好缠的？"——隐射满洲八旗各旗主难缠、不服。

"珍大哥又再三再四的在太太跟前跪着讨情，只要请我帮他几日；我是再四推辞，太太断不依，只得从命。"——隐射顺治年幼，孝端力让孝庄执政。

（3）孝庄朝廷与吴三桂又妥协又斗争。原文：

贾琏笑道："正是呢，方才我见姨妈去，不防和一个年轻的小媳妇子撞了个对面，生的好齐整模样。我疑惑咱家并无此人，说话时因问姨妈，谁知就是上京买来的那小丫头，名唤香菱的，竟与薛大傻子作了房里人，开了脸，越发出挑的标致了。那薛大傻子真玷辱了他。"凤姐道："嗳！往苏杭走了一趟回来，也该见些世面了，还是这样眼馋肚饱的。你要爱他，不值什么，我去拿平儿换了他来如何？那薛老大也是'吃着碗里看着锅里'的，这一年来的光景，他为要香菱不能到手，和姨妈打了多少饥荒。也因姨妈看着香菱模样儿好还是末则，其为人行事，却又比别的女孩子不同，温柔安静，差不多的主子姑娘也跟他不上呢，故此摆酒请客的费事，明堂正道的与他作了妾。过了没半月，也看的马棚风一般了，我倒心里可惜了的。"一语未了，二门上的小厮传报："老爷在大书房等二爷呢。"贾琏听了，忙忙整衣出去。

"那薛老大也是'吃着碗里看着锅里'的"——隐射吴三桂野心很大，企图与清平分天下，既想借助清兵，又想自己当皇帝。

"这一年来的光景，他为要香菱不能到手，和姨妈打了多少饥荒"——隐射经过一年的妥协与斗争，与孝庄朝廷反复讨价还价，吴三桂才彻底臣服。吴三桂原来打算借助满洲的势力，自己称帝或挟明天子以令诸侯，清兵打到北京后，再退回关外。"要香菱"就是要明朝的玉玺，所以说香菱"眉心中原有米粒大小的一点胭脂痣，从胎里带来的"——"胭脂痣"隐射朱明玉玺上的红色印泥。正像贾宝玉有爱吃"胭脂"的毛病一样，隐射清玉玺也喜欢红色的印泥。

"明堂正道的与他作了妾"——隐射陈圆圆当了平西王的"王妃"，但不是"皇后"。香菱不是皇后，却"明堂正道的"，隐射吴三桂仅仅当了清的平西王，并未当上汉族皇帝。

薛姨妈即隐射孝庄皇太后，所以是王夫人的妹妹，是二是一也。

"香菱扶了正"隐射二十几年后，吴三桂称大周皇帝，他的"王妃"变成了皇贵妃。

（4）多尔衮与孝庄互相提防，同床异梦。原文：

这里凤姐乃问平儿："方才姨妈有什么事，巴巴打发了香菱来？"平儿笑道："那里来的香菱，是我借他暂撒个谎。奶奶说说，旺儿嫂子越发连个承算也没了。"说着，又走到凤姐身边，悄悄的说道："奶奶的那利钱银子，迟不送来，早不送来，这会子二爷在家，他且送这个来了。幸亏我在堂屋里撞见，不然时走了来回奶奶，二爷倘或问奶奶是什么利钱，奶奶自然不肯瞒二爷的，少不得照实告诉二爷。我们二爷那脾气，油锅里的钱还要找出来花呢，听见奶奶有了这个体己，他还不放心的花了呢。所以我赶着接了过来，叫我说了他两句，谁知奶奶偏听见了问，我就撒谎说香菱来了。"凤姐听了笑道："我说呢，姨妈知道你二爷来了，忽刺巴儿的反打发个屋里人来了？原来是你这蹄子闹鬼。"

"旺儿"是科尔沁蒙古的包衣老奴，是孝庄的下人。

"我们二爷那脾气，油锅里的钱还要找出来花呢"——隐射多尔衮与孝庄各为自己的势力而明争暗斗，互相提防，貌合神离。

第五节　贾宝玉为什么"沉思"

第十九回写了入关初期的小福临的不解之思，写了"香芋"何以变"林黛玉"的不解之思。

（1）第一个凤姐事多任重，别人或可偷安躲静，独他是不能脱得的；二则本性要强，不肯落人褒贬，只扎挣着与无事的人一样。第一个宝玉是极无事最闲暇的。——隐射入主北京后，31岁的孝庄皇太后最忙（凤姐事多任重），而七八岁的顺治皇帝"极无事最闲暇的"。

（2）谁想贾珍这边唱的是《丁郎认父》、《黄伯央大摆阴魂阵》，更有《孙行者大闹天宫》、《姜子牙斩将封神》等类的戏文。倏尔神鬼乱出，忽又妖魔毕露，甚至于扬幡过会，号佛行香，锣鼓喊叫之声闻于巷外。满街之人个个都赞："好热闹戏，别人家断不能有的。"宝玉见那繁华热闹到如此不堪的田地，只略坐了一坐，便走开各处闲耍。——《丁郎认父》隐射顺治皇帝（贾珍）需要确认自己的身世血统。《黄伯央大摆阴魂阵》隐射多尔衮与孝庄皇太后的明争暗斗。《孙行者大闹天宫》隐射清朝入主中原乃是猴子西游记。《姜子牙斩将封神》隐射多尔衮指挥占领大江南北的满汉战争。都是明亡清兴的历史大戏，偏偏要演给公子红妆看。

（3）宝玉见一个人没有，因想"这里素日有个小书房，内曾挂着一轴美人，极画的得神。今日这般热闹，想那里自然无人，那美人也自然是寂寞的，须得我去望慰他一回。"想着，便往书房里来。刚到窗前，闻得房内有呻吟之韵。宝玉倒唬了一跳：敢是美人活了不成？乃乍着胆子，舔破窗纸，向内一看——那轴美人却不曾活，却是茗烟按着一个女孩子，也干那警幻所训之事。宝玉禁不住大叫："了不得！"一脚踹进门去，将那两个唬开了，抖衣而颤。茗烟见是宝玉，忙跪求不迭。宝玉道："青天白日，这是怎么说。珍大爷知道，你是死是活？"一面看那丫头，虽不标致，倒还白净，些微亦动人处，羞的面红耳赤，低首无言。宝玉跺脚道："还不快跑！"一语提醒了那丫头，飞也似去了。宝玉又赶出去，叫道："你别怕，我是不告诉人的。"急的茗烟在后叫："祖宗，这是分明告诉人了！"宝玉因问："那丫头十几岁了？"茗烟道："大不过十六七岁了。"宝玉道："连他的岁数也不问问，别的自然越发不知了。可见他白认得你了。可怜，可怜！"又问："名字叫什么？"茗烟大笑道："若说出名字来话长，真真新鲜奇文，竟是写不出来的。据他说，他母亲养他的时节做了一个梦，梦见得了一匹锦（金国皇妃），上面是五色（五朝——天命、天聪、崇德、顺治、康熙）富贵不断头卍字花样，所以他的名字叫做万儿。"宝玉听了笑道："真也新奇，想必他将来有些造化。"说着，沉思一会。

"一轴美人，极画的得神"，与《海棠春睡图》上的"美人"，与薛蟠对贾宝玉讲的《一幅春宫》图上的"美人"，都隐射孝庄皇太后。

"梦见得了一匹锦"，隐射她做了金国皇妃。

"五色富贵不断头卍字花样，所以他的名字叫做万儿"，隐射她经历了天命、天聪、崇德、顺治、康熙五朝的富贵荣华，是皇帝的皇后、皇太后与太皇太后。

"大不过十六七岁了",隐射当时孝庄当了十六七年皇妃了,即天聪九年、崇德八年。16岁加17岁为33岁,正是孝庄当时的年龄。

茗烟是贾宝玉的奴才,隐射索尼等满族大臣。"你别怕,我是不告诉人的",隐射七八岁的顺治皇帝的孩子话。茗烟与万儿偷情,隐射索尼与孝庄有染。后来索尼成了首辅辅政大臣,他的孙女赫舍里氏成了康熙的皇后,都与"将那两个唬开了,抖衣而颤"的经历有关系。

(4)宝玉又诌道:"林子洞里原来有群耗子精。那一年腊月初七日,老耗子升座议事,因说:'明日是腊八,世上人都熬腊八粥。如今我们洞中果品短少,须得趁此打劫些来方妙。'乃拔令箭一枝,遣一能干小耗前去打听。一时小耗回报:'各处察访打听已毕,惟有山下庙里果米最多。'老耗问:'米有几样?果有几品?'小耗道:'米豆成仓,不可胜记。果品有五种:一红枣,二栗子,三落花生,四菱角,五香芋。'老耗听了大喜,即时点耗前去。乃拔令箭问:'谁去偷米?'一耗便接令去偷米。又拔令箭问:'谁去偷豆?'又一耗接令去偷豆。然后一一的都各领令去了。只剩了香芋一种,因又拔令箭问:'谁去偷香芋?'只见一个极小极弱的小耗应道:'我愿去偷香芋。'老耗和众耗见他这样,恐不谙练,且怯懦无力,都不准他去。小耗道:'我虽年小身弱,却是法术无边,口齿伶俐,机谋深远。此去管比他们偷的还巧呢。'众耗忙问:'如何比他们巧呢?'小耗道:'我不学他们直偷。我只摇身一变,也变成个香芋,滚在香芋堆里,使人看不出,听不见,却暗暗的用分身法搬运,渐渐的就搬运尽了。岂不比直偷硬取的巧些?'众耗听了,都道:'妙却妙,只是不知怎么个变法?你先变个我们瞧瞧。'小耗听了,笑道:'这个不难,等我变来。'说毕,摇身说'变',竟变了一个最标致美貌的一位小姐。众耗忙笑说:'变错了,变错了。原说变果子的,如何变出小姐来?'小耗现形笑道:'我说你们没见世面,只认得这果子是香芋,却不知盐课林老爷的小姐才是真正的香玉呢。'"

崇祯二年十月,太宗亲率八旗劲旅大举攻明。蒙古喀尔沁部,遣台吉布尔噶图入贡。太宗就问龙井关路径。布尔噶图道:数年前曾去过一次,略识路程。太宗即令他作为向导,顿时满城文武,除居守外,尽随驾出发。在途中过了数天,方到喀尔沁部。太宗即日抵龙井关,关上守卒,四散逃去。满军整队而入,遂分两路进攻,一军由济尔哈朗、岳讬为统领,共四旗;一军攻洪山口,由太宗亲率四旗兵队,连夜进发。此时明军专防守山海关,把大安、洪山二口,视作没甚要紧的区处,毫不设备,一任满军攻入,浩浩荡荡地杀奔遵化州。这是第一次入关掠夺，在崇祯煤山自缢之前，同样的掠夺共有五次。

"米豆成仓，不可胜记。果品有五种：一红枣，二栗子，三落花生，四菱角，五香芋。"——隐射天聪与崇德时代皇太极指挥的五次入关大掠夺。

作者说清是"林子洞里原来有群耗子精"。"老耗听了大喜，即时点耗前去。乃拔令箭问：'谁去偷米？'一耗便接令去偷米。"

（1）"老耗"是指清太宗皇太极（"一僧"、贾赦、秦业、秦钟、秦可卿、大狗）。

（2）"小耗"首先是指与嫂子偷情的多尔衮（贾政、贾琏）。第二是指与弟媳妇偷情的顺治皇帝（贾珍、贾琏、贾珠、贾宝玉、柳湘莲）。

（3）"盐课林老爷的小姐才是真正的香玉（'香芋'）"——首先是指下嫁小叔子的孝庄皇太后，第二是指董鄂氏皇贵妃。

（4）"'惟有山下庙里果米最多'，老耗问：'米有几样？果有几品？'小耗道：'米豆成仓，不可胜记。果品有五种：一红枣，二栗子，三落花生，四菱角，五香芋。'"——指山海关内的明朝庙堂，皇太极去抢掠了五次。（清史学家阎崇年说是"皇太极五次入关征明"。）

（5）"我说你们没见世面，只认得这果子是香芋，却不知盐课林老爷的小姐才是真正的香玉呢。"——《红楼梦》里的演员都会使用分身法。由于林黛玉分身之一是孝庄，分身之二是董鄂氏皇贵妃，所以，"小耗"子偷香芋，直接隐射多尔衮与孝庄偷情，顺治皇帝与弟媳妇董鄂氏偷情。

第七章　女皇开国

第一节　南明败家子

孝庄母子将要到达北京，探马报称明福王朱由崧称帝南京，改元弘光，命史可法开府扬州，统辖淮扬凤庐四镇。洪承畴已向史可法兄弟寄书招降，又与多尔衮代作一书，寄与史公。一日，多尔衮正自大内回邸，洪承畴入见，报称江南遣使左懋第、陈洪范、马绍愉等，携带白金十万两，绸缎数万匹，来此犒师。还有史可法一封复书。南明皇帝慰问清朝军队，为什么？——南明皇室对清为君父报仇一举，表示谢意，此其一。申明清仍然为明的臣下，此其二。《红楼梦》第七回准确地记录了此事：

至掌灯时分，凤姐已卸了妆，来见王夫人回话："今儿甄家送了来的东西，我已收了。咱们送他的，趁着他家有年下进鲜的船回去，一并都交给他们带了去罢？"王夫人点头。凤姐又道："临安伯老太太生日的礼已经打点了，派谁送去呢？"王夫人道："你瞧瞧谁闲着，就叫他们去四个女人就是了，又来当什么正经事问我。"

作者为什么记录此事？——孝庄成了北京朝廷的新主子，南明倒成了"临安伯"，与金朝和元初偏安杭州的南宋形势一样了。孝庄认为解决南明问题已经不是"什么正经事"了，几乎是风卷残云，易如反掌。

多尔衮与洪承畴分析：史可法不肯降顺。而明福王用马士英、阮大铖入阁办事，所用非人也。马士英向来贪鄙，阮大铖是魏阉魏忠贤的干儿子，这等人执掌朝纲，南明纵有史可法，也难免亡国。

南明来使兵部右侍郎左懋第提出四件要求：第一件，在天寿山特立园陵，改葬崇祯帝。第二件，索还北京，只肯把山海关外割给清，每年赠岁币十万两。第三件，清与南明国书，只许称可汗，不能称帝。第四件，来使要按照故明会典行礼，不肯屈膝。

多尔衮与洪承畴对南明使者以礼相待，同时遣将南下，继续远征。忽接西征捷报，说西安已攻下了。李自成率众入陕，攻陷西安，令部众分扰四川与河南等省。豫亲王多铎已下河南，清兵势大，李自成残部俱被击败，退回关中。又命刘宗敏出守潼关，与清兵战了数次，有败无胜。英王阿济格已过长城入保德，结筏渡河，入绥德，克延安，下鄜州，直趋西安。

李自成正遇阿济格军，大杀一阵，遁入城中。多铎攻破潼关，乘胜来会阿济格。李自成放火而逃，被清兵杀得尸横遍野，只剩几百个残卒。

阿济格逐去李自成，与多铎相会，即联名报捷。多尔衮大喜过望，即奏请顺治帝御殿受贺。此时已是顺治二年春天了。多尔衮等会议，令阿济格仍追剿李自成，多铎移师江南。

多铎即《红楼梦》中的贾蔷。阿济格即《红楼梦》中的贾蓉。两人感情颇深，书里有交代。贾蔷南下采购，即多铎奉旨讨伐南明，与贾蓉一起，时在顺治元年（1644）十月初一（崇祯十七年）。多铎先与阿济格追灭李自成，于顺治二年兄弟分手。第九回原文：

原来这一个名唤贾蔷，亦系宁府中之正派玄孙，父母早亡，从小儿跟贾珍过活，如今长了十六岁，比贾蓉生的还风流俊俏。他兄弟二人最相亲厚，常相共处。宁府人多口杂，那些不得志的奴仆们，专能造言诽谤主人，因此不知又有了什么小人诟谇谣诼之辞。贾珍想亦风闻得些口声不大好，自己也要避些嫌疑，如今竟分与房舍，命贾蔷搬出宁府，自去立门户过活去了。

"如今长了十六岁"——从天聪二年多尔衮三幼子派登上清朝军事政治舞台，势力不断增长，到顺治元年五月初二多尔衮入主北京，十月一日多铎奉旨南下，阿济格奉旨西上，恰好16年。或云清江山都是多尔衮三幼子派打下来的，与历史事实并不违背。"如今长了十六岁"是指多铎在战场16年。

"贾蔷亦系宁府中之正派玄孙"——隐射多铎系努尔哈赤三幼子之一。

"比贾蓉生的还风流俊俏。他兄弟二人最相亲厚。"——阿济格亦系努尔哈赤三幼子之一，故与多铎"最相亲厚"。

"专能造言诽谤主人……小人诟谇谣诼之辞。"——朝野对多尔衮三幼子派颇有微词。

"贾珍想亦风闻得些口声不大好……如今竟分与房舍，命贾蔷搬出宁府，自去立门户过活去了。"——顺治皇室对朝野舆论很重视，企图分而治之。

《红楼梦》里贾雨村批评的甄宝玉，即隐射监国南京的南明福王朱由崧。福王系明神宗孙辈，福恭王朱常洵长子，崇祯十六年袭封。因流寇四扰，福王偕从叔潞王避难淮安。崇祯帝殉国，凤阳总督马士英拟迎立福王，南京兵部尚书史可法认为福王有七不可立：一贪、二淫、三酗酒、四不孝、五虐下、六不读书、七干预有司，拟迎立潞王。

看来，史可法与多尔衮都知道南明福王朱由崧是个亡国之君——《红楼梦》里最早的"甄宝玉"也。

《红楼梦》的主题并不是简单的反清复明，首先是真实记载那段历史，但作者不像史可法那么直率，有一句话他憋在肚子里始终不明说——他知道明朝亡于汉族"真宝玉"的骄奢淫逸、贪婪腐败，一时一刻也离不开女人！他觉得"假宝玉"顺治皇帝也一时一刻离不开女人了，为此也会亡国。因此，他估计清朝将在顺治朝之后沿着迅速汉化的下坡路很快灭亡，但历史与作者开了一个玩笑。从康熙皇帝开始，"假宝玉"减慢了汉化的速度，废除了十三衙门，仅此一条，清朝就多活了二百年。

崇祯十七年，南明的马士英勾结总兵高杰、刘泽清、黄得功、刘良佐四人，拥立福王先监国，继称尊，以次年为弘光元年。

这位弘光皇帝偏信马士英，一切政务全然不管，专在女色上用心。宫中美女不足，就取诸外府。时命太监出城搜寻，见有姿色的女子，一把扯去。可怜母哭儿号，生离惨别，那弘光帝左拥右抱，倒非常快活——《红楼梦》里的甄宝玉说："必得两个女儿伴着我读书，我方能认得字，心里也明白，不然我自己心里糊涂。"他广罗春方媚药，尽情取乐，是一个无愁天子。谁知春宵不永，好事多磨，豫亲王多铎迅速分军南下，势如破竹。这位甄宝玉在《红楼梦》的角色很快就演完了。

《红楼梦》里的甄宝玉代表南明诸帝与后来的汉族新主，首先就隐射这位福王弘光皇帝。清兵攻陷镇江。弘光正罗列美女，饮酒取乐，恰似当年陈叔宝。清兵自丹阳前来，弘光帝这才着急，闻黄得功屯兵芜湖，急忙收拾行装，潜开通济门出走。清兵到芜湖江口，南明总兵田雄起了坏心，缚住弘光帝与弘光爱妃，送至对岸清营。

清大将军尼堪命将弘光帝及爱妃推入囚车，解至南京，多铎即遣使献俘。可怜这位风流天子，只享了一年艳福，便与爱妃一起，毙命北京了。贾雨村对这位淫荡皇帝没有好印象。他说的金陵甄宝玉，就是弘光帝的真实写照：

但这一个学生，虽是启蒙，却比一个举业的还劳神。说起来更可笑，他说："必得两个女儿伴着我读书，我方能认得字，心里也明白，不然我自己心里糊涂。"……他令尊也曾下死笞楚过几次,无奈竟不能改。每打的吃疼不过时,他便"姐姐"、"妹妹"乱叫起来。后来听得里面女儿们拿他取笑:"因何打急了只管叫姐妹做甚?莫不是求姐妹去说情讨饶?你岂不愧些!"他回答的最妙。他说:"急疼之时,只叫'姐姐'、'妹妹'字样,或可解疼也未可知,因叫了一声,便果觉不疼了,遂得了秘法:每疼痛之极,便连叫姐妹起来了。"你说可笑不可笑?也因祖母溺爱不明,每因孙辱师责子,因此我就辞了馆出来。如今在这巡盐御史林家做馆了。你看,这等子弟,必不能守祖父之根基,从师长之规谏的。

这一段极为重要。贾雨村隐射皇太极与多尔衮,此处则隐射多尔衮。"甄宝玉"隐射福王等江南明室皇族,而"林如海"隐射北京的崇祯皇帝。通过南方的情报与五次入关征战,多尔衮兄弟对长城里面的汉族政权已经了如指掌:(1)鄙视南明皇室,认为他们都是烂透了的朱元璋的败家子,将来一旦过江作战,如同摧枯拉朽。(2)尊重北京的崇祯皇帝,但知道他的王朝病入膏肓,积重难返,大厦将倾,独木难支,清兵入关之后,明朝残余将不堪一击。

第二节 大清国的实际开创者

第三回中写林黛玉六岁从通州进京,说她比贾宝玉小一岁,乃转弯抹角地暗示顺治皇帝7岁进京这个重要的史实:

且说黛玉自那日弃舟登岸时,便有荣国府打发了轿子并拉行李的车辆久候了。……又行了半日,忽见街北蹲着两个大石狮子(乾清门前镀金铜狮子),三间兽头大门,门前列坐着十来个华冠丽服之人。正门却不开,只有东西两角门有人出入。正门之上有一匾,匾上大书"敕造宁国府"(乾清门)五个大字。黛玉想道:这必是外祖之长房了。想着,又往西行,不多远,照样也是三间大门,方是荣国府了(演员回去重新演了一次)。却不进宁荣国府内院正门(乾清门),只进了西边角门。那轿夫抬进去,走了一射之地(南北汉白玉大甬道),将转弯(没有进乾清宫,而是向东转了一个弯,绕过正殿东穿堂,到达交泰殿前面的中轴线上)时,便歇下退出去了。后面的婆子们已都下了轿,赶上前来。另换了三四个衣帽周全十七八岁的小厮上来,复抬起轿子。众婆子步下围,随至一垂花门(交泰殿前门)前落下。众小厮退出,众婆子上来打起轿帘，扶黛玉下轿。林黛玉扶着婆子的手，进了垂花门，两边是抄手游廊（交泰殿两侧游廊），当中是穿堂（交泰殿前部），当地放着一个紫檀架子大理石的大插屏。转过插屏，小小的三间厅（交泰殿正殿），厅后就是后面的正房大院（远看坤宁宫）。正面五间上房（坤宁宫），皆雕梁画栋，两边穿山游廊厢房（坤宁宫两侧游廊），挂着各色鹦鹉、画眉等鸟雀。台矶之上，坐着几个穿红着绿的丫头，一见他们来了，便忙都笑迎上来，说："刚才老太太还念呢，可巧就来了。"于是三四人争着打起帘笼（这是"打起帘笼"要进交泰殿，不是要进坤宁宫），一面听得人回话："林姑娘到了。"

　　从林黛玉进京写起，是作者告诉读者：《红楼梦》故事是从顺治皇帝7岁进京为正式开端的。

　　顺治在北京登基称帝不到七岁，但他在诸王争权中轻取帝位，在多尔衮觊觎帝位的险恶环境中，平安地生活到亲政，在长达八九年的风云变幻中，孝庄皇太后始终是他暗中的佑助者。

　　崇祯十七年十月朔，顺治帝（贾宝玉）亲诣南郊，祭告天地社稷，并将历代神主，奉安太庙，随即升太和殿大门（"家学学堂"），即皇帝位（"上学"）。满汉文武各官，拜跪趋跄，高呼万岁。这是清人主中原之始。是日加封多尔衮为叔父摄政王（贾政，假皇帝），又加封济尔哈朗（李贵大跟班＝顺治的铁杆保皇派）为信义辅政叔王，名为加封，实是降级（从主子降为奴才）也。

　　晋封阿济格为武英亲王（贾蓉），复肃亲王豪格（焦大）爵，赐吴三桂（薛蟠）平西王册印。畿内已定，于是决议南征。闻李自成（冯渊、冯胖子、冯紫英将军）西奔入陕，遂授阿济格（贾蓉）为靖远大将军，率同吴三桂（薛蟠）、尚可喜等（潘三保之一），由大同边外，会诸蒙古兵（九省统制王子腾），入榆林延安，攻陕西的背后。又封多铎（贾蔷）为定国大将军，率同孔有德（贾敬与张道士）等，由河南趋潼关，攻陕西的前面。两路进兵，都用汉将为前导，以汉攻汉，减少误会。只可惜这平西王（薛蟠）又要与陈圆圆（香菱）话别了。多尔衮（贾政与贾琏）为将侄媳妇搞到手，又遣肃亲王豪格（焦大）出师山东。豪格不敢违慢，亦即奉令而去。

　　清承明制，后宫等级森严，举手投足，一站一坐，都有不能逾越的皇家礼仪。为了启发读者明白其隐意，作者不厌其烦，通过林黛玉进京，准确地写出了故宫从乾清宫到慈宁宫的路线图，又写了迎接皇后的全部礼仪。时间是顺治十一年六月与顺治十二年十二月。地点是乾清宫、交泰殿、昭仁殿与慈宁宫：

却说雨村忙回头看时，不是别人，乃是当日同僚一案参革的号张如圭者。他本系此地人，革后家居，今打听得都中奏准起复旧员之信，他便四下里寻情找门路，忽遇见雨村，故忙道喜。二人见了礼，张如圭便将此信告诉雨村，雨村自是欢喜，忙忙的叙了两句，遂作别各自回家。

第二回"龙颜大怒，即批革职"，隐射皇太极已死，此后的贾雨村隐射他的弟弟多尔衮与顺治皇帝，意味着大清国即将入关。也就是说"不上两个月，金陵应天府缺出，便谋补了此缺"的贾雨村，已经开始隐射顺治元年三月后的摄政王多尔衮与顺治皇帝两个人了。贾雨村"拿着宗侄的名帖"去拜求贾政，隐射顺治依赖叔父多尔衮的支持，做了清朝入关后的第一代皇帝（起复后的应天府知府）。而处理薛蟠（吴三桂）打死冯渊（李自成）案子的应天府知府贾雨村，显然隐射入主北京的摄政王多尔衮。

"却说雨村忙回头看时，不是别人，乃是当日同僚一案参革的号张如圭者。"——此时贾雨村隐射的皇太极已经过渡到弟弟多尔衮了。"张如圭"是他当年的部属。"张"字从长从弓——长弓是张老大，而"弓"字是皇太极的代号：第五回元妃孝庄的判词图画是："只见画着一张弓，弓上挂着香橼。""张如圭"、"林如海"、"大如州"都是"从……至……"的意思。

"一张弓"就是指李世民用的那种"马上得天下"的弓，更是成吉思汗弯弓射雕征服欧亚大陆用的弓，总之是皇帝"射天狼"用的弓。孝庄的"香橼"挂在哪位皇上的弓上？——自然是丈夫皇太极。孝庄的代号是"木"（布木布泰），孝庄赖以统治中国的男人是"土"。土上加土为"二土"成"圭"，隐射第二个男人。

"出月初二日……入都"隐射多尔衮入据北京的日子，即崇祯十七年五月初二日——"出"字五画，隐射"五"字，"出月初二日"指五月初二日，正是多尔衮正白旗占领北京的真实日子。

"张"——是《红楼梦》作者为皇太极设计的隐写符号。"张"字，从长从弓。长者，老大也。弓者，骑射开基，马上得天下者也。所以《红楼梦》里，张字就隐射与皇太极有关的人与事。下面列举《红楼梦》中与"张"字有关的几个名字，加以说明。

"张友士"谐音"将有事"或"张有事"，他出场的目的就是为了交代三件事。交代完了，就再也不露面了。

（1）意谓皇太极秦可卿即将不久于人世。张先生说"总是过了春分，就可望全愈了"。是正话反说，指皇太极秦可卿过了春天（到崇德八年夏季的八月初九），就要归天了。

（2）意谓秦可卿董鄂氏皇贵妃"将有事"，不久于人世。张先生说"总是过了春分，就可望全愈了"。也是正话反说，说秦可卿董鄂氏皇贵妃过了春天（顺治十七年到夏季的八月十九日），就要归天了。

（3）意谓秦可卿崇祯皇帝"将有事"，不久于人世也。张先生说"总是过了春分，就可望全愈了"。也是正话反说，说秦可卿崇祯皇帝过了春天（崇祯十七年三月十九日），就要归天了。

"张金哥"是《红楼梦》的重要配角，他的命名有重要意义。

（1）隐射皇太极这位后金国的"阿哥"。"张金哥"与秦可卿两个女人同时隐射皇太极一个男人。王熙凤隐射的孝庄帮助张家与守备之子退婚，害死了一对男女，女方悬梁自缢，男方投河自杀。隐射孝庄策划与皇太极解除夫妻关系，自己从中渔利（三千两，隐射崇德、顺治、康熙三朝），后来就合法地下嫁了小叔子。

（2）李衙内隐射顺治皇帝，硬要娶守备公子（指十一阿哥博穆博果尔襄亲王）定亲的妻子"张金哥"（指董鄂氏大福晋）。王熙凤隐射孝庄皇太后，她插手支持并袒护儿子。结果，守备公子（博穆博果尔襄亲王）自杀，"张金哥"（董鄂氏大福晋）也死了，李衙内（顺治皇帝）落了个人财两空。

"张华"与"张金哥"的作用类似。"张华"隐射顺治皇帝的弟弟博穆博果尔襄亲王，繁体字"張"、"華"字11划，隐射他是皇太极的十一阿哥。他订婚的妻子隐射董鄂氏大福晋。尤二姐与张华退婚，隐射董鄂氏与襄亲王解除婚姻关系。贾琏偷娶尤二姐，隐射顺治与董鄂氏先奸后娶，后来晋封为皇贵妃。"张华"死了隐射博穆博果尔襄亲王自杀。尤二姐吞金死了，隐射董鄂氏皇贵妃死于顺治十七年八月十九日。作者一箭双雕，隐射皇太极与董鄂氏皇贵妃两个人的死，都是王熙凤孝庄一手策划的，因而当了三朝皇太后（"坐享三千两"——一个太后等于一个"千岁"）。

"张道士"是定南王孔有德的化身。道士指汉人。张道士则为如同皇太极的汉族男人（说是"替身"）。送给贾宝玉金麒麟的张道士，隐射孝庄的汉族野男人定南王孔有德，即贾宝玉顺治皇帝的生身父亲。

如海笑道："若论舍亲，与尊兄犹系同谱，乃荣公之孙：大内兄现袭一等将军，名赦，字恩侯，二内兄名政，字存周，现任工部员外郎，其为人谦恭厚道，大有祖父遗风……"隐射贾雨村与贾宝玉乃是并行的隐写系统，起着互相补充的作用。此处的贾赦，隐射在盛京当清朝皇帝的皇太极。此处的贾政，正是皇太极弟弟多尔衮的写照。"贾政最喜读书人，礼贤下士，济弱扶危，大有祖风。"是古人评论周公与王莽的写法："周公恐惧流言日，王莽谦恭下士时，假使当时身便死，一生真伪有谁知？"贾政"便竭力内中协助，题奏之日，轻轻谋了一个复职候缺，不上两个月，金陵应天府缺出，便谋补了此缺"——顺治元年三月多尔衮出兵，"不上两个月"即入主北京也。贾政辅助"宗侄"贾雨村谋补应天府知府，隐射多尔衮辅助侄子顺治做了大清朝的第二任皇帝。

从"无非公子与红妆"的角度看，林黛玉进京还隐射死后追封的"端敬"皇后董鄂氏进宫，其次隐射迎娶第二位皇后小博尔济吉特氏（孝庄外孙女）进宫。也就是说，林黛玉进京隐射了三个历史事件，按时间顺序分别为：

（1）顺治元年九月十九日顺治皇帝与孝庄进京。

（2）顺治十一年六月迎娶第二位皇后进京。当时顺治 18 岁，新皇后 13 岁。

（3）顺治十三年十二月顺治册封董鄂氏为皇贵妃。当时顺治皇帝 20 岁，而弟媳妇 19 岁。原文：

且说黛玉自那日弃舟登岸时，便有荣国府打发了轿子并拉行李的车辆久候了。这林黛玉常听得母亲说过，他外祖母家与别家不同（关于顺治的新皇后）。他近日所见的这几个三等仆妇，吃穿用度，已是不凡了，何况今至其家。因此步步留心，时时在意，不肯轻易多说一句话，多行一步路，惟恐被人耻笑了他去（关于怀孕入宫的董鄂氏）……

林黛玉由东往西行，"忽见街北蹲着两个大石狮子，三间兽头大门，门前列坐着十来个华冠丽服之人。正门却不开，只有东西两角门有人出入。正门之上有一匾，匾上大书'敕造宁国府'五个大字。黛玉想道：'这必是外祖之长房了。'"——林黛玉不是从东长安街向西走，她是从故宫乾清门广场东头向西头走的，走到保和殿后面中轴线位置，正北就是"乾清门"。

"敕造宁国府"有两个建筑特点：一是门前"蹲着两个大石狮子"，二是只有"三间兽头大门"。如果将作者用来蒙人的"大石狮子"还原为本来的"镀金铜狮子"，读者一看就明白：林黛玉首先看到了现在故宫后廷部分的唯一大门——乾清门。然后就直接被轿子抬进了乾清门（"照样也是三间大门，方是荣国府了"——此乃演员"照样"重复了一次而已）。

像拍电影一样，作者让女主角重拍了一次在乾清门广场由东向西走的动作。这么一点点小技巧，后代的读者就迷糊了三百年：

（1）误认为故宫里有两个乾清门。

（2）误认为北京或南京某条大街上有东西并列的两个"敕造"大王府——东面是"宁国府"，西边是"荣国府"。

（3）误认为"宁国府"与"荣国府"是叔伯兄弟的两家人。前者的家长是贾敬，后者的家长是贾赦。但"宁府"家长（贾敬、孔有德）永远不敢回家——他没有住皇宫的资格。"荣府"的长子（贾赦）偏要住"东小院"，而次子（贾政）偏要住正院。

（4）误认为东府的贾珍与西府的贾珠与贾宝玉是堂兄弟。其实三人都隐射顺治皇帝，但各人演出内容不同而已。

乾清门是皇宫后廷的正门，戒备森严，由乾清门侍卫日夜把守，除非皇帝有旨，任何男人都不能进入。"门前列坐着十来个华冠丽服之人"，就是威风八面的乾清门侍卫。由于作者在这句话里多加了一个"坐"字，读者又迷糊了三百年：误将乾清门侍卫，当成游手好闲的列"坐"人了！其实，谁家闲坐会成"列"？

作者想要说的真实历史是什么呢？

（1）清宫后廷前面只有一个乾清门，读者不要认为是东西并列的两个门。乾清门就是甄士隐与贾宝玉先后拥有的明清皇宫后宫的正门。

（2）东面是"宁国府"门，西边是"荣国府"门，在狭义大观园的范畴内，纯属"假语村言"（贾雨村言），其实都是一个后宫乾清门。但在广义大观园的范畴内，"街"隐射万里长城。"街东是宁国府"隐射崇德朝代的盛京故宫。"街西是荣国府"隐射崇祯朝代的北京皇宫。

（3）"宁国府"与"荣国府"不是叔伯兄弟两家人，而是皇帝顺治一家人。贾敬是定南王孔有德，所以他永远不能住在乾清宫里。贾赦是皇太极，他住的"东小院"在沈阳后金与清朝崇德年间的故宫里，况且他已经死了。"贾赦"仅仅是"假设"他还活着的一个牌位。贾政是皇父摄政王多尔衮，当然要住正殿（"正堂"）乾清宫。

（4）东府的贾珍与西府的贾珠、贾宝玉不是堂兄弟，而是一个人，那就是顺治皇帝。三个演员分别表演顺治的不同故事。贾珍表演董鄂氏"端敬"皇后（秦可卿）死了，"哭的泪人儿一般"的顺治皇帝。贾珠表演24岁"死于天花"的顺治皇帝。贾宝玉表演董鄂氏"端敬"皇后（秦可卿）死了，然后万念俱灰、削发剃度的顺治皇帝。

"乾清"与"宁国"是一个意思。前者意为"天下清平"，后者意为"国家安宁"。天下即国家，"天下清平"就是"国家安宁"。所以乾清门即为宁国府门。"宁"字说明这座大门不是明朝的后廷大门了，而是清朝的后廷大门。因为满族来源于东北的宁古塔地区，宁国府的"宁"字就标定了"宁国府"为清王朝的后廷正门。这个门对于煤山自缢的崇祯皇帝（甄士隐）来说，已经是"太虚"了。因为"乾清"与"太虚"也是一个意思。

第七章 女皇开国

转过插屏,小小的三间厅(交泰殿正殿),厅后就是后面的正房大院(远看坤宁宫)。正面五间上房(坤宁宫),皆雕梁画栋,两边穿山游廊厢房(坤宁宫两侧游廊)。

"又往西行,不多远,照样也是三间大门,方是荣国府了。却不进正门,只进了西边角门。"——此处就是《红楼梦》作者玩的那个大花招。他让演员林黛玉重拍一遍之后,就从乾清门的"西边角门",进了乾清宫大院。下面让笔者替作者加上注解,继续引用原文:

那轿夫抬进去,走了一射之地(乾清宫汉白玉大甬道的南北距离为"一箭"之地50米),将转弯时,便歇下退出去了(刚来的女人没有进处理朝政接见大臣的乾清宫,而是向东转了一个小弯子,绕经正殿东穿堂,到达交泰殿前面的中轴线上。要进皇后住的地方了,所以轿夫退出)。后面的婆子们(宫女们)已都下了轿,赶上前来。另换了三四个衣帽周全十七八岁的小厮(小太监)上来,复抬起轿子。众婆子布下围(必须布围,因为坤宁宫正在修复中,有建筑工人在,时为顺治元年秋),随至一垂花门(交泰殿前小门)前落下。众小厮退出,众婆子上来打起轿帘,扶黛玉下轿。林黛玉扶着婆子的手,进了垂花门,两边是抄手游廊(交泰殿两侧游廊),当中是穿堂(交泰殿前部),当地放着一个紫檀架子大理石的大插屏(现在已经搬走)。转过插屏,小小的三间厅(交泰殿正殿,小巧玲珑,三间见方),厅后就是后面的正房大院(远看坤宁宫的景象)。正面五间上房(坤宁宫主体建筑),皆雕梁画栋,两边穿山游廊厢房(坤宁宫两侧游廊),挂着各色鹦鹉、画眉等鸟雀。台矶之上,坐着几个穿红着绿的丫头(宫女们),一见他们来了,便忙都笑迎上来,说:"刚才老太太(孝端孝庄皇太后)还念呢,可巧就来了。"于是三四人争着打起帘笼(这是"打起帘笼"要进交泰殿行国礼,不是要进坤宁宫),一面听得人回话:"林姑娘到了。"

林黛玉隐射的新皇后(小博尔济吉特氏)与追封的"端敬"皇后董鄂氏,第一次正式入宫,要举行晋见或册封仪式,不能直接进坤宁宫(小博尔济吉特氏袭人住的怡红院)或承乾宫(董鄂氏皇贵妃林黛玉住的潇湘馆),必须先进礼仪殿交泰殿。交泰殿是三间四方形的建筑,清朝册封皇后或皇后诞辰等,均在此举行仪式。所以,林黛玉(小博尔济吉特氏与董鄂氏)正式进宫,必须先来到交泰殿,觐见贾母(孝庄皇太后),算是走了明路了。

通过上面的分析,总算弄明白了顺治迎娶小博尔济吉特氏新皇后与迎接董鄂氏(林黛玉的两个艺术原形)入宫的路线了。

顺治元年（1644）九月十九日孝庄皇太后由通州，经永定门、正阳门、天安门、午门、乾清门进入后宫，走的也是这一个路线。这也是顺治皇帝迎娶董鄂氏进皇宫的具体路线。"七月中，礼部按庄太后收养董鄂氏进宫的懿旨，向皇上本奏，将择吉于七月底册立董鄂氏为贤妃。皇上以襄亲王薨逝未久，不忍举行，谕礼部改在八月择吉册妃。"

林黛玉的林字从双木，隐射她是二婚头。第五回判词画面上有"两株枯木"，隐射两次婚姻都不到头。黛玉是有黑点的玉，也是带有贬义的字眼。

野史载，董鄂氏在闺中，与老师吕之悦对联，她念的上联为"水如碧玉山如黛"，吕之悦对以李白讽咏杨贵妃的"云想衣裳花想容"。上联中含有"黛玉"二字，下联意含"皇贵妃"。合起来隐射林黛玉即董鄂氏皇贵妃。所以《红楼梦》说林黛玉为"潇湘妃子"——"小襄"亲王博穆博果尔的"妃子"也。

野史载孝庄收董鄂氏与孔四贞为义女，她们称福临为皇兄。与《红楼梦》里林黛玉与史湘云称贾宝玉为哥哥一样。因为林黛玉隐射董鄂氏，史湘云隐射孔四贞。董鄂氏与孔四贞都是顺治的异姓皇妹，而顺治想娶孔四贞做皇后，未得到孝庄的支持。董鄂氏后来倒做了顺治的皇贵妃（娶弟媳妇，勉强可以）。在董鄂氏为博穆博果尔襄亲王大福晋的时候，顺治就不顾死活地爱上了她。孝庄皇太后必须顾念亲情和皇室的利害，不得不用各种办法防止福临和董鄂氏的过分接近。但她的防范没有效果。孝庄皇太后对董鄂氏与福临的态度，反映在《红楼梦》里，正是贾母、王夫人与王熙凤对林黛玉与贾宝玉这一对恋人的态度。

半个"南蛮子"董鄂氏与顺治皇帝通奸而怀了孕，终于做了顺治的皇贵妃。她的母亲是苏州才女，被鄂硕俘虏后，坚决拒绝先奸后娶的野蛮行径，有绝命诗云："生小盈盈翡翠中，那堪多难泣途穷。不禁弱质成囚系，魂化杜鹃啼血红！"后来才被迫无奈答应鄂硕明媒正娶的要求，做了鄂硕的大福晋。

董鄂氏（林黛玉）也是多才多艺，琴棋书画诗词歌赋均为上乘，她亦有诗云："春雨过春城，春庭春草生，春闺动春思，春树叫春莺。"20个字的四句诗中竟有8个春字，在满洲格格中传为佳话。这与来自苏州的林黛玉的经历与文化素养很符合。林黛玉在诗才方面比妙玉略差一筹，因而不时虚心地向妙玉（孔四贞女）请教诗词，也与史料很符合。

顺治的新皇后小博尔济吉特氏的出身以及与孝庄的血缘关系，更像《红楼梦》里贾母与林黛玉的关系：她的父亲绰尔济是孝庄皇太后哥哥吴克善之子。她的母亲是孝庄皇太后的女儿固伦雍穆长公主。她既是孝庄的侄孙女，又是外孙女，现在又是孝庄的儿媳妇，可谓亲上加亲。不过错了辈分，福临其实是她的亲舅。

所以《红楼梦》第二回里说：林黛玉小博尔济吉特氏的母亲"贾氏"固伦雍穆长公主，是孝庄"贾母"的女儿。即林黛玉是贾母的外孙女，这是完全符合历史事实的。两个人初次见面，"抱头大哭"，哭得十分动人，也十分真实。作者将江南才女董鄂氏皇贵妃的经历及文化素养，与小博尔济吉特氏新皇后与孝庄的血缘关系结合在一起，创作出林黛玉这个小说人物。作者特意补充说：黛玉与袭人同日生，二月十二花神节。

由此可见，林黛玉进京，蕴涵了多么丰富的历史内容！《红楼梦》原文：

黛玉方进入房时，只见两个人搀着一位鬓发如银的老母迎上来，黛玉便知是他外祖母。方欲拜见时，早被他外祖母一把搂入怀中，心肝儿肉叫着大哭起来。

"鬓发如银"的贾母隐射老年的孝庄。王夫人隐射中年的孝庄。王熙凤隐射后金与清朝两个时期的孝庄，还隐射被顺治皇帝废黜的第一位皇后——孝庄王夫人的内侄女博尔济吉特氏。林黛玉同时隐射顺治的小博尔济吉特氏新皇后与董鄂氏皇贵妃（死后被顺治追封为"端敬"皇后）。

作者采用时间与空间压缩法，历史人物的分身与合身法，将后金与清朝两代皇帝（皇太极与福临）的四个皇后集于一堂，固然是小说形式的需要，也显示出他惊人的艺术才华，真不愧为中国文学史上的大手笔。

林黛玉说："那一年我三岁时，听得说来了一个癞头和尚，说要化我去出家，我父母固是不从。他又说：'既舍不得他，只怕他的病一生也不能好的了。若要好时，除非从此以后总不许见哭声，除父母之外，凡有外姓亲友之人，一概不见，方可平安了此一世。'……"

此话很像一段谶语，说明清朝头两个皇帝的四个皇后都是男人的克星。

（1）孝庄就是一个不断克死男人的扫帚星。

"一个癞头和尚"就是"一僧"皇太极，是她的第一个合法丈夫，1643年（明崇祯十六年、清崇德八年八月初九）51岁就被孝庄克死了。

"一道"孔有德是他的第一个汉族野男人，是顺治这个"假宝玉"的真正父亲，大孝庄约9岁。《爝火录》载："李定国破桂林，孔有德自经。"此即所谓"死金丹独艳理亲丧"。其家口百二十人被杀，只有一女，其时尚幼，名四贞（史湘云与惜春、妙玉），侥幸得脱。《中国通史》载，孔有德额头中一箭，自知走投无路，"遂闭户，自焚死"。这是孝庄克死的第一个汉族野男人。

1650年（顺治六年二月八日）顺治皇帝尊多尔衮为皇父摄政王。孝庄下嫁多尔衮。1651年（顺治七年）十二月初九日，多尔衮死于喀喇城，十七日灵柩至京城。此即所谓《红楼梦》中的"赵国基死了"。这是孝庄克死的第二个合法丈夫。

1644年（明崇祯十七年、清顺治元年）五月初三日，吴三桂正式服官清廷。《红楼梦》将薛蟠与夏金桂的婚姻写成顺治悔娶第一位皇后——孝庄的侄女。同时隐射吴三桂与孝庄的苟合，一箭双雕。而1678年（康熙十七年、吴周昭武元年）吴三桂称帝，不久死。其孙吴世璠即位，以明年为洪化元年，不久即逃奔云南。此即薛姨妈所谓潘三保大当铺里"另一个当铺管事的逃了"。这是孝庄克死的另一个汉族野男人。

1665年（康熙四年）洪承畴死（王熙凤孝庄害死的贾瑞、贾天祥）。小说人物林黛玉整日哭哭啼啼，烧香焚纸，尖酸刻薄，量小气短，浮躁浅露，死不饶人，也确实像个丧门星。这是孝庄、董鄂妃与小博尔济吉特氏新皇后性格另一方面的写照。

（2）林黛玉隐射的董鄂氏皇贵妃与小博尔济吉特氏皇后，也都是克夫命。董鄂氏克死前夫博穆博果尔襄亲王。小博尔济吉特氏新皇后"克死"了顺治皇帝。

王熙凤一出场就被写成"彩绣辉煌，恍若神妃仙子"，林黛玉初进荣国府见到的王熙凤，隐射被废黜的顺治第一位皇后（此时是静妃）：她见林黛玉时，历史镜头与场地立即切换到孝庄皇太后居住的慈宁宫了。按理说，举行国礼后就应当住进坤宁宫，切换镜头不合理，与文献典制不合。但当时坤宁宫修理，必须切换镜头。从"后院中"（现存慈宁宫后院的中宫殿小院落）来，是指从贾母孝庄皇太后慈宁宫后面的"小院"——王熙凤静妃住的小冷宫院落来，不是从乾清宫交泰殿后面的坤宁宫来。"我来迟了"——不是王熙凤隐射的静妃工作太忙，而是静妃没有资格在交泰殿参加皇家仪式。"破落户儿"是"废黜皇后"的隐写。

"自幼假充男儿教养的""凤辣子"，短短12个字，活画出不认识汉字的文盲，却聪明绝顶的蒙古草原野姑娘博尔济吉特氏废皇后（静妃）的性格特征。（夏金桂"若论心中的丘壑经纬，颇步熙凤之后尘"——二人是一人。）

"况且这通身的气派，竟不象老祖宗的外孙女儿，竟是个嫡亲的孙女，怨不得老祖宗天天口头心头一时不忘。"这段话不能完全理解成废皇后静妃王熙凤巴结贾母孝庄皇太后，并当面奉承袭人新皇后小博尔济吉特氏。因为小博尔济吉特氏是她的亲侄女，话里话外透露着真挚的亲情。反映在小说人物里，王熙凤对袭人也是好得不得了。静妃与董鄂氏皇贵妃的明争暗斗，集中表现在薛宝钗（冷宫里的冷美人静妃）与林黛玉（有污点的董鄂氏）两人的关系中。

第七章 女皇开国

《红楼梦》原文:

说话时,已摆了茶果上来。熙凤亲为捧茶捧果。……遂令两三个嬷嬷用方才的车好生送了姑娘过去,于是黛玉告辞。邢夫人送至仪门前,又嘱咐了众人几句,眼看着车去了方回来。

"黛玉度其房屋院宇,必是荣府中花园隔断过来的。进入三层仪门,果见正房厢房游廊,悉皆小巧别致,不似方才那边轩峻壮丽,且院中随处之树木山石皆在。"——这个"小巧别致"的"东小院"(后来尤氏又特意叫它"北院")是什么意思(合称"东北"院)?按之小说,就令人费解!贾赦是长子,"现袭一等将军",而贾政是次子,"额外赐了一个主事之衔","现任工部员外郎"。世袭爵位的长子为何住隔断的小院?额外赐官的次子为何要住正堂大院?

其实,贾赦(假设)与邢夫人(形夫人)住的"东小院",是假设(皇太极)与邢夫人(孝端)历史上住的"东北院"——也就是皇太极称帝八年"东北"时期的早期大清国。贾赦隐射死去的皇太极,邢夫人(形夫人)隐射当时的孝端。"老爷说了:'连日身上不好,见了姑娘彼此倒伤心,暂且不忍相见……'"皇太极早已经死了,如何"相见"?

如果将后金与清朝的历史时间折算成地理空间,自东向西算,先有皇太极贾敬在东北的后金(宁国府=东府)——再有皇太极贾赦历时八年顺治贾宝玉历时一年的清王朝(荣府贾赦的东小院)——后有孝庄(贾母、王夫人、王熙凤、元妃)、顺治(贾宝玉)与多尔衮(贾政)的西府,即北京清朝朝廷(荣国府正院)。

"东小院"是一个假设(贾赦)的历史概念的缩影。所以贾赦一家在《红楼梦》里是独立核算的单位。他们住在"黑油大门"里,代表着历史的黑影。

由此可见,《红楼梦》里的东府(宁国府)与西府(荣国府,内含东小院)是一个历史的时间概念,不是真实的地理概念。按地理概念,一万年也找不到东西并列的宁荣二府与荣府"东小院"。

宁荣二府合起来等于清皇宫后廷。宁国府门与荣国府门都指后廷的大门乾清门。所以,宁荣二府里只见代表皇帝(顺治)、摄政王(多尔衮)与皇储(康熙)的演员进去。偶尔,也见两个幽灵(一僧皇太极与一道孔有德)从空中进去,其他男人进出都是严密防护的,例如有人种树,预先几天都设好了布围子。

宁荣二府合起来隐射皇宫后廷,还包括现在的北海公园与中南海。里面写的山与北海的岛上小山有关。里面写的水与北海、中海、南海有关。里面写的庙宇与现在中南海里面的庙宇有关。宁国府又包括了从正阳门到保和殿的九门（包括现在已经拆除的大清门），还包括天安门左方的太庙与右方的社稷坛等所有皇家建筑。

弄清了北京宁荣二府的历史与地理关系，再回过头去清理一下甄家（甄士隐家与甄府）与贾家宁荣二府（贾府）的人事关系，对于继续阅读下去是至关重要的。

（1）上下辈关系：

甄士隐（明朝与南明帝系）——甄英莲（广义为明朝传国玉玺）

林如海父（前明朝亡国之君崇祯）——林黛玉女（后清朝开国女皇孝庄）

宁公荣公（觉昌安之子塔克石）——贾代化、贾代善（努尔哈赤）

贾雨村（努尔哈赤）——贾雨村（皇太极与多尔衮）

贾雨村（贾赦皇太极与贾政多尔衮）——贾琏与贾宝玉（皇太极假儿子与多尔衮假侄子）

贾代化、贾代善（努尔哈赤）——贾敬、贾赦、贾政（孔有德假爱新觉罗氏，皇太极与多尔衮真爱新觉罗氏）

贾代化、贾代善（努尔哈赤）——贾政（多尔衮真爱新觉罗氏）

秦业（努尔哈赤）——秦钟（皇太极真爱新觉罗氏）

秦业（努尔哈赤）——秦可卿（皇太极真爱新觉罗氏）

秦钟（皇太极）——贾宝玉（顺治假爱新觉罗氏）。因非血亲，而写成了"兄弟相称"

秦钟（皇太极）——柳湘莲冷二郎（顺治假爱新觉罗氏）。替宝玉去上坟

秦钟（皇太极）——焦大（皇太极长子豪格真爱新觉罗氏）

"太爷"（皇太极）——焦大（皇太极长子豪格真爱新觉罗氏）

金陵王后裔（科尔沁卓礼克图亲王大贝勒寨桑）——贾母（孝庄）

金陵王后裔（科尔沁卓礼克图亲王大贝勒寨桑）——王夫人（孝庄）

金陵王后裔（科尔沁卓礼克图亲王大贝勒寨桑）——元妃（孝庄）

金陵王后裔（科尔沁卓礼克图亲王大贝勒寨桑）——王熙凤（孝庄）

贾母（孝庄）——林黛玉（小博尔济吉特氏）之母贾氏（固伦雍穆长公主）

贾母（孝庄）——袭人（小博尔济吉特氏）之母花夫人（固伦雍穆长公主）

金陵世勋史侯（《春秋》作者孔子）后裔——贾敬＝假敬（孔有德）

王夫人（孝庄博尔济吉特氏）——贾宝玉（顺治假爱新觉罗氏）

贾敬（孔有德）——贾珍＝弄假成真（顺治假爱新觉罗氏）

贾敬（孔有德）——贾惜春（孔有德的女儿孔四贞，宫中称四姑娘）

荣公替身张道士（孔有德）——史湘云、惜春与妙玉（孔有德的女儿孔四贞）

保龄侯史公之后（孔有德）——史湘云、惜春与妙玉（孔有德的女儿孔四贞）

金陵世勋史侯（《春秋》作者）后裔（孔有德）——史湘云、惜春与妙玉（孔四贞）

"一道"（孔有德）——柳湘莲（孔有德的儿子顺治皇帝）

贾赦（皇太极）——假设的长子贾二爷贾琏（顺治假爱新觉罗氏）

贾赦（摄）贾政（政）贾琏（王连）——连起来，指摄政王也。

金寡妇（皇太极庶妃）——金荣（豪格真爱新觉罗氏）

金寡妇（皇太极妃）——金荣（肃亲王豪格真爱新觉罗氏）

贾氏（固伦雍穆长公主）——林黛玉（顺治新皇后小博尔济吉特氏）

花夫人（固伦雍穆长公主）——袭人（顺治新皇后小博尔济吉特氏）

贾敬、贾赦、贾政（皇太极同辈人）——贾珍、贾琏、贾珠、贾宝玉、贾芸（顺治假爱新觉罗氏）

贾赦（皇太极）——迎春（十四格格和硕公主真爱新觉罗氏）

贾政（多尔衮）——贾探春（孝庄下嫁后生的女儿）

贾政（多尔衮）——贾环（多尔博真爱新觉罗氏）

赵姨娘（多尔衮大福晋小玉儿）——贾环（养子多尔博真爱新觉罗氏）

贾政（多尔衮）与王夫人（孝庄）——贾探春（蒙古某"王妃"）

贾珍、贾琏、贾珠、贾宝玉（顺治福临）——贾蓉贾兰（康熙假爱新觉罗氏）

王氏薛姨妈（孝庄皇太后）——薛宝钗（孝庄亲侄女"静妃"博尔济吉特氏）

王夫人（孝庄）之兄王子腾（科尔沁卓礼克图亲王吴克善）——薛宝钗（孝庄亲侄女博尔济吉特氏废皇后"静妃"）

王夫人（孝庄）之兄王子腾（科尔沁卓礼克图亲王吴克善）——王熙凤（孝庄亲侄女博尔济吉特氏废皇后"泼皮破落户"）

王夫人（孝庄）之侄（科尔沁卓礼克图亲王吴克善之子）——袭人（孝庄亲侄孙女与外孙女小博尔济吉特氏新皇后）

王夫人孝庄之侄（科尔沁卓礼克图亲王吴克善之子）——林黛玉（孝庄亲侄孙女与外孙女小博尔济吉特氏新皇后）

薛姨妈王氏（吴三桂之母）——薛蟠（吴三桂）

薛父（吴三桂之父吴襄）——薛蟠（吴三桂）
薛父（东北雪龙皇太极）——薛文龙（顺治皇帝）
薛蟠（吴三桂）——孙绍祖（吴应熊）
薛蟠（吴三桂）——潘又安（吴应熊）
贾敬已死的夫人（定南王孔有德之妻）——惜春、妙玉与史湘云（孔四贞）
王熙凤（顺治康妃佟佳氏）——巧姐儿＝巧哥儿（康熙假爱新觉罗氏）
李纨（顺治康妃佟佳氏）——贾兰（康熙假爱新觉罗氏）
尤二姐（顺治董鄂皇贵妃）——小产男胎与活婴（顺治四阿哥荣亲王）
（2）夫妻情侣关系：
顽石（孝庄）——一僧（丈夫皇太极）
顽石（孝庄）——一道（情夫孔有德）
"玉"与"钗"（孝庄与宸妃）——贾雨村（皇太极与多尔衮）
林黛玉之"玉"（孝庄）——"求善价"（贾时飞＝皇太极）
薛宝钗之"钗"（宸妃）——"待时飞"（贾时飞＝皇太极）
智能儿（孝庄博尔济吉特氏）——秦钟（多尔衮爱新觉罗氏）
贾母（孝庄博尔济吉特氏）——张道人（"一道"孔有德）
王熙凤（孝庄博尔济吉特氏）——秦可卿（"一僧"皇太极）
王夫人（孝庄博尔济吉特氏）——贾政（多尔衮爱新觉罗氏）
薛姨妈（孝庄博尔济吉特氏）——薛文龙之父（皇太极）
王熙凤（孝庄博尔济吉特氏）——贾琏琏二爷（多尔衮爱新觉罗氏）
赵二家的＝鲍二家的（孝庄博尔济吉特氏）——贾琏琏二爷（多尔衮）
王熙凤（孝庄博尔济吉特氏）——贾瑞假天祥（洪承畴）
多姑娘（孝庄博尔济吉特氏）——贾琏琏二爷（多尔衮）
二尤（朝鲜两公主）——贾琏（多尔衮）
尤二姐（孝庄博尔济吉特氏）——贾琏琏二爷（多尔衮）
尤二姐（董鄂氏皇贵妃）——贾琏贾二爷（顺治假爱新觉罗氏）
尤三姐（董鄂氏皇贵妃）——柳湘莲冷二郎（顺治假爱新觉罗氏）
夏金桂（孝庄博尔济吉特氏）——薛文龙（顺治）
甄英莲（陈圆圆）——拐子人贩子（田畹田国丈）
甄英莲（陈圆圆）——冯渊（李自成，北京时期，豆蔻年华）
甄香菱（陈圆圆）——薛蟠（吴三桂，北京时期，妙龄少妇）
甄秋菱（陈圆圆）——薛蟠（吴三桂，昆明时期，徐娘半老）
林黛玉（新皇后小博尔济吉特氏，孝庄外孙女）——贾宝玉（做舅舅的

顺治）

　　林黛玉（顺治追封的端敬皇后董鄂氏）——贾宝玉（出家的顺治）
　　紫鹃（巴度董鄂氏庶妃）——贾宝玉（出家的顺治）
　　薛宝钗正副（废后"静妃"与小博尔济吉特氏新皇后）——贾宝玉（顺治）
　　尤氏（新皇后小博尔济吉特氏，孝庄亲外孙女）——贾珍（顺治）
　　秦可卿兼美（襄亲王董鄂氏大福晋）——贾宝玉（顺治）
　　秦可卿（死封龙禁尉＝追封端敬皇后的董鄂氏）——贾蓉（顺治十一弟）
　　秦可卿（用樯木棺入殓＝火化的董鄂氏皇贵妃）——贾珍（顺治）
　　袭人（顺治新皇后小博尔济吉特氏，孝庄亲外孙女）——贾宝玉（顺治）
　　晴雯（董鄂氏贞妃）——贾宝玉（顺治假爱新觉罗氏）
　　麝月（小博尔济吉特氏淑惠妃，孝庄亲外孙女）——贾宝玉（顺治）
　　金钏儿（博尔济吉特氏谨贵人悼妃，孝庄亲侄女）——贾宝玉（顺治）
　　玉钏儿（恭妃与端妃＝"吃个双份儿"，孝庄侄女）——贾宝玉（顺治）
　　李纨（顺治康妃佟佳氏）——贾珠（死于天花的顺治假爱新觉罗氏）
　　迎春（和硕公主十四格格爱新觉罗氏）——孙绍祖（吴应熊）
　　司棋（和硕公主十四格格爱新觉罗氏）——潘又安（吴应熊）
　　探春（多尔衮女儿爱新觉罗氏）——察哈尔蒙古亲王
　　史湘云（孔四贞）——丈夫卫若兰（孙延龄）
　　史湘云（孔四贞）——贾宝玉（顺治皇帝）
　　妙玉（孔四贞姑姑）——贾宝玉（侄子康熙皇帝）
　　龄官儿（刘三季）——贾蔷（多铎真爱新觉罗氏）
　　（3）文字辈兄弟：
　　贾敬——汉族定南王孔有德
　　贾赦——爱新觉罗皇太极
　　贾政——爱新觉罗皇父摄政王多尔衮
　　（4）"王"字辈——贾珍、贾琏、贾珠、贾宝玉都从不同侧面隐射顺治皇帝：
　　贾珍——为秦可卿（董鄂皇贵妃）死"哭的泪人儿一般"的顺治皇帝
　　贾琏——与尤二姐（襄亲王福晋董鄂氏）偷情、小产后娶她的顺治
　　贾珠——"死于天花"撇下李纨（康妃佟佳氏）与贾兰（康熙）的顺治
　　贾宝玉——林黛玉（鄂硕董鄂皇贵妃）死后因悲痛而削发出家的顺治
　　贾宝玉——晴雯（罗硕董鄂贞妃）殉葬顺治皇帝
　　柳湘莲冷二郎——为董鄂氏（尤三姐）而出家的顺治

冷二郎柳湘莲——史湘云（孔四贞）的哥哥＝孔有德的儿子＝贾二爷贾宝玉＝顺治皇帝（湘莲、湘云乃纪念死在湘江源头桂林的父亲定南王孔有德）

贾珍——孔大爷（假真＝弄假成真＝生于孝庄腹内，长于清朝皇宫，名为爱新觉罗·皇太极第九子，实为孔有德子的顺治皇帝）

贾珠——孔大爷（假朱＝朱明王朝的叛徒之子）

贾琏＝假连——孔有德留在清朝皇室里的拖油瓶儿子

贾宝玉＝假宝玉——爱新觉罗皇太极的假儿子＝孔有德的真儿子

（5）金陵十二钗正副册主要角色隐射的主要历史人物：

贾元春元妃——博尔济吉特氏孝庄文皇后（布木布泰）

贾迎春——皇太极十四格格和硕公主（孙绍祖吴应熊之大福晋）

司棋——皇太极十四格格和硕公主（潘又安吴应熊之大福晋）

贾探春——多尔衮与孝庄的女儿

史湘云——定南王孔有德的女儿孔四贞

贾惜春——定南王孔有德女儿孔四贞（贾敬孔有德的女儿）

妙玉——定南王孔有德女儿孔四贞（"一道"的女儿）

王熙凤——孝庄文皇后（金陵王元顺帝的骨血）

王熙凤——顺治废皇后博尔济吉特氏静妃，孝庄亲侄女（泼皮破落户）

王熙凤——顺治康妃佟佳氏，康熙的母亲（巧哥儿的母亲）

李纨——顺治康妃佟佳氏，康熙的母亲（贾兰的母亲）

林黛玉——顺治追封"端敬"皇后，董鄂氏皇贵妃

林黛玉——顺治新皇后小博尔济吉特氏，孝庄亲女儿固伦雍穆长公主的女儿，吴克善长子之女，孝庄侄孙女与外孙女

林黛玉之"玉"——皇太极的庄妃

薛宝钗之"钗"——皇太极的宸妃

薛宝钗——顺治废皇后博尔济吉特氏静妃，孝庄亲侄女

袭人——顺治新皇后小博尔济吉特氏，孝庄侄孙女，入又副册

晴雯——顺治贞妃罗硕董鄂氏（为顺治殉葬），入又副册

金钏儿——顺治谨贵人，孝庄侄女，被赐死（因害死四阿哥荣亲王），追封悼妃，未入册

玉钏儿——顺治恭妃与端妃＝"吃个双份儿"，孝庄俩侄女，未入册

《红楼梦》原文：

一时黛玉进了荣府（慈宁宫孝庄住处），下了车。众嬷嬷引着，便往东转弯（指从慈宁宫正门向东，先过一个小门洞），穿过一个东西的穿堂（隆宗

门），向南大厅之后（"向南大厅"仍然指乾清门，但换了说法），仪门内大院落（乾清宫正院，含汉白玉大甬道），上面五间大正房（乾清宫正殿），两边厢房鹿顶耳房钻山，四通八达，轩昂壮丽，比贾母处不同（比孝庄住的慈宁宫正殿不同）。黛玉便知这方是正经正内室（多尔衮与孝庄处理朝政的乾清宫），一条大甬路，直接出大门的（乾清宫院中心南北汉白玉大甬道）。进入堂屋中，抬头迎面先看见一个赤金九龙青地大匾，匾上写着斗大的三个大字，是"荣禧堂"（此处现在悬挂的乃是顺治皇帝御笔题写的"正大光明"匾），后有一行小字："某年月日，书赐荣国公贾源"，又有"万几宸翰之宝"（即万岁宸翰之宝，乃清朝的传国玉玺，等于贾宝玉脖子上的"通灵宝玉"也）。大紫檀雕螭案上，设着三尺来高青绿古铜鼎，悬着待漏随朝墨龙大画，一边是金彝，一边是玻璃。地下两溜十六张楠木交椅，又有一副对联，乃乌木联牌，镶着錾银的字迹，道是：

座上珠玑昭日月，堂前黼黻焕烟霞。

下面一行小字，道是："同乡世教弟勋袭东安郡王穆莳拜手书"（与现在故宫乾清宫正殿的布置差不多，但现在不再陈设当时认为很珍贵的"玻璃"了）。

王夫人的"荣禧堂"隐射多尔衮与孝庄处理国内外大事的乾清宫正殿（"正内室"），顺治皇帝亲政后就在这里处理国家大事，所以有"赤金九龙青地大匾"。青地的"青"，乃清朝的"清"；"青地"者，清朝占领的中原大地也。所谓"万几宸翰之宝"，实乃"万岁宸翰之宝"——清朝玉玺也。"贾源"者，从字面上看是指荣国公贾源（即觉昌安之子＝努尔哈赤的父亲）。"荣禧堂"三个字，是东安郡王穆莳所书，赠送给皇太极作纪念的。

"座上珠玑昭日月"，形容孝庄皇太后的宝座珠光宝气，日月争辉，"日"隐射孝庄的大丈夫皇太极，"月"隐射孝庄的二丈夫多尔衮。

"堂前黼黻焕烟霞"，形容乾清宫"正内室"满汉蒙臣子官服上的图案烟霞迷蒙。"黼黻"乃官服上的图案。

"座上珠玑昭日月，堂前黼黻焕烟霞"——是一道文字狱的生死牌。只有皇家才能使用"座上日月"（帝后南面而坐）与"堂前黼黻"（群臣北面而朝）的句子，一般官吏的正厅悬挂如此僭越的对联是要杀头灭门的。谁说清朝的文字狱天网恢恢，疏而不漏？看来康熙皇帝对李光地说的话还是有些道理，他说自己不想广布文网。康熙朝的所有文字狱，都是汉族文臣为了派系斗争自己互相咬出来的，许多文字都是汉族大臣无限上纲，非要上纲成"反清复明"。

"同乡世教弟勋袭东安郡王穆莳拜手书"——"穆","父曰昭,子曰穆",即儿子也。"莳",新华字典解为"移栽植物:莳秧"。"穆莳":移植儿子的人拜书。也就是说,"座上珠玑昭日月,堂前黼黻焕烟霞"这副对联是孔有德给皇太极家族正堂所书,故自称为"弟"。穆莳,乃孝庄偷情孔有德,使孔有德得以将自己的儿子移植为皇太极之子,进而继承清太宗的皇位,成为清世祖顺治也。

第十九回:"(宝玉)又说,只除了什么明明德外就没书了……"言外之意是:除了明朝很聪明的孔有德之外,"荣禧堂"(乾清宫)与"贾氏宗祠"(现社稷坛正北的中山堂)便没有其他人的题字了。

第五十三回,"贾氏宗祠"不在清朝的太庙,偏偏要在社稷坛,也就是现在北京中山公园的中山堂。堂上悬一块匾,写着"贾氏宗祠"四个字,旁书"衍圣公孔继宗书"。

"衍圣公"乃宋仁宗所封,元明清与中华民国相沿不改。周汝昌先生对"孔继宗"作过考证,说清代没有继字辈衍圣公。可见此名系杜撰出来的。本义是圣衍之公,此处"衍圣公"是繁衍圣上之公,即为清朝皇室繁衍皇帝的孔有德。

"乃先皇御笔"——即顺治皇帝之父孔有德的墨宝。

"特晋爵太傅前翰林掌院事王希献书"——王希献官衔是"特晋爵太傅前翰林掌院事",书法家王羲之、王献之两父子都是晋朝人,隐射乃汉族大臣晋献的书法也。孔有德与顺治皇帝并不明白他们是父子关系。谁明白?只有一个女人明白——孝庄皇太后。《红楼梦》原文:

原来王夫人时常居坐宴息,亦不在这正室,只在这正室东边的三间耳房内(昭仁殿)。……茶未吃了,只见一个穿红绫袄青缎掐牙背心的丫鬟走来笑说道:"太太说,请林姑娘到那边坐罢。"老嬷嬷听了,于是又引黛玉出来,到了东廊三间小正房内(坤宁宫向东的小院)。正房炕上横设一张炕桌,桌上磊着书籍茶具,靠东壁面西设着半旧的青缎靠背引枕。王夫人却坐在西边下首,亦是半旧的青缎靠背坐褥。见黛玉来了,便往东让。黛玉心中料定这是贾政之位(多尔衮之牌位)。

王夫人引领林黛玉进入"正室东边的三间耳房内(昭仁殿)",此处的"王夫人"乃先帝皇太极夫人与皇父摄政王多尔衮夫人——孝庄皇太后。"贾政之位",隐射夺了皇太极丈夫位置的多尔衮之位。另一解释是隐射多尔衮死后的牌位。

"我有一个孽根祸胎,是家里的'混世魔王'",隐射孝庄的儿子顺治皇帝——是一个爱新觉罗假的"混世魔王"。"今日因庙里还愿去了"意味深长。贾宝玉还没有出场,就先到庙里去了,隐射顺治皇帝早晚要到庙里出家还愿去。

"你舅舅今日斋戒去了"与"家里的'混世魔王',今日因庙里还愿去了",这两句话很有讲究。林黛玉既然隐射两个皇后,先到交泰殿见贾母孝庄皇太后。又到乾清宫晋见王夫人孝庄皇太后,如此隆重的皇家活动,是要上皇家档案的,两个男长辈为什么都不出面接见呢?只有一个解释,此时贾赦隐射的皇太极死了,贾政隐射的皇父摄政王也死了。如果当时还活着,岂有不见儿媳妇(皇后与贵妃)之理?

查历史资料:多尔衮死于顺治七年十二月初九。当年顺治皇帝13岁。顺治八年正月十二日福临亲政,年14岁。顺治八年八月,按孝庄皇太后的意志娶了孝庄的侄女博尔济吉特氏为皇后(王熙凤隐射的顺治第一位皇后)。两年后因夫妻合不来,顺治不顾母亲的反对,废黜了皇后,贬为静妃。但又按满蒙联姻的祖训,在孝庄的懿旨下,娶了她的外孙女与侄孙女、顺治的外甥女小博尔济吉特氏为新皇后(林黛玉进京隐射的历史人物之一)。

《红楼梦》原文:

黛玉亦常听得母亲说过,二舅母生的有个表兄,乃衔玉而诞,顽劣异常,极恶读书,最喜在内帏厮混,外祖母又极溺爱,无人敢管。

黛玉一一的都答应着。只见一个丫鬟来回:"老太太那里传晚饭了。"王夫人忙携黛玉从后房门(乾清宫东小院昭仁殿的后房门)由后廊往西(指乾清宫后面向西的路),出了角门(乾清宫大院西墙的长寿右门,在交泰殿正西方位),是一条南北宽夹道(乾清宫西面的南北宽夹道,西一长街)。南边是倒座三间小小的抱厦厅(慈宁宫正北有三个小殿院落,为东宫殿、中宫殿、西宫殿,都是小殿小院落。废皇后静妃的艺术化身王熙凤,就住在中宫殿的小院里。该小院北边),立着一个粉油大影壁,后有一半大门,小小一所房室。王夫人笑指向黛玉道:"这是你凤姐姐的屋子(慈宁宫后的中宫殿),回来你好往这里找他来,少什么东西,你只管和他说就是了。"这院门上也有四五个才总角的小厮(小太监),都垂手侍立。王夫人遂携黛玉穿过一个东西穿堂(现存大佛堂,王夫人一行由北往南走),便是贾母的后院了(慈宁宫后院)。于是,进入后房门(慈宁宫后门),已有多人在此伺候,见王夫人来了,方安设桌椅。

"王夫人忙携黛玉从后房门由后廊往西,出了角门,是一条南北宽夹道。"王夫人携黛玉(两个皇后的化身)从自己住处(乾清宫东边的昭仁殿)到贾母(老年孝庄)住处(慈宁宫)所走的路线,是《红楼梦》主要人物活动的生命线,是《红楼梦》描写顺治年间清皇宫的直接证据。

王夫人隐射顺治十一年以后的孝庄皇太后,当时,她的第二位丈夫多尔衮已经死了四年多了,儿子顺治废黜了第一位皇后,现在又娶了第二位皇后,接着又娶了一位皇贵妃。孝庄刚入北京时她的姑姑孝端皇太后居住慈宁宫,她居住坤宁宫,顺治被单独闭锁在养心殿。母子几个月才准见一次面。下嫁小叔子多尔衮是为了稳住他的夺权野心。孝端死了以后,顺治也长大了,大婚后皇后居住在坤宁宫,孝庄则搬进了慈宁宫。从坤宁宫到慈宁宫有一条便道,从坤宁宫西边的长寿右门出去,是一条南北方向的宽夹道,西一长街,顺路向南20米,经龙光门向西,拐进一条东西夹道,途经永寿门前、启祥门前、春华门前,就到达慈宁宫大院的北墙外。从后门进慈宁宫,须从中宫殿穿过,首先是一个倒座三间的抱厦厅,迎面是一个粉油大影壁,其南就是中宫殿。穿过去就是一个小院落(王熙凤小院)。出小院就是现存的东西穿堂大佛堂。穿过大佛堂就是慈宁宫后院。从后门可以进入慈宁宫。王夫人携林黛玉走的正是这条路线。这是《红楼梦》记载的皇宫"西线"。

第四回还详细记载了薛姨妈见王夫人的路线,乃是《红楼梦》记载的皇宫"东线"。

"原来这梨香院即当日荣公暮年养静之所,小小巧巧,约有十余间房屋,前厅后舍俱全。另有一门通街,薛蟠家人就走此门出入。西南有一角门,通一夹道,出夹道便是王夫人正房的东边了。""梨香院"指故宫东北角的"竹香馆",属冷宫,"珍妃井"在此。"一门通街"指故宫后门神武门通景山。"西南有一角门"指萃赏楼西南处的角门。"通一夹道"指东五所门前的东西夹道,从东向西直达御花园东墙外。"出夹道便是王夫人正房的东边了"——指坤宁宫、交泰殿与乾清宫大院的东墙外南北夹道,即东一长街,经长寿左门口往南,就是龙光门。进龙光门就是乾清宫("王夫人正房")。

皇宫"西线"与"东线"图,进一步证明如下事实:

(1)宁府门与荣府门都隐射清宫后廷的乾清门。
(2)宁府与荣府都隐射清朝皇宫,主要是后廷部分。
(3)贾政与王夫人的荣国府正院隐射乾清宫。
(4)贾母接见林黛玉的"小小的三间厅"隐射册封皇后的交泰殿。
(5)"三间厅"后面的"正面五间上房"是皇后居住的坤宁宫,当时在修复中。

(6) 王夫人让林黛玉参观的是多尔衮与顺治的乾清宫正殿。

(7) 王夫人让林黛玉入坐的东小院隐射乾清宫正东多尔衮与孝庄曾经住过的乾清宫正东小院落（昭仁殿）。

(8) 王夫人携林黛玉到贾母住处走过的路线，就是从坤宁宫西门（长寿右门），经南北宽夹道，西一长街，再向西经龙光门拐进一条东西方向的夹道，然后到达慈宁宫后墙外，从中宫殿后门，经中宫殿小院，穿过大佛殿，就是慈宁宫后院，从后门可以进入慈宁宫。

(9) 贾母请林黛玉吃饭的地方是孝庄皇太后后半生居住的慈宁宫。

《红楼梦》原文：

贾珠之妻李氏捧饭，熙凤安箸，王夫人进羹。贾母正面榻上独坐，两边四张空椅，熙凤忙拉了黛玉在左边第一张椅上坐了，黛玉十分推让。贾母笑道："你舅母你嫂子们不在这里吃饭。你是客，原应如此坐的。"黛玉方告了座，坐了。贾母命王夫人坐了。迎春姊妹三个告了座方上来。迎春便坐右手第一，探春左第二，惜春右第二。旁边丫鬟执着拂尘，漱盂，巾帕。李，凤二人立于案旁布让。外间伺候之媳妇丫鬟虽多，却连一声咳嗽不闻。寂然饭毕，各有丫鬟用小茶盘捧上茶来。当日林如海教女以惜福养身，云饭后务待饭粒咽尽，过一时再吃茶，方不伤脾胃。今黛玉见了这里许多事情不合家中之式，不得不随的，少不得一一改过来，因而接了茶。早见人又捧过漱盂来，黛玉也照样漱了口。盥洗手毕，又捧上茶来，这方是吃的茶。贾母便说："你们去罢，让我们自在说话儿。"王夫人听了，忙起身，又说了两句闲话，方引凤，李二人去了。贾母因问黛玉念何书。黛玉道："只刚念了《四书》。"黛玉又问姊妹们读何书。贾母道："读的是什么书，不过是认得两个字，不是睁眼的瞎子罢了！"

肃穆庄严，一派皇家气象，不像南京织造府、北京蒜市口或杭州洪家景象。

"黛玉亦常听得母亲说过，二舅母生的有个表兄，乃衔玉而诞。"此话的内涵很复杂：此时黛玉的"母亲"隐射孝庄的亲女儿固伦雍穆长公主。黛玉隐射固伦雍穆的女儿——顺治新皇后小博尔济吉特氏，也就是孝庄皇太后的外孙女。

"衔玉而诞"的"表兄"隐射顺治皇帝福临。

"这位哥哥比我大一岁。"此时的林黛玉隐射顺治追封的"端敬"皇后董鄂氏。她比顺治皇帝恰好小一岁。

"贾珠之妻李氏捧饭"——李纨隐射顺治康妃佟佳氏，即康熙皇帝的母亲、顺治皇帝的遗孀。"贾珠"隐射死于天花的顺治皇帝、贾宝玉隐射削发出家的顺治皇帝。

"贾母正面榻上独坐"——贾母隐射"母仪天下"的孝庄皇太后的法定身份。

"黛玉在左边第一张椅上坐了"——很有讲究。林黛玉无论隐射新皇后小博尔济吉特氏，还是隐射顺治追封的"端敬"皇后董鄂氏，都应该坐"左边第一张"椅子。

"迎春便坐右手第一，探春左第二"——迎春隐射皇太极的十四格格和硕公主，她不是孝庄的亲女儿，当然应该"坐右手第一"。

"探春左第二"——探春是多尔衮的女儿，下嫁察哈尔蒙古，是"王妃"，所以自然应该坐在"左第二"。

"惜春右第二"——惜春是贾家四春之四，隐射定南王孔有德（贾敬）的女儿孔四贞（与史湘云以及带发修行的妙玉是一个人），自然坐"右第二"。

"李，凤二人立于案旁布让"——此乃本段最重要的一句话，画龙点睛地交代了这次家宴的地点、时间与事件。地点是孝庄皇太后的慈宁宫。时间在顺治废黜第一位皇后博尔济吉特氏（不认识汉字的"泼皮破落户"凤姐）之后。隐射两个连续的历史事件：

（1）顺治迎娶新皇后小博尔济吉特氏，她是吴克善大儿子的女儿，孝庄亲女儿固伦雍穆长公主的女儿，孝庄娘家的侄孙女，又是亲外孙女。"饭后务待饭粒咽尽，过一时再吃茶，方不伤脾胃"，此乃蒙古族吃牛羊肉与奶酪之后，再喝"茶砖"茶帮助消化的习惯，否则会"伤脾胃"。小博尔济吉特氏进了北京的宫殿，不大吃肉奶之类了，当然"少不得一一改过来"了。因为是孝庄皇太后在慈宁宫为新皇后专设的家宴，所以庄严隆重，坐次分明，秩序井然，"外间伺候之媳妇丫鬟虽多，却连一声咳嗽不闻。寂然饭毕"。李纨隐射名分仅为康妃的汉族人佟佳氏，凤姐隐射被贬黜的名分更低的静妃博尔济吉特氏，所以"李，凤二人"只有"立于案旁布让"的资格，而不能与之平起平坐。

（2）顺治与母亲低调迎接尚未明确身份的董鄂氏大福晋入宫，她的丈夫博穆博果尔襄亲王刚死，但她的肚子里已经怀了顺治皇帝的"龙种"。按母以子贵的皇家规矩，"金盆虽破分量在"，所以受到孝庄皇太后在慈宁宫的隆重接待。董鄂氏大福晋的心情复杂，自卑、自惭、忐忑不安，"因此步步留心，时时在意，不肯轻易多说一句话，多行一步路，唯恐被人耻笑了他去"。当摄政王夫人孝庄、李纨康妃佟佳氏与汉字文盲"泼皮破落户"凤姐儿离席之后，贾母孝庄皇太后顺便询问了董鄂氏大福晋的文化修养，也交代了其他女人的汉语文化水平。"贾母因问黛玉念何书。""半个南蛮子"林黛玉（董鄂氏大福晋）谦虚地说："只刚念了《四书》。"孝庄说其他女人的汉语水平为"读的是什么书，不过是认得两个字，不是睁眼的瞎子罢了"。所以在大观园里，林黛玉的诗词水平显得"鹤立鸡群"。《红楼梦》原文：

一语未了，只听外面一阵脚步响，丫鬟进来笑道："宝玉来了！"黛玉心中正疑惑着："这个宝玉，不知是怎生个惫懒人物，懵懂顽童？"——倒不见那蠢物也罢了。心中想着，忽见丫鬟话未报完，已进来了一位年轻的公子……

此处的林黛玉隐射三个历史人物：（1）首先隐射孝庄，与贾宝玉是母子关系。"宝玉"其玉（"蠢物"通灵宝玉）乃孝庄的形质所化，自己当然了解自己，有什么可看的？故云"倒不见那蠢物也罢了"。（2）其次隐射正式进宫的董鄂氏，顺治先奸后娶的情妇。情妇对情夫，在公开场合，有什么可看的？（3）再次是隐射顺治新皇后小博尔济吉特氏，听母亲固伦雍穆长公主说过，"惫懒"，"懵懂"，还废了自己的姑姑（静妃），简直无情无意，有什么可看的？

"黛玉一见，便吃一大惊，心下想道：好生奇怪，倒象在那见过一般，何等眼熟到如此！"此处的林黛玉隐指两对神话与历史人物：（1）林黛玉前身为太虚幻境的绛珠仙草，贾宝玉的前身为太虚幻境的神瑛侍者，分别隐射董鄂氏皇贵妃与顺治皇帝。神瑛对绛珠前世有雨露灌溉之惠，绛珠投胎人间就是要"以泪还债"，岂有不认识之理？（2）未正式入宫的董鄂氏，乃是顺治御弟博穆博果尔的媳妇，顺治在御宴上第一次与她见面就被她的美色迷住，马上托词单独召见她，发生了云雨偷情之事。此时正式入宫再见，自然是"何等眼熟到如此"。

这一段原文其实主要是隐写顺治皇帝迎接董鄂氏入宫的。

按之史实：顺治十一年（1654）初春，宁南靖寇大将军陈泰出征，博穆博果尔奉命随军出征，孝庄皇太后说趁着送行，把命妇们召到南苑举行御宴。顺治与襄亲王博穆博果尔握别时，没有说上几句话，可见兄弟之间的隔阂有多么深。在御宴上，座位是严格按照命妇与皇上的亲疏关系而定的。博穆博果尔的母亲懿靖贵太妃与孝庄皇太后都是顺治皇帝的长辈，自然同居首席，而董鄂氏是皇弟的大福晋，傍着婆婆而坐，因此与顺治皇帝坐得很近。董鄂氏的美丽使顺治惊呆了。他目不转睛地盯着弟媳妇，盯得董鄂氏连头都不敢抬。此景此情都被太监吴良辅看明白了，便在皇帝耳边嘀咕了几句。顺治旋即离席而去。不一会儿，吴良辅到懿靖贵太妃身边小声说：皇上宣董鄂福晋到书房问话。懿靖贵太妃吩咐儿媳妇说："头回见皇上，礼节要周全些。"孝庄皇太后说："这回是皇上缺了礼，哪有做兄长的不去赴弟弟的婚宴？去吧，让你那个皇上哥哥多给补些贺礼。"谁也没有料到，董鄂福晋与皇上的初晤，竟演成了巫山云雨之会。后来竟演成了黛死钗嫁的《红楼梦》悲剧！（故事引自凌力《少年天子》）

《西江月》上半阕是顺治皇帝风流天子一生的真实写照，作者不怀好意，写得真真假假，读者不难体会。下半阕"富贵不知乐业，贫穷难耐凄凉。可怜辜负好韶光，于国于家无望。天下无能第一，古今不肖无双。寄言纨绔与膏粱：莫效此儿形状"，是预写未来的——预写末代贾宝玉宣统皇帝的下场。下面重点试解隐射顺治皇帝的上半阕。

真实的顺治皇帝是个什么样子呢？当时被尊为"玛法"的德国籍传教士汤若望回忆说："他心内会忽然间起一种狂妄的计划，而以一种青年人们的固执心肠，坚决施行。如果没有一位警告的人乘时刚强地加以谏正时，一件小小的事情，也会激起他的暴怒来，竟致使他的举动如同一位发疯发狂的人一般……一个有这样权威、这样性格的青年，自然会做出极令人可怕的祸害，因为谁敢来向这位火烈急暴的青年人加以谏正，他略一暗示，就足以把进谏者的性命毁灭了。"从顺治皇帝短暂一生中的许多"失常"行为来看，汤若望的记载是相当可信的。除性格"火暴急烈"外，废黜皇后，宠幸董鄂妃，为她举办逾制的国葬，削发出家，都是极为反常的举动，从孝庄皇太后看来，顺治简直是一个难以驾御的不孝之子。从汤若望角度看，顺治是一个信守不一、行为怪诞的离经叛道者。从被废的皇后角度看，顺治是一个不顾国体朝秦暮楚的薄情郎。从受宠的董鄂妃角度看，顺治是一个理想的好丈夫，其次才是一个好皇帝。汉臣尊重他"满汉一体"的政治主张，但害怕他的喜怒无常。满臣指责他不遵祖制，肆意改革。封建政治要把他训练成一个完全符合需要的皇帝，顺治却想按照自己的愿望追求真正的普通人的爱情。少年天子处在皇帝与普通人之间的深刻矛盾与他左右不了的残酷政治斗争之中，这就形成了《西江月》里描写的独特性格。

"腹内原来草莽"与"愚顽怕读文章"是正话反说。顺治跟着汉族老师读了大量的经史子集、诗词歌赋，简直达到走火入魔的地步，因而提出"满汉一体"、"以孝治天下"等儒家的主张，甚至不惜得罪满蒙老臣与八旗权贵。但在他的童年时代，又确实是"愚顽怕读文章"，"腹内原来草莽"。早在顺治即位之初，多尔衮采用阻止其学习的愚昧政策，企图将少年皇帝变成无知无识的玩偶，以达到自己谋取帝位的目的。顺治还在盛京时，都察院承政满达海、给事中郝杰等人就多次疏请选择博学之士，对皇帝"朝夕论讲，及时典学"。

但遭到多尔衮的阻挠，只允许顺治学满语典籍，因而《红楼梦》里的贾宝玉"愚顽怕读文章"。入关以后，大学士洪承畴、冯铨等人鉴于统治汉族地区的需要，联名上奏称："皇上满书俱已熟悉，但帝王修身治人之道，尽备于六经。一日之间，万机待理，必习汉字、晓汉书，始上意得达，而下情得通。伏祈择满汉词臣朝夕进讲。"但多尔衮一律回绝，不予采纳。顺治后来回忆道："朕极不幸，五岁时先太宗早已晏驾，皇太后生朕一身，又极娇养，无人教训，坐失此学。年至十四，九王（多尔衮）薨，方始亲政，阅诸臣奏章，茫然不解。"（对"腹内原来草莽"最好的注解。）根本不像《清实录》中吹捧的"一目辄数行下，不由师授，解悟旁通，博于经籍……"

多尔衮对顺治的一系列控制措施，恰恰使顺治更坚决地变成了自己的反对者。他一方面拼命读书，一方面任意施威，形成了读者看到离经叛道的样子。他背叛的不是封建制度的"经"与"道"，而是多尔衮（贾政）与满蒙亲贵（贾雨村）的"经"与"道"。反映到《红楼梦》里，贾宝玉十分恐惧贾政，又十分厌烦贾雨村，就是因为这个原因。

读者看到的贾宝玉顺治是一个学识渊博的青年人，这是为什么呢？其实此乃顺治短暂生涯的另一面。他亲政后意识到自己肩负的重任，从而发愤读书，锐意进取。他执政初期，对汉文化几乎一无所知，净说"胡话"（满语），连大臣们的奏折都不知所云。这种尴尬的局面，无疑极大地刺伤了他的自尊心。文献记载："由是发愤读书，每晨牌至午，理军国大事外，即读至晚，然玩心尚在，多不能记。逮五更起读，天宇空明，始能背诵。计前后诸书，读了九年，曾经呕血。"他读书涉猎的范围颇广，左史庄骚，孔孟经籍，唐诗宋词，医典小说，佛典道藏，丹青书法，无所不读。很像贾宝玉的"杂学旁收"。

顺治还经常驾临汤若望的宣武门南教堂，多达24次，请教日月食、彗星、天文、历法与物理学等自然科学知识以及宗教、道德、人权、国务等西方的社会科学知识。读者觉得贾宝玉顺治具有初步民主主义的思想，甚至于有西方的人权意识，其实都来源于汤若望。

几年的学习，使他练得一手好书法。绘制的丹青颇得"宋人三昧"，擅长画牛，又会"指画"，漫画也惟妙惟肖。书法与丹青经常赏赐给大臣（贾宝玉也好这一手）。甚至好发精辟独特的文学见解，说金圣叹批点的《西厢》与《水浒》"议论颇有遐思，未免太生穿凿，想是才高而见僻者"，真是一针见血，很得要领（贾宝玉也如此）。

顺治的脾气让人捉摸不透，但他亲政后的朝政确见成效。这首先应归功于他长期刻苦学习汉文化，领悟了历代帝王以儒家"文教治天下"的真谛；懂得了在武力征服之后，必须继之以汉民族传统思想和伦理道德的发扬，才能达到长治久安的目的。在他执政的十年间，从根本上扭转了多尔衮摄政时"重剿轻抚"的方针，坚持"帝王临御天下，必以国计民生为首务"的原则。远远胜过了以武力称雄天下的列祖列宗，又深刻影响到继嗣的康熙、乾隆。"康乾盛世"的出现，不过是这一方针深入贯彻的结果。《红楼梦》作者忠实地描写了贾宝玉顺治的性格特征，原意是讽刺他的不务正业，却使贾宝玉得到了读者某种程度的真心喜爱。

顺治同意承乾宫（林黛玉的潇湘馆）里30名宫女与太监为"端敬"皇后董鄂氏殉葬，是顺治一生中最大的罪行。此事连作者也不敢往书里写，仅仅说贾珍顺治表彰秦氏（董鄂氏）的丫头瑞珠为主子"触柱而亡"拉倒。作者将瑞珠的"珠"解释成三十（王字旁）人的朱血（朱），来悼念无辜丧命者。幸亏在和尚的劝阻下福临收回了成命。

顺治皇帝的风流淫乱隐射在贾琏贾二爷身上，例如贾琏"偷娶尤二姨"隐射顺治对董鄂氏先奸后娶。例如贾琏与"鲍二家的"（贾母硬说成"赵二家的"）偷情，隐射顺治皇帝与弟弟（赵二）博穆博果尔大福晋董鄂氏偷情（明末清初民间将后金满洲皇帝称为"赵家"）。

顺治皇帝偷弟弟的媳妇，对自己的女人却不时猜疑，甚至有始乱终弃薄情的一面，都隐射在柳湘莲冷二郎身上（《情小妹痴情归地府 冷二郎一冷入空门》）。秦业（像秦始皇那样开创皇帝事业的人）隐射大清国的开创者努尔哈赤，他的一儿一女（秦钟与秦可卿）代表第二代，隐射努尔哈赤的第二代皇太极。秦钟临死的时候不想父亲秦业，却恳求鬼差一定要等见了贾宝玉再走，否则咽不下那口气。鬼差们一听贾宝玉顺治皇帝的名字也有些紧张。因为他毕竟是人间的皇帝嘛！《红楼梦》作者拐弯抹角地提示说贾宝玉是秦钟的儿子，秦钟等贾宝玉的感情只能是父子感情。柳湘莲冷二郎与贾宝玉四时八节地给秦钟上坟填土，从而隐射两人都是皇太极的儿子。因为皇太极最后只剩下顺治这一个名义上的儿子了，所以柳湘莲冷二郎与贾宝玉贾二爷都是皇太极的假儿子福临的化身，两个人都隐射顺治皇帝。柳湘莲是史湘云的亲哥哥，史湘云隐射孔四贞，孔四贞是定南王孔有德的女儿，所以他的哥哥柳湘莲与贾宝玉都是孔有德的亲儿子。

柳湘莲对尤三姐的怀疑，隐射当年顺治皇帝对董鄂氏皇贵妃的怀疑，秘密抄检了承乾宫，还打了她一个耳光，这是她抑郁而死的原因之一。顺治皇帝马上又后悔起来，认为是冤枉了她，接着抄检了整个后宫，发现宫女太监"对食儿"的事情几乎每宫都有。这是史官曹雪芹熟知的一个宫内机密。写进《红楼梦》就是第七十四回《惑奸谗抄检大观园》。《红楼梦》原文：

贾母因笑道:"外客未见,就脱了衣裳,还不去见你妹妹!"宝玉早已看见多了一个姊妹,便料定是林姑妈之女,忙来作揖。厮见毕归坐,细看形容,与众各别……

"宝玉看罢,因笑道:这个妹妹我曾见过的。"此处的贾宝玉与林黛玉分别隐射顺治与董鄂氏。董鄂氏17岁时嫁给了顺治的弟弟博穆博果尔。顺治十一年六月十六,福临二次大婚,年18岁。在奉命来侍候合卺宴的四名福晋中,又一次见到董鄂氏。董鄂氏正用汉语在背诵岑参的《春梦》:"洞房昨夜春风起,遥忆美人湘江水。枕上片时春梦中,行尽江南数千里。"在当时的清宫里,太后太妃、主位贵人甚至宫女太监,一概说满语,顺治皇帝也不例外。福临正在走火入魔般地学汉语的典籍与文学,听到董鄂氏悦耳的汉语,登时耳目一新,十分动心。她出挑得更美了!她的美不仅在于秀色可餐的资质,开朗从容的气度,更在于眼睛里流露出来的聪颖、才华和真挚。满洲贵妇、宫廷妃嫔何曾有过这样的美人?顺治皇帝的灵与肉,全被她吸引住了。

顺治十二年二月初八,是孝庄太后的圣寿节,18岁的顺治皇帝率诸王及文武百官到慈宁宫行庆贺礼,又见了董鄂氏。此时的顺治产生了得到董鄂氏的强烈愿望。过了三天,顺治派太监去博穆博果尔府,赐给幼弟一大批书画珍玩;二月二十一日,未满14周岁的博穆博果尔竟被皇上封为和硕襄亲王,引起朝野震惊。由此开始,顺治皇帝突然对幼弟格外宠爱。博穆博果尔当了亲王,就必须参加以前不常参加的典礼,每日随朝站班。顺治皇帝就可以经常召见他,请他的福晋参加宫内的许多宴会。(故事引自凌力的《少年天子》)

贾母笑道:"可又是胡说,你又何曾见过他?"宝玉笑道:"虽然未曾见过他,然我看着面善,心里就算是旧相识,今日只作远别重逢,亦未为不可。"此处说的林黛玉不是指"林姑妈之女"——顺治新皇后博尔济吉特氏,而是顺治十一年二月八日在南苑与自己发生巫山云雨的弟媳妇董鄂氏,自然"看着面善","心里就算是旧相识","今日只作远别重逢"了。

宝玉笑道:"我送妹妹一妙字,莫若'颦颦'二字极妙。"探春便问何出。宝玉道:"《古今人物通考》上说:'西方有石名黛,可代画眉之墨。'况这林妹妹眉尖若蹙,用取这两个字,岂不两妙!"此话很有些来历。顺治二年,吕之悦在杭州被镶白旗甲喇章京鄂硕将军罗致府中设馆教授子女。董鄂氏乌云珠就是他的女弟子,她曾与塾师吕之悦对联。乌云珠出的上联为"水如碧玉山如黛",吕之悦的下联为"云想衣裳花想容"。董鄂氏乌云珠的上联中隐含"黛玉"二字,而贾宝玉杜撰的《古今人物通考》中隐含"黛石"二字。也许这就是林黛玉隐射二婚头董鄂氏的来历——一个有些污点的美玉。

宝玉听了，登时发作起痴狂病来，摘下那玉，就狠命摔去。——这段描述简直是对自称"痴道人"（"情痴"）的顺治皇帝的特写。当年的顺治几乎就是以这种歇斯底里的形式，表达他要得到董鄂氏的坚定决心。不止一个人在孝庄皇太后耳边说起这件事。尤其是顺治十一年中秋、重阳、冬至三次内廷家宴，顺治皇上不仅格外优待襄亲王夫妇，竟然在御花园多次单独与襄亲王福晋说笑。最令人不安的是，他们交谈用的是汉语，弄得向太后私下禀告的人也说不清他们都谈了些什么。襄亲王博穆博果尔跟随陈泰出征，4个月之后回来，发现妻子已经怀孕了。在这4个月里，顺治与董鄂氏已经如胶似漆，须臾离别都会"一日不见如三秋兮"。顺治利用皇帝的权力，寻找各种借口将董鄂氏弄进宫来幽会，闹得两宫太后都知道了此事。

当下，奶娘来请问黛玉之房舍。贾母说："今将宝玉挪出来，同我在套间暖阁儿里，把你林姑娘暂安置碧纱橱里。等过了残冬，春天再与他们收拾房屋，另作一番安置罢。"宝玉道："好祖宗，我就在碧纱橱外的床上很妥当，何必又出来闹的老祖宗不得安静。"贾母想了一想说："也罢了。"

此处的贾母与"你娘"（王夫人）都隐射孝庄皇太后，她想隔离顺治皇帝与弟媳董鄂氏大福晋的接触，故而发出了"今将宝玉挪出来"的懿旨，但遭到了贾宝玉顺治委婉坚决的抵抗。对儿子提出的近乎无理的要求，孝庄采取"也罢了"的宽容态度。她看出了顺治对董鄂氏的念头，她倾听密探们——主要是太监、宫女和他们主子娘娘的密报，从来都面无表情，不置一词。她绝对地维护儿子，因为他是天下之主。儿子的作为与心思，决逃不出她的眼睛。

早在顺治二次大婚后，她就觉察到福临心绪不宁。当福临向她提出晋升博穆博果尔为亲王时，她已猜到了他的用心。但她懂得怎样做太后，怎样对待身为君上的儿子。只要不越过危险界限，她一概采取"也罢了"的态度，对待这位聪慧暴躁、喜怒无常、性情乖张的儿子，宽容也许是最好的办法。

如果贾宝玉不是顺治皇帝，如果林黛玉不是肚子大了的董鄂氏，而真像《红楼梦》里写的那样，是一对刚见面的姑舅兄妹，在"男女授受不亲"的封建大家庭里，族长级的贾母能答应一对未婚男女住在一间房子里吗？

得知儿子使董鄂氏怀孕的消息，孝庄皇太后急忙下令：停止所有命妇入朝，但为时已晚。顺治皇帝向孝庄坦然承认：弟媳董鄂氏肚子里怀的是自己的"龙种"，而且决心要纳董鄂氏为皇后。

在封建时代，任何女人怀了皇帝的孩子，必须当皇帝的嫔妃。麻烦的是：董鄂氏是皇帝御弟的福晋，孝庄处理起来十分棘手。一方面必须接纳董鄂氏进宫，一方面必须保住皇家的脸面，还必须安抚住皇帝的同父异母弟弟。想不到襄亲王博穆博果尔狂怒之下，给了董鄂氏一顿皮鞭，直到她昏厥过去才罢手。顺治立刻就知道了这个消息。他发出一道奇怪的圣旨：宣襄亲王福晋即刻进宫，不得有误！至此，懿靖贵太妃母子已经明白：董鄂氏不可能留在襄亲王府邸了。襄亲王野性发作了，四处散布谣言，说当今皇上根本不是太宗皇帝的真儿子（假宝玉）。又说摄政王多尔衮死因不明，乃孝庄皇太后色诱，在床上脱阳而死。按律襄亲王当以"大不敬"罪赐死，但又无法对朝野交代。

孝庄皇太后将襄亲王母子召进宫，严厉训斥了一顿。顺治皇帝也怒不可遏，当着群臣的面给了御弟一记重重的耳光。当晚襄亲王饮恨自尽。懿靖贵太妃痛不欲生，带着女儿回到蒙古阿巴垓部落，直到康熙十三年（1674）死于故乡。（故事引自凌力《少年天子》）

于是，顺治贾宝玉得遂心愿，林黛玉董鄂氏进入皇宫。但因身份不明，又婚前有孕，所以，林黛玉进京是一副灰溜溜的样子：自卑、自惭，神经过敏。"因此步步留心，时时在意，不肯轻易多说一句话，多行一步路，惟恐被人耻笑了他去。"

董鄂氏为了能在皇宫里有一个亲人做伴，特意恳求顺治皇帝，让伯父罗硕家的妹妹小董鄂氏也进了宫。妹妹与姐姐长的一个模样，因此也很受顺治贾宝玉的宠爱（晴雯）。所以，晴雯被作者写成住在怡红院（坤宁宫）里，地位仅次于袭人（新皇后，孝庄的亲侄孙女小博尔济吉特氏）。此前，满族内大臣巴度的女儿也进宫为妃，她的娘家属于满族董鄂部落，亦称董鄂妃（《红楼梦》里的紫鹃）。至此，顺治贾宝玉身边便有三个董鄂妃，被其他后妃们称为皇宫里的"董鄂部落"，相当于《红楼梦》里的林黛玉、晴雯与紫鹃小集团。作者将晴雯写成林黛玉之副，将巴度家的董鄂妃写成林黛玉的铁杆保皇派，都是以野史为依据的。在三个董鄂妃中，最令顺治贾宝玉如痴如醉的女人，还是弟媳妇董鄂皇贵妃。

按着野史的说法，腆着肚子入宫的董鄂氏，"偷来的锣鼓敲不得"。这个不明不白的"儿媳妇"，在宫内藏了两年。其前夫襄亲王刚死，总要尽些为妇之道。她肚子里的"龙种"还没出世就流产了（此事隐射在尤二姐流产的情节中）。皇上曾许愿这孩子一出世，就封为"荣亲王"，但流产的胎儿无此福气。

直到顺治十三年（1656）十二月，董鄂氏才正式封为董鄂皇贵妃。而中间的两年，因事涉皇家丑闻，则被史家以曲笔抹掉了，甚至连嫁给襄亲王一节也删削净尽。这是董鄂氏最难熬的两年。正像林黛玉《葬花词》里说的那样："一年三百六十日，风刀霜剑严相逼。"——等于作者公开声明，是指林黛玉隐射的历史人物，并非小说人物的处境。因为小说人物林黛玉在荣国府里受到外祖母的特殊照顾，看不出有任何人欺负过她，又与爱人贾宝玉几乎天天相见，过的是"打是亲，骂是爱，不打不骂不自在"的初恋生活，丝毫看不出"一年三百六十日，风刀霜剑严相逼"的样子来，倒是贾宝玉天天受林黛玉的误解、挖苦与"欺凌"。这种"自相矛盾"（所谓"红学死结"）都是作者故意设置的"黑匣子"——根据这些"黑匣子"可以揭开真实的历史。

后宫女人背后，都有一个庞大的官僚家族集团，后妃就是他们在宫中的代表。所以，哪个后妃能在皇帝面前邀宠取幸，就意味着她所代表的外戚集团的特权更大。后宫是后妃们的名利场和生死地，唯其如此，身份不明的董鄂氏才"步步留心，时时在意"。

孝庄皇太后是所有蒙古博尔济吉特氏后妃的总后台。康妃佟佳氏（《红楼梦》里的李纨，乃玄烨贾兰的母亲）是汉族重臣佟图赖的女儿，娘家是朝廷倚重的"佟半朝"。恪妃石氏的父亲是吏部侍郎石申。另两位董鄂氏的父亲是满族重臣巴度和罗硕（鄂硕的哥哥）。董鄂皇贵妃之父鄂硕到顺治八年（1651）才是个章京副都统，其家庭权势甚至比妹妹董鄂庶妃还不如。她觉得在与诸后妃的关系中，最难相处的还是蒙古后妃。因为孝庄皇太后（贾母与王夫人）视董鄂氏小集团（林黛玉、晴雯与紫鹃）为眼中钉，蒙古后党（袭人＝孝庄的亲侄孙女小博尔济吉特氏新皇后；麝月＝孝庄亲侄孙女小博尔济吉特氏淑惠妃；金钏儿＝孝庄亲侄女谨贵人；玉钏儿＝孝庄亲侄女谨贵人的妹妹恭妃与端妃；薛宝钗＝孝庄的亲侄女博尔济吉特氏等五人）便都成了政敌。其中更为难缠之人，还是那位被废为静妃的前皇后（《红楼梦》里的薛宝钗），她是蒙古后党的小领袖，是她们的姑姑或姐姐。

宫闱斗争的最大砝码是皇子。顺治十四年（1657），姐姐鄂硕董鄂皇贵妃（林黛玉）、妹妹罗硕董鄂庶妃（晴雯）都怀了孕，巴度董鄂贞妃（紫鹃）也不断受到顺治的宠幸。而五个蒙古族后妃却肚里空空，使孝庄皇太后狼狈不堪。

《红楼梦》里的林黛玉（董鄂皇贵妃）就处于如此残酷的宫闱斗争的险恶环境中。这是"黛死钗嫁"的根本原因。《红楼梦》原文：

> 黛玉只带了两个人来：一个是自幼奶娘王嬷嬷，一个是十岁的小丫头，亦是自幼随身的，名唤作雪雁。贾母见雪雁甚小，一团孩气，王嬷嬷又极老，料黛玉皆不遂心省力的，便将自己身边的一个二等丫头，名唤鹦哥者与了黛玉。

原文中提到的贾宝玉的乳母李嬷嬷是顺治最亲近的长辈，历史上实有其人。顺治皇帝六岁登基以后，生活在与平常儿童截然不同的环境中。在睿亲王摄政期间，"皇太后与朕分宫而居，每经累月方得一见"。多尔衮摄政长达七年，顺治从六岁到十四岁亲政，每隔几个月才被允许见一次仅有隔墙之遥的母亲。因此，顺治视"竭尽心力、多方保护诱掖"的乳母李氏如同亲生，感情挚厚。对于给他带来痛苦的帝位，却看得很轻，或者说十分反感。反映在《红楼梦》里，就是贾宝玉对贾雨村（假语存）、卜顾修（不顾羞）、单聘仁（善骗人）等达官显贵们的厌恶，对"仕途经济"十分反感。

慈宁宫（贾母院）在入关初期为孝端住处。当时孝庄（王夫人）住坤宁宫，多尔衮（贾政）在乾清宫（荣禧堂）办公，为照顾他，孝庄住乾清宫东的三间小院昭仁殿（王夫人小院）。顺治皇帝住养心殿（绛云轩）。母子一墙之隔，但数月不能见一面，相当于贾芸与凤姐的尴尬关系。顺治六年孝端去世，顺治十年慈宁宫装修一新，孝庄移居慈宁宫，成了贾母院的主子。

郑成功围困南京时，顺治皇帝惊惶失措，提出"元顺帝能退守蒙古，我们为何不能退守关外"的主张。《红楼梦》作者就是根据这一信息，写出让贾兰像"达摩祖师带领和尚过河去了"那样，渡过辽河，退守关外的故事情节。孝庄对顺治的主张极为愤怒。顺治来了个一百八十度的大转弯，下旨要御驾亲征。弄的孝庄手足无措，只好让顺治的乳母李嬷嬷前去劝阻。

"黛玉只带了两个人来：一个是自幼奶娘王嬷嬷，一个是十岁的小丫头，亦是自幼随身的，名唤作雪雁。""林黛玉"的"林"字，有隐射她代表布木布泰孝庄两个儿媳妇之意。此处的"黛玉"并不隐射董鄂氏，而是隐射新皇后小博尔济吉特氏。"自幼奶娘王嬷嬷"，指明是蒙古王爷家的奶妈。"雪雁"指明来自蒙古雪域草原之意。"王嬷嬷"与"雪雁"限定了此处的"林黛玉"，隐射来自科尔沁草原的小博尔济吉特氏新皇后。

贾母"便将自己身边的一个二等丫头，名唤鹦哥者与了黛玉"。这段话也有深意存焉。此时的林黛玉隐射低调入宫的董鄂氏。贾母"身边的一个二等丫头"鹦哥，隐射早已入宫的巴度的女儿庶妃董鄂氏。"鹦哥"者，会学舌的"鹦鹉"也，实际上是孝庄派去监视董鄂氏的眼线。鹦哥后来莫名其妙地改名紫鹃了，而且成了林黛玉的保皇派，隐射后宫里的"董鄂小部落"已经形成。

"原来这袭人亦是贾母之婢，本名珍珠。贾母因溺爱宝玉，生恐宝玉之婢无竭力尽忠之人，素喜袭人心地纯良，克尽职任，遂与了宝玉……这袭人亦有些痴处：伏侍贾母时，心中眼中只有一个贾母，如今服侍宝玉，心中眼中又只有一个宝玉。只因宝玉性情乖僻，每每规谏宝玉，心中着实忧郁。"此处的袭人乃薛宝钗之副，隐射顺治的新皇后小博尔济吉特氏。"原来……是贾母之婢"，隐射袭人博尔济吉特氏原是孝庄的外孙女。"遂与了宝玉"，隐射孝庄因

"宝玉之婢无竭力尽忠之人"（暗示原皇后博尔济吉特氏与顺治夫妻不和），又主动将亲外孙女给顺治做了新皇后。"如今服侍宝玉，心中眼中又只有一个宝玉"，隐射小博尔济吉特氏对顺治体贴入微，百依百顺。"每每规谏宝玉"，隐射新皇后经常规谏性情乖僻的顺治。

由此可见，袭人、黛玉、宝钗都隐射博尔济吉特氏新旧皇后与董鄂妃，她们先后来到贾宝玉顺治身边。袭人仅隐射小博尔济吉特氏新皇后，黛玉隐射董鄂氏，宝钗隐射博尔济吉特氏旧皇后，她们一个是新皇后（袭人），一个是死后追封的皇后（黛玉），一个是旧皇后（宝钗）。明故宫后宫修葺一新（大观园）之后，大家都住进了自己的宫院里，袭人住怡红院（坤宁宫），黛玉住潇湘馆（承乾宫），宝钗住蘅芜院（杜蘅等杂草丛生的荒芜的冷宫）。按职务与感情分，小博尔济吉特氏新皇后（袭人）距离贾宝玉顺治最近，董鄂氏皇贵妃（黛玉）距离贾宝玉顺治也很近，博尔济吉特氏旧皇后"静妃"（宝钗）距离贾宝玉顺治最远（复位长春宫主位后，由现在的竹香馆移居长春宫，在乾清宫西北，慈宁宫正北）。《红楼梦》对远近亲疏写得一丝不苟。

《红楼梦》里的"还泪之说"显然取材于董鄂氏皇贵妃短暂而悲惨的一生。大观园的潇湘馆隐射承乾宫，潇湘馆的主人是林黛玉，承乾宫的主位是董鄂氏皇贵妃。"潇湘妃子"林黛玉是承乾宫主位董鄂氏的艺术化身。

作者为什么一定要写成黛死钗嫁宝玉出家袭人改嫁呢？

因为《红楼梦》不仅想写明亡清兴的历史，更想表达光复中原的政治主题。所以代表清朝政权的黛玉一定要死（追封为皇后的董鄂氏），代表后金政权的宝钗（废弃的皇后"静妃"）一定要复位并让贾宝玉接受，代表中华龙袍的袭人一定要归还给汉人（蒋玉菡＝将玉含＝盛玉玺与龙袍的盒子）。而贾宝玉的态度是"纵有弱水三千，我只取一瓢饮"，他只喜欢"林妹妹"，如此一来，只有出家一条路了。由此不难看出，儿女情长的男女感情不重要，男女性别颠倒不重要，上下辈数混乱不重要，一个角色演多个历史人物不重要，多个角色演一个历史人物不重要，历史时间有些错位不重要，纪年一塌糊涂不重要，引用正史野史也不重要；重要的是一定要将光复中原的主题思想写清楚，又要对清朝朝廷掩盖得严丝合缝，又要让子孙后代有可能从一片混沌中索隐出来。这就是黛死钗嫁宝玉出家袭人改嫁的原因。

当"黛死钗嫁"、"偷梁换柱"隐射孝庄将顺治"密封奏折"篡改为"顺治罪己诏"时，全体参与的演员，都变成了政治概念。《红楼梦》原文：

黛玉忙让："姐姐请坐。"袭人在床沿上坐了。鹦哥笑道："林姑娘正在这里伤心，自己滴眼抹泪的说：'今儿才来，就惹出你家哥儿的狂病，倘或摔坏了那玉，岂不是因我之过！'因此便伤心，我好容易劝好了。"袭人道："姑娘快休如此，将来只怕比这个更奇怪的笑话儿还有呢！若为他这种行止，你多心伤感，只怕你伤感不了呢。快别多心！"

这段文字，简直就是顺治小博尔济吉特氏新皇后（袭人）与刚进宫的董鄂氏皇贵妃（林姑娘）的直接对话。贾宝玉顺治"哥儿的狂病"，就是因为董鄂氏皇贵妃（林姑娘）而起。"将来只怕比这个更奇怪的笑话儿还有呢！若为他这种行止，你多心伤感，只怕你伤感不了呢。"是指几年之后，因为董鄂氏皇贵妃（林姑娘）久病咯血，贾宝玉顺治说："你死了，我做和尚去。"小博尔济吉特氏新皇后（袭人）规劝贾宝玉顺治，声言要回去，贾宝玉又说要出家当和尚。这些故事情节的弦外之音是：大清国要死，清朝皇帝要出家当和尚，中华龙袍要回到汉人身上。

顺便交代一下《红楼梦》人物的历史背景，对理解故事情节会有帮助。

皇太极、多尔衮与顺治入关前后，所以能够对李自成与明朝残余势力摧枯拉朽，横扫千军如卷席，除了依靠满洲八旗劲旅之外，主要依赖蒙古八旗劲旅的大力支持。有了这两支铁骑部队，入关后的满蒙亲贵，在中原大地上就如入无人之境。

满蒙亲贵对付汉人只要会两手就行了：一手是招降纳叛，一手是残酷镇压。所以，明末清初中国命运的决定因素在满蒙内部，而满蒙内部稳定团结的主要方式是政治联姻与防止迅速汉化。

为了读懂《红楼梦》，很有必要谈一谈皇太极与顺治朝的满蒙政治联姻与防止汉化措施。

皇太极当政时期，十分重视与蒙古四十九旗的团结，特别是与势力最强大的科尔沁蒙古与察哈尔蒙古的联姻。皇太极的懿靖大贵妃是博穆博果尔襄亲王的生母。她和康惠淑妃原先都是元朝直系后裔察哈尔蒙古林丹汗的福晋。天聪八年，皇太极派多尔衮攻打察哈尔，获元顺帝的传国玉玺（后改造成贾宝玉脖子上的通灵宝玉）。皇太极收纳了林丹汗的这两名福晋。皇太极设置后宫时，清宁中宫大福晋即皇后位，她是孝庄皇太后的姑妈；西永福宫庄妃便是后来的孝庄皇太后；东关雎宫宸妃是庄妃的亲姐姐。当时，懿靖大贵妃为西麟趾宫贵妃，康惠淑妃为东衍庆宫淑妃。如此一来，皇太极后宫里就有了5位蒙古后妃。其中三位为科尔沁蒙古人，两位为察哈尔蒙古人。

懿靖大贵妃早年为林丹汗生了察哈尔蒙古汗的继承人额哲和阿布鼐。当蒙古四十九旗归附时，皇太极以延续元朝苗裔不忍废绝的名义，任命额哲为察哈尔蒙古的旗主，封为和硕亲王。皇太极还以皇二女固伦公主马喀达下嫁额哲。

清朝入关孝庄皇太后当政时期，额哲亲王于顺治二年亡故，其弟阿布鼐袭王爵，固伦公主也转嫁阿布鼐亲王，继续驻守察哈尔。顺治皇帝的弟弟博穆博果尔生于清崇德六年，与察哈尔额哲、阿布鼐两亲王同母异父。孝庄还将亲女儿固伦雍穆长公主（贾氏）下嫁科尔沁蒙古王爷吴克善之子。皇太极十四位公主，十二位都比顺治皇帝年长。夭折的五位，下嫁蒙古的有五位。其中固伦雍穆长公主（贾氏）、固伦淑慧长公主跟顺治皇帝是同胞姐弟。

在顺治大婚的问题上，孝庄是严格按照祖制的，坚决娶科尔沁蒙古王爷的女儿或孙女为皇后或妃子。于是，顺治就有六位来自科尔沁蒙古的后妃。先是娶孝庄的亲侄女博尔济吉特氏为皇后，两年后被废弃，贬为静妃（薛宝钗）。又娶孝庄的亲外孙女小博尔济吉特氏为新皇后（袭人与林黛玉）。顺治的淑惠妃是孝庄的亲孙女，是新皇后小博尔济吉特氏的妹妹（麝月）。谨贵人悼妃是孝庄的亲侄女（金钏儿）。恭庶妃与端庶妃（吃双份儿的玉钏儿）也都是来自科尔沁蒙古王爷家的姑娘（孝庄的侄女辈）。

《红楼梦》原文：

次日起来，省过贾母，因往王夫人处来，正值王夫人与熙凤在一处拆金陵来的书信看，又有王夫人之兄嫂处遣了两个媳妇来说话的。黛玉虽不知原委，探春等却都晓得是议论金陵城中所居的薛家姨母之子姨表兄薛蟠，倚财仗势，打死人命，现在应天府案下审理。如今母舅王子腾得了信息，故遣他家内的人来告诉这边，意欲唤取进京之意。

薛姨妈是王夫人的妹妹，自然也是一位"王夫人"，他们的兄嫂就是贾宝玉的"母舅王子腾"。贾宝玉隐射顺治皇帝，王夫人隐射孝庄皇太后，两位王夫人的哥哥"王子腾"显然就隐射孝庄的哥哥科尔沁卓礼克图亲王吴克善。他是"王子"与"皇子""升腾"的标志。

薛姨妈这位"王夫人"隐射两家王爷的"夫人"。当隐射科尔沁卓礼克图亲王吴克善家的时候，薛姨妈就变成了吴克善亲王的"王夫人"，也就是薛姨妈王氏（孝庄嫂子）。"王氏"的女儿薛宝钗隐射孝庄亲侄女——顺治废弃的皇后"静妃"、孝庄亲侄女博尔济吉特氏皇后（牡丹）。

薛姨妈这位"王夫人"隐射的另一个王爷夫人，是平西王吴三桂的母亲。薛姨妈的儿子薛蟠隐射平西王"大周天子"吴三桂——三藩里面成了草头蟠龙的呆霸王。

总之，《红楼梦》作者充分利用了两位"王夫人"的肚子乱生起来。

姐姐"王夫人"的肚子生了贾元春（孝庄）、贾珠（死于天花的顺治）与贾宝玉（削发出家的顺治）。

妹妹"王夫人"的肚子生了薛宝钗（博尔济吉特氏废皇后"静妃"）、薛蟠（平西王吴三桂）。在演义顺治皇帝第一次大婚的《薛文龙悔娶河东狮》一回中，让薛文龙演顺治皇帝，让夏金桂演第一位皇后，薛姨妈干脆成了孝庄皇太后。

第三节　顺治北京登基

《红楼梦》第九回《起嫌疑顽童闹学堂》是全书写得最精彩的一段，隐射顺治登基时的政治与军事形势，内容最丰富。此处仅分析"原来这学中虽都是本族人丁与些亲戚家的子弟，俗语说的好，'一龙生九种，种种各别。'未免人多了，就有龙蛇混杂，下流人物在内"一段。

顺治元年六月，为庆贺清军抵定燕京，孝庄皇太后以皇帝的名义大赏群臣。七月，为中原平定，迁都燕京，皇帝遣官告祭天地祖宗。八月，作了迁都前的人事安排：命正黄旗内大臣何洛会、镶黄旗梅勒章京阿哈尼堪等率八旗驻防盛京及东北地区的所有城镇，以防不测。

八月二十日，顺治帝与皇太后博尔济吉特氏在文武百官簇拥、保护之下，离开盛京迁往北京。九月十八日，迁京的队伍到达通州。多尔衮早已率文武群臣恭候在预先设好的行殿旁。当时清王朝的各项礼仪制度还没有完善，皇帝入宫殿的一应仪式，都是由前明礼部的汉官按照明朝礼仪设计的。顺治帝进入行殿，在庄严的礼乐伴奏下，对天行三跪九叩礼，然后登上御座，接受多尔衮及先期抵京的诸王百官的朝拜。顺治帝在行殿更换了礼服，由百官做先导，从永定门经正阳门、大明门、承天门进入皇宫武英殿。

顺治帝入宫后第一项重要的活动就是举行登极大典。登极礼是封建王朝最重要的大礼，明朝都在最庄严的皇极殿（太和殿）举行。但清入关时，皇极殿已被李自成焚毁，多尔衮在短时间内无法修整，只好因地制宜，将大典改在残存的皇极门（今太和门）举行。多尔衮授意礼部择定十月初一举行登极大典，典礼的仪式同样是由原礼部官员参照明代登极礼制定的。

礼部官员先祭告太庙和社稷坛，然后引导七岁的顺治皇帝到天坛祭告皇天后土，由读祝官代行宣称：清王朝是"承祖宗功德，倚任贤亲"，"救民水火，扫除暴虐，抚辑黎元"，因此，他们才能"定鼎燕京，以绥中国"（《清实录》）。这篇祝文是祭天礼中不可少的一项，也表达了多尔衮要辅佐顺治帝，继续追剿农民军，使清政权在中原大地站稳脚跟的决心。

（第三代的"实"际"经"验）。"多尔衮（贾政）反对顺治攻读帝王之学，极恨郑亲王济尔哈朗，所以贾政对李贵说："等我闲一闲，先揭了你的皮，再和那不长进的算账！"后来多尔衮真"揭了"郑亲王济尔哈朗的"皮"，将他降为郡王，剥夺了听政的权力，由亲弟弟多铎（贾蔷）取而代之。多尔衮死后，济尔哈朗带头弹劾多尔衮，终于"揭了你的皮"——多尔衮被挖坟鞭尸。

（2）皇叔父摄政王多尔衮与洪承畴及汉族大学士（九卿）对顺治学习汉学的不同意见——多尔衮希望顺治小皇帝永远是个顽童，只会满语就行了。洪承畴（贾瑞）及汉族大学士希望顺治成为历代英主那样的好皇上。多尔衮在福临亲政之前，始终不同意对他进行汉学教育，所以贾政冷笑道："你如果再提'上学'两个字，连我也羞死了。依我的话，你竟顽你的去是正理。"九卿希望顺治三两年内亲政，所以众清客们说："老世翁何必又如此。今日世兄一去，三二年就可显身成名的了。"一个"又"字，隐射为了顺治的汉学问题，双方争斗久矣。

（3）顺治皇帝与皇父摄政王多尔衮的矛盾——顺治皇帝想及早亲政，拼命攻读汉学，累得吐血，新皇后（袭人代表的蒙族后妃）认为"一则贪多嚼不烂，二则身子也要保重"。蒙古族后宫势力支持顺治皇帝攻读汉学，但又担心他到"一里外"路上的人身安全，怕被多尔衮的势力加害："读书是极好的事，不然就潦倒一辈子，终久怎么样呢？但只一件，只是念书的时节想着书，不念的时节想着家些。别和他们一处玩闹，碰见老爷（指多尔衮）不是顽的。"孝庄皇太后（林黛玉）支持顺治攻读汉学，能成为一代明君："好！这一去，可定是要'蟾宫折桂'去了。"

（4）贾瑞洪承畴与薛蟠吴三桂有勾结又有矛盾——贾瑞"辅助着薛蟠"，"反助纣为虐讨好儿"。近来薛蟠吴三桂"连香、玉亦已见弃，贾瑞也无了提携帮衬之人"——隐射吴三桂与旧部下和孝庄势力也有了新的矛盾。

（5）顺治、多尔衮与皇兄肃亲王豪格（金荣）的矛盾——贾宝玉一派与金荣一派大打出手。最后是金荣"赔礼道歉"，隐射肃亲王豪格终于下狱，并死于狱中。

（6）佟半朝兄弟的汉军八旗与豪格满洲八旗的矛盾——佟图赖的外孙康熙皇帝由贾菌与贾兰隐射，与金荣肃亲王豪格"隔着桌子"（隔了一代）也打了起来。

（7）多铎对汉族大学士的尴尬处境，对顺治皇帝与皇兄豪格的矛盾，持看笑话并火上加油的态度——贾蔷"想毕，也装出小恭，走至外面，悄悄的把跟宝玉的书童名唤茗烟者唤到身边，如此这般，调拨他几句"。

（8）满洲老臣济尔哈朗（李贵）对汉族大学士洪承畴参与朝政十分不满，

而后者徒唤奈何——李贵说:"这都是瑞大爷的不是,太爷(范文程)不在这里,你老人家就是这学里(朝廷)的头脑了,众人看着你行事。众人有了不是,该打的打,该罚的罚,如何等闹到这步田地不管?"贾瑞(洪承畴)道:"我吆喝着都不听。"(隐射汉臣大学士说了不算。)李贵笑道:"不怕你老人家恼我,素日你老人家到底有些不正经(接受了孝庄的色诱而投降清朝),所以这些兄弟才不听。就闹到太爷跟前去,连你老人家也脱不过。还不快作主意撕罗开了罢。"

第四节 刘老老汤若望

明崇祯十五年,崇祯以西洋人汤若望习火器,令其赞画关东行间(山海关防务)。汤若望大孝庄二十二岁。顺治皇帝入关后,汤若望归顺清朝,继续在宣武门南教堂传教。范文程千方百计保护汤若望,认为他是难得的外国专家,使这位德国传教士在大清帝国的建国史上,发挥了极其重要的作用,被孝庄皇太后尊为"义父",被顺治皇帝尊为玛法(爷爷)与"通玄教师"——他就是《红楼梦》里最引人注目的角色"刘老老"。而救他的范文程就是"家学"校长"贾代儒"。

第六回《刘老老一进荣国府》原文:

方才所说这小小之家,乃本地人氏,姓王,祖上曾作过小小的一个京官,昔年与凤姐之祖王夫人之父认识……目今其祖已故,只有一个儿子,名唤王成,因家业萧条,仍搬出城外原乡中住去了。王成新近亦因病故,只有其子,小名狗儿。狗儿亦生一子,小名板儿,嫡妻刘氏,又生一女,名唤青儿。一家四口,仍以务农为业。

(1)刘老老三进荣国府——隐射汤若望是经常进出皇宫的重要官员,而且是当时唯一可以随时进宫觐见皇帝与皇太后的男人。因为他是孝庄的"义父"、顺治的"爷爷"。

(2)刘老老替巧姐儿取名——首先隐射他于顺治七年八月初三为多尔衮与孝庄接生了一个早产的女儿(探春),并为她起了名。其次隐射他以出过天花为由,巧妙建议康熙继承因天花而死的顺治的皇位。"巧哥儿"生在"七月七日"而能够"遇难呈祥,逢凶化吉",是指康熙六年七月七日康熙亲政。

（3）刘老老营救巧姐儿——隐射他劝阻了顺治皇帝御驾亲征郑成功的冒险行为。

（4）"偶因济刘氏，巧得遇恩人"——到康熙二十六年孝庄去世以后，汤若望的替身图海大学士部属继续扮演刘老老，营救了遇难的多尔衮与孝庄的亲生女儿（巧姐）。这也是《红楼梦》的惊人之笔。

（5）板儿佛手换柚子——隐射汤若望为孝庄的女儿接生（顺治七年八月初三），又以《胡庸医乱用虎狼药》隐射汤若望为顺治的董鄂氏贤妃人工流产（顺治十二年八月）。

（6）会开贾宝玉的密室机关——隐射他与顺治的特殊关系，在顺治还很小的时候，经常进出养心殿孝庄的秘密卧室。

（7）不会用筷子，会用叉把子——隐射他是外国人，习惯用刀叉。

（8）土话连篇笑话联翩——隐射他的幽默与半生不熟的中国话。刘老老讲的笑话，都是汤若望在顺治皇宫里的亲身经历，可以公开的部分都写在《汤若望传》里。

（9）刘老老讲故事，荣国府上下都爱听——隐射汤若望渊博的学识，折服了顺治皇帝和后宫里的所有女人。

顺治元年，汤若望奏进新历法，得旨："钦天监印信，著汤若望掌管。"

第六回《刘老老一进荣国府》原文：

恰好忽从千里之外，芥荳之微，小小一个人家……只有一个儿子，名唤王成……其子，小名狗儿。狗儿亦生一子，小名板儿……

刘老老一家的命名颇有讲究：

（1）"祖上……王成……"——根据商王成汤，隐射"汤"字。蔡元培《石头记索隐》认为隐射汤斌，其实是隐射德国传教士汤若望。

（2）"板儿"——隐射扳手做助产手术，得到一个小儿（探春）。

孝庄皇太后于顺治元年九月十九日进京，顺治六年二月八日下嫁多尔衮。顺治七年多尔衮死了。孝庄皇太后当年怀孕，但不足月，却有流产先兆。汤若望闻讯，立刻从南教堂赶来帮忙。（刘老老忙说道："一早就往这里赶咧，那里还有吃饭的工夫咧。"）第六回就隐写此事。

刘老老心中想着："这是什么爱物儿？有甚用呢？"正呆时，只听得当的一声，又若金钟铜磬一般，不防倒唬的一展眼。接着又是一连八九下。方欲问时，只见小丫头子们齐乱跑，说："奶奶下来了。"周瑞家的与平儿忙起身，命刘老老"只管等着,是时候我们来请你。"说着,都迎出去了。——隐射孝庄在上午十点钟,"奶奶"流"下来了"一个胎儿。并未用得上汤若望的助产术——所以"板儿便躲在背后,百般的哄他出来作揖,他死也不肯"。时在顺治六年十月,第六回云"因这年秋尽冬初,天气冷将上来……"

尽管如此,孝庄皇太后还是重赏了汤若望。(凤姐乃道:"这是二十两银子,暂且给这孩子做件冬衣罢。若不拿着,就真是怪我了。这钱雇车坐罢。改日无事,只管来逛逛,方是亲戚们的意思。天也晚了,也不虚留你们了,到家里该问好的问个好儿罢。")

顺治七年八月初三(贾母的另一个生日:生孩子的日子),孝庄为多尔衮生下一个女儿(巧姐儿—探春),也是请汤若望进宫,做了人工助产术。这是刘老老二进荣国府的故事(第三十九回)。第七十二回:

贾琏未语先笑道:"因有一件事,我竟忘了,只怕姐姐还记得。上年老太太生日(生孩子),曾有一个外路和尚(汤若望)来孝敬一个蜡油冻的佛手(佛手助产),因老太太爱,就即刻拿过来摆着了。因前日老太太生日(顺治十三年二月八日),我看古董账上还有这一笔,却不知此时这件东西着落何方。古董房里的人也回过我两次,等我问准了好注上一笔。"——追述当年"外路和尚"汤若望来做助产手术(佛手),孩子生后半年,多尔衮死了(顺治七年十二月初九),皇宫档案馆(古董房)不知道在玉牒上如何记载这个孩子。顺治皇帝(贾琏)请示苏麻喇姑(鸳鸯)。

从《红楼梦》中看,这个女孩子就是"巧姐儿—探春"。皇宫档案馆(古董房)的玉牒上记载是多尔衮(贾政与周瑞)的女儿(探春)。多尔衮死后她又被说成是多尔衮大福晋(赵姨娘)的女儿(降为庶出),从小(巧姐)由孝庄(凤姐)抚养,格格的身份(《金陵十二钗》正册),远嫁蒙古("千里东风一梦遥"),当了"王妃"("日边红杏倚云栽")。孝庄(王熙凤)死后落难,被刘老老第二(图海大学士部属)援救,削了爵位,成了富家婆(第五回曲子:后面又是一座荒村野店,有一美人在那里纺绩。其判云:势败休云贵,家亡莫论亲。偶因济刘氏,巧得遇恩人)。

(3)"青儿"、"狗儿"——隐射孝庄与福临。

刘老老一家,隐射大清国第一家庭:刘老老汤若望是王夫人孝庄皇太后的"义父",是顺治皇帝贾宝玉的"爷爷"(玛法)。"狗儿"隐射顺治皇帝,是孝庄(文皇后)与孔有德(贾敬)二人苟合的儿子。"敬"字从"苟"从

"文";"青儿"隐射大清国第一女儿孝庄皇太后。

一部《红楼梦》故事,从刘老老起(第六回),到刘老老止(第一百一十九回),可见《红楼梦》对"外路和尚"汤若望是何等重视。

有人认为汤若望被写成孝庄的老情人,实在是误解。此处不愿意索解,又不得不索解。因为这样的索解文字,人人看了都不舒服。

刘老老到荣府弄点好处,为什么要通过周瑞呢?周瑞家的是王夫人(孝庄)之陪房。周瑞曾为争买田地之事,多得狗儿之力。"争买田地"指入关初期的"圈地","多得狗儿之力"指两白旗从两黄旗手中多得了许多好地。周瑞的身份是宗人府令。他的女婿冷子兴是皇家玉牒馆官员(古董行贸易)。周瑞家的说:"我们男的只管春秋两季地租子,闲时只管带着小爷们出门子就完了。"

刘老老汤若望第一次奉诏来侍奉孝庄皇太后,当然要找周瑞家的(多尔衮大福晋)。而且要走故宫的后门"神武门"——那里距故宫皇家幼儿园(东六所)最近,经常有许多皇子皇孙,包括孝庄的孩子在玩闹戏耍。

刘老老听了谢过,遂携了板儿,绕到后门上。只见门前歇着些生意担子,也有卖吃的,也有卖顽耍物件的,闹吵吵三二十个小孩子在那里厮闹。刘老老便拉住一个道:"我问哥儿一声,有个周大娘可在家么?"孩子们道:"那个周大娘?我们这里周大娘有三个呢,还有两个周奶奶,不知是那一行当的?"刘老老道:"是太太的陪房周瑞。"孩子道:"这个容易,你跟我来。"说着,跳蹿蹿的引着刘老老进了后门,至一院墙边,指与刘老老道:"这就是他家。"又叫道:"周大娘,有个老奶奶来找你呢,我带了来了。"

"周大娘"所住的地方,位于故宫东北角的"东六所"附近,刘老老汤若望从荣府后门(故宫神武门)进去,经故宫东北角的贞顺门以西,就到了东六所。这里是废黜后妃与闲散老宫女居住的地方。顺治的静妃、康熙的宜妃、光绪的珍妃被废的日子,都是在这一带打发的。这个地方就是《红楼梦》里所谓的"梨香院"。"周大娘"与"周瑞家的"指睿亲王多尔衮的正妻,也是孝庄的妹妹。她无儿子。姐姐孝庄下嫁后,要流产了,她入宫料理,接待汤若望。

按《红楼梦》作者的"荒唐"说法,汤若望(刘老老)经常进宫,一是为国事。二是为孝庄与顺治的后妃接生、引产、流产或看病,并无男女苟且情事。"奸"情是望风扑影。

第四十一回刘老老要木头杯子起,到第四十二回宝玉派小丫头将成窑五彩小盖钟送与她，其间写了多种杯子。而第三十八回贾母说："我先小时，家里也有这么一个亭子，叫做什么'枕霞阁'……失了脚掉下去，几乎没淹死，……到底被那木钉把头碰破了。如今这鬓角上那指头顶大一块窝儿就是那残破了。"凤姐接着说："可知老祖宗从小儿的福寿就不小，神差鬼使碰出那个窝儿来，好盛福寿。"贾母孝庄以"木"（博尔济吉特·布木布泰）为隐射符号，她的"头"，就是"木头"。"木头杯子"隐射孝庄的嘴。凤姐所谓的"盛"，是说饮水或接吻。至于"黄杨根（皇娘根）整抠的杯"，显然已经写得很下流了。清朝宗室文人说《红楼梦》是"天下淫书之最"，纯属冤枉之词。索隐派将上文索解成"头"、"嘴"、"接吻"、"皇娘根"，纯系无中生有。引用如上，读者自有公断。

索隐派将汤若望说成孝庄很重要的一个野男人，借以表现孝庄全靠野男人创建维持大清国。刘老老一进荣国府是为二进荣国府搭台的，三进荣国府才换了角，显然是望文生义。

醉金刚倪二从第二十四回上场，到第一百四回退场（从顺治六年到康熙五年），几乎与《红楼梦》相始终。刘老老从第六回上场，到第一百一十九回退场（从顺治六年到康熙二十六年），也几乎与《红楼梦》相始终。

醉金刚倪二与刘老老共同隐射汤若望在中国的一生，说明汤若望在顺治与康熙早期对清朝朝政的影响很大。第二十四回：

倪二大笑道："好会说话的人。我却听不上这话。既说'相与交结'四个字，如何放账给他，使他的利钱！既把银子借与他，图他的利钱，便不是相与交结了。闲话也不必讲。既肯青目，这是十五两三钱有零的银子，便拿去治买东西。"

"十五两三钱有零"，隐射崇祯十五年三月汤若望授权帮助明朝制造红衣大炮，参与山海关防务。"有零"隐射汤若望于顺治元年归顺清朝，一切先进技术，包括西洋新历法，都交给了清朝政府。第二十四回：

一直走到个钱铺里，将那银子称一称，十五两三钱四分二厘。

数字之和为二十四。又特意写在第二十四回，隐射顺治皇帝24次到南堂，接受不要利钱的汤爷爷教诲。顺治的"世法平等"、"满汉一体"、"男女平等"、"恋爱自由"、"废除逃人法"、"禁止圈地"、"满洲亲贵退出六部"等"杂学旁收"的新思想，都来源于这"十五两三钱四分二厘"的无息贷款。第

清宫隐史——《红楼梦》索隐之一

一百〇四回：

　　进了都门，众衙役接着，前呼后拥的走着。雨村坐在轿内，听见轿前开路的人吵嚷。雨村问是何事，那开路的拉了一个人过来跪在轿前，禀道："那人酒醉，不知回避，反冲突过来。小的吆喝他，他倒恃酒撒泼，躺在街心，说小的打了他了。"雨村便道："我是管理这里地方的，你们都是我的子民。知道本府经过，喝了酒不知退避，还敢撒赖！"那人道："我喝酒是自己的钱，醉了躺的是皇上的地，就是大人老爷也管不得。"雨村怒道："这人目无法纪！问他叫什么名字。"那人回道："我叫醉金刚倪二。"雨村听了生气，叫人："打这东西！瞧他是金刚不是。"……那夜果等倪二不见回家，他女儿便到各处赌场寻觅。那赌博的都是这么说，他女儿哭了。众人都道："你不用着急。那贾大人是荣府的一家。荣府里的一个什么二爷和你父亲相好，你同你母亲去找他说个情，就放出来了。"倪二的女儿想了一想："果然我父亲常说间壁贾二爷和他好，为什么不找他去？"赶着回来就和母亲说了，娘儿两个去找贾芸……贾芸无言可支，便说是："西府里已经打发人说了，只言贾大人不依。你还求我们家的奴才周瑞的亲戚冷子兴（索尼）去才中用。"倪家母女听了，说："二爷这样体面爷们还不中用，若是奴才，是更不中用了。"贾芸不好意思，心里发急道："你不知道，如今的奴才比主子强多着呢。"（辅政四大臣说了算）倪家母女听来无法，只得冷笑几声，说："这倒难为二爷白跑了这几天。等我们那一个出来再道乏罢。"说毕出来，另托人将倪二弄出来了，只打了几板，也没有什么罪（汤若望因北京连续地震而无罪释放）。

　　"醉金刚"拦住贾雨村的路线，隐射汤若望企图拦住以辅政四大臣为首的复旧路线。顺治十八年（1661）二月，四位辅政大臣刚上台即向全国发布命令：

　　朕秉承先志，厘别弊端，因而详细体察，乃知满洲佟义，内官吴良辅阴险狡诈，巧售其奸……各衙门专务任意把持，广兴营造，糜冒钱粮，以致万民告匮，兵饷不敷……坏本朝淳朴之风俗，变祖宗入定之典章……十三衙门尽行革去，凡事皆遵太祖、太宗制，内官永不录用。

　　首倡十三衙门的吴良辅，此时正在悯忠寺替顺治皇帝出家，仍被"变易旧制"罪名而论斩。接着是罢内阁、翰林院，复设"内三院"。内三院各设满大学士一员，汉大学士一员，并规定一旦见缺，满洲学士即应推补，汉大学士见缺则不一定。康熙元年（1662）二月，翰林院并入内三院，侍讲学士、侍讲一概裁汰。

辅政大臣上台伊始的举措，其实就是革除顺治皇帝的汉化政策，恢复皇太极时代的满制。孝庄太后对当年顺治皇帝推行的汉化政策是赞同的，组建汉军旗，重用汉官，满汉一体等都是顺乎时势之需要。但顺治仙逝，康熙冲龄，四臣辅政，满洲大臣对顺治朝重用汉官极端不满。孝庄太皇太后审时度势，觉得可依赖的还是满洲上三旗的四位辅政大臣。为此不惜走回头路，借以换取清朝内部的稳定。这是"诸害相较取其轻，诸利相较取其重"的措施。

朝廷上的圈地争端和汤若望天算案政治影响很大。辅政大臣以两黄旗京畿原圈地二十年前被多尔衮的正白旗圈占为名，要求重新将正白旗的好地归还两黄旗，不足之处再圈民地以补充之。议政大臣费扬古以顺治皇帝严令禁止圈地予以抵制，一场论战沸沸扬扬。

汤若望是太皇太后的义父、顺治皇帝的爷爷、当今康熙皇上的曾爷爷，其时宪历由先皇颁布实行多年，辅臣苏克萨哈、鳌拜支持钦天监官员杨先光反攻倒算，要求恢复大统历。以换地为名重新圈占民地、恢复落后的大统历，既是对顺治皇帝的反攻清算，更是对深居后宫的康熙祖孙的威胁。

汤若望天算案的矛头，直接对准康熙祖孙二人。议政王大臣会议数次，御前会审数次，仍难以结案。孝庄和康熙皇帝竭力想保全德国传教士汤若望的性命，但辅政大臣不接受，用莫须有的"罪证"欲置汤若望于死地。孝庄嘱咐安亲王岳乐利用御前会审首席主持的机会体体面面地结案，也没有成功，只争取到在建国门观象台实测校验的缓死之机。

辅政大臣把实测校验结果颠倒黑白，标拟汤若望处绞。苏克萨哈与鳌拜完全不顾孝庄的保全谕旨，以"辅臣拟旨"的形式把汤若望等人由处绞改为斩首，企图借汤若望的脑袋，给孤儿寡母的皇室一个下马威。幸亏一场大地震救了孝庄皇太后，吓退了对天神尚有敬畏的苏克萨哈、鳌拜等辅政大臣，汤若望才得以免死。孝庄与康熙的皇权最终取得了胜利，汤若望无罪释放，得以寿终正寝。

醉金刚倪二拦路、被捕、坐监、挨打，最后无罪释放，即隐射这段历史。"你还求我们家的奴才周瑞的亲戚冷子兴去才中用"——隐射四位辅政大臣之首索尼，对汤若望天算案的态度与苏克萨哈、鳌拜不同。索尼帮助孝庄与康熙，对开罪汤若望起了重要作用。后来，孝庄选定索尼的孙女赫舍里氏为康熙的皇后，显然与此案有极大的关系。

"顺治罪己诏"，"换地风波"，"斩杀吴良辅"，"废除十三衙门"，"重用满蒙旧臣"，"贬低汉臣内阁"，"换复崇德旧制"，"汤若望天算案"反攻倒算……凡此种种，说明顺治皇帝被废黜了，被复古的满蒙亲贵与孝庄母后废黜了。

第八章 顺治初年

第一节 顺治的童年与少年时代

顺治皇帝7岁随母亲孝庄皇太后入主中原，崇祯十七年、顺治元年九月十九日到达北京，十月初一在故宫太和门登上中国皇帝的宝座。到顺治八年正月十二日正式亲政之前，清朝政权由"皇叔父"或"皇父"摄政王多尔衮控制。在这七年，大清国名义上的皇帝是顺治，后台是母亲孝庄皇太后，朝政的实际管理者是多尔衮。

这段历史进入《红楼梦》，贾府（清朝政府）的名义小主子（皇帝）是贾宝玉，后台是贾母、王夫人、王熙凤（大清国国母、新老国王夫人、王国的凤凰），前台的代理家长是贾政与贾琏（大清国摄政王）。

王夫人与贾政的关系，王熙凤与贾琏的关系，前五六年是事实婚姻（嫂子"养小叔子"），后一两年是合法婚姻（太后下嫁，成多尔衮的"二令"）。

两种婚姻关系的最后结果是复杂的。在《红楼梦》里平儿（苏麻喇姑）总结说："纵在这屋里操上一百分的心，终久咱们是那边屋里去的。"证实当时孝庄已经下嫁多尔衮，虽然还在慈宁宫操心，还是皇太后，但死了以后还是要算多尔衮的妻子，按皇家的正统观念，"终久咱们是那边屋里去的"。

孝庄皇太后已经没有资格与清太宗合葬，也没有资格进入遵化清东陵，只能"停棺不葬"三十七年，后代子孙才勉强同意将她埋在东陵围墙的外面。为了掩人耳目，美其名曰"昭西陵"——对沈阳的昭陵而言，是"西"陵。对北京遵化的东陵而言，是"昭陵"。既不"东"，也不"西"，让后人弄不懂究竟是什么"东西"。

七年的"多尔衮时代"，主要历史大事如下：

（1）顺治元年（1644），甲申之变，李自成进京，崇祯自缢，吴三桂引清兵入关，李自成焚毁明皇宫，多尔衮入主北京，修复故宫，孝庄与顺治入关，多铎南征，阿济格（贾蓉）西征，孝庄开科取士。

顺治元年三月十九日李自成进宫，崇祯煤山自缢。——《林如海捐馆扬州城》。

顺治元年四月二十二日，李自成在石河战役被吴三桂与多尔衮联军击败。四月二十七日李自成逃回北京。四月二十九日称帝一天，四月三十日焚烧北京而逃走。——《葫芦僧乱判葫芦案》中的"贾雨村救薛蟠"，与"柳湘莲救薛蟠"。

顺治元年五月初二，多尔衮入主北京。——《贾雨村夤缘复旧职》。

顺治元年五月初三，吴三桂正式臣服清朝——"薛蟠生日"。多尔衮宣布优待明宗室，为崇祯建陵发丧。——"贾琏陪林黛玉为林如海到姑苏发丧"。

顺治元年五月初三到九月，多尔衮令范文程、洪承畴、金之俊（"老名公山子野"——明朝归顺的三位大学士）修复明故宫。——贾政与"老明公三子野"的"大观园修建工程"。

顺治元年八月底九月初，为修复的故宫题写对联匾额。——《大观园试才题对额》。

顺治元年九月十九日，孝庄与顺治入主北京，多尔衮接驾。——《林黛玉抛父进京都》与《荣国府归省庆元宵》。

顺治元年十月初一，顺治于太和门登基。——《起嫌疑顽童闹学堂》。

顺治元年十月初一，令多铎南征江南。——"贾蔷、贾蓉到苏州采办"，因江南甄家存有贾家"五万两银子"——南明残存"五个小皇帝"。

顺治元年十一月，孝庄主持开科考试。——"多姑娘考试贾琏"与士大夫"傅试"、"傅秋芳"。

(2) 顺治二年（1645），南明弘光元年，顺治皇帝年8岁，孝庄32岁。

顺治二年四月二十五日，史可法扬州殉国（林黛玉《哭花荫》）。四月二十六日开始扬州屠城（林黛玉《葬花词》）。

顺治二年五月二十三日，清兵破南京，福王弘光早已流窜芜湖。顺治二年五月二十五日，清兵执弘光至南京，然后押解北京。——甄宝玉，"他令尊也曾下死笞楚过几次，无奈竟不能改。每打的吃疼不过时，他便'姐姐''妹妹'乱叫起来"。

顺治二年六月二十七日，唐王自立于福州，号称隆武。——江南甄家第一次"接驾"。

顺治二年八月十七日，唐王赐郑森国姓，名成功。郑成功后称"国姓爷"朱成功。38年后，郑（朱）克塽（薛宝琴）说的"昨夜朱楼梦"，就是朱成功的台湾梦。

顺治二年，多铎奉谕，别了阿济格，军士分作三支，长驱河上，如入无人之境。史可法令高杰出师徐州。高杰与睢州总兵许定国联络，不知许定国已降清。高杰被许定国赚入城内，灌得烂醉。伏兵齐起，身首异处。许定国引领多铎进取归德。肃亲王豪格（焦大）横扫山东。山东既平，奉命到归德来会多铎。淮北一带，望风降清。多铎由归德趋泗州，安渡淮河，继续南征。豪格回京复命。——这就是"焦大"回忆的战争故事。

此事反映到《红楼梦》中为第一回：

急得士隐惟跌足长叹而已。只得与妻子商议，且到田庄上去安身。偏值近年水旱不收，鼠盗蜂起，无非抢田夺地，鼠窃狗偷，民不安生，因此官兵剿捕，难以安身。士隐只得将田庄都折变了，便携了妻子与两个丫鬟投他岳丈家去。他岳丈名唤封肃，本贯大如州人氏，虽是务农，家中都还殷实。今见女婿这等狼狈而来，心中便有些不乐。幸而士隐还有折变田地的银子未曾用完，拿出来托他随分就价薄置些须房地，为后日衣食之计。那封肃便半哄半赚，些须与他些薄田朽屋。士隐乃读书之人，不惯生理稼穑等事，勉强支持了一二年，越觉穷了下去。

（3）顺治三年（1646），顺治年9岁，孝庄33岁。

九月十五日清兵杀唐王于福州。唐王死后，唐王弟自立于广州，也号称隆武。同时，韩王自立于郧西，号称定武。桂王自立于肇庆，称号永历。唐王称帝福州——为"江南甄家"第一次接驾。隆武称帝广州。定武称帝郧西。永历称帝肇庆。反映到《红楼梦》中，则为"江南甄家"的第二、第三与第四次"接驾"。

桂王、唐王与隆武的反清斗争很快被扑灭了，只有韩王定武帝坚持了19年，康熙二年，史书记载"韩王不知所终"——反映到《红楼梦》第一百三回《昧真禅雨村空遇旧》："雨村复又心疑：'想去若非士隐，何貌言相似若此？离别来十九载（注：南明政权维持十九年），面色如旧，必是修炼有成，未肯将前身说破。'"

（4）顺治五年（1648），南明定武三年，永历二年，顺治年11岁，孝庄35岁。

顺治皇帝尊多尔衮为"皇父摄政王"。在此后不久。多尔衮篡位的步伐加快，顺治与孝庄都感到了威胁。反映到《红楼梦》中，为第二十五回《魇魔法姊弟逢五（顺治五年）鬼》、第三十三回《不肖种种大承笞挞》。

（5）顺治六年（1649），南明定武四年，顺治年12岁，孝庄36岁。二月初八日，孝庄下嫁多尔衮。——反映到《红楼梦》中，为第五十四回《史太君破陈腐旧套 王熙凤效戏彩斑衣》。

同年，孔有德改封定南王，开藩广西。耿仲明改封靖南王，后开藩福建。尚可喜改封平南王，开藩广东。平西王吴三桂仍开藩云南——反映到《红楼梦》中，四大汉王成了贾宝玉辫子上的四颗"珠子"——朱明王朝归顺的汉军四大藩王（"珠"——"朱"明降"王"也）。

(6) 顺治七年（1650），南明定武五年，顺治年13岁，孝庄37岁。十二月初九多尔衮死于喀喇城。十七日灵柩至京。顺治皇帝追封"皇父摄政王"为"成宗义皇帝"——即薛蟠所说的"义忠亲王老千岁坏了事"。

(7) 顺治八年（1651），南明定武六年，顺治年14岁，孝庄38岁。正月十二，顺治皇帝亲政。多尔衮死后二十几天获罪，被抄家削爵。反映到《红楼梦》中，则为一百一十二回《死雠仇赵妾赴冥曹》与第三十八回《林潇湘魁夺菊花诗 薛蘅芜讽和螃蟹咏》——贾宝玉云："昨夜不期经雨活，今朝犹喜带霜开。"多尔衮三兄弟成了三只死螃蟹，而14岁的顺治皇帝亲政。

第二节 扬州、嘉定、江阴屠城

顺治二年，史可法闻清兵已渡淮河（逢妖桥），急督师出御。行至半途，又报泗州紧急，复移师向泗州。南京又飞檄召还，史可法折回江南。探报泗州已失，史可法只得急还扬州。清兵长驱而来，距扬州城30里。扬州守兵望风逃窜，史可法入城，城中已无兵可守。

多铎接连攻城，兵士被伤无数，愤不可遏，督兵猛扑。到第七日，城内炮弹矢石所剩无几，城内外尸如山积，清兵践尸入城。参将张友福拥史可法出小东门。史可法大呼道："我便是史督师。"此时城内外统是清兵，一阵乱剁，可怜柱石忠臣顿化碧血。清兵遂进陷扬州。

史载清豫王多铎对史可法先是备加礼敬，劝他投降。史可法说："城存与存，城亡与亡，我头可断，而志不可屈。"最后慷慨就义。他的余部和扬州人民一起，同清军展开巷战，全部壮烈牺牲。清军占领扬州后，大加杀戮，以泄其怒。

弘光小朝廷非常腐败，朱由崧昏庸荒淫。马士英之流乘机树党营私，大肆打击迫害反对过马、阮的东林党人。当政者勒派军饷，增加赋税，甚至公开卖官，贿赂公行，政治腐朽到极点。清军兵临南京城下，人心惶惶，总督赵之龙、大学士王铎等写了降书。多铎准其投降。赵之龙开了城门，迎接清兵。多铎入城安民。因马到即降,而禁止掳掠,所以南京还算安静。遂即进兵芜湖,追擒弘光帝。是时江南四镇,单剩了一个黄得功。清兵已到长江口,黄得功坐小舟督战,中箭而死。南明总兵田雄将弘光帝掖住,又令缚住弘光爱妃,献入清营。弘光帝及爱妃被解至南京,多铎即遣使献俘。这位风流天子甄宝玉,只享了一年艳福,就身陷囹圄,押送北京。

《红楼梦》将扬州嘉定江阴屠城说成"三月香巢已筑成,梁间燕子太无情"——第二十六回《蜂腰桥设言传心事潇湘馆春困发幽情》。

"哭花荫"与"黛玉葬花"是《红楼梦》中艺术性最高、隐晦性最强的故事:"林黛玉秉绝代姿容,具稀世俊美,不期这一哭,那附近柳枝花朵上的宿鸟栖鸦一闻此声,俱忒楞楞飞起远避,不忍再听。"

作者没有错过这一千载难逢的机会,突然将明清战争中最惨烈最敏感的"扬州嘉定江阴屠城",硬塞给了林黛玉,让她来一个"男扮女装",公开祭奠南明抗清英雄史可法,并以史可法义子史德威的身份,哭祭扬州八十万汉族冤魂的在天之灵。

扬州屠城十日,横尸八十万。历史记录清清楚楚,此处不再赘述。

进攻嘉定的统帅为勒克德浑(礼亲王代善"赖爷爷"的孙子),沿途所过,多望风迎降。

吴淞总兵李成栋遣使奉书,愿效麾下。勒克德浑采用以汉攻汉之策,令降臣前驱,乘胜到嘉定。李成栋运到大炮数尊,恰值天降大雨,雨过炮发,随处崩陷,李成栋引兵入城,下令屠戮三天,共死数万人,幸亏勒克德浑贝勒檄李成栋攻取松江,方才罢手。后人称为嘉定三屠,便是这场新降汉军屠杀嘉定汉民的惨剧。汉族降臣为了取得满洲亲贵的信任,杀起汉族同胞来毫不手软。松江既陷,李成栋复攻江阴。江阴故典史阎应元一意抗清,守城用的毒矢射人即死,火砖着人即燃,木铳火药爆炸立靡,都是阎应元监工造成。李成栋大怒,将俘虏黄蜚、吴志葵将军推至城下,令他劝降。阎应元怒骂道:"大明养士三百年,不料出汝等侯伯,毫无廉耻。应元犹有心肝,宁为义死,不为利生。"会江宁运到大炮数十尊,四面发射,又连日霪雨,城堞冲坏,清兵攻入后门。阎应元血战,中箭投水。清兵追至,将应元曳出,牵至李成栋前。阎应元骂不绝口,遂被杀。李成栋又屠城,城内死九万七千余名,城外死七万五千余名。江阴遗民,只存活53人。自从清兵南下,杀戮最惨的地方,扬州、嘉定以外,要算江阴。江阴城楼一直留有阎典史绝笔一联,不知文化大革命期间被毁了没有。绝笔云:"八十日带发效忠,表太祖十七朝人物。十万人同心死守,留大明三百里江山。"

1925年梅兰芳到纽约与美国几个大城市演出《黛玉葬花》,场场爆满,台上台下热泪纵横,剧场内外哭声唏嘘。尽管中国演员不知道自己演的是谁,尽管外国观众不知道自己看的是什么,但都被《红楼梦》的美与悲深深的感动了。

其实梅兰芳演的《黛玉葬花》中的林黛玉,也是女扮男装,她扮演的是史可法义子史德威。

明确指出林黛玉是"戏子"的是王熙凤与史湘云,还有薛宝钗与贾宝玉。为此,贾宝玉与林黛玉还大闹了一场——第二十二回《听曲文宝玉悟禅机 制灯谜贾政悲谶语》云:

至晚散时,贾母深爱那作小旦的与一个作小丑的,因命人带进来,细看时益发可怜见。因问年纪,那小旦才十一岁,小丑才九岁,大家叹息一回。贾母令人另拿些肉果与他两个,又另外赏钱两串。凤姐笑道:"这个孩子扮上活象一个人,你们再看不出来。"宝钗心里也知道,便只一笑不肯说。宝玉也猜着了,亦不敢说。史湘云接着笑道:"倒象林妹妹的模样儿。"宝玉听了,忙把湘云瞅了一眼,使个眼色。众人却都听了这话,留神细看,都笑起来了,说果然不错。一时散了。……林黛玉冷笑道:"问的我倒好,我也不知为什么原故。我原是给你们取笑的,——拿我比戏子取笑。"宝玉道:"我并没有比你,我并没笑,为什么恼我呢?"黛玉道:"你还要比?你还要笑?你不比不笑,比人比了笑了的还利害呢!"宝玉听说,无可分辨,不则一声。

史德威(林黛玉)至死不忘江阴扬州屠城,连作两首诗(《哭花荫》与《葬花词》)悼念之。苏州女人刘三季(龄官儿)虽然当上了豫亲王多铎(贾蔷)的大福晋,可谓一步登天,荣华富贵,丈夫也宠爱已极,但这个漂亮风流的江南小寡妇(小戏子),仍然念念不忘扬州屠城。她冒着雨,在地上画十八划的"蔷"字,连续划了几千遍,是否是在宣泄对新丈夫的刻骨仇恨?书上没有写,笔者不敢妄拟。但十八划的意思却能理解——她重复了几千遍,是告诉后人永远记住崇祯十八年,顺治二年(1645)四月二十六日,豫亲王多铎(贾蔷)在江南犯下的滔天罪行,记住十八划的"史可法"。

不但要记住豫亲王多铎(贾蔷)的滔天罪行,连顺治贾宝玉也有历史责任。第三十六回《绣鸳鸯梦兆绛芸轩 识分定情悟梨香院》:

宝玉素习与别的女孩子顽惯了的,只当龄官也同别人一样,因进前来身旁坐下,又陪笑央他起来唱"袅晴丝"一套。不想龄官见他坐下,忙抬身起来躲避,正色说道:"嗓子哑了。前儿娘娘传进我们去,我还没有唱呢。"宝玉见他坐正了，再一细看，原来就是那日蔷薇花下划"蔷"字的那一个。又见如此景况，从来未经过这番被人弃厌，自己便讪讪的红了脸，只得出来了。

尽管顺治贾宝玉亲政后改变了多尔衮三兄弟穷兵黩武一味血腥镇压的野蛮政策，提出了满汉一体、重用汉臣、世法平等、禁止圈地、惩治腐败、废除逃人法，甚至大观园承包责任制的改革，但他毕竟是皇帝，年龄虽小，这十八划的历史，还是要记在他的头上。因为他那个十五叔多铎，在江南杀了人，还抢了许多女人。刘三季（龄官儿）就是被多铎（贾蔷）硬抢到北京的。顺治小皇帝（贾宝玉）不但未加制裁，还对他大加表彰，尽管没有亲政，但国家玉玺（通灵宝玉）毕竟在你手里嘛。

《清史稿》云：顺治二年，"江、浙底定。多铎承制改南京为江南省，疏请授江宁、安庆巡抚以下官。别遣精奇尼哈番吴兆胜徇庐江、和州，并下。诏遣贝勒勒克德浑代镇江宁，召多铎还京师。上幸南苑行郊劳礼，进封德豫亲王，赐黑狐冠、紫貂朝服、金五千、银五万、马十、鞍二。"

第二十九回与第三十回原文摘要加注：

（1）"前日四月二十六日，我这里做遮天大王的圣诞，人也来的少，东西也很干净，我说请哥儿来逛逛，怎么说不在家？"——张道士孔有德对"四月二十六日"扬州屠城的忏悔态度。

（2）"且说宝玉因见林黛玉又病了，心里放不下，饭也懒去吃，不时来问。林黛玉又怕他有个好歹，因说道：'你只管看你的戏去，在家里作什么？'宝玉因昨日张道士提亲，心中大不受用，今听见林黛玉如此说，心里因想道：'别人不知道我的心还可恕，连他也奚落起我来。'因此心中更比往日的烦恼加了百倍。"——林黛玉史德威对"四月二十六日"不堪回首。

（3）"宝钗笑道：'原来这叫作"负荆请罪"！你们通今博古，才知道"负荆请罪"，我不知道什么是"负荆请罪"！'一句话还未说完，宝玉林黛玉二人心里有病，听了这话早把脸羞红了。"——揭示薛宝钗满蒙亲贵对"四月二十六日"扬州屠城的态度。

（4）"贾珍一时来回：'神前拈了戏，头一本《白蛇记》。'贾母问：'《白蛇记》是什么故事？'贾珍道：'是汉高祖（指努尔哈赤）斩蛇方起首的故事（宣布"七大恨"而誓师伐明）。第二本是《满床笏》（汉族官将倒戈降清）。'贾母笑道："倒是这第二本也罢了（孝庄主张招降纳叛，重用汉族官将）。神佛要这样，也只得罢了（明亡清兴是天意）。'又问第三本，贾珍道：'第三本是《南柯梦》。'贾母听了便不言语（对未来大失信心）。"——孝庄皇太后认为采用"四月二十六日"扬州屠城的方式，让汉族人心服口服，简直是南柯如海"隐射朱由校的弟弟朱由检。苏州为姑苏。"姑苏"的江浙发音为"古都"——大都北京也。

程乙本第十四回的"林如海"隐射"尸到林"（史道邻，史可法字号）——由《史道邻捐躯扬州城》，变成了《林如海捐馆扬州城》。此处的"林如海"专门隐射扬州史可法（"尸到林"为"死到林"，表明死者为史道邻）。

（3）第二十六回中的林黛玉，突然变成扬州两淮鹾政林如海的孤女（史可法的义子史德威），一个死里逃生进京投靠亲戚的难民孤儿了：

"自己又回思一番：'虽说是舅母家如同自己家一样，到底是客边。如今父母双亡，无依无靠，现在他家依栖。如今认真淘气，也觉没趣。'一面想，一面又滚下泪珠来。"——隐射义父史可法为林如海，自己本来应该当"丫头瑞珠"。既然为了保护义父的遗书不能同时赴死，自己的余生，只好以泪洗面了，用一生一世的泪珠（瑞珠）报答父亲的养育之恩了。第一回云：

那僧笑道："此事说来好笑，竟是千古未闻的罕事。只因西方灵河岸上三生石畔，有绛珠草一株，时有赤瑕宫神瑛侍者，日以甘露灌溉，这绛珠草始得久延岁月。后来既受天地精华，复得雨露滋养，遂得脱却草胎木质，得换人形，仅修成个女体，终日游于离恨天外，饥则食蜜青果为膳，渴则饮灌愁海水为汤。只因尚未酬报灌溉之德，故其五内便郁结着一段缠绵不尽之意。恰近日这神瑛侍者凡心偶炽，乘此昌明太平朝世，意欲下凡造历幻缘，已在警幻仙子案前挂了号。警幻亦曾问及，灌溉之情未偿，趁此倒可了结的。那绛珠仙子道：'他是甘露之惠，我并无此水可还。他既下世为人，我也去下世为人，但把我一生所有的眼泪还他，也偿还得过他了。'因此一事，就勾出多少风流冤家来，陪他们去了结此案。"那道人道："果是罕闻。实未闻有还泪之说。想来这一段故事，比历来风月事故更加琐碎细腻了。"

"赤瑕宫神瑛侍者"——不再隐射"天下古今第一淫人"顺治皇帝贾宝玉了，改而隐射朱明皇室（赤瑕宫）的仆人史可法（神瑛侍者）。

"绛珠草一株"——不再隐射董鄂氏皇贵妃了，改而隐射史可法的义子史德威了。

"日以甘露灌溉，这绛珠草始得久延岁月。后来既受天地精华，复得雨露滋养，遂得脱却草胎木质，得换人形，仅修成个女体，终日游于离恨天外。"——写尽了义子史德威忍辱偷生的一辈子，归降清朝，苟且偷生，以泪洗面，"终日游于离恨天外"。

"饥则食蜜青果为膳,渴则饮灌愁海水为汤。"——史德威的余生,食的是清的俸禄,喝的是明的苦水。此处的"灌愁海"即第五回警幻仙姑(孝庄皇太后)所谓的"灌愁海":"那仙姑笑道:'吾居离恨天之上,灌愁海之中,乃放春山遣香洞太虚幻境警幻仙姑是也:司人间之风情月债,掌尘世之女怨男痴。'"表明"灌愁海"即今日的北海与中南海。说明史德威被护送回京,以忠臣后裔的名义奉养宫内,其实是宫奴。像后主李煜一样,名为侯爷,却是"违命侯","每日只以眼泪洗面"。

"只因尚未酬报灌溉之德,故其五内便郁结着一段缠绵不尽之意。"——因为未能与义父同死,自己一辈子虽生犹死,"五内便郁结着一段缠绵不尽之意",实乃孝子的歉疚。

"恰近日这神瑛侍者凡心偶炽,乘此昌明太平朝世,意欲下凡造历幻缘。"——史可法与义子史德威都出生在大明王朝(昌明太平朝世),出生后就"造历"了大明王朝的浩劫。

"已在警幻仙子案前挂了号"——史德威回到北京,终其一生都在"保护忠臣遗孤"的名义下,受到孝庄皇太后(警幻仙子)的关照与监督。

"他是甘露之惠,我并无此水可还。他既下世为人,我也去下世为人,但把我一生所有的眼泪还他,也偿还得过他了。"——义父的养育之恩,难以报答于万一,只能"把我一生所有的眼泪还他,也偿还得过他了"。

"那道人道:'果是罕闻。实未闻有还泪之说。'"——"还泪之说"源于李后主。宋开宝七年赵匡胤的大将曹彬攻占金陵,南唐亡,一代"诗词天子"李煜,被押解汴京。宋太祖以保护李唐宗室血统的名义,封李煜为"违命侯",计划奉养到老。后来李后主的诗词风靡江南,一曲"问君能有几多愁,恰似一江春水向东流"感动了天地人寰。"雕梁画栋依然在,只是朱颜改",成了宋朝江山不稳的主要因素。赵匡胤虽然竭尽宽容,李后主却难改文人积习。宋太祖死了,弟弟宋太宗即位,李后主写了"小楼昨夜又东风,故国不堪回首月明中",朝野哗然,被赐死。

李后主的词,情致凄婉,逼迫自己不感慨身世,却不能不感慨国破家亡:"剪不断,理还乱,是离愁,别有一番滋味在心头。"他在信中写道:"此中日夕,只以眼泪洗面。"(龙衮《江南录》)《红楼梦》的"还泪之说"就起源于此。《红楼梦》不但虚构了还泪之说,还虚构了一个"修成女身"的林黛玉。李后主"眼泪洗面",变成史德威"眼泪洗面",再变成了林黛玉的"泪尽而死"。

史德威完全重复了李后主的命运。史料中难以查找史德威的记录,《红楼梦》中林黛玉的一生,应当就是史德威一生的真实写照。

程乙本第三回《托内兄如海荐西宾 接外孙贾母惜孤女》指南明兵部尚

书史可法奉弘光皇帝朱由崧之命，派遣使者带十万两白银与数万匹绸缎，前往北京犒赏清军，并给摄政王多尔衮一封书信（顺治元年九月初三——第十四回"林姑老爷是九月初三日巳时没的"就巧妙地隐射此事。此处的"林姑老爷"指史可法将军），名义上是感谢多尔衮为崇祯殡葬，镇压李自成，替君父报仇，但主题是要求满蒙八旗退回长城以外，归还故都北京，南明政府答应每年进贡白银十万两、绸缎数万匹，大体上相当于当年的宋朝与辽金旧例。但遭到了多尔衮的拖延式拒绝。

第十四回的"九月三日"是纪念史可法的明确的历史坐标值。"一年三百六十日"——指崇祯十七年五月十五福王南京监国，任命史可法为兵部尚书，次年四月二十五日在扬州殉国，不足三百六十五日，只能说一年三百六十日。"风刀霜剑严相逼"指史可法受到昏君阉臣同僚的三重排挤，只得自请到淮海前线赴死，明朝对汉族忠臣良将大抵如此也。

《流寇志》载："九月丙戌（即"初一"）朔，命王基、李乾德各戴罪赴王应熊军前理饷……戊子初三，命建祠南京，赐祠名旌忠，祀北京死难诸臣，文臣二十二人，勋臣一人，戚臣一人：东阁大学士、工部尚书、赠太傅，谥文贞范景文……"

"九月三日"也是纪念北京明朝殉国君臣的忌日。此乃1644年即崇祯十七年三月十五，李自成进占北京，明亡。明朝一些遗老有自杀或被杀的。五月初三南京诸臣拥立福王朱由崧为帝。《流寇志》载："庚寅初三，群臣上监国宝，王行告天礼，摄监国事，大赦天下……崇祯十七年五月初三日暂受监国之号，朝见臣民于南都。"此年九月三日福王在南京建立"旌忠祠"，祭祀在北京死难的朝臣。

总之，《红楼梦》第二十六与二十七回反复出现的"五月初三"、"九月初三"、"四月二十五"、"四月二十六"四个日子，分别与南明福王朱由崧与扬州史可法有关：

崇祯十七年、顺治元年五月初三南京诸臣拥立福王朱由崧先监国，后称弘光皇帝。

崇祯十七年、顺治元年、弘光甲申年九月三日，福王在南京建立"旌忠祠"，祭祀在北京死难的诸朝臣。

崇祯十七年、顺治元年、弘光甲申年九月三日，南明兵部尚书史可法致书北京清朝摄政王多尔衮。

顺治二年（崇祯十八年——"蔷"字十八划）四月二十五日史可法在扬州新南门慷慨殉国。

顺治二年（崇祯十八年——"蔷"字十八划）四月二十六日多铎（贾蔷

开始扬州屠城。

贾蔷（豫亲王多铎）在第十六回奉大爷、凤姐与贾琏（顺治、孝庄与多尔衮）之命，"下姑苏聘请教习，采买女孩子"，开始了江南战役。原文加注：

贾蔷（多铎）又近前回说："下姑苏聘请教习，采买女孩子，置办乐器行头等事，大爷（顺治皇帝贾珍）派了侄儿，带领着来管家两个儿子（满族俩权贵），还有单聘仁、卜固修两个清客相公（汉军八旗），一同前去，所以命我来见叔叔。"贾琏（多尔衮）听了，将贾蔷打谅了打谅，笑道："你能在这一行么？这个事虽不算甚大，里头大有藏掖的。"贾蔷笑道："只好学习着办罢了（初次为统帅，在战争中学习战争）。"

《清史稿》云："顺治元年四月，从睿亲王多尔衮入关，破李自成，进亲王。命为定国大将军，南征，定怀庆。进次孟津，遣巴牙喇纛章京图赖率兵先渡，自成守将走，沿河十五寨堡皆降……二年正月，自成亲率步骑迎战，师奋击，歼其步卒，骑卒奔溃。……四月，师进次泗州，渡淮趋扬州，遣兵部尚书汉岱等先驱，得舟三百余，围七日，克之，杀明大学士史可法。"

这样总算有了历史事件的具体地点——扬州。而且，第二十六回最后一段描写林黛玉"惊天地，泣鬼神"地大哭了一场，时间为崇祯十八年、顺治二年四月二十五日傍晚。而顺治二年四月二十五日傍晚，正是史可法义子史德威怀抱义父的朝靴在扬州城仰天大哭的时刻。

顺治二年四月二十六日扬州十日屠城开始——第二十七回作了详细记载：

至次日乃是四月二十六日，原来这日未时交芒种节。尚古风俗：凡交芒种节的这日，都要设摆各色礼物，祭饯花神，言芒种一过，便是夏日了，众花皆卸，花神退位，须要饯行。然闺中更兴这件风俗，所以大观园中之人都早起来了。那些女孩子们，或用花瓣柳枝编成轿马的，或用绫锦纱罗叠成干旄旌幢的，都用彩线系了。每一棵树上，每一枝花上，都系了这些物事。满园里绣带飘飘，花枝招展，更兼这些人打扮得桃羞杏让，燕妒莺惭，一时也道不尽。

"祭饯花神"——即祭饯扬州十日屠城中的无辜死难者。

江南人发音，"闺中"与"国中"相同、"中闺"与"中国"相同。"然闺中更兴这件风俗，所以大观园中之人都早起来了"——隐射扬州十日，举国震动，国人都纷纷祭饯。

正史与野史都明确记载：顺治二年四月二十五日，史可法被俘不屈而死。

四月二十六日扬州开始了大屠杀，屠城十日。被屠杀者仅"焚尸簿"所载竟达八十余万。扬州城陷后，福王弘光皇帝（南京甄宝玉）赖以阻挡清兵的"长江天堑"失去了，豫亲王多铎（贾蔷）长驱直入，弘光帝（南京甄宝玉）尚在夜半怀抱两个妃子正在荒宴之中，闻讯仓皇逃至芜湖，兵败被俘，押送北京。弘光帝朱由崧于1646年被处死。

贾雨村（多尔衮）与冷子兴（索尼）在第二回里专门谈了此事。"贾夫人仙逝扬州城"指史可法殉难与扬州屠城。"冷子兴演说荣国府"指索尼评论多尔衮摄政与顺治进京。明清双方，泾渭分明。

第二十七回"至次日乃是四月二十六日"——薛蟠吴三桂出场是顺治元年五月初二，"次日"应该是五月初三才对，怎么突然变成"四月二十六日"了呢？不是"巧合"，不是"败笔"，不是"纪年混乱"，而是作者有意这样写。"次日"乃是隐射"次年"的意思，次年乃顺治二年。顺治二年四月二十六日是中国历史的忌日——豫亲王多铎（贾蔷）"扬州屠城"的日子。

让我们看看《葬花词》，除了隐射董鄂氏皇贵妃哭祭两个儿子之外，还隐射什么：

花谢花飞花满天（满蒙八旗占中原），红消香断有谁怜（明亡父殉有谁怜）？
游丝软系飘春榭（南明政权如游丝），落絮轻沾扑绣帘（金陵陷后四都迁）。
闺中女儿惜春暮（扬州孤女惜春暮），愁绪满怀无释处（流落故都怀愁绪）。
手把花锄出绣闺（手把葬锄望南天），忍踏落花来复去（忍见尸横长江边）。
柳丝榆荚自芳菲（史公战袍血溅飞），不管桃飘与李飞（不管将逃与兵溃）。
桃李明年能再发（将逃兵溃能再战），明年闺中知有谁（扬州城内知有谁）？
三月香巢已垒成（江北四镇已垒成），梁间燕子太无情（多铎铁骑太无情）！
明年花发虽可啄（南明诸君虽顽抗），却不道人去梁空巢也倾（却不道覆巢之下无完卵）。
一年三百六十日（两淮抗清一年计），风刀霜剑严相逼（昏君阉臣严相逼）。
明媚鲜妍能几时（南明朱家能几时），一朝飘泊难寻觅（弘光逃亡难寻觅）。
……
愿奴胁下生双翼（儿愿胁下生双翼），随花飞到天尽头（随父殉国长江口）。
天尽头（长江不是天尽头），何处有香丘（史公香骨谁人收）？

第三节　风流倜傥的豫亲王

贾蔷隐射豫亲王多铎，贾蓉分身之一则隐射英亲王阿济格。两人的友谊，隐射联合征服黄河与淮河流域的故事。第九回原文：

> 这贾蔷外相既美，内性又聪明，虽然应名来上学（每日上朝），亦不过虚掩眼目而已。仍是斗鸡走狗，赏花玩柳。

"上学"而"斗鸡走狗，赏花玩柳"是豫亲王多铎（贾蔷）的一大毛病。他在归德会合肃亲王豪格，然后扬鞭长江，走马江浙，得胜归来就顺手掠夺了孀妇刘三季（龄官儿），归京后正式纳为福晋。

豫亲王多铎（贾蔷）勾搭抢夺范文程（贾代儒）的小妾，在京城弄得风雨满城。贾蔷（豫亲王多铎）上学堂"赏花玩柳"，就隐射此事。

当年肃亲王豪格联合多尔衮的福晋，向父皇告发孝庄与多尔衮的隐私，本想借父皇之手一举消灭多尔衮，谁知当天就将父皇气死（第十六回），多尔衮当上了摄政王。肃亲王豪格又联合多尔衮的亲弟弟多铎，向摄政王要权，引起了多尔衮的警惕，于是，派密探监视这两位亲王的行动。其中就有范文程。

范文程是多尔衮的心腹，但编制上归属多铎的镶白旗。范老夫子刚好丧偶，多尔衮将自己王府的一个美人儿莺姑娘给了范文程。两人互敬互爱，对摄政王十分感激。为了得到多铎的秘密，范文程几次设宴招待多铎，由美人儿莺姑娘作陪。一来二去，多铎竟然迷上了范文程的小继室。尽管范文程是朝廷的大学士，又是长者与尊师，但他毕竟是归顺的降官。多铎仗势欺人，派人将莺姑娘强抢了回去，但被多尔衮救了回来。于是，多铎得了一大堆罪名，降职夺权，威风扫地。进入《红楼梦》，就是多铎降了一辈，成了风流少年贾蔷。

顺治元年十月初一，豫亲王多铎奉旨南征。顺治二年底，多铎接到召还谕旨，收拾金银财帛，选了江南美妇，凯旋北归。美妇中有一个孀姝刘三季，系虞邑黄亮功的继妻。亮功病殁，三季守孀，被清军掠献多铎。多铎见她天然秀媚，就要逼她侍寝。刘三季抵死不从，以头触柱。幸亏婢媪拦住。多铎不敢相强，令小心服侍。随后闻她有个爱女，名叫珍儿，流落江南，多铎遂令沿途访觅，竟被寻着，三季始渐渐解忧。回到北京后，豫亲王福晋忽喇氏一病身亡，多铎许刘三季作为继室。刘三季不由得化刚为柔。多铎欣然制就凤冠命服，与刘三季成就大礼。江南袅娜孤孀，居然做了满洲亲贵的极品命妇。

《红楼梦》中贾蔷与龄官的故事，就隐射豫亲王多铎与刘三季这段风流佳话。第三十回，说宝玉在五月初四这一天，闲逛至蔷薇架，见一女孩儿，"大有林黛玉之态"，以金簪画字，画来画去，都是十八画的蔷字。

第三十六回：

可，若再说别的，咱们红刀子进去白刀子出来!"

焦大越发连贾珍都说出来，乱嚷乱叫说："我要往祠堂里哭太爷去。那里承望到如今生下这些畜生来！每日家偷狗戏鸡，爬灰的爬灰，养小叔子的养小叔子，我什么不知道？咱们'胳膊折了往袖子里藏'!"众小厮儿听他说出这些没天日的话来，唬的魂飞魄丧，也不顾别的了，便把他捆起来，用土和马粪满满的填了他一嘴。

凤姐和贾蓉也遥遥的闻得，便都装作没听见。宝玉在车上见这般醉闹，倒也有趣，因问凤姐道："姐姐，你听他说'爬灰的爬灰'，什么是'爬灰'？"凤姐听了，连忙立眉嗔目断喝道："少胡说！那是醉汉嘴里胡唚，你是什么样的人，不说没听见，还倒细问！等我回去回了太太，仔细捶你不捶你！"唬的宝玉忙央告道："好姐姐，我再不敢了。"

"焦大太爷"指皇太极的大儿子豪格肃亲王。他回忆了赫赫战功，"不是焦大一个人，你们就做官儿享荣华受富贵"？……皇太极大阿哥的脾性，写得活灵活现。

"别说你们这一起杂种王八羔子们！"——隐射宁国府的主子贾珍顺治皇帝及其后代不是爱新觉罗的骨血，而是孔有德的"一起杂种王八羔子们"。

"每日家偷狗戏鸡，爬灰的爬灰，养小叔子的养小叔子，我什么不知道？"——骂多尔衮霸占了豪格的媳妇，骂孝庄养小叔子。豪格就死在他那张没有把门的臭嘴上。

贾蓉在第六十三回里是这样骂的：

贾蓉撇下他姨娘，便抱着丫头们亲嘴："我的心肝，你说的是，咱们馋他两个。"丫头们忙推他，恨的骂："短命鬼儿，你一般有老婆丫头，只和我们闹。知道的说是玩；不知道的人，再遇见那脏心烂肺的爱多管闲事嚼舌头的人，吵嚷的那府里谁不知道，谁不背地里嚼舌说咱们这边乱账。"贾蓉笑道："各门另户，谁管谁的事。都够使的了。从古至今，连汉朝和唐朝，人还说脏唐臭汉，何况咱们这宗人家。谁家没风流事，别讨我说出来。连那边大老爷这么利害，琏叔还和那小姨娘不干净呢。凤姑娘那样刚强，瑞叔还想他的账。那一件瞒了我！"

"连汉朝和唐朝，人还说脏唐臭汉，何况咱们这宗人家。"——"这宗人家"指清皇家宗室。此处说清比"脏唐臭汉"有过之而无不及。

"琏叔还和那小姨娘不干净呢。"——一隐射多尔衮与朝鲜两公主不干净，二隐射顺治皇帝与弟媳妇"不干净"。

"凤姑娘那样刚强，瑞叔还想他的账。那一件瞒了我！"——隐射孝庄色诱洪承畴的事。英亲王阿济格后来也死于他那张没有把门的臭嘴上。

顺治二年十月，豫亲王多铎自江南班师回京，加封为和硕德豫亲王，部下均得晋升。英、豫二王还朝后，与摄政王多尔衮相见，俱蒙殷勤款待，独肃亲王豪格，自山东还京，见了摄政王，偏碰着许多钉子，竟不知所为何因。其实豪格的死，"并非功高招忌，乃是色上有刀"也。豪格死在自己老婆的美色上——此乃焦大骂街的原因。

第四节 孝庄尚能控制朝政

顺治元年九月十九日，两宫皇太后与顺治皇帝驾临北京，到顺治六年二月初八孝庄下嫁多尔衮，共计六年的时间，摄政王独揽朝政，势焰熏天，为什么没有篡位夺权呢？多尔衮与孝庄之间，是情大于势？还是势大于情？

《红楼梦》中贾琏与凤姐、贾政与王夫人这两对同床异梦、貌合神离的"夫妻"，就隐射了上述情与势的微妙关系。

第六回《刘老老一进荣国府》中周瑞家的云：

"我的老老，告诉不得你呢。这位凤姑娘年纪虽小，行事却比世人都大呢。如今出挑的美人一样的模样儿，少说些也有一万个心眼子。再要赌口齿，十个会说话的男人也说他不过。回来你见了就信了。就只一件，待下人未免太严些个。"……只见周瑞家的回来，向凤姐道："太太说了，今日不得闲，二奶奶陪着便是一样。多谢费心想着。白来逛逛呢便罢，若有甚说的，只管告诉二奶奶，都是一样。"——隐射孝庄皇太后入主北京后，接管了后宫的权力。此处的凤姐隐射孝庄，而"太太"隐射孝庄的姑姑孝端皇太后。

《红楼梦》第十五回《王凤姐弄权铁槛寺》云：

凤姐听了这话，便发了兴头，说道："你是素日知道我的，从来不信什么是阴骘司地狱报的，凭是什么事，我说要行就行。你叫他拿三千银子来，我就替他出这口气。"……凤姐便命悄悄将昨日老尼之事，说与来旺儿。来旺儿心中俱已明白，急忙进城找着主文的相公，假托贾琏所嘱，修书一封，连夜往长安县来，不过百里路程，两日工夫俱已妥协。那节度使名唤云光，久受贾府之情，这点小事，岂有不允之理，给了回书，旺儿回来。——隐射孝庄做事"从来不信什么是阴骘司地狱报的，凭是什么事，我说要行就行"。

《红楼梦》第十六回《贾元春才选凤藻宫》云：

一日正是贾政的生辰，宁荣二处人丁都齐集庆贺，热闹非常。忽有门吏忙忙进来，至席前报说："有六宫都太监夏老爷来降旨。"……那夏守忠也不曾负诏捧敕，至檐前下马，满面笑容，走至厅上，面南而立，口内说："特旨：立刻宣贾政入朝，在临敬殿陛见。"——"贾政的生辰"隐射多尔衮与孝庄开始了新生活。"凤藻宫"隐射"奉嫂宫"。"宣贾政入朝，在临敬殿陛见"，隐射明确的上下君臣关系，是孝庄皇太后宣臣子多尔衮"在临敬殿陛见"。

《红楼梦》第十六回《贾元春才选凤藻宫》云：

凤姐笑道："妈妈你放心，两个奶哥哥（赵天栋与赵天梁）都交给我。你从小儿奶的儿子，你还有什么不知他那脾气的？拿着皮肉倒往那不相干的外人身上贴。可是现放着奶哥哥，那一个不比人强？你疼顾照看他们，谁敢说个'不'字儿？没的白便宜了外人。——我这话也说错了，我们看着是'外人'，你却是看着'内人'一样呢。"说的满屋里人都笑了。赵嬷嬷也笑个不住，又念佛道："可是屋子里跑出青天来了。若说'内人''外人'这些混账原故，我们爷是没有，不过是脸软心慈，搁不住人求两句罢了。"凤姐笑道："可不是呢，有'内人'的他才慈软呢，他在咱们娘儿们跟前才是刚硬呢！"赵嬷嬷笑道："奶奶说的太尽情了，我也乐了，再吃一杯好酒。从此我们奶奶作了主，我就没的愁了。"——"赵天栋与赵天梁"是派往江南前线的满洲亲贵，监督领导汉军八旗部队的。此事孝庄能做主（"我们奶奶作了主"），而多尔衮（"我们爷"）却做不了主。"内人"隐射豪格的福晋博尔济锦氏，她美艳异常，是摄政王的侄媳妇，为了霸占她，多尔衮多次授权肃亲王豪格（焦大）为征讨大将军，到黄河长江流域作战，留下他的老婆供自己享乐。这种行为不但是《红楼梦》里焦大谩骂"爬灰"的直接原因，也是王熙凤为"内人"问题争风吃醋的直接原因。

《红楼梦》第十六回《贾元春才选凤藻宫》云：

贾蓉在身旁灯影下悄拉凤姐的衣襟，凤姐会意，因笑道："你也太操心了，难道大爷比咱们还不会用人？偏你又怕他不在行了。谁都是在行的？孩子们已长的这么大了，'没吃过猪肉，也看见过猪跑'。大爷派他去，原不过是个坐纛旗儿，难道认真的叫他讲价钱会经纪去呢！依我说就很好。"贾琏道："自然是这样。并不是我驳回，少不得替他算计算计。"……凤姐忙向贾蔷道："既这样，我有两个在行妥当人，你就带他们去办，这个便宜了你呢。"贾蔷忙赔笑说："正要和婶婶讨两个人呢，这可巧。"因问名字。凤姐便问赵嬷嬷。彼时赵嬷嬷已听呆了话，平儿忙笑推他，他才醒悟过来，忙说："一个叫赵天梁，一个叫赵天栋。"凤姐道："可别忘了，我可干我的去了。"说着便出去了。——"贾蓉"隐射英亲王阿济格，"贾蔷"隐射豫亲王多铎。派豫亲王多铎为征南大将军，前往江南讨伐南京的福王弘光皇帝，是顺治元年十月初一的事情，由孝庄（凤姐）做主，而多尔衮（贾琏）只好答应。此处可见孝庄皇太后有意拉拢多铎与阿济格，分化多尔衮三兄弟的两白旗势力。"赵氏"兄弟一个是大清国的"天栋"，一个是大清国的"天梁"——皆是顺治皇帝的嫡系人马。《红楼梦》里的赵匡胤隐射皇太极。他的弟弟多尔衮，乃"赵光义"。

《红楼梦》第二十四回《醉金刚轻财尚义侠》云：

那贾芸一径回家。至次日来至大门前，可巧遇见凤姐往那边去请安，才上了车，见贾芸来，便命人唤住，隔窗子笑道："芸儿，你竟有胆子在我的跟前弄鬼。怪道你送东西给我，原来你有事求我。昨儿你叔叔才告诉我说你求他。"贾芸笑道："求叔叔这事，婶子休提，我昨儿正后悔呢。早知这样，我竟一起头求婶子，这会子也早完了。谁承望叔叔竟不能的。"凤姐笑道："怪道你那里没成儿，昨儿又来寻我。"贾芸道："婶子辜负了我的孝心，我并没有这个意思。若有这个意思，昨儿还不求婶子。如今婶子既知道了，我倒要把叔叔丢下，少不得求婶子好歹疼我一点儿。"……凤姐冷笑道："你们要拣远路儿走，叫我也难说。早告诉我一声儿，有什么不成的，多大点子事，耽误到这会子。那园子里还要种花，我只想不出一个人来，你早来不早完了。"——隐射皇宫里的差使也由孝庄皇太后说了算，"谁承望叔叔（多尔衮）竟不能的"。

《红楼梦》第二十回《王熙凤正言弹妒意》云：

贾环素日怕凤姐比怕王夫人更甚，听见叫他，忙唯唯的出来。赵姨娘也不敢则声。凤姐向贾环道："你也是个没气性的！时常说给你：要吃，要喝，要玩，要笑，只爱同那一个姐姐妹妹哥哥嫂子玩，就同那个玩。你不听我的话，反叫这些人教的歪心邪意，狐媚子霸道的。自己不尊重，要往下流走，安着坏心，还只管怨人家偏心。输了几个钱？就这么个样儿！"贾环见问，只得诺诺的回说："输了一二百。"凤姐道："亏你还是爷，输了一二百钱就这样！"回头叫丰儿："去取一吊钱来，姑娘们都在后头玩呢，把他送了玩去。——你明儿再这么下流狐媚子，我先打了你，打发人告诉学里，皮不揭了你的！为你这个不尊重，恨的你哥哥牙根痒痒，不是我拦着，窝心脚把你的肠子窝出来了。"喝命："去罢！"贾环诺诺的跟了丰儿，得了钱，自己和迎春等玩去。

"赵姨娘"隐射多尔衮大福晋元妃。"贾环"隐射多尔衮养子多尔博。多尔衮大福晋（赵姨娘）与多尔博（贾环），在孝庄（凤姐）的手下，仅是受气的奴才而已。

❖ 清宫隐史——《红楼梦》索隐之一

《红楼梦》第六十五回《贾二舍偷娶尤二姨》云：

兴儿笑嘻嘻的在炕沿下一头吃，一头将荣府之事备细告诉他母女。又说："我是二门上该班的人。我们共是两班，一班四个，共是八个。这八个人有几个是奶奶的心腹，有几个是爷的心腹。奶奶的心腹我们不敢惹，爷的心腹奶奶的就敢惹。提起我们奶奶来，心里歹毒，口里尖快。我们二爷也算是个好的，那里见得他。倒是跟前的平姑娘为人很好，虽然和奶奶一气，他倒背着奶奶常作些个好事。小的们凡有了不是，奶奶是容不过的，只求求他去就完了。如今合家大小除了老太太、太太两个人，没有不恨他的，只不过面子情儿怕他。皆因他一时看的人都不及他，只一味哄着老太太、太太两个人喜欢。他说一是一，说二是二，没人敢拦他。又恨不得把银子钱省下来堆成山，好叫老太太、太太说他会过日子，殊不知苦了下人，他讨好儿。估着有好事，他就不等别人去说，他先抓尖儿；或有了不好事或他自己错了，他便一缩头推到别人身上来，他还在旁边拨火儿。如今连他正经婆婆大太太都嫌了他，说他'雀儿拣着旺处飞，黑母鸡一窝儿，自家的事不管，倒替人家去瞎张罗'。若不是老太太在头里，早叫过他去了。"……兴儿连忙摇手说："奶奶千万不要去。我告诉奶奶，一辈子别见他才好。嘴甜心苦，两面三刀；上头一脸笑，脚下使绊子；明是一盆火，暗是一把刀：都占全了。只怕三姨的这张嘴还说他不过。好，奶奶这样斯文良善人，那里是他的对手！"

孝庄（凤姐）的性格与行事，此处介绍得活灵活现。"奶奶（孝庄）的心腹我们不敢惹，爷（多尔衮）的心腹奶奶的就敢惹"，这是清朝初年政局的真实写照。

由此可见，不是多尔衮不想篡位夺权，而是他的势力不够。朝野大权都在孝庄皇太后的掌握之中。《红楼梦》对顺治初年的清朝政治与军事实力，做了准确的记载。

清顺治三年（1646），福临九岁，孝庄33岁。北京政局，隐晦不明。两个寡妇，领着一个孩子，面对兵权在握的摄政王，朝局是如何维持的？

按《红楼梦》的说法，孝庄皇太后在崇德与顺治初年控制政局的主要手段就是"淫"。为证明这种观点，作者编造了以下几个关于孝庄淫荡成性的故事：

（1）与孔有德苟合而生了顺治皇帝——第三十一回《因麒麟伏白首双星》。

（2）在关外色诱洪承畴投降清朝——第十二回《王熙凤毒设相思局》。

（3）与小叔子多尔衮在关外偷情，儿子恶作剧——第十五回《秦鲸卿得趣馒头庵》。

（4）与小叔子多尔衮在关外偷情而气死皇太极——第十六回《贾元春才选凤藻宫》。

（5）入关后与索尼偷情而稳住满洲亲贵——第十九回《情切切良宵花解语》。

（6）与吴三桂偷情而掌握汉族新降的部众——第七十九回《薛文龙悔娶河东狮》。"薛蟠到南方经商去了"指代吴三桂远走云南。

（7）与多尔衮在盛京偷情而稳住摄政王——第十六回《贾元春才选凤藻宫》。

（8）与多尔衮在北京偷情而稳住摄政王——第七回《送宫花贾琏戏熙凤》、第二十一回《俏平儿软语救贾琏》。

（9）下嫁多尔衮而克死最危险的政敌——第五十四回《王熙凤效戏彩斑衣》。

（10）临床考试天下才俊而稳住汉族士子——第三十五回《黄金莺巧结梅花络》，所谓"招揽英雄"、"收纳才俊"也。

顺治三年三月，殿试天下贡士，即《红楼梦》里反复出现的"傅试"、"傅秋芳"。第三十五回云：

那傅试原是贾政的门生，历年来都赖贾家的名势得意，贾政也着实看待，故与别个门生不同，他那里常遣人来走动。宝玉素习最厌愚男蠢女的，今日却如何又令两个婆子过来？其中原来有个原故：只因那宝玉闻得傅试有个妹子，名唤傅秋芳，也是个琼闺秀玉，常闻人传说才貌俱全，虽自未亲睹，然遐思遥爱之心十分诚敬，不命他们进来，恐薄了傅秋芳，因此连忙命让进来。那傅试原是暴发的，因傅秋芳有几分姿色，聪明过人，那傅试安心仗着妹妹要与豪门贵族结姻，不肯轻意许人，所以耽误到如今。目今傅秋芳年已二十三岁，尚未许人。争奈那些豪门贵族又嫌他穷酸，根基浅薄，不肯求配。

第九十四回将上述情节重演了一遍：第三十五回傅秋芳二十三岁，直到第九十四回还没嫁人。上述两个情节与其他内容全无关系，显然是为了表现主题而硬加上去的。这些东拉西扯的故事，不是为了表现中国封建社会各个阶层人民大众的疾苦，而是隐射皇宫内部的激烈斗争与政权行为。

傅试即赴试，隐射"赴""秋芳"的临床考试。傅秋芳是考试官。顺康两朝都是儿皇帝，殿试由孝庄皇太后代劳。所以傅秋芳隐射"半老徐娘，风韵犹存"的孝庄皇太后。

傅秋芳与傅试，隐射汉族男人"赴秋芳试"——考试的过程就是贾琏与多姑娘现场示范的那样。雍容华贵的孝庄皇太后不是"二十三岁"，而是三十二岁，正是秋色秋香也。

综合来看，"多姑娘"与"傅秋芳"隐射孝庄皇太后的"科举考试"。通过这种考试，既满足了孀妇孝庄的性要求，又为清朝的政治军事需要而"延揽英雄，收纳材俊"，而且是很有感情基础的人才与俊杰。

顺治元年九月十九日，孝庄到达北京。当年十一月即廷试贡生，上卷以知州用，中次卷以州判县丞教职用。历史事实已经无法考证，不像则天女皇那样，能找出薛怀义、张易之、张昌宗等一大群面首来，但《红楼梦》作者就是这样写的，读者姑妄听之吧。

第七十七回关于多姑娘有一段评语："这媳妇遂恣情纵欲，满宅内便延揽英雄，收纳材俊，上上下下竟有一半是她考试过的。若问他夫妻姓甚名谁，便是上回贾琏所接见的多浑虫多姑娘儿的便是了。"

贾府是清廷，所谓"满宅内"考试，其实是指朝臣"考察"与全国的"科举考试"，目的是为清朝的政治军事需要而延揽"英雄"、收纳"材俊"，试题已由多姑娘与贾琏苟合作了交代。考谁呢？显然是考沦为"亡国奴"的汉族知识分子。

一个女人偷情，"延揽英雄"、"收纳材俊"、"考试"，作者放胆使用兵家与政治术语。什么"自树旗帜"、"持戈试马"、"宋太祖灭南唐之意"、"卧榻之侧岂容他人酣睡"等等，几乎是肆无忌惮地骂孝庄皇太后。作者知道，反正无人能够看懂，因而洋洋得意地说："过去未来，莫谓智贤能打破。前因后果，须知亲近不相逢。"

第三十三回是多尔衮与孝庄母子的生死之争。原文加注：

贾政（多尔衮）便问："该死的奴才！你在家不读书也罢了，怎么又做出这些无法无天的事来！那琪官现是忠顺王爷驾前承奉的人，你是何等草芥，无故引逗他出来，如今祸及于我。"宝玉听了唬了一跳，忙回道："实在不知此事。究竟连'琪官'两个字不知为何物，岂更又加'引逗'二字！"说着便哭了……那长史官冷笑道："……既云不知此人，那红汗巾子怎么到了公子腰里？"宝玉听了这话，不觉轰去魂魄，目瞪口呆，心下自思："这话他如何得知！他既连这样机密事都知道了，大约别的瞒他不过，不如打发他去了，免的再说出别的事来。"因说道："大人既知他的底细，如何连他置买房舍这样大事倒不晓得了？听得说他如今在东郊离城二十里有个什么紫檀堡，他在那里置了几亩田地几间房舍。想是在那里也未可知。"

"忠顺王爷"——隐射称帝一天的李自成，所以称"驾"。"忠顺"者，忠于李自成的大顺王朝也。

"琪官"——隐射暂时投降李自成的明朝掌印官。"琪"为"一种玉"，"玉"指明朝的传国玉玺。

"琪官现是忠顺王爷驾前承奉的人"——李自成进京后，"琪官"归顺了李自成，成了李自成的掌印官。意思是说明朝的玉玺与龙袍一度归李自成所有。

"东郊离城二十里有个什么紫檀堡"——应当写成"用紫檀匣子装着明朝的玉玺，离开京城向西逃亡，回到陕西省米脂县双泉堡老家去了"。

"在那里置了几亩田地几间房舍"——隐射李自成的商洛山老营。

"红汗巾子"——隐射明朝皇帝的龙袍。"琪官"献给了贾宝玉顺治皇帝，意思是将明朝的政权献给了顺治小皇帝。因为贾政多尔衮摄政，所以小皇帝紧贴肚皮穿在里面，没有露出来。"琪官"蒋玉菡从忠顺王府外逃，指国家权力的象征离开了李自成。先投靠多尔衮，后投靠福临。

绕来绕去，意思是说顺治皇帝秘密策划着，想要提前亲政。

所以多尔衮要"今日一发勒死了，以绝将来之患"！所以顺治皇帝"听了这话，不觉轰去魂魄，目瞪口呆"。

众门客仆从（范文程、洪承畴等汉族九卿）见贾政这个形景，便知又是为宝玉了，一个个都是睒指咬舌，连忙退出。那贾政（多尔衮）喘吁吁直挺挺坐在椅子上，满面泪痕，一叠声"拿宝玉（顺治皇帝）！拿大棍！拿索子捆上！把各门（乾清宫各门、慈宁宫后门）都关上！有人传信往里头去（慈宁宫），立刻打死！"

多尔衮得知小顺治皇帝秘密策划着提前亲政，简直想将他秘密处死，幸亏有汉族九卿在侧，尽管敢怒不敢言，但秤砣虽小分量在。一句"便知又是为宝玉了"——说明多尔衮与顺治帝的矛盾朝野尽知之，已经形成了舆论。如果贾宝玉真是贾政的亲儿子，虎毒不食子，如何会如此不近情理？之所以写得如此不近情理，就是提示读者——故事是假的，历史是真的。

贾政冷笑道："倒休提这话。我养了这不肖的孽障，已不孝；教训他一番，又有众人护持；不如趁今日一发勒死了，以绝将来之患！"说着，便要绳索来勒死。王夫人（孝庄）连忙抱住哭道："老爷虽然应当管教儿子，也要看夫妻分上。我如今已将五十岁的人，只有这个孽障，必定苦苦的以他为法，我也不敢深劝。今日越发要他死，岂不是有意绝我。既要勒死他，快拿绳子来先勒死我，再勒死他。我们娘儿们不敢含怨，到底在阴司里得个依靠。"说毕，爬在宝玉身上大哭起来。

一句话未了，只听窗外颤巍巍的声气说道："先打死我，再打死他，岂不干净了！"

贾母（国母孝庄皇太后）便冷笑道："你也不必和我使性子赌气的。你的儿子，我也不该管你打不打。我猜着你也厌烦我们娘儿们。不如我们赶早儿离了你，大家干净！"说着便令人去看轿马，"我和你太太宝玉立刻回南京去！（回盛京去！）"……贾政听这话不象，忙跪下含泪说道："为儿的教训儿子，也为的是光宗耀祖。母亲这话，我做儿的如何禁得起？"

这是《红楼梦》记载的最凶险的一次宫廷斗争。孝庄顺治母子与多尔衮的关系，已经达到崩溃的边缘。"王夫人"与"贾母"联合演出孝庄皇太后，前者表演有限的妥协，后者表演强硬的斗争。前者表演寡妇情妇的无奈，后者表演国家权力的凛然不可侵犯。

"我和你太太宝玉立刻回南京去（回盛京）！"——等于宣布多尔衮逼宫，两宫皇太后与皇帝被逼回沈阳去了。

"贾政听这话不象，忙跪下。"——多尔衮被国家的名器震慑住了。因为国家者，毕竟不是一人之天下。多尔衮面对孝庄皇太后的杀手锏连"忙跪下"了。

《红楼梦》写的是顺治五六年孝庄对多尔衮采取了破釜沉舟、背水一战的强硬手段，后来才改用太后下嫁、以柔克刚的温和手段。

第五节 爱新觉罗、孔有德、吴克善、吴三桂四大家族

第四回的《护官符》里，有满族爱新觉罗皇家、汉族孔子后裔孔有德家、蒙族亲王吴克善家、汉族王爷吴三桂家。这四家是明末清初决定中国命运的四大家族。

（1）"贾不假，白玉为堂金作马。"（宁国荣国二公之后，共二十房分，宁荣亲派八房在都外，现原籍住者十二房。）——"贾不假"系列是指真正的爱

新觉罗（贾氏）亲贵，八王议政中的八王，八旗部队的首领均在此列。在《红楼梦》作者看来，从顺治皇帝以下的清朝皇帝都是汉族人孔有德的后代，根本不是满族人，属于"贾不真"系列。元妃这位蒙古族孝庄皇太后，以后金国为基础，或者以后金国为"坐骑"，让"贾不假"系列的头目多尔衮领着"贾不真"系列的头目顺治皇帝入主中原，建立清帝国。"白玉"为皇，"堂"为朝廷，"白玉为堂金作马"意为汉族子孙孔门之后的顺治皇帝，利用满族的后金为马，建立了一个真汉假满的朝堂。满族仅是汉族皇帝磨道里的驴或胯下的马。"假做真时真亦假"——爱新觉罗的假子孙顺治成了真皇帝，爱新觉罗的真子孙多尔衮成了假皇帝（被挖坟扬尸的摄政王与"义皇帝"）。"宁荣亲派八房在都"——指当时入关的八旗部队。"现原籍住者十二房"——指仍然驻守盛京与东北地区的满洲八旗部队。家族的一支叫作一房。"亲派八房"指满洲八旗。

（2）"阿房宫，三百里，住不下金陵一个史。"（保龄侯尚书令史公之后，房分共十八，都中现住者十房，原籍现居八房。）——"女人无姓地无主"，孝庄是科尔沁蒙古族"金陵王"家的姑娘，表面上是皇太极的媳妇，住在仅有"三百里"的小"阿房宫"（指沈阳的故宫）里，不是住在"阿房宫，八百里"的明皇宫里。由于红杏出墙（"住不下金陵一个史"），与定南王孔有德苟合，生了"野种"顺治皇帝，实际上是汉族孔门的媳妇，所以含糊的称呼为"史老太君"。她的婆家是"保龄侯"衍圣公家，"保龄"是世袭的意思。她的实际丈夫是"尚书令史公"——"春秋"作者太史公孔子的后代。定南王孔有德九分之五的部队跟随中央，九分之四的部队在外驻守。"原籍现居八房"——指他的"汉军八旗"部队。贾母为贾府的假母，是孔府历史上职务最高的真媳妇，故曰"史老太君"。当"史太君"隐射孝庄时，她真婆家的女儿孔四贞（史湘云）就是她收的"义女"。史湘云与惜春（孔四贞）与柳湘莲（冷二郎＝"二令"女人孝庄的儿子）是同父异母的兄妹。因为冷二郎与贾二爷是一个人，即假宝玉顺治皇帝也。

（3）"东海缺少白玉床，龙王来请金陵王。"（都太尉统制县伯王公之后，共十二房，都中二房，余在籍。）——"白玉床"：根据贾府玉字辈即王旁辈，白玉床即白王床，亦即皇床。王熙凤隐射的孝庄文皇后家，即科尔沁蒙古王爷吴克善家，在皇太极时代出了三个后妃：一个是孝庄的姑姑正宫皇后，一个是孝庄的姐姐宸妃，一个是孝庄妃。在顺治时代出了六个后妃：四个是孝庄的侄女——废皇后（王熙凤与薛宝钗分演）、谨贵人（金钏儿）、恭妃与端妃（玉钏儿）。两个是孝庄的侄孙女或外孙女——新皇后（袭人）、淑惠妃（麝月）。所以"金陵"后金皇上册封的"金陵王"博尔济吉特氏家，隐射孝庄王夫人的哥哥"王子腾"吴克善家。他是蒙古四十九旗东北部的代表人物。西南部则以察哈尔蒙古和硕亲王为代表（皇二女固伦公主马喀达的两个丈夫——额哲与阿布鼐）。蒙古八旗的人数众多，但大部分没有入关（十四分之十二），仍然驻守在戈壁大草原上，成为清廷的坚强后盾，仅七分之一游弋在中原地区（"共十二房，都中二房，余在籍"）。

(4) "丰年好大雪，珍珠如土金如铁。"（紫薇舍人薛公之后，现领内府帑银行商，共八房分。）——"丰年好大雪"是说平西王吴三桂的祖籍在大雪纷飞的东北辽宁省。"珍珠如土金如铁"是说平西王吴三桂割据西南，朝廷年收入的一半归入三藩，自己收税，从不上缴，搞的"三藩巨富，国库空虚"，为其后的叛乱做准备。紫薇星是天上紫薇垣、太薇垣、天市垣三星的中央星辰，是玉皇大帝的宫廷所在，代表天上的玉皇、人间的天子。天宫名紫薇宫，人间的皇城又称紫禁城，皇宫也称紫薇宫。皇城的道路称紫陌，皇帝的诰书称紫诰。总之，"紫薇舍人薛公之后"隐射后来在衡阳称帝的大周皇帝吴三桂。"紫薇舍人"是掌管朝中诰封与赦免大权的人，此处隐射平西王是具有"紫薇舍人"大权的土皇上。"领内府帑银行商"，隐射平西王领着朝廷的军饷，搞自己的地方割据。"共八房分"隐射吴三桂的汉军部属，集中在外，即云南贵州地区。

"护官符"是多尔衮摄政与顺治初年中国军事与政治力量的高度总结。

第六节 第四回中隐藏的历史信息

第四回《葫芦僧乱判葫芦案》是清朝入关初期中国政治与军事形势的高度概括。而第五回《饮仙醪曲演红楼梦》是顺治后宫悲剧女人全部命运的预告。这两回都很重要，必须结合起来通读，才不会偏离《红楼梦》的主题思想。否则，就会将《红楼梦》理解为简单的反清复明，或者将《红楼梦》理解为单纯的爱情小说。第四回原文：

原来这李氏即贾珠之妻。珠虽天亡，幸存一子，取名贾兰，今方五岁，已入学攻书。这李氏亦系金陵名宦之女，父名李守中，曾为国子监祭酒，族中男女无有不诵诗读书者。至李守中继承以来，便说"女子无才便是德"，故生了李氏时，便不十分令其读书，只不过将些《女四书》，《列女传》，《贤媛集》等三四种书，使他认得几个字，记得前朝这几个贤女便罢了，却只以纺绩井臼为要，因取名为李纨，字宫裁。因此这李纨虽青春丧偶，居家处膏粱锦绣之中，竟如槁木死灰一般，一概无见无闻，唯知侍亲养子，外则陪侍小姑等针黹诵读而已。

李纨与贾兰这两个孤儿寡妇，是《红楼梦》里最令人肃然起敬的人物。"李氏即贾珠之妻。珠虽夭亡，幸存一子，取名贾兰，今方五岁，已入学攻书。"这段话十分重要。按贾府的族谱推算，贾珠隐射"死于天花"的顺治皇帝。李纨隐射顺治的康妃佟佳氏。贾兰隐射未满 8 岁即登基的康熙皇帝。

按之史实，顺治十七年（1660）八月十九日，董鄂氏皇贵妃（潇湘妃子林黛玉）在承乾宫（潇湘馆）薨逝，时年 22 岁。顺治皇帝回忆云："崩时言动不乱，端坐呼佛号，嘘气而化，颜貌安整，俨如平时。"但死者的安详，代替不了生者的痛苦。董鄂氏皇贵妃之死，最痛苦的人是热烈爱她的顺治皇帝（贾宝玉）。他痛不欲生，神经近乎错乱，自杀未遂，并对孝庄皇太后提出要以皇后之礼为董鄂氏皇贵妃发丧："儿今万念俱灰，母后若不准儿所请，儿愿削发披缁入山学佛，不再参预人间之事了！"孝庄皇太后万般无奈，勉强同意追封董鄂氏为"端敬"皇后（《秦可卿死封龙禁尉》），还得到了当时新皇后小博尔济吉特氏的认可与支持（《红楼梦》将追封的皇后之死与活皇后小博尔济吉特氏之德，合而为一，赋予了秦可卿这一艺术形象更动人的生命力）。

顺治凭借万乘之尊，为董鄂氏举办了一场极为隆重而逾制的大规模葬礼，甚至迫使 30 名宫女与太监殉葬（隐射在秦可卿的葬礼中，贾珍与贾宝玉的表现隐射了顺治皇帝丧失爱妃的巨大痛苦。而"触柱而死"的"瑞珠"，隐射那 30 名可怜的殉葬者。因为"珠"字中可以分解出"三十"朱）。大清国开国后的第一次规模巨大的国葬，实际上都是由孝庄皇太后一手协理操办的，因为顺治（贾珍）神经错乱，不能理事。这就是《石头记》里的《王熙凤协理宁国府》的隐意之二。

董鄂氏皇贵妃死后，顺治皇帝万念俱灰，又演出了削发为僧的历史闹剧（隐射在林黛玉死后，贾宝玉出家上。又隐射在尤三姐死后，冷二郎出家上）。顺治皇帝的身体迅速垮了下来，不时咯血，汤若望认为皇上患了肺结核。顺治哀叹道："此骨已瘦如柴，似此病躯，如何挨得长久？"他已经知道自己病入膏肓，不久于人世，不再相信群臣们"万寿无疆"的奉承阿谀之辞。由于孝庄母后、群臣与佛界长老玉林通琇的联合阻挠，顺治虽然剃度落发，但仍然出家不成，被迫还俗之后，索性撒手政务。

顺治十八年（1661）正月初二，顺治皇帝特命近侍太监吴良辅作为他的替身出家宣武门西南的悯忠寺。顺治皇帝亲临寺内观看祝发仪式，因而染上了天花病毒，从悯忠寺返宫不久，就出现了天花征兆。清朝贵族视此为绝症，成年患者的病情尤其凶险，几乎无一幸存，从发病到死一般只有三五天，属于烈性传染病。

孝庄皇太后（王熙凤）在宫内立刻供起了"痘疹娘娘"，为儿子（"巧哥儿"）祈祷，祷告"痘疹娘娘"保佑皇上逢凶化吉，遇难呈祥，将希望寄托在一个"巧"字上（刘老老语），并为皇上的病情与"嗣君"问题求助于"玛法"（"爷爷"）汤若望。但顺治的病情迅速恶化。正月初三日，皇帝自知不起，传令大学士王熙进宫，密写"遗诏"。正月初四，顺治病重不能临朝。正月初七日孝庄皇太后传谕"大赦天下"，民间"毋炒豆，毋燃灯，毋泼水"（此事隐写在王熙凤独生女儿"巧姐儿"出痘的全过程中）。

顺治十八年正月初七夜子时，顺治皇帝"驾崩养心殿"。正月初八日上午，大臣们仍然蒙在鼓里。正午方得知皇上"殡天"。夜深二鼓，得知皇位由皇三子玄烨继承。正月初九清晨，年仅8岁的新皇帝康熙在太和殿升朝登基。朝贺后群臣退至天安门外金水桥边，听宣哀诏——即中外闻名的顺治"罪己诏"。

顺治皇帝"罪己诏"与"嗣君继位"这两件历史大事，对全面正确地解读《红楼梦》至关重要，至少与下列七大问题有直接关系：

（1）"秦可卿死封龙禁尉 王熙凤协理宁国府"。
（2）"弄小巧用借剑杀人 觉大限吞生金自逝"。
（3）"情小妹耻情归地府 冷二郎一冷入空门"。
（4）"俏丫鬟抱屈夭风流"（寿夭多因毁谤生）。
（5）"林黛玉焚稿断痴情 薛宝钗出闺成大礼"（移花接木黛死钗嫁）。
（6）"刘老老为巧哥儿起名"（"逢凶化吉，遇难呈祥"与"偶因济刘氏，巧得遇恩人"）。
（7）"桃李春风结子完，到头谁似一盆兰？"（威赫赫爵禄高登，昏惨惨黄泉路近）

因此，很有必要对此加以说明，以弄清上述问题，即：
贾珠与贾宝玉共同隐射顺治皇帝（贾兰隐射顺治的皇三子康熙皇帝）。
贾珍与贾宝玉共同隐射顺治皇帝（为秦可卿董鄂氏发丧前，通过大明宫太监戴权讨封"龙禁尉"，隐射董鄂皇贵妃死封"端敬"皇后）。
贾琏与冷二郎共同隐射顺治皇帝（贾琏偷娶尤二姐隐射顺治与襄亲王福晋董鄂氏偷情、怀孕并小产。柳湘莲与尤三姐的矛盾，隐射顺治皇帝为太监与宫女对食儿事件，抄检承乾宫，怀疑董鄂氏皇贵妃也不干净，并打了她一记耳光。这是董鄂氏皇贵妃抑郁而死的原因之一，隐射在《惑奸谗抄检大观园》中）。

尤二姐与尤三姐共同隐射董鄂氏皇贵妃（一个隐射董鄂氏乃先奸后娶，一个隐射顺治皇帝怀疑董鄂氏不干净）。

晴雯隐射小董鄂氏贞妃（因姐姐死后妹妹受到顺治专宠，众后妃嫉妒嫉恨，孝庄迫使她为顺治殉葬，"风流灵巧遭人怨"，"寿夭多因毁谤生"，"候芳魂五儿承错爱"）。

林黛玉死与薛宝钗嫁，隐射顺治口谕王熙写的"密封奏折"、"移花接木"为孝庄篡改的顺治"罪己诏"（"林黛玉焚稿断痴情，薛宝钗出闺成大礼"）。

李纨与王熙凤共同隐射顺治的康妃佟佳氏（她们的独生子女贾兰与巧哥儿共同隐射康妃佟佳氏的独生儿子康熙）。

王熙凤同时扮演孝庄与顺治的皇后博尔济吉特氏（"东海缺少白玉床，龙王来请金陵王"——隐射科尔沁蒙古王爷家出的皇后与妃子多，龙床也太多，皇帝又不来宠幸，一个孩子也没有生养，白闲着，东海龙王来借用龙床）。

《红楼梦》的男女爱情故事主要隐射顺治皇帝后宫的秘史，证明《红楼梦》成书于康熙年间，与乾隆时代未必存在的所谓"曹雪芹"及编辑高鹗毫无关系，并隐射了七大事实：

（1）顺治（贾琏）娶弟媳妇董鄂氏（尤二姐）为皇贵妃，孝庄皇太后（王熙凤）很不同意，但木已成舟，只好接进皇宫，借刀杀人，致使五年后董鄂氏皇贵妃抑郁而死。所谓"吞金而死"，是隐射大清国的满族皇贵妃被当年后金国的蒙族皇后逼死。

（2）董鄂氏皇贵妃死后，被追封为"端敬"皇后，并举行了逾制的大规模国葬（"秦可卿死封龙禁尉"）。顺治借题发挥，借酒浇愁。孝庄顺水推舟，死后人情。大清国开国后第一次国葬由孝庄皇太后（王熙凤）协理操办，并有30名活人（瑞珠）殉葬，后为和尚劝阻。

（3）顺治（冷二郎柳湘莲）痛不欲生，愤而削发出家，追随跛足道人（孔有德出家）而去。

（4）孝庄（王夫人）迫使小董鄂氏贞妃（晴雯）殉葬。

（5）孝庄（贾母、王夫人）将顺治（贾宝玉）的"秘密奏折"（焚稿）"移花接木"为顺治"罪己诏"。

（6）汤若望（刘老老）提议七八岁、曾得过天花的玄烨（王熙凤佟妃的"巧哥儿"康熙）继承皇位。

（7）康妃佟佳氏（王熙凤与李纨）24岁早夭，仅在康熙登基一年后。李纨"光灿灿胸悬金印……昏惨惨黄泉路近"。

顺治十八年（1661）正月初三，福临已极度虚弱，自知难以痊愈，便密旨召大学士王熙至养心殿，在病榻前赐坐，二人密谈很久。对这次绝密的谈话，王熙深知关系身家性命，至死未敢泄露只言片语，唯在晚年自撰年谱中偷偷记下几句："是日（正月初三），奉天语而论者关系重大，并前此屡有面奏，及奉谕询问密封奏折，俱不敢载。"福临临终前"天语"何事？"密封奏折"是什么内容？至今无人知晓，只有南堂的德国传教士汤若望的传记里透露出一些线索：

（皇帝患痘）"这个消息传出宫外之后，汤若望立即亲赴宫中，流着眼泪，请求允许觐见万岁。"但顺治帝已视他为母后的同党，至死也未同这位洋"玛法"面别。福临派人委婉地向他转达，说自己因为有"许多罪恶，他觉得没有见上帝的资格了。如果他再恢复康健，一定要信奉汤若望的宗教，可是现在的病症不容许他做这件事情"。汤若望虽未能面圣，却直接参与了嗣君人选的重大决策——建议患过天花的玄烨继承皇位。

魏特在《汤若望传》中披露了此事的内幕："继位的皇子尚未诏封，皇太后立促皇帝做这件事。皇帝想传位从兄弟，但皇太后和亲王们都愿意皇帝从皇子中选择一位继位者。皇帝使人问汤若望的意见，汤若望完全立于皇太后一方，提议选择一位皇子继位。皇帝最后受到汤若望的劝促，舍去年龄较长的皇子，而封庶出的还不到七岁的皇子（康熙）为帝位承继者。……理由是这位年龄较幼的皇子，在髫龄时已经出过天花，不会再受到这种病症的伤害。而那位年龄较长的皇子尚未出过天花，时时都得小心这种可恐怖的疾病。"

福临先选中一位"从兄弟"。当时在世的"从兄弟"计有四位：辅国公叶布舒（兄）、镇国公高塞（兄）、辅国公常舒（兄）、辅国公韬塞（弟）。虽不知选中哪一位，但此四人几乎全是满族妃嫔所生，唯独没有蒙古博尔济吉特氏所生者。顺治的这种做法，显然有用意。顺治帝将王熙召入宫内密谈，并留有"密封奏折"，可能就是让"从兄弟"继位的遗诏。

继承人中没有博尔济吉特氏蒙古后妃生的儿子，而且不是顺治的亲儿孙，孝庄皇太后万难接受。她在儿子病危时"立促"选立嗣君。召集亲王们共同推翻了皇帝的"成命"，力主在皇子中选立新帝，并请来汤若望"玛法"助战，最后确定康熙即位。

顺治母子间对新帝由谁继承存在尖锐矛盾——王熙不过是一介汉官，怎敢在此重大事情上擅自隐讳？他立即向孝庄皇太后如实禀告。太后闻讯五内如焚，召集诸亲王会议，并通知汤若望入宫参议，坚决反对顺治皇帝的成命。

福临孤木难支，遂改立"一位年龄较长的皇子"。福临共有八子，四个早夭，当时除康熙外尚有福全、常宁和隆禧，俱非蒙族母亲所生。因蒙族后妃无子，孝庄从稳定帝业考虑，只能同意汤若望提出的建议，让已出过天花的玄烨即位。福临勉强首肯，也可能未能最终达成协议，他已夭逝黄泉了。紧接着就出现了孝庄皇太后等人私改遗诏之事。

正月初六夜分三鼓，几名太监将大学士王熙再次引入养心殿。顺治皇帝感觉病势更重，恐难支持，忙召王熙商议遗诏。福临在榻上强撑病体嘱道："朕患痘，势将不起，尔可详听朕言，速撰诏书，即就榻前书写。"

王熙闻言，泣不成声。福临催促道："朕平日待尔如何优渥，训尔如何详切，今事已至此，皆有定数。君臣遇合，缘尽则离，尔不必如此悲痛。此何时，尚可迁延从事，致误大事？"王熙只得拭泪吞声，在御榻前握笔撰诏。但他心中暗暗叫苦，顺治皇帝特令"就榻前书写"，一刻不离，这却如何是好？

顺治帝视为亲信的王熙，早已在孝庄的控制之下，他与皇帝间的言谈举动，太后皆悉知无遗。王熙既知皇帝秉性固执，更惧太后权势威严，而遗诏一经盖上玉玺，万难更改一字，在孝庄皇太后面前将无法交待。王熙握笔踟蹰，进退维谷。当写完遗诏首段后，他见顺治皇帝倦容满面，不由心生一计，忙奏道："恐过劳圣体，容臣奉过面谕，详细拟就进呈。"福临气息奄奄，再无精力去想王熙的意图，便将遗诏大意说明。王熙忙卷起诏书，退出养心殿，长长出了一口气。

王熙退至乾清门下的西围屏连夜拟诏，"凡三次进览，三蒙钦定"，反复修改至第二天中午才算定稿。遗诏交侍卫贾卜嘉捧奏皇帝。福临正在榻上更衣，很可能并未细阅，便谕："诏书着麻勒吉（大学士，与王熙共同拟诏者）怀收，俟朕更衣毕，麻勒吉、贾卜嘉，尔二人捧诏奏知皇太后。宣示王、贝勒、大臣。"这些全是官修正史的记载。

顺治十八年正月初七夜子时，顺治皇帝在养心殿去世。

从王熙初六夜入殿承谕拟诏，遗诏中经三次大改动，再经麻勒吉和贾卜嘉二人之手，最后于初九日清晨才在天安门外宣读，历时两昼三夜，孝庄皇太后完全有时间按照自己的意图修改遗诏。清代官书上公布的"罪己诏"（即遗诏），通篇语气严厉，痛自苛责，颇像一纸大兴问罪之师的檄文。孝庄皇太后等人在福临遗诏中究竟塞进了多少私货，尚难一一指实，但遗诏确已成为顺治皇帝的"罪己"录。孝庄皇太后"问罪"，既指斥儿子为人为政的"罪愆"，又为新帝敲起警钟。这真是一篇千古奇文！

"罪己诏"开列了十四款"大罪"，如不敬祖宗，不孝母后，内宠（宠幸董鄂妃）逾制，疏懒政事，昵近阉宦，崇汉抑满等施政之罪。还有生活糜费，自恃聪明，厚己薄人等生活和品质上的过失。简直把"自己"骂得一无是处。若按《大清律》，顺治皇帝简直十恶不赦、罪该千刀万剐！

孝庄皇太后利用"罪己诏"，替气势汹汹的满蒙亲贵出了一口恶气，消除了他们对顺治皇帝重文轻武、满汉一体的强烈不满。讨伐不仅限于纸上，她又亲手制造了贞妃董鄂氏殉葬的惨剧（《红楼梦》中的晴雯之死——"俏丫鬟抱屈夭风流"）。历史的真象应该是顺治被废黜了。

顺治皇帝的妃嫔中共有三个董鄂氏，分别是"端敬"皇后（追谥）董鄂氏、贞妃（端敬皇后之叔伯妹妹）董鄂氏和宁悫妃巴度董鄂氏。三人中惟宁悫妃生子福全成人。贞妃董鄂氏既为"端敬"皇后董鄂氏之妹，而且"赋性温良，恪共内职"，很像她的姐姐，因此顺治帝在爱妃董鄂氏死后，曾一度推恩移爱于贞妃董鄂氏，从而招来了后宫嫔妃的嫉妒与嫉恨（"风流灵巧招人怨，寿夭多因毁谤生"）。清初诗人吴伟业曾以诗记其事，将福临与贞妃比为历史上的司马相如和卓文君，写有"从此相如羞薄幸，锦衾长守卓文君"等诗句。顺治皇帝刚死，贞妃立即被迫身殉。据当时目击者说，顺治皇帝的灵堂在景山寿皇殿刚布置完毕，已见到贞妃的尸棺停放在皇帝的梓宫后边，众人都感到十分惊诧。时距福临之死仅26天。贞妃殉葬成为顺治皇帝这位风流少年天子（贾宝玉）人生悲剧的最后一幕。

下面重点谈一谈李纨隐射的康妃佟佳氏（康熙皇太后）。

"这李氏亦系金陵名宦之女，父名李守中，曾为国子监祭酒。"——"李氏"的"李"字从木从子。"木"者孝庄布"木"布泰也。"子"者，顺治皇帝也。"氏"者，妻子也。连起来就是李纨乃孝庄儿子顺治皇帝的妻子。"李纨，字宫裁"——"纨"为"素服"，"李纨字宫裁"乃皇宫剪裁的素服。说明她是一位皇宫里的寡妇。综合起来：李纨曾是孝庄儿子顺治皇帝的后妃，现在是顺治皇帝的遗孀、康熙皇帝的圣母皇太后。

李纨的年银先为孝庄皇太后（贾母与王夫人）的一半，后来就一样了。王熙凤曾说："你一个月十两银子的月银……老太太、太太还是说你寡妇失业的，可怜，不够用，因有个小子，又添了十两，和老太太、太太平等。又给你园子地，各人取租钱。年终分年例，又是上上份儿……一年总共算起来，也有四五百两银子。"说明李纨隐射的人物由康妃升为康熙的皇太后了。清史资料记载：妃子公主的年例"银二百四十两按月支给"，皇后与皇太后加倍，恰好"四五百两银子"。

"国子监"是国子学或太学，是掌握国学典籍图书的机关，是法典图书赖以保存的所在，也是监督学生阅读图书的地方。"祭酒"是该机关的头目。绕来绕去，突出一个"图"字，旨在隐射康妃佟佳氏的父亲佟图赖。

"金陵名宦"隐射的佟氏家族，为汉族大户、世居辽宁抚顺的佟佳江，归金陵盛京管辖，故以江为姓。努尔哈赤起兵反明，佟养性与佟养真率领族人加盟，被编入汉军旗，为清太祖统一满洲地区立下了汗马功劳，后来成为不断扩大的汉军八旗部队的总统帅。清太宗皇太极时期，佟养真之子佟图赖屡立战功,并从龙入关,驰骋中原,威名赫赫,李纨故曰"金陵名宦之女"。"李守中"隐射佟图赖为汉族人。

从努尔哈赤时代,佟佳氏即与爱新觉罗氏联姻,努尔哈赤的第一个夫人就是佟佳氏元妃,生子褚英与代善。太祖又"以宗室女赐养牲为妻",此乃最早的满汉政治联姻。以后清朝皇室的后妃中,几乎都有佟氏家族的姑娘,形成"佟半朝"的局面。其中最著名的就是康熙皇帝的母亲佟佳氏。康熙登基后特许佟氏由汉族改为满族,这种褒奖与赏赐方式始于佟氏,一直延续到清朝灭亡,称为"抬旗"。

后宫的最高领袖是孝庄皇太后,皇帝的五位蒙古后妃,都是她的侄女孙女辈亲属,自然格外受宠。她和五个儿媳妇维系着清王朝和蒙古的联盟,其作用是其他政治力量无法替代的。因此,她对儿子废掉蒙古皇后和占夺弟媳的做法大为震怒,却又难以管束。她十分清楚,如果因废后而使蒙古贵族不满,导致满蒙联盟的瓦解,对刚立国的清王朝意味着什么。清王朝和蒙古贵族的强固纽带,在很大程度上依靠联姻。满族皇帝和蒙族皇后共襄国事,对蒙古贵族无疑是一种精神安慰。位居九五之尊的顺治竟然不懂这一点,似乎还与母后对着干,着实令人恼怒。

无论从政治或情感上,孝庄皇太后都无法接受董鄂妃,何况三个董鄂妃同居后宫,简直成了董鄂氏满族小部落。除了蒙古后妃外,皇太后特别喜爱康妃佟佳氏。佟佳氏是名门闺秀,有大家风范。更重要的是,她生了个非常出色的儿子。尽管这孩子出天花时落下一脸浅浅的麻子。

佟佳氏康妃和董鄂氏皇贵妃的儿子先后出生,当时董鄂氏皇贵妃荣宠已极,生下的儿子受封荣亲王,而且被视为皇储,佟佳氏康妃和儿子玄烨却无此待遇。但孝庄皇太后却青睐佟佳氏康妃,时常召见叙话。在顺治帝的后妃中,佟佳氏康妃是个深藏不露的人物。在顺治执政期内,后宫争斗都找不到佟佳氏康妃参与的痕迹,可她却稳稳地坐上了下一任皇太后的交椅。

佟佳氏康妃非常聪慧,她知道如何处理和各种人物的关系。她是汉人,不可能拥有满蒙女人们的特权。但她在朝中有手握重权的佟氏家族,这又是其他汉族妃嫔甚至一般满族妃子无法抗衡的优势。她无须与别人去争权夺势,只要在后宫安居无事,就足以和朝中的佟家人构成权力网络。

她只有一件事要做,就是亲近孝庄皇太后。太后信佛,她也信佛。晨昏三叩首,早晚一炉香,既是对佛祖,更是对太后的孝敬与亲近。顺治皇帝对佟佳氏康妃似乎从未格外垂青。董鄂氏皇贵妃入宫前,他从不去皇后的寝宫,却经常光顾庶妃巴氏的卧榻,因而巴氏接连为他生了一子二女,而佟佳氏康妃则只生了一个儿子玄烨,从此再未受过孕。

佟佳氏康妃在成为皇太后之前的十余年间，看似无事安闲，实则险象环生。太监们奴大欺主，以各种狡猾阴险的方法对付她，使顺治几乎忘记了佟佳妃的存在，根本不宣她侍寝。多年空房独处，寂寞凄凉，这对年轻少妇来说无异于守活寡。

　　这种情况正是太监们一手导演的。清朝内宫沿袭明朝的制度。皇帝每晚须定侍寝后妃，由太监捧着托盘，内置所有后妃姓名的象牙牌，皇上翻过哪块牌子，太监便按照牌上姓名通知侍寝，同时通知起居注册官员详加记录。太监想报复某妃嫔，只需在皇上阅牌前将她的象牙牌暂藏袖内，待皇上翻牌后再将牌子放回，不过举手之劳，该妃嫔就永远别想见皇上的面。

　　《红楼梦》里的李纨确实隐射康熙皇帝的母亲。她的一生没有完全写在大观园的故事里，主要写在第五回影射李纨的曲子与图画里。曲子词句并不都应在李纨身上，而是一半隐射在李纨身上，一半隐射在王熙凤身上。将贾珠与李纨夫妻有一个男孩贾兰、贾琏与王熙凤有一个孩子"出痘"合而为一，再结合《红楼梦》曲子的判词，就形成了康妃佟佳氏与幼年康熙母子俩的完整故事情节与人物形象。

　　既然隐射清朝皇宫的大观园里只有两个男人，一个是顺治皇帝贾宝玉，一个是皇储玄烨贾兰，而贾宝玉与贾珠是一是二，都隐射顺治皇帝。贾宝玉与贾兰当然就是爷儿俩。

　　按正史来看，顺治皇帝是满蒙混血儿，康熙皇帝是满汉混血儿。但按《红楼梦》的说法，顺治是汉族"天下第一家"孔子的后裔，从血统上顺治皇帝显然是一个假宝玉（贾宝玉）。第四回原文：

　　如今且说雨村，因补授了应天府，一下马就有一件人命官司详至案下，乃是两家争买一婢，各不相让，以至殴伤人命。彼时雨村即传原告之人来审。那原告道："被殴死者乃小人之主人。因那日买了一个丫头，不想是拐子拐来卖的。这拐子先已得了我家的银子，我家小爷原说第三日方是好日子，再接入门。这拐子便又悄悄的卖与薛家，被我们知道了，去找拿卖主，夺取丫头。无奈薛家原系金陵一霸，倚财仗势，众豪奴将我小主人竟打死了。"

　　雨村听了大怒道："岂有这样放屁的事！打死人命就白白的走了，再拿不来的！"因发签差公人立刻将凶犯族中人拿来拷问，令他们实供藏在何处，一面再动海捕文书。正要发签时，只见案边立的一个门子使眼色儿，——不令他发签之意。雨村心下甚为疑怪，只得停了手，即时退堂，至密室，侍从皆退去，只留门子服侍。这门子忙上来请安，笑问："老爷一向加官进禄，八九年来就忘了我了？"雨村道："却十分面善得紧，只是一时想不起来。"那门子笑道:"老爷真是贵人多忘事,把出身之地竟忘了,不记当年葫芦庙里之事?"雨村听了,如雷震一惊,方想起往事。原来这门子本是葫芦庙内一个小沙弥,因被火之后,无处安身,欲投别庙去修行,又耐不得清凉景况,因想这件生意倒还轻省热闹,遂趁年纪蓄了发,充了门子。

"补授了应天府"的贾雨村隐射顺治二年(1645)的摄政王多尔衮。"应天府"隐射刚入据北京的清朝朝廷。门子指从龙入关的八旗劲旅。葫芦庙小沙弥指盛京天聪时代的清朝八旗劲旅。当时的贾雨村隐射后金天聪九年(1635)未改国号的皇太极。从天聪九年到顺治二年恰好九年。所以门子说:"老爷一向加官进禄,八九年来就忘了我了?"

所谓"忘了",所谓"雨村听了,如雷震一惊,方想起往事",是因为贾雨村换了人,从隐射皇太极改而隐射多尔衮,故此"雷震一惊,方想起往事"。

此处的薛蟠隐射当时明朝的山海关总兵吴三桂。被打死的冯渊隐射闯王李自成。两人争夺的"丫头",当然是大名鼎鼎的陈圆圆,但政治含义则为甄士隐丢失的掌上明珠——真应怜:明朝的传国玉玺甄英莲。争夺的地点与事件是发生于崇祯十七年(顺治元年)四月二十二日的"石河会战"。"我小主人竟打死了"隐射李自成大败而逃,大顺国一天而亡。

雨村因问方才何故有不令发签之意。这门子道:"老爷既荣任到这一省,难道就没抄一张本省'护官符'来不成?"雨村忙问:"何为'护官符'?我竟不知。"门子道:"这还了得!连这个不知,怎能作得长远!如今凡作地方官者,皆有一个私单,上面写的是本省最有权有势,极富极贵的大乡绅名姓,各省皆然,倘若不知,一时触犯了这样的人家,不但官爵,只怕连性命还保不成呢!所以绰号叫作'护官符'。"……贾不假,白玉为堂金作马。阿房宫,三百里,住不下金陵一个史。东海缺少白玉床,龙王来请金陵王。丰年好大雪,珍珠如土金如铁。

"荣任到这一省"与"护官符"——隐射多尔衮贾雨村既然入主中原,当了皇叔父摄政王,必须有一张"护官符",旨在依赖并保护全国(本省)"最有权有势,极富极贵的大乡绅"与"本地大族名宦之家"。

"这四家皆联络有亲,一损皆损,一荣皆荣,扶持遮饰,俱有照应的",隐射满蒙孔吴是明亡清兴的四股主要政治军事力量。其中包括了孔家——也隐射着要团结利用汉族士大夫的意思。

门子笑道:"不瞒老爷说,不但这凶犯的方向我知道,一并这拐卖之人我也知道,死鬼买主也深知道。待我细说与老爷听:这个被打之死鬼,乃是本地一个小乡绅之子,名唤冯渊,自幼父母早亡,又无兄弟,只他一个人守着些薄产过日子。长到十八九岁上,酷爱男风,最厌女子。这也是前生冤孽,可巧遇见这拐子卖丫头,他便一眼看上了这丫头,立意买来作妾,立誓再不交结男子,也不再娶第二个了,所以三日后方过门。谁晓这拐子又偷卖与薛家,他意欲卷了两家的银子,再逃往他省。谁知又不曾走脱,两家拿住,打了个臭死,都不肯收银,只要领人。那薛家公子岂是让人的,便喝着手下人一打,将冯公子打了个稀烂,抬回家去三日死了……门子冷笑道:"这人算来还是老爷的大恩人呢!他就是葫芦庙旁住的甄老爷的小姐,名唤英莲的。"雨村罕然道:"原来就是他!闻得养至五岁被人拐去,却如今才来卖呢?"

"乃是本地一个小乡绅之子,名唤冯渊,立誓再不交结男子,也不再娶第二个了。"这一段话隐意复杂。

《红楼梦》中先后出现四位似乎相互无关的冯姓人物:冯渊、冯胖子、冯唐、冯紫英。联系起来分析,冯唐相当于李自成的父亲,"本地一个小乡绅之子"冯渊、"永兴节度使"冯胖子、"神武将军冯唐之子"冯紫英三人共同隐射李自成。

"冯渊"何以会是李自成呢?李自成乃陕西省米脂县人氏,《罪惟录·李自成》记载:"李自成……为双泉堡马户之子。""冯"字从二从马。"二"源于"双泉堡"的"双"。"马"源于"马户之子"的"马"。"二马"者,"冯"字也。

冯渊为争夺甄英莲,被薛蟠打死。前文已经指出,是写李自成与吴三桂争夺陈圆圆,政治含义是争夺朱明王朝的传国玉玺。

被薛蟠打死的人"名唤冯渊,自幼父母双亡,又无兄弟"——李自成父母双亡,确乎没有亲兄弟。

冯渊"长到十八九岁上,酷爱男风,最厌女子"——历史上的李自成不好色。所谓"酷爱男风",并非说他有"龙阳"之兴、"断袖"之癖,其实是指出于争帝之需要而喜交江湖好汉也。

"一眼看上了这丫头,立意买来作妾,立誓再不结交男子,也不再娶第二个了"——甄英莲表面上隐射家喻户晓的陈圆圆,其实是指李自成与吴三桂争夺的明朝传国玉玺。传国玉玺到手,自然"不再娶第二个了"。

当下言不着雨村。且说那买了英莲打死冯渊的薛公子,亦系金陵人氏,本是书香继世之家。只是如今这薛公子幼年丧父，寡母又怜他是个独根孤种，未免溺爱纵容，遂至老大无成，且家中有百万之富，现领着内帑钱粮，采办杂料。这薛公子学名薛蟠，表字文起，五岁上就性情奢侈，言语傲慢。虽也上过学，不过略识几字，终日惟有斗鸡走马，游山玩水而已。虽是皇商，一应经济世事，全然不知，不过赖祖父之旧情分，户部挂虚名，支领钱粮，其余事体，自有伙计老家人等措办。寡母王氏乃现任京营节度使王子腾之妹，与荣国府贾政的夫人王氏，是一母所生的姊妹，今年方四十上下年纪，只有薛蟠一子。还有一女，比薛蟠小两岁，乳名宝钗，生得肌骨莹润，举止娴雅。当日有他父亲在日，酷爱此女，令其读书识字，较之乃兄竟高过十倍。自父亲死后，见哥哥不能依贴母怀，他便不以书字为事，只留心针黹家计等事，好为母亲分忧解劳。近因今上崇诗尚礼，征采才能，降不世之隆恩，除聘选妃嫔外，凡仕宦名家之女，皆亲名达部，以备选为公主郡主入学陪侍，充为才人赞善之职。二则自薛蟠父亲死后，各省中所有的买卖承局，总管，伙计人等，见薛蟠年轻不谙世事，便趁时拐骗起来，京都中几处生意，渐亦消耗。薛蟠素闻得都中乃第一繁华之地，正思一游，便趁此机会，一为送妹待选，二为望亲，三因亲自入部销算旧账，再计新支，——其实则为游览上国风光之意。

薛蟠，"亦系金陵人氏"，"虽是皇商"，"户部挂虚名，支领钱粮"，"薛蟠父亲死后，……京都中几处生意，渐亦消耗"，"亲自入部销算旧账，再计新支"，"寡母王氏乃现任京营节度使王子腾之妹，与荣国府贾政的夫人王氏，是一母所生的姊妹"——都是语带双敲的话头，主要用以隐射平西王吴三桂。但"皇商"（皇上）、"虚名"（未亲政）、"父亲死后"（皇太极死后）、"寡母"等又确实隐射刚入关的顺治皇帝。也是一箭双雕。

薛蟠之薛，乃"雪""草龙"也，隐射吴三桂建立的大周为草寇占山为王的短命王朝。"虽是皇商"，"支领钱粮"，隐射薛文起吴三桂是土皇帝，薛文龙是真皇帝顺治。

"家中有百万之富，现领着内帑钱粮，采办杂料。"——隐射吴三桂有"百万之富"。以镇压南明残余势力与当地土匪的名义，向朝廷索要军饷。

"薛蟠父亲死后，……京都中几处生意，渐亦消耗。"——隐射吴三桂父亲被李自成杀死之后，吴三桂在北京已经没有亲人了，势力大减。

"亲自入部销算旧账，再计新支。"——为引领清兵入关消灭李自成残部的功劳，受封"汉人第一王"，又受命开藩西南。

"京营节度使王子腾之妹，与荣国府贾政的夫人王氏，是一母所生的姊妹。"——作者赋予薛姨妈双重身份：一是平西王吴三桂之母；二是科尔沁蒙古亲王吴克善之妹孝庄皇太后。让吴三桂、吴克善、顺治王朝联系起来，构成"护官符"里隐射的三股军事与政治势力。

薛姨妈既然可以隐射孝庄，她的儿子就是皇上（皇商），于是《薛文龙悔娶河东狮》就顺理成章地可以隐射顺治皇帝第一次大婚的失败了。

在路不记其日。那日已将入都时，却又闻得母舅王子腾升了九省统制，奉旨出都查边。薛蟠心中暗喜道："我正愁进京去有个嫡亲的母舅管辖着，不能任意挥霍挥霍，偏如今又升出去了，可知天从人愿。"……他母亲道："你舅舅家虽升了去，还有你姨爹家。……"

"王子腾"隐射科尔沁蒙古亲王吴克善。"升了九省统制，奉旨出都查边"隐射蒙古八旗部队在边疆驻守巡逻，负责北半个中国。

"你姨爹家"即摄政王多尔衮为首的朝廷。

以上故事情节的设计，都是为第二女主角薛宝钗上场作铺垫。薛宝钗主要隐射顺治的两个皇后：一个是废皇后静妃、孝庄的亲侄女博尔济吉特氏（与王熙凤合演）。一个是新皇后、孝庄的亲侄孙女与亲外孙女小博尔济吉特氏（与袭人合演）。从历史情节的重要性来看，薛宝钗前期主要表演废皇后静妃为主，后期就与袭人合演新皇后了，直到贾宝玉顺治出家为止。

薛蟠已拜见过贾政，贾琏又引着拜见了贾赦，贾珍等。贾政便使人上来对王夫人说："姨太太已有了春秋，外甥年轻不知世路，在外住着恐有人生事。咱们东北角上梨香院一所十来间房，白空闲着，打扫了，请姨太太和姐儿哥儿住了甚好。"王夫人未及留，贾母也就遣人来说："请姨太太就在这里住下，大家亲密些"等语。薛姨妈正要同居一处，方可拘紧些儿子，若另住在外，又恐他纵性惹祸，遂忙道谢应允。又私与王夫人说明："一应日费供给一概免却，方是处常之法。"王夫人知他家不难于此，遂亦从其愿。从此后薛家母子就在梨香院住了。

原来这梨香院即当日荣公暮年养静之所，小小巧巧，约有十余间房屋，前厅后舍俱全。另有一门通街，薛蟠家人就走此门出入。西南有一角门，通一夹道，出夹道便是王夫人正房的东边了。每日或饭后，或晚间，薛姨妈便过来，或与贾母闲谈，或与王夫人相叙。

"薛蟠已拜见过贾政，贾琏又引着拜见了贾赦（假设），贾珍等。"——说明到京述职的平西王吴三桂（薛蟠）拜见过多尔衮（贾政），然后又经由多尔衮（贾琏）引见了顺治皇帝（贾珍）。其中贾政与贾琏都是皇父摄政王多尔衮的化身。贾赦（假设）是皇太极的化身，已经早死了，仅是个假设的历史符号。

"贾政便使人上来对王夫人说……"中的"使人上来"四字，字字千钧。证明作者在涉及历史真实的时候，确实是"至若离合悲欢，兴衰际遇，则又追踪蹑迹，不敢稍加穿凿"，具有"秉笔直书"的史家传统。"使人上来"说明薛宝钗母女准备进京时为顺治五年，孝庄尚未下嫁多尔衮，而顺治皇帝与博尔济吉特氏的婚事已经定了下来。新娘子当时13岁，在北京东北方向的科尔沁等待皇家聘娶。多尔衮派阿济格前去迎亲，因为遭遇大同战役而未能完成任务。顺治六年多尔衮亲自前去，因为多铎之死而中途作罢。当时朝廷诸事尚需派人进宫请示孝庄皇太后。三年后，顺治八年（1651）二月，吴克善亲王亲自送女儿来京，而多尔衮死了，顺治皇帝企图拒绝这桩婚事。一直拖到顺治八年八月，孝庄派人将皇后接进宫，顺治皇帝才勉强答应下来。当时皇后16岁，顺治14岁。薛宝钗隐射的博尔济吉特氏在东北梨香院住了两三年，"待选"就是隐指这段时间。这就是"待选"成为红学死结的原因。而在《红楼梦》中，此时的薛宝钗住在梨香院（冷美人第一位皇后废黜为静妃后居住的地方）里，等待"黛死钗嫁"。时间为顺治十年八月到顺治十四年十月，为时四年两个月。加在一起，"待选"时间将近七年。

"咱们东北角上梨香院一所十来间房……"与"这梨香院（与贾珍顺治皇帝的养心殿与乾清宫）相隔两层房舍……"按故宫地图索解，东北角上有"一所十来间房"，即现在的"竹香馆"，是一个道地的冷宫。后来光绪的珍妃废黜后也住在此，即珍妃纪念馆"玉碎轩"一带，"珍妃井"就位于此处。现为珍宝馆。

"相隔两层房舍"——从"竹香馆"到"养心殿与乾清宫"确实"相隔两层房舍"：一层房舍是东六宫东一长街建筑群，一层房舍是东二长街建筑群。

"又有街门另开，任意可以出入"，显然是指正北方可以出后宫的"贞顺门"。这是皇宫东北角现珍宝馆的出口。

"梨香院……西南有一角门，通一夹道，出夹道便是王夫人正房的东边了。"——这是隐射从"竹香馆"区域到坤宁宫的路线。

"西南有一角门"指翠赏楼西南方的角门。

"通一夹道"指自东向西直通御花园的夹道。

"出夹道便是王夫人正房的东边了"，出东西夹道就是坤宁宫东墙外的南北宽夹道，即东一长街，进长寿左门就是王夫人孝庄住的坤宁宫了。

《红楼梦》写的与故宫东北部的建筑结构完全相符，说明《红楼梦》的纪实性。

在林黛玉初次进京时，写了王夫人孝庄带领她从坤宁宫西门长寿右门到西南方位的慈宁宫的路线。在薛宝钗初次进京时，又写了从东北方位的竹香馆（梨香院）到坤宁宫（王夫人处）东门长寿左门的路线。这两条路线是《红楼梦》人物每次都要走的路线，而且每次都一丝不差。这就证明，这两条路线是孝庄皇太后与两位蒙古族皇后（孝庄侄孙女与侄女）经常交往的路线。

第九章 太后下嫁

第一节 贾琏偷娶"尤二姐"双层隐意

顺治七年(1650)春,摄政王多尔衮既娶了皇太后(凤姐儿),又将肃亲王豪格的福晋博尔济锦氏纳为福晋("平儿扶了正")。忽报朝鲜国王李淏遣使进贡,并呈一奏折称:"倭人犯境,欲筑城垣,因恐负崇德二年之约,故特吁请,俾免残破之患。"多尔衮览毕,猛想起几年前的一件事来,禁不住喜上眉梢,即宣召内大臣何洛会入府,授了密语,到使馆中商议。朝使唯唯听命,与随员驰禀国王。过了月余,摄政王率诸王大臣出猎山海关。到了宁远,一住三日,并没有围猎命令。到了连山,摄政王入驿。驿馆内铺设一新,王大臣越发惊疑。何洛会赴河口,见岸侧有一大船,岸上两乘彩舆,朝鲜大臣请舱中两女子登陆上舆。两女子都服宫装,仿佛一对姊妹花。下了舆,与摄政王交拜,成就婚礼。

这就是多尔衮偷娶朝鲜两公主的故事。

多尔衮深恐孝庄皇太后闻知,所以秘密行事,假出猎为名,偷偷地办了这桩风流故事。住驿月余,摄政王方秘密带了朝鲜两公主回京。

第六十五回《贾二舍偷娶尤二姨》与第六十六回《冷二郎一冷入空门》即隐射此事。但一个故事却涉及两件历史事实:(1)顺治七年春,多尔衮瞒着孝庄皇太后偷娶朝鲜两公主。此处的贾琏隐射多尔衮,尤二姐与尤三姐隐射朝鲜两公主。(2)顺治十一~十二年,顺治皇帝不顾孝庄皇太后的劝阻偷情弟媳妇董鄂氏大福晋。此处的贾珍、贾琏与柳湘莲三个男人共同隐射顺治皇帝一人,而尤二姐与尤三姐都隐射董鄂氏。如果读者将讲述两件历史的具体描写,统统加到一个小说人物身上,便会发现矛盾与所谓"败笔",这是张冠李戴的必然结果。必须结合历史逐一分辨之。例如第六十六回中尤三姐与柳湘莲只有一面之识,因柳湘莲有悔婚之意,尤三姐羞愤自杀,灵魂回来与柳湘莲辞别，竟然说"妾痴情待君五年"，显然与小说情节不符。此处的"待君五年矣"隐射顺治十二年夏董鄂氏怀孕后灰溜溜地入宫，顺治十七年八月十九日病死，正是"待君五年"。这句话与历史相符，却与小说情节矛盾。《红楼梦》里类似的矛盾与"败笔"几乎无处不在。读者必须心里有数。

第六十五回原文：

那贾琏越看越爱，越瞧越喜，不知怎生奉承这二姐，乃命鲍二等人不许提三说二的，直以奶奶称之，自己也称奶奶，竟将凤姐一笔勾倒。有时回家中，只说在东府有事羁绊，凤姐辈因知他和贾珍相得，自然是或有事商议，也不疑心。再家下人虽多，都不管这些事。便有那游手好闲专打听小事的人，也都去奉承贾琏，乘机讨些便宜，谁肯去露风。

隐射多尔衮瞒住孝庄皇太后，偷娶年轻风流的朝鲜两公主，竟将36岁徐娘半老的孝庄"一笔勾倒"。他动用权威，小恩小惠，竟无人"肯去露风"。此处的贾琏、贾珍皆隐射多尔衮，尤氏两朵姐妹花，则隐射朝鲜两公主。

贾琏又将自己积年所有的体己，一并搬了与二姐收着，又将凤姐素日之为人行事，枕边衾内尽情告诉了他，只等一死，便接他进去。二姐听了，自是愿意。当下十来个人，倒也过起日子来，十分丰足。

隐射多尔衮亦有害死孝庄皇太后，盼着孝庄皇太后早死之意。多尔衮恐太后闻知，所以秘密行事，假出猎为名，成就了一箭双雕的乐事。暗嘱宫监等，替他瞒住孝庄，在宫外寻了秘密住处，"倒也过起日子来，十分丰足"。由此可见，贾琏与凤姐根本不是真夫妻，而是互相暗藏杀机的对立面。

贾琏忙笑道："何必又作如此景象，咱们弟兄从前是如何样来！大哥为我操心，我今日粉身碎骨，感激不尽。大哥若多心，我意何安。从此以后，还求大哥如昔方好；不然，兄弟能可绝后，再不敢到此处来了。"

隐射多尔衮无儿子，不是"能可绝后"，而是真的绝了后。多尔博（贾环）是多尔衮的义子。

贾珍也不承望尤三姐这等无耻老辣。弟兄两个本是风月场中耍惯的，不想今日反被这闺女一席话说住。尤三姐一叠声又叫："将姐姐请来，要乐咱们四个一处同乐。俗语说'便宜不过当家',他们是弟兄,咱们是姊妹,又不是外人,只管上来。"尤二姐反不好意思起来。贾珍得便就要一溜,尤三姐那里肯放。贾珍此时方后悔,不承望他是这种为人,与贾琏反不好轻薄起来。

此处贾琏、贾珍皆隐射多尔衮,尤氏姐妹隐射朝鲜两公主。而且是两个性格不同的姐妹花。

兴儿笑嘻嘻的在炕沿下一头吃,一头将荣府之事备细告诉他母女。又说:"我是二门上该班的人。我们共是两班,一班四个,共是八个。这八个人有几个是奶奶的心腹,有几个是爷的心腹。奶奶的心腹我们不敢惹,爷的心腹奶奶的就敢惹。"

隐射在皇宫后宫与"满蒙八旗"里有两套人马。"共是八个"隐射八旗。"奶奶的心腹我们不敢惹。"——说明孝庄的心腹多尔衮的人"不敢惹"。"爷的心腹奶奶的就敢惹。"——说明多尔衮的心腹孝庄的人就敢惹。而"兴儿"显然是多尔衮的心腹。

"兴儿"这段话具有重要的价值,使后人明白了在顺治初年究竟是多尔衮的势力大,还是孝庄皇太后的势力大。

"提起我们奶奶来,心里歹毒,口里尖快。我们二爷也算是个好的,那里见得他。倒是跟前的平姑娘为人很好,虽然和奶奶一气,他倒背着奶奶常作些个好事。小的们凡有了不是,奶奶是容不过的,只求求他去就完了。如今合家大小除了老太太、太太两个人,没有不恨他的,只不过面子情儿怕他……他说一是一,说二是二,没人敢拦他……估着有好事,他就不等别人去说,他先抓尖儿;或有了不好事或他自己错了,他便一缩头推到别人身上来,他还在旁边拨火儿。如今连他正经婆婆大太太都嫌了他,说他'雀儿拣着旺处飞,黑母鸡一窝儿,自家的事不管,倒替人家去瞎张罗'。若不是老太太在头里,早叫过他去了。"

隐射孝庄下嫁多尔衮,仍然主持后宫事务,朝野已经从伦理与名分上有了微词。尤其是努尔哈赤的嫡系子孙们,认为孝庄既然嫁给了多尔衮,就失去了后宫之尊的地位。早晚应该离开皇宫,回到多尔衮府邸里去。"正经婆婆大太太"就代表孝端为首的这股势力。这是一股强大的封建伦理的传统力量,孝庄最终败给了这股力量,活着的时候还能住在皇宫里,死后却不能进入皇陵的围墙之内，人老势衰，"王熙凤力拙失人心"也，所以孝庄（贾元春）成为《金陵十二钗》中最为悲剧的人物。

兴儿连忙摇手说："奶奶千万不要去。我告诉奶奶，一辈子别见他才好。嘴甜心苦，两面三刀；上头一脸笑，脚下使绊子；明是一盆火，暗是一把刀：都占全了。只怕三姨的这张嘴还说他不过。奶奶这样斯文良善人，那里是他的对手！"

这是作者对孝庄的基本看法。作为一个扶持两代孤儿保住皇位的寡妇，也许这就是孝庄的真面目，作者写得也够歹毒的。

尤氏笑道："我只以礼待他，他敢怎么样！"兴儿道："不是小的吃了酒放肆胡说，奶奶便有礼让，他看见奶奶比他标致，又比他得人心，他怎肯干休善罢？人家是醋罐子，他是醋缸醋瓮。凡丫头们二爷多看一眼，他有本事当着爷打个烂羊头。"

历史事实是，多尔衮死后，孝庄才知道他偷娶朝鲜两公主，并不断带领她们远途旅游打猎的事情。孝庄十分恼恨，最终同意了顺治皇帝对多尔衮的报复行动。顺治八年正月，始议定睿亲王袭爵，归长子多尔博承受（《红楼梦》中的贾环）。只是人在势在，人亡势亡。多尔衮在日，势焰熏天，免不得有饮恨的王公大臣，此次正思乘间报复，适值顺治帝亲政，下诏求言。王公大臣遂上折探试。而孝庄皇太后尚念摄政王旧情，从中调护，朝廷奏折多留中不发。王公大臣探悉此情，就贿通宫监，将多尔衮私纳朝鲜公主的秘密禀白太后。孝庄皇太后方悟出多尔衮时常出猎，乃借题取巧，竟发恨道："如此说来，他死已迟了（颇像王熙凤的声口）。"王大臣得了此句纶音，便放胆做去。于是发生了挖坟鞭尸的事情（隐射在"赵姨娘"惨死的故事里）。

"虽然平姑娘在屋里，大约一年二年之间两个有一次到一处，他还要口里掂十个过子呢，气的平姑娘性子发了，哭闹一阵，说：'又不是我自己寻来的，你又浪着劝我，我原不依，你反说我反了，这会子又这样。'他一般的也罢了，倒央告平姑娘。"尤二姐笑道："可是扯谎？这样一个夜叉，怎么反怕屋里的人呢？"兴儿道："这就是俗语说的'天下逃不过一个理字去'了。"

此处的"平姑娘"隐射多尔衮的侧福晋、侄媳妇、豪格的原配夫人博尔济锦氏。太后与摄政王成就了一桩政治婚姻，只是摄政王尚忆念侄妇，未免偷寒送暖。经孝庄皇太后盘诘，多尔衮无可隐讳，而皇太后也许为侧福晋。顺治七年春月，摄政王多尔衮复立肃王福晋博尔济古特氏为妃（隐射平儿"扶了正"），百官相率趋贺。后人曾有俚词道："汉经学，晋清谈，唐乌龟，宋鼻涕，清邋遢。"即指此事，第六十三回贾蓉云："从古至今，连汉朝和唐朝，人不说脏唐臭汉，何况咱们这宗人家。"也指此事。《东华录》上只记载了摄政王纳豪格福晋事，而闭口不谈"太后大婚"，闻由乾隆时纪昀所删。

《贾二舍偷娶尤二姨》还隐射顺治皇帝不顾孝庄皇太后的劝阻偷情董鄂氏。详见后文之分析。也就是说，《贾二舍偷娶尤二姨》的故事里，混合着两件历史事实，正如清人戚廖生所云："今则两歌而不分乎喉鼻，二牍而无区乎左右，一声也而两歌，一手也而二牍。"这是《红楼梦》里经常使用的写作技巧。几乎每个小说故事皆如此。

第二节　太后下嫁的舆论准备与下嫁经过

顺治六年十二月多尔衮的福晋死。摄政王于顺治七年择定吉日，与肃亲王福晋成婚。在顺治六年正月里，孝庄皇太后召王爷入宫，屏去宫女，密谈半日。多尔衮回邸，请范文程、大学士刚林、礼部尚书金之俊议事。摄政王与三人饮到半酣，与范老先生耳语良久。范老先生转告刚林与金之俊。金之俊职掌礼部，熟谙仪注，想出一个好办法，摄政王闻言大喜。次日由金之俊主稿，推范老先生为首，递上一份亘古未有的奏议。内称：皇父摄政王新赋悼亡，皇太后又独居寡偶，秋宫寂寂，非我皇上以孝治天下之道。依臣等愚见，宜请皇父皇母，合宫同居，以尽皇上孝思。伏维皇上圣鉴云云。

此本奉批王大臣等议复。郑亲王济尔哈朗等不敢不随声附和。复命礼部查明典礼，由金之俊独奏一本，由内阁颁发一道上谕，略云：

朕以冲龄践祚，抚有华夷，内赖皇母皇太后之教育，外赖皇父摄政王之扶持，仰承大统，幸免失坠。今皇母皇太后独居无偶，寂寂寡欢，皇父摄政王又赋悼亡，朕躬实深歉疚。诸王大臣合词吁请，佥谓父母不宜异居，宜同宫以便定省，斟情酌理，具合朕心。爰择于本年某月某日，恭行皇父母大婚典礼，谨请合宫同居，着礼部恪恭将事，毋负朕以孝治天下之意！钦此。

上谕即颁，皇父母大婚，文武百官，一律朝贺，复特颁恩诏，大赦天下。

接着写到贾母听戏的剧目。关于演唱《寻梦》、《惠民下书》，王梦阮索隐："《惠民下书》为张、莺撮合之第一功臣，此处唱《寻梦》、《下书》两出极有意思。"

演唱《听琴》等戏文时，王梦阮索隐："《听琴》是张、莺调情之始，《琴挑》是相如、文君淫奔之始，《胡笳十八拍》则文姬再嫁也，若非有所寓意，何至凑集一处。"

实际上，《红楼梦》中提到的明妃、西施、红拂、武则天、杨贵妃、蔡文姬、卓文君之类，都隐射孝庄。

第五十四回末，王梦阮总评云："此篇为皇太后下嫁摄政王之一篇正文。妇人从一而终，本是迂腐套语，皇皇国母高出群伦，礼岂为我辈设耶？回目中特揭其旨曰：'史太君破陈腐旧套王熙凤效戏彩斑衣。'……书中点睛之处曰凤求莺、曰王熙凤、曰寻梦、曰惠民下书、曰听琴、曰琴挑、曰胡笳十八拍、曰灯月圆、曰春喜上眉梢，无一不暗合巧切。"

由此可见，这个元宵之夜非同小可。它隐射顺治六年二月初八日，孝庄皇太后下嫁小叔子多尔衮。为什么要将婚宴写在元宵节？一是为了隐瞒文化检察官，二是元宵即上元。"上元"者，皇太后圆婚也。说"元妃省亲"隐射"太后下嫁"毫无道理。

当下贾蓉夫妻二人捧酒一巡，凤姐儿因见贾母十分高兴，便笑道："趁着女先儿们在这里，不如叫他们击鼓，咱们传梅，行一个'春喜上眉梢'的令如何？"贾母笑道："这是个好令，正对时对景。"

"春喜上眉梢"、"正对时对景"——符合孝庄再嫁当天的时景。

凤姐儿笑道："再说一个过正月半的。几个人抬着个房子大的炮仗往城外放去，引了上万的人跟着瞧去。有一个性急的人等不得，便偷着拿香点着了。只听'噗哧'一声，众人哄然一笑都散了。这抬炮仗的人抱怨卖炮仗的扦的不结实，没等放就散了。"湘云道："难道他本人没听见响？"凤姐儿道："这本人原是聋子。"

孝庄皇太后对婚礼的态度是"聋子放炮仗——散了吧"。
顺治皇帝对婚礼的态度是——难道他本人没听见响？凤姐儿道："这本人原是聋子。"隐射当时的顺治皇帝是聋子的耳朵——朝廷的摆设也。

朝野百姓的惊愕态度是——只听"噗哧"一声，众人哄然一笑都散了。

第九章 太后下嫁

作者在嬉笑怒骂中，补写了大清国当年最令人啼笑皆非的皇家婚礼。对这件全国最大秽闻的态度，从孝庄皇太后、顺治皇帝、王公大臣，到平头百姓的态度，都写到了。否则，演员王熙凤最后的并不可笑的笑话，就显得莫名其妙，毫无意义了。元宵之夜刚过，第五十五回开头云：

且说元宵已过，只因当今以孝治天下，目下宫中有一位太妃欠安，故各嫔妃皆为之减膳谢妆，不独不能省亲，亦且将宴乐俱免。故荣府今岁元宵亦无灯谜之集……刚将年事忙过，凤姐儿便小月了，在家一月，不能理事，天天两三个太医用药……谁知凤姐禀赋气血不足，兼年幼不知保养，平生争强斗智，心力更亏，故虽系小月，竟着实亏虚下来，一月之后，复添了下红之症。他虽不肯说出来，众人看他面目黄瘦，便知失于调养……他自己也怕成了大症，遗笑于人，便想偷空调养……谁知一直服药调养到八九月间，才渐渐的起复过来，下红也渐渐的止了。

"元宵已过……太妃欠安……宴乐俱免。"——是写实之笔。隐写孝端皇太后从顺治六年正月即"欠安"，四月去世。《清史稿》载："顺治六年四月乙巳，崩，年五十一。"当年二月初八，"太后下嫁"。

隐射顺治六年二月八日孝庄与多尔衮"上圆"之后，孝庄房事过度，不久就流产一次，此后落下"下红"的毛病，八九个月后方愈。过了一年，顺治七年八月初三，孝庄早产一个女儿，由汤若望助产。她就是"金陵十二钗"之三的贾探春。一个禀赋了孝庄皇太后与多尔衮双重性格与才能的女人（"两个人放风筝"）。

凤姐"自己也怕成了大症，遗笑于人"，王伯沆批云："病无可笑，若致'年幼不知保养'之病，不免可笑耳。"关于下红之症，王伯沆批："按方书，少妇崩症都系房室（事）不慎所致。"

作者完成了顺治六年春第一大秽闻的隐写！王伯沆等老一代索隐派学者看出了文字后的真意，但并未识破这是在隐射孝庄皇太后下嫁。

第三节　七年的事实婚姻

顺治六年（1649）初，肃亲王豪格瘐毙狱中，多尔衮许豪格福晋博尔济锦氏往狱殓葬。当年四月，孝端皇太后薨逝。孝端皇太后，系清太宗皇太极的正宫娘娘，顺治皇帝之嫡母，孝庄的姑母。她生平不预政治，所以宫内大权，统由孝庄皇太后独揽。孝庄皇太后前时虽握大权，与摄政王苟且成奸，但总不免有些顾忌姑姑孝端皇太后。到此，始毫无障碍，可以随心所欲了。

顺治六年二月初八，孝庄皇太后下嫁皇父摄政王多尔衮。

顺治六年二月末，摄政王多尔衮征大同。

顺治六年三月，多尔衮围攻大同不下，京中急报，豫亲王多铎出痘，病势甚重，促多尔衮班师。多尔衮得了此信，遣人招姜瓖投降，姜瓖誓死不降，乃留阿济格帮助博洛继续围城，自率军退还。到了居庸关，闻弟弟多铎已殁，年36岁。多尔衮忙入京临丧。刘三季仍要守孀，多尔衮照准。多铎死后两白旗的兵力均入多尔衮掌握之中矣。

孝庄皇太后为了保住儿子的生命与皇位，毅然决定下嫁多尔衮，是一种政治交易，也是双方妥协的表现。其中并非没有感情基础，但皇家婚姻的感情基础是绝对服从于政治目的的。孝庄自毁名节，保护顺治的帝位，表现出女政治家的雄才大略——典型的王熙凤作风。"你是素日知道我的，从来不信什么是阴骘司地狱报的，凭是什么事，我说要行就行。你叫他拿三千银子来，我就替他出这口气。"隐射孝庄宁肯下"阴司地狱"，也要保住"三千两银子"——崇德、顺治与康熙三朝的大清江山。为什么甄家拖欠"五万两银子"（南明五皇帝），而崇德、顺治与康熙三朝只值"三千两"？因为角度不同，孝庄文皇后与皇太后是"千岁"，三朝千岁为"三千两"。南明五帝是"万岁"也。

第十六回就是这场政治交易最早的体现：

一日正是贾政的生辰，宁荣二处人丁都齐集庆贺，热闹非常。忽有门吏忙忙进来，至席前报说："有六宫都太监夏老爷来降旨。"唬得贾赦贾政等一干人不知是何消息，忙止了戏文……那夏守忠……口内说："特旨：立刻宣贾政入朝，在临敬殿陛见。"说毕，也不及吃茶，便乘马去了。贾赦等不知是何兆头。只得急忙更衣入朝。贾母等合家人等心中皆惶惶不定，不住的使人飞马来往探信……赖大禀道："小的们只在临敬门外伺候，里头的信息一概不能得知。后来还是夏太监出来道喜，说咱们家大小姐晋封为凤藻宫尚书，加封贤德妃。后来老爷出来亦如此吩咐小的。如今老爷又往东宫去了，速请老太太领着太太们去谢恩。"贾母等听了方心神安定，不免又都洋洋喜气盈腮。

"贾元春才选凤藻宫"隐射皇太极尸骨未寒，孝庄就成了多尔衮的公开情妇。《好了歌》云"昨日黄土陇头送白骨，今宵红灯帐底卧鸳鸯"，就是指"孝庄妃才选奉嫂宫"。时在崇德八年秋。

"一日正是贾政的生辰"——作者将皇太极死的日子，写成多尔衮的生

第九章 太后下嫁

日。对于孝庄皇太后来说,皇太极死后与多尔衮苟且偷欢,到下嫁小叔子,其实就是下降,从此以后,她丧失了清太宗皇后的尊贵荣誉,降低为一个臣子的令正正妻,满洲人叫大福晋。对于多尔衮来说,与皇太后成婚是上调,而上调就是上吊,结果死后被扒骨鞭尸,砍头夺爵。

"有六宫都太监夏老爷来降旨……面南而立,口内说:'特旨:立刻宣贾政入朝,在临敬殿陛见。'"——孝庄皇太后降旨,宣多尔衮进永福宫当女婿。多尔衮要毕恭毕敬地到"临敬殿"去拜见新娘子。

"咱们家大小姐晋封为凤藻宫尚书,加封贤德妃。后来老爷出来亦如此吩咐小的。如今老爷又往东宫去了。"——孝庄晋封为由多尔衮伺候的"奉嫂宫主位"。多尔衮不是"往东宫去了",而是被调往"西府"的永福宫去了。声东击西,指桑骂槐,是《红楼梦》的基本的"镜相"写法。

历史事实证明,"贾政的生辰"其实就是多尔衮的"死期"。

从崇德八年"贾元春才选凤藻宫",到顺治六年"王熙凤效戏彩斑衣",正好7年。

第七回写的是顺治六年前摄政王多尔衮与嫂子孝庄偷情的情景:

薛姨妈道:"这是宫里头的新鲜样法,拿纱堆的花儿十二支。昨儿我想拿起来,白放着可惜了儿的,何不给他们姐妹们戴去。昨儿要送去,偏又忘了。你今儿来的巧,就带了去罢。你家的三位姑娘,每人一对,剩下六枝,送林姑娘两枝,那四枝给了凤哥罢。"……走至堂屋,只见小丫头丰儿坐在凤姐房中门槛上,见周瑞家的来了,连忙摆手儿叫他往东屋里去。周瑞家的会意,忙蹑手蹑足往东边房里来,只见奶子正拍着大姐儿睡觉呢。周瑞家的悄问奶子道:"姐儿睡中觉呢?也该醒了。"奶子摇头儿。正说着,只听那边一阵笑声,却有贾琏的声音。接着房门响处,平儿拿着大铜盆出来,叫丰儿舀水进去。

薛姨妈隐射吴三桂家。吴三桂送来了祝贺孝庄皇太后再嫁的贺礼。送给其他姑娘的六支是障眼法。送给孝庄(凤哥与林姑娘)的"剩下六支"才是历史的记录——吴三桂预祝孝庄与多尔衮在顺治六年成婚,婚后"六六大顺"。此处的"大姐儿"隐射顺治皇帝。"凤哥"、"小蓉大奶奶"与"林姑娘"皆隐射孝庄皇太后。"贾琏"隐射婚前的摄政王多尔衮。"只听那边一阵笑声,却有贾琏的声音。接着房门响处,平儿拿着大铜盆出来,叫丰儿舀水进去。"——这是多尔衮肆无忌惮地与孝庄在慈宁宫后的中宫殿白昼宣淫的描写。因为没有正式结婚,所以叫"贾琏戏熙凤"。"戏"者,调戏也。

第四节　谋杀多尔衮

顺治六年前，福临正当十二三岁的时候，受尽了满蒙亲贵与多尔衮的冷落与欺凌，他不得不巴结多尔衮，对母亲也甚为怀疑，感情上隔膜得很。在汤若望与孝庄的呵护下，才保住了皇位。此事隐写在贾芸与凤姐宝玉的关系中。见第二十四回原文：

见过贾母，出至外面，人马俱已齐备。刚欲上马，只见贾琏请安回来了，正下马，二人对面，彼此问了两句话。只见旁边转出一个人来，"请宝叔安"。宝玉看时，只见这人容长脸，长挑身材，年纪只好十八九岁，生得着实斯文清秀，倒也十分面善，只是想不起是那一房的，叫什么名字。贾琏笑道："你怎么发呆，连他也不认得？他是后廊上住的五嫂子的儿子芸儿（"后廊上住的五嫂子"指盛京后宫第五位后妃庄妃。"儿子"指福临）。"宝玉笑道："是了，是了，我怎么就忘了。"因问他母亲好，这会子什么勾当。贾芸指贾琏道："找二叔说句话。"宝玉笑道："你倒比先越发出挑了，倒像我的儿子。"贾琏笑道："好不害臊！人家比你大四五岁呢，就替你作儿子了？"宝玉笑道："你今年十几岁了？"贾芸道："十八岁。"……原来这贾芸最伶俐乖觉，听宝玉这样说，便笑道："俗语说的，'摇车里的爷爷，拄拐的孙孙'。虽然岁数大，山高高不过太阳。只从我父亲没了，这几年也无人照管教导。如若宝叔不嫌侄儿蠢笨，认作儿子，就是我的造化了。"

"贾芸"隐射未亲政的顺治皇帝。"后廊上住的五嫂子的儿子"即后金第五位后妃永福宫孝庄的儿子。"十八岁"指他到顺治十八年就死了。

此处的贾琏与贾宝玉共同隐射摄政王多尔衮。

"请宝叔安"——指顺治给多尔衮请安。

"你倒比先越发出挑了，倒像我的儿子。"——隐写多尔衮对顺治的调侃态度。

"山高高不过太阳。只从我父亲没了，这几年也无人照管教导。如若宝叔不嫌侄儿蠢笨，认作儿子，就是我的造化了。"——是顺治巴结多尔衮的话头，很符合历史事实。同时也表明顺治皇帝政治上日益成熟，知道如何对付多尔衮了。也是对多尔衮的还击，因为"山高高不过太阳"。

第九章 太后下嫁

因又说道："看着你这样知好歹，怪道你叔叔常提你，说你说话儿也明白，心里有见识。"贾芸听这话入了港，便打进一步来，故意问道："原来叔叔也曾提我的？"……"贾芸笑道："求叔叔这事，婶子休提，我昨儿正后悔呢。早知这样，我竟一起头求婶子，这会子也早完了。谁承望叔叔竟不能的。"

"贾芹"隐射代善礼亲王长子乐托亲王，孝庄（凤姐）求多尔衮（贾琏），让乐托执掌军权（管理小和尚与小道士）。而多尔衮（贾琏）口头上答应让顺治学习汉学以便将来亲政（栽花木）。但最后还是孝庄说了才算数，多尔衮仅说说而已。这是一段追述的历史。

第二十八回《蒋玉菡情赠茜香罗》隐写了顺治皇帝强烈的亲政要求与受尽多尔衮凌辱的痛苦。顺治皇帝与孝庄用了7年的工夫，配制了"天王补心丹"，在太后下嫁后一年，就要了多尔衮的命。第二十八回原文：

一径到了冯紫英（李自成）家门口，有人报与了冯紫英，出来迎接进去。只见薛蟠（吴三桂）早已在那里久候，还有许多唱曲儿的小厮并唱小旦的蒋玉菡（龙袍玉玺盒）、锦香院的妓女云儿（陈圆圆）。大家都见过了，然后吃茶。宝玉擎茶笑道："前儿所言幸与不幸之事，我昼悬夜想，今日一闻呼唤即至。"冯紫英笑道："你们令表兄弟倒都心实。前日不过是我的设辞，诚心请你们一饮，恐又推托，故说下这句话。今日一邀即至，谁知都信真了。"说毕大家一笑，然后摆上酒来，依次坐定。冯紫英先命唱曲儿的小厮过来让酒，然后命云儿也来敬。

"蒋玉菡"（将玉含）隐射盛中国玉玺与龙袍的盒子，"蒋玉菡情赠茜香罗"隐射朱明王朝的龙袍（"大红汗巾子"）赠送给了贾宝玉顺治皇帝。贾宝玉贴肚皮穿着，隐射渴望亲政而尚未亲政，时当顺治八年前。冯紫英隐射李自成，他不断出场，说明作者不相信李自成死于九宫山的传说，认为李闯王不可能战死或被处死，一定是藏匿在深山了。冯紫英李自成设宴招待薛蟠与贾宝玉，交代"前儿所言幸与不幸之事"，而"薛蟠（吴三桂）早已在那里久候，还有……蒋玉菡（龙袍玉玺盒）、锦香院的妓女云儿（陈圆圆）……"是交代李、吴、清朝三方权力斗争的结果。

王夫人道："不是。"宝玉又道："八珍益母丸？左归？右归？再不，就是八味地黄丸。"王夫人道："都不是。我只记得有个'金刚'两个字的。"宝玉拍手笑道："从来没听见有个什么'金刚丸'。若有了'金刚丸'，自然有'菩萨散'了!"说的满屋里人都笑了。宝钗抿嘴笑道:"想是天王补心丹。"王夫人笑道:"是这个名儿。如今我也糊涂了。"宝玉道:"太太倒不糊涂,都是叫'金刚''菩萨'支使糊涂了。"王夫人道:"扯你娘的臊!又欠你老子捶你了。"宝玉笑道:"我老子再不为这个捶我的。"

宝玉道:"太太倒不糊涂,都是叫'金刚''菩萨'支使糊涂了。"——顺治皇帝认为母亲被多尔衮的软硬两手支使糊涂了。

宝玉笑道:"这些都不中用的。太太给我三百六十两银子,我替妹妹配一料丸药,包管一料不完就好了。"王夫人道:"放屁!什么药就这么贵?"宝玉笑道:"当真的呢,我这个方子比别的不同。那个药名儿也古怪,一时也说不清。只讲那头胎紫河车,人形带叶参,三百六十两不足。龟大何首乌,千年松根茯苓胆,诸如此类的药都不算为奇,只在群药里算。那为君的药,说起来唬人一跳。前儿薛大哥哥求了我一二年,我才给了他这方子。他拿了方子去又寻了二三年,花了有上千的银子,才配成了。"……凤姐因在里间屋里看着人放桌子,听如此说,便走来笑道:"宝兄弟不是撒谎,这倒是有的。上日薛大哥亲自和我来寻珍珠,我问他作什么,他说配药。他还抱怨说,不配也罢了,如今那里知道这费事。我问他什么药,他说是宝兄弟的方子,说了多少药,我也没工夫听。他说不然我也买几颗珍珠了,只是定要头上带过的,所以来和我寻。"

"太太给我三百六十两银子,我替妹妹配一料丸药,包管一料不完就好了。"隐射采用"天王补心丹"计划,不上一年就会要了多尔衮的命。此事发生在顺治七年春。

"薛大哥哥"与贾宝玉都隐射顺治皇帝。"天王补心丹"计划准备了七八年——"一二"加起来是三年,"二三年"加起来是五年。总共是八年。从崇德八年多尔衮当摄政王,到顺治七年十二月初九多尔衮暴死,正好八年。

"紫河车"是胎盘。"头胎紫河车"是让多尔衮快死,去投胎。

"人形带叶参,三百六十两不足。"——让多尔衮戴绿帽子,一年内就去死。

"龟大何首乌,千年松根茯苓胆。"——骂多尔衮是千年王八万年龟。

"那为君的药,说起来唬人一跳。"——"太后下嫁"!

"他说不然我也买几颗珍珠了,只是定要头上带过的。"——定要"二婚女人"皇太后。

"我没法儿,把两枝珠花儿现拆了给他。"——太后(凤姐儿)就下嫁了。

"太阳在屋子里呢!"——"太后下嫁"与"致死多尔衮",其实都是孝庄皇太后的主意。

"这珍珠宝石定要在古坟里的,有那古时富贵人家装裹的头面,拿了来才好。如今那里为这个去刨坟掘墓,所以只是活人带过的,也可以使得。"——顺治皇帝准备在多尔衮死后实行无情报复——"为这个去刨坟掘墓"。

"人家死了几百年,这会子翻尸盗骨的,作了药也不灵!"——孝庄不同意"刨坟掘墓",但也没有反对。多尔衮"刨坟掘墓"发生在顺治八年二三月。

第五节 赵姨娘惨死

顺治五年(1648)多尔衮势焰正旺,日夜宣淫,最龌龊的行为莫过于强占侄媳妇豪格之妻。清太宗长子豪格是屡立奇功的名将,与专横跋扈的叔父多尔衮不睦。豪格的福晋美艳惊人,竟然让叔父多尔衮心痒难耐。顺治五年春,豪格率军平定了四川,凯旋归师,竟被摄政王捏造罪名关进了死牢,顺治六年三月莫名其妙地死在牢内。摄政王多尔衮捏造罪名,抄检了豪格的肃亲王府,抢走了侄媳妇博尔济吉特氏。

多尔衮与肃亲王福晋、孝庄皇太后朝欢暮乐。摄政王元妃小玉儿(赵姨娘)气得酿成一种鼓胀病,终于痰涌而逝。元妃小玉儿是皇太极宸妃与孝庄妃的妹妹,死于顺治六年十二月,以册定追封为敬孝忠恭元妃。她死了之后,肃亲王豪格福晋博尔济锦氏才在孝庄的同意下"扶了正",当了多尔衮侧福晋,与《红楼梦》中平儿扶正完全对应。孝庄成了多尔衮的大福晋(令正——"一从二令三人木"中的"二令")。于是,孝庄在伦理上的悲剧就开始了。从现代人的观点看,太后下嫁或不下嫁都无损于孝庄在历史上的丰功伟绩,要紧的是历史真实。死不承认太后下嫁,并不是爱护孝庄太皇太后,而是在爱护封建主义思想意识。孝庄为了国家的安定而下嫁,不惜毁损自己的名节而保护儿子的江山社稷,恰好证明了孝庄的伟大。

"鼓胀病"或"气臌"西医叫"癔症"或歇斯底里。赵姨娘正是死于"鼓胀病"或"气臌"。第一百一十二回原文:

就有两个女人挽着赵姨娘双膝跪在地下,说一回,哭一回。有时爬在地下叫饶说:"打杀我了!红胡子的老爷,我再不敢了!"有一时双手合着,也是叫疼。眼睛突出，嘴里鲜血直流，头发披散。人人害怕，不敢近前。那时又将天晚，赵姨娘的声音只管阴哑起来，居然鬼嚎的一般，无人敢在他跟前，只得叫了几个有胆量的男人进来坐着。赵姨娘一时死去，隔了些时又回过来，整整的闹了一夜。到了第二天，也不言语，只装鬼脸，自己拿手撕开衣服，露出胸膛，好像有人剥他的样子。可怜赵姨娘虽说不出来，其痛苦之状实在难堪。……谁管赵姨娘蓬头赤脚死在炕上。

作者用两套演员隐射入主北京后的摄政王多尔衮、孝庄皇太后与摄政王元妃的关系。在上一代中，以贾政隐射摄政王多尔衮，以王夫人隐射孝庄皇太后，以赵姨娘隐射多尔衮福晋元妃，以贾宝玉隐射顺治皇帝，以贾环隐射多尔衮义子多尔博。在下一代中，以贾琏隐射摄政王多尔衮，王熙凤隐射孝庄，肃亲王豪格福晋隐射在平儿身上，秋桐隐射摄政王元妃。这也是"两番人作一番人"的创作方法。

"赵姨娘之死"隐射两件历史事实：一是多尔衮正妻之死，为孝庄当"令正"扫清道路。二是隐射多尔衮被顺治皇帝挖坟鞭尸的场面。也就是说"赵姨娘"隐射多尔衮两口子。隐射多尔衮福晋是为副，隐射多尔衮是为正。

"我想仗着马道婆出出我的气，银子白花了好些，也没有弄死一个"，隐射多尔衮与范文程阴谋害死孝庄与顺治皇帝，但没有成功。

"我是阎王老爷差人拿我去的，要问我为什么和马道婆用魘魔法的案件"，隐射顺治皇帝对多尔衮的死后审判，及挖坟夺爵。时在顺治八年二月。

"有时爬在地下叫饶说：'打杀我了！红胡子的老爷，我再不敢了！'有一时双手合着，也是叫疼。眼睛突出，嘴里鲜血直流，头发披散"，隐射多尔衮当年被挖坟鞭尸的场面。

"只装鬼脸，自己拿手撕开衣服，露出胸膛，好像有人剥他的样子"，隐射多尔衮被挖坟鞭尸的场面。

作者借赵姨娘之死，补写了摄政王多尔衮的死后被鞭尸的悲惨下场。

第二十五回标题中的"逢五"指顺治五年，多尔衮逼宫篡位，已露端倪，顺治小皇帝几成汉献帝了。年底，摄政王多尔衮已将郑亲王济尔哈朗排挤出政坛，完成了篡夺帝位的准备工作。据当时的德国传教士记载，他在摄政王府内"服皇帝之服装，自称'皇父与国父'，并且以自己的名义诏谕"。多尔衮觉得顺治小皇帝不好对付，"皇帝虽幼弱，然而他所透出的智略，已超越人们在他这年龄里所能期待的程度了"。于是，多尔衮加快了称帝的步伐，以防小皇帝羽翼丰满，引发不测。

孝庄皇太后与顺治皇帝临渊履薄，虽生犹死，就是《红楼梦》第二十五回所写。

"魇魔法"——隐射孝庄皇太后与顺治皇帝受到逼宫的生死危机。

"姊弟"——重复凤姐与宝玉"虽系姐弟,其情状有如母子"的写法,隐射孝庄皇太后与顺治皇帝母子两人,小说里写成凤姐与宝玉"姊弟"。

"通灵遇双真"——隐射顺治得到了皇太极势力(一僧)与孔有德势力(一道)的援救,也就是说顺治的皇位得到了满汉势力的保护。

第二十五回说明,顺治五年("逢五")孝庄母子(凤姐与宝玉)的处境极为凶险,惊动了整个朝野(整个贾府),最后由满汉两股势力(一僧一道)联合起来,动用了国家玉玺("通灵宝玉")的力量,才挫败了多尔衮与范文程(赵姨娘与马道婆)夺权的阴谋。原文摘要:

(1)赵姨娘听说,鼻子里笑了一声,说道:"罢,罢,再别说起。如今就是个样儿,我们娘儿们跟的上这屋里那一个儿!也不是有了宝玉,竟是得了活龙。他还是小孩子家,长的得人意儿,大人偏疼他些也还罢了;我只不伏这个主儿。"一面说,一面伸出两个指头儿来。马道婆会意,便问道:"可是琏二奶奶?"——隐射多尔衮与元妃大福晋对孝庄母子的妒忌感情。元妃大福晋母子(赵姨娘与贾环)想害死孝庄母子(凤姐与宝玉),旨在强调多尔衮"赵国基"想夺权篡位。"赵国基"即暗示多尔衮是当年陈桥兵变的赵匡胤。

(2)马道婆见他如此说,便探他口气说道:"我还用你说,难道都看不出来。也亏你们心里也不理论,只凭他去。倒也妙。"赵姨娘道:"我的娘,不凭他去,难道谁还敢把他怎么样呢?"马道婆听说,鼻子里一笑,半晌说道:"不是我说句造孽的话,你们没有本事!——也难怪别人。明不敢怎样,暗里也就算计了,还等到这如今!"——此处的"马道婆"隐射汉臣范文程,当时他是两面派,一方面当顺治的老师(贾宝玉的干妈),一方面支持参与多尔衮的篡权阴谋(多尔衮死后范文程因此而被革职,后又留任,从此威风扫地)。

(3)赵姨娘听这话口气松动了,便说道:"你这么个明白人,怎么糊涂起来了。你若果然法子灵验,把他两个绝了,明日这家私不怕不是我环儿的。那时你要什么不得?"——隐射多尔衮想篡夺皇位,希望得到范文程的支持。见范文程"口气松动了",答应将来自己登极了,不会亏待范文程。

(4)马道婆看看白花花的一堆银子,又有欠契,并不顾青红皂白,满口里应着,伸手先去抓了银子掖起来,然后收了欠契。又向裤腰里掏了半晌,掏出十个纸铰的青面白发的鬼来,并两个纸人,递与赵姨娘,又悄悄的教他道:"把他两个的年庚八字写在这两个纸人身上,一并五个鬼都掖在他们各人的床上就完了。我只在家里作法,自有效验。千万小心,不要害怕!"——隐射范文程与多尔衮的阴谋篡位计划,将在顺治五年付诸实施。范文程既得了银子,又会加官晋爵。

（5）宝玉忽然"嗳哟"了一声，说："好头疼！"……只见宝玉大叫一声："我要死！"将身一纵，离地跳有三四尺高，口内乱嚷乱叫，说起胡话来了。——隐射顺治皇帝深感性命之忧，皇位难保，精神都错乱了。"三四尺高"中的"三四"是指三四一十二，顺治12岁也。

（6）只见凤姐手持一把明晃晃钢刀砍进园来，见鸡杀鸡，见狗杀狗，见人就要杀人。众人越发慌了。周瑞媳妇忙带着几个有力量的胆壮的婆娘上去抱住，夺下刀来，抬回房去。——隐射孝庄（"戏彩斑衣"的凤姐）内心的矛盾与痛苦。她用歇斯底里大发作的形式，表达了誓死保护儿子的决心。

（7）他叔嫂二人愈发糊涂，不省人事，睡在床上，浑身火炭一般，口内无般不说。——隐射孝庄与顺治都濒临死亡。

（8）贾母照脸啐了一口唾沫，骂道："烂了舌头的混账老婆，谁叫你来多嘴多舌的！你怎么知道他在那世里受罪不安生？怎么见得不中用了？你愿他死了，有什么好处？你别做梦！他死了，我只和你们要命。素日都不是你们调唆着逼他写字念书，把胆子唬破了，见了他老子不象个避猫鼠儿？都不是你们这起淫妇调唆的！这会子逼死了，你们遂了心，我饶那一个！"一面骂，一面哭。贾政在旁听见这些话，心里越发难过，便喝退赵姨娘，自己上来委婉解劝。——隐射当时孝庄（贾母）、多尔衮（贾政）与顺治（宝玉）之间的微妙关系。此处主要指顺治想学汉学、多尔衮只让他学满文，完全与历史事实符合。孝庄（贾母）借题发挥，指桑骂槐。隐射的历史事实是，孝庄在正告多尔衮，揭露他们的阴谋。

（9）那道人笑道："你家现有希世奇珍，如何还问我们有符水？"贾政听这话有意思，心中便动了，因说道："小儿落草时虽带了一块宝玉下来，上面说能除邪祟，谁知竟不灵验。"——孔有德认为儿子顺治必须抓住皇权，动用玉玺的权威，但顺治尚未亲政，关键与主动权不在皇帝。多尔衮摄政独裁，皇帝的权力"竟不灵验"了。

（10）那僧道："长官你那里知道那物的妙用。只因他如今被声色货利所迷，故不灵验了。你今且取他出来，待我们持颂持颂，只怕就好了。"——皇太极灵魂认为孝庄为小叔子所迷，对多尔衮抱有不切实际的幻想，使皇权"不灵验了"，自己必须对她晓以利害，同时告诉她不要听小叔子的，才能保住顺治的皇位，也才能保住孝庄母子的命。

（11）那和尚接了过来，擎在掌上，长叹一声道："青埂峰一别，展眼已过十三载矣！人世光阴，如此迅速，尘缘满日，若似弹指！"——"青埂峰一别"（从察哈尔蒙古获元玺）是天聪九年（1635），清朝玉玺生效是崇德元年

(1636)。顺治五年（1648）是故事发生的年份。顺治六年孝庄下嫁多尔衮（1649）。从孝庄下嫁（顺治六年）到清玺生效（崇德元年），恰好"已过十三载矣"；从察哈尔蒙古获元玺（天聪九年）到孝庄下嫁前一年（顺治五年），也恰好"展眼已过十三载矣"！《红楼梦》与《清史稿》的记载一丝不差。由此可见，"十三载矣"是《红楼梦》准确的历史标记。

"青埂峰一别，展眼已过十三载矣！"锁定了《红楼梦》第二十五回的时间，即顺治五年。"逢五"也指顺治五年。"三四尺高"是指顺治12岁。三个历史坐标值，同时隐射一个历史事件。

（12）可羡你当时的那段好处：天不拘兮地不羁，心头无喜亦无悲；却因锻炼通灵后，便向人间觅是非。——隐射盛京时代的孝庄，正生气勃勃，也野心勃勃，满脑子想入主中原，寻觅是非。

（13）可叹你今日这番经历：粉渍脂痕污宝光，绮栊昼夜困鸳鸯。沉酣一梦终须醒，冤孽偿清好散场！——隐射北京时代的孝庄，已经沉溺淫荡，"粉渍脂痕污宝光，绮栊昼夜困鸳鸯"，与满汉臣子和小叔子不清不白。所谓"沉酣一梦终须醒，冤孽偿清好散场"是皇太极的坚定态度：与多尔衮的关系是一场噩梦，赶紧偿还他的孽债，让他早死，尽快吹灯散伙，以确保儿子的皇位。

看来，孝庄母子（凤姐与宝玉姊弟）完全接受了一僧一道的意见，当天母子的病就好了。（"至晚间他二人竟渐渐醒来，说腹中饥饿。贾母、王夫人如得了珍宝一般，旋熬了米汤与他二人吃了，精神渐长，邪祟稍退，一家子才把心放下来。"）

孝庄母子的病显然是由强烈的精神创伤所致，表现为歇斯底里癔病大发作，是长期紧张惊恐的突然释放。所以来势汹汹，去时戛然而止，心病还须心药医也。

第六节　"义忠亲王老千岁坏了事"

自偷娶朝鲜妃子后，多尔衮不耐福晋怨骂，时常带领朝鲜两公主出猎。是年十一月，多尔衮又往喀喇城围猎，咯血症复发。起初还勉强支持，后来精神恍惚，竟至闭着眼就见元妃忽喇氏，开了眼乃是朝鲜两公主。多尔衮自知不起，临危时，只对两公主垂泪而已。半年恩爱，竟成死别。此情此景，与贾琏、尤二姐半年恩爱，即成死别，阴阳对照，正反两面也。

顺治七年十二月初九，多尔衮死于喀喇城。十七日灵柩至京。此即《红楼梦》中所谓的"赵国基死了"。

多尔衮已殁,讣至北京,顺治皇帝大惊,遂辍朝震悼。十数日后,摄政王柩车发回,顺治皇帝率诸王大臣缟服出迎。朝堂奠爵举哀,命照帝制殡丧。顺治帝还宫,令议政诸王,会议睿亲王承袭事。至顺治八年正月,始议定睿亲王袭爵,归长义子多尔博承受(此儿即《红楼梦》中的贾环)。

自顺治七年十二月二十日至顺治八年二月二十日,顺治皇帝尊称多尔衮为成宗义皇帝,这是多尔衮死后哀荣的两个月。接着来的就是挖坟鞭尸,抄家夺爵了。

多尔衮旧府在东安门大街之南,明时南城旧宫,康熙时代为玛哈噶喇庙。乾隆时代为普度寺。吴伟业(吴梅村)读史偶述诗(其十二)云:"松林路转御河行,寂寂空垣宿鸟惊。七载金藤归掌握,百僚车马会南城。"诗中对多尔衮功名事业予以客观评价——进入《红楼梦》,就是对贾政的公正评价。多尔衮的历史功业都尽量写在贾政身上,而多尔衮的历史罪恶,尽量都写在贾雨村与贾赦、贾琏身上。便于隐瞒,也便于理解。

第十三回《秦可卿死封龙禁尉》中提到多尔衮的死亡与下场:

贾珍见父亲不管,亦发恣意奢华。看板时,几副杉木板皆不用。可巧薛蟠来吊问,因见贾珍寻好板,便说道:"我们木店里有一副板,叫做什么檣木,出在潢海铁网山上,作了棺材,万年不坏。这还是当年先父带来,原系义忠亲王老千岁要的,因他坏了事,就不曾拿去。现在还封在店内,也没有人出价敢买。你若要,就抬来使罢。"贾珍听说,喜之不尽,即命人抬来。大家看时,只见帮底皆厚八寸,纹若槟榔,味若檀麝,以手扣之,玎珰如金玉。大家都奇异称赏。贾珍笑问:"价值几何?"薛蟠笑道:"拿一千两银子来,只怕也没处买去。什么价不价,赏他们几两工钱就是了。"贾珍听说,忙谢不尽,即命解锯糊漆。贾政因劝道:"此物恐非常人可享者,殓以上等杉木也就是了。"此时贾珍恨不能代秦氏之死,这话如何肯听。

"义忠亲王老千岁"即隐射"成宗义皇帝"睿忠亲王多尔衮。"义"与"忠"皆有所指也。此处"恣意奢华"的贾珍,隐射顺治十七年八月的顺治皇帝。死的女人秦可卿是被他追封为"端敬"皇后的董鄂皇贵妃(所谓"秦可卿死封龙禁尉")。而薛蟠隐射前来吊丧的平西王吴三桂。他坐镇云南,只有西双版纳才出这种木头。有人认为秦可卿死封龙禁尉仅仅隐射沈阳的皇太极之葬,是说不通的。应该是"两番人作一番人",一番人隐射皇太极死后顺治登基(路谒北静王),二番人隐射董鄂妃死封端敬皇后,三番人隐射崇祯皇帝之厚葬。因为太宗没有追封皇后或妃子,吴三桂当时未降清。此处最重要的一句话就是"原系义忠亲王老千岁要的,因他坏了事,就不曾拿去"。这是一个历史坐标值。

会芳园临街大门洞开,旋在两边起了鼓乐厅,两班青衣按时奏乐,一对对执事摆的刀斩斧齐。更有两面朱红销金大字牌对竖在门外,上面大书"防护内廷紫禁道御前侍卫龙禁尉"。对面高起着宣坛,僧道对坛榜文,榜上大书"世袭宁国公冢孙妇、防护内廷御前侍卫龙禁尉贾门秦氏恭人之丧。四大部州至中之地,奉天承运太平之国,总理虚无寂静教门僧录司正堂万虚、总理元始三一教门道录司正堂叶生等,敬谨修斋,朝天叩佛",以及"恭请诸伽蓝、揭谛、功曹等神,圣恩普锡,神威远镇,四十九日消灾洗业平安水陆道场"等语,亦不消繁记。

这段文中的"朱红"指明朱姓。"敬谨修斋"暗隐着贾敬孔有德(敬)恭谨(谨)地为老主子修(修)灵堂(斋)也。

秦氏发丧铭旌上所书"奉天洪建兆年不易之朝诰封一等宁国公冢孙妇防护内廷紫禁道御前侍卫龙禁尉享强寿贾门秦氏恭人之灵柩"的铭文,隐射对崇祯皇帝的纪念。铭旌,是用绛帛粉书,铭文于旌上的示文,是谓铭旌。其用意是"以死者不可别己,故以旗识之"(见《礼记 檀弓》下)。

"奉天洪建兆年不易之朝"——有"奉天承运"、"洪武"、"建文"和"万历朝"组成。

"奉天承运"——是明朝首创敬语,明余继登《典故纪闻·卷一》载:元时诏书,首语"上天眷命"。太祖谓此未尽谦卑奉顺之意,始易为奉天承运。见人言动皆奉天而行,非敢自专也。"洪"——是太祖朱元璋洪武年号的简称。"建"——是惠帝朱允炆"建文"帝年号的简称。"兆年不易"——实乃万历的同义语。"冢孙妇"——指长房孙媳妇。神宗万历帝的长房是明光宗泰昌帝,长孙是明熹宗天启帝,末代崇祯帝是他的弟弟。熹宗无嗣,传位给明思宗崇祯皇帝。用长房孙媳妇来代称崇祯皇帝,也很合适。崇祯皇帝吊死在海棠树上。书中暗示秦可卿也是吊死的。贾珍痛哭流涕地说:"这长房内绝灭无人了!"实在不是空穴来风。

《秦可卿死封龙禁尉》隐射三件历史大事,但绝不是隐射曹雪芹家有爬灰的长辈。

多尔衮猝死,王大臣先劾内大臣何洛会,党附睿亲王,其弟胡锡,知其兄逆谋,不自举首,应加极刑。得旨,何洛会及弟胡锡,着即凌迟处死。

◈ 清宫隐史——《红楼梦》索隐之一

顺治帝年已十四,早已窥破宫中暧昧,久怀隐恨,亲政后急欲加罪泄愤。朝野攻讦何洛会,顺治皇帝便乘机下旨如议。王大臣已知顺治帝隐衷,索性推郑亲王济尔哈朗列首衔,追劾睿亲王多尔衮罪状。说他骄僭悖逆,逼死豪格,诱纳侄妇。受多尔衮打击的满蒙亲贵又贿嘱他的旧属苏克萨哈詹岱穆济伦,出首伊主私制帝服,藏匿御用珠宝等情。顺治帝大发雷霆,赫然下谕道:

据郑亲王济尔哈朗等奏,朕随命在朝大臣,详细会议,众论佥同,谓宜追治多尔衮罪,而伊属下苏克萨哈詹岱穆济伦,又首伊主在日,私制帝服,藏匿御用珠宝,曾向何洛会吴拜苏拜罗什博尔惠密议,欲带伊两旗,移驻永平府,又首言何洛会曾遇肃亲王诸子,肆行骂詈,不述肃王福晋事,想系为吉特太后遮羞。朕闻之,即令诸王大臣详鞠皆实,除将何洛会正法外,多尔衮逆谋果真,神人共愤,谨告天地太庙社稷,将伊母子并妻,所得封典,悉行追夺。布告天下,咸使闻知。

此谕下后,复诏雪肃亲王豪格冤,封豪格子富寿为显亲王。郑亲王子富尔敦,亦受封为世子。大学士范文程,也有应得之罪,革职留任(指范文程扮演过马道婆的角色)。

多尔衮夺取肃亲王豪格福晋与娶朝鲜二女,《东华录》记载甚明。孝庄皇太后下嫁多尔衮事,乾隆以前亦载诸《东华录》。到乾隆年间,太后下嫁的历史,为纪晓岚删去,孝庄下嫁即成为历史疑案。而张苍水诗"春官昨进新仪注,大礼恭逢太后婚",明指母后下嫁事,并无可讳言者也。多尔衮好色乱伦,罪状确凿,但身殁以后,诸王弹劾,竟谓其暗蓄龙袍,此则纯属罗织罪名,未足深信。当年多尔衮手握大权,废黜孤儿易如反掌,何制龙袍而不穿?投井下石之徒,诬陷成案,使人颇为多尔衮慨叹矣。

《红楼梦》作者对摄政王多尔衮的是非功过,给予了公正的记载与评价。以贾政隐射多尔衮之勤政廉正,以贾琏隐射多尔衮之贪婪好色。以王熙凤隐射博尔济吉特皇太后虽不识汉文(只懂蒙文),但精明干练,不让须眉,颇有国母之风。既准确生动,又令人信服,真可谓史笔也。

写到多尔衮(贾琏)的女儿,作者的笔端流露出无限的同情:"势败休云贵,家亡莫论亲。"仅仅十个字,恍如倾盆泪雨。"势败"指多尔衮势败。"家亡"指家父亡也。王熙凤隐射孝庄皇太后。孝庄的子女有两个,一明一暗,写得朦胧模糊,只有第二十九回突然冒出一句明白话:"奶子抱着大姐儿带着巧姐儿。""巧姐儿"隐射"巧哥儿"顺治皇帝。"大姐儿"隐射孝庄怀了多尔衮的孩子(贾探春)。

第九章 太后下嫁

纪晓岚能删改《东华录》，但不能删改《红楼梦》。张苍水的诗，《红楼梦》的隐，宣统时代刘启瑞发现的顺治奏折，孝庄至今埋葬在遵化清东陵的围墙之外。四者结合起来，历史真相就昭然若揭了。太后下嫁，朝野哗然，南北皆知，谈不上什么美丑，也不是国家机密。《红楼梦》里说，是"聋子放爆竹"——放完了，就算了。

太后下嫁，年仅12岁的顺治皇帝根本不理解母亲这一"荒谬"举动的良苦用心，不仅仇恨睿亲王，而且终生都对母亲怨艾不满。

顺治皇帝将复仇的希望寄托于亲政，不得不深自韬晦，"遨嬉狡狯，渔猎鄙事，无不为之，摄政安意无猜，得以善全"。顺治和孝庄皇太后都清楚，无论谁流露出一点不满，都会演成母子被废、睿忠亲王称帝的事实。即使多尔衮出狩猝死、灵柩运回，顺治也表现得极为恭顺，亲自迎出东直门外五里，"跪奠三爵，为之大恸"。

因母后下嫁"皇父摄政王"，顺治皇帝被迫追谥多尔衮为"诚敬义皇帝，庙号成宗"（史称"成宗义皇帝"）。但顺治皇帝在太和殿宣布亲政，国政大权揽在手中仅仅二十余天，他便不顾母后的脸面，对这位"继皇父"开棺鞭尸、暴骨扬灰、削封夺谥、剿灭族党，用尽一切手段发泄他的刻骨仇恨，其中也含着对母后的怨恨和不满。

郑亲王济尔哈朗等人上疏参劾睿忠亲王"谋篡大位"的多条罪状，顺治当即下令削夺摄政王的"成宗义皇帝"尊号，籍没家产，"毁掉阿玛王（多尔衮）华丽的陵墓……他们把尸体挖出来，用棍子打，又用鞭子抽，最后砍掉脑袋，暴尸示众。他的雄伟壮丽的陵墓化为尘土"。坐落在明南宫那座"金碧辉煌、雕镂奇异"的睿王府也遭池鱼之殃，被毁坏殆尽。昔日睿王的党徒们非死即贬，两白旗势力从此大衰。顺治对多尔衮的处置方式，完全未照法度，而是个人私愤的恣意宣泄。

多尔衮死，孝庄文皇后立即让顺治皇帝亲政，尽管福临是个只有14岁的孩子。稍后，她又支持儿子将多尔衮削爵夺谥，毁墓扬灰，严惩党羽，并把多尔衮的正白旗收归皇室，由顺治皇帝亲率，并陆续启用遭多尔衮打击和排斥的两黄旗大臣。一时之间，皇权迅速得到了加强。

孝庄皇太后对儿子报复多尔衮的恣意举动，始终不置一词。她既为儿子亲政的胜利感到欣慰，也对儿子的怨愤情绪而伤心不已。尤其是面对东六所里那个多尔衮留下的可怜小女儿，她内心的痛苦是当时和后来的人们都难以体会的。所以，她成了《红楼梦》中第一悲剧人物。

在后来36年的余生中，孝庄皇太后生活的清皇宫，成了以她为首的女人的"痴情司"、"结怨司"、"朝啼司"、"夜怨司"、"春感司"、"秋悲司"。她们的化妆品是"群芳髓"。她们饮的茶是"千红一窟"。她们喝的酒是"万艳同悲"。皇宫后廷乾清门"上面横书四个大字,道是:'孽海情天'。又有一副对联,大书云:'厚地高天,堪叹古今情不尽;痴男怨女,可怜风月债难偿'"。

先夫死了,后夫死了,儿子死了,女儿难以见人,儿子7岁登基,孙子又是7岁登基,两次孤儿寡母,两次权臣辅政,两次履薄临深,两次死去活来。面对这个"道是无情也有情"的世界,孝庄的生活环境确是"幽微灵秀地",但孝庄的内心深处乃是"无可奈何天"。

《红楼梦》真实地记录了这一切,作者服孝庄皇太后之才,她的历史功绩丝毫没有抹杀与隐瞒之处,不服孝庄皇太后之德,对她的淫荡与狠毒极尽夸张丑化之能事。

第十章 《金陵十二钗》

第一节 《金陵十二钗》正册

《金陵十二钗》正册总共提到12个《红楼梦》演员的名字，隐射七个历史人物：一是孝庄皇太后（警幻仙姑、秦可卿、元妃、王熙凤、林黛玉）；二是皇太极十四格格（迎春）；三是孝庄与多尔衮的亲生女儿（贾探春与巧姐儿）；四是巾帼将军孔四贞（贾惜春、史湘云与妙玉）；五是董鄂氏皇贵妃（林黛玉，专请王熙凤来串演过一回董鄂氏流产）；六是顺治废皇后博尔济吉特氏静妃（薛宝钗）；七是康熙皇帝的母亲康妃佟佳氏（李纨，专请王熙凤来串演儿子"巧哥儿"康熙出痘）。

（一）孝庄皇太后（警幻仙姑、秦可卿、元妃、王熙凤、林黛玉与薛宝钗）

（1）警幻仙姑——代表大清国开国女皇孝庄皇太后。作者说，孝庄是清朝的开国妖后。利用美色控制满汉两股男人的势力，是她开国立基，进而统治天下的主要手段。孝庄（警幻仙姑）认为"淫虽一理，意则有别"。自己的淫荡，并非"好色即淫，知情更淫"的那一种，而是不得已而为之的政治行为。男人崇尚的是："兵者，凶器也，圣人不得已而用之。"孝庄崇尚的是："淫者，凶器也，女人不得已而用之。"

孝庄认为自己的儿子坠入了"好色即淫，知情更淫"的乱伦的情网，是不合时宜的荒唐行为。她想劝阻儿子，但失败了，迫不得已而姑息了儿子的行为，还创造性地说儿子是"意淫"——表面是为儿子顺治皇帝开脱，其实更是为自己开脱。

警幻仙姑的实际身份是后宫皇太后。《警幻仙姑赋》直接脱胎于《洛神赋》，说明警幻仙姑的身份与魏文帝的甄皇后同样高贵。第五回原文：

因东边宁府中花园内梅花盛开,贾珍之妻尤氏乃治酒,请贾母,邢夫人,王夫人等赏花。

挑明故事发生的时间为顺治十二年二月八日孝庄皇太后42岁大寿。皇宫（宁府）御花园里"梅花盛开",顺治皇帝（贾珍）的新皇后（尤氏）主持圣寿节,请老佛爷孝庄（贾母、邢夫人、王夫人）,先"赏花",然后举行庆宴。

……宝玉见是一个仙姑,喜的忙来作揖问道:"神仙姐姐不知从那里来,如今要往那里去？也不知这是何处,望乞携带携带。"那仙姑笑道:"吾居离恨天之上,灌愁海之中,乃放春山遣香洞太虚幻境警幻仙姑是也：司人间之风情月债,掌尘世之女怨男痴。因近来风流冤孽,缠绵于此处,是以前来访察机会,布散相思。今忽与尔相逢,亦非偶然。此离吾境不远,别无他物,仅有自采仙茗一盏,亲酿美酒一瓮,素练魔舞歌姬数人,新填《红楼梦》仙曲十二支,试随吾一游否？"宝玉听说,便忘了秦氏在何处,竟随了仙姑,至一所在,有石牌横建,上书"太虚幻境"四个大字,两边一副对联,乃是：假作真时真亦假,无为有处有还无。

"乃放春山遣香洞太虚幻境警幻仙姑是也：司人间之风情月债,掌尘世之女怨男痴。"——表明自己是执掌"天下"与"后宫"的皇太后。

"因近来风流冤孽,缠绵于此处,是以前来访察机会,布散相思。"——因为近来顺治皇帝爱上了弟媳妇,朝野舆论哗然,老佛爷孝庄皇太后特来现场解决问题。

宝玉看了,心下自思道:"原来如此。但不知何为'古今之情',何为'风月之债'？从今倒要领略领略。"宝玉只顾如此一想,不料早把些邪魔招入膏肓了。当下随了仙姑进入二层门内,至两边配殿,皆有匾额对联,一时看不尽许多,惟见有几处写的是："痴情司"、"结怨司"、"朝啼司"、"夜怨司"、"春感司"、"秋悲司"。看了,因向仙姑道："敢烦仙姑引我到那各司中游玩游玩,不知可使得？"仙姑道："此各司中皆贮的是普天之下所有的女子过去未来的簿册,尔凡眼尘躯,未便先知的。"宝玉听了,那里肯依,复央之再四。仙姑无奈,说："也罢,就在此司内略随喜随喜罢了。"

……

歌毕,还要歌副曲。警幻见宝玉甚无趣味,因叹："痴儿竟尚未悟！"那宝玉忙止歌姬不必再唱,自觉朦胧恍惚,告醉求卧。警幻便命撤去残席,送宝

第十章 《金陵十二钗》

玉至一香闺绣阁之中，其间铺陈之盛，乃素所未见之物。更可骇者，早有一位女子在内，其鲜艳妩媚，有似乎宝钗，风流袅娜，则又如黛玉。正不知何意，忽警幻道："尘世中多少富贵之家，那些绿窗风月，绣阁烟霞，皆被淫污纨绔与那些流荡女子悉皆玷辱。更可恨者，自古来多少轻薄浪子，皆以'好色不淫'为饰，又以'情而不淫'作案，此皆饰非掩丑之语也。好色即淫，知情更淫。是以巫山之会，云雨之欢，皆由既悦其色，复恋其情所致也。吾所爱汝者，乃天下古今第一淫人也。"

宝玉听了，唬的忙答道："仙姑差了。我因懒于读书，家父母尚每垂训饬，岂敢再冒'淫'字。况且年纪尚小，不知'淫'字为何物。"警幻道："非也。淫虽一理，意则有别。如世之好淫者，不过悦容貌，喜歌舞，调笑无厌，云雨无时，恨不能尽天下之美女供我片时之趣兴，此皆皮肤淫滥之蠢物耳。如尔则天分中生成一段痴情，吾辈推之为'意淫'。'意淫'二字，惟心会而不可口传，可神通而不可语达。汝今独得此二字，在闺阁中，固可为良友，然于世道中未免迂阔怪诡，百口嘲谤，万目睚眦。今既遇令祖宁荣二公剖腹深嘱，吾不忍君独为我闺阁增光，见弃于世道，是以特引前来，醉以灵酒，沁以仙茗，警以妙曲，再将吾妹一人，乳名兼美字可卿者，许配于汝。今夕良时，即可成姻。不过令汝领略此仙闺幻境之风光尚如此，何况尘境之情景哉？而今后万万解释，改悟前情，留意于孔孟之间，委身于经济之道。"说毕便秘授以云雨之事，推宝玉入房，将门掩上自去。

作者的意思是，孝庄皇太后为顺治与董鄂氏的乱伦行为当了红娘，还专门动用了自己使用的秘密卧室。顺治纵欲无度，母亲孝庄皇太后是始作俑者。这个秘密卧室就在如今的北京公园里——"太虚幻境"有六大建筑特征：山、水、假洞、长廊、大牌楼、行宫。

"仙姑"属于道教，"随喜随喜"是佛家用语。警幻仙姑讲"随喜随喜"，隐射孝庄是满族皇帝与摄政王的媳妇，同时又是汉族臣子们的情妇。

"痴儿"即儿子顺治皇帝——顺治的法号是"行痴"，又自称"痴道人"，不是"痴儿"是什么？

"早有一位女子在内，其鲜艳妩媚，有似乎宝钗，风流袅娜，则又如黛玉。"——这是孝庄皇太后将襄亲王福晋董鄂氏预先带进了北海行宫自己的秘密卧室，给儿子一个惊喜。既然劝阻无效，只得姑息妥协了。

"好色即淫，知情更淫。是以巫山之会，云雨之欢，皆由既悦其色，复恋其情所致也。"——对倔强固执的儿子还是要说教一番的。

"吾所爱汝者，乃天下古今第一淫人也。"——皇帝与弟媳妇偷欢，连皇本判词主要用来隐射孝庄皇太后淫荡的一生。唯"有一美人悬梁自缢"是单独列出来隐射崇祯皇帝煤山自缢的。孝庄是荡妇，崇祯是美人，泾渭分明，却混写在一起。一为乱真，二为"秦可卿之葬"埋下一段伏笔——秦氏之葬主要隐射皇太极的沈阳国葬，与董鄂氏死封"端敬"皇后。但此处的伏笔，说明秦可卿之国葬，也隐射了崇祯皇帝的国葬。崇祯是亡国之君，作者是在野之人，只有用这个办法，才能表达对崇祯皇帝的悼念。据《明史》记载，崇祯十七年夏四月，清兵击败李自成于山海关，五月入京师。"以帝礼改葬，令臣民为服丧三日，曰庄烈愍皇帝，陵曰思陵。"顺治皇帝与多尔衮此举，固然为了安抚明朝遗民，也表现了对崇祯皇帝的敬畏。崇祯是亡国皇帝，但他是唯一将国亡了而不挨骂的亡国之君。连李自成都说："君非甚暗，孤立而炀灶恒多；臣尽行私，比党而公忠绝少。""秦氏恭人之灵柩"指清皇室与明朝臣民恭敬的崇祯之灵柩也。所以秦氏葬礼，隐射明代的丧葬，埋葬的是汉人的情感。因此，这个葬礼写得格外隆重。明葬皇太极与董鄂妃，实悼崇祯也。

（3）元妃——《金陵十二钗》正册：

只见画着一张弓，弓上挂着香橼。也有一首歌词云：

二十年来辨是非，榴花开处照宫闱。

三春争及初春景，虎兔相逢大梦归。

元妃——孝庄皇太后，十二三岁成为皇太极的妃子，20年后带儿子顺治皇帝入主北京（"二十年来辨是非"），主宰朝廷与后宫，成了中国的国母（"榴花开处照宫闱"）。是崇德、顺治、康熙三个朝代的历史的主宰者（"三春争及初春景"），到康熙二十六年，即虎兔年交替之际薨逝（"虎兕相逢大梦归"）。为了表明她是《红楼梦》中福寿最大地位最高的人物，又是大清国的象征，第二回中冷子兴介绍云"第二胎生了一位小姐，生在大年初一，这就奇了"——隐射明万历四十四年、后金天命元年（1616）正月初一，努尔哈赤建立后金王朝——定都赫图阿拉，揭开了清朝296年历史的序幕。元妃的生日源于大清国的生日也。

第五回《红楼梦曲子》云：

〔虚花悟〕将那三春看破，桃红柳绿待如何？把这韶华打灭，觅那清淡天和。说什么，天上夭桃盛，云中杏蕊多。到头来，谁把秋捱过？则看那，白杨村里人呜咽，青枫林下鬼吟哦。更兼着，连天衰草遮坟墓。这的是，昨贫今富人劳碌，春荣秋谢花折磨。似这般，生关死劫谁能躲？闻说道，西方宝树唤婆娑，上结着长生果。

这是孝庄太皇太后死后，在遵化清东陵围墙外三十七年"停棺不葬"的情景。

"将那三春看破，桃红柳绿待如何？"——保护并维持了崇德、顺治、康熙三个朝代，儿孙满堂，功名盖世，结果呢？死无容身之地。

"把这韶华打灭，觅那清淡天和。"——孝庄太皇太后的一生，就是牺牲自己而换取大清国长治久安的一生。

"天上夭桃盛，云中杏蕊多。到头来，谁把秋捱过？"——"夭桃盛……杏蕊多"隐射着孝庄太皇太后一生的功名事业，但"到头来，谁把秋捱过"？

"白杨村里人呜咽……似这般，生关死劫谁能躲？"——这是遵化东陵围墙外的情景。

"闻说道，西方宝树唤婆娑，上结着长生果。"——"树"是孝庄的代号。作者与皇太极都预测，入主中原，迁都北京，三代之后，"盛宴必散"，随着孝庄之死，大清国会"树倒猢狲散"。

（4）王熙凤——《金陵十二钗》正册：

后面便是一片冰山，上面有一只雌凤。其判云：
凡鸟偏从末世来，都知爱慕此生才。
一从二令三人木，哭向金陵事更哀。

王熙凤——孝庄皇太后。一生经历了大清国从开国到行将崩溃的全过程。有才无德，毁誉参半。

（5）林黛玉与薛宝钗——第五回：

再去取"正册"看，只见头一页上便画着两株枯木，木上悬着一围玉带，又有一堆雪，雪下一股金簪。也有四句诗，道：
可叹停机德，堪怜咏絮才。
玉带林中挂，金簪雪里埋。

林黛玉与薛宝钗——两人的德与才都隐射孝庄皇太后，崇德改元后，起用清朝玉玺，封存后金金玺。于是，孝庄成了大清国的开国女皇帝。

第一回中贾雨村《七律》云："玉在椟中求善价，钗于奁内待时飞。"

"玉"与"钗"——皆隐射孝庄皇太后，清朝玉玺准备入主北京后在中原使用，后金金玺准备退出关外时备用。
　　（二）皇太极十四格格（迎春）
　　第五回《金陵十二钗》正册：

后面忽见画着个恶狼，追扑一美女，欲啖之意。其书云：
　　　　子系中山狼，得志便猖狂。
　　　　金闺花柳质，一载赴黄粱。

　　迎春——皇十四格格。为了笼络吴三桂，让他的儿子留在北京做人质，孝庄安排皇太极十四女和硕格格下嫁吴应熊（孙绍祖）。康熙十三年一月，吴三桂在云南发动三藩叛乱，四月，吴应熊与儿子吴世霖被杀头示众。十四格格闯宫，恳求孝庄皇太后饶了丈夫与儿子的命。不许，十四格格愤怒不已，当场触柱昏死，后死于皇宫内。
　　第五回《红楼梦曲子》云：

〔喜冤家〕中山狼，无情兽，全不念当日根由。一味的骄奢淫荡贪还构。觑着那，侯门艳质同蒲柳，作践的，公府千金似下流。叹芳魂艳魄，一载荡悠悠。

　　"一载荡悠悠"容易误解成皇十四格格与吴应熊结婚一年后，被折磨而死。其实皇十四格格与吴应熊的感情尚好，顺治十年八月结婚，康熙十三年四月吴应熊与儿子吴世霖被杀头。皇十四格格为了挽救丈夫与儿子的命，不惜触柱昏迷成废人，被孝庄收留宫内。西单的吴应熊府邸后来成为府佑宗学，是北京城里著名的凶宅之一。
　　（三）孝庄与多尔衮的亲生女儿（贾探春与巧姐儿）
　　（1）探春——《金陵十二钗》正册：

后面又画着两人放风筝，一片大海，一只大船，船中有一女子掩面泣涕之状。也有四句写云：
　　　　才自精明志自高，生于末世运偏消。
　　　　清明涕送江边望，千里东风一梦遥。

　　于孝庄皇太后下嫁多尔衮，顺治七年八月初三生了一个苦命的女儿。半年后多尔衮暴死，然后被挖坟鞭尸削爵夺产。这个女儿不好办了，只好由孝庄养育长大，但玉牒上却不能承认是多尔衮与孝庄皇太后的女儿，只能写成多尔衮（贾政）与福晋（赵姨娘）生的女儿（探春），尽管当时多尔衮的大福晋已经死了。所以"探春"不认账，不承认赵姨娘这个所谓的亲娘，认为赵姨娘不过是皇家与自己的奴才，只承认自己的嫡母是孝庄皇太后（王夫人）。而王夫人（孝庄皇太后）多次声明这个女儿"不是我亲生"云云，却给予她固伦公主的最高爵位与待遇，甚至让她学习着管理与改革后宫（《敏探春兴利除宿弊》），最后将她远嫁察哈尔蒙古，成了亲王王妃。所谓"日边红杏依云栽"——"得此签者必得贵婿"。

《红楼梦曲子》云：

〔分骨肉〕一帆风雨路三千，把骨肉家园齐来抛闪。恐哭损残年，告爹娘，休把儿悬念。自古穷通皆有定，离合岂无缘？从今分两地，各自保平安。奴去也，莫牵连。

这是最令人荡气回肠的一支曲子。"探春"不承认多尔衮的义子多尔博（贾环）是她的亲弟弟，她只和顺治皇帝（贾宝玉）这个哥哥好，亲自给皇帝哥哥做鞋子，兄妹俩感情很深。第二十七回原文：

探春因说道："这几天老爷可曾叫你？"宝玉笑道："没有叫。"探春说："昨儿我恍惚听见说老爷叫你出去的。"宝玉笑道："那想是别人听错了，并没叫的。"探春又笑道："这几个月，我又攒下有十来吊钱了。你还拿了去，明儿出门逛去的时候，或是好字画，好轻巧玩意儿，替我带些来。"宝玉道："我这么城里城外、大廊小庙的逛，也没见个新奇精致东西，左不过是那些金玉铜磁没处摆的古董，再就是绸缎吃食衣服了。"探春道："谁要这些。怎么像你上回买的那柳枝儿编的小篮子，整竹子根抠的香盒儿，胶泥垛的风炉儿，这就好了。我喜欢的什么似的，谁知他们都爱上了，都当宝贝似的抢了去了。"宝玉笑道："原来要这个。这不值什么，拿五百钱出去给小子们，管拉一车来。"探春道："小厮们知道什么。你拣那朴而不俗、直而不拙者，这些东西，你多多的替我带了来。我还象上回的鞋作一双你穿，比那一双还加工夫，如何呢？"

宝玉笑道："你提起鞋来，我想起个故事：那一回我穿着，可巧遇见了老爷，老爷就不受用，问是谁作的。我那里敢提'三妹妹'三个字，我就回说是前儿我生日，是舅母给的。老爷听了是舅母给的，才不好说什么，半日还说：'何苦来！虚耗人力，作践绫罗，作这样的东西。'我回来告诉了袭人，袭人说这还罢了，赵姨娘气的抱怨的了不得：'正经兄弟，鞋搭拉袜搭拉的没人看的见，且作这些东西！'"探春听说，登时沉下脸来，道："这话糊涂到什么田地！怎么我是该作鞋的人么？环儿难道没有分例的，没有人的？一般的衣裳是衣裳，鞋袜是鞋袜，丫头老婆一屋子，怎么抱怨这些话！给谁听呢！我不过是闲着没事儿，作一双半双，爱给那个哥哥兄弟，随我的心。谁敢管我不成！这也是白气。"宝玉听了，点头笑道："你不知道，他心里自然又有个想头了。"探春听说，益发动了气，将头一扭，说道："连你也糊涂了！他那想头自然是有的，不过是那阴微鄙贱的见识。他只管这么想，我只管认得老爷、太太两个人，别人我一概不管。就是姊妹弟兄跟前，谁和我好，我就和谁好，什么偏的庶的，我也不知道。论理我不该说他，但忒昏愦的不象了！还有笑话呢：就是上回我给你那钱，替我带那玩的东西。过了两天，他见了我，也是说没钱使，怎么难，我也不理论。谁知后来丫头们出去了，他就抱怨起来，说我攒的钱为什么给你使，倒不给环儿使呢。我听见这话，又好笑又好气，我就出来往太太跟前去了。"正说着，只见宝钗那边笑道："说完了，来罢。显见的是哥哥妹妹了，丢下别人，且说体己去。我们听一句儿就使不得了！"说着，探春宝玉二人方笑着来了。

　　上引原文隐射顺治皇帝（贾宝玉）与多尔衮女儿（探春）兄妹情深。
　　"赵姨娘气的抱怨的了不得：'正经兄弟，鞋搭拉袜搭拉的没人看的见，且作这些东西！'"——多尔衮福晋强调，"探春"与多尔衮义子多尔博是"正经兄弟"。
　　"探春听说，登时沉下脸来，道：'这话糊涂到什么田地！怎么我是该作鞋的人么？'"——不承认"赵姨娘"是亲娘，认为她是"糊涂"东西。
　　"我不过是闲着没事儿，作一双半双，爱给那个哥哥兄弟，随我的心。谁敢管我不成！"——只认顺治皇帝是"正经兄弟"。
　　"我只管认得老爷、太太两个人，别人我一概不管。"——"探春"只承认多尔衮是自己的父亲，孝庄是自己的母亲，"别人我一概不管"。
　　"什么偏的庶的，我也不知道。论理我不该说他，但忒昏愦的不象了！"——对于自己在皇家玉牒中的地位，"探春"说"我也不知道"。但将她列为"赵姨娘"的女儿，她认为"忒昏愦的不象了"！
　　"他就抱怨起来，说我攒的钱为什么给你使，倒不给环儿使呢。我听见这话，又好笑又好气，我就出来往太太跟前去了。"——与"赵姨娘"呕了气，"探春"就去向母亲倾诉。
　　"显见的是哥哥妹妹了，丢下别人，且说体己去。我们听一句儿就使不得了!"——此话很重要,挑明了"探春"的真实身份,挑明了顺治皇帝与多尔衮女儿是同母异父的亲兄妹。

(2)巧姐儿——平定三藩后,多尔衮女儿的地位急转直下,由"王妃探春"迅速下降一辈,降为"村妇巧姐儿"。这固然与察哈尔蒙古在三藩之乱中趁机叛乱有直接关系,但更重要的原因,是母亲年老势衰——"王熙凤力拙失人心"。康熙二十六年,孝庄去世,"探春"失去了后台,蒙古族舅舅(王仁=忘仁)想出卖她,满族兄弟多尔博(贾环)想出卖她。幸亏孝庄生前将多尔衮旧部图海从八品一下子提拔为二品,并授予"大将军印",孝庄死后,图海知恩图报,取代汤若望的地位,成了保护多尔衮女儿的第二任"刘老老",使"探春"失爵后变成的"巧姐儿",在自己的防区内"化险为夷","遇难呈祥"——"幸娘亲,幸娘亲,积得阴功"。

《金陵十二钗》正册:

后面又是一座荒村野店,有一美人在那里纺绩。其判云:
　　势败休云贵,家亡莫论亲。
　　偶因济刘氏,巧得遇恩人。

《红楼梦曲子》云:

〔留余庆〕留余庆,留余庆,忽遇恩人,幸娘亲,幸娘亲,积得阴功。劝人生,济困扶穷,休似俺那爱银钱忘骨肉的狠舅奸兄!正是乘除加减,上有苍穹。

这是多尔衮女儿在康熙朝中后期的结局。父亲(大清国的实际开创者)早死了,母亲(大清国的实际开创者)又死了,自己的爵位虽然没有了,但还有一口饭吃,"势败休云贵,家亡莫论亲"也。认命吧("正是乘除加减,上有苍穹"),做个农家富婆吧("自古穷通皆有定,离合岂无缘?")。

《红楼梦》中的巧姐永远长不大。王熙凤病重时"二十五岁",死时"二十六岁",隐射孝庄太皇太后死于康熙二十六年。多尔衮的女儿生于顺治七年八月初三,母亲死时究竟有多大岁数,还要作者告诉吗?

"巧哥儿"康熙皇帝长成了中国的千古一帝,而"巧姐儿"在历史上连个名字都没有留下,只有《红楼梦》里可见她那神采飞扬的太平公主般的形象。

(四)巾帼将军孔四贞(贾惜春、史湘云与妙玉)

孔四贞郡主像多尔衮的女儿(探春与巧姐儿)一样,是《红楼梦》里最丰富多彩的艺术形象。她是"贾敬"（孔有德）的女儿，所以生长在"宁国府"（惜春。孝庄只有三个亲生女儿，封孔四贞为格格与义女，成了第四个女儿，宫中称为"四姑娘"）。父亲在桂林殉国时有临终遗嘱：女儿一旦逃出性命，必须远离官场，出家为尼。所以孔四贞郡主的结局是"带发修行"。孔四贞的人生轨迹是：孤苦孤僻的少女（贾惜春）——驰骋疆场的少妇（史湘云）——落寞畸零的晚年（妙玉）——朝廷与百姓凭吊的毁誉参半的历史精英（孔四贞郡王死葬北京公主坟）。

（1）巾帼女杰孔四贞（史湘云）——《金陵十二钗》正册：

后面又画几缕飞云，一湾逝水。其词曰：
富贵又何为，襁褓（枪炮）之间父母违。
展眼吊斜晖，湘江水逝楚云飞。

这是孔四贞13岁时在桂林突围时的写照。"襁褓"是"枪炮"的意思。"父母违"是指顺治九年七月四日孔有德夫妇同时殉国。"展眼吊斜晖"隐射战场上"残阳如血"。"湘江水逝"是指湘江的源头桂林。"史湘云"名字的意思就是从湘江源头桂林逃逸飞出的云朵。"楚云飞"隐射孔四贞与顺治皇帝破灭的感情，将顺治皇帝比喻成巫山云雨的楚襄王，将孔四贞比为巫山神女了。

女中俊杰孔四贞（史湘云）——《红楼梦曲子》加注：

〔乐中悲〕襁褓（枪炮）中，父母叹双亡。纵居那绮罗丛（收留在清朝皇宫做孝庄的义女），谁知娇养？幸生来，英豪阔大宽宏量（少女时代心胸开阔，像个男孩子），从未将儿女私情略萦心上（识大体，抛私情，服从大局，只身回到桂林，与孙延龄完婚）。好一似，霁月光风耀玉堂（一片光明磊落）。厮配得才貌仙郎，博得个地久天长（希望与顺治皇帝的爱情与婚姻幸福），准折得幼年时坎坷形状（慰藉童年的精神创伤）。终究是云散高唐，水涸湘江（与顺治皇帝的恋情化为一场巫山神女的空欢喜，与丈夫孙延龄的情分也徒有虚名）。这是尘寰中消长数应当（红颜薄命也），何必枉悲伤！（史湘云——孔四贞）

顺治十一年六月，孔四贞跋涉五千里，经历六百天，扶灵回到北京。《清史稿·孔有德传》云："有德女四贞以其丧还京师，上命亲王以下，阿思哈尼哈番以上，汉官尚书以下，三品官以上郊迎。赐白金四千。官为营葬，立碑纪绩。"顺治十三年顺治皇帝想册封孔四贞为东宫皇后，但孝庄认为"惟独这个孔四贞不能立为后妃",让她回桂林与娃娃亲孙延龄完婚。孔四贞按皇太后的旨意办了,整顿定南王的旧部,驻防桂林,与自己并不喜欢的孙延龄完婚。几年后顺治皇帝驾鹤西去。康熙时代孔四贞往返于桂林与北京之间,设府东华门外。康熙十三年三藩叛乱,孙延龄附逆,孔四贞与之斗争,迫使丈夫又归顺朝廷,后来吴三桂杀孙延龄。康熙十八年,孔四贞奉孝庄之命返回北京,仍封郡主,但已经出现鸟尽弓藏、兔死狗烹之局面,孔四贞因为与归顺朝廷的三藩旧部时有往来,"不合时宜,权势不容",而主动放弃兵权,进宫"带发修行"。从此,《红楼梦》里的女中俊杰史湘云,变成了"畸零之人"妙玉。

（2）心理变态的"槛外之人"孔四贞（妙玉）——《红楼梦曲子》加注：

〔世难容〕气质美如兰,才华馥比仙。天生成孤僻人皆罕。你道是啖肉食腥膻（第四十九回湘云冷笑道："你知道什么！'是真名士自风流',你们都是假清高,最可厌的。我们这会子腥膻大吃大嚼,回来却是锦心绣口。"）,视绮罗俗厌（第四十九回众人都笑道："偏他只爱打扮成个小子的样儿,原比他打扮女儿更俏丽了些。"）,却不知太高人愈妒,过洁世同嫌。可叹这,青灯古殿人将老,辜负了,红粉朱楼春色阑。到头来,依旧是风尘肮脏违心愿。好一似,无瑕白玉遭泥陷,又何须,王孙公子（贾宝玉——顺治皇帝）叹无缘。

风流逸闻遍京城的孔四贞（妙玉）——《金陵十二钗》正册：

后面又画着一块美玉,落在泥垢之中。其断语云：
　　欲洁何曾洁,云空未必空。
　　可怜金玉质,终陷淖泥中。

一个对肮脏时势唯恐避之不远的女将军,在舆论界还会有其他下场吗？何况又是汉奸的女儿。

（3）割断一切尘缘的孔四贞（惜春）——《金陵十二钗》正册：

后面便是一所古庙,里面有一美人,在内看经独坐。其判云：
　　勘破三春景不长,缁衣顿改昔年妆。
　　可怜绣户侯门女,独卧青灯古佛旁。

这是孔四贞最后的归宿。"勘破三春"是指孔四贞出生于崇德年间,辉煌于顺治年间,波折于康熙年间。最后"勘破"红尘,在皇家的监视下"带发修行"。

孔四贞死后,康熙皇帝将这位姑姑安葬在长安街西端的北京公主坟。

(五)董鄂氏皇贵妃(林黛玉,专请王熙凤来串演过一回董鄂氏流产)

董鄂氏于顺治十年秋参加选秀女,当年底或顺治十一年初由孝庄皇太后指婚,嫁给皇太极十一子襄亲王博穆博果尔为大福晋,当年16岁。顺治十一年二月八日在南苑孝庄皇太后生日庆宴上,与顺治皇帝一见钟情。从此两人开始了一年多的婚外恋,连欧洲出版的《汤若望传》上都有明确记载。

孝庄皇太后从批评到劝阻、到妥协、到姑息、直到指令苏麻喇姑给他们牵针引线。

顺治十二年春,董鄂氏怀孕。当年八月,董鄂氏就小产一男胎——隐写在第六十九回:"尤二姐惊醒,却是一梦。等贾琏来看时,因无人在侧,便泣说:'我这病便不能好了。我来了半年,腹中也有身孕……'贾琏命人送了药礼,抓了药来,调服下去。只半夜,尤二姐腹痛不止,谁知竟将一个已成形的男胎打了下来。于是血行不止,二姐就昏迷过去。"顺治十三年八月董鄂氏册封贤妃,当年十二月晋升为皇贵妃。顺治十四年十月董鄂氏皇贵妃生了四阿哥。顺治十五年二月,四阿哥患天花而死,追封荣亲王。

董鄂氏皇贵妃在蒙古后党的威胁下,度日如年,又连续死了两个儿子,心力交瘁,借林黛玉的名义,发表了《哭花荫》与《葬花吟》,沉痛悼念两个孩子,并发出了"一年三百六十日,刀风霜剑严相逼"的无奈的呼号。

顺治十七年八月十九日,董鄂氏皇贵妃死,年22岁。《红楼梦曲子》加注:

〔枉凝眉〕一个是阆苑仙葩,一个是美玉无瑕。若说没奇缘,今生偏又遇着他,若说有奇缘,如何心事终虚化?一个枉自嗟呀,一个空劳牵挂。一个是水中月,一个是镜中花。想眼中能有多少泪珠儿,怎经得秋流到冬尽,春流到夏(贾宝玉与林黛玉——顺治皇帝与董鄂氏)!

〔终身误〕都道是金玉良姻,俺只念木石前盟。空对着,山中高士晶莹雪,终不忘,世外仙姝寂寞林。叹人间,美中不足今方信。纵然是齐眉举案,到底意难平(贾宝玉——顺治皇帝。"寂寞林"隐射董鄂氏皇贵妃。"晶莹雪"隐射蒙古族新旧皇后)。

〔恨无常〕喜荣华正好,恨无常又到。眼睁睁,把万事全抛。荡悠悠,把芳魂消耗。望家乡,路远山高。故向爹娘梦里相寻告:儿命已入黄泉,天伦呵，须要退步抽身早（秦可卿——董鄂氏皇贵妃）！

（六）顺治废皇后博尔济吉特氏静妃（薛宝钗）

顺治八年（1651）八月顺治大婚，年14岁，皇后16岁。孝庄为顺治娶的皇后，即其侄女科尔沁蒙古王爷吴克善女。顺治十年（1653）八月，大婚第三年，废黜第一位皇后。顺治十四年（1653）十月，静妃恢复为长春宫主位，恢复中宫笺表，当时她22岁，顺治皇帝20岁。废后时间与薛宝钗配制"冷香丸"的时间完全相符，为四年两个月十二天。第五回：

宝玉看了仍不解。便又掷了，再去取"正册"看，只见头一页上便画着两株枯木，木上悬着一围玉带，又有一堆雪，雪下一股金簪。也有四句五言诗，道：

可叹停机德，堪怜咏絮才。
玉带林中挂，金簪雪里埋。

"画着两株枯木……悬着一围玉带"，说明林黛玉隐射两个历史人物，一是孝庄皇太后，一是董鄂氏皇贵妃。

"又有一堆雪，雪下一股金簪"，说明薛宝钗隐射废皇后静妃。

"玉带林中挂，金簪雪里埋"，说明董鄂氏皇贵妃得宠。废皇后居冷宫，是冷美人，服冷香丸。而薛宝钗所居住的东北角的"梨香院"即"离香院"，"蘅芜院"为满是杜蘅杂草的荒芜的院子。"梨香院"隐射故宫东北角的"竹香馆"，乃历代冷宫。

（七）康熙的母亲康妃佟佳氏（李纨，专请王熙凤来串演过儿子"巧哥儿"康熙出痘）

康妃佟佳氏于顺治十年（1653）入宫，年13岁。顺治十一年（1654）三月十八日，康熙降生，母亲康妃佟佳氏14岁，顺治皇帝17岁，其乳母之一为瓜尔佳氏，后封奉圣夫人。《红楼梦》里说的剧目"吃糠记"是挖苦康熙的。顺治十八年正月初七日顺治皇帝死，康熙登基，年7岁，母亲佟佳氏21岁。康熙二年，佟佳氏圣母皇太后薨逝，年23岁。《红楼梦曲子》：

〔晚韶华〕镜里恩情，更那堪梦里功名！那美韶华去之何迅！再休提绣帐鸳衾。只这带珠冠，披凤袄，也抵不了无常性命。虽说是，人生莫受老来贫，也须要阴骘积儿孙。气昂昂头戴簪缨，光灿灿胸悬金印，威赫赫爵禄高登，昏惨惨黄泉路近。问古来将相可还存？也只是虚名儿与后人钦敬（李纨——康妃佟佳氏)。

"镜里恩情,更那堪梦里功名!那美韶华去之何迅!再休提绣帐鸳衾。"——康妃佟佳氏并没有得到过顺治皇帝多少垂爱。

"只这带珠冠,披凤袄,也抵不了无常性命……气昂昂头戴簪缨,光灿灿胸悬金印,威赫赫爵禄高登,昏惨惨黄泉路近。"——儿子当了皇帝,自己"带珠冠,披凤袄",但"抵不了无常性命"。

"问古来将相可还存?也只是虚名儿与后人钦敬。"——后人钦敬佟佳氏圣母皇太后,作者认为只是"虚名儿"而已。

第二节 《金陵十二钗》副册、又副册

作者虚张声势,摆出要写"千红一哭"与"万艳同悲"的架势,又列了《正册》、《副册》与《又副册》。其实,只写了10个历史人物。除上述7名以外,还有副册一名——香菱隐射的陈圆圆,又副册两名——袭人隐射的孝惠新皇后,晴雯隐射的小董鄂氏贞妃。陈圆圆为什么列在孝惠新皇后与董鄂氏贞妃之前?因为作者又在骂人——明朝的婊子也比清朝的皇后值钱。第五回云:

宝玉道:"常听人说,金陵极大,怎么只十二个女子?如今单我家里,上上下下,就有几百女孩子呢。"警幻冷笑道:"贵省女子固多,不过择其紧要者录之。下边二橱则又次之。余者庸常之辈,则无册可录矣。"宝玉听说,再看下首一橱上,果然写着"金陵十二钗副册",又一橱写着"金陵十二钗又副册"。宝玉便伸手先将"又副册"橱门开了,拿出一本册来。

"如今单我家里,上上下下,就有几百女孩子呢。"——仅顺治皇帝的后妃宫女"就有几百",而整个后宫何止"几百女孩子"?作者有意提供的这些数字(年月、人数、物件、事件的数字),这是揭开《红楼梦》秘密的钥匙。

董鄂氏贞妃是董鄂氏皇贵妃的叔伯妹妹,模样与姐姐一样。在姐姐死后,顺治皇帝爱屋及乌,让妹妹伺候了自己半年之久,引得后宫哗然。为平息后宫新的矛盾,在顺治"驾崩"后,孝庄皇太后命令董鄂氏贞妃做了儿子的殉葬品。晴雯就是这个冤魂的艺术化身。第五回:

宝玉便伸手先将"又副册"橱开了,拿出一本册来,揭开一看,只见这

首页上画着一幅画，又非人物，也无山水，不过是水墨染的满纸乌云浊雾而已。后有几行字迹，写的是：

霁月难逢，彩云易散。心比天高，身为下贱。风流灵巧招人怨。寿夭多因毁谤生，多情公子空牵念。

读者都认为晴雯是林黛玉之副——隐射董鄂氏皇贵妃的妹妹贞妃。这种直觉是很对的。但《芙蓉女儿诔》却打着诔晴雯（贞妃董鄂氏）的旗号，公开地毫不含糊地诔黛玉（董鄂氏皇贵妃）。而一百九回又说"五儿给晴雯'脱了个影儿'，因将想晴雯的心又移在五儿身上"，说五儿乃"居然晴雯复生"，算是为晴雯洗刷清白吧。

顺治十一年六月十六日，福临皇帝第二次大婚。这一天行册立礼和奉迎礼，仪式很隆重。新皇后还是科尔沁蒙古格格、孝庄皇太后的侄孙女与外孙女，又是废皇后静妃的侄女儿！《红楼梦》里的袭人与林黛玉两个演员，同时隐射小博尔济吉特氏新皇后。袭人为主要演员，林黛玉为配合演员，因为林黛玉的母亲贾敏隐射孝庄皇太后（贾母）的亲女儿。第三回林黛玉初进贾府，祖孙两人抱头痛哭，就是隐射这层血缘关系。进入故事情节后，住在怡红院的第一大丫头袭人，就担任了小博尔济吉特氏新皇后的主要演员了。第五回：

宝玉看了，又见后面画着一簇鲜花，一床破席，也有几句言词，写道是：
枉自温柔和顺，空云似桂如兰，
堪羡优伶有福，谁知公子无缘。

作者说清朝皇帝的新皇后表面是"一簇鲜花"，实际是"一床破席"，并非指孝惠皇后是破鞋，而是指皇帝的龙袍是叫花子躺在上面做梦的破席，反正谁躺上都是皇帝。

袭人改嫁蒋玉菡，是指清朝龙袍回到了盛玉玺与龙袍的紫檀匣子里去了。不是"优伶有福"，而是龙袍与紫檀匣子"有缘"也。

崇祯十七年三四月间，李自成抢去了吴三桂的爱妾陈圆圆。平西伯吴三桂本来已经答应投降李自成，听说爱妾被抢走，"冲冠一怒为红颜"，转而引领清兵入关，联合消灭了李自成。第五回：

宝玉看了不解。遂掷下这个，又去开了副册厨门，拿起一本册来，揭开看时，只见画着一株桂花，下面有一池沼，其中水涸泥干，莲枯藕败，后面书云：

　　　　　　　根并荷花一茎香，平生遭际实堪伤。
　　　　　　　自从两地生孤木，致使香魂返故乡。

　　甄英莲的艺术原形是名优陈圆圆，但作者利用甄英莲来隐射明代的传国玉玺，主题思想就升华了。所以，不能将甄英莲简单地看成陈圆圆。但也不能否定隐射陈圆圆。

　　"桂花"与"莲枯藕败"并列——"桂花"指夏桂花，此处隐射孝庄皇太后与清朝政权。"莲枯败藕"指英莲、香菱与秋菱，隐射明代传国玉玺与明朝灭亡的政权。"水涸泥干"，败亡之象也。

　　"根并荷花一茎香，平生遭际实堪伤"，原来的明朝（莲根）与清朝（荷花）是同样的国家政权（一茎香）。但明朝亡得可怜（实堪伤）。

　　"自从两地生孤木"——孝庄皇太后在盛京嫁给皇太极，又到北京嫁给多尔衮，甚至与更多的满汉男人交合。

　　"致使香魂返故乡"——明朝就亡在孝庄这个妖后荡妇的手里，不得不回到朱元璋的故乡去苟延残喘了。吴三桂在湖南称帝，也是汉族政权的苟延残喘。

第三节 《警幻仙曲演红楼梦》隐藏的历史信息

　　（1）因东边宁府中花园内梅花盛开，贾珍之妻尤氏乃治酒，请贾母、邢夫人、王夫人等赏花。——指御花园（宁府中花园）梅花盛开，孝惠章皇后（贾珍之妻尤氏＝贾宝玉的袭人）"乃治酒"，为孝庄皇太后（贾母、邢夫人、王夫人）庆祝圣寿节，时在顺治十二年二月初八日。

　　（2）一时宝玉倦怠，欲睡中觉……贾母素知秦氏是个极妥当的人，生的袅娜纤巧，行事又温柔和平，乃重孙媳中第一个得意之人，见他去安置宝玉，自是安稳的。——隐射19岁的顺治皇帝（宝玉）"欲睡中觉"。孝庄皇太后（贾母与秦氏）亲自安排。此处的贾母指顺治的母亲，秦氏指皇太极的妻子，当然是一个人。

　　（3）当下秦氏引了一簇人来至上房内间，"宝玉抬头看见是一幅画挂在上面，人物固好，其故事乃是"燃藜图"也，心中便有些不快。又有一副对联，写的是：世事洞明皆学问，人情练达即文章。——指乾清宫西暖阁。

　　（4）秦氏听了笑道："这里还不好，可往那里去呢？不然往我屋里去吧。"宝玉点头微笑……秦氏笑道："我这屋子大约神仙也可以住得了。"说着，亲自展开了西子浣过的纱衾，移了红娘抱过的鸳枕……只留袭人，媚人，晴雯，麝月四个丫鬟为伴。——"秦氏"指孝庄，"我这屋子"隐射乾清宫的秘密卧室，内有密锁机关，是顺治童年时代孝庄与满汉臣子偷情的地方（"天香楼"）。儿子顺治爱上了弟媳妇董鄂氏，母亲反对，儿子患上相思病，死去活来，并且开始纵欲无度，汤若望劝说也失败了。万般无奈，只好让步，安排他们在自己的秘密卧室幽会偷情吧！此日是自己的圣寿节，襄亲王大福晋（兼美）正好进宫来了。此事只有孝惠章皇后（袭人）、董鄂氏（媚人）、小董鄂氏（晴雯）、淑惠妃（麝月）了解内情，苏麻喇姑（鸳鸯）担任总指挥。

（5）那宝玉刚合上眼，便惚惚的睡去，犹似秦氏在前，遂悠悠荡荡，随了秦氏，至一所在。但见朱栏白石，绿树清溪，真是人迹希逢，飞尘不到。——说明顺治皇帝从未到过母亲这个秘密卧室。

（6）那仙姑笑道："吾居离恨天之上，灌愁海之中，乃放春山遣香洞太虚幻境警幻仙姑是也：司人间之风情月债，掌尘世之女怨男痴。因近来风流冤孽，缠绵于此处，是以前来访察机会，布散相思。"——"警幻仙姑赋"借用曹植的《洛神赋》，隐射"警幻仙姑"就是管理后宫的孝庄皇太后。

（7）转过牌坊，便是一座宫门，上面横书四个大字，道是："孽海情天"——此处就是"情天情海幻情身，情既相逢必主淫"的孝庄"行宫"。

（8）嘱吾云："吾家自国朝定鼎以来，功名奕世，富贵传流，虽历百年，奈运终数尽，不可挽回者。故遗之子孙虽多，竟无可以继业。其中惟嫡孙宝玉一人，禀性乖张，生性怪谲，虽聪明灵慧，略可望成，无奈吾家运数合终，恐无人规引入正。幸仙姑偶来，万望先以情欲声色等事警其痴顽，或能使彼跳出迷人圈子，然后入于正路，亦吾兄弟之幸矣。"——孝庄抬出祖宗清显祖塔克石的圣训来教育儿子。希望顺治皇帝能适可而止，回头是岸，按祖训办事。

（9）警幻见宝玉甚无趣味，因叹："痴儿竟尚未悟！"……吾所爱汝者，乃天下古今第一淫人也。——儿子不听规劝，只好姑息养奸吧。

（10）"意淫"二字，惟心会而不可口传，可神通而不可语达……说毕便秘授以云雨之事，推宝玉入房，将门掩上自去。——姑息放纵，再数落一顿，"得放手时就且放手，得罢休时就且罢休"吧。

（11）话犹未了，只听迷津内水响如雷，竟有许多夜叉海鬼将宝玉拖将下去。吓得宝玉汗下如雨，一面失声喊叫："可卿救我！"吓得袭人辈众丫鬟忙上来搂住，叫："宝玉别怕，我们在这里！"——隐射顺治皇帝"爱美人而不爱江山"，最后落入"迷津"，死在一个"情"字上。

总之，顺治皇帝与《金陵十二钗》的所有悲剧，都是孝庄一个人造成的。

现在回到红学最大的死结，也是红学界最敏感最有争论的焦点上来——秦可卿（孝庄皇太后）安排贾宝玉（顺治皇帝）与兼美（弟媳妇董鄂氏）幽会的孝庄"秘密卧室"究竟在什么地方？"太虚幻境"牌楼隐射清朝皇宫景苑的何处？

这座牌楼在《红楼梦》中出现过四次：一次是在甄士隐的噩梦中（第一回"正欲细看时，那僧便说已到幻境，便强从手中夺了去，与道人竟过一大石牌坊，上书四个大字，乃是'太虚幻境'"）；一次是在贾宝玉的美梦中（第五回"宝玉听说，便忘了秦氏在何处，竟随了仙姑，至一所在，有石牌横建，上书'太虚幻境'四个大字"）；一次是在第十七回《大观园试才题对额》中（行不多远，则见崇阁巍峨，层楼高起，贾政道："这是正殿了。只是太富丽了些。"宝玉见了这个所在，心中忽有所动，寻思起来，倒像在那里曾见过的一般，却一时想不起那年那月那日的事了）；最后一次在贾宝玉灵魂出窍的噩梦中（第一百一十六回"又要问时，那和尚早拉着宝玉过了牌楼。只见牌上写着'真如福地'四个大字"）。

这座从"太虚幻境"变为"真如福地"的牌楼，究竟隐射何方的"蓬莱仙境"？

下面先从收集地理环境与历史人物的资料入手：

……那宝玉刚合上眼，便惚惚的睡去，犹似秦氏在前，遂悠悠荡荡，随了秦氏，至一所在。但见朱栏白石，绿树清溪，真是人迹希逢，飞尘不到。宝玉在梦中欢喜，想道："这个去处有趣，我就在这里过一生，纵然失了家也愿意。"——此处有"朱栏白石，绿树清溪"。但不在皇宫里面，而是在皇宫外面。

……正胡思之间，忽听山后有人作歌——此处有"后山"。

……方离柳坞，乍出花房。但行处，鸟惊庭树，将到时，影度回廊。

……春梅绽雪……秋菊被霜……松生空谷……霞映澄塘……龙游曲沼……月射寒江……瑶池不二，紫府无双。——此处有柳坞、花房、庭树、回廊，四季有春梅绽雪、秋菊被霜、松生空谷、霞映澄塘、龙游曲沼、月射寒江。简直是"瑶池不二，紫府无双"。

……转过牌坊，便是一座宫门，上面横书四个大字，道是："孽海情天"——此处有为皇室男女"孽海情天"准备的宫殿。

……那仙姑笑道："吾居离恨天之上，灌愁海之中，乃放春山遣香洞太虚幻境警幻仙姑是也。"——此处有"离恨天"、"灌愁海"、"放春山"、"遣香洞"等景观。简直"衔山抱水建来精，多少工夫筑始成！天上人间诸景备，芳园应锡'大观'名"，是名副其实的"蓬莱仙境"，是虚无缥缈的"太虚幻境"。

有假山假洞，有真池真湖，有宫殿，有庙宇，"瑶池不二，紫府无双"，"衔山抱水"，"天上人间"——顺治时代，圆明园与颐和园尚未修建，"芳园筑向帝城西，华日祥云笼罩奇"的这个皇家林苑，究竟在何处？就是现在的北海公园。

所有来过北京的读者，有谁不认为此乃"瑶池不二，紫府无双"呢？

顺治九年（1652）七月初四，定南王孔有德败死桂林。

清朝朝廷封孔有德为定南王，镇守广西。又封耿仲明为靖南王，尚可喜为平南王，镇守广东。耿仲明死后，其子耿继茂袭爵。

顺治九年七月初四，李定国攻破全州。孔有德忙檄部将沈永忠去抵截。沈永忠退至桂林，李定国亦接踵追至。桂林兵少，有几个守将，李定国兵到，都悄悄溜脱。孔有德不能守御，奔入府中，偕其妻痛哭一场，双双自缢。

《爝火录》顺治九年七月初四：李定国拔桂林。时孔有德发兵往严关堵御，定国夺关，而追有德至桂林。孔有德入城，定国攻围三日，驱象触城破，有德自经死，家口百二十人悉被杀，独存一子，系平西王（吴三桂）婿，定国留营中，后亦被害。只有一女，其时尚幼，名四贞，侥幸得脱。《中国通史》则谓孔有德额头已中一箭，自知走投无路，"遂闭户，自焚死"。此即《红楼梦》第六十三回《死金丹独艳理亲丧》。

所谓"死金丹"是隐射孔有德在后金时代，最早投降满人，本认为会得到终生的荣华富贵，结果为虎作伥，世人唾骂，身败名裂，家破人亡。——"误服金丹移真骨，换得贰臣万古羞"。

这是孔有德临死时愧悔无地的真实写照。作者让降臣孔有德以"跛足道人，疯癫落脱，麻屣鹑衣"的形象，说出沮丧的话："可知世上万般，好便是了，了便是好。若不了，便不好，若要好，须是了。"反衬"甚荒唐，到头来都是为他人做嫁衣裳"的历史结局。然后引领甄士隐出家，具有极深刻的历史意义。引领清朝入关的是汉族降将，下场悲惨而愧悔无地的是汉族降将，引领旧主子隐匿山林的还是汉族降将。吴三桂举兵作乱而祭拜朱由榔时是如此矛盾的心态，孔有德临死回首往事时也是如此矛盾的心态。第六十三回、第六十四回原文：

忽见东府中几个人慌慌张张跑来说："老爷宾天了。"众人听了，唬了一大跳，忙都说："好好的并无疾病，怎么就没了？"……天子听了，忙下额外恩旨曰："贾敬虽白衣无功于国，念彼祖父之功，追赐五品之职。令其子孙扶柩由北下之门进都，入彼私第殡殓。任子孙尽丧礼毕扶柩回籍外，着光禄寺按上例赐祭。朝中由王公以下准其祭吊。钦此。"此旨一下，不但贾府中人谢恩，连朝中所有大臣皆嵩呼称颂不绝……贾珍下了马，和贾蓉放声大哭，从大门外便跪爬进来，至棺前稽颡泣血……

……择于初四日卯时请灵柩进城，一面使人知会诸位亲友。是日，丧仪焜耀，宾客如云，自铁槛寺至宁府，夹路看的何止数万人……宝玉这里不由的低头心内细想道："……大约必是七月，因为瓜果之节，家家都上秋祭的坟，林妹妹有感于心，所以在私室自己奠祭，取《礼记》'春秋荐其时食'之意，也未可定……"

……只听见里面哭声震天，却是贾赦贾琏，送贾母到家，即过这边来了。当下贾母进入里面，早有贾赦贾琏率领族中人哭着迎了出来。他父子一边一个挽了贾母，走至灵前，又有贾珍贾蓉跪着扑入贾母怀中痛哭……

贾道士与张道士，都隐射孔有德。张道士这一形象是交代孔有德实系顺治生父（老麒麟）。贾道士这一形象是交代孔有德之死（死金丹）。

"敬"字从苟从文，隐射孔有德与孝庄文皇后苟合。贾道士乃投降清朝又与孝庄皇太后苟合的汉族男人。

贾敬死于玄真观，初四抬入宁府。第六十四回贾宝玉指明林黛玉设祭，乃因是"七月瓜果之节"。由此可以看出，贾敬抬入宁府的日子是七月初四，而不是五月初四。

《红楼梦》记载的日子很反常，明明是五月初三贾宝玉过生日。次日应当是五月初四，但贾宝玉偏偏要说是"七月瓜果之节"，无意中就从五月初四变成了七月初四。看来，作者不敢明说七月初四这个敏感的日子。

七月初四贾敬的灵柩入城，是隐射顺治九年孔有德在桂林的死亡之日。

对贾敬之丧，王伯沆批曰："贾敬初从玄真观抬至铁槛寺成殓，再从寺抬入府中安灵，又从府抬入寺中过百日，再从寺抬柩回原籍。抬来抬去，抬出抬入，都是这个死尸，会么？"

《红楼梦》这种反常的写法，隐射孔四贞历时二年，护送几千里，使父亲的灵柩"丧还京师"。也就是原文中所谓"等过百日后，方扶柩回籍"。"令其子孙扶柩由北下之门（西直门）进都，入彼私第殡殓。任子孙尽丧礼毕扶柩回籍外，着光禄寺按上例赐祭。朝中由王公以下准其祭吊。"

《清史稿·孔有德传》顺治十一年六月："有德女四贞以其丧还京师，上命亲王以下，阿思哈尼哈番以上，汉官尚书以下，三品官以上郊迎。赐白金四千。官为营葬，立碑纪绩。"

作者在第六十二回里以诗词隐射了孔有德顺治九年七月四日死于桂林，孔四贞只身逃回北京。在第六十三回里，贾敬子孙扶柩由北下之门进都，隐射顺治十一年六月"有德女四贞以其丧还京师"。

"扶柩由北下之门进都",是指孔有德的灵柩,由西直门进都。

第六十三回揭示了林黛玉的另一面——孝庄文皇后埋藏极深的一个内心秘密,读之不禁令人瞠目结舌。

"寿怡红群芳开夜宴"是五月三日晚上,贾宝玉庆祝生日。第二天是五月四日,贾敬死了。但作者偏偏让贾宝玉说这一天不是五月四日,而是七月四日——定南王孔有德桂林殉国的日子。而林黛玉在自己的房间里祭奠一个人,还写了《幽淑女悲题五美吟》。若从小说故事看,一个寄居亲戚的未字少女,起一个"潇湘妃子"的别号,自己安之若素,已经有伤大雅,迷惑难解,为何还要吟咏历史上五位红杏出墙的风流少妇呢?更令人不解的是,父亲死了,没事人似的,花落了,却哭得死去活来。

林黛玉主要隐射两个历史人物:一个是天聪、崇德时代的孝庄文皇后,顺治时代的孝庄皇太后。一个是顺治追封的"端敬"孝献皇后董鄂氏。

此处的林黛玉,以《红楼梦》第一女主角的身份,隐射大清国第一太夫人孝庄皇太后。她在私下里祭奠一个人,一个恰好于七月四日死去的男人——儿子顺治皇帝的父亲孔有德。这是《红楼梦》记载的最惊人的清宫绝密。说明红楼梦演员可以根据需要,改装扮演不同历史人物。

《五美吟》回忆了孝庄文皇后与定南王孔有德的情史与两人偷情而怀福临的历史。女诗人用五位历史上著名的女人,来说明自己行为的合情合理,表现了"从来不信什么是阴骘司地狱报的,凭是什么事,我说要行就行"(凤姐语)的个性。

"死金丹"是指贾敬(孔有德)之死,"独艳理亲丧"似乎是指贾珍外出,尤氏在家独自处理了丧事。贾敬的灵柩"用软轿抬至铁槛寺来停放",接着就大段介绍起妙玉的历史与脾气来(暗度陈仓)。妙玉说:"古人中自汉晋五代唐宋以来皆无好诗,只有两句好,说道:'纵有千年铁门槛,终须一个土馒头。'"而宝玉听了,如醍醐灌顶,哎哟了一声,方笑道:"怪道我们家庙说是'铁槛寺'呢,原来有这一说。"——强调贾敬(孔有德)虽然永远不敢住进宁国府(皇宫),但他有资格停灵于皇家的家庙里。

作者的文笔飘忽游移,写的情节都与贾敬的丧事扯不上边,让人觉得文不对题。似乎不是尤氏在"理亲丧",而是妙玉与贾宝玉在谈论贾敬停灵铁槛寺的丧事,林黛玉在祭奠一个与"铁槛寺"和"土馒头"有关的人,但不是自己的父母。

如果将贾敬隐射孔有德、林黛玉隐射孝庄皇太后、贾珍与贾宝玉隐射顺治皇帝、尤氏隐射顺治皇后、史湘云与妙玉两人共同隐射孔四贞等联系在一起,林黛玉孝庄皇太后以汉朝的王昭君自喻,从心里赞扬王安石的诗句"仪态由来画不成,当时枉杀毛延寿"。慨叹自己的一生与王昭君一样悲惨,也是红颜薄命。王昭君没有得到汉天子的垂爱,是由于小人从中作梗,汉天子将选美的大权送给了宫廷画师毛延寿,致使王昭君汉宫冷落,远嫁匈奴,为匈奴呼和邪单于生了孩子。老汗王死了,王昭君又转嫁他的儿子,又为小汗王生了孩子。而孝庄皇太后的遭遇与王昭君差不多,由于皇太极专宠自己的姐姐宸妃,庄妃因受冷落而红杏出墙,与孔有德野合而生了顺治皇帝。皇太极死了,自己与顺治孤儿寡妇执掌朝政,为了得到摄政王多尔衮的支持,而被迫下嫁了小叔子,还为他生了一个女儿。结果是:第一个丈夫皇太极(一僧)死了——自己没为他留下后人。第二个野男人孔有德(一道)如今也死了——自己为他生了一个顺治皇帝(贾宝玉)。第三个合法男人小叔子多尔衮(贾政与贾琏)又死了——自己为他生了一个女儿(探春)。想不到自己的亲儿子24岁也死了,亲生的女儿又像当年的王昭君一样远嫁匈奴。母女二人,命运相同,都是《金陵十二钗》的悲剧女子啊!真是"绝艳惊人出汉宫,红颜命薄古今同"。

　　绿珠　瓦砾明珠一例抛,何曾石尉重娇娆。
　　　　　都缘顽福前生造,更有同归慰寂寥。

　　林黛玉孝庄皇太后以晋朝的绿珠自喻,认为自己是女人中的珍珠,而自己合法的丈夫清太宗皇太极,远不如当年的石季伦那样有情有义。他专宠自己的姐姐宸妃,反而冷落了自己这个绿珠小妹妹。"痴心女子负心汉",古今皆然。绿珠为穷困潦倒的石崇跳楼而死,自己当年也想为皇太极殉葬。但是,男人们了解女人的这一片痴情吗?幸亏遇到孔有德(贾敬)如此知冷着热的男人,安慰了自己的"寂寥",但也为子孙后代造了孽啊(第三回"东安郡王穆莳拜手书"——穆莳乃山东人孔有德。"漫言不肖皆荣出,造衅开端实在宁。"孽子不肖出在荣国府的女人身上(孝庄),而造衅的渊薮却在宁国府家长贾敬身上(孔有德)。

　　"箕裘颓堕皆从敬,家事消亡首罪宁。宿孽总因情。"隐射贾府的家风败坏皆从贾敬开头(孔有德),罪孽的根源是一个淫字(孝庄)。

　　红拂　长揖雄谈态自殊,美人巨眼识穷途。
　　　　　尸居余气杨公幕,岂得羁縻女丈夫。

第十章 《金陵十二钗》

林黛玉孝庄皇太后以隋朝的红拂自喻，认为自己私通孔有德，像当年红拂对李靖投怀送抱一样，也是敬其才华，慕其潇洒，所以一见钟情，情不自禁。孔有德年轻有为，像李靖那样"长揖雄谈态自殊"。而自己独守空帏，不甘寂寞，才像红拂那样"美人巨眼识穷途"。丈夫比自己大21岁，日理万机，又纵欲过度，像隋朝的杨素一样活不了几天了，而自己正年轻美貌，风骚欲流，还想利用满汉两股势力登上皇太后与国母的宝座。一个行将就木的男人，岂能拴住自己——"尸居余气杨公幕，岂得羁縻女丈夫。"

宝玉看了，赞不绝口，又说道："妹妹这诗恰好只做了五首，何不就命曰《五美吟》。"于是不容分说，便提笔写在后面。

当年顺治皇帝（宝玉）并不明白母亲的内心世界。认为孝庄皇太后（林黛玉）"必是七月因为瓜果之节，家家都上秋祭的坟"，所以才写了五首诗，纪念古代的五位美女。其实，这是说不通的。

至次日饭时前后，果见贾母王夫人等到来。众人接见已毕，略坐了一坐，吃了一杯茶，便领了王夫人等人过宁府中来。只听见里面哭声震天，却是贾赦贾琏，送贾母到家，即过这边来了。当下贾母进入里面，早有贾赦贾琏率领族中人哭着迎了出来。他父子一边一个挽了贾母，走至灵前，又有贾珍贾蓉跪着扑入贾母怀中痛哭。贾母暮年人，见此光景，亦搂了珍蓉等痛哭不已。

此处的贾母隐射国母孝庄皇太后。贾母痛哭贾敬，不是母亲哭儿子，而是国母痛哭与自己有乱伦关系的汉族臣子也。"他父子一边一个挽了贾母，走至灵前，又有贾珍贾蓉跪着扑入贾母怀中痛哭。"——隐射顺治皇帝与玄烨"父子一边一个挽了"孝庄皇太后，"走至"孔有德的"灵前"，顺治皇帝与玄烨"跪着扑入"孝庄"怀中痛哭"。

由此可见，"死金丹独艳理亲丧"——实乃"死金丹孔门理亲丧"也。

贾敬被作者说成贾府的罪魁祸首，隐射孔有德是明亡清兴的罪魁祸首，这是作者的基本观点，也是无法回避的红学死结。至于是非曲直，历史自有公论。

"箕裘颓堕皆从敬，家事消亡首罪宁。宿孽总因情。"乃第五回《红楼梦曲子》的最后定论。也就是说，最早降清的汉族将军孔有德，因与孝庄苟且成奸，遂使满蒙汉三股势力牢固的结合在一起，从而主宰了17世纪中国的历史——"乱烘烘你方唱罢我登场，反认他乡是故乡。甚荒唐，到头来都是为都怕经了水，又怕冒了风，都说活不得了，谁知竟好了。"凤姐不等人说，先笑道："那时要活不得，如今这大福可叫谁享呢！可知老祖宗从小儿的福寿就不小，神差鬼使碰出那个窝儿来，好盛福寿的。寿星老儿头上原是一个窝儿，因为万福万寿盛满了，所以倒凸高出些来了。"未及说完，贾母与众人都笑软了。

"那日谁知我失了脚掉下去，几乎没淹死。"——隐射顺治六年孝庄皇太后无奈下嫁多尔衮的往事，像洪承畴降清（贾天祥正照风月鉴）一样，也是"一失足而成千古恨"。

"好容易救了上来，……都说活不得了，谁知竟好了。"——隐射与多尔衮多年的生死斗争，最后化险为夷。

"神差鬼使碰出那个窝儿来，好盛福寿的。"——隐射一次下嫁的"失足行为"，换来了孝庄与儿孙们的大"福寿"，很符合历史事实。

顺治五年（1648）年底，摄政王多尔衮将郑亲王济尔哈朗排挤出朝廷。据当时的德国传教士记载，他在睿王府内"服皇帝之服装，自称'皇父与国父'，并且以自己的名义诏谕"。多尔衮的既定方针是，皇帝的名号暂且不废，在别处另建一城，"把皇帝当作一个俘囚迁移其中"，自己占据紫禁城。多尔衮昼夜施工，建造新城。《汤若望传》云："冲龄的皇帝已经开始为自己的生命忧惧操心起来。"

多尔衮又派英亲王阿济格领队前往塞外行聘，为顺治选立一位科尔沁蒙古族皇后，既加强满蒙联姻，又行使了父皇为儿子择婚之权，还迎合了孝庄从自己娘家选定皇后的要求。因此，为顺治选立蒙古皇后实是一石三鸟之策。

建造新城，软禁皇上的阴谋，被钦天监汤若望识破了。这位"大清国第一家庭"的老"家长"（刘老老）不动声色，从建国门的天文台上，反复向朝廷奏报"天象示警，不宜动土"。迷信的摄政王多尔衮犹豫动摇起来，只得停工，等待天时，到死也没有完成"新城"工程。这是汤若望对顺治王朝的一大功劳。

英亲王阿济格也未能完成迎娶意图。他取道大同入蒙古，行经以美女著名的大同城，大肆抢掠。大同守城姜瓖是故明降将，见清军强抢民女，于是举兵复叛。多尔衮闻讯震怒，统兵亲征。后因三弟多铎猝死而匆忙还京，未能等到迎接吴克善父女进京举行新婚大典，多尔衮就暴死了。

顺治八年二月，科尔沁蒙古卓礼亲王吴克善送女到京，暂住行馆。巽亲王满达海奏请举行大婚典礼，顺治帝不许。他以多尔衮包办为由，企图退婚，但孝庄皇太后坚决不许。吴克善的女儿博尔济吉特氏是孝庄的亲侄女，她在到达北京后，第一次"待选"就达半年之久。第三回云：

> 寡母王氏乃现任京营节度使王子腾之妹，与荣国府贾政的夫人王氏，是一母所生的姊妹，今年方四十上下年纪，只有薛蟠一子。还有一女，比薛蟠小两岁，乳名宝钗，生得肌骨莹润，举止娴雅。当日有他父亲在日，酷爱此女，令其读书识字，较之乃兄竟高过十倍。自父亲死后，见哥哥不能依贴母怀，他便不以书字为事，只留心针黹家计等事，好为母亲分忧解劳。近因今上崇诗尚礼，征采才能，降不世之隆恩，除聘选妃嫔外，凡仕宦名家之女，皆亲名达部，以备选为公主郡主入学陪侍，充为才人赞善之职。二则自薛蟠父亲死后，各省中所有的买卖承局，总管，伙计人等，见薛蟠年轻不谙世事，便趁时拐骗起来，京都中几处生意，渐亦消耗。薛蟠素闻得都中乃第一繁华之地，正思一游，便趁此机会，一为送妹待选，二为望亲，三因亲自入部销算旧账，再计新支，——其实则为游览上国风光之意。

薛宝钗隐射的顺治皇后一进京就"待选"，成婚后二年被顺治皇帝废黜，成了住在冷宫（蘅芜苑）的冷美人"静妃"，隐射吴克善女儿博尔济吉特氏又"待选"梨香院。

延至顺治八年秋季，仍没有大婚消息。科尔沁吴克善亲王在京已六七月，未免烦躁，只得禀命皇太后，由孝庄降下懿旨，令顺治皇帝举行大婚礼。

孝庄文皇后最早把抱孙子的希望寄托在娘家——蒙古科尔沁博尔济吉特氏的侄女、侄孙女身上，一连给福临娶了6位蒙古格格。包括两位皇后——前为孝庄的亲侄女博尔济吉特氏（薛宝钗＝冷美人），后为孝庄的亲侄孙女与亲外孙女孝惠章皇后（袭人），还有淑慧妃（麝月）、恭靖妃与端顺妃（两人为"吃个双份儿"的玉钏儿）、追赠的悼妃谨（金）贵人（金钏儿）四位皇妃。

对孝庄文皇后而言，娶娘家侄女、侄孙女做媳妇能亲上加亲，抬高娘家地位和扩大后宫势力。更多的原因是她明白满蒙联姻是清朝赖以发展壮大的基本策略之一。与蒙古四十九旗保持良好关系，强大的蒙古骑兵无疑是清朝北部的一道强大而流动的长城。当八旗入关、逐鹿中原、平定反抗之时，北部的安宁、蒙古骑兵的作用就显得更加重要。

遗憾的是，在满蒙联姻这个问题上，顺治皇帝与其母后形成了尖锐的对立。顺治帝是个爱情至上主义者，他对孝庄文皇后给他娶的蒙古博尔济吉特家族的皇后妃子一个都不喜欢，更谈不上生养儿女了。总之一句话，所有的蒙古后妃都成了"万艳同悲"与"千红一哭"的悲剧女儿——"春恨秋悲皆自惹，花容月貌为谁妍。"

如此一来，第一男主角贾宝玉（顺治皇帝）就不用直接出面了，既符合了历史真实，又瞒过了清朝的文化检察官。演员变变脸，换换衣服，像孙猴子拔根毫毛那么容易，却将大量历史事实一股脑儿地塞进去了。

让薛姨妈、王夫人都隐射孝庄——薛家才住进皇宫。

第四回挑明了薛姨妈与王夫人都隐射孝庄皇太后，原文：

那日已将入都时，却又闻得母舅王子腾升了九省统制，奉旨出都查边。薛蟠心中暗喜道："我正愁进京去有个嫡亲的母舅管辖着，不能任意挥霍挥霍，偏如今又升出去了，可知天从人愿。"因和母亲商议道："咱们京中虽有几处房舍，只是这十来年没人进京居住，那看守的人未免偷着租赁与人，须得先着几个人去打扫收拾才好。"他母亲道："何必如此招摇！咱们这一进京，原该先拜望亲友，或是在你舅舅家，或是你姨爹家。他两家的房舍极是便宜的，咱们先能着住下，再慢慢的着人去收拾，岂不消停些。"

"王子腾"隐射孝庄的哥哥科尔沁蒙古的吴克善亲王。王子腾（吴克善亲王）是贾宝玉（顺治皇帝）的"母舅"，又是薛蟠（顺治皇帝）的"母舅"。而贾宝玉与薛蟠又是同一天生日（五月初三）。这是提示读者：

（1）此处的薛蟠与贾宝玉都是王子腾（吴克善亲王）的外甥，两个外甥都住在荣府（皇宫）里，而吴克善亲王在皇宫里只有一个外甥顺治皇帝。显然，薛蟠与贾宝玉都可以隐射顺治皇帝。

（2）吴克善亲王在皇宫里只有一个亲妹妹孝庄皇太后。显然，薛姨妈与王夫人都可以隐射孝庄皇太后。

薛蟠仅仅隐射吴三桂，住在皇宫里不合理，让薛文龙隐射顺治皇帝，住在皇宫里就顺理成章了。既然贾宝玉与薛文龙都可以在特定的条件下表演顺治皇帝，当然两个人的生日就是一天了（五月三日），两个人也可以经常见面（姨表兄弟），可以一起喜欢蒋玉菡（盛皇帝玉玺的紫檀匣子——想亲政想龙袍）。薛文龙就可以代替贾宝玉（顺治皇帝）与夏金桂（博尔济吉特氏）成亲并且废黜她了。

在皇宫之外薛蟠代表吴周帝系而影射吴三桂。薛蟠打死张三隐射三藩造反。薛蟠进了监狱隐射吴应熊进了监狱。香菱代表陈圆圆而隐射明朝传国玉玺。夏金桂代表孝庄侄女、顺治的废皇后，字里行间还隐射引诱、拉拢、利用、控制吴三桂的孝庄皇太后。第七十九回原文：

"……这门亲原是老亲，且又和我们是同在户部挂名行商，也是数一数二的大门户。前日说起来,你们两府都也知道的。合长安城中,上至王侯,下至买卖人,都称他家是'桂花夏家'。"

"原是老亲"——隐射清朝皇室与科尔沁蒙古王爷吴克善家是满蒙联姻的老亲,满洲第一、第二、第三代皇帝的后妃几乎都来自孝庄的娘家。

"同在户部挂名行商,也是数一数二的大门户。"——平西王是南方"户部挂名行商",而科尔沁蒙古王爷则是北方"户部挂名行商"。"数一数二的大门户"隐射夏金桂孝庄家与薛文龙顺治家都进了"护官符"的四大家族,自然"数一数二"。

"桂花夏家"实为"华夏贵家"。"桂"字之"木"指孝庄布木布泰。二土隐射孝庄有两个丈夫;隐射顺治第一位皇后来自孝庄的娘家——科尔沁蒙古草原。

原来这夏家小姐今年方十七岁,生得亦颇有姿色,亦颇识得几个字。若论心中的丘壑经纬,颇步熙凤之后尘。只吃亏了一件,从小时父亲去世的早,又无同胞弟兄,寡母独守此女,娇养溺爱,不啻珍宝,凡女儿一举一动,彼母皆百依百随,因此未免娇养太过,竟酿成个盗跖的性气。爱自己尊若菩萨,窥他人秽如粪土;外具花柳之姿,内秉风雷之性。在家中时常就和丫鬟们使性弄气,轻骂重打的。今日出了阁,自为要作当家的奶奶,比不得作女儿时腼腆温柔,须要拿出这威风来,才钤压得住人;况且见薛蟠气质刚硬,举止骄奢,若不趁热灶一气炮制熟烂,将来必不能自竖旗帜矣。

入关前的满蒙贵族都不太重视子女的文化教育。入关后,满洲皇族在教育思想上发生了极大转变。他们必须尽快学习汉文化,因为统治对象主要是汉族,皇室子弟的汉文化教育几近苛刻,显然是政治的需要。但留在草原上的蒙古王爷们却依然故我,从不为子女的教育费心。顺治皇后就是在可以杀人取乐的荒蛮环境里长大的公主,是个草原"泼皮",是"凤辣子",是一头无法驯服的野马,是个河东狮子吼。

夏金桂与王熙凤隐射同一个"泼皮破落户"——顺治第一位被废黜的皇后。她的脾气性格"颇步"孝庄姑姑(王熙凤)的"后尘"。

顺治帝与蒙古皇后的洞房花烛夜,据史书记载:"合卺之夕,意志即不协。"顺治帝在庶妃巴氏的身上,得到的是和谐的性欲快感和极大的心理满足。因为巴氏有过以奴侍主的性经验,懂得如何满足主子的虚荣心。她生活在民族歧视社会的最下层,深知和皇帝共赴爱河,是奴隶一方尽最大可能满足主之礼。……

这是皇后争风吃醋、河东狮子吼发作的故事。"薛蟠急的说又不好,劝又不好,打又不好,央告又不好,只是出入咳声叹气,抱怨说运气不好。"隐射顺治皇帝无可奈何,那种优柔寡断的样子,已经不像呆霸王薛蟠的作风,竟然与贾宝玉毫无二致。"皇商"薛蟠、完全变成了皇上顺治了。

薛姨妈道:"你们是怎么着,又这么家翻宅乱起来,这还象个人家儿吗?矮墙浅屋的,难道都不怕亲戚们听见笑话了么?"金桂屋里接声道:"我倒怕人笑话呢!只是这里扫帚颠倒竖,也没主子,也没奴才,也没大老婆没小老婆,都是混账世界了。我们夏家门子里没见过这样规矩,实在受不得你们家这样委屈了。"……金桂听了这几句话,更加拍着炕沿大哭起来说:"我那里比得秋菱?连他脚底下的泥我还跟不上呢!他是来久了的,知道姑娘的心事,又会献勤儿。我是新来的,又不会献勤儿,如何拿我比他?何苦来!天下有几个都是贵妃的命?行点好儿罢。别修得象我嫁个糊涂行子,守活寡,那就是活活儿的现了眼了!"

薛姨妈隐射孝庄皇太后,对自己的亲侄女束手无策。金桂隐射废黜的顺治皇后。薛宝钗隐射废黜四五年后冷却下来的顺治皇后。都"守活寡",都不是"贵妃的命"。也就是说,都没有得到顺治皇帝真实的爱情。

"我那里比得秋菱?连他脚底下的泥我还跟不上呢!他是来久了的,知道姑娘的心事,又会献勤儿。我是新来的,又不会献勤儿,如何拿我比他?"——这一段文字是历史事实,秋菱隐射的汉族庶妃巴氏为顺治生了皇长子,还有另外一子一女。而顺治的第一位皇后却无子息,一辈子"守活寡"。

甄士隐的女儿甄英莲总共换用过五个名字,甄英莲—香菱—秋菱—香菱—甄英莲。据说这也是红学的死结之一。其实,甄士隐隐射崇祯十七年的崇祯皇帝到定武十八年"不知所终"的南明韩王朱本铉,甄士隐的女儿就应该隐射那个时代汉族血统的落难女儿—"择膏粱,谁承望流落在烟花巷!"—陈圆圆(吴三桂与李自成争夺)—陈圆圆(吴三桂占有)—庶妃巴氏(顺治的庶妃)—陈圆圆(吴三桂老伴)—吴周朝汉族传国玉玺(真应怜)。

顺治皇帝的婚姻,是清太宗皇太极与孝庄皇太后满蒙联姻的复制品。这门婚事是多尔衮行使摄政王父权的措施,孝庄皇太后深表同意,此举含有多尔衮向孝庄献媚的含义。没有料到的是,顺治八年大婚,14岁的顺治皇帝和16岁的博尔济吉特氏在洞房里就闹起来,半年后就决裂,二年后就废黜了。顺治十四年十月才缓和下来（晋升为长春宫主位）。

上述历史事实，进入《红楼梦》就是《薛文龙悔娶河东狮》到《强欢笑蘅芜庆生辰》。也就是说顺治第一位皇后博尔济吉特氏从大婚到废黜、到恢复长春宫主位，经历了从夏金桂（河东狮）到王熙凤（泼皮破落户），再到薛宝钗（服冷香丸的冷美人）的三部曲。到受洗加入天主教，这个聪明的女人经过"十年寒窗"的努力，几乎成了汉学家。

读者明白了上述三部曲，才能读懂顺治的第一位皇后。

第三节 袭人隐射顺治的第二位皇后

袭人隐射顺治的第二位皇后——博尔济吉特氏孝惠章皇后。从皇家法统上说，她是后宫的真正主宰者，实际上却仅仅是孝庄皇太后安排在坤宁宫的眼线与管家大丫头。由于她既不懂汉语、汉学，又缺乏政治才能与经验，除了规劝与监督、伺候与照料，与顺治皇帝没有更深的感情。她也不是皇帝的性启蒙者。在顺治的眼里，自己这位外甥女正宫娘娘，更像一位照顾自己饮食起居的大姐姐，或者竟是自己身上穿的一件龙袍，自己炕上的一张花席，甚至连侍妾都说不上。《红楼梦》以袭人的艺术形象，惟妙惟肖地记载了孝惠章皇后在顺治后宫里的地位与作用，是写得最好、最有血有肉的人物之一。

顺治十一年（1654）五月，蒙古科尔沁贝勒绰尔济的两位女儿同时被接进宫内，又几乎同时被聘为后妃。绰尔济贝勒是孝庄皇太后的亲侄儿，两位后妃都是太后的侄孙女。顺治十一年六月，姐姐册封为顺治新皇后（袭人），就是孝惠章皇后（袭人贤惠），妹妹册封为淑惠妃（麝月）。新受晋封的孝惠章皇后与淑惠妃姊妹根本不会料到，她们入宫仅是一对儿被摆在后妃位置上的偶像，在顺治眼中只是两个百依百顺的大丫头，乃至姊妹二人至死也无子女。顺治皇帝以"虽秉心淳朴，顾又乏长才"为由，索性不理睬新皇后姐妹。顺治十五年（1658）正月孝庄皇太后病，顺治以"礼节疏阙"对新皇后兴师问罪，下令停止进其中宫笺表，直欲再度废除皇后（袭人挨了"窝心脚"）。孝惠章皇后姊妹在宫中生活三十余年，成为悲剧人物。

清初诗人吴伟业（吴梅村）写道："豆蔻梢头二月红，十三初入万年宫。可怜同望西陵哭，不在分香卖履中。"吴梅村说第二位皇后13岁成为皇后，十分确切。

第三十六回隐射孝惠章皇后（袭人）入宫为后的情况：

王夫人想了半日，向凤姐儿道："明儿挑一个好丫头送去老太太使，补袭人，把袭人的一分裁了。把我每月的月例二十两银子里，拿出二两银子一吊钱来给袭人。以后凡事有赵姨娘周姨娘的，也有袭人的，只是袭人的这一分都从我的分例上匀出来，不必动官中的就是了。"凤姐一一的答应了，笑推薛姨妈道："姑妈听见了，我素日说的话如何？今儿果然应了我的话。"薛姨妈道："早就该如此。模样儿自然不用说的，他的那一种行事大方，说话见人和气里头带着刚硬要强，这个实在难得。"王夫人含泪说道："你们那里知道袭人那孩子的好处？比我的宝玉强十倍！宝玉果然是有造化的，能够得他长长远远的伏侍他一辈子，也就罢了。"

此事隐射顺治十一年六月，孝庄皇太后选定自己的亲侄孙女与亲外孙女博尔济吉特氏为顺治的第二任皇后，史称孝惠章皇后。

第五回《金陵十二钗又副册》云：

宝玉看了，又见后面画着一簇鲜花（姓花，即中华的华），一床破席（息夫人），也有几句言词，写道是：

枉自温柔和顺，空云似桂如兰，
堪羡优伶有福，谁知公子无缘。

花袭人即为"中华息夫人"——国母的意思。"堪羡优伶有福"，隐射袭人改嫁蒋玉菡纯粹是两个演员在演戏——表演将清朝皇帝的龙袍，退还给汉族皇帝的龙袍管理官员（蒋玉菡）。清朝灭亡了（"谁知公子无缘"），汉族复兴了。仅此而已。千万不要将"一床破席"理解为"一只破鞋"。朝代可以灭亡，而"中华息夫人"是永远不会死的，最多改嫁罢了。

一百二十回原文：

那日已是迎娶吉期，袭人本不是那一种泼辣人，委委屈屈的上轿而去，心里另想到那里再作打算。岂知过了门，见那蒋家办事，极其认真，全都按着正配的规矩。一进了门，丫头仆妇，都称"奶奶"。袭人此时欲要死在这里，又恐害了人家，辜负了一番好意。那夜原是哭着不肯俯就的，那姑爷却极柔情曲意的承顺。到了第二天开箱，这姑爷看见一条猩红汗巾，方知是宝玉的丫头。原来当初只知是贾母的侍儿，意想不到是袭人。此时蒋玉菡念着宝玉待他的旧情，倒觉满心惶愧，更加周旋；又故意将宝玉所换那条松花绿的汗巾拿出来。袭人看了，方知这姓蒋的原来就是蒋玉菡，始信姻缘前定。袭人才将心事说出。蒋玉菡也深为叹息敬服，不敢勉强，并越发温柔体贴，弄得个袭人真无死所了。看官听说，虽然事有前定，无可奈何，但孽子孤臣，义夫节妇，这"不得已"三字也不是一概推诿得的。此袭人所以在"又副册"也。正是前人过那桃花庙的诗上说道：

千古艰难惟一死，伤心岂独息夫人！

不言袭人从此又是一番天地。且说那贾雨村犯了婪索的案件，审明定罪，今遇大赦，递籍为民。

这段故事与男女婚嫁毫无关系。它隐射的意思是，龙袍交给下一个朝代了，谁都不习惯改朝换代，但换了也就换了，这"不得已"三字也不是一概推诿得了的。对旧朝领导人（贾雨村）的例行处理，无非是秋后算账，"审明定罪，今遇大赦，递籍为民"之类，其实也是在演戏。所以，《红楼梦》一百二十回里写的"袭人"、"蒋家"，与顺治的孝惠章皇后无关。

分析了袭人的结局，再回头看一看孝庄皇太后与孝惠章皇后祖孙两人的真实感情，顺便也看一看孝庄皇太后对董鄂氏皇贵妃姐妹的真实感情。

第七十七回原文：

只见几个老婆子走来，忙说道："你们小心，传齐了伺候着。此刻太太亲自来园里，在那里查人呢。只怕还查到这里来呢。又吩咐快叫怡红院的晴雯姑娘的哥嫂来，在这里等着领出他妹妹去。"因笑道："阿弥陀佛！今日天睁了眼，把这一个祸害妖精退送了，大家清净些。"

本节里被驱逐的大观园女儿，皆隐射董鄂氏姐妹，以晴雯为代表。明写晴雯，暗写黛玉。晴雯、黛玉皆指董鄂氏皇贵妃。"大家清净些"，指蒙古后党视董鄂氏满族姐妹为"祸害妖精"。因为董鄂氏姐妹三人是一个满族嫔妃"小部落"，已经构成了对蒙古后党的威胁，蒙古后党必欲除之而后快。

王夫人在屋里坐着，一脸怒色，见宝玉也不理。晴雯四五日水米不曾沾牙，恹恹弱息，如今现从炕上拉了下来，蓬头垢面，两个女人才架起来去了。王夫人吩咐，只许把他贴身衣服撂出去，余者好衣服留下给好丫头们穿。又命把这里所有的丫头们都叫来一一过目。原来王夫人自那日着恼之后，王善保家的去趁势告倒了晴雯，本处有人和园中不睦，也就随机趁便下了些话。王夫人皆记在心中。因节间有事，故忍了两日，今日特来亲自阅人。一则为晴雯犹可，二则因竟有人指宝玉为由，说他大了，已解人事，都由屋里的丫头们不长进教习坏了。因这事更比晴雯一人较甚，乃从袭人起以至于极小作粗活的小丫头们，个个亲自看了一遍。因问："谁是和宝玉一日的生日？"本人不敢答应，老嬷嬷指道："这一个蕙香，又叫作四儿的，是同宝玉一日生日的。"王夫人细看了一看，虽比不上晴雯一半，却有几分水秀。视其行止，聪明皆露在外面，且也打扮的不同。王夫人冷笑道："这也是个不怕臊的。他背地里说的，同日生日就是夫妻。这可是你说的？打谅我隔的远，都不知道呢。可知道我身子虽不大来，我的心耳神意时时都在这里。难道我通共一个宝玉，就白放心凭你们勾引坏了不成！"这个四儿见王夫人说着他素日和宝玉的私语，不禁红了脸，低头垂泪。王夫人即命也快把他家的人叫来，领出去配人。又问，"谁是耶律雄奴？"老嬷嬷们便将芳官指出。王夫人道："唱戏的女孩子，自然是狐狸精了！上次放你们，你们又懒待出去，可就该安分守己才是。你就成精鼓捣起来，调唆着宝玉无所不为。"芳官笑辨道："并不敢调唆什么。"王夫人笑道："你还强嘴。我且问你，前年我们往皇陵上去，是谁调唆宝玉要柳家的丫头五儿了？幸而那丫头短命死了，不然进来了，你们又连伙聚党遭害这园子呢。你连你干娘都欺倒了，岂止别人！"因喝命："唤他干娘来领去，就赏他外头自寻个女婿去吧。把他的东西一概给他。"又吩咐上年凡有姑娘们分的唱戏的女孩子们，一概不许留在园里，都令其各人干娘带出，自行聘嫁。

晴雯、蕙香（四儿）、芳官、五儿等，皆从不同角度隐射董鄂氏姐妹。她们的罪名是"连伙聚党遭害这园子"。意思是说，蒙古后党感到了来自满族后党小集团的威胁。

宝玉听如此说，方回来，一路打算："谁这样犯舌？况这里事也无人知道，如何就都说着了。"一面想，一面进来，只见袭人在那里垂泪。且去了第一等的人，岂不伤心，便倒在床上也哭起来。袭人知他心内别的还犹可，独有晴雯是第一件大事，乃推他劝道："哭也不中用了。你起来我告诉你，晴雯已经好了，他这一家去，倒心净养几天。你果然舍不得他，等太太气消了，你再求老太太，慢慢的叫进来也不难。不过太太偶然信了人的诽言，一时气头上如此罢了。"宝玉哭道："我究竟不知晴雯犯了何等滔天大罪！"袭人道："太太只嫌他生的太好了，未免轻佻些。在太太是深知这样美人似的人必不安静，所以恨嫌他，像我们这粗粗笨笨的倒好。"

宝玉道："这也罢了。咱们私自顽话怎么也知道了？又没外人走风的，这可奇怪。"袭人道："你有甚忌讳的，一时高兴了，你就不管有人无人了。我也曾使过眼色，也曾递过暗号，倒被那别人已知道了，你反不觉。"宝玉道：

第十一章　顺治亲政

"怎么人人的不是太太都知道，单不挑出你和麝月秋纹来？"袭人听了这话，心内一动，低头半日，无可回答，因便笑道："正是呢。若论我们也有顽笑不留心的孟浪去处，怎么太太竟忘了？想是还有别的事，等完了再发放我们，也未可知。"

宝玉笑道："你是头一个出了名的至善至贤之人，他两个又是你陶冶教育的，焉得还有孟浪该罚之处！只是芳官尚小，过于伶俐些，未免倚强压倒了人，惹人厌。四儿是我误了他，还是那年我和你拌嘴的那日起，叫上来作些细活，未免夺占了地位，故有今日。只是晴雯也是和你一样，从小儿在老太太屋里过来的，虽然他生得比人强，也没甚妨碍去处。就是他的性情爽利，口角锋芒些，究竟也不曾得罪你们。想是他过于生得好了，反被这好所误。"

隐射顺治皇帝身边的蒙古后妃，个个都是孝庄皇太后的眼线。袭人隐射的孝惠章皇后是孝庄的亲侄孙女与外孙女。麝月隐射的淑惠妃是孝惠章皇后的亲妹妹。秋纹隐射她们的姑姑。而被驱逐的都是满族嫔妃。

宝玉道："不是我妄口咒他，今年春天已有兆头的。"袭人忙问何兆。宝玉道："这阶下好好的一株海棠花，竟无故死了半边，我就知有异事，果然应在他身上。"……宝玉叹道："你们那里知道，不但草木，凡天下之物，皆是有情有理的，也和人一样，得了知己，便极有灵验的。若用大题目比，就有孔子庙前之桧，坟前之蓍，诸葛祠前之柏，岳武穆坟前之松。这都是堂堂正大随人之正气，千古不磨之物。世乱则萎，世治则荣，几千百年了，枯而复生者几次。这岂不是兆应？小题目比，就有杨太真沉香亭之木芍药，端正楼之相思树，王昭君冢上之草，岂不也有灵验。所以这海棠亦应其人欲亡，故先就死了半边。"袭人听了这篇痴话，又可笑，又可叹，因笑道："真真的这话越发说上我的气来了。那晴雯是个什么东西，就费这样心思，比出这些正经人来！还有一说，他纵好，也灭不过我的次序去。"

贾宝玉顺治皇帝将坤宁宫院子里的海棠花，与孔子庙前之桧、岳武穆坟前之松、杨太真沉香亭之木芍药、王昭君冢上之草等相比，说明晴雯隐射的董鄂妃与他们的身份同样高贵正直。"他纵好，也灭不过我的次序去。便是这海棠，也该先来比我，也还轮不到他。"——隐射孝惠章皇后才是正宫娘娘，身份比董鄂皇贵妃与贞妃要高。

这晴雯当日系赖大家用银子买的，那时晴雯才得十岁，尚未留头。因常跟赖嬷嬷进来，贾母见他生得伶俐标致，十分喜爱。故此赖嬷嬷就孝敬了贾母使唤，后来所以到了宝玉房里。

"晴雯才得十岁"指顺治十年秋，董鄂氏被选上了秀女，与历史记载一致。

"孝敬了贾母使唤，后来所以到了宝玉房里"，指顺治十一年初春，董鄂氏由孝庄皇太后指婚，嫁给了十一阿哥襄亲王。顺治十一年二月八日，在南苑举办的太后圣寿节上，顺治对这个弟媳妇一见钟情，于是，"后来所以到了宝玉房里"。

如果说巴氏让顺治皇帝懂得了性，董鄂妃则使顺治皇帝懂得了情。顺治皇帝燃起的爱情之火，受到满蒙联姻等政治因素的遏止，转瞬即灭，从而酿造了后宫里"千红一哭"与"万艳同悲"的苦酒。

作者的意思是：顺治皇帝与后妃的爱情悲剧——"厚地高天，堪叹古今情不尽，痴男怨女，可怜风月债难偿"，都是孝庄皇太后（警幻仙姑）一手制造的。

第四节　贾珠、李纨与贾兰

顺治九年（1652）底或顺治十年（1653）初，汉军旗佟图赖之女佟佳氏选入宫中为妃，孝庄皇太后颇为重视。康妃佟佳氏父亲佟图赖，隶属汉军正蓝旗，历经正蓝旗、镶白旗固山额真、礼部侍郎等职，晋爵至世袭三等子。清朝入关后，满族有限的兵源极大限制了武装力量的扩大。日益增大的疆域和日益拉长的战线对兵力的需求越来越大，于是继蒙古八旗之后，扩编汉军八旗。更好地发挥汉军的作用，势在必行。于是，朝廷也在汉军八旗中选秀女，满汉联姻成了一种新的政治需要。孝庄皇太后热情欢迎康妃佟佳氏入宫，就是适应这种政治需要。

顺治十一年（1654）三月十八日上午十时，北京紫禁城景仁宫内，佟佳氏产下一子，是顺治皇帝的皇三子玄烨。顺治皇帝此时对胞弟襄亲王的福晋董鄂氏牵肠挂肚，郁郁寡欢，玄烨的诞生并没有给他带来多少惊喜，康妃佟佳氏也没有获得母为子贵的殊荣。倒是孝庄皇太后十分喜欢，重重赏赐了佟佳氏母子。

清朝祖制不许亲生母子同居一宫，在皇子出痘之前，须付与亲贵大臣抚养。玄烨出生后即由保姆抱走，交由乳母抚养，寄居在紫禁城西的福佑寺。玄烨有保姆、乳母各数人,与之最融洽的有两位:一是乳母,正白旗汉军包衣曹玺之妻孙氏。二是保姆满人瓜尔佳氏。玄烨对她们感情极深,死后追封她们为奉圣夫人和保圣夫人,对其坟茔按时祭扫,他们的子嗣也各有重用——孙氏之长子曹寅被任命为江宁织造。

17世纪中叶,北京地区的天花是一种最可怕的传染病——流行时节甚至出现"九门出儿万七千"的惨剧。满族自东北迁居内地,先天免疫力低,更是畏痘如虎。孝庄皇太后从洪承畴处得到一个隐秘的偏方——用天花患者的毛发或血液化灰,吹入鼻孔去感染小儿,可获得一定的免疫力。在孝庄皇太后授意下,玄烨两三岁时使用了这一偏方,几经失败终于在第五次成功。

康熙幼年,五官端正,双目有神,口齿清晰,举止庄重。老祖母深感孺子可教,特令亲信侍女苏麻喇姑照顾好这位小孙子,并教他满文、蒙古文。还经常亲自加以教诲。康熙回忆道:"朕自幼龄学步能言时,即奉圣母慈训,凡饮食、动履、言语,皆有矩度。虽平居独处,亦教以罔敢越秩,少不然即加督过,赖是以克有成。"

玄烨五岁时,祖母即教之随众上朝,并入上书房读书。他读书很认真,"间有一字未明,必加寻绎,务至明憭于心而后已"。玄烨还经常向老臣"问其以往经历之事而切记于心,决不自以为知,而不访于他人"。自幼养成的求实学风与敬业精神,对他日后治理国家大有裨益。《红楼梦》里写的贾兰,就是这位幼年的"千古一帝"。

祖母孝庄在玄烨身边安排学识渊博、经验丰富的老臣,对他言传身教,还给他讲述历史典故、治国道理以及家国人情的关系,讲述祖父皇太极艰苦创业的事迹。这些都在玄烨的心灵里产生了深刻影响。父皇提出的"满汉一体"、"禁止圈地"、"废除逃人法"、"改革旧制"与人文主义,对他也起了潜移默化的作用。满洲入主中原,并非天下太平,南明犹存,边疆骚乱,外藩拥兵自重,外蒙与沙俄虎视眈眈,正需要披坚执锐治平天下的好皇帝。玄烨自幼就决心做一位像祖父那样的武皇帝,像父亲那样的文皇帝。

顺治十八年(1661)正月初四,顺治帝处于弥留期,清政权再一次经受惊涛骇浪。孝庄皇太后镇定自若地实施既定方案。她召见为顺治起草遗诏的汉大学士王熙,及时了解遗诏内容。得知有立"从兄弟"的意向后,立即动员上三旗诸大臣,召集亲王与内大臣会议加以阻挠,终于说服顺治皇帝同意在幼皇子中选嗣。

针对亲王大臣们立皇二子福全的意向,孝庄皇太后以福全独眼、形象欠佳拖延,而汤若望以玄烨患过天花为理由,把玄烨推上了皇帝嗣位。太后拒绝垂帘,明确由上三旗索尼、苏克萨哈、遏必隆、鳌拜共同辅政。

正月初七日夜，顺治"驾崩"，在其灵前颁布的遗诏内容主要是玄烨继位和索尼、苏克萨哈、遏必隆、鳌拜共同辅政，这只是正月初九日康熙正式登基后在天安门颁布天下的顺治遗诏的一小部分，即最后一段。

汉大学士王熙起草并反复修改顺治罪己诏，对康熙登基有功，因此他的名字进入了《红楼梦》——王熙凤，还串演了一回康熙皇帝的母亲。

第四十二回原文：

凤姐儿笑道："到底是你们有年纪的人经历的多。我这大姐儿时常肯病，也不知是个什么原故。"刘老老道："这也有的事。富贵人家养的孩子多太娇嫩，自然禁不得一些儿委曲；再他小人儿家，过于尊贵了，也禁不起。以后姑奶奶少疼他些就好了。"凤姐儿道："这也有理。我想起来，他还没个名字，你就给他起个名字。一则借借你的寿；二则你们是庄家人，不怕你恼，到底贫苦些，你贫苦人起个名字，只怕压的住他。"刘老老听说，便想了一想，笑道："不知他几时生的？"凤姐儿道："正是生日的日子不好呢，可巧是七月初七日。"刘老老忙笑道："这个正好，就叫他是巧哥儿。这叫作'以毒攻毒，以火攻火'的法子。姑奶奶定要依我这名字，他必长命百岁。日后大了，各人成家立业，或一时有不遂心的事，必然是遇难成祥，逢凶化吉，却从这'巧'字上来。"

康熙六年（1667），索尼遗书吁请皇上亲政。三天后，康熙皇帝向王公贵族、文武百官批转了索尼的遗书，遗疏写道："……初，三月中，奴才索尼、苏克萨哈、遏必隆、鳌拜等联合会衔，奏请皇上亲政，皇上留中未发；之后奴才索尼等屡次陈奏，皇上再三不允。然世祖章皇帝亦于十四岁亲政，今主上年德相符，天下事务总揽裕如。奴才索尼年老且病，不久人世，乃恳切奏请，伏乞皇上鉴奴才一片忠心，早日亲政，奴才便死九泉，也能安心瞑目……"

索尼遗疏震惊朝野，百官面临何去何从的严峻选择。善于把握机会的苏克萨哈再次挺身而出，索尼遗疏公布次日即明疏响应。遏必隆、鳌拜无奈之下也先后奏请皇上亲政。

孝庄皇太后下嫁的固伦和硕公主的姻亲也发挥了极大的作用。远在桂林掌定南王旧部的孔四贞及额驸孙延龄都奏请皇上亲政。势大权重的三位藩王吴三桂、尚可喜、耿继茂及他们在北京城公主府做额驸的儿子们，也一同奏请皇上亲政。

辈分最高的安亲王岳托率王公贵族、八旗都统副都统合衔同奏——恭请皇上亲政。

明珠大学士和汉学学究熊赐履率朝廷三院六部满汉大臣联合会衔——奏请皇上亲政。

一切水到渠成，七月初三，皇上下旨曰：

朕年尚幼冲，天下事务繁殷，未能料理，欲再俟数年。辅政臣屡行陈奏，朕再三未允。辅臣等奏云："世祖章皇帝亦于十四岁亲政，今主上年德相符，天下事务总揽裕如。"恳切奏请。朕乃率辅臣往奏太皇太后。太皇太后谕以帝尚幼冲，如尔等俱谢政，天下事何能独理？缓一二年再奏。辅臣复奏："主上躬亲万机，臣等乃行佐理。"太皇太后谕允择吉亲政。其吉期，礼部选择以闻。

康熙六年七月初七，康熙皇帝身着龙袍，头戴皇冠，御太和殿，躬亲大政，"王以下文武官员，上表行庆贺礼，宣诏天下"。

"七月初七"——冲破辅政四大臣的重重阻挠，王熙凤的"巧姐儿"，变成了14岁亲政的"巧哥儿"——康熙。正如刘老老预计的那样："就叫他是巧哥儿。这叫作'以毒攻毒，以火攻火'的法子。姑奶奶定要依我这名字，他必长命百岁。日后大了，各人成家立业，或一时有不遂心的事，必然是遇难呈祥，逢凶化吉，却从这'巧'字上来。"

读者相信刘老老为"巧哥儿"命名与康熙亲政的"七月初七"仅仅是历史与文学的巧合吗？大学士王熙与王熙凤重名仅仅是历史与文学的巧合吗？

第二回中冷子兴（索尼）云：

"这政老爷的夫人王氏，头胎生的公子，名唤贾珠，十四岁进学，不到二十岁就娶了妻生了子，一病死了。"

"贾珠"正是隐射"十四岁"亲政（进学）、16岁生了玄烨、24岁死于天花的顺治皇帝。顺治（贾珠）"生了子"乃指康熙皇帝——贾兰也。

贾珠与贾宝玉都隐射顺治皇帝。在作者笔下，顺治皇帝（贾珍、贾琏、贾珠、贾宝玉与柳湘莲）与康熙皇帝（贾兰与贾菌）是完全不同的两代人。顺治皇帝是少年风流天子，而康熙皇帝简直就是皇太极第二，一个满族的成吉思汗，一个汉族的唐太宗。第九回原文：

贾菌亦系荣府近派的重孙，其母亦少寡，独守着贾菌，这贾菌与贾兰最好，所以二人同桌而坐。谁知贾菌年纪虽小，志气最大，极是淘气不怕人的。他在座上冷眼看见金荣的朋友暗助金荣，飞砚来打茗烟，偏没打着茗烟，便落在他座上，正正在面前，将一个磁砚水壶打了个粉碎，溅了一书黑水。贾菌如何依得，便骂："好囚攮的们，这不都动了手了么！"骂着，也抓起砚砖来要打回去。贾兰是个省事的，忙按住砚，极口劝道："好兄弟，不与咱们相干。"贾菌如何忍得住，便两手抱起书匣子来，照那边抡了去。终是身小力薄，却抡不到那里，刚到宝玉秦钟桌案上就落了下来，只听哗啷啷一声，砸在桌上，书本纸片等至于笔砚之物撒了一桌，又把宝玉的一碗茶也砸得碗碎茶流。

"贾菌与贾兰最好"，隐射两人都是康熙皇帝的代表。"年纪虽小，志气最大，极是淘气不怕人的"。

"宝玉的一碗茶也砸得碗碎茶流"，隐射康熙皇帝（贾菌与贾兰）按照顺治《罪己诏》的规定，改变了父皇（贾宝玉）迅速汉化的既定方针，欲扬先抑，先破后立，终于成长为皇太极与顺治兼而是之的"千古一帝"。

第十二章 婚外恋

第一节 顺治皇帝爱上了弟媳妇

襄亲王博穆博果尔系顺治皇帝的同父异母弟,久闻鄂硕之女才貌出众,遂借故到鄂硕府过访。汉族官僚家的千金秘不见人,但满族人没有这些规矩。相见之下,襄亲王发誓非董鄂氏不娶。孝庄皇太后不仅让董鄂氏通过了严格的审查,而且直接指配给了襄亲王。

襄亲王志得意满。董鄂氏比襄亲王大三岁,那观世音般的气质,深邃的汉学修养,使她有一种凛然不可犯的心理障碍。小两口时常口角,连婆婆也暗自心焦。后来董鄂氏终于爱上了皇帝。顺治皇后于顺治十年八月被废为静妃,一时间流言四起。懿靖太妃隔岸观火,甚至幸灾乐祸。她做梦都没有想到,这场大火烧来烧去,竟然烧到了襄亲王府,最后要了她儿子的命。

顺治十一年(1654)早春二月,顺治皇帝废黜皇后已经半年,内心孤寂落寞。16岁的顺治皇帝正值情窦初开的年龄,众多后妃都如花似玉,可没有一个意中人。顺治皇帝心情抑郁。太监吴良辅说:明天是宁南靖寇大将军陈泰的出征日子,太后说趁着圣寿节与给远征部队送行,把命妇们也召到南苑……顺治皇帝终于答应参加南苑行宫的送行与宴会。顺治皇帝对出征饯行心不在焉,草草敷衍了一番,便打发将士上路。在与襄亲王博穆博果尔握别时,竟没有说上几句话。

回到行宫,命妇们正等着皇上回来开宴。酒席上的座位是依照命妇与皇上的亲疏关系而定的。懿靖太后和孝庄皇太后都是长辈,同处首席。董鄂氏是亲王福晋,又是懿靖太妃的儿媳妇,傍着婆母而坐,离皇上很近。皇帝目不转睛地盯住弟妹董鄂氏,打量得她连头都不敢抬。酒至半酣,顺治进入了"酒不醉人人自醉"的境界。

◆ 清宫隐史——《红楼梦》索隐之一

第二十四回《痴女儿遗帕惹相思》与第二十五回《红楼梦通灵遇双真》云：

贾琏笑道："……他是后廊上住的五嫂子的儿子芸儿。"宝玉笑道："是了，是了，我怎么就忘了。"……原来这小红本姓林，小名红玉，只因"玉"字犯了林黛玉、宝玉，便都把这个字隐起来，便都叫他"小红"。……这红玉年方十六岁，因分人在大观园的时节，把他便分在怡红院中，倒也清幽雅静。不想后来命人进来居住，偏生这一所儿又被宝玉占了。这红玉虽然是个不谙事的丫头，却因他原有三分容貌，心内着实妄想痴心的往上攀高，每每的要在宝玉面前现弄现弄。只是宝玉身边一干人，都是伶牙俐爪的，那里插的下手去。不想今儿才有些消息，又遭秋纹等一场恶意，心内早灰了一半。正闷闷的，忽然听见老嬷嬷说起贾芸来，不觉心中一动，便闷闷的回至房中，睡在床上暗暗盘算，翻来掉去，正没个抓寻。忽听窗外低低的叫道："红玉，你的手帕子我拾在这里呢。"红玉听了忙走出来看，不是别人，正是贾芸。红玉不觉的粉面含羞，问道："二爷在那里拾着的？"贾芸笑道："你过来，我告诉你。"一面说，一面就上来拉他。那红玉急回身一跑，却被门槛绊倒……唬醒过来，方知是梦。因此翻来复去，一夜无眠……谁知宝玉昨儿见了红玉，也就留了心。若要直点名唤他来使用，一则怕袭人等寒心；二则又不知红玉是何等行为，若好还罢了，若不好起来，那时倒不好退送的。因此心下闷闷的，早起来也不梳洗，只坐着出神。一时下了窗子，隔着纱屉子，向外看的真切，只见好几个丫头在那里扫地，都擦胭抹粉，簪花插柳的，独不见昨儿那一个。宝玉便趿了鞋晃出了房门，只装着看花儿，这里瞧瞧，那里望望，一抬头，只见西南角上游廊底下栏杆上似有一个人倚在那里，却恨面前有一株海棠花遮着，看不真切。只得又转了一步，仔细一看，可不是昨儿那个丫头在那里出神。待要迎上去，又不好去的。正想着，忽见碧痕来催他洗脸，只得进去了……红玉答应了，便走出来往潇湘馆去。正走上翠烟桥，抬头一望，只见山坡上高处都是拦着帏幙，方想起今儿有匠役在里头种树。因转身一望，只见那边远远一簇人在那里掘土，贾芸正坐在那山子石上。红玉待要过去，又不敢过去，只得闷闷的向潇湘馆取了喷壶回来，无精打采自向房内倒着。众人只说他一时身上不爽快，都不理论。

这是《红楼梦》记录此事的传神之笔。作者采用人物交叉串角的办法，表现顺治皇帝与董鄂氏初次云雨之后，互相思恋、失魂落魄的情景。"他是后廊上住的五嫂子的儿子芸儿"，指明贾芸是后金皇宫第五位后妃孝庄的儿子福临。因为尚未亲政，并无实权，四处受到冷落。他和贾宝玉同时隐射顺治皇帝。

"小红本姓林，小名红玉，只因'玉'字犯了林黛玉、宝玉，便都把这个字隐起来，便都叫他'小红'。"指明林红玉与林黛玉都隐射没有直接选为顺治妃子的董鄂氏。"这红玉虽然是个不谙事的丫头，却因他原有三分容貌……不想今儿才有些消息，又遭秋纹等一场恶意，心内早灰了一半。"隐射董鄂氏人在襄亲王府里，但一心想成为顺治皇帝的宠妃，但困难重重。

"红玉听了忙走出来看，不是别人……因此翻来复去，一夜无眠。"隐射董鄂氏已经与顺治有了巫山云雨之会，正在经受昼思夜想之苦。"贾芸笑道：'你过来，我告诉你。'一面说，一面就上来拉他。那红玉急回身一跑，却被门槛绊倒……唬醒过来，方知是梦。"——补写了董鄂氏在南苑失身顺治皇帝的真实情境。"方知是梦"而决非是梦也。"谁知宝玉昨儿见了红玉，也就留了心……待要迎上去，又不好去的。"——隐射顺治皇帝得到了弟媳妇，但因云雨匆匆，又害怕新皇后与后宫嫔妃多心，因此左右为难，转而搁置不下。"贾芸正坐在那山子石上。红玉待要过去，又不敢过去，只得闷闷的向潇湘馆取了喷壶回来，无精打采自向房内倒着。"——隐射董鄂氏对顺治皇帝也是想得失魂落魄。顺治皇帝与董鄂氏的初次云雨，就写了这么一点点。但已经写得出神入化了。

《红楼梦》只详细记载了贾宝玉顺治皇帝在"太虚幻境"即琼华岛的经过。偷情恍如一梦，他大叫女孩子的乳名"可卿救我"（"董鄂氏救我"），说明这对男女决非是初次欢媾。从袭人已经跟随宝玉来看，当时已经是第二次大婚（顺治十一年六月）之后。董鄂氏于顺治十一年春嫁给襄亲王，不久就结识顺治皇帝。第二年因为与顺治皇帝多次偷情而怀孕，与丈夫闹翻，被打。顺治皇帝逼死襄亲王，有身孕的董鄂氏低调入宫，流产之后，长期没有名分（相当于尤二姐与张华未办清离婚手续就进了荣府）。后来封贤妃（顺治十三年八月），又补封皇贵妃（顺治十三年十二月）。现存史料有两种说法：一说顺治十一年二月八日在南苑偷情，怀孕。当年春，与襄亲王闹翻，七月四日，襄亲王自杀。27天后（八月）董鄂氏封贤妃。当年十二月晋升皇贵妃。此说比《红楼梦》早一两年。一说顺治十三年二月八日在养心殿偷情、怀孕，当年春，与襄亲王闹翻，七月四日，襄亲王自杀，八月董鄂氏封贤妃。此说比《红楼梦》晚一年。

用《红楼梦》与《汤若望传》加以校正，历史真相发生的顺序应该是：

（1）顺治十一年二月八日在南苑偷情，但未怀孕（第二十四回《痴女儿遗帕惹相思》与第六十五回《尤三姐思嫁柳二郎》）。

（2）顺治十二年二月八日在琼华岛秘密卧室欢媾，怀孕（第五回《饮仙醪曲演红楼梦》中贾宝玉在太虚幻境与兼美"如胶似漆"）。

（3）顺治十二年春，孝庄妥协，让苏麻喇姑安排董鄂氏到养心殿与顺治幽会（第七十一回《嫌隙人有心生嫌隙　鸳鸯女无意遇鸳鸯》）。

（4）顺治十二年春夏之交，与襄亲王闹翻，宣召董鄂氏，一乘小轿接进宫（第六十五回《贾二舍偷娶尤二姨》、第七十二回《来旺妇倚势霸成亲》）。

（5）董鄂氏低调入宫，没有名分，又小产（第六十八回《苦尤娘赚入大观园　酸凤姐大闹宁国府》中迫使"张华退婚"）。

（6）第六十九回《弄小巧用借剑杀人》，隐射孝庄皇太后借刀杀人，借以保住皇家的脸面。顺治十二年七月四日襄亲王自杀（张华父子"死于边界"）。

（7）顺治十三年八月董鄂氏得封贤妃。顺治十三年十二月晋封皇贵妃（第七十回《林黛玉重建桃花社》中林黛玉称"桃花社主"）。

（8）顺治十四年十月生四阿哥，产后流血。顺治十五年正月或二月四阿哥夭亡（第二十七回《埋香冢飞燕泣残红》中林黛玉"哭花荫"与"葬花吟"）。

（9）顺治十七年八月董鄂氏皇贵妃病死（第十三回《秦可卿死封龙禁尉》、第六十九回《觉大限吞生金自逝》尤二姐死与第六十六回《情小妹耻情归地府》尤三姐死，司棋死）。

（10）顺治十七年九月追封董鄂氏皇贵妃为"端敬"皇后（第十三回《秦可卿死封龙禁尉》）。

（11）顺治十七年九月底贞妃小董鄂氏殉葬（第七十七回《俏丫鬟抱屈夭风流》中晴雯死与第一百九回《候芳魂五儿承错爱》）。

（12）顺治十七年九月底，顺治皇帝哀读《端敬皇后诔文》（第七十八回《痴公子杜撰芙蓉诔》——应该是《痴道人哀读端敬皇后诔》）。

（13）顺治十七年冬，顺治皇帝在中南海削发（第六十六回《冷二郎一冷入空门》）。

（14）顺治十八年正月初七，顺治皇帝驾崩（第二回《冷子兴演说荣国府》云贾珠"一病死了"）。此处的"宝二爷"、"琏二爷"、"芸二爷"、"柳二爷"、"冷二郎"、"潘二郎（又安）"、贾珍、贾珠统统隐射顺治皇帝。而林红玉、林黛玉、尤二姐、尤三姐、司棋、喜鸾、四姐儿、彩霞等都隐射董鄂氏。大家联合演出顺治皇帝与董鄂氏的婚恋悲剧。

第二节 顺治皇帝与孔四贞一见钟情

据《清史稿·孔有德传》，顺治十一年六月，"有德女四贞以其丧还京师，上命亲王以下，阿思哈尼哈番以上，汉官尚书以下，三品官以上郊迎。赐白金四千。官为营葬，立碑纪绩"。孔四贞仪容秀美，擅长骑射，深受孝庄太后钟爱，将其"育之宫中，赐金百万，岁俸视郡王"，借此安抚孔有德部众。顺治在摆脱前妻之后，急欲选择一位意中人，于是与孔四贞一见钟情。野史载孔四贞已经为顺治皇帝侍寝，云雨甚洽，顺治意欲册封孔四贞为妃，甚至立为"东宫皇后"。孝庄太后鉴于孔四贞已许配偏将孙延龄，恐强娶孔四贞会激起孔有德旧部兵变，遂未答应此事。顺治帝既对孔四贞眷顾，便总看新皇后不顺眼，最后以皇后"虽秉性淳朴，顾又乏长才"为借口，再度将皇后置之一边。顺治十三年，桂林方面谣言迭起，云孙延龄对孔四贞久居皇宫甚为不满，说顺治皇帝霸占了他的未婚妻，大有激起兵变之嫌。于是，孝庄皇太后即令孔四贞回到桂林，掌握父亲孔有德的旧部，并与孙延龄成婚。孔四贞与孙延龄毫无感情，她心中只有一个顺治皇帝。可惜，孔四贞离京后四五年，顺治皇帝一命归天，孔四贞闻讯痛不欲生。直到三藩之乱，孙延龄被吴三桂所杀，孔四贞寡居，回京后深居皇宫，带发修行，至死也难忘与顺治皇帝的那段感情。

第三十一回和第三十二回原文：

（1）宝钗一旁笑道："姨娘不知道，他穿衣裳还更爱穿别人的衣裳。可记得旧年三四月里，他在这里住着，把宝兄弟的袍子穿上，靴子也穿上，额子也勒上，猛一瞧倒象是宝兄弟，就是多两个坠子。他站在那椅子后边，哄的老太太只是叫：'宝玉，你过来，仔细那上头挂的灯穗子招下灰来迷了眼。'他只是笑，也不过去。后来大家撑不住笑了，老太太才笑了，还说：'倒扮上男人好看了。'"——上引实际上是说：贾宝玉与史湘云隐射的顺治皇帝与孔四贞，在孝庄皇太后（老太太）心里眼里都是亲兄妹关系，而别人根本不明白。

（2）史湘云问道："宝玉哥哥不在家么？"宝钗笑道："他再不想着别人，只想宝兄弟，两个人好憨的。这可见还没改了淘气。"贾母道："如今你们大了，别提小名儿了。"——隐射废皇后静妃（宝钗）并不明白事情的真相。

（3）湘云听了，方知是他遗落的，便笑问道："你几时又有了麒麟了？"宝玉道："前儿好容易得的呢，不知多早晚丢了，我也糊涂了。"湘云笑道："幸而是玩的东西，还是这么慌张。"说着，将手一撒，"你瞧瞧，是这个不是？"——读者都认为这一对麒麟暗伏宝玉与湘云将是"白首双星"。其实作者想说的是一对"双星"业已"白首",指孔有德(张道士)与贾母(孝庄)。

(4) 宝玉见那麒麟,心中甚是欢喜,便伸手来拿,笑道:"亏你拣着了。你是那里拣的?"史湘云笑道:"幸而是这个,明儿倘或把印也丢了,难道也就罢了不成?"宝玉笑道:"倒是丢了印平常,若丢了这个,我就该死了。"——顺治皇帝认为金麒麟比大清国玺(官印)还重要,是因为顺治皇帝对一对麒麟的真相不明白。

(5) 袭人斟了茶来与史湘云吃,一面笑道:"大姑娘,听见前儿你大喜了。"史湘云红了脸,吃茶不答。袭人道:"这会子又害臊了。你还记得十年前,咱们在西边暖阁住着,晚上你同我说的话儿?那会子不害臊,这会子怎么又害臊了?"史湘云笑道:"你还说呢。那会子咱们那么好。后来我们太太没了,我家去住了一程子,怎么就把你派了跟二哥哥,我来了,你就不象先待我了。"注解:"史大姑娘来了",指顺治十一年六月,孔四贞扶柩还京。"十年前",指顺治元年5岁的孔四贞与父亲从龙入关。"听见前儿你大喜了",指孔四贞与孙延龄定了亲。"把你派了跟二哥哥",指顺治十一年五月顺治第二次大婚。"我来了,你就不象先待我了",是指此后到老,孝惠章皇后对孔四贞(袭人对史湘云,尤氏对惜春)都有误会与成见。

(6) 原来林黛玉知道史湘云在这里,宝玉又赶来,一定说麒麟的原故。因此心下忖度着,近日宝玉弄来的外传野史,多半才子佳人都因小巧玩物上撮合,或有鸳鸯,或有凤凰,或玉环金,或鲛帕鸾绦,皆由小物而遂终身。今忽见宝玉亦有麒麟,便恐借此生隙,同史湘云也做出那些风流佳事来。——此处不是隐射董鄂氏对孔四贞争风吃醋,顺治七年她根本不在皇宫里。此处的林黛玉隐射母亲孝庄害怕儿子顺治糊里糊涂地爱上同父异母的亲妹妹孔四贞,所以急忙忙地跟踪而来。后来发现苗头不对,坚决将孔四贞送回桂林,让她与孙延龄完婚了。孝庄的态度是:"惟独这个孔四贞是不能选为后妃的。"

(7) 第一百〇九回原文:贾母病势日增,只想这些孙女儿。一时想起湘云,便打发人去瞧他。回来的人悄悄的找鸳鸯。因鸳鸯在老太太身旁,王夫人等都在那里,不便上去,到了后头,找了琥珀,告诉他道:"老太太想史姑娘,叫我们去打听。那里知道史姑娘哭的了不得,说是姑爷得了暴病,大夫都瞧了,说这病只怕不能好,若是变了痨病,还可捱个四五年。所以史姑娘心里着急。又知道老太太病,只是不能过来请安。还叫我别在老太太跟前提起来,倘或老太太问起来,务必托你们变个法儿回老太太才好。"

"那里知道史姑娘哭的了不得……还可捱个四五年。"——"姑爷"隐射孔四贞心里的顺治皇帝。"若是变了痨病,还可捱个四五年",指孔四贞离京时顺治皇帝已经得了"痨病",又活了四年,孔四贞是顺治十三年离京去桂林的,到顺治十八年正月初七福临死,恰好"还可捱个四五年",与史实完全相符。

"那里知道史姑娘哭的了不得,说是姑爷得了暴病。"——隐射孔四贞的丈夫孙延龄为吴三桂杀死,因而"哭的了不得"。上引文字与贾母病势无关,而与福临与孙延龄有关,《红楼梦》对孔四贞与顺治皇帝的感情纠葛,写得很像意识流,支离破碎,却音断意连,令人遐思翩飞。

第三节 顺治幽会董鄂氏

顺治十二年(1655)二月初八是孝庄皇太后42岁的圣寿节。顺治皇帝率诸王到慈宁宫行庆贺礼。15岁的襄亲王博穆博果尔与18岁的董鄂氏大福晋也出席了寿宴。懿靖大贵妃是博穆博果尔的生母。她和康惠淑妃都是元朝直系察哈尔蒙古林丹汗的福晋。天聪八年,皇太极领兵攻打察哈尔,皇太极收纳了林丹汗的两名福晋。崇德元年皇太极改国号为清,称宽温仁圣皇帝,设置后宫。清宁中宫哲哲大福晋即皇后位,她是永福宫孝庄妃的姑妈。东关雎宫宸妃是孝庄妃的亲姐姐。懿靖大贵妃为西麟趾宫贵妃,康惠淑妃为东衍庆宫淑妃。懿靖大贵妃早年为林丹汗生了察哈尔蒙古汗的继承人额哲和阿布鼐。蒙古四十九旗归附时,皇太极以延续元朝苗裔之盛意,命额哲为察哈尔蒙古旗的旗主,封为和硕亲王,并以皇二女固伦公主马喀达下嫁。顺治二年额哲亡故,其弟阿布鼐袭王爵,固伦公主也转嫁阿布鼐,驻守察哈尔。

博穆博果尔生于崇德六年,与额哲、阿布鼐为同母异父。顺治对董鄂氏大福晋的恋慕,孝庄皇太后心里早就一清二楚。尽管她心里也喜欢董鄂氏,但因名分有碍,所以不得不持反对态度。顺治皇帝率五位兄弟向孝庄皇太后敬茶敬酒,博穆博果尔是皇太极诸子中惟一的亲王。娇小玲珑、温文尔雅、满汉混血的"半个南蛮子"董鄂氏,在这群人高马大、举止呆板的满蒙贵妇之中,显得亭亭玉立,超凡脱俗。而在这群只会讲满语或蒙古语的女人中,出身苏州的董鄂氏说的就是母语汉语,其汉学造诣堪与风流雅士相媲美。这是正在发奋攻读儒学的顺治皇帝最为动心之处。真可谓"身无彩凤双飞翼,心有灵犀一点通"。

顺治皇帝对弟媳妇的感情,不会因太后的反对与朝野所传绯闻而冷却!董鄂氏美丽的资质、渊博的汉学修养在福临心上生了根。碍于皇家礼仪,福临不能任意召她进宫,只在宫廷节日才有可能见到她的倩影。他每天都必须摆出天子威仪来，不被任何人看透，他多么想有个知己说说真心话，得到理解和支持啊！

孝庄皇太后已经认董鄂氏为义女了。母亲让后宫中出现两位义女，一是定南王的女儿孔四贞，一是顺治的弟媳妇董鄂氏，其意思是明确的。顺治十一年四月，福临与董鄂氏一见钟情刚两个月，孝庄皇太后懿旨，停止命妇更番入侍后妃之旧例，其意思更是明确的。尽管孝庄皇太后疼爱董鄂氏，但木已成舟，她必须顾念亲情和皇室的利害关系，因而不得不用各种办法防止儿子和董鄂氏过分接近。坤宁宫太监进来跪禀，说孝惠章皇后想请董鄂氏大福晋到坤宁宫讲诗作画，孝庄皇太后恩准了。董鄂氏上了便辇，但来到的却不是坤宁宫，而是养心殿。

对于福临的步步逼近，董鄂氏又惊又喜，但决不拒绝。叔叔娶嫂子，伯父纳侄媳，在满洲习俗中很为平常。当年孝庄皇太后与摄政王多尔衮，不就是这样吗？福临朝她奔来。董鄂氏没有畏缩，她凝视着他，迎接着他。这不只是一位皇帝，首先是一个情爱如火的男人，为了报答他的知遇之恩，她愿意献出自己的一切。她躬身下拜，被福临一把拦住，董鄂氏倾身倒在他的怀中。两人紧紧地拥抱着。不知过了多长时间，福临猛然抱起娇小的董鄂氏，大步走向后殿。

新皇后来向皇太后请安了，这位蒙古格格端正厚朴，心地纯良。她的父亲绰尔济是孝庄皇太后哥哥吴克善之子。她的母亲是孝庄皇太后的女儿固伦雍穆长公主。她既是孝庄太后的侄孙女，又是孝庄太后的外孙女，现在又是孝庄太后的儿媳，可谓亲上加亲（林黛玉初次进宫，就隐射这层关系。所以当时的林黛玉，也隐射从蒙古草原乍来北京的新皇后）。福临其实是她的亲舅父。皇后的凤冠霞帔并没有撑起她的架子，她显得畏葸胆怯（这是袭人被写成大丫头的原因）。这个外孙女像废皇后一样，也不通汉文，在内政外交上与皇帝毫无共同语言，充其量只能算是一个忠心耿耿的大丫头（"花气袭人知昼暖"）。一向爱才的孝庄太后信任之、依赖之，却难以使她成为儿子的贤内助，孝庄不能不深以为憾。

这种情况完全真实地写进了《红楼梦》。孝庄皇太后问襄亲王福晋是否还在坤宁宫？孝惠皇后说，是皇上要她打发人来接董鄂氏去养心殿的。皇太后猛然醒悟过来。她批评孝惠皇后贤惠太过，有失身份。在去养心殿的路上，孝庄皇太后心里很不是滋味。福临在养心殿躬身迎接母亲。孝庄皇太后说：年轻人胡闹，也要有分寸，不能忘了皇帝的身份！不能忘记祖训啊！福临认为并非胡闹。董鄂氏堪与自己作配，她才具有总领六宫的才能品德。母子之间的关系一下子紧张起来。此后福临天天把自己关在养心殿里，丧魂失魄，连往慈宁宫请安都丢到脑后了。顺治觉得自己真是跌入了"迷津"——他只是想爱一个自己痴迷的姑娘,却碰到满洲贵族与蒙古贵族的联合反对!连汉族大臣也群起反对!

顺治皇帝的身心终于垮下来了。他病倒了!万般无奈,孝庄皇太后终于对儿子妥协了,因为儿子的命总归比朝野舆论重要。她派苏麻喇姑去安排董鄂氏与儿子在乾清宫密室幽会。此事进入《红楼梦》,写成了孝庄皇太后(警幻仙姑)规劝儿子无效,亲自安排儿子(宝玉)与董鄂氏(兼美)幽会于北海琼岛秘密宫室。

第五回是《红楼梦》最最关键的一回,弄懂它是最最要紧的。这一回仅是大标题就有三个不同的题法,可见重视者很多,读懂者极少:

因东边宁府中花园内梅花盛开,贾珍之妻尤氏乃治酒,请贾母,邢夫人,王夫人等赏花……一时宝玉倦怠,欲睡中觉,贾母命人好生哄着,歇一回再来。当下秦氏引了一簇人来至上房内间。宝玉抬头看见一幅画贴在上面,画的人物固好,其故事乃是《燃藜图》,也不看系何人所画,心中便有些不快。又有一幅对联,写的是:世事洞明皆学问,人情练达即文章。及看了这两句,纵然室宇精美,铺陈华丽,亦断断不肯在这里了,忙说:"快出去!快出去!"秦氏听了笑道:"这里还不好,可往那里去呢?不然往我屋里去吧。"……说着大家来至秦氏房中。刚至房门,便有一股细细的甜香袭人而来。宝玉觉得眼饧骨软,连说"好香!"入房向壁上看时,有唐伯虎画的《海棠春睡图》,两边有宋学士秦太虚写的一副对联,其联云:嫩寒锁梦因春冷,芳气袭人是酒香。

"因东边宁府中花园内梅花盛开,贾珍之妻尤氏乃治酒,请贾母",开头即点名是在庆祝孝庄的圣寿节,时在顺治十二年二月八日。地点在御花园——"中花园"指皇宫正中心的御花园。庆祝活动是由顺治新皇后(贾珍之妻尤氏)操持的,邀请了皇家的内亲,包括懿靖皇太妃与董鄂氏(兼美)婆媳——第六十六回再度提到这次宫廷家宴:"二姐笑道:'说来话长。五年前我们老娘家里做生日,妈和我们到那里给老娘拜寿。他家请了一起串客,里头有个作小生的叫作柳湘莲,他看上了,如今要是他才嫁。'"

这是顺治十七年的董鄂氏在回忆顺治十二年二月八日的庆祝活动。尤二姐与尤三姐姐妹都参加了,而第六十六回的二尤姐妹,正是第五回里的"兼美"——"兼美"者,兼二尤之美、兼钗黛之美的弟媳妇董鄂氏大福晋也。

两个故事,一件史实。作者让读者将两个小说故事联想在一起,再去对照历史记载，就必然得出如下结论：五年前太虚幻境中幽会的贾宝玉与兼美是一对夫妻。五年后因闹误会先后死去的柳湘莲与尤三姐是一对夫妻。中间偷娶流产一年后才准圆房的贾琏与尤二姐是一对夫妻。但三对夫妻其实都隐射一对历史上的真夫妻，即顺治皇帝与董鄂氏皇贵妃。也就是说：贾宝玉、柳湘莲与贾琏都隐射顺治皇帝，兼美、尤二姐与尤三姐都隐射董鄂氏。

顺治皇帝与董鄂氏认识的当天就发生了肉体关系，然后难舍难分，明知是"迷津"也死活不顾了。不久就偷娶、流产，一年后正式圆房。中间还死了一个儿子，五年后发生误会，女方先死，男方先要出家，后来也死去了——这就是顺治皇帝与董鄂氏皇贵妃历时"五年八月"的婚恋史，是《红楼梦》悲剧的核心部分。

将六个演员演义的故事看成两个历史人物的故事，小说文字一点死结也没有。如果看成六个活生生的人物，他（她）们的言行里就处处是"败笔"与红学"死结"。

"上房内间"、"《燃藜图》"、"世事洞明皆学问，人情练达即文章"、"纵然室宇精美，铺陈华丽，亦断断不肯在这里了，忙说：'快出去！快出去！'"——隐射乾清宫办公区与西暖阁。此处的秦可卿隐射顺治皇帝的母亲孝庄皇太后。小说写侄媳妇（秦可卿）安排小叔叔（宝玉）睡午觉，隐射的历史故事是母亲（孝庄皇太后）安排儿子（顺治皇帝）与其弟媳妇（兼美董鄂氏）幽会。

"不然往我屋里去吧。"——隐射孝庄皇太后引领顺治皇帝进了自己年轻时代曾经使用过的北海琼岛行宫的秘密卧室。"唐伯虎画的《海棠春睡图》"，"嫩寒锁梦因春冷，芳气袭人是酒香"——"海棠"即"西府海棠"，隐射孝庄皇太后。"因春冷"，隐射顺治十二年二月八日孝庄圣寿节，正是春寒料峭的季节。

案上设着武则天当日镜室中设的宝镜，一边摆着飞燕立着舞过的金盘，盘内盛着安禄山掷过伤了太真乳的木瓜。上面设着寿昌公主于含章殿下卧的榻，悬的是同昌公主制的联珠帐。宝玉含笑连说："这里好！"秦氏笑道："我这屋子大约神仙也可以住得了。"说着亲自展开了西子浣过的纱衾，移了红娘抱过的鸳枕。于是众奶母伏侍宝玉卧好，款款散了，只留袭人，媚人，晴雯，麝月四个丫鬟为伴。秦氏便分咐小丫鬟们，好生在廊檐下看着猫儿狗儿打架。

秦可卿的卧室，实际是孝庄皇太后在北海琼岛行宫由满汉臣子侍寝的地方。所以，将历代风流妖后的名字几乎都提到了。武则天、赵飞燕、杨贵妃、寿昌公主、同昌公主等，隐射这里曾经是孝庄皇太后与多尔衮、孔有德、吴三桂等野男人幽会偷情的地方。顺治皇帝并不了解这个秘密卧室。从《刘老老二进荣国府》中刘老老（汤若望）竟然会开宝玉（顺治13岁）卧室里的秘密机关来看，秘密卧室的西洋机关是义父汤若望帮助设计的。在顺治童年与少年时代，孝庄与野男人苟合应当不是一处。所谓"狗儿猫儿打架"——含沙射影地隐射孝庄过去的淫荡生涯。

那宝玉刚合上眼，便惚惚的睡去，犹似秦氏在前，遂悠悠荡荡，随了秦氏，至一所在。但见朱栏白石，绿树清溪，真是人迹希逢，飞尘不到（北海琼岛行宫）。宝玉在梦中欢喜，想道："这个去处有趣，我就在这里过一生，纵然失了家也愿意，强如天天被父母师傅打呢（隐射顺治皇帝也是第一次使用孝庄的秘密卧室）。"正胡思之间，忽听山后有人作歌曰：春梦随云散，飞花逐水流，寄言众儿女，何必觅闲愁。宝玉听了是女子的声音。歌声未息，早见那边走出一个人来，蹁跹袅娜，端的与人不同。有赋为证……

"警幻仙姑"就是孝庄皇太后。《警幻仙姑赋》完全脱胎于曹植的《洛神赋》，几乎未加改动。意思是说，孝庄皇太后的身份等于当年曹丕的甄皇后。甄皇后与曹植的暧昧关系，几乎就是孝庄与多尔衮的暧昧关系。

宝玉听了，唬的忙答道："仙姑差了。我因懒于读书，家父母尚每垂训饬，岂敢再冒'淫'字。况且年纪尚小，不知'淫'字为何物。"警幻道："非也。淫虽一理，意则有别。如世之好淫者，不过悦容貌，喜歌舞，调笑无厌，云雨无时，恨不能尽天下之美女供我片时之趣兴，此皆皮肤淫滥之蠢物耳。如尔则天分中生成一段痴情，吾辈推之为'意淫'。'意淫'二字，惟心会而不可口传，可神通而不可语达。汝今独得此二字，在闺阁中，固可为良友，然于世道中未免迂阔怪诡，百口嘲谤，万目睚眦（孝庄对顺治的分析十分准确，真是"知子莫若母"也）。今既遇令祖宁荣二公剖腹深嘱（实为孝庄抬出祖宗塔克世来教育顺治），吾不忍君独为我闺阁增光，见弃于世道（要美人不要江山），是以特引前来，醉以灵酒，沁以仙茗，警以妙曲，再将吾妹一人，乳名兼美字可卿者（董鄂氏），许配于汝。今夕良时，即可成姻。不过令汝领略此仙闺幻境之风光尚如此，何况尘境之情景哉？而今后万万解释，改悟前情，留意于孔孟之间，委身于经济之道（还是要尊祖训尊儒教的）。"说毕便秘授以云雨之事，推宝玉入房，将门掩上自去。那宝玉恍恍惚惚，依警幻所嘱之言，未免有儿女之事，难以尽述（顺治在母亲的安排下与弟媳妇幽会）。

至次日，便柔情缱绻，软语温存，与可卿难解难分（顺治与董鄂氏的真感情）。因二人携手出去游玩之时，忽至一个所在，但见荆榛遍地，狼虎同群，迎面一道黑溪阻路，并无桥梁可通（朝野群起而反对也，五千年的传统观念与封建道德来反对也）。正在犹豫之间，忽见警幻后面追来，告道："快休前进，作速回头要紧（孝庄警告说：赶快停住，回头是岸吧）！"宝玉忙止步问道："此系何处？"警幻道："此即迷津也。深有万丈，遥亘千里，中无舟楫可通，只有一个木筏，乃木居士（孝庄）掌舵，灰侍者（多尔衮）撑篙，不受金银之谢，但遇有缘者渡之。尔今偶游至此，设如堕落其中，则深负我从前谆谆警戒之语矣。（不要像多尔衮那样将前程断送在女人手里啊）。"话犹未了，只听迷津内水响如雷，竟有许多夜叉海鬼将宝玉拖将下去（顺治最后还是断送在女人手里）。

"今既遇令祖宁荣二公剖腹深嘱"，其实是孝庄皇太后抬出祖宗来教育顺治皇帝。此处的警幻仙姑隐射孝庄，贾宝玉就是福临，袭人就是孝惠章皇后，兼美是董鄂氏，贾蓉是襄亲王。故事发生的日子不用改动了，因为贾宝玉的《芙蓉女儿诔》有准确无误的记载。

5年8个月之后，即顺治十七年八月十九日，董鄂皇贵妃（潇湘妃子林黛玉）死了，福临（贾宝玉）命令词臣拟撰《端敬后祭文》（《芙蓉女儿诔》明诔晴雯，暗诔黛玉）。一群满腹经纶的文臣绞尽脑汁，连写了三稿也未合圣意，最后只得请来晓谕一些内情的中书舍人张宸拟稿。他根据顺治皇帝与董鄂妃生前的生活细节草成祭文，哀情溢于行句之间："渺兹五夜之箴，永巷之闻何日？去我十臣之佐，邑姜之后谁人。"这使福临阅后触动旧情，不禁泫然泪下。

《端敬后祭文》早已遗失，只保留了开头几句，但全文内容却记录在第七十八回《痴公子杜撰芙蓉诔》里："而玉得于衾枕栉沐之间，栖息宴游之夕，亲昵狎亵，相与共处者，仅五年八月有畸。"

从顺治十二年二月初八养心殿幽会，到顺治十七年八月十九日董鄂妃死，顺治在"三七"读《端敬后祭文》，不多不少，正是"仅五年八月有畸"。

《秦可卿死封龙禁尉》，隐射顺治追封董鄂氏皇贵妃为"端敬"孝献皇后。

《痴公子杜撰芙蓉诔》，隐射"痴道人"顺治宣读的《端敬后祭文》。

"仅五年八月有畸"，是董鄂氏与顺治皇帝从养心殿偷情到承乾宫死别的准确时间。

"痴儿竟尚未悟！"是孝庄对顺治爱美人胜过爱江山的无奈的叹息。

"荆榛遍地，狼虎同群，迎面一道黑溪阻路，并无桥梁可通"——借鉴于当年北海东岸的皇家动物园景象。那里确乎"荆榛遍地，狼虎同群"，从琼岛必须坐船方能过去，故曰"迎面一道黑溪阻路，并无桥梁可通"。这是另一个历史与地理的坐标值。

第四节 从防范到妥协

福临失恋，脾气大变，纵欲无度，借以消解内心的空虚。顺治十二年六月底，福临终于病倒了。孝庄皇太后这才真的着了急。

苏麻喇姑（贾母的鸳鸯，凤姐的平儿）领了皇太后（贾母与王夫人）的懿旨，匆匆赶到宣武门教堂来找汤若望（刘老老）。苏麻喇姑按太后的旨意，向汤玛法（爷爷）讲了福临近日的变化和病状，请玛法为福临治病，并谏正他的荒淫失德。汤若望真心喜爱这个聪慧好学而又性格执拗的少年。福临陷进感情漩涡，使他心情沉重。汤若望当即答应进宫求见皇上。汤若望写了一道谏书就进宫了。他被传进养心殿。福临正在看书，看来身体已相当虚弱。福临打开谏书，看了没几句，又羞又恼，把谏书往炕桌上一摔，大步走回寝宫。汤若望碰了一个大钉子。太监喊回了汤若望，他再次进入养心殿。福临指给他坐垫，并赐了茶，随后平静地问"玛法"，世间哪一种罪过大些，是吝啬，还是淫乐？汤若望指出：淫乐是罪孽的渊薮。尤其是地位崇高的人。因为这是一种恶劣的榜样，它引起的祸害要大得多！

皇太后听了汤若望的禀告，不免吃惊。孝庄皇太后嫁给皇太极时只有13岁，皇太极比她大21岁。由于她聪慧秀丽、明睿豁达，识大体，知大局，皇太极竟拿她当后宫谋士，举棋不定时常找她商量。她从丈夫那里学来知人善任、用人驭将和处理军国大事的本领。可惜她命中子星不旺，16岁、19岁、20岁连生了三胎，都是公主。在她22岁那年，她的姐姐进宫了。次年，崇德元年，皇太极上皇帝尊号，改国号为大清，她被封为西永福宫庄妃，她姐姐被封为东关雎宫宸妃。宸妃宠冠后宫，夺去了皇太极的全部情爱。

崇德二年七月，宸妃生了皇八子，皇太极便有立为太子的意思，特地为他的出生而大赦全国。如果这个幸运儿活着，皇九子福临绝没有当皇帝的可能。在福临出生前两天，崇德三年正月二十八日，皇八子夭折了。崇德六年宸妃病重，皇太极竟不顾松山、宁远大战，弃下诸将赶回盛京。宸妃去世，皇太极哭得数次昏迷，不久就病倒了，一年后驾崩。

此后，孝庄太后扶保6岁的福临，经过多少生死搏斗，才使他成为顺治皇帝。儿子又要为一个女子憔悴病倒，不要大清江山了吗？孝庄认为自己后来移情别恋，甚至下嫁小叔子，是从丈夫的情爱转移到姐姐身上开始的。和自己同龄的皇弟多尔衮，文武全才，英俊潇洒。彼此情意相通，不是也到了梦魂萦绕、寝食不安的程度吗？皇太极去世，福临得以即位，虽然依靠礼亲王力争，但当时诸皇弟中继位呼声最高的多尔衮却甘居摄政，拥戴6岁的福临为帝，除了其他原因，一个情字，也是重要原因。那时她感激他、爱恋他，他俩在一起度过许多甜蜜的日子。如果不是他囚死肃亲王豪格，又娶了肃亲王福晋，瞒着她偷娶两位朝鲜公主，他死后被人告发谋反，孝庄皇太后是不会不加以回护的。

　　孝庄皇太后看到顺治的样子，十分无奈。为了儿子与江山，她终于妥协了。第五回中"鸳鸯"这个名字隐射苏麻喇姑，一是挖苦她多年来为寡居的孝庄皇太后拉皮条，二是揶揄她为顺治与董鄂氏的偷情幽会做红娘，而她自己的最后结局是"无意遇鸳鸯"，在钟粹宫带发修行，老死宫闱。在康熙二十六年孝庄死的时候，她很可能真的有过悬梁自缢的念头。红楼梦中有明确的记载。

　　为了贯彻孝庄皇太后对儿子的妥协政策，苏麻喇姑奉旨为顺治皇帝与董鄂氏穿针引线配鸳鸯。这些后宫逸事以弯弯绕的形式，写进了《红楼梦》第七十一回，成为全书最跳荡难懂的情节。第七十一回《嫌隙人有心生嫌隙　鸳鸯女无意遇鸳鸯》，其实故事应该是《孝庄皇太后有心生嫌隙　苏麻喇姑奉旨配鸳鸯》：

　　因今岁八月初三日乃贾母八旬之庆，又因亲友全来，恐筵宴排设不开，便早同贾赦及贾珍贾琏等商议，议定于七月二十八日起至八月初五日止荣宁两处齐开筵宴，宁国府中单请官客，荣国府中单请堂客，大观园中收拾出缀锦阁并嘉荫堂等几处大地方来作退居。……直到歇了中台，贾母方进来歇息，命他们取便，因命凤姐儿留下喜鸾四姐儿玩两日再去。凤姐儿出来便和他母亲说，他两个母亲素日都承凤姐的照顾，也巴不得一声儿。他两个也愿意在园内玩耍，至晚便不回家了……贾母忽想起一事来，忙唤一个老婆子来，吩咐他："到园里各处女人们跟前嘱咐嘱咐，留下的喜姐儿和四姐儿虽然穷，也和家里的姑娘们是一样，大家照看经心些。我知道咱们家的男男女女都是'一个富贵心，两只体面眼'，未必把他两个放在眼里。有人小看了他们，我听见可不依。"婆子应了方要走时，鸳鸯道："我说去罢。他们那里听他的话。"说着，便一径往园子来。……宝玉笑道："人事莫定，知道谁死谁活。倘或我在今日明日，今年明年死了，也算是遂心一辈子了。"众人不等说完，便说："可是又疯了，别和他说话才好。若和他说话，不是呆话就是疯话。"喜鸾因笑道：

"二哥哥,你别这样说,等这里姐姐们果然都出了阁,横竖老太太、太太也寂寞,我来和你作伴儿。"李纨尤氏等都笑道:"姑娘也别说呆话,难道你是不出门的?这话哄谁。"说的喜鸾低了头。且说鸳鸯一径回来,刚至园门前,只见角门虚掩,犹未上闩。此时园内无人来往,只有该班的房内灯光掩映,微月半天。鸳鸯又不曾有个作伴的,也不曾提灯笼,独自一个,脚步又轻,所以该班的人皆不理会。偏生又要小解,因下了甬路,寻微草处,行至一湖山石后大桂树阴下来。刚转过石后,只听一阵衣衫响,吓了一惊不小。定睛一看,只见是两个人在那里,见他来了,便想往石后树丛藏躲。鸳鸯眼尖,趁月色见准一个穿红裙子梳头,高大丰壮身材的,是迎春房里的司棋……鸳鸯道:"你放心,我横竖不告诉一个人就是了。"

"因命凤姐儿留下喜鸾四姐儿玩两日再去……他两个也愿意在园内玩耍,至晚便不回家了。"——是真。隐射孝庄皇太后留下董鄂氏,让他满足儿子的欲望。此处的喜鸾四姐儿是专门进荣府串演董鄂氏的临时演员,逢场作戏,来得容易去得快,演员与前后故事情节毫无关联,演完了这一场戏,后来就只字不提了。

"到园里各处女人们跟前嘱咐嘱咐……有人小看了他们,我听见可不依。"——是真。隐射孝庄命令各宫主位、宫女与太监们不准歧视与襄亲王闹翻而接进皇宫的董鄂氏(喜姐儿和四姐儿)。

"鸳鸯看到司棋与潘又安偷欢"的故事——是假。其实是鸳鸯苏麻喇姑帮助顺治潘又安与董鄂氏司棋偷欢。这是贾母孝庄皇太后布置给鸳鸯苏麻喇姑的政治任务。此处的潘又安与司棋不再隐射吴应熊与皇十四格格,而是串演顺治皇帝与董鄂氏。读者千万不要理解成吴应熊与皇十四格格在皇宫御花园里偷情。那是绝对不可能的。

"那司棋因从小儿和他姑表兄弟在一处玩笑起住时……虽未成双,却也海誓山盟,私传表记,已有无限风情了。"——是真。隐射顺治与董鄂氏在皇宫大内幽会,"都订下将来不娶不嫁","旧情不忘","海誓山盟","已有无限风情了"。如果不是孝庄皇太后暗中做了周密的布置,派苏麻喇姑鹊桥引渡,哪一个野男人能在夜晚只身进出皇宫后院?

"忽被鸳鸯惊散,那小厮早穿花度柳,从角门出去了"的故事——是假。真实的情况是顺治潘又安与董鄂氏司棋在皇宫养心殿巫山云雨之后,鸳鸯苏麻喇姑引领司棋董鄂氏"早穿花度柳,从角门出去了"。

"横竖与自己无干,且藏在心内,不说与一人知道。回房复了贾母的命,大家安息。"——是真。苏麻喇姑完成了配鸳鸯的秘密任务,"且藏在心内,不说与一人知道","回房复了"孝庄"贾母的命"。

"从此凡晚间便不大往园中来。因思园中尚有这样奇事，何况别处，因此连别处也不大轻走动了"——苏麻喇姑在顺治十一与十二年间经常替顺治与董鄂氏配鸳鸯。

"司棋一夜不曾睡着，又后悔不来……忽有个婆子来悄告诉他道：'你兄弟竟逃走了，三四天没归家。如今打发人四处找他呢。'"——是真。隐射董鄂氏死心塌地地爱上了顺治皇帝。而顺治皇帝还有些前怕狼后怕虎，主要害怕朝野舆论批评他失德。

"司棋听了，气个倒仰，因思道：'纵是闹了出来，也该死在一处。他自为是男人，先就走了，可见是个没情意的。'因此又添了一层气。次日便觉心内不快，百般支持不住，一头睡倒，恹恹的成了大病。"——是真。隐射顺治皇帝害怕朝野舆论，而董鄂氏却义无反顾，这就是常见的"痴情女子负心汉"。但顺治皇帝并不是负心人，他只是游移不定。

"鸳鸯闻知那边无故走了一个小厮……与司棋说：'我告诉一个人，立刻现死现报！你只管放心养病，别白糟踏了小命儿。'"——是真。表面上是写身为半个主子的董鄂氏司棋很紧张，其实是写身为高级奴才的苏麻喇姑鸳鸯精神上更为紧张。"再过三二年，咱们都是要离这里的"——这是顺治与董鄂氏婚恋史的历史记录。

苏麻喇姑奉孝庄懿旨给顺治皇帝做红娘是顺治十二年的事。三年加二年等于五年（尤三姐也强调"贱妾侍君五年"），顺治十二年加上五年，乃顺治十七年。当年八月十九日正是董鄂氏皇贵妃死的日子。

清人戚蓼生是识破《红楼梦》隐秘写法的第一位文人，认为："吾闻绛树两歌，一声在喉，一声在鼻；黄华二牍，左腕能楷，右腕能草。神乎技矣！吾未之见也。今则两歌而不分乎喉鼻，二牍而无区乎左右，一声也而两歌，一手也而二牍，此万万不能有之事，不可得之奇，而竟得之《红楼梦》一书，噫，异矣！"第七十二回原文：

一语戳动了凤姐和贾琏，凤姐因见贾琏在此，且不作一声，只看贾琏的光景。贾琏心中有事，那里把这点子事放在心里。待要不管，只是看着他是凤姐儿的陪房，且又素日出过力的，脸上实在过不去，因说道："什么大事，只管咕咕唧唧的。你放心且去，我明儿作媒打发两个有体面的人，一面说，一面带着定礼去，就说我的主意。他十分不依，叫他来见我。"旺儿家的看着凤姐，凤姐便扭嘴儿。旺儿家的会意，忙爬下就给贾琏磕头谢恩。贾琏忙道："你只给你姑娘磕头。我虽如此说了这样行，到底也得你姑娘打发个人叫他女人上

第十二章 婚外恋

来,和他好说更好些。虽然他们必依,然这事也不可霸道了。"

隐射董鄂氏流产后,顺治皇帝在孝庄皇太后的支持下,一张圣旨,就霸占了弟媳妇,弟襄亲王只能是哑巴吃黄连。"凤姐"隐射孝庄皇太后的权力。"旺儿家的"隐射孝庄皇太后。"贾琏"隐射顺治皇帝的权力。"旺儿小子"隐射顺治皇帝。

贾琏不语,一时林之孝出去。晚间凤姐已命人唤了彩霞之母(董鄂氏的母亲)来说媒。那彩霞之母满心纵不愿意,见凤姐亲自和他说,何等体面,便心不由意的满口应了出去。今凤姐问贾琏可说了没有,贾琏因说:"我原要说的,打听得他小儿子大不成人,故还不曾说。若果然不成人,且管教他两日,再给他老婆不迟。"凤姐(孝庄)听说,便说:"你听见谁说他不成人?"贾琏道:"不过是家里的人,还有谁。"凤姐笑道:"我们王家的人(科尔沁蒙古人),连我还不中你们的意,何况奴才呢。我才已竟和他母亲说了,他娘已经欢天喜地应了,难道又叫进他来不要了不成?"贾琏道:"既你说了,又何必退,明儿说给他老子好生管他就是了。"

"凤姐"隐射孝庄皇太后的权威。"彩霞之母"隐射董鄂氏的母亲。"林之孝"隐射后宫副总管。"旺儿小子"的品行隐射顺治皇帝在普通官吏与老百姓中的口碑。贾母八十大寿除隐射的上述历史事实之外,其他故事情节,都是东拉西扯。襄亲王的结局有几种说法,除挥剑自刎外,还有说是悬梁自尽的,《红楼梦》将后一种说法也记录在案。顺治皇帝听说董鄂氏在襄亲王府受到虐待,立刻召博穆博果尔到养心殿。他一直想找一个妥善的办法,把事情最终了结,但内心里多少有些犹豫和胆怯,不想一桩意外使顺治皇帝勃然大怒。博穆博果尔不知道出了什么事,垂手站在一侧,准备聆听教诲。顺治皇帝问他怎么敢把董鄂氏囚禁内室,不给吃饭喝水?博穆博果尔张口结舌,想不到皇上会知道这事。他窥了一眼皇上,说自己决心要休她!顺治心中一喜一惊,忙问为什么?

博穆博果尔说她早有了外心!他抬眼一瞥,皇上也血红了脸。博穆博果尔一横心,把什么都说了出来——从她贴身小衣里,搜出一张素花笺!竟是淫诗艳词。这野男人肯定是个南蛮子!自命风流的无耻之徒,下流东西,混账黄子!顺治皇帝认出了那张诗笺。正是自己写给弟媳妇的情诗。福临有生以来不曾被人当面痛骂过,因此顿时暴怒,冲到博穆博果尔面前,重重地扇了皇弟一个耳光。博穆博果尔吓得赶忙跪倒,19岁的皇帝和16岁的亲王,都喘着气,挨打的莫名其妙,打人的有口难言。顺治皇帝不顾一切地说那张诗笺是自己给她的！博穆博果尔就像头顶炸了一个闷雷。顺治皇帝又说了一句使皇十一弟眩晕的话：朕要娶她！博穆博果尔面色如纸，眼睛发直，一句话也说不出来，眼看就要摔倒。福临上前扶住他，盯着他无神的眼睛说：三天以后，给朕回复。你去吧！

第二天，顺治十二年七月初三，襄亲王府里传出丧音：博穆博果尔亲王薨逝。消息传进宫，懿靖皇太妃哭昏过去，孝庄皇太后和顺治皇上也落了泪。几天以后，皇太妃向庄太后哭诉：皇十一子竟是悬梁自尽的。

且说彩霞（董鄂氏）因前日出去，等父母择人，心中虽是与贾环（此处隐射十一弟襄亲王）有旧，尚未作准。今日又见旺儿每每来求亲，早闻得旺儿之子（顺治皇帝）酗酒赌博，而且容颜丑陋，一技不知，自此心中越发懊恼。生恐旺儿仗凤姐（孝庄皇太后）之势，一时作成，终身为患，不免心中急躁。遂至晚间悄命他妹子小霞进二门来找赵姨娘（此处隐射懿靖皇太妃），问了端的。赵姨娘素日深与彩霞契合，巴不得与了贾环，方有个膀臂，不承望王夫人（孝庄皇太后）又放了出去。每唆贾环去讨，一则贾环（襄亲王）羞口难开，二则贾环也不大甚在意，不过是个丫头，他去了，将来自然还有，遂迁延住不说，意思便丢开（襄亲王不通文墨，并不认为汉学知识渊博的董鄂氏多么金贵）。话说那赵姨娘和贾政说话，忽听外面一声响，不知何物。忙问时，原来是外间窗屉不曾扣好，塌了屈戍了吊下来（此句，隐射襄亲王上吊）。话犹未了，只听金星玻璃（金国的十一阿哥王皮离王了）从后房门跑进来，口内喊说："不好了，一个人从墙上跳下来了（此句，隐射襄亲王的尸体从梁上放下来了）！"众人听说，忙问在那里，即喝起人来，各处寻找。晴雯因见宝玉读书苦恼，劳费一夜神思，明日也未必妥当，心下正要替宝玉（顺治皇帝）想出一个主意来脱此难（逼死了弟弟，朝野哗然），正好忽然逢此一惊（顺治皇帝也害怕起来），即便生计，向宝玉道："趁这个机会快装病（赶紧托病），只说唬着了。"此话正中宝玉心怀，因而遂传起上夜人等来，打着灯笼，各处搜寻，并无踪迹，都说："小姑娘们想是睡花了眼出去，风摇的树枝儿，错认作人了。"话说那赵姨娘和贾政说话，忽听外面一声响，不知何物。忙问时，原来是外间窗屉不曾扣好，塌了屈戍了吊下来（为引起读者注意，这句鬼话又重复了一遍）。赵姨娘骂了丫头几句，自己带领丫鬟上好，方进来打发贾政安歇。不在话下。

"赵姨娘"——隐射懿靖皇太妃。"彩霞因前日出去，等父母择人，心中虽是与贾环有旧，尚未作准"——隐射董鄂氏大福晋。"不承望王夫人又放了出去"——隐射顺治十年秋,董鄂氏入选秀女,却被孝庄指婚给了襄亲王为福晋。"旺儿仗凤姐之势,一时作成"——隐射顺治皇帝仗着孝庄皇太后之势,而霸占弟媳妇。"旺儿每每来求亲"——隐射顺治谕旨下达,三天以后,要襄亲王答复。"贾环羞口难开"——隐射博穆博果尔哑巴吃黄连。"原来是外间窗屉不曾扣好,塌了屈戍了吊下来。"——隐射博穆博果尔悬梁上吊。"只听金星玻璃从后房门跑进来,口内喊说:'不好了,一个人从墙上跳下来了!'"——半腰里突然冒出一个"金星玻璃"来,只是为了隐射博穆博果尔灵魂出窍了。

"金星"隐射金国的阿哥。"玻璃"隐射"王皮离王",即死了。

董鄂氏因怀孕而住进皇宫,因先兆流产而请汤若望做手术,顺治皇帝强行将弟媳妇纳为自己的妃子,御弟襄亲王饮恨自杀。这几件事都写在第七十二回里:

(1)鸳鸯因悄问:"你奶奶这两日是怎么了?我看他懒懒的。"平儿见问,因房内无人,便叹道:"他这懒懒的也不止今日了,这有一月之前便是这样。又兼这几日忙乱了几天,又受了些闲气,从新又勾起来。这两日比先又添了些病,所以支持不住,便露出马脚来了。"鸳鸯忙道:"既这样,怎么不早请大夫来治?"平儿叹道:"我的姐姐,你还不知道她的脾气的。别说请大夫来吃药。我看不过,白问了一声身上觉怎么样,她就动了气,反说我咒他病了。饶这样,天天还是察三访四,自己再不肯看破些且养身子。"鸳鸯道:"虽然如此,到底该请大夫来瞧瞧是什么病,也都好放心。"平儿道:"我的姐姐,说起病来,据我看也不是什么小症候。"鸳鸯忙道:"是什么病呢?"平儿见问,又往前凑了一凑,向耳边说道:"只从上月行了经之后,这一个月竟沥沥渐渐的没有止住。这可是大病不是?"鸳鸯听了,忙答道:"嗳哟!依你这话,这可不成了血山崩了。"——是真。隐射董鄂氏因偷欢而怀孕("露出马脚来了"),顺治皇帝与孝庄皇太后用"一乘小轿"将她接进了皇宫,并没有什么封号。因有先兆流产的症状,专请汤若望("外路和尚")来帮助流产,流产后有"血山崩"之兆。此事发生在顺治十二年夏秋之交。"血山崩"是董鄂氏后来死亡的原因。她因长期贫血而卧床不起,写在第十回《张太医论病细穷源》"秦可卿"的慢性失血性贫血的病情中。

(2)鸳鸯因问:"又有什么说的?"贾琏未语先笑道:"因有一件事,我竟忘了,只怕姐姐还记得。上年老太太生日,曾有一个外路和尚(汤若望)来孝敬一个蜡油冻的佛手(助产器),因老太太爱,就即刻拿过来摆着了。因前日老太太生日,我看古董账(皇室子女注册簿)上还有这一笔,却不知此时这件东西着落何方。古董房(皇室子女管理部)里的人也回过我两次,等我问准了好注上一笔。所以我问姐姐,如今还是老太太摆着呢,还是交到谁手里去了呢?"……贾琏听说,笑道:"既然给了你奶奶,我怎么不知道,你们就昧下了。"平儿道:"奶奶告诉二爷,二爷还要送人,奶奶不肯,好容易留下的。这会子自己忘了,倒说我们昧下。那是什么好东西,什么没有的物儿。"——是真。汤若望("外路和尚")用手术器械"蜡油冻的佛手"(凡士林涂过的助产手套),分别帮助过孝庄与董鄂氏流产。"前日老太太生日"——不是指贾母的生辰,而是隐射汤若望在顺治七年八月初三曾经替孝庄皇太后接生过多尔衮的亲生女(探春)。"生日"隐射女人生孩子的日子。贾琏的这几句话十分重要,正如戚蓼生所云:"绛树两歌,一声在喉,一声在鼻;黄华二牍,左腕能楷,右腕能草。神乎技矣!"贾琏(顺治皇帝)先回忆了顺治七年八月初三"外路和尚"汤若望帮助孝庄生多尔衮(贾政)的女儿(探春)的历史,又强调了最近(顺治十二年)"外路和尚"汤若望给董鄂氏药物流产的事实。

所以,上述故事情节里,含有顺治七年八月初三与顺治十二年夏秋两件历史大事,包含两套历史人物,但演员与场景没有多少变化。

(1)顺治七年八月初三事件:凤姐演生女儿的孝庄,平儿演伺候月子的苏麻喇姑,贾宝玉演"偏寻根究底"的13岁的顺治皇帝,刘老老演助产的"外路和尚"汤若望。隐藏的历史秘密是孝庄皇太后为多尔衮生过一个女儿——"贾探春"(后来变成了"巧姐儿")。

(2)顺治十二年事件:贾琏演19岁使弟媳妇怀孕的顺治皇帝,凤姐演流产后身子虚弱的董鄂氏,平儿演顺治新皇后博尔济吉特氏,鸳鸯演牵线人苏麻喇姑,贾母演孝庄皇太后,"外路和尚"仍然指汤若望。隐藏的历史秘密为顺治皇帝与弟媳妇董鄂氏婚外恋,还流产过。凤姐本来隐射顺治的废皇后静妃(所谓"泼皮破落户"),而静妃一生未怀过孕,也没有生养。此处偏说她流产过,说明她隐射的历史人物发生了变化——隐射入宫不久的董鄂氏。第六十九回:

凤姐一面使人暗暗调唆张华,只叫他要原妻……那人原说的:"张华先退了亲。我们皆是亲戚。接到家里住着是真,并无娶嫁之说……"察院都和贾王两处有瓜葛……打了一顿赶出来……张华……和父亲商议已定,约共也得了有百金,父子次日起个五更,回原籍去了……悄命旺儿遣人寻着了他,或说他作贼,和他打官司将他治死,或暗中使人算计,务将张华治死,方剪草除根,保住自己的名誉。旺儿领命出来,回家细想:人已走了完事,何必如此大作,人命关天,非同儿戏,我且哄过他去,再作道理。因此在外躲了几日,回来告诉凤姐,只说张华是有了几两银子在身上,逃去第三日在京口地界五更天已被截路人打闷棍打死了。他老子唬死在店房,在那里验尸掩埋。

"张华"隐射皇太极第十一子博穆博果尔。因为"张"字从长从弓,长弓者皇太极也。"华"字的繁体字"華",恰好十一划。

"张华先退了亲",隐射博穆博果尔曾对顺治扬言要休董鄂氏。

"我们皆是亲戚",是顺治皇帝与皇十一弟的家事。"接到家里住着是真,并无娶嫁之说",隐射顺治下特旨让董鄂氏立即进宫,但没有封号。

"贾母听了道:'这有什么不是。既你这样贤良,很好。只是一年后方可圆得房。'"证明《红楼梦》的记载是可靠的,董鄂氏进宫,一年没有名号。"打了一顿赶出来"——隐射顺治打了御弟一个耳光。"百金"——乃黄金一百两,按大清会典规定:册封皇后赐金一百两,隐射董鄂氏死封"端敬"皇后的身份。"次日起个五更,回原籍去了"——隐射懿靖皇太妃痛不欲生,带着女儿返回蒙古阿霸垓部落去了。"务将张华治死,方剪草除根,保住自己的名誉"——隐射孝庄皇太后有杀人或让博穆博果尔自杀的企图,从而保住孝庄自己与顺治皇帝的名誉。"旺儿领命出来,回家细想:人已走了完事,何必如此大作,人命关天,非同儿戏,我且哄过他去,再作道理。"——隐射顺治皇帝并不想杀死御弟,但博穆博果尔还是被迫自杀了。

第十三章 后宫风云

第一节 董鄂妃三面受敌

董鄂氏必须应付来自三方面的压力：一是孝庄皇太后和皇后为首的蒙古后党；二是人数众多关系复杂的妃嫔姻党；三是十三衙门的太监大军。而董鄂妃所可凭恃的全部资本，仅仅是自己的才智和顺治皇帝那一点儿可怜的有时是游移不定的爱情。

第二十四回至二十六回隐写了董鄂氏刚入宫时受到的歧视与冷落：

宝玉见没丫头们，只得自己下来，拿了碗向茶壶去倒茶。只听背后说道："二爷仔细烫了手，让我们来倒。"一面说，一面走上来，早接了碗过去。宝玉倒唬了一跳，问："你在那里的？忽然来了，唬我一跳。"那丫头一面递茶，一面回说："我在后院子里，才从里间的后门进来，难道二爷就没听见脚步响？"

隐射董鄂氏初进皇宫时的低贱地位。没有名分，连丫头都不如。

秋纹听了，兜脸啐了一口，骂道："没脸的下流东西！正经叫你催水去，你说有事故，倒叫我们去，你可等着做这个巧宗儿。一里一里的，这不上来了。难道我们倒跟不上你了？你也拿镜子照照，配递茶递水不配！"碧痕道："明儿我说给他们，凡要茶要水送东送西的事，咱们都别动，只叫他去便是了。"秋纹道："这么说，不如我们散了，单让他在这屋里呢。"

隐射董鄂氏刚进宫时受到蒙古后妃的排斥与打击，受尽了训斥与白眼。此处的秋纹与碧痕，与玉钏儿一样，隐射顺治皇帝的两个蒙古妃子——恭妃与

第十三章 后宫风云

端妃。

原来这小红本姓林，小名红玉，只因"玉"字犯了林黛玉、宝玉，便都把这个字隐起来，便都叫他"小红"。原是荣国府中世代的旧仆，他父母现在收管各处房田事务。这红玉年方十六岁，因分人在大观园的时节，把他便分在怡红院中，倒也清幽雅静。不想后来命人进来居住，偏生这一所儿又被宝玉占了。这红玉虽然是个不谙事的丫头，却因他原有三分容貌，心内着实妄想痴心的往上攀高，每每的要在宝玉面前现弄现弄。只是宝玉身边一干人，都是伶牙利爪的，那里插的下手去。不想今儿才有些消息，又遭秋纹等一场恶意，心内早灰了一半。

隐射董鄂氏在蒙古与满洲后妃中极端孤立，进宫初期，没有名分，因而心灰意冷。

佳蕙道："你这一程子心里到底觉怎么样？依我说，你竟家去住两日，请一个大夫来瞧瞧，吃两剂药就好了。"红玉道："那里的话，好好的，家去作什么！"佳蕙道："我想起来了，林姑娘生的弱，时常他吃药，你就和他要些来吃，也是一样。"红玉道："胡说！药也是混吃的。"佳蕙道："你这也不是个长法儿，又懒吃懒喝的，终久怎么样？"红玉道："怕什么，还不如早些儿死了倒干净！"

"林姑娘生的弱，时常他吃药，你就和他要些来吃，也是一样"，隐射林红玉与林黛玉是一人一身，在后宫中处境艰难，而且有病在身。董鄂妃的才能得到了孝庄皇太后的认可：

只见凤姐儿站在山坡上招手叫，红玉连忙弃了众人，跑至凤姐跟前，堆着笑问："奶奶使唤作什么事？"凤姐打谅了一打谅，见他生的干净俏丽，说话知趣，因笑道："我的丫头今儿没跟进我来。我这会子想起一件事来，要使唤个人出去，不知你能干不能干，说的齐全不齐全？"红玉笑道："奶奶有什么话，只管吩咐我说去。若说的不齐全，误了奶奶的事，凭奶奶责罚就是了。"凤姐笑道："你是那位小姐房里的？我使你出去，他回来找你，我好替你说的。"红玉道："我是宝二爷房里的。"凤姐听了笑道："哎哟！你原来是宝玉房里的，怪道呢。也罢了，等他问，我替你说。你到我们家，告诉你平姐姐：外头屋里桌子上汝窑盘子架儿底下放着一卷银子，那是一百六十两，给绣匠的工价,等张材家的来要,当面称给他瞧了,再给他拿去。再里头床头间有一个小荷包拿了来。"

隐射董鄂氏(林红玉)终于得到了孝庄(凤姐儿)的重视。

凤姐笑道:"怨不得你不懂,这是四五门子的话呢。"说着又向红玉笑道:"好孩子,难为你说的齐全。别像他们扭扭捏捏的蚊子似的。嫂子你不知道,如今除了我随手使的几个丫头老婆之外,我就怕和他们说话。他们必定把一句话拉长了作两三截儿,咬文咬字,拿着腔儿,哼哼唧唧的,急的我冒火,他们那里知道!先时我们平儿也是这么着,我就问着他:难道必定装蚊子哼哼就是美人了?说了几遭才好些儿了。"李宫裁笑道:"都像你泼皮破落户才好。"凤姐又道:"这一个丫头就好。方才两遭,说话虽不多,听那口声就简断。"说着又向红玉笑道:"你明儿伏侍我去罢。我认你作女儿,我一调理你就出息了。"

隐射董鄂氏曾被孝庄认为义女的历史事实。认了义女,才华逐渐为孝庄皇太后赏识。

第二节　董鄂氏死因之一

董鄂氏入宫半年,第一个男胎小产了。顺治十四年十月董鄂氏生了四阿哥荣亲王,但到顺治十五年一二月,孩子莫名其妙地感染天花死了,她落下了功能性子宫出血的慢性贫血病。但蒙古后党的"风刀霜剑"来势更加频繁。

淑惠妃向顺治皇帝告发说,董鄂氏皇贵妃的承乾宫里,宫女与太监"对食儿",宫女与宫女同性恋,还相互使用妖具(人工性器)。顺治皇帝勃然大怒,下令查抄了承乾宫。顺治皇帝了解到董鄂氏皇贵妃对这些情况是清楚的,但她没有制止,还为下人们辩护,于是一记耳光重重扇在皇贵妃的脸上。

顺治的面孔被愤怒扭歪了,眼睛里冒火,打过她的手停在空中,不住地颤抖。董鄂氏吓坏了,瞪着惊恐的大眼睛,不知所措。顺治恶狠狠地喝道:你敢抗辩?皇贵妃慌忙跪倒,一句话也不敢说了,眼前一黑,昏了过去。

第六十六回尤三姐被怀疑,就隐射此事。此事传到慈宁宫,孝庄皇太后认为儿子小题大作,冤枉了皇贵妃——先贤早就有话:男女居室,人之大伦;饮食男女,人之大欲。世无怨女旷夫,才称得太平天下。宫女久闭宫中,情窦初开时,难免生事,所以本朝订有新制,24岁出宫婚配。前明宫女数千、宫法森严,尚且不禁"对食",皇儿对此何必认真计较?

福临嘟囔说:淑惠妃和康妃她们都拿这当丑事、当笑话……皇太后说就是景仁宫和储秀宫,要是也去搜查,一样都有……果然,当晚奉皇上密令去景仁宫、储秀宫等处搜查的结果,向皇上缴来了许多"妖具"。顺治皇帝只好不了了之,传了一道严谕:不许透露半点风声,违旨者死罪。以后也不许再提此事。第七十四回原文:

只见王夫人含着泪,从袖内掷出一个香袋子来,说:"你瞧。"凤姐忙拾起一看,见是十锦春意香袋,也吓了一跳,忙问:"太太从那里得来?"王夫人见问,越发泪如雨下,颤声说道:"我从那里得来!我天天坐在井里,拿你当个细心人,所以我才偷个空儿。谁知你也和我一样。这样的东西大天白日明摆在园里山石上,被老太太的丫头拾着,不亏你婆婆遇见,早已送到老太太跟前去了。我且问你,这个东西如何遗在那里来?"凤姐听得,也更了颜色,忙问:"太太怎知是我的?"

此处以王熙凤为首的"小夫小妻",实际上是指顺治皇帝与后妃们。作者将抄检大观园的责任,推给了孝庄皇太后(王夫人)。

王夫人原是天真烂漫之人,喜怒出于心臆,不比那些饰词掩意之人,今既真怒攻心,又勾起往事,便冷笑道:"好个美人!真象个病西施了。你天天作这轻狂样儿给谁看?你干的事,打量我不知道呢!我且放着你,自然明儿揭你的皮!宝玉今日可好些?"晴雯一听如此说,心内大异,便知有人暗算了他。

此处的晴雯不仅代表罗硕的女儿小董鄂氏贞妃,也包括了她的姐姐董鄂氏皇贵妃。所谓明写晴雯,暗写黛玉也。

探春道:"我的东西倒许你们搜阅,要想搜我的丫头,这却不能。我原比众人歹毒,凡丫头所有的东西我都知道,都在我这里间收着,一针一线他们也没的收藏,要搜所以只来搜我。你们不依,只管去回太太,只说我违背了太太,该怎么处治,我去自领。你们别忙,自然连你们抄的日子有呢!你们今日早起不曾议论甄家,自己家里好好的抄家,果然今日真抄了。咱们也渐渐的来了。可知这样大族人家,若从外头杀来,一时是杀不死的,这是古人曾说的'百足之虫,死而不僵',必须先从家里自杀自灭起来,才能一败涂地!"说着，不觉流下泪来。

探春真是多尔衮的女儿，出手不凡，打得痛快。"可知这样大族人家，……必须先从家里自杀自灭起来，才能一败涂地！"说着，不觉流下泪来。"——多尔衮女儿的话深意存焉，她指的是多尔衮家被抄的往事。

及到了司棋箱子中搜了一回，王善保家的说："也没有什么东西。"才要盖箱时，周瑞家的道："且住，这是什么？"说着，便伸手擎出一双男子的锦带袜并一双缎鞋来。又有一个小包袱，打开看时，里面有一个同心如意并一个字帖儿。一总递与凤姐。凤姐因当家理事，每每看开帖并账目，也颇识得几个字了。便看那帖子是大红双喜笺帖，上面写道："上月你来家后，父母已觉察你我之意。但姑娘未出阁，尚不能完你我之心愿。若园内可以相见，你可托张妈给一信息。若得在园内一见，倒比来家得说话。千万，千万。再所赐香袋二个，今已查收外，特寄香珠一串，略表我心。千万收好。表弟潘又安拜具。"凤姐看罢，不怒而反乐。

王善保家的是王夫人系统，即蒙古后党的人。查到自己头上了，只好不了了之。《惑奸谗抄检大观园》比顺治皇帝与孝庄皇太后组织的那次无事生非的皇家后宫抄检行动，艺术性与政治品位大大提高了。在精神上受到打击最大的仍然是董鄂氏皇贵妃。她后来的夭亡，与这次抄检行动有很大的关系。第六十五回与第六十六回原文：

贾琏来了，只在二姐房内，心中也悔上来。无奈二姐倒是个多情人，以为贾琏是终身之主了，凡事倒还知疼着痒。若论起温柔和顺，凡事必商必议，不敢恃才自专，实较凤姐高十倍；若论标致，言谈行事，也胜五分。虽然如今改过，但已经失了脚，有了一个"淫"字，凭他有甚好处也不算了。偏这贾琏又说："谁人无错，知过必改就好。"故不提已往之淫，只取现今之善，便如胶投漆，似水如鱼，一心一计，誓同生死，那里还有凤平二人在意了？注解：此处的贾珍、贾琏、贾宝玉、柳湘莲四人皆隐射顺治皇帝一个人。尤二姐与尤三姐皆隐射董鄂氏一个人。这是理解二尤故事的前提。"实较凤姐高十倍"，"也胜五分"——隐射董鄂氏的德才品貌胜过蒙古皇后。"有了一个'淫'字，凭他有甚好处也不算了。"

隐射先奸后娶，成了人家的把柄。"偏这贾琏又说：'谁人无错，知过必改就好。'故不提已往之淫,只取现今之善。"隐射顺治皇帝对董鄂氏的既往不咎的基本态度。

贾琏便道:"定是此人无疑了!"便拍手笑道:"我知道了。这人原不差,果然好眼力。"二姐笑问是谁,贾琏笑道:"别人他如何进得去,一定是宝玉。"二姐与尤老听了,亦以为然。尤三姐便啐了一口,道:"我们有姊妹十个,也嫁你弟兄十个不成。难道除了你家,天下就没了好男子了不成!"众人听了都诧异:"除去他,还有那一个?"尤三姐笑道:"别只在眼前想,姐姐只在五年前想就是了。"

"姐姐只在五年前想就是了"——董鄂氏死于顺治十七年八月底,葬于九月。"五年前"是顺治十二年八月,乃董鄂氏小产男胎时日。"五年八月有畸"乃顺治十二年二月养心殿苟合到顺治十七年八月董鄂氏死。又是两个故事,一件史实,作者让读者联想。

谁知八月内湘莲方进了京,先来拜见薛姨妈,又遇见薛蟠,方知薛蟠不惯风霜,不服水土,一进京时便病倒在家,请医调治。听见湘莲来了,请入卧室相见。

湘莲隐射顺治皇帝,"八月"挑明董鄂氏死于顺治十七年八月。又是两个故事,一件史实,作者让读者联想。

湘莲听了,跌足道:"这事不好,断乎做不得了。你们东府里除了那两个石头狮子干净,只怕连猫儿狗儿都不干净。我不做这剩忘八。"宝玉听说,红了脸。湘莲自惭失言,连忙作揖说:"我该死胡说。你好歹告诉我,他品行如何?"宝玉笑道:"你既深知,又来问我作甚么?连我也未必干净了。"湘莲笑道:"原是我自己一时忘情,好歹别多心。"宝玉笑道:"何必再提,这倒是有心了。"湘莲作揖告辞出来,若去找薛蟠,一则他现卧病,二则他又浮躁,不如去索回定礼。主意已定,便一径来找贾琏。

柳湘莲对尤三姐之疑,隐射顺治皇帝对董鄂氏之疑。

那尤三姐在房明明听见。好容易等了他来,今忽见反悔,便知他在贾府中得了消息,自然是嫌自己淫奔无耻之流,不屑为妻。今若容他出去和贾琏说退亲,料那贾琏必无法可处,自己岂不无趣。一听贾琏要同他出去,连忙摘下剑来,将一股雌锋隐在肘内,出来便说:"你们不必出去再议,还你的定礼。"一面泪如雨下,左手将剑并鞘送与湘莲,右手回肘只往项上一横。可怜"揉碎桃花红满地,玉山倾倒再难扶",芳灵蕙性,渺渺冥冥,不知那边去了……湘莲反扶尸大哭一场。等买了棺木,眼见入殓,又俯棺大哭一场,方告辞而去。

湘莲对尤三姐之悔,隐射顺治皇帝对董鄂氏之悔。

尤三姐从外而入,一手捧着鸳鸯剑,一手捧着一卷册子,向柳湘莲泣道:"妾痴情待君五年矣,不期君果冷心冷面,妾以死报此痴情。妾今奉警幻之命,前往太虚幻境修注案中所有一干情鬼。妾不忍一别,故来一会,从此再不能相见矣。"说着便走。湘莲不舍,忙欲上来拉住问时,那尤三姐便说:"来自情天,去由情地。前生误被情惑,今既耻情而觉,与君两无干涉。"说毕,一阵香风,无踪无影去了。

"捧着一卷册子","奉警幻之命,前往太虚幻境"——"册子"即《金陵十二钗》正册。"警幻之命"即孝庄皇太后之命。说明尤三姐、尤二姐都是林黛玉的分身演员。她们都是董鄂氏的艺术化身,都归孝庄管辖。

"妾痴情待君五年矣",又是一个历史坐标。俗谚"伴君如伴虎",但董鄂妃如何处理与孝庄太后间的婆媳关系比伴君伴虎更为棘手。

董鄂妃端庄秀美,天生仪容,谙熟宫中的繁杂礼数,进止有度,言行得体,使婆婆也难以挑剔,况且孝庄也不是不喜欢这个儿媳妇。但两人的政治利益水火不容。平日里董鄂妃"事皇太后,奉养甚至,伺颜色如子女,左右趋走,无异女侍","上下无不敬服"。就在董鄂妃被册封皇贵妃不久,孝惠章皇后"憔悴忧念",大病一场,几乎丧命。董鄂妃亲临病榻扶持,"宫中侍御尚得乘间少休,后(董鄂氏)则五昼夜目不交睫,且为诵书史,或常谭(谈)以解之"。

在孝庄皇太后看来,皇后病危,恰是董鄂妃争宠的天赐良机,而她却出人意外地侍奉汤药,全无觊觎后位之意,这极大地缓解了婆媳间的紧张气氛,董鄂妃堪称技高一筹,也是本性使然。皇后病愈后,她仍是"晨夕候与居,视饮食,服御曲体罔不悉",这岂是皇贵妃之职事,简直像个下等侍婢。

总之,董鄂妃所表现出的胸襟和气度,远在一般后宫佳丽之上。董鄂妃宽仁待下,颇似唐代的杨贵妃,置身于后宫妃嫔的众目睽睽之下,稍不留意则会贻人把柄。董鄂妃平时衣饰"绝去华彩,即簪珥之属不用金玉,惟以骨角者充饰"。而这种秀雅天成的自然美,远胜金簪玉钗的藻饰。

顺治皇帝曾这样描述道:"(董鄂妃)宽仁下逮(以宽仁待下),曾乏织芥(毫无一点儿)嫉意。善则称奏之,有过则隐之,不以闻(不打小报告)。于朕所悦,后亦抚恤如子,虽饮食之微有甘毳(美味)者,必使均尝之,意乃适。宫闱眷属,大小无异视,长者媪呼之,少者姊视之,不以非礼加人,亦不少有谇诟。故凡见者,蔑不欢悦,蔼然相视。"

董鄂妃办理后宫庶务,无不尽心尽力,赢得姻党戚谊们一片赞誉。福临说她"虽未晋(皇)后名,实(皇)后职也",确是比较公正的评语。

董鄂妃入宫前三年,顺治皇帝恢复明代内十三衙门旧制,太监们总揽了乾清宫一切宫务,权倾一时。汤若望记载:"顺治自这个时期起,愈久愈陷入太监之影响中。这一种下贱人,在朝代更替的时期(指明清易帜),俱都被驱逐出宫,成千成百地到处漂泊,然而这时却渐渐又一批一批收入宫中,照旧供职。这样被收入宫中、而又重新扎根筑巢的太监们,竟有数千名之多。这一些人们使那些喇嘛僧徒复行恢复他们旧日的权势,还要恶劣的,是他们诱引性欲本来就很强烈的皇帝,过一种放纵淫逸生活。"

董鄂妃选秀入宫,又出宫嫁到襄亲王府,再入宫伴君,深知太监的悲惨与厉害。凡可怜之人,必有可恨之处。她无力与这些"扎根筑巢"的太监抗衡,便以宽厚抚绥相待。遇到太监或宫女出错,她总是为之求情,列举以往的好处劝谏皇帝,使得太监宫女们感激涕零。另外,凡有皇帝赏赉,她"必推施群下,无所惜",至死"绝无储蓄"。她成功地阻止了宫女太监的可恨之处,保护了宫女太监的可怜之人,使顺治明白了这些男女也是人。她改变了顺治纵欲无度的荒淫生活,使皇帝丈夫从似神似鬼的境地中走出来,懂得了做人的道理。

爱情的力量是惊人的,董鄂妃在与各种势力的斡旋斗争中,将自己和福临的爱情提高到天堂地狱之间的人的层次。顺治与董鄂妃形影不离,相濡以沫。福临每次"返跸晏",董鄂妃总是亲自安排饮食、斟酒劝饭、问寒问暖,与民间的妻子一样。顺治每每过意不去,让她共同进餐,她却说:"陛下厚念妾幸甚,然孰若与诸大臣,使得奉上色笑,以沾宠惠乎?"可谓绝妙的回答!

董鄂妃一方面全心全意爱着顺治皇帝,一方面搞好与宫内上下左右的关系,到她死的时候,无人不痛惜。

第十三回中说:"彼时合家皆知,无不纳罕,都有些疑心。那长一辈的想他素日孝顺;平一辈的,想他平日和睦亲密;下一辈的想他素日慈爱;以及家中仆从老小,想他素日怜贫惜贱、慈老爱幼之恩,莫不悲嚎痛哭者。"在秦可卿、林黛玉身上,都体现了董鄂妃的这些品行。

第三节　爱情与人性塑造了贾宝玉性格

　　顺治脾气急暴，常与大臣闹得很僵。顺治十三年（1656）以后，他与"诸大臣共食"的次数突然多起来，朝臣们认为皇帝悔悟了，其实是董鄂妃的奉劝发生了作用。遇有庆典大礼，顺治常饮酒过量，董鄂妃整夜服侍，端茶送水，亲自过问。和谐的夫妻之爱，使皇帝觉得自己也是一个人，不是一条龙。满蒙亲贵也是人，草芥小民也是人，汉族降臣也是人，崇祯亡帝也是人，反清志士也是人。所以，顺治皇帝做出了令清廷与南明双方史官们瞠目结舌的一系列古怪不解的事情：

　　（1）亲自祭奠崇祯皇帝的陵墓，听任北京居民在陵前"哭声震天动地"。他初入金銮殿时不过是一孩童，母亲孝庄皇太后多方告诫儿子要善待前明皇室成员。因此，清入关之初即厚葬崇祯皇帝，修缮明朝皇陵，并为崇祯帝哭丧三天。自努尔哈赤执政时起，内廷就有一种奇特的祭祀，即供奉"万历娘娘"。这是奉祀明万历皇帝的母亲孝定皇后。据说在努尔哈赤起兵攻打抚宁时，因兵败被囚，后金政权买通内监，向万历帝的母亲求情，释放了努尔哈赤，自此朝廷内设案祀奉之，历久不衰。入关之后，这位"万历娘娘"香火供品不绝，"每年三百六十日，每日猪两口，使一老巫主其事。紫禁城东北隅有小屋三椽，供万历太后神牌"。

　　（2）提出"满汉一体"，废除"圈地令"与"逃人法"，朝议满蒙王爷退出六部。

　　（3）对孔子后裔衍圣公反对剃发与保持明代衣冠的奏折从轻处理。

　　（4）"由是发愤读书，每晨牌至午，理军国大事外，即读至晚，然顽心尚在，多不能记。逮五更起读，天宇空明，始能背诵。计前后诸书，读了九年，曾经呕血。"

　　（5）一年多的时间内二十四次驾临宣武门教堂请教汤若望，学习西方的自然科学与人权知识，甚至坐读终日，忘记吃饭。尊汤若望为"玛法"（爷爷），称为"通玄教师"，允许他随时可以进宫。

　　（6）对反清文人"归奇顾怪"（归庄与顾炎武）的极度宽容。归庄的《万古愁》的曲子，在世间流传甚广，传入清朝宫禁，而且深得顺治皇帝青睐。"痛痛痛！痛的是十七载圣明天子横尸长安道！"（缅怀崇祯皇帝）"城陴一旦驰铁骑，街衢十日流膏血。白昼啾啾闻鬼哭，鸟鸢蝇蚋争人肉。一二遗黎命如丝，又为伪官迫剃头半秃。悲昆山，昆山诚可悲！死为枯骨亦已矣，那堪生而俯首事逆夷?"（缅怀史可法，怒斥满洲兵，反对剃发令，指责扬州屠城）此曲若在民间流传，被抓获者无疑死罪，可谁会料到在紫禁城内，《万古愁》不但被乐工谱曲，而且在皇帝进餐时侑酒弹唱。

（7）当年清军兵不血刃便进入桂林，瞿式耜和张同敞以身殉国。孔有德将两具尸体暴于刑场示众。后来顺治皇帝在《金堡上孔有德书》上面御笔题字《御览伤心吟》。

（8）顺治帝深厌党争，不问满汉，一经发现党同伐异的苗头，往往不问青红皂白先惩治言者。

（9）"鲠直敢言，不畏强御"——林起龙奏告："今贪官污吏遍天下，虽有参劾不过十分之一，其他积弊较之前明更甚。"顺治帝的御批发了下来，其旨文称："满洲兵建功最多，资生无策，十年来未有言及此者。林起龙所陈，条画有绪，实心为国，嗣后有关政治、民生利害兴革者，言官均宜直陈无隐，以起龙为法。"并且当即谕吏部，提升林起龙为五品京堂，留京任职。此事犹如以石击水，引起京官们的一片喝彩声，从此敢言之士日益增多。

（10）顺治皇帝不仅对犯罪的满汉官员的惩治同出一律，而且对满族的八旗兵与汉族的绿营兵同样实行大刀阔斧的改革。他下令让林起龙调查绿营兵制，发现号称60万众的绿营兵多是白吃国家俸禄的酒鬼无赖。这些前明的军队根本没有战斗力，各级将官虚报人数，大吃空额，"徒耗国币，竭民脂膏"。因此，顺治帝果断下令将绿营兵员裁减至20万人，并且养以40万人之饷，饷厚兵精，战守有力。

（11）杨雍建指陈游猎，兴师动众，劳民伤财。顺治帝勃然大怒道："我大清国以武力定鼎天下，平息祸乱，朕经常打猎是为了不忘武备，借此演练军队，你竟敢胡说八道！"在场大臣们吓得脸色蜡黄，"侍值者咸股栗"，但杨雍建面不改色，拒不认"错"。顺治帝暴跳如雷，吼叫着令他摘去顶戴花翎。杨雍建摘下官帽，仍坚持"臣只知道忠爱皇上，并无罪过"。顺治帝叫嚷了一阵子，突然大笑起来，说："好你个杨雍建，想让朕落一个不听善言的罪过，而你自己挣一个敢言直谏的好名声，这难道不是你的大罪么？"杨雍建心领神会点头说："是的，这确实是小臣的罪过，我无话可说。"顺治帝顿时色霁颜和，宣布收回成命。从此凡有杨雍建的奏疏，顺治帝总是格外留意，而且大多采纳实行。此后朝中汉官放心直谏，言路广开，无不称顺治帝是圣明君主，而顺治也确实采纳了大量的好建议。

（12）盛京与南京科场舞弊，顺治帝得到举报，大为震怒，下旨"荐举不公，官评淆乱，负国殃民，殊堪痛恨"，严令稽查拿办。结果，南北主考官皆腰斩于市，同考诸官二十余人砍头示众，牵连获罪者更多。顺治帝旨令科考无效,举子重新考试,择优录用。经此一案,天下士子拍手称快。

(13)顺治对汉族知识分子的政策比较宽松,远不似后来几朝大兴文字狱。长洲人尤侗是清初诗人,写了一首《煮粥行》的诗,以此揭露圈地和逃人法给人民带来的苦难。全诗一唱三叹,刻画了百姓们的痛苦与恐惧心理。此诗若在乾隆朝写出,必杀无疑,然顺治帝对此类诗文却极少怪罪。他甚至把尤侗的许多诗文也谱成曲,时常令乐工们弹唱,品悟诗文意趣,尤其钟爱尤侗的乐府诗。所以,当时的许多文人盛赞顺治帝的文化宽容态度,有诗专记顺治尤侗之事:"乐府流传入禁廷,月明一面唱珑玲。词人不坐青邱祸,老退闲书贝叶经。"诗中的"青邱祸",系指明太祖因不满大臣高启的一首诗,竟然下令将其杀死。明朝也是文字狱极多的封建王朝,连意大利传教士利玛窦也曾不无感慨地说:"舌在口中,如鸟在笼中。鸟从此树飞彼树,言从此人飞彼人,故曰口为飞门士君子不可不慎言也。"观彼及此,顺治皇帝宽厚待士的种种做法,更显得开明过人。

顺治时故明旧臣大量入朝,有助于缓解民族矛盾,加快政局的稳定。但皇太极与顺治两代的招降纳叛政策,使新旧矛盾层出不穷,惩处降谪是经常之事,顺治为此大伤脑筋。董鄂妃谏道:"斯事良非妾所敢预,然以妾愚,谓诸大臣即有过,皆为国事,非其身谋,陛下曷霁威详察,以服其心,不则诸大臣弗服,即何以服天下之心乎?"她提醒皇帝处治罪臣时,要分清"国事"与"身谋"的界限,区别对待,并以"服其心"作为惩治的要旨,这些思想都成为顺治整饬吏治的重要方针。

在处置死刑犯人的指导思想上,她提出"与其失人,毋宁失出",即与其因误判杀无法改正,而误释却可复判。她这种十分出色的法制和量刑思想,在清初尤显重要,对顺治影响至深。皇帝高度称赞她"以宽大谏朕如朕心"。

董鄂妃在福临身边短短四年间,"重辟获全,大狱末减"。福临也承认由于自己的"覆漱"而少杀了许多无辜者,"亦多出后规劝之力"。

顺治帝在政务之余,还听"日讲",主要内容是四书五经,也兼及历史、文学等。每次听讲回来,董鄂妃便让他复述课业,答对了则高兴,"间有遗忘不能悉"之时,她竟生气道:"妾闻圣贤之道,备于载籍,陛下服膺默识之,始有裨政治,否则讲习奚益焉?"福临非但不生气,反而洗耳恭听。

除了孝庄皇太后之外,普天之下大概只有董鄂妃敢用这种口气对皇帝讲话。顺治酷爱狩猎,每次回来总向她炫耀打猎中的趣闻险事,而董鄂妃则"怂然于色",为丈夫的安危提心吊胆。

《红楼梦》里反复写林黛玉给贾宝玉修改诗作,隐射董鄂妃以各种方式帮助顺治处理朝廷奏章的御批。林黛玉与贾宝玉之间生死不虞的爱情,是人间知己、知心、知音的爱情升华与净化。

董鄂妃入宫，顺治同母后的关系势同冰炭。短短四个月间，董鄂妃从贤妃一跃而为皇贵妃，且典礼拟于皇后，这使孝庄皇太后心惊肉跳。太庙匾额上公然剔除蒙文，使母子之间的矛盾达到了顶点。

太庙是清廷供祀祖宗神位的圣地，中殿供奉着太祖努尔哈赤和太宗皇太极的牌位，后殿有肇祖、兴祖、景祖、显祖等列位祖先及列后的牌位。在太庙匾额上去掉蒙文，意味着蒙古族女人统治后宫历史的结束。这是孝庄皇太后不能接受的，她表面上未置一词，却在等待着适当的反击时机。

顺治十四年（1657）十月七日，承乾宫内董鄂妃喜生麟儿，排序称四阿哥。董鄂妃在后宫专宠，博尔济吉特氏将被挤出后宫政治舞台。这一切，都因新生儿的诞生而变得十分冷酷和现实起来。而年轻体壮的皇后却寡居后宫。朝内外舆论也一致认为"皇帝要规定他为将来的皇太子的"（汤若望语）。

形势急转直下，新皇子的降生使顺治满心欢悦，他一心想将董鄂妃扶立为正宫。《红楼梦》里的尤二姐谦恭礼让，忍辱负重，委曲求全，就隐射董鄂妃在皇宫里的状态。

董鄂妃产后流血——王熙凤患了"血山崩"。董鄂妃怀孕的顺治十四年冬，孝庄皇太后移住京郊南苑，避开了即将临盆的董鄂妃。儿媳妇产后不久，南苑传来皇太后"违和"的消息，并谕嫔妃及亲王大臣前往省视问安。告谕送到承乾宫。

南苑在永定门外二十余里，是皇家春冬狩猎、讲武阅兵之处。在严冬腊月里让产妇董鄂妃前往南苑，留在孝庄皇太后榻前"朝夕奉侍废寝食"，昼间捧茶进药、侍奉饮食，夜里仍执劳病榻，守夜熬神。孝庄皇太后明知她产后不久，却让她竭力服侍。董鄂妃从此一蹶不振，"容瘁身癯、形销骨立"，只勉强挣扎了三年便含冤辞世。

《红楼梦》用两个故事隐射此事，一是王熙凤让一个"外路和尚"（汤若望）助产，产后患了致命的"血山崩"——功能性子宫出血。一个是秦可卿患了习惯性流产与慢性贫血（"血山崩"后遗症）。

就在董鄂妃拼死拼活地侍奉太后时，皇后却安居温暖的皇宫内，非但未去南苑问视，甚至"无一语奉询，亦未尝遣使问候"。两相对照，令人生疑。

第四节 袭人挨了窝心脚

顺治十四年十二月二十九日母后"贵恙"刚愈，颁诏大赦天下。四天后，即顺治十五年正月初三,福临压抑不住心头怒火,对孝惠章皇后(袭人)大兴问罪之师。他以废后为例,指责皇后在太后"病"时,"礼节疏阙,有违孝道",下令停进皇后的中宫笺表,并谕议政王大臣等议罪,摆出再度废除皇后的架势。中宫笺表,是皇后特权的象征。皇后在三大节——万寿、元旦、冬至时,或在特殊喜庆日,或有特别请求,可以使用皇后之宝,直接向皇上进笺表致贺或提出要求,皇上是不能拒绝的。停了中宫笺表,等于取消了皇后的权力,而又下诸王贝勒大臣会议处置办法,下一步不就是要废皇后了吗?

孝惠章皇后闻知停了中宫笺表的消息,如晴天霹雳。顺治的圣旨震动了六宫,使本来就显得威严肃静的大内,气氛更加紧张冷酷。人们惶惶不安,不知道下一步会出现什么局面。有些乖巧的主位和宫人,不免要看风使舵。于是,往承乾宫探望皇贵妃的人,突然增多了。孝庄皇太后对停止中宫笺表置之不理。

史载:顺治十五年正月,因皇后于皇太后病中有失定省之仪,命停其笺奏,只存皇后之号,册宝照旧。三月,谕皇后笺奏照旧封进。孝庄皇太后对董鄂氏皇贵妃与孝惠章皇后的真实态度,《红楼梦》第七十八回有明确的记录:

王夫人便往贾母处来省晨,见贾母喜欢,便趁便回道:"宝玉屋里有个晴雯,那个丫头也大了,而且一年之间,病不离身;我常见他比别人分外淘气,也懒;前日又病倒了十几天,叫大夫瞧,说是女儿痨,所以我就赶着叫他下去了。若养好了也不用叫他进来,就赏他家配人去也罢了。再那几个学戏的女孩子,我也作主放出去了。一则他们都会戏,口里没轻没重,只会混说,女孩儿们听了如何使得?二则他们既唱了会子戏,白放了他们,也是应该的。况丫头们也太多,若说不够使,再挑上几个来也是一样。"贾母听了,点头道:"这倒是正理,我也正想着如此呢。但晴雯那丫头我看他甚好,怎么就这样起来。我的意思这些丫头的模样爽利言谈针线多不及他,将来只他还可以给宝玉使唤得。谁知变了。"

《芙蓉女儿诔》明诔晴雯,暗诔黛玉。此处王夫人的话,也是明说晴雯,暗指黛玉。"学戏的女孩子"也是暗指黛玉。换句话说,贾母与王夫人对晴雯的态度,隐射孝庄皇太后对董鄂氏皇贵妃的态度。"病不离身"、"分外淘气"、"也懒"、"女儿痨",都是在说董鄂氏皇贵妃。孝庄皇太后对董鄂氏皇贵妃本来的态度是"晴雯那丫头我看他甚好,怎么就这样起来。我的意思这些丫头的模样爽利言谈针线多不及他,将来只他还可以给宝玉使唤得",而现在的态度则是"谁知变了"。

王夫人笑道:"老太太挑中的人原不错。只怕他命里没造化,所以得了这个病。俗语又说,'女大十八变'。况且有本事的人,未免就有些调歪。老太太还有什么不曾经验过的。三年前我也就留心这件事。先只取中了他,我便留心。冷眼看去,他色色虽比人强,只是不大沉重。若说沉重知大礼,莫若袭人第一。虽说贤妻美妾,然也要性情和顺举止沉重的更好些。就是袭人模样虽比晴雯略次一等,然放在房里,也算得一二等的了。况且行事大方,心地老实,这几年来,从未逢迎着宝玉淘气。凡宝玉十分胡闹的事,他只有死劝的。因此品择了二年,一点不错了,我就悄悄的把他丫头的月分钱止住,我的月分银子里批出二两银子来给他。不过使他自己知道越发小心学好之意。且不明说者,一则宝玉年纪尚小,老爷知道了又恐说耽误了书;二则宝玉再自为已是跟前的人不敢劝他说他,反倒纵性起来。所以直到今日才回明老太太。"

此处是说袭人,其实也是在说宝钗。隐射孝庄皇太后对自己侄孙女孝惠章皇后与侄女废皇后静妃的真实态度。"三年前"指顺治十四年,是年是顺治二次大婚后的第三年,也是第一位皇后废黜后的第四年。顺治十四年十月,静妃恢复为长春宫主位。"三年前",即顺治十四年十月,董鄂氏皇贵妃刚生了四阿哥,孝庄皇太后对她的态度是:"老太太挑中的人原不错。只怕他命里没造化……冷眼看去,他色色虽比人强,只是不大沉重。"孝庄皇太后对孝惠章皇后(袭人)与废皇后静妃(宝钗)的真实态度是:"若说沉重知大礼,莫若袭人第一。虽说贤妻美妾,然也要性情和顺举止沉重的更好些。就是袭人模样虽比晴雯略次一等,然放在房里,也算得一二等的了。况且行事大方,心地老实,这几年来,从未逢迎着宝玉淘气。凡宝玉十分胡闹的事,他只有死劝的。""袭人本来从小儿不言不语,我只说他是没嘴的葫芦。既是你深知,岂有大错误的。"

顺治皇帝对两位皇后的态度是:"纵然是齐眉举案,到底意难平。"说顺治皇帝对皇后没有一点感情,是不真实的。说顺治皇帝从后宫里找到了知己、知心、知音,同样是不真实的。顺治皇帝对蒙古后党的报复行动事先并未与爱妃商议,董鄂妃已经从婆婆冷漠的态度中意识到问题的可怕。她心里清楚,坚持废后只会导致悲剧提前发生。皇太后一息尚存,满蒙后妃之间就有一道无法逾越的天堑。因此,她在顺治皇帝面前"长跪顿首固请",哭劝道:"陛下之责皇后,是也。然妾度皇后斯何时,有不憔悴忧念者耶?特以一时未及思,故失询问耳。陛下若遽废皇后,妾必不敢生。陛下幸垂察皇后心,俾妾仍视息世间,即万无废皇后也。"她明确指出顺治举动的后果,即"若遽废皇后","妾必不敢生",而"妾仍视息世间",则"万无废皇后"。

顺治对新皇后的真实态度,反映在第三十回《宝钗借扇机带双敲》里:

宝玉一肚子没好气,满心里要把开门的踢几脚,及开了门,并不看真是谁,还只当是那些小丫头子们,便抬腿踢在肋上。袭人"嗳哟"了一声。宝玉还骂道:"下流东西们!我素日担待你们得了意,一点儿也不怕,越发拿我取笑儿了。"口里说着,一低头见是袭人哭了,方知踢错了,忙笑道:"嗳哟,是你来了!踢在那里了?"袭人从来不曾受过大话的,今儿忽见宝玉生气踢他一下,又当着许多人,又是羞,又是气,又是疼,真一时置身无地。待要怎么样,料着宝玉未必是安心踢他,少不得忍着说道:"没有踢着。还不换衣裳去。"……袭人只觉肋下疼的心里发闹,晚饭也不曾好生吃。至晚间洗澡时脱了衣服,只见肋上青了碗大一块,自己倒唬了一跳,又不好声张。一时睡下,梦中作痛,由不得"嗳哟"之声从睡中哼出。宝玉虽说不是安心,因见袭人懒懒的,也睡不安稳。忽夜间听得"嗳哟",便知踢重了,自己下床悄悄的秉灯来照。刚到床前,只见袭人嗽了两声,吐出一口痰来,"嗳哟"一声,睁开眼见了宝玉,倒唬了一跳道:"作什么?"宝玉道:"你梦里'嗳哟',必定踢重了。我瞧瞧。"袭人道:"我头上发晕,嗓子里又腥又甜,你倒照一照地下罢。"宝玉听说,果然持灯向地下一照,只见一口鲜血在地。宝玉慌了,只说"了不得了!"袭人见了,也就心冷了半截。话说袭人见了自己吐的鲜血在地,也就冷了半截,想着往日常听人说:"少年吐血,年月不保,纵然命长,终是废人了。"想起此言,不觉将素日想着后来争荣夸耀之心尽皆灰了,眼中不觉滴下泪来。

面对母亲与后宫的现实,顺治恢复了皇后的"中宫笺表"。《红楼梦》真实地反映了这个历史事实。

顺治十五年正月,未过"百日"的皇四子死了。有资料记载是蒙古嫔妃谨贵人博尔济吉特氏(废皇后的妹妹)害死的。还有资料认为这是孝庄皇太后预谋的,像当年的武则天一样。传言云谨贵人向康妃佟佳氏游说,企图加害四阿哥。康妃佟佳氏于心不忍。谨贵人表示:宁可近支宗派继位,也不能让董鄂氏的儿子当太子!皇三子玄烨正在出痘,宫里的规矩,只有生母可以探视。康妃佟佳氏领几名宫女往西华门外福佑寺看望,宫女中就有化了装的谨贵人。她将三阿哥极具传染性的衣物带给了董鄂氏的四阿哥。两三天后,四阿哥浑身发热,染上了天花。

第十三章 后宫风云

儿子死了，董鄂氏觉得自己活着也没有了意义。她想到了福临，为了他的大业，她得活！为此，她不能让内心的悲痛流露出来。她得以绝无戚容的表情对付那些幸灾乐祸的目光。她得表现出对儿子绝不萦念，才能最有效地帮助福临，并保护自己。事情的真相终于让孝庄皇太后知道了。康妃和谨贵人都低垂了头。谨贵人跪在姑母脚前，承认是她改扮随行宫女，骗得三阿哥手中的玩具和贴身小肚兜。回宫后买通四阿哥的乳母，把小肚兜给四阿哥穿上，把泥玩具放到四阿哥枕边。四阿哥果然也得了天花……谨贵人直挺挺地跪着，脸上是一片视死如归的倔强。孝庄太后说道：作为大清皇太后，不能愧对祖上先辈，不能愧对当今皇帝，容忍谨贵人的罪过，必遭天谴。但谨贵人是自己的亲侄女，不能宣扬出去让家族的名望受到玷辱！孝庄皇太后只好让侄女自裁，答应成全谨贵人的忠心，给她身后的荣名位分。就在这天晚上，景仁宫发出丧音：谨贵人病逝。

第二天，皇上的谕旨抄送景仁宫："贵人博尔济吉特氏赋性温良，恪共内职，今一朝遘疾，遽尔薨逝，予心轸惜，典礼宜崇。特进名封，以昭淑德，追封为悼妃。"谨贵人"病逝"，追封悼妃，即《红楼梦》里金钏儿跳井自杀，其妹妹玉钏儿"吃个双份儿"的故事。谨贵人（金钏儿）是废皇后（薛宝钗）的妹妹，她们都是孝庄皇太后的亲侄女，是顺治新皇后（袭人）的亲姑姑。第三十二回有十分真实的记载：

一句话未了，忽见一个老婆子忙忙走来，说道："这是那里说起！金钏儿姑娘好好的投井死了！"袭人（孝惠章皇后）唬了一跳，忙问，"那个金钏儿？"那老婆子道："那里还有两个金钏儿呢？就是太太（孝庄皇太后）屋里的。前儿不知为什么（真实情况写不得）撵他出去，在家里哭天哭地的，也都不理会他，谁知找他不见了。刚才打水的人在那东南角上井里打水，见一个尸首，赶着叫人打捞起来，谁知是他。他们家里还只管乱着要救活，那里中用了！"宝钗（废皇后静妃）道："这也奇了。"袭人听说，点头赞叹，想素日同气之情（姑侄之情），不觉流下泪来。宝钗听见这话，忙向王夫人处来道安慰。这里袭人回去不提。……王夫人点头哭道："你可知道一桩奇事？金钏儿忽然投井死了！"宝钗见说，道："怎么好好的投井？这也奇了（静妃不知真情）。"王夫人道："原是前儿他把我一件东西（荣亲王四阿哥）弄坏了（弄死了），我一时生气，打了他几下，撵了他下去。我只说气他两天，还叫他上来，谁知他这么气性大，就投井死了。岂不是我的罪过。"……宝钗忙道："姨娘这会子又何用叫裁缝赶去，我前儿倒做了两套，拿来给他岂不省事。况且他活着的时候也穿过我的旧衣服，身量又相对（姐妹的身量一样）。"王夫人道:"虽然这样,难道你不忌讳?"宝钗笑道:"姨娘放心,我从来不计较这些。"一面说,一面起身就走。王夫人忙叫了两个人来跟宝姑娘去。

"察言观色,早知觉了八分",隐射后宫的蒙古后妃都明白了真情。孝庄皇太后在四阿哥死后,对玄烨寄以厚望,但顺治皇帝与董鄂妃感情执著,对闯过天花生死线的玄烨并不重视。顺治帝追求纯真爱情,有时任性、偏执、叛逆。想当年,孝庄为防止废后事件再次发生,才提议为皇帝选妃。顺治帝却爱上了胞弟襄亲王的福晋董鄂氏,甚至气死襄亲王,把重孝在身的董鄂氏用一顶小轿抬入紫禁城。董鄂氏之父鄂硕亦极受恩宠,连升三级,从三等精奇民哈番(三等子)晋封为三等伯。没料想董鄂氏怀的"龙种"在入宫后就流产了。顺治皇帝一门心思扑在董鄂妃身上,希望再生一皇子。顺治十四年(1657)十月,董鄂妃生皇四子,顺治帝欣喜若狂,置牛钮、福全、玄烨三个皇子于不顾,称之为"朕第一子"。孝庄作为母亲,既哀江山不幸,又怒顺治不争。她放弃与儿皇帝顺治的冲突,寄希望于孙子玄烨。目标既定,孝庄一方面加紧对玄烨的培养,另一方面也在扫清玄烨嗣位可能遇到的障碍。

《红楼梦》第二十六回写贾宝玉与林黛玉沉浸在《西厢记》式的卿卿我我中,却突然插入一小段康熙小皇帝的情节,很耐人寻味:

宝玉无精打采的,只得依他。晃出了房门,在回廊上调弄了一回雀儿;出至院外,顺着沁芳溪看了一回金鱼。只见那边山坡上两只小鹿箭也似的跑来,宝玉不解其意。正自纳闷,只见贾兰在后面拿着一张小弓追了下来,一见宝玉在前面,便站住了,笑道:"二叔叔在家里呢,我只当出门去了。"宝玉道:"你又淘气了。好好的射他作什么?"贾兰笑道:"这会子不念书,闲着作什么?所以演习演习骑射。"宝玉道:"把牙栽了,那时才不演呢。"

这是《红楼梦》里对康熙小皇帝(贾兰)的特写镜头。父亲(贾宝玉顺治)因爱情失落而"无精打采",儿子却在练习"盘马弯弓"打天下!

宝玉(顺治皇帝)便将脸贴在纱窗上,往里看时,耳内忽听得细细的长叹了一声道:"每日家情思睡昏昏。"宝玉听了,不觉心内痒将起来,再看时,只见黛玉(董鄂氏皇贵妃)在床上伸懒腰。宝玉在窗外笑道:"为甚么'每日家情思睡昏昏'?"一面说,一面掀帘子进来了……二人正说话,只见紫鹃(小董鄂氏庶妃,巴度女儿)进来。宝玉笑道:"紫鹃,把你们的好茶倒碗我吃。"紫鹃道:"那里是好的呢?要好的,只是等袭人来。"黛玉道:"别理他,你先给我舀水去罢。"紫鹃笑道:"他是客,自然先倒了茶来再舀水去。"说着倒茶去了。宝玉笑道:"好丫头,'若共你多情小姐同鸳帐,怎舍得叠被铺床?'"林黛玉登时撂下脸来,说道:"二哥哥,你说什么?"宝玉笑道:"我何尝说什么。"黛玉便哭道:"如今新兴的,外头听了村话来,也说给我听;看了混账书,也来拿我取笑儿。我成了爷们解闷的。"一面哭着,一面下床来往外就走。宝玉不知要怎样,心下慌了,忙赶上来,"好妹妹,我一时该死,你别告诉去。我再要敢,嘴上就长个疔,烂了舌头。"

作者本来认为,北京贾宝玉在《西厢记》的氛围中,沿着汉化的道路深入地走下去,会像南京的甄宝玉那样很快亡国。但一个盘马弯弓的康熙小皇帝,改变了历史的走向。顺治十五年(1658)正月,皇四子莫明其妙地夭殇。太医宣布董鄂妃已失去生育能力。孝庄太后养病南苑时,仍令月子里的董鄂妃冒雪顶风到南苑侍疾,致使董鄂妃一病不起。子殇—绝育—病死,董鄂妃进宫五年,就走完了她的人生之路。

虽然没有足够的证据把它们说成是孝庄的苦心谋划,但作为一个深谋远虑的政治家,排除玄烨嗣位的障碍,不是没有可能。

第九十七回有一段令人深思的文字:

只见黛玉微微睁眼,看见贾母在他旁边,便喘吁吁的说道:"老太太!你白疼了我了。"贾母一闻此言,十分难受,便道:"好孩子,你养着罢!不怕的。"黛玉微微一笑,把眼又闭上了。外面丫头进来回凤姐道:"大夫来了。"于是大家略避。王大夫同着贾琏进来,诊了脉,说道:"尚不妨事。这是郁气伤肝,肝不藏血,所以神气不定。如今要用敛阴止血的药,方可望好。"王大夫说完,同着贾琏出去开方取药去了。贾母看黛玉神气不好,便出来告诉凤姐等道:"我看这孩子的病,不是我咒他,只怕难好。你们也该替他预备预备,冲一冲,或者好了,岂不是大家省心?就是怎么样,也不至临时忙乱。咱们家里这两天正有事呢。"凤姐儿答应了。贾母又问了紫鹃一回,到底不知是那个说的。贾母心里只是纳闷,因说:"孩子们从小儿在一处儿玩,好些是有的。如今大了,懂的人事,就该要分别些,才是做女孩儿的本分,我才心里疼他。若是他心里有别的想头,成了什么人了呢,我可是白疼了他了。你们说了,我倒有些不放心。"因回到房中,又叫袭人来问,袭人仍将前日回过王夫人的话并方才黛玉的光景述了一遍。贾母道:"我方才看他却还不至糊涂。这个理我就不明白了!咱们这种人家,别的事自然没有的,这心病也是断断有不得的。林丫头若不是这个病呢,我凭着花多少钱都使得;就是这个病,不但治不好,我也没心肠了。"……李纨连忙出来,只见紫鹃在外间空床上躺着,颜色青黄,闭了眼,只管流泪,那鼻涕眼泪把一个砌花锦边的褥子已湿了碗大的一片。李纨连忙唤他,那紫鹃才慢慢的睁开眼,欠起身来。李纨道:"傻丫头,这是什么时候,且只顾哭你的。林姑娘的衣衾,还不拿出来给他换上,还等多早晚呢?难道他个女孩儿家,你还叫他失身露体,精着来,光着去吗?"紫鹃听了这句话,一发止不住痛哭起来。李纨一面也哭,一面着急,一面拭泪,一面拍着紫鹃的肩膀说:"好孩子!你把我的心都哭乱了!快着收拾他的东西罢,再迟一会子就了不得了。"

这个情节,力透纸背,入木三分。孝庄皇太后对董鄂氏皇贵妃的态度是冷若冰霜的:"孩子们从小儿在一处儿玩,好些是有的……就是这个病,不但治不好,我也没心肠了。"康熙皇帝的母亲(李纨)对董鄂氏皇贵妃的死,表现出真挚的同情:"难道他个女孩儿家,你还叫他失身露体,精着来,光着去吗?"

"好孩子!你把我的心都哭乱了!快着收拾他的东西罢,再迟一会子就了不得了。"——这是董鄂氏皇贵妃在人间听到的最后的声音。她撒手人寰的时刻,顺治皇帝不在身边。

第十四章　孔四贞带发修行

第一节　孔四贞悲壮的人生

史载顺治十三年（1656）六月，顺治皇帝曾册封定南王孔有德的女儿孔四贞为东宫皇妃。此项记载颇为重要，也颇为可疑。

据云由于孝庄皇太后怕激起西南汉军兵变，制止了儿子的册封。在顺治皇帝的后妃中，并没有孔四贞的名字，至少说明册封孔四贞为东宫皇妃，并没有形成事实。

在顺治皇帝短暂的一生中，孔四贞是一位抹不掉的女人。她至今安眠在长安街的西端——公主坟里。第三十一回描写史湘云于顺治十一年六月从桂林护送父亲的灵柩回到北京，进宫见驾：

宝玉（顺治皇帝）笑道："你信他呢！几日不见，越发高了。"湘云（史湘云）笑道："袭人姐姐好？"宝玉道："多谢你记挂。"湘云道："我给他带了好东西来了。"说着，拿出手帕子来，挽着一个疙瘩。宝玉道："什么好的？你倒不如把前儿送来的那种绛纹石的戒指儿带两个给他。"湘云笑道："这是什么？"说着便打开。众人看时，果然就是上次送来的那绛纹戒指，一包四个……把四个戒指放下，说道："袭人（孝惠新皇后）姐姐一个，鸳鸯（苏麻喇姑）姐姐一个，金钏儿（谨贵人）姐姐一个，平儿（孝惠新皇后）姐姐一个：这倒是四个人的，难道小子们也记得这么清白？"

"绛纹石的戒指儿"乃桂林特产玉石制作而成。此处是孔四贞从桂林归京的证据。总共四个戒指，送给孝惠章皇后两个，显然是祝贺她的大婚。

《红楼梦》里只有第三十二回一句话隐射孙延龄：

袭人斟了茶来与史湘云吃，一面笑道："大姑娘，听见前儿你大喜了（与孙延龄定亲）。"史湘云红了脸，吃茶不答。

全书其他情节有关史湘云的故事，写的都是孔四贞与顺治皇帝的故事。第一百十回《王凤姐力诎失人心》：

且说史湘云因他女婿病着（指顺治有病），贾母死后，只来了一次，屈指算是后日送殡，不能不去。又见他女婿的病已成痨症，暂且不妨（隐射顺治患了肺结核），只得坐夜前一日过来。想起贾母（孝庄皇太后）素日疼他，又想到自己命苦，刚配了一个才貌双全的女婿，情性又好，偏偏的得了冤孽症候，不过捱日子罢了（指顺治皇帝死于天花）。于是更加悲痛，直哭了半夜。鸳鸯（苏麻喇姑）等再三劝慰不止。宝玉（康熙）瞅着也不胜悲伤，又不好上前去劝。见他淡妆素服，不敷脂粉，更比未出嫁的时候犹胜几分。

"女婿病着"，"女婿的病已成痨症"，"才貌双全的女婿，情性又好，偏偏的得了冤孽症候"——都隐射孔四贞与顺治的感情世界。在孔四贞心里，她只有一个真正的丈夫——顺治皇帝。

两人的真正关系都隐在诗句中。"数去更无君傲世，看来惟有我知音。"《问菊》（史湘云初来北京，与顺治一见钟情）"秋光叠叠复重重，潜度偷移三径中。"《菊影》（史湘云曾秘密侍寝顺治皇帝）"傲世也因同气味，春风桃李未淹留。"《供菊》（史湘云按孝庄旨意去了桂林）"寒芳留照魂应驻，霜印传神梦也空。"《菊影》（史湘云回到北京，顺治早已作古）第二十九回说贾府倾巢出动，去道观拜佛。拜佛过程中，张道士（孔有德）送给宝玉一个赤金点翠的金麒麟。贾母（孝庄皇太后）笑道："这件东西好象我看见谁家的孩子也带着这么一个的。"宝钗（静妃）笑道："史大妹妹（孔四贞）有一个，比这个小些。"第三十一回说湘云、翠缕主仆二人，于五月初六进大观园，边走边论阴阳，在蔷薇架下拾得"文彩辉煌的一个金麒麟，比自己佩的又大又有文彩"。及与宝玉相见，方知为宝玉所遗失。

王梦阮《红楼梦索隐》云："麒麟为张道士所赠，道士又是荣国公替身，湘云佩雌是史家故物，一张一史，即一雄一雌……以见双星之说非指湘云宝玉。'白首'二字须要往'老'字一方面看，不是谐老，是已老也。"

王梦阮认为"白首双星"指贾母（孝庄）与张道士（孔有德），但没有意识到雌雄麒麟隐射史湘云（孔四贞）与贾宝玉（顺治皇帝）。

第十四章 孔四贞带发修行

第三十二回原文：

原来林黛玉知道史湘云在这里，宝玉又赶来，一定说麒麟的原故。因此心下忖度着，近日宝玉弄来的外传野史，多半才子佳人都因小巧玩物上撮合，或有鸳鸯，或有凤凰，或玉环金珮，或鲛帕鸾绦，皆由小物而遂终身。今忽见宝玉亦有麒麟，便恐借此生隙，同史湘云也做出那些风流佳事来。因而悄悄走来，见机行事，以察二人之意。

注解：此处的林黛玉隐射孝庄皇太后，她担心儿子会爱上同父异母的妹妹孔四贞，所以来追踪盯梢，果然发现不妙。

结合索隐派之说，史湘云影射孔四贞主要理由如下：

（1）第三十一回史湘云送袭人等四人每人一枚绛纹石戒指，一共四枚，当是暗点其名。王梦阮说："绛纹石亦出云南，四贞随父生长南服，故有此物。"很对头。

（2）第二十一回湘云为宝玉梳辫子，"自发定至辫梢，一路四颗珍珠"。王伯沆说："按编辫只能分三股，大珠坠脚亦只可三颗，今云一串四颗，珠必不齐，于辫亦不合，疑之。"其实"四颗珍珠"隐射顺治皇帝有孔、耿、尚、吴四大汉将。所谓丢了一颗，隐射孔有德一家于顺治九年七月死于桂林。

（3）湘云来往于大观园，隐射孔四贞寄居皇宫，宫外东华门外有郡王府。

（4）湘云称宝玉为"爱哥哥"，这个"爱"字指爱新觉罗氏皇室。

（5）湘云判词："富贵又何为，襁褓之间父母违。展眼吊斜晖，湘江水逝楚云飞。""襁褓"乃"枪炮"，"枪炮之间父母亡"也。"吊斜晖"乃凭吊残阳如血中的父母也。"湘江水逝"隐射湘江源头桂林城中死了父母也。"楚云飞"隐射失去了楚襄王顺治皇帝的巫山云雨也。

（6）史湘云隐射孔有德的女儿孔四贞。柳湘莲隐射孔有德的儿子顺治皇帝。此乃孔有德的一对儿女。"湘"字是共有的，隐射死于湘江源头桂林的孔有德。

孔四贞于顺治十一年秋天入宫，正值顺治废除皇后不久。皇上就像见到了知心朋友，经常找她聊天，一起到南苑射猎。孔四贞经历过大战阵，她的弓比顺治的还要硬。令皇帝称绝的是她的袖箭，速若流星，百无一失。在狩猎中，往往是孔四贞捷手先得。皇上的箭镞还未上弦，孔四贞的羽箭早已甩出。心高气盛的顺治皇帝心悦诚服，甘拜下风，并深深地爱上了孔四贞。使皇帝痴迷的是，她小小年纪，竟然知道那么多世情和故事（"幸生来，英豪阔大宽宏量"）。

孔四贞所提供的情况，使顺治帝和皇太后对汉族藩王产生了警觉。康熙帝即位后，将吴三桂、耿精忠和尚可喜的名字写在柱子上，提醒自己注意这几个心腹之患。三藩之乱爆发后，清廷能沉着应战，最后平息祸乱，说明早有准备，其中就有孔四贞的功劳。孔四贞讲的一个故事使顺治皇帝产生了巨大的震撼。她曾进献一部诗集，是南明旧臣瞿式耜和张同敞写的绝命诗。几天后孔四贞被召到上书房，看到皇上坐在灯前垂泪。近前一看，不由大吃一惊，本无书名的诗集封面上，赫然写着《御览伤心吟》，墨迹是皇上刚写上的。她的心中大奇，满族皇帝竟然为反抗他的汉将诗文落泪？

顺治六年（1649）五月，为了扫清西南的桂王势力，清廷派出两路重兵南进。一路是平南王尚可喜、靖南王耿继茂（耿精忠之子），走鄱阳，逾梅岭，入广东。另一路由定南王孔有德率领，渡洞庭，朔湘江，直逼桂林。孔有德军势如破竹，南明残部一触即溃。清军到达桂林前，明军早已跑光，桂林只剩一座空城。南明主将瞿式耜独坐帅府，成了光杆司令。清军入城前一夜，南明督师张同敞泅水过江，愿与瞿式耜共赴国难。二人饮酒赋诗，唏嘘感慨，坐待天明。清军将瞿式耜和张同敞带到靖江府。孔有德竭力劝降，二人誓不低头。于是，孔有德下令将二人囚禁。一个月内，用尽各种方法迫使他们投降，可二人除了诗词酬唱，别无表示。最后，瞿式耜和张同敞共赴刑场，以身殉国。临刑前，张同敞写下绝命诗："一月悲歌待此时，成仁取义有天知。衣冠不改生前制，名姓空留死后诗。"瞿式耜也奉答曰："破碎山河休葬骨，颠连君父未舒眉。魂兮懒指归乡路，直往诸陵拜旧碑。从容待死与城亡，千古忠臣自主张。三百年来恩泽久，头丝犹带满天香。"孔有德将两具尸体暴于刑场示众。

第二天，他收到了一封书信。写信者金堡曾向明朝朝廷痛陈时弊、抨击阉党，被抓进锦衣卫几乎丧命。后经瞿式耜等营救出狱，感到万念俱灰，便遁入空门，法号性因和尚。他得知好友罹难，毅然上书孔有德，欲为亡友收尸殓葬。这封书信的文字激扬、字字锥心，在当时影响甚大。孔有德看完此信，喟然叹息，当即应允金堡为两位亡友更换明朝衣冠，葬于桂林城北门外。孔四贞讲得声泪俱下，顺治帝听得如痴如醉，无限感慨。孔四贞道：父王一直将这些书信带在身边，闲来反复诵读，领悟其中君臣家国的道理。顺治皇帝云：大清的天下夺自盗寇李自成，而非取自朱明皇帝。普天之下，莫非王土，朕视天下为一家，最恨满汉畛域之分。性因和尚的话说得多好，至情至理，这个金堡真乃文章奇才！朱明朝廷有瞿式耜、张同敞和金堡这样的人才不用，而重用一班阉竖，焉能不亡！顺治帝道：帝王治理天下，首重德政。杀戮乃不得已而为之。国家兴亡，在于民心。载舟覆舟，全赖民心向背。金堡举各位名君为例，

第十四章 孔四贞带发修行

朕不能不再三思之。朕要去明皇陵祭祀崇祯皇帝,以寄哀思。

顺治帝祭奠崇祯陵皇家仪仗大队向昌平州的明皇陵进发,消息不胫而走,在京城百姓中引起极大震动。京畿北部的百姓也都纷纷跑到皇陵来看。祭祀地点选在顺治皇帝下令修的崇祯思陵。

崇祯皇帝自尽后,李自成将其尸体移到昌平,当地百姓挖开田贵妃的墓,草草把崇祯帝埋了进去。顺治帝为了证实清王朝的江山是"夺之于寇,而非明帝",按照其他明皇陵的规格,为崇祯皇帝修了思陵。祭祀仪式十分隆重,顺治帝的一篇祭文,情真意切,说理透晰,其文曰:

帝承神、熹之后,慨然有为。即位之初,沈机独断,刈除奸逆,天下想望治平。惜乎大势已倾,积习难挽。在廷则门户纠纷,疆场则将骄卒惰。兵荒四告,流寇蔓延。遂至溃烂而莫可救,可谓不幸也已。然在位十有七年,不逃声色,忧勤惕励,殚心治理。临朝浩叹,慨然思得非常之才,而用匪其人,益以偾事。乃复信任宦官,布列要地,举措失当,制置乖方。诈讹运移,身罹祸变,岂非气数使然哉!迨至大命有归,妖氛尽扫,而帝得加谥建陵,典礼优厚。是则圣朝盛德度越千古,亦可知帝之蒙难而不辱其身,为亡国之义烈矣……

孔四贞想起父亲和全家,想起瞿式耜和张同敞,想起拼死上书的金堡,不由放声大哭。哭声惊动了在场的所有人,围观的百姓们则伏地大恸,哭声撼天动地,弄得满族官吏狼狈不堪。

仪式结束后,顺治帝打发大队人马先回城,只带部分亲兵陪孔四贞。此时的孔四贞,已成为顺治帝的红颜知己,须臾难以分离。二人并马而行,孔四贞突然问道:"皇上可知崇祯皇帝那件衣带诏的下落?"顺治帝道:"朕只知有此事,也见过有人誊录遗诏的文字,惟独衣带诏的原件不见踪影,想是李自成取走了。朕记得是这样几句:'朕凉德藐功,上干天咎,然皆诸臣误朕。朕死无面目见祖宗,自去冠冕,以发覆面。任贼分裂,无伤百姓一人。'以此观之,这位明庄烈帝还算是个好皇帝。"

孔四贞说:"崇祯帝在最后两年总发脾气说,朕非亡国之君,尔皆亡国之臣。"顺治帝道:"明朝亡于积弊过重,崇祯帝欲有作为而不能。故作此浩叹耳。"

孔有德与老部下孙龙交情甚笃。孙龙有一子,名孙延龄。孔有德与孙龙很早就预定下亲事,结了娃娃亲。随着年岁增长,孔四贞越来越不喜欢孙延龄,可双方父母有约在先。孙龙在孔有德之前战死,部众由孙延龄统领。孙延龄恣意妄为，孔有德碍着其亡父的面子不去深究。孔有德死后孙延龄只惧怕一人，就是孔四贞。孔四贞投奔京师，旧部纷纷来归，孔四贞是众望所归的统帅。但孙延龄野心极大，一心想将这支部队收为己有，达此目的只有一条路，即尽快把孔四贞娶过门，自己就成为合法的统帅了。但孔四贞躲在宫内不出来，孙延龄暴跳如雷，却无计可施。《清史稿·孙延龄传》载："延龄渐骄纵……恣肆不臣……纵兵殃民。上遣侍郎勒得洪按治，得实，请逮延龄治罪，特命宽之。"

按照顺治帝以往的治政原则，凡此类为患乡曲、滥杀无辜的官员，一经查实，均处以极刑。但孙延龄的罪名既已"得实"，却不知何故"特命宽之"，显然是碍着孔四贞的关系。孙延龄接到圣旨，出任广西将军，即赴桂林任所就职。孙延龄明白，皇上把孔有德的旧部留在京城，让自己带几个亲兵远赴西南，如同折断了他的双翅。顺治帝感到已离不开孔四贞了。得知名花有主，心里不是滋味。皇帝的意志是任何人也不能侵犯的，孙延龄远放广西，就是这种意志的体现。

孙延龄走后，孝庄皇太后发觉事情不妙。吴良辅将近几天的《起居注》送到坤宁宫，皇太后吃惊地发现，皇上竟然没有让任何后妃侍寝的记录。原来，顺治帝已在和硕格格孔四贞的寝宫里住了好几天。每天清晨，吴良辅都能见到皇上志得意满的样子，他早就明白了内中隐情。但此事万难向皇太后如实禀报。孝庄皇太后认为，惟独这个孔四贞是绝对不能入选为妃的。冠冕堂皇的理由是，朝廷要依赖吴三桂等去扫荡南明和农民军。清廷又必须限制诸藩王的权力，以免形成尾大不掉之势。

孔有德在关外协助太祖和太宗打进关内，以军功封藩。其他藩王则是抵抗失败投降的。吴三桂是因为李自成杀了他的全家，抢走爱妾陈圆圆，为了复仇而降清的。所以，定南王孔有德是清廷制约诸藩的力量。

孔有德身亡，孔四贞依然有号召力。如果顺治帝强占孔四贞为妃，孙延龄也会"冲冠一怒为红颜"，再演吴三桂当年的故事。顺治帝占夺弟媳妇董鄂氏，至多是一件家丑。但纳孔四贞当妃子，则万难应允，这将闹出一场战乱。

孙延龄还没走到桂林，外间传闻已汹汹然，说皇帝霸占汉族降官的女人，在皇宫内仿照隋炀帝盖了迷楼，百般蹂躏。还说这些女人生下孩子，送到关外编成"蛮子营"云云。有情报说孙延龄为皇帝夺爱愤愤不平，要到平西王吴三桂那儿借兵报仇。皇太后把孔四贞叫到坤宁宫，垂问她和延龄儿准备何日完婚？孔四贞说孙延龄行为不轨，为人轻狂，不想嫁给他。皇太后说，四贞儿要待字宫中，当一辈子老尼姑么？孔四贞道：孩儿要陪伴皇上和皇太后，永远也不离开。

孝庄皇太后喜爱这个从万马军中突围而出的小姑娘，更兼其全家殉国，理

第十四章 孔四贞带发修行

应予以照顾。可眼下的情况实在难以两全。皇太后知道孔四贞是个深明大义的女孩子,索性将心中的顾虑和盘托出。孔四贞思忖良久,说母后待己恩如亲母,粉身碎骨也难报万一,愿听凭母后安排。一语未了,二人抱头大哭。孔四贞深深地爱上了顺治皇帝,而皇太后视她如同己出,这对双方来说,都是痛苦和不得已的。孔四贞说孙延龄走后,流言四起。他偷去了定南王的印绶,据桂林来人说他确有反意。五天后,桂林传来的消息,使得皇上不得不割爱了:孙延龄到处散布消息,称皇帝抢夺自己的媳妇,孔四贞受辱几至自杀云云。孔四贞离京前,皇上和她几乎形影不离,相约一旦解决了孙延龄的麻烦,孔四贞立即返回京城。皇上可以立东西两宫皇后,皇后的位置留给孔四贞。两个年轻人没有想到,京城一别,竟成永诀。孔四贞赶到桂林,孙延龄老实下来。她平息了各种谣言,不过难以脱身。两广和云贵都是鞭长莫及的地区,吴三桂等藩王在消灭南明和农民军的过程中,军事力量急遽增长,使大西南成为国中之国。

孙延龄利用这一有利条件,想尽快发展实力,和朝廷分庭抗礼。孙延龄看清了孔四贞的来意,一场剑拔弩张的谈判开始了。孔四贞明知这是一席鸿门宴,还是只带几个女兵来了。吴三桂的儿子吴应熊竟然在孙延龄身边,使孔四贞吃了一惊。吴应熊说,家父得知和硕格格前来桂林完婚,特送薄礼为贺,也是家父对亡友的一些心意。吴应熊的话入情入理。孔有德和吴三桂多年协同作战,关系很融洽。

原来吴三桂得知孙延龄闹事,感到事态严重,势必打乱他的计划。他急忙派吴应熊赶赴桂林,稳住孙延龄。孔四贞觉得孙延龄一旦反戈,朝廷又得兴师动众,死伤无数。如果能凭借自己的特殊条件,兵不血刃地化解战争,岂非上策?她准备杀掉未婚夫,然后回朝复命。但吴应熊的出现,使孔四贞改变了初衷。孔四贞爱上了皇帝,离京时洒泪相约,速战速决,立即返京,再也不离开北京了。可原来的方案不可能执行了。她必须牺牲自己,假戏真做,才可能制止这场战争。吴应熊等到婚姻仪式办完,才返回云南复命。孙延龄虽然娶了孔四贞,可没碰过新娘子。孔四贞很快控制了兵权,孙延龄只剩下广西将军的空头名号。几个月后,孔四贞亲笔写了一封长信,奏报朝廷。皇上和太后流着眼泪读了好几遍,深深被这种大义凛然的行为感动了——"幸生来,英豪阔大宽宏量,从未将儿女私情略萦心上。"

为了配合孔四贞,皇太后派人送去贺礼,封孔四贞为郡王。顺治帝痛失红颜知己,换来了西南的暂时安定。他筹划一俟时机成熟,立即除掉孙延龄,将孔四贞接回京城。

康熙十三年(1674),吴三桂举兵反清。抚蛮将军孙延龄也杀掉朝廷官员,起兵叛乱。他纠集五镇的土寇,自称"安远王"。孙的倒行逆施,遭到孔四贞的强烈反对。孔四贞率部击溃孙延龄的乌合之众，逼迫他向朝廷投降。孙延龄只得于康熙十六年（1677）遣人到江西，迎接朝廷的征剿大军。吴三桂得讯，大为恼火，派军直逼桂林，处死孙延龄。吴三桂攻打桂林，孔四贞因寡不敌众而撤出。吴军留下李成栋驻守，其余撤回云南。孔四贞趁机回攻桂林，阵斩李成栋，夺回了失地。

孝庄皇太后深恐孔四贞有失，特旨将其召回京师。朝廷褒奖孔四贞的功绩，在皇城南边赐建郡王府邸。她死后的安葬处就是现在的公主坟。

康熙十六年，孙延龄被吴三桂杀死。康熙十八年，孝庄皇太后召还孔四贞。春花秋月，中间相隔20年矣！第三十八回原文加注：

湘云（四十余岁的孔四贞）次日便请贾母等赏桂花。贾母等都说道："是他有兴头，须要扰他这雅兴。"至午，果然贾母（孝庄）带了王夫人（孝庄）凤姐兼请薛姨妈（孝庄）等进园来……那边有两三个丫头煽风炉煮茶（桂林绿茶），这一边另外几个丫头也煽风炉烫酒呢。贾母喜的忙问："这茶想的到，且是地方，东西都干净。"湘云笑道："这是宝姐姐（四十余岁的静太妃）帮着我预备的。"贾母道："我说这个孩子细致，凡事想的妥当。"一面说，一面又看见柱上挂的黑漆（黑色的回忆）嵌蚌的对子，命人念。湘云念道：芙蓉影破（董鄂妃已死）归兰桨，菱藕香深（陈圆圆出家）写竹桥。贾母听了，又抬头看匾，因回头向薛姨妈道："我先小时，家里也有这么一个亭子，叫做什么枕霞阁……说着，一齐进入亭子，献过茶，凤姐忙着搭桌子，要杯箸。上面一桌，贾母（孝庄）、薛姨妈（孝庄）、宝钗（四十余岁的静太妃）、黛玉（已死的"端敬"皇后董鄂氏）、宝玉（已死的顺治与健在的康熙皇帝）；东边一桌，史湘云（四十余岁的孔四贞）、王夫人（孝庄）、迎（十四格格）、探（远嫁察哈尔的多尔衮女儿）、惜（四十余岁的孔四贞）；西边靠门一桌，李纨和凤姐的，虚设坐位（康熙母亲的牌位），二人皆不敢坐……只见史湘云走来，将第四第五《对菊》《供菊》一连两个都勾了，也赘上一个"湘"字。探春道："你也该起个号。"湘云笑道："我们家里（郡王府）如今虽有几处轩馆，我又不住着（孔四贞已经在中南海带发修行），借了来也没趣。"宝钗笑道："方才老太太说，你们家也有这个水亭叫'枕霞阁'，难道不是你的。如今虽没了，你到底是旧主人。"

薛宝钗干脆称史湘云为"枕霞旧友"，甚至说："如今虽没了，你到底是旧主人。"隐射孝庄皇太后纪念孔有德，欢迎孔四贞二十年后归京。

《菊花诗》回忆了从顺治十四年到康熙十六七年总共二十年的两朝历史。

《螃蟹咏》预祝粉碎三藩之乱的军事胜利。此处的三只大螃蟹，隐射叛乱三藩的下场。

第二节 郑成功兵临南京

顺治十六年（1659）六月间，郑成功以"招讨大元帅"的名义，请张煌言为监军，统率17万水陆大军，意欲一举荡平江南，再取北京，完成抗清复明大业。郑军"旌旗蔽日，樯桅列江"，沿长江直破瓜洲、镇江等24县，仅月余即围逼南京。江南"父老争出，持牛酒犒师，扶杖炷香，望见明朝衣冠涕泗交下，以为十五年来所未见"。

消息传到北京，举朝震惊，顺治皇帝惊惶失措，甚至产生了逃回关外的念头。孝庄皇太后见状，当面叱责，顺治自惭形秽，"反而竟起了狂暴的急怒，他拔出宝剑，宣言决不变更意志，要亲自去出征，或胜或死"。为表明血战到底的决心，他挥剑将一座御椅劈成碎块，扬言砍死任何敢于劝阻者。

孝庄皇太后难以平复他的暴躁，另派皇帝最尊敬的奶母（李氏）劝说，反倒更增加了他的怒气。皇上要御驾亲征，全城引起了极大的震动与恐慌。因为皇上的性格暴烈，在疆场上一旦遇到不幸，那么满人的统治就要危险了。

只有汤若望可以帮助他了。各亲王、部臣和官吏列成长队，到汤若望馆舍中，请求他出面劝阻皇帝。汤若望先不允，最后才让步。他同传教士们开了一次会议，亲自写了一封奏疏，向他的两位同胞流着眼泪告别，然后冒死进宫去了。在宫殿门前有与汤若望交好的内官，报告说皇上有点安静了。汤若望走至帝前把奏疏呈递上去，真诚地恳求皇上，不要拿国家的命运去冒险，万一有失，后果不堪设想。

皇帝的情绪登时就转变过来，承认玛法的见解是好的。所以，各城门上又贴出了一张新布告，皇上之出征已作罢论。汤若望被称为国家的救星，许多显贵人物，都到他馆舍来伏地叩头，向他和他的同志礼敬。短短几天之内，顺治皇帝先想逃跑，继之扬言要拼命，最后不了了之，一波三折，可称得上是他"龙性难撄"性格的绝妙写照！

关于此事，和尚们的记载则称："因海氛之警，将亲统六师，届于南徐，会江宁捷至（即郑军败绩）中止。"郑成功抗清十多年，曾多次北伐，以1659年（顺治十六年）的北伐声势最大。17万水陆大军，由崇明而上，破瓜洲，克镇江，进围南京。张煌言另率一支军队溯江而上，进驻上游门户芜湖，攻克太平、宁国等4府3州24县。南京清军几不可守。由于郑成功麻痹轻敌，耽误了战机,最后全军溃败。所谓"江宁捷至",是指郑成功兵临金陵城下,溃败的江南清朝地方各级军政机构假装投降,实际是缓兵之计,等待朝廷集中兵力,会剿淮海与南徐。郑成功犹豫不决,停止了进攻,军心开始涣散。结果北方八旗汇集,反败为胜,郑部匆忙退出长江,败走浙闽。薛宝琴(郑成功的孙子郑克塽)的怀古诗之一《赤壁怀古》就隐射此事。怀古诗作于康熙二十三年,台湾兵败后归附朝廷,郑克塽(薛宝琴)受封汉军公,进京路上有感于祖父的长江兵败而作。

第十五章 董鄂氏之死

第一节 香消玉殒

顺治十七年（1660）八月十九日，董鄂妃在承乾宫内薨逝，年仅22岁。顺治皇帝辍朝五日。顺治皇帝自我安慰地写道："崩时言动不乱，端坐呼佛号，嘘气而化，颜貌安整，俨如平时。"董鄂妃之死，顺治皇帝悲痛欲绝，他无法掩饰莫以名状的悲愤。

顺治皇帝视万乘皇权如鸿毛，却视情爱如泰山，在中国帝王中确乎是"前不见古人，后不见来者"。这就是空空道人忽然改名情僧的原因之一，也是《红楼梦》有一阵子改名《情僧录》的原因之一。

董鄂皇贵妃是慢性消耗衰竭而死的。董鄂氏皇贵妃之死、顺治皇帝之死、小董鄂氏贞妃殉葬，前后相差半年，《红楼梦》里都有详细的描写。

（1）董鄂氏死因——秦可卿弃粒而死——参看第十回《张太医论病细穷源》。

（2）董鄂氏死——尤二姐吞金而死——参看第六十九回《觉大限吞生金自逝》。

（3）董鄂氏死——尤三姐杀身成仁——参看第六十六回《情小妹痴情归地府》。

（4）董鄂皇贵妃追封端敬皇后——秦可卿死封龙禁尉——参看第十三回《秦可卿死封龙禁尉》。

（5）董鄂氏死——晴雯死封芙蓉花神——参看第七十八回《痴公子杜撰芙蓉诔》。

（6）顺治皇帝诔端敬皇后——贾宝玉杜撰芙蓉诔——参看第七十八回《痴公子杜撰芙蓉诔》。

（7）为董鄂氏殉葬的30人——瑞珠触柱而死——参看第十三回《秦可卿

死封龙禁尉》。

（8）顺治皇帝"死"——贾宝玉与柳湘莲出家——参看第六十六回《冷二郎一冷入空门》与第一百九回《中乡魁宝玉却尘缘》。

（9）小董鄂氏贞妃殉葬——晴雯含冤而死——参看第七十七回《俏丫鬟抱屈夭风流》。

（10）为小董鄂氏贞妃鸣冤——宝玉批评五儿——参看第一百九回《候芳魂五儿承错爱》。

董鄂氏病重时，顺治帝宣诏天下，征求各地名医来京师为董鄂氏皇贵妃调治，同时大赦天下十恶以外的罪犯，为皇贵妃祈福。福临亲自往西山碧云寺礼佛，为皇贵妃祈祷。得知董鄂妃病危，顺治飞马从西山赶回皇宫，但已经晚了。他发出一声惨烈的哀号，喷出一口鲜血，仰面一倒，失去了知觉（宝玉"从梦中听见说秦氏死了，连忙翻身爬起来，只觉心中似戳了一刀的，不觉的'哇'的一声，直喷出一口血来"）。顺治皇帝醒过来，第一个念头就是自杀。他从腰间抽出短刀，对遗体示意，然后掉转刀锋，刺向自己的咽喉。

皇太后和皇后都扑了上去。身手矫健的太监夺走了短刀。自杀被拦住了，却激起了他的暴怒，一脚踢倒了太监，大叫："谁敢拦我，我叫他立地就死！我不活了，我就是不想活了！……"他猛力撞向墙壁。太监、宫女一窝蜂地拥上去，将福临摁倒在地。孝庄皇太后哭着大叫道：福临！你就先杀了我吧！这是母亲一生中唯一一次当众直呼顺治皇帝的乳名，也是她一生中第一次公开求人，而所求者竟是自己疯狂的儿子，她真想让儿子先杀了自己！顺治皇帝昏昏沉沉，不死不活，最后耗尽了精神，瘫倒在地，又晕了过去。后来的两天两夜，二十四名宫女太监昼夜看守，防止他再次自杀。

董鄂妃去世，孝庄太后见儿子死去活来，一切不顾，所以代皇帝传谕：辍朝五日，亲王以下、满汉四品以上并公主、王妃等哭临。董鄂妃追封为董鄂皇后。顺治便连续发下圣谕：召江南、五台山高僧，遣中使迎来宫中，为董鄂皇后礼忏营斋，设水陆道场。征天下巧匠，为董鄂皇后构设冥宅。命学士王熙、胡兆龙编纂《董鄂皇后语录》。命大学士金之俊撰写《董鄂皇后传》。命内阁自八月至十二月，奏本尽用蓝墨，以示哀悼，明年新正方许恢复朱色。命诸大臣议谥。命全国服丧，自京诏到日，官吏一月，百姓三天……从满洲入关，到天下一统，17年以来，朝廷还没有举行过这样隆重的国葬，大清国震动了。

《红楼梦》里的秦可卿之葬，主要是直写董鄂妃之葬，其次是补写皇太极之葬，再次是隐射多尔衮与孝庄皇太后为崇祯皇帝举办国丧。王熙凤协理宁国府，是婶子为侄媳妇办丧事。而孝庄皇太后为董鄂皇后办丧事，是婆婆为儿媳妇办丧事。贾琏与林黛玉到姑苏为林如海发丧，隐射先期到京的多尔衮代表孝庄皇太后到十三陵为崇祯皇帝发丧。一箭三雕，天衣无缝，细节都埋伏在一个故事里。《红楼梦》里的贾珍死去活来，一切不顾，隐射顺治皇帝死去活来。

在董鄂妃弥留之际，顺治皇帝因哀痛过甚而陷于神情恍惚、举措茫然的状态。后来他全然不顾宫中的凶礼定制，硬使"蓝批"一直持续到自己"死前"七日才停止，时间竟然长达四个多月！停用"蓝批"后的一天，福临去悯忠寺观看太监吴良辅剃发出家的仪式，返宫即卧床不起。以致后来撰修《大清会典》时对此实难解释处理，只得略而不写。

顺治帝哀思如涌，大清国也跟着方寸大乱。第九十八回云：

话说宝玉见了贾政，回至房中，更觉头昏脑闷，懒怠动弹，连饭也没吃，便昏沉睡去。仍日日延医诊治，服药不效，索性连人也认不明白了。大家扶着他坐起来，还是象个好人。一连闹了几天。那日恰是回九之期，说是若不过去，薛姨妈脸上过不去；若说去呢，宝玉这般光景，明知是为黛玉而起，欲要告诉明白。又恐气急生变。宝玉越加沉重。次日连起坐都不能了，日重一日，甚至汤水不进。薛姨妈等忙了手脚，各处遍请名医，皆不识病源。只有城外破寺中住着个穷医姓毕别号知庵的，诊得病源是悲喜激射，冷暖失调，饮食失时，忧念滞中，正气壅闭，此内伤外感之症。于是度量用药，至晚服了，二更后，果然省些人事，便要喝水，贾母、王夫人等才放了心，请了薛姨妈带了宝钗，都到贾母那里，暂且歇息。宝玉片时清楚，自料难保，见诸人散后，房中只有袭人，因唤袭人至跟前，拉着手哭道："我问你，宝姐姐怎么来的？我记得老爷给我娶了林妹妹过来，怎么叫宝姐姐赶出去了？他为什么霸占住在这里？我要说呢，又恐怕得罪了他。你们听见林妹妹哭的怎么样了？"袭人不敢明说，只得说道："林姑娘病着呢。"宝玉又道："我瞧瞧他去。"说着要起来。那知连日饮食不进，身子岂能动转？便哭道："我要死了！我有一句心里的话，只求你回明老太太，横竖林妹妹也是要死的，我如今也不能保，两处两个病人，都要死的。死了越发难张罗，不如腾一处空房子，趁早把我和林妹妹两个抬在那里，活着也好一处医治、伏侍，死了也好一处停放。你依我这话，不枉了几年的情分。"袭人听了这些话，又急，又笑，又痛。

本回直接描写顺治十七年八月十九日顺治皇帝的真实情况。

（1）《苦绛珠魂归离恨天　病神瑛泪洒相思地》——标题写得明白，"苦绛珠"隐射董鄂氏皇贵妃，如今死了。"病神瑛"隐射顺治皇帝，眼看也活不成了。

（2）"索性连人也认不明白了"——顺治皇帝死去活来，一切不顾了。

(3)"果然省些人事,便要喝水,贾母、王夫人等才放了心",几天后顺治活过来,孝庄皇太后"才放了心"。

(4)"宝玉片时清楚,自料难保",这是顺治皇帝自知病入膏肓。

(5)"横竖林妹妹也是要死的,我如今也不能保……你依我这话,不枉了几年的情分",这是顺治皇帝对孝惠章皇后(袭人)的真诚请求。

董鄂妃初丧的几天,顺治皇帝竟致寻死觅活,不顾一切,孝庄皇太后便答应儿子:但凡合理合礼,皇儿只管令行就是。顺治皇帝请求要以皇后之礼为她发丧。

孝庄皇太后很为难:这从来没有先例!皇后明明在,董鄂氏是皇贵妃,却要待以皇后之礼,这妥当吗?顺治皇帝坚持己见,母后若不准,情愿削发入山。孝庄皇太后又悲又愤,当时在场的孝惠章皇后擦干眼泪,跪在皇帝身旁,向皇太后说:董鄂妹妹侍奉皇上五年,贤孝和顺,实在能代儿妇之职,儿妇本有心以皇后之位相让,不想她竟仙逝……以皇后之礼丧葬,实在与儿妇初衷相合。朝中诸臣若有异议,可以儿妇本意晓谕。顺治皇帝十分感激。孝庄皇太后说:皇后既然体贴皇帝之心,不生妒忌,自己何必拂违皇后的好意呢?她让顺治皇帝把皇后的意思谕示朝臣。诏书可称奉皇太后的旨意。次日,皇帝降谕礼部:"奉皇太后懿旨:皇贵妃董鄂氏孝敬性成,淑仪素著,才德兼备,足毗内政。今忽尔薨逝,予心甚为轸惜,应追封为皇后,以示宠褒,钦此。朕谨遵慈命,追封皇贵妃董鄂氏为皇后,应行典礼尔部即议以闻。"礼部不敢怠慢,在董鄂妃死后的第四天,便在停灵的承乾宫举行了隆重的追封礼,追封董鄂妃为皇后。

这史实进入《红楼梦》,就是第十三回与第七十八回中晴雯追封为芙蓉花神。第十三回原文:

贾珍因想着贾蓉不过是个黉门监,灵幡经榜上写时不好看,便是执事也不多,因此心下甚不自在。可巧这日正是首七第四日,早有大明宫掌宫内相戴权,先备了祭礼遣人来,次后坐了大轿,打伞鸣锣,亲来上祭。贾珍忙接着,让至逗蜂轩献茶。贾珍心中打算定了主意,因而趁便就说要与贾蓉捐个前程的话。戴权会意,因笑道:"想是为丧礼上风光些。"贾珍忙笑道:"老内相所见不差。"

此处隐射顺治皇帝坚持要按皇后的礼仪殡葬董鄂氏皇贵妃,迫使孝惠章皇后与孝庄皇太后答应追封她为"端敬"皇后董鄂妃生前居住承乾宫。从八月十九日至九月初一日,景山寿椿殿设灵堂完毕,及至移棺之日,顺治已渐趋镇静,将一腔哀恸转为疯狂的行动,亲自组织指挥了一场清代历史上罕见的奇特丧礼。顺治帝谕诸大臣拟奏谥号。诸大臣先按皇贵妃的等级拟4字,顺治帝不允。大臣们只得再拟,一直增加到10字。其谥曰"孝献庄和至德宣仁温惠端敬皇后",其中"端敬"二字是皇后应有的谥字,共计12字,而清太宗皇太极初谥也不过15字,以后孝惠皇后死时的谥号仅10字而已。即使如此,顺治皇帝仍以谥封中没有"天圣"二字而生气。

按照清代谥法,皇后应有"承天辅圣"字样,妃嫔生子为帝者,谥有"育圣"等字。尽管顺治皇帝在心目中早已视爱妃为皇后,但董鄂妃生前既未封皇后,亦无子嗣帝位,他的要求显然有违情理,显然是"陡为哀痛所攻"而"不顾一切"的作为。

顺治皇帝命令词臣拟撰《端敬后祭文》,一群满腹经纶的文臣绞尽脑汁,连写三稿也未合旨意。中书舍人张宸根据顺治皇帝与董鄂妃生前的一些生活细节草成祭文,哀情溢于行句之间,尤其是"渺兹五夜之箴,永巷之闻何日?去我十臣之佐,邑姜(周朝姜太后)之后谁人"等语,因董鄂妃曾以姜太后为楷模,福临阅后触动旧情,泫然泪下。顺治皇帝把自己关在养心殿,闷头抒写胸怀。

从第一次见面到如今,"五年八月有畸",往事历历在目,养心殿里处处留有她的痕迹影像,使他触目伤情。福临奋笔疾书,把一腔感念都倾注于笔端。头七之后,董皇后的灵柩就要移往景山寿椿殿。顺治皇帝要在当晚把这篇祭文焚化在她的灵柩前。哀思如泉,泪水如泉,文不加点,一挥而就。搁笔之后,以文代哭,胸中的郁闷、哀伤减轻了许多。

八月二十六日二鼓以后,顺治皇帝换了一身素服,悄悄地走向承乾宫,想趁夜深人静,最后一次与她独诉衷情。面对灵堂,拿起亲笔写的祭文,一字一句读下去。开始还硬撑着朗朗而读,后来泪随语出,抑制不住。读到最后,声音嘶哑,泪湿胸襟。小太监流泪举火,福临在灵前把祭文一页一页地焚烧在金炉之中。"痴道人"顺治皇帝念的《端敬后祭文》——其实就是贾宝玉念的《痴公子杜撰芙蓉诔》。第七十八回原文加注:

> 宝玉本是个不读书之人,再心中有了这篇至意,怎得有好诗文作出来。他自己却任意纂著,并不为人知慕,所以大肆妄诞,竟杜撰成一篇长文,……名曰《芙蓉女儿诔》,前序后歌。……窃思女儿自临浊世,迄今凡十有六载(从顺治十一年二月八日一见钟情计算,实有六载)……而玉得于衾枕栉沐之间,栖息宴游之夕,亲昵狎亵,相与共处者,仅五年八月有畸(从顺治十二年二月八日巫山云雨计算,仅五年八月有畸)……高标见嫉,闺帏恨比长沙;贞

历史条件下，就得经受无数痛苦。正是这些痛苦，逼得他向佛门寻求解脱。玉林通琇身为知名高僧，焉敢冒天下之大不韪，接受皇帝出家呢？顺治退了一步又说："不出家也罢，老和尚收朕为弟子吧！"玉林通琇生怕这位年轻的皇帝又会使出更叫他为难的招数，再说收一个皇帝为门徒，总是佛门盛事。于是答应收他为佛门弟子。在顺治皇帝的逼迫下，玉林提笔选择法名，皇上又说："师父赐朕法号，必得拣一个最丑的字才好……"玉林书写了十多个字进呈皇上御览。福临选择了"痴"，上一个字是禅宗龙池派第五代的"行"字，于是，顺治皇帝的法号便是"行痴"了。

由此可见，顺治出家的念头在董鄂妃病中就生根了。《红楼梦》里所谓的"痴公子"贾宝玉，其实就是指"行痴"与"痴道人"顺治皇帝。这是毋庸置疑的。病入膏肓的董鄂妃听说顺治皇帝要出家，痛不欲生。顺治皇帝抱住董鄂妃喊道：你为什么要生病？你不要离开我！只有你在支持我。要是失了你，我就全垮了！这一段对话，进入《红楼梦》，就是黛死钗嫁、宝玉出家的历史依据。第九十七回云：

话说黛玉到潇湘馆门口，紫鹃说了一句话，更动了心，一时吐出血来，几乎晕倒，亏了紫鹃还同着秋纹，两个人搀扶着黛玉到屋里来……此时反不伤心，惟求速死，以完此债……宝玉说道："我有一个心，前儿已交给林妹妹了。他要过来，横竖给我带来，还放在我肚子里头。"……黛玉微笑一笑，也不答言，又咳嗽数声，吐出好些血来。紫鹃等看去，只有一息奄奄，明知劝不过来，惟有守着流泪。天天三四趟去告诉贾母，鸳鸯测度贾母近日比前疼黛玉的心差了些，所以不常去回……黛玉向来病着，自贾母起直到妹妹们的下人，常来问候，今见贾府中上下人等都不过来，连一个问的人都没有，睁开眼只有紫鹃一人。自料万无生理。

此乃《红楼梦》记录的董鄂氏死前的情景。第九十八回：

宝玉听了，不禁放声大哭，倒在床上，忽然眼前漆黑，辨不出方向。心中正自恍惚，只见眼前好象有人走来。宝玉茫然问道："借问此是何处？"那人道："此阴司泉路。你寿未终，何故至此？"宝玉道："适闻有一故人已死，遂寻访至此，不觉迷途。"那人道："故人是谁？"宝玉道："姑苏林黛玉。"那人冷笑道："林黛玉生不同人，死不同鬼，无魂无魄，何处寻访？凡人魂魄，聚而成形，散而为气，生前聚之，死则散焉。常人尚无可寻访，何况林黛玉呢？汝快回去罢。"宝玉听了，呆了半晌，道："既云死者散也，又如何有这个阴司呢?"那人冷笑道:"那阴司,说有便有,说无就无。皆为世俗溺于生死之说,设言以警世,便道上天深怒愚人。或不守分安常;或生禄未终,自行夭折;或嗜淫欲,尚气逞凶,无故自殒者,特设此地狱,囚其魂魄,受无边的苦,以偿生前之罪。汝寻黛玉,是无故自陷也。且黛玉已归太虚幻境,汝若有心寻访,潜心修养,自然有时相见;如不安生,即以自行夭折之罪,囚禁阴司,除父母之外,图一见黛玉,终不能矣。"那人说毕,袖中取出一石,向宝玉心口掷来。宝玉听了这话,又被这石子打着心窝,吓的即欲回家,只恨迷了道路。正在踌蹰,忽听那边有人唤他。回首看时,不是别人,正是贾母、王夫人、宝钗、袭人等围绕哭泣叫着,自己仍旧躺在床上。

此乃董鄂氏死后,顺治皇帝死去活来的情景。第二十二回里,就写了佛教对荣国府男女的深刻影响,时间为顺治十五年:

凤姐道:"二十一是薛妹妹的生日,你到底怎么样呢?"贾琏道:"我知道怎么样!你连多少大生日都料理过了,这会子倒没了主意?"凤姐道:"大生日料理,不过是有一定的则例在那里。如今他这生日,大又不是,小又不是,所以和你商量。"……凤姐听了,冷笑道:"我难道连这个也不知道?我原也这么想定了。但昨儿听见老太太说,问起大家的年纪生日来,听见薛大妹妹今年十五岁,虽不是整生日,也算得将笄之年。老太太说要替他作生日。想来若果真替他作,自然比往年与林妹妹的不同了。"贾琏道:"既如此,比林妹妹的多增些。"

"十五岁"与"二十一"是两个重要的历史坐标值。"十五岁"隐射顺治十五年。"二十一"隐射顺治21岁、废皇后(薛妹妹)23岁。

顺治十四年十月,静妃复位,成了长春宫主位。顺治十五年正月董鄂氏皇贵妃的儿子四阿哥(顺治追封为荣亲王)莫名其妙地死了。所以"老太太(孝庄)说要替他(长春宫主位)作生日",还要"比往年与林妹妹(董鄂氏皇贵妃)的不同"。这是在庆祝蒙古后党的胜利。正是在这种历史背景下,顺治皇帝产生了出家的念头。第二十二回:

这日早起,宝玉因不见林黛玉,便到他房中来寻,只见林黛玉歪在炕上。宝玉笑道:"起来吃饭去,就开戏了。你爱看那一出?我好点。"林黛玉冷笑道:"你既这样说,你特叫一班戏来,拣我爱的唱给我看。这会子犯不上跐着人借光儿问我。"宝玉笑道:"这有什么难的。明儿就这样行,也叫他们借咱们的光儿。"一面说,一面拉起他来,携手出去。

董鄂氏皇贵妃刚死了儿子,她的心情不难理解。

至上酒席时,贾母又命宝钗点。宝钗点了一出《鲁智深醉闹五台山》。宝玉道:"只好点这些戏。"宝钗道:"你白听了这几年的戏,那里知道这出戏的好处,排场又好,词藻更妙。"宝玉道:"我从来怕这些热闹。"宝钗笑道:"要说这一出热闹,你还算不知戏呢。你过来,我告诉你,这一出戏热闹不热闹。——是一套北《点绛唇》,铿锵顿挫,韵律不用说是好的了;只那词藻中有一支《寄生草》,填的极妙,你何曾知道。"宝玉见说的这般好,便凑近来央告:"好姐姐,念与我听听。"宝钗便念道:漫揾英雄泪,相离处士家。谢慈悲,剃度在莲台下。没缘法,转眼分离乍。赤条条,来去无牵挂。那里讨,烟蓑雨笠卷单行?一任俺,芒鞋破钵随缘化!

宝玉听了,喜的拍膝画圈,称赏不已,又赞宝钗无书不知。林黛玉道:"安静看戏罢,还没唱《山门》,你倒《妆疯》了。"

……凤姐笑道:"这个孩子扮上活象一个人,你们再看不出来。"宝钗心里也知道,便只一笑不肯说。宝玉也猜着了,亦不敢说。史湘云接着笑道:"倒象林妹妹的模样儿。"宝玉听了,忙把湘云瞅了一眼,使个眼色。众人却都听了这话,留神细看,都笑起来了,说果然不错。一时散了。

"谢慈悲,剃度在莲台下。没缘法,转眼分离乍。赤条条,来去无牵挂。"这是《红楼梦》中最早隐射顺治皇帝想出家五台山的句子。

宝玉道:"什么是'大家彼此'!他们有'大家彼此',我是'赤条条来去无牵挂'。"谈及此句,不觉泪下。袭人见此光景,不肯再说。宝玉细想这句趣味,不禁大哭起来,翻身起来至案,遂提笔立占一偈云:

你证我证,心证意证。

是无有证,斯可云证。

无可云证,是立足境。

写毕,自虽解悟,又恐人看此不解,因此亦填一支《寄生草》,也写在偈后。自己又念一遍,自觉无挂碍,中心自得,便上床睡了。

董鄂氏(林黛玉)丧子,而受冷落与嘲弄("拿我比戏子取笑")。蒙古后党复辟(薛宝钗),母后(贾母)设宴庆祝,新皇后(袭人)"见此光景,不肯再说"。顺治皇帝（贾宝玉）觉得"他们有'大家彼此'，我是'赤条条来去无牵挂'"，"细想这句趣味，不禁大哭起来"——这是顺治十五年后宫斗争最真实的写照。顺治皇帝与董鄂氏在极端孤立的情势下，脱离了汤若望人文主义的思想影响，开始皈依佛门，竟然一发而不可收拾。这是孝庄皇太后始料未及的。若能未卜先知，她不会张罗顺治十五年这次荒谬的庆祝会，即便张罗一次侄女复位的庆祝会，也不会"贾母十分喜悦"。

"你证我证，心证意证。是无有证，斯可云证"脱胎于神秀的偈语："身是菩提树，心为明镜台。时时勤拂拭，勿使生尘埃。""无可云证，是立足境"脱胎于禅宗六祖惠能的偈语："菩提本无树，明镜亦非台。本来无一物，何处惹尘埃。"——贾宝玉顺治皇帝的最后结局，在第二十二回就已经注定了——"撒手人寰"。

第二节　董鄂氏之葬

顺治皇帝是封建社会的悲剧，同时他又亲手制造了更大的悲剧。董鄂妃尸骨火化后，"三十名太监与宫中女官，悉行赐死，免得皇妃在另一世界中缺乏服侍者"。这件历史事实，成了顺治皇帝罪恶的顶峰。

《红楼梦》作者将这件罪恶写在了贾珍的账上。顺治皇帝同意宫女、太监出宫去送灵柩。茆溪森在承乾门外追上躬身道：我佛大慈大悲，上天有好生之德，敢请朝廷免去多人殉葬……顺治皇帝脸一沉说：殉葬乃国家旧俗，不然董皇后有何人服侍？况且，朕想随她同去，尚且不能，奴婢们自愿殉主，忠义可嘉，朕岂能不成全他们？但终被劝阻。第十三回：

因忽又听得秦氏之丫鬟名唤瑞珠者，见秦氏死了，他也触柱而亡。此事可罕，合族人也都称叹。贾珍遂以孙女之礼殓殡，一并停灵于会芳园中之登仙阁。小丫鬟名宝珠者，因见秦氏身无所出，乃甘心愿为义女，誓任摔丧驾灵之任。贾珍喜之不尽，即时传下，从此皆呼宝珠为小姐。那宝珠按未嫁女之丧，在灵前哀哀欲绝。

瑞珠的"珠"字，从王从朱。"王"，"三十"也。"朱"，鲜血也。"瑞"者——吉祥也。30人殉葬，顺治认为是董后在地下的吉祥之兆。

重阳节的第二天，九月初十，是董皇后的三七。这一天，将按国礼焚化大行皇后的梓宫。30名殉葬者垂死前的呐喊嚎叫，是《红楼梦》里最悲惨的记载。董后丧事花费之巨、仪礼之隆，远远超出丧仪规定。全国均须服丧，官吏一月，百姓三日。为殡葬事务，曾耗费巨量国帑。顺治帝在临终前的《罪己诏》中也承认："（董后）丧祭典礼，过从优厚，不能以礼止情，诸事逾滥不经，是朕之罪一也。"

董鄂氏之葬，进入《红楼梦》，变成了三个故事：一是董鄂氏死封"端敬后"（《秦可卿死封龙禁尉》）；二是孝庄太后主持儿媳丧（《王熙凤协理宁国府》）；三是董鄂氏死后火化（《觉大限吞生金自逝》）。

第十三回《秦可卿死封龙禁尉》：

那长一辈的，想他素日孝顺；平一辈的，想他平日和睦亲密，下一辈的，想他素日慈爱，以及家中仆从老小，想他素日怜贫惜贱、慈老爱幼之恩，莫不悲嚎痛哭者。（此乃对董鄂氏皇贵妃的写照。）

（宝玉）如今从梦中听见说秦氏死了，连忙翻身爬起来，只觉心中似戳了一刀的不忍，哇的一声，直奔出一口血来。（此乃对顺治皇帝的写照。秦氏隐射董鄂氏皇贵妃。）贾珍哭的泪人一般，正和贾代儒等说道："合家大小，远近亲友，谁不知我这媳妇比儿子还强十倍。如今伸腿去了，可见这长房内绝灭无人了。"说着又哭起来。众人忙劝："人已辞世，哭也无益，且商议如何料理要紧。"贾珍拍手道："如何料理，不过尽我所有罢了！"（此乃对顺治皇帝的写照。万念俱灰，不顾一切。）

一面吩咐去请钦天监阴阳司来择日，择准停灵七七四十九日，三日后开丧送讣闻。这四十九日，单请一百单八众禅僧在大厅上拜大悲忏，超度前亡后化诸魂，以免亡者之罪；另设一坛于天香楼上，是九十九位全真道士，打四十九日解冤洗业醮。然后停灵于会芳园中，灵前另外五十众高僧、五十众高道，对坛按七作好事。（此乃对董鄂氏殡葬仪式的写照。）

（贾珍）亦发恣意奢华。看板时，几副杉木板皆不中用。可巧薛蟠来吊问，因见贾珍寻好板，便说道："我们木店里有一副板，叫做什么樯木，出在潢海铁网山上，作了棺材，万年不坏。这还是当年先父带来，原系义忠亲王老千岁要的，因他坏了事，就不曾拿去。现在还封在店内，也没有人出价敢买。你若要，就抬来使罢。"贾珍听说，喜之不尽，即命人抬来。大家看时，只见帮底皆厚八寸，纹若槟榔，味若檀麝，以手扣之，玎如金玉。大家都奇异称赏。贾珍笑问："价值几何？"薛蟠笑道："拿一千两银子来，只怕也没处买去。什么价不价，赏他们几两工钱就是了。"（隐射平西王吴三桂敬献樯木棺。）

戴权看了，回手便递与一个贴身的小厮收了，说道："回来送与户部堂官

第十五章 董鄂氏之死

老赵，说我拜上他，起一张五品龙禁尉的票，再给个执照，就把这履历填上，明儿我来兑银子送去。"小厮答应了，戴权也就告辞了。（戴权提到三个皇帝的位置，皆在崇祯自缢之后，李自成的大顺，南明残余皇室，顺治皇帝，相提并论。说明是死封顺治的皇后。而努尔哈赤与皇太极都没有死封过皇后，在盛京时代也没有李自成、吴三桂、南明皇室这些事。）因忽又听得秦氏之丫鬟名唤瑞珠者，见秦氏死了，他也触柱而亡。此事可罕，合族人也都称叹。（隐射30名宫女为董鄂氏殉葬。"珠"者，30人的朱血也。）

贾珍一面扶拐，扎挣着要蹲身跪下请安道乏。邢夫人等忙叫宝玉搀住，命人挪椅子来与他坐。贾珍断不肯坐，因勉强陪笑道："侄儿进来有一件事要求二位婶子并大妹。"邢夫人等忙问："什么事？"贾珍忙道："婶子自然知道，如今孙子媳妇没了，侄儿媳妇偏又病倒，我看里头着实不成个体统。怎么屈尊大妹妹一个月，在这里料理料理，我就放心了。"（贾珍隐射不能理事的顺治皇帝。邢夫人、王夫人与凤姐，皆隐射孝庄皇太后也。）

第六十九回：

那尤二姐原是个花为肠肚雪作肌肤的人，如何经得这般磨折，不过受了一个月的暗气，便恹恹得了一病，四肢懒动，茶饭不进，渐次黄瘦下去。（隐射董鄂氏死于慢性消耗。）丫鬟听了，急推房门进来看时，却穿戴的齐齐整整，死在炕上。于是方吓慌了，喊叫起来。（董鄂氏死时，顺治皇帝不在现场。）当下合宅皆知。贾琏进来，搂尸大哭不止。凤姐也假意哭："狠心的妹妹！你怎么丢下我去了，辜负了我的心！"尤氏贾蓉等也来哭了一场，劝住贾琏。贾琏便回了王夫人，讨了梨香院停放五日，挪到铁槛寺去，王夫人依允。贾琏忙命人去开了梨香院的门，收拾出正房来停灵。贾琏嫌后门出灵不象，便对着梨香院的正墙上通街现开了一个大门。两边搭棚，安坛场做佛事。用软榻铺了锦缎衾褥，将二姐抬上榻去，用衾单盖了。八个小厮和几个媳妇围随，从内子墙一带抬往梨香院来。那里已请下天文生预备，揭起衾单一看，只见这尤二姐面色如生，比活着还美貌。贾琏又搂着大哭，只叫："奶奶，你死的不明，都是我坑了你！"贾蓉忙上来劝："叔叔解着些儿，我这个姨娘自己没福。"说着，又向南指大观园的界墙，贾琏会意，只悄悄跌脚说："我忽略了，终久对出来，我替你报仇。"天文生回说："奶奶卒于今日正卯时，五日出不得，或是三日，或是七日方可。明日寅时入殓大吉。"（"贾琏嫌后门出灵不象，便对着梨香院的正墙上通街现开了一个大门。"隐射当年董鄂氏出灵到景山，拆了竹香馆对面的正墙，然后抬往景山。）

"八个小厮和几个媳妇围随"指八旗亲王宗室与二品以上大臣轮流抬棺的那段历史事实。"大观园的界墙"指故宫东北面的高墙。此处是公开写实。

贾琏道:"三日断乎使不得,竟是七日。因家叔家兄皆在外,小丧不敢多停,等到外头,还放五七,做大道场才掩灵。"天文生应诺,写了殃榜而去。宝玉已早过来陪哭一场。众族中人也都来了。(董鄂氏乃停放三七而顺治读《端敬皇后诔文》,"等到外头,还放五七,做大道场才掩灵",然后在景山火化。)

贾母道:"信他胡说,谁家痨病死的孩子不烧了一撒,也认真的开丧破土起来。既是二房一场,也是夫妻之分,停五七日抬出来,或一烧或乱葬地上埋了完事。"(隐射董鄂氏的火化经过孝庄皇太后的同意。)

第七十回:

话说贾琏自在梨香院伴宿七日夜,天天僧道不断做佛事。贾母唤了他去,吩咐不许送往家庙中。贾琏无法,只得又和时觉说了,就在尤三姐之上点了一个穴,破土埋葬。那日送殡,只不过族中人与王信夫妇,尤氏婆媳而已。凤姐一应不管,只凭他自去办理。

"就在尤三姐之上点了一个穴,破土埋葬。"乃明确交代尤二姐与尤三姐合穴而葬,实乃合二为一也——二尤都隐射董鄂氏皇贵妃。贾琏与柳湘莲都隐射顺治皇帝。)文献记载:景山大道场安排就绪,茆和尚应召指挥移棺。顺治皇帝亲临现场,抬棺材者竟是官阶二三品的旗籍大臣。从皇宫内的承乾宫到景山寿椿殿(明朝为永寿殿,今永思殿)的一路上,皇帝督阵,和尚指挥。据当时的目睹者说:"抬棺者皆言其重。"

第三节 顺治削发

董鄂氏端敬皇后的奇特丧礼,一直持续到顺治皇帝驾崩。顺治皇帝削发出家,是这场悲剧的最高潮。持续四个月的丧礼,加深了清初宫廷内外的政治矛盾,大大跳出了爱情的狭小范畴。

董鄂妃死后,顺治皇帝心中的爱情之火完全泯灭,更加强烈地追求精神解脱。完美的人生境界既然在世间根本不存在,只能遁入佛门。于是,削发出家，就成了爱情悲剧的续篇。

说是想出家，其实是顺治根本不想活了。

从皇宫出西华门，入西苑门，便是"人间蓬莱"中南海。这里是皇帝避痘（天花）与休闲时处理政务的处所。顺治皇帝驾崩前，对佛教逐渐着迷，西苑的万善殿，成了"佛心天子"礼佛参禅的仙界。万善殿内高悬两副楹联：一联是"万象证圆通，金轮妙转；三乘叛定慧，华海长涵"。另一联是"了悟彻声闻，花拈妙谛；净因空色相，月印明心"。第一联上阙"金轮妙转"四字，是禅师们揣摩"骨相"，瞎说顺治皇帝乃"金轮王转世"。他竟信以为真，亲笔将"金轮"字样恭楷联内，可见他"走火入魔"之深。

万善殿后面是圆盖穹隆的千圣殿，内供七级千佛浮屠一座，左右配殿挂满了楹联或条幅。中南海内终日烟缠雾绕，诵经之声不绝于耳。董鄂氏殡丧期间，文武百官群龙无首，惶惶不可终日。

顺治十七年十月八日，西苑万善殿内法器齐鸣，正进行着一场人们做梦也想不到的剃度具戒仪式。落发者竟然是当今天子——23岁的顺治皇帝。茆溪森在中南海万善殿前苍郁的古松柏下，迎接顺治皇上。使他吃惊的是，哀愁悲凄已从皇上眉目间一扫而光。他神态从容，目光里含着冷峻，仿佛两个月中长大了10岁（《冷二郎一冷入空门》）。福临的举动平静尊贵，不动声色，极合身份。他摘了帽子，悲怆地大笑着说：千万根烦恼丝顷刻断绝，何等容易！从此后赤条条无牵挂！师兄，你还不肯剃度朕吗？出于惊愕、出于感动、出于虚荣，也出于恐惧，茆溪森吩咐徒弟备香案、呈戒刀。就在万善殿内，他双手颤抖，为大清帝国皇帝净发。

万善殿上，法事有条不紊地进行着。既入佛门为僧，首先得脱去龙袍，换上僧衣和芒鞋……半个时辰后，顺治皇帝已成为一个光头泛青、新披大红袈裟的小和尚了（"贾宝玉披上了大红猩猩毡"）。皇上削发出家的消息，像晴天霹雳，震惊了朝廷。大清天子竟会这样荒谬，真是做梦也想不到。

议政王大臣紧急会议，第一项决定就是严格封锁消息，议论透露者斩。第二项决定是所有臣子轮流叩见皇上，求他还俗回宫。后宫哭声不停，皇后和妃嫔们都恐惧万分。入关后第一位清朝皇帝削发出家，是清王朝的奇耻大辱。对此朝中权臣们态度各异。作壁上观者多是中原士民骂为"贰臣"的汉官。连范文程、洪承畴这些开国功臣和三朝元老，也都不置一言。

真正如坐针毡的是一班满族勋戚大僚。皇帝的越轨举动，不仅关系着他们个人的荣辱，而且危及清王朝的命运，可谓"牵一发而动全身"。只有两个人一丝不乱，一个是福临自己，另一个是孝庄皇太后。她既不去万善殿，也不表示悲哀忧愁。来叩谒的，她一概都见，但不对儿子出家发表任何看法。

清军刚打进关内,即下令所过地区"尽行剃发"。顺治二年(1645)六月,再次严颁剃发令。所谓"剃发",就是仅留脑后之发交结成辫,余皆剃除。这种发式本属满族旧俗,但在奉行头发是"受之父母,发之体肤,剃之为不孝"的传统观念的中原地区强制施行,则是一种饱含人身污辱的民族压迫暴政,引起十分强烈的反抗。但清王朝"留头不留发,留发不留头"的野蛮杀戮政策,使这一血腥虐政一直维持到清亡。"国不可一日无君"。倘若皇上轻入禅关,刚刚定鼎立足未稳的大清帝国怎么办?

自努尔哈赤、皇太极以数十年苦战流血创建的累代功业,岂不一朝毁于汉族僧人的剃刀之下?此时,郑成功拥兵东南海隅,大西民军在西南仍有强大的军事武装,中原抗清斗争此伏彼起。凡此种种都时刻威胁着清政权。而朝廷内部更是诸务未善,百端待举。何况诸位皇子尚年幼,再立新帝势必重演摄政王多尔衮揽权擅政的历史,那又将是一场你死我活的争斗……行痴和尚在上书中,告不孝之罪,表示断绝红尘,要岳乐主持国政,如果太后认可,他将禅位给岳乐。

解铃还须系铃人。皇太后召见玉林国师。玉林一进万善殿,立刻命他的徒子徒孙们把茆溪森捆绑在石柱上,四周架起柴禾,准备点火烧他。随后,玉林进了行痴即福临的方丈室。两人一见,两个光头相对,玉林忍俊不禁,福临也开怀大笑。殿外堆起的柴薪已经点着了火,茆溪森念佛声盖过了所有的嘈杂声。福临走到窗前看了一眼道:"师父不要怪罪师兄,是朕命他净发的。""怪不怪,无需细究。除非皇上蓄发,茆溪森不能无罪。"烟火腾起,茆溪森被裹在其中。福临无可奈何地笑道:"饶了师兄吧!朕静听师决就是。"茆溪森得救了,代价便是福临蓄发还俗。第六十六回《冷二郎一冷入空门》隐射顺治皇帝削发出家的史实:

……湘莲警觉,似梦非梦,睁眼看时,那里有薛家小童,也非新室,竟是一座破庙,旁边坐着一个跏腿道士捕虱。湘莲便起身稽首相问:"此系何方?仙师仙名法号?"道士笑道:"连我也不知道此系何方,我系何人,不过暂来歇足而已。"柳湘莲听了,不觉冷然如寒冰侵骨,掣出那股雄剑,将万根烦恼丝一挥而尽,便随那道士,不知往那里去了。

"旁边坐着一个跏腿道士捕虱",隐射定南王孔有德(一道)在迎接自己的儿子顺治皇帝(柳湘莲)。

"将万根烦恼丝一挥而尽",隐射顺治皇帝在中南海削发。"也非新室,竟是一座破庙"——正是中南海万善殿。

第十五章　董鄂氏之死

　　定南王孔有德（一道）是已故的人，他来迎接要死的顺治皇帝，是父亲的灵魂来接早夭的儿子。后来的贾宝玉出家，隐射顺治皇帝出家，是有关国体的事，一僧一道具来迎接也。又是两个故事、一件史实，作者让读者联想。

第十六章 顺治驾崩

第一节 汤若望其人

顺治十八年正月初七日,顺治皇帝以痘亡。《红楼梦》将顺治皇帝死于天花写成"头胎生的公子,名唤贾珠,十四岁进学(顺治皇帝十四岁亲政),不到二十岁就娶了妻生了子,一病死了"(第二回《冷子兴演说荣国府》)。又将顺治皇帝削发出家写成"柳湘莲听了,不觉冷然如寒冰侵骨,掣出那股雄剑,将万根烦恼丝一挥而尽,便随那道士,不知往那里去了"(第六十六回《冷二郎一冷入空门》)与"宝玉仰面大笑道:'走了,走了!不用胡闹了,完了事了!'……走来名利无双地,打出樊笼第一关"(第一百一十九回《中乡魁宝玉却尘缘》)。

顺治十八年正月初七,顺治帝染上了天花,爱情破灭,成佛未遂,带着满腔遗憾离开了人间。此乃正史的记载。

满族入关前崇奉古朴的萨满教,清军铁骑踏进北京城,萨满教也随着征服者来到中原。一盘散沙的汉族人在满蒙铁骑下,不战自溃。原始的萨满教在佛教和汉文化面前,却不战自溃。

顺治十三年(1656)十二月二十四日,礼部官员请皇帝在元旦拜堂子,顺治帝干脆下令:"既行拜神礼,何必又诣堂子。以后著永远停止!"佛教征服了萨满教,农耕经济征服了游牧经济,孔孟程朱又被满蒙贵族奉为"至圣先师"。一切又都复归故道。满蒙贵族唯一保留下来的,只是脑后的那根小辫子。满族征服了汉族的身,汉族征服了满族的心。这是第一个历史事实。

耶稣会北京教长汤若望,与皇太后、顺治帝渊源颇深,且深得信赖。汤若望原名约翰·亚当·沙尔·冯·白尔,1592年生于德国莱茵州科隆城一个古老的贵族之家,自幼立志献身上帝的事业。成年后,放弃爵位继承权而做职业传教士,远渡重洋,来华传教,苦学汉语汉文。他精通天文历法、地理、数学等自然科学，又深谙政治经济社会发展史。他知道帝王在东方古国的绝对权威，因此试图走自上而下的传教之路。汤若望一手捧《西洋新法历书》，一手捧《圣经》，送给摄政王。多尔衮接纳先进的《西洋新法历书》，并改定为《时宪历》颁行天下，还擢升汤若望为钦天监副正，掌管天文历算，但让汤若望把《圣经》带到宣武门内的南教堂。

顺治八年（1652）四月的一天，汤若望居住的宣武门内南堂来了三位宫女，声称某郡主得了急症，请汤若望前去诊视。汤若望询问病情后，觉得并非大病，便将一面十字圣牌交来人带回。五天后，那三位宫女带来大批银钱酬谢汤若望。因为患病郡主果真恢复了健康。又过数日，一位蒙古妇人送来更大的款项。汤若望无论如何不接受，除非了解真相。蒙古妇人道：她的女主人是当今皇太后，患病的郡主是当今皇帝的未婚妻、皇太后的侄女，要与皇帝举行婚礼了。皇太后希望以父执礼敬重汤若望，但愿汤若望也能像女儿般待她。

顺治八年（1652）八月十三日，皇帝大婚，60岁高龄的汤若望参加了庆典。数日后，汤若望奉懿旨进宫，向义女祝贺。孝庄皇太后很感动，脱下手腕上的金镯送予汤若望。知天文、识历法，能预知日蚀月蚀，能测算日月星辰的出没……汤若望的这些西方知识，在入关不久的满洲人眼里简直就是神仙。汤若望是欧洲学者，又精通汉语，汉文化修养甚至超过了满洲大臣。孝庄皇太后认为结识这位欧洲传教士，有利于福临接受新文明的熏陶，因而对汤若望寄予了厚望。谁知汤若望在接触顺治皇帝的十年中，也将"离经叛道"的人文主义精神教给了福临，这是孝庄始料未及的。

顺治亲政之前，见过这位外籍钦天监，蓝眼金发的德国神父引起了他极大的好奇。汤若望神父私下里对小皇帝说了几句令人惊愕的话。他提醒皇上摄政王专擅朝政的危险。又说皇叔父身体虚弱，很可能会早死。福临听了如同醍醐灌顶，又惊又喜。顺治帝在摄政王的重压下喘不过气来，母后又下嫁摄政王，自己正不知如何是好。皇父摄政王会早死，就是提醒自己不必轻举妄动。顺治七年多尔衮外狩猝死，顺治帝认为是神父预言的应验，由此汤若望的神仙形象塑成。顺治帝选定汤若望作为自己的师友、亲信和顾问。从此以后，"汤若望至于顺治，等于魏征至于唐太宗"的时代开始了。

福临与汤若望像朋友、像祖孙，他频繁地莅临汤若望寓所，长谈闲聊，知识考问，治国治民，修身养性，天文历法，宗教神灵，无话不谈。文献记载，在顺治十三、十四两年间，福临竟有24次访问宣武门教堂。顺治亲政以后，给予汤若望极大的特权和信赖。《红楼梦》中醉金刚倪二（汤若望）无息借给贾芸（顺治）的"十五两三钱四厘二分"银子，就隐射顺治皇帝24次到南教堂求教汤若望的历史事实。

顺治亲政之初求学若渴（贾珠"十四岁进学"）。汤若望凭借广博的学识和"玛法"（爷爷）的特殊关系，可以随时出入宫禁，而且经常与皇帝一起进餐，"欢洽有如家人父子"。他向顺治传授大量自然科学和社会科学知识，也灌输西方的文艺复兴新思潮。顺治帝被汤若望那些海阔天空的自然和社会知识深深吸引住了。一个外国老传教士与东方少年天子长达十年的深厚友谊，是《红楼梦》中贾宝玉人文主义与离经叛道思想的主要根源。

"世法平等"、"满汉一体"、"禁止圈地"、"废除逃人法"、"抑制满蒙权贵"、"重用汉族文臣"，都是人文主义影响在特定历史条件下的表现形式。甚至"女儿是水……男人是泥"都是"男女平等"思想矫枉过正的畸形反映。这不仅对后金奴隶主残余旧制度是一种背叛与否定，甚至对几千年的汉族封建正统都是一种背叛与否定。在中国三千年封建社会的历史上，这是中西文化第二次交流的结果。这是第二个历史事实。

与汤若望的坦诚相见、真诚帮助形成尖锐对比的是，亲政前的顺治皇帝受尽了满蒙亲贵、多尔衮甚至孝庄皇太后的冷落、歧视与欺凌（贾芸），亲政后满蒙汉族大臣对他又极尽吹捧、奉承、巴结之能事，人情冷暖、世态炎凉，全为一个名权利（"走来名利无双地"）。

顺治皇帝（贾宝玉）对男人的如此行径深恶痛绝，认为此乃"国贼"、"禄蠹"的无耻行为。一经发现朋党为祸、结党营私，无论满汉，一律严惩不贷，江南科场案就是最好的说明。顺治皇帝自幼丧父，母亲与他一墙之隔，却远隔天涯。亲政后忽然妻妾成群，百鸟朝凤，女人们像众星捧月般地护卫着他，低眉敛眼，百依百顺，成了他的知己。所以他认为男人是"浊臭"的泥土，女人是"干净"的清水，这是一种变态的恋母情结。所以对身边的女人，他爱则爱得死去活来，须臾难离，不爱也相敬如宾，敬而远之，甚至作小伏低，曲意呵护（"意淫"）。"木石前缘"与"金玉良缘"的悲剧，都是这种畸形母爱与恋母情结造成的政治悲剧。

在福临转信佛教前，汤若望企图在皇帝可塑性很强的时候，将顺治训练成一名上帝的信徒与人文主义学者。但宗教总是植根于与之相适应的历史文化土壤之中。中国毕竟是佛、道、儒三教的堡垒，即使顺治皇帝有意领洗入教，封建正统制度也绝不会让他如愿以偿，与清廷不会答应他削发出家是一个道理。这就注定汤若望的宗教企图必然失败，而他的人文主义影响却在顺治皇帝的心里根深蒂固。但人文主义在17世纪的中国，是多么孤立脆弱、不堪一击！这是第三个历史事实。

顺治皇帝是东西宗教与东西文化争夺的焦点——贾宝玉思想体系是后金奴隶制残余、中国封建制度与西方人文精神的混血儿。孝庄皇太后是满蒙联姻最后的守护神，董鄂氏皇贵妃是满汉一体最初的牺牲品。东西方文化这次碰撞的结果，是绝大多数战胜了少数，传统保守战胜了标新立异，因循守旧战胜了锐意革新，儒道释三教合一战胜了基督教精神与人文主义。逆水行舟，不进则退，这是第四个历史事实。

人是需要一点精神与信仰的。顺治皇帝在极端孤立与绝望的历史条件下，在与董鄂氏的爱情毁灭以后，茫然四顾，呼苦无告，最后皈依了佛门。这是第五个历史事实。

苦海无边，回头是岸。释迦牟尼宽容地接纳了这位迟到的信徒。中国四大古典名著中有两个男主角皈依了佛门。先是《西游记》中的孙悟空，后是《红楼梦》里的贾宝玉。孙悟空梦想当皇帝而被打到五行山下，万般无奈才带上紧箍咒，当了和尚，在皇家指挥下去镇压各地的造反，经过九九八十一次考验，才得到了信任，成了"斗战胜佛"。贾宝玉当了皇帝却要追求"世法平等"与"爱情自由"，四面碰壁，走投无路，经过了一百二十回的失败，万般无奈才回头皈依佛门，成了"行痴和尚"与"痴道人"。四大古典名著中的这两个和尚，将中国封建主义的强大势力表现得令人胆寒。

随着顺治汉文化程度的提高，他已不满足仅与憨璞聪和尚谈禅。顺治十四年（1657）十月初四日，憨璞聪被召入西苑万善殿，顺治仔细询问了当今佛界的宗门流派，并让他详细开列名单呈奏。憨璞聪便将玉林琇、茚溪森等南方名僧逐一举列。自此，临济宗僧人来到北京皇宫。宗教的根源在人间。佛教反映了现实社会的苦海无边，并为人们指出脱离苦海、寻求精神安慰的途径。精神负担十分沉重的顺治皇帝急于寻求解脱，在十字架下并未找到光明之路，却在佛教中得到了满足与麻醉。玉林琇于顺治十五年（1658）九月接到诏请，于顺治十六年二月十五日来到北京，很快就使小皇帝五体投地，成为"痴道人"（福临法号）的入门法师。"痴道人"一心一意想求得精神解脱。顺治礼佛信教有一条清晰的思想发展轨迹：孔孟出世学说——老庄无为而治——耶稣舍身救世——释迦四大皆空。顺治皇帝苦读儒书是为了统治的需要。孔孟学说虽可用来"治国平天下"，却无法医治他的精神创伤。

顺治幼年丧父，遭受宗室奚落与多尔衮欺凌，朝内倾轧不休、天下战乱频仍，连母亲也那样冷酷无情，偌大一个中国就像"有了你，没了我；有了我，没了你"的厮杀之地。他坐在太和殿上发号施令，但返回后宫却又顾影自怜。董鄂妃"与其失人，毋宁失出"的宽大思想之所以很容易被他接受，并产生强烈共鸣，正是他矛盾的心理反应与精神需要。

佛界盛传顺治皇帝曾自作一偈云："吾本西方一衲子，为何落入帝王家？"可见顺治皇帝厌世之深，佛界传言并非空穴来风也。

第二节 贾珠"一病死了"

福临自幼就坐龙椅、穿龙袍，从懂事起就被说成是真龙降凡。于是，他自幼刚愎自用，随心所欲，纵欲无度，喜怒无常——"无故寻愁觅恨，有时似傻如狂。纵然生得好皮囊，腹内原来草莽。潦倒不通庶务，愚顽怕读文章。行为偏僻性乖张，那管世人诽谤！"（第三回《西江月》词）在多尔衮摄政的七八年中，临渊履薄，命如游丝，他知道自己不像一条张鳞举爪行云作雨的"龙"，倒像一只寄人篱下的可怜"虫"。于是，"真龙天子"的神话不攻自破。亲王贵戚们的嘲谑和冷眼、母亲忍辱下嫁仇人多尔衮、为了实行满蒙联姻而与自己不爱的皇后成婚，都使福临深切感受到人间的痛苦和皇室体制的冷酷。因此，虚无缥缈的"天"在他心中塌陷了。佛教是人间苦难的产物，以自我解脱方式对现实苦难予以逃避或对抗。顺治帝一经醉心佛门，宁愿相信自己是"金轮王转世"，而不愿听"真龙天子"的神话。

顺治情愿皈依佛祖还有一个重要原因，就是他的身体状况日益孱弱。他自知病入膏肓，可能不久于世，因此根本不相信廷臣和僧众"万寿无疆"的瞎话。董鄂妃的病势已十分沉重，顺治皇帝在人世间唯一的精神支柱即将颓坍，因此说出"即妻孥觉亦风云聚散，没甚关情"的沮丧之语。此刻，无论天主、佛祖和人主，在福临看来都"不在意中"，当一个内心清净的和尚去迎接死神，则是他唯一的心愿。因此，当董鄂妃薨逝、自己削发出家未遂时，他的精神世界已完全崩溃。顺治皇帝在董鄂妃丧事中的反常举动，应当是不难理喻之事。

顺治皇帝在天主、神主和人主之间的痛苦和矛盾选择之中，走完了自己短暂的人生之路。进入《红楼梦》，就是贾宝玉妻妾成群而冷漠地撒手人寰。

顺治十八年正月初四日，文武官员上朝奏事，突然听说皇帝有病不能临朝。正月初五日，大臣们一早便至皇宫请安，见宫殿各门上悬贴的门神和对联全部揭掉，便预感到大事不妙。正月初七日，宫内传谕："京城内，除十恶死罪外，其余死罪及各项罪犯，悉行释放。"同时，又下令民间"毋炒豆"、"毋燃灯"、"毋泼水"，这是宫中或民间家中有人出天花时的习俗。于是，朝内外以及百姓皆知皇帝正在出痘，而且病势不轻。正月初七日半夜子时，顺治皇帝"辞世"于养心殿内，卒年24虚岁。

有人根据福临生前多次吐血，推测他主要死因是肺结核，这在德国弗赖堡教会的汤若望档案中有记载。正月初八日，大臣们仍蒙在鼓里，早朝时告知一律摘去帽缨。皇帝之丧才有此仪,但大臣们仍然半信半疑。城门俱闭,列卒戒严,九衢寂寂,气势森严。午饭时分,百官们突然接到谕令"携朝服入宫"。入宫后即至户部各领取折帛一条,人们始信皇上已经归天。朝中一阵混乱,当得知顺治皇帝已指定佟妃所生的皇三子玄烨为嗣帝之后,众人"心乃安",时已夜分二鼓。顺治皇帝患天花而死,进入《红楼梦》变成了"都中在古董行中贸易的号冷子兴者"的一句话:"这政老爹的夫人王氏,头胎生的公子,名唤贾珠,十四岁进学,不到二十岁就娶了妻生了子,一病死了。"

"十四岁进学"是确定"贾珠"身份的重要依据。一般贵族世家的子弟不可能拖延到14岁才进学,只有顺治皇帝受到多尔衮愚儿政策的严重阻挠,直到14岁亲政以后,才得以系统地学习汉学。此处的"进学"还有更重要的意思。"学"乃"家学学堂",隐射清廷。"进学"则隐射顺治皇帝14岁时亲政,即顺治八年正月十二日正式亲政。

"不到二十岁就娶了妻生了子",隐射顺治皇帝16岁迎娶13岁的佟佳氏。"一病死了",隐射顺治皇帝患天花死了。

顺治十八年正月初二顺治皇帝从悯忠寺返宫,发现已染上天花。成年人出天花,几乎很难幸存。据《汤若望传》记载,顺治皇帝本来就患有肺结核,突然病上加病,身体极度虚弱,自知难以痊愈,便密旨召大学士王熙(此人当了一回"移花接木"的王熙凤)至养心殿内,特于病榻前赐坐,二人相谈很久。《汤若望传》中透露:"在这个消息传出宫外之后,汤若望立即亲赴宫中,流着眼泪,请求容许他觐见万岁。"

顺治皇帝派人委婉地向汤若望转达,说自己有"许多罪恶,他觉得他是没有见上帝的资格了。如果他恢复康健时,他一定要信奉汤若望的宗教,可是现在的病症是不容许他做这件事情的"。汤若望未能面圣,却直接参与了嗣君人选的重大决策。

《汤若望传》中披露了嗣君选定时的内幕:"一位继位的皇子尚未诏封,皇太后立促皇帝做这一件事情。皇帝想到了一位从兄弟,但是皇太后和亲王们见解,都是愿意皇帝由皇子中选择一位继位者。皇帝使人问汤若望的意见,汤若望完全立于皇太后的一方面,而提出被皇太后所选择的一位太子为最合适的继位者。这样,皇帝最后受到汤若望的劝促,舍去一位年龄较长的皇子,而封一位庶出的、还不到七岁的皇子为帝位之承继者。当时为促成这一个决断所提出的理由,是因为这位年龄较幼的太子,在髫龄时已经出过天花,不会再受到这种病症的伤害。而那位年龄较长的皇子(福全),尚未出过天花,时时都得小心着这种可恐怖的病症。"

福临共有8子,4个早夭,当时除康熙外尚有福全、常宁和隆禧,俱非蒙古族母亲所生。因皇后无子，孝庄皇太后提出让已出过天花的玄烨即位。汤若望从免疫学角度坚决支持，福临无奈，只得首肯。接着出现了孝庄皇太后私改遗诏之历史疑案——这是《红楼梦》最最重要的历史大事，不写此事，何称隐史？若写此事，无法下笔。万般无奈，《红楼梦》里平添了王熙凤"移花接木"——荣国府"黛死钗嫁"的极度戏剧化的一幕，将宝黛悲剧的故事情节推向了高潮，用7个主角参与的婚姻大事（"黛死钗嫁"），隐射孝庄朝廷篡改顺治皇帝"密封奏折"的历史事件：

（1）以"偷梁换柱"的设计者王熙凤隐射"密封奏折"的起草者与删改者大学士王熙。

（2）用贾母与王夫人隐射"偷梁换柱"阴谋的总后台孝庄皇太后。

（3）以贾宝玉隐射万念俱灰、病入膏肓、神志不清的顺治皇帝。

（4）以袭人隐射胁从者孝惠章皇后小博尔济吉特氏。

（5）以林黛玉（已经死去的董鄂氏皇贵妃）隐射顺治皇帝钦定的"密封奏折"。

（6）以薛宝钗（复辟为长春宫主位的废皇后静妃）隐射孝庄皇太后篡改而成的顺治《罪己诏》。

前5个演员表演的历史人物与历史事件符合"循踪涉迹，不敢稍加穿凿"的创作原则。后两个演员表演的历史事件符合"循踪涉迹，不敢稍加穿凿"的创作原则，但她们表演的历史人物违反了创作原则，而完成的主题思想又完全符合"循踪涉迹，不敢稍加穿凿"的创作原则。

在《红楼梦》里，林黛玉与薛宝钗这两位主要演员，有三次脱离故事情节，不演人物，只演历史事件、历史证物或人物性格：

（1）在第一回里，"玉在椟中求善价，钗于奁内待时飞"——林黛玉的"玉"，隐射未启用的清朝传国玉玺。薛宝钗的"钗"，隐射准备收藏的后金金玺（天聪与崇德交替期，此时的贾雨村代表皇太极）。

（2）在第五回里，"玉带林中挂，金簪雪里埋"——林黛玉的"玉"，隐射已启用的清朝传国玉玺。薛宝钗的"钗"，隐射已经收藏的后金金玺（顺治朝，此时的贾宝玉隐射顺治小皇帝，林黛玉、薛宝钗都隐射孝庄皇太后博尔济吉特氏）。

（3）在第五回，"更可骇者，早有一位女子在内，其鲜艳妩媚，有似乎宝钗，风流袅娜，则又如黛玉"，隐射并提示读者，兼美者，董鄂氏皇贵妃也。历史人物董鄂氏皇贵妃的鲜艳妩媚，像演员薛宝钗。其风流袅娜，像演员林黛玉。换句话说，董鄂氏皇贵妃的容貌、气质、修养、才华与人品，集中了演员薛宝钗与林黛玉两个人的优点，而不是缺点。董鄂氏皇贵妃是兼美而非兼丑。

如此一分析，董鄂氏就栩栩如生，呼之欲出了。

从"密封奏折"到顺治《罪己诏》，凝聚了孝庄皇太后的政治智慧与治国经验。在顺治灵前颁布的遗诏主要内容是玄烨即位和索尼、苏克萨哈、遏必隆、鳌拜共同辅政。这只是正月初九日康熙登基后在天安门颁布的顺治遗诏最后一段内容。令人疑惑的问题是，既然是顺治遗诏，为什么先后不一、内容不一？后者增加了什么，为什么《红楼梦》作者将它写成"黛死钗嫁"、"偷梁换柱"与"移花接木"？

玄烨继嗣是孝庄皇太后主张、顺治皇帝同意的。辅政四大臣也得到了顺治皇帝的认可。孝庄坚决摒弃太后垂帘，本来已经十分紧张的母子关系，在顺治弥留之际总算缓和了下来。上三旗辅政四大臣，就是《红楼梦》里贾宝玉的四个小书童——茗烟、锄药、扫红、墨雨。

当时贾宝玉的大跟班济尔哈朗大叔（李贵）已经作古了。

"茗烟"——索尼（1601—1667年），姓赫舍里氏，满洲正黄旗人，大学士希福之亲侄，于太祖时自哈达来归，精通满、蒙、汉文，任职文馆，赐"巴克什"号，授一等侍卫，历事太祖、太宗、世祖三朝；久任吏部，原系皇太极嫡系之一，军功政绩卓著，世职晋至二等子。索尼智勇双全，在两黄旗大臣中威望甚高。皇太极死，他与两黄旗大臣盟誓于盛京故宫大清门前，誓立皇子。顺治初年，很受摄政王赏识，曾几次拉拢。索尼忠贞不贰，誓死效忠先帝太宗和少年天子福临，严词拒绝。睿亲王恼羞成怒，屡加打击，革职罚银，遣往盛京守昭陵（皇太极陵寝）。顺治亲政后，即让索尼还朝复爵，先后擢任内大臣、议政大臣、总管内务府事，晋世爵至一等伯，赐免死两次。

"锄药"——苏克萨哈（？—1667年），姓讷喇氏，满洲正白旗人。其父苏讷娶努尔哈赤第六女，早年自叶赫投努尔哈赤，太祖以六公主下嫁，因称额驸。苏克萨哈即公主所生，与顺治皇帝为姑表兄弟。初授委团长佐领，松锦战役立功，授三等轻车尉世职，顺治七年（1650）复其父世职，以苏克萨哈并袭为三等男。苏克萨哈原属正白旗，皇太极死时尚年轻，没有卷入两黄旗与两白旗争夺最高权力的漩涡。多尔衮死后，顺治亲政欲清洗多尔衮势力，苏克萨哈以两白旗重臣身份与睿王府护卫詹岱等，首举故主殡殓服色违制及诸叛状，揭发多尔衮"阴谋叛逆"的罪行，因此得顺治帝重用，擢其为护军统领、议政大臣，晋一等男兼一等云骑尉。顺治十二年（1665）率兵大败大西军刘文秀所遣之卢时臣部，晋二等子，任领侍卫内大臣，加太子太保。顺治十四年（1657），孝庄皇太后一度身患重病，苏克萨哈以内大臣身份终日奉汤送药，"昼夜勤劳，食息不暇"，更加得到皇室信任。孝庄皇太后和顺治帝正是利用苏克萨哈在正白旗中的威望，才顺利地把多尔衮的遗部收归皇室，加强了皇室力量，与两黄旗并称上三旗。

"扫红"——遏必隆（？—1673年），姓钮祜禄氏，满洲镶黄旗人，系开国元勋弘毅公额亦都第十六子，母为和硕公主。早年随同父兄南征北战，为清朝政权的建立和发展立下汗马功劳。初袭父一等子，任侍卫，管佐领，因故被削，后因松锦战役有功，授骑都尉世职。皇太极死，他与两黄旗大臣极力拥戴皇太极之子即位。多尔衮摄政期间，为肃亲王豪格案所累，革职去爵，抄没家产。多尔衮死后，顺治亲政，重新受到重用，先后受封多罗额驸、一等公、议政大臣、领侍卫内大臣，加少傅兼太子太傅，成为两黄旗重臣。

"墨雨"——鳌拜（？—1669年），姓瓜尔佳氏，满洲镶黄旗人。父卫齐，为清初开国功臣费英东之少弟。清朝初年，鳌拜随同父兄屡立战功。入关前，征朝鲜，战松山；入关后，逐李自成，剿张献忠，无不身先士卒，舍生忘死，冲锋陷阵，是满洲著名巴图鲁（英雄）。入关前即任至护军统领，晋世职三等子。入关后晋一等子，但因他在皇太极死后，曾与两黄旗大臣盟誓誓立皇子，并在多尔衮面前态度强硬，表示"吾属食于帝，衣于帝，养育之恩，与天同大，若不立帝子，则宁死从帝地下而已"。多尔衮摄政以后抑其功，降其爵，甚至被三度论死。顺治亲政，鳌拜得以重用，由一等侯晋二等公，任命为议政大臣、领侍卫内大臣，成为顺治皇帝所倚重的两黄旗重臣。并受命教习武进士，赐免死二次。

四位辅政大臣，俱系开国功臣，历任要职，屡立战功，有的还系皇亲国戚，其中三位两黄旗重臣拥立顺治有功，且因效忠少主而屡遭摄政王多尔衮压抑惩罚，削爵抄家甚至论死；另一位首告睿亲王"谋逆"有功，率正白旗归属皇帝亲领，因此深得顺治皇帝和孝庄皇太后的宠信，擢任高官要职，晋爵受封，恩荣至免死。因此，早在顺治帝逝世之前，这四位大臣在反对多尔衮的权力斗争中，已经坚定地站在了顺治皇帝和孝庄皇太后一边，倚他们为上三旗的亲信重臣，委任掌管宫廷宿卫和上三旗实权，参与议论和决策军国大事。

顺治遗诏中托孤上三旗四大臣辅政，是理所当然的事，从江山社稷考虑，基本反映的是顺治皇帝和孝庄皇太后的共同意愿。也就是说，对确定辅政四大臣，顺治皇帝是知晓并点头认可的。

第三节 "罪己诏"

顺治十八年（1661）正月初九日，孝庄皇太后打破祖制，让玄烨在顺治帝灵前三跪九叩，更孝服换朝服，在金銮殿正式登基，接受百官朝贺。同时，将顺治皇帝的遗诏颁布天下。将初七日宣布的遗诏与初九日颁布的遗诏加以对比，便可看出顺治皇帝遗诏中的"移花接木"。顺治皇帝的《罪己诏》列举自己失德的十四大罪状，其中十罪似乎与顺治的本意吻合，另外四罪就另当别论了。

第一罪"渐习汉俗"，更张旧制，绝非顺治原意。顺治皇帝之所以能在亲政的时间里政绩斐然，重要原因之一就是不墨守陈规，不因循陋习，他不会为习汉俗、用汉官而罪责自己。

第五罪是不信任满洲诸臣，委任汉官，致满臣无心任事，则更不是顺治原意。顺治倾心汉化，擢用汉官，倚重汉大学士，委命洪承畴经略五省，依靠三藩平定南方，成效卓著，怎么会自责呢？

第十罪说端敬皇后之丧祭典礼过于优厚，这更不可能出于世祖之口。顺治与董鄂妃情投意合，生死与共。爱妃仙逝，顺治帝悲痛欲绝，寻死未遂又剃发出家，置生死于不顾，视皇位如草芥，怎么会自责？

第十一罪是设立内宫十三衙门，重用明遗宦官，亦不会是顺治帝本意。顺治百般宠信的吴良辅，就是鼓动设立十三衙门的魁首。吴虽以交结外臣收受贿赂曾遭斥责，但圣眷未减，还替皇帝在悯忠寺出家。在顺治帝临终前五天，还临幸悯忠寺，"观内珰吴良辅祝发"，可见对吴之偏爱。显而易见，在顺治十八年（1661）正月初七日夜到初九日晨这段时间里，孝庄皇太后篡改了遗诏。孝庄皇太后严词拒绝了太后垂帘听政的建议，决心培养康熙皇帝。但康熙冲龄，毕竟不懂朝政，也不能放任辅政大臣，这是一个很大的矛盾。

孝庄皇太后在慈宁宫里召见满大学士麻勒吉和汉大学士王熙，将顺治遗诏推倒重来，除玄烨继嗣和四大臣辅政以外，加入修身养性治国平天下的内容，用顺治皇帝惯常的责己格调，对做人与治国方面的失德之处，予以无情地自责。这是一次"移花接木"的政治大手术，是孝庄太皇太后为维持大清国长治久安的历史杰作。

《罪己诏》为大清国未来的立国方针奠定了法律基础。如顺治帝罪己恢复十三衙门、重用宦员，那就必须撤销宦官干政。顺治帝罪己重用汉官、怠慢满官，预示将要排斥汉官、重用满官。顺治帝罪己没有尽孝道，后来的清帝就要重孝道。顺治帝罪己对端敬皇后丧祭优厚，不能以礼止情，后来的清帝就要遵循祖制，以礼止情，不能爱情至上……总之，顺治皇帝在罪己之时，实则是以否定的形式规定后代修身治国的准则。

顺治《罪己诏》在《红楼梦》里，就是贾宝玉"通灵宝玉"上的20个字、薛宝钗金锁上的8个字。二者加起来总共28个字，一分为二恰好14个字——什么"十四个字"？这是《罪己诏》的十四条！是大清国历代皇帝的清规戒律。这是大清国的皇帝必读的。28个字，没有任何歌功颂德粉饰太平的意思，都是告诫与警示。《罪己诏》的最高境界就是：

（1）政治方面对十四条要"莫失莫忘，仙寿恒昌"，可以"一除邪祟，二疗冤孽，三知祸福"。

（2）感情方面帝后之间要"不离不弃，芳龄永继"。

《罪己诏》并非孝庄的独创，而是沿袭了皇太极建国祖制与努尔哈赤的科尔沁盟约。所谓"偷梁换柱"，实乃对顺治基本国策的全面否定。

《红楼梦》作者对顺治的治国方略是赞赏的，对孝庄的复旧国策持否定的态度（"失去幽灵真境界，幻来新就臭皮囊"）。但《罪己诏》的颁布，确实维持了大清国的长治久安，这是《红楼梦》作者面对的极大矛盾。

康熙皇帝之后的诸帝，都严格遵循了"通灵宝玉"与"宝钗金锁"上的十四条精神，所以大清国的寿命比《红楼梦》作者的估计延长了近二百年。而顺治皇帝对这十四条是不满意的，所以贾宝玉经常想砸碎"通灵宝玉"，又公开宣布"纵然是举案齐眉，到底意难平"。但封建皇帝要砸碎封建制度，要摆脱封建枷锁，谈何容易？第八回原文：

（宝玉）项上挂着长命锁、记名符，另外有那一块落草时衔下来的宝玉。宝钗因笑说道："成日家说你的这玉，究竟未曾细细的赏鉴，我今儿倒要瞧瞧。"……"通灵宝玉正面图式"——"莫失莫忘，仙寿恒昌"。"通灵宝玉反面图式"——"一除邪祟，二疗冤孽，三知祸福"。宝钗看毕，又重新翻过正面来细看，口内念道："莫失莫忘，仙寿恒昌。"念了两遍，乃回头向莺儿笑道："你不去倒茶，也在这里发呆作什麽？"莺儿嘻嘻笑道："我听这两句话，倒像和姑娘的项圈上的两句话是一对儿。"宝玉听了，忙笑道："原来姐姐那项圈上也有八个字？我也赏鉴赏鉴。"宝钗道："你别听他的话，没有什么字。"宝玉笑央："好姐姐，你怎么瞧我的了呢。"宝钗被缠不过，因说道："也是人给了两句吉利话儿，所以錾上了，叫天天带着；不然，沉甸甸的有什么趣儿。"一面说，一面解了排扣，从里面大红袄上将那珠宝晶莹黄金灿烂的璎珞掏将出来。宝玉忙托了锁看时，果然一面有四个篆字，两面八个，共成两句吉谶，亦曾按式画下形相："不离不弃，芳龄永继"。

"莫失莫忘，仙寿恒昌"，隐射顺治《罪己诏》那十四条清规戒律。

"不离不弃，芳龄永继"，隐射孝庄坚持的满蒙联姻基本国策。

"那顽石亦曾记下他这幻相并癞僧所镌的篆文"与"是个癞头和尚送的，他说必须錾在金器上"，隐射天命十年的《科尔沁盟约》，是后金与科尔沁蒙古签订的同盟条约。

天命十年（1625）皇太极在娶科尔沁莽古思贝勒的女儿博尔济吉特氏（孝端文皇后）11年之后，又娶了她的侄女寨桑贝勒的女儿博尔济吉特氏（孝庄皇太后）。天聪八年又娶了孝庄的姐姐宸妃博尔济吉特氏（敏惠恭和元妃）。皇太极还有三位博尔济吉特氏贵妃或妃子，即懿靖大贵妃、康惠淑妃、侧妃扎鲁特。皇太极确定了满蒙联姻的基本国策。天命十年努尔哈赤与科尔沁鄂巴洪台吉盟誓：同心合意，益寿延年，子孙万世，永享荣昌。薛宝钗的金锁篆文，就是《科尔沁盟约》的标志，也就是满蒙联姻的标志。

第四节　董鄂氏贞妃殉葬

顺治十八年二月，追封顺治小董鄂氏为贞妃。谕礼部谓："皇考大行皇帝御宇时妃董鄂氏……当皇考上宾之日，感恩遇上甚深，克尽哀痛，遂而薨逝，芳烈难泯……追封为贞妃。"此董鄂氏应为罗硕的女儿，亦有人认为是满洲正白旗车骑都尉巴度女（晴雯）。她为鄂硕女儿董鄂氏皇贵妃（潇湘妃子林黛玉）的同姓妹妹。孝庄皇太后采用"移花接木"手法炮制的《罪己诏》，替满蒙亲贵出了一口恶气，又亲手制造了贞妃殉葬的惨剧。

妃侍殉死，乃满洲旧俗，但往往成为派系斗争一种杀人的手段。当年多尔衮、多铎、阿济格的母亲大妃阿巴亥，就因此而殉葬努尔哈赤，是皇太极正黄旗势力打击正白旗势力的行为。贞妃董鄂氏殉葬，消解了蒙古族后妃集团的嫉恨，缓和了满蒙亲贵对顺治锐意改革的不满。顺治皇帝的妃嫔中有三个董鄂妃，分别是端敬皇后（后谥）、贞妃（端敬皇后之妹）和宁悫妃，其中宁悫妃生子福全。

贞妃董鄂氏既为端敬董鄂氏之妹，而且"赋性温良，恪共内职"，很像她的姐姐，因此顺治帝在爱妃董鄂氏死后，曾一度移爱于贞妃。清初诗人吴伟业曾以诗记其事，将福临与贞妃比为历史上的司马相如和卓文君，写有"从此相如羞薄幸，锦衾长守卓文君"等诗句。但当时的顺治皇帝万念俱灰，未必是移情专宠之举，却招致贞妃的杀身之祸；贞妃被迫身殉，距福临之死仅26天。

孝庄皇太后让小董鄂氏贞妃为顺治殉葬，《红楼梦》中是王夫人将生病的晴雯逐出大观园，茹恨含冤而死。

小董鄂妃才18岁，刚进妃位。在顺治弥留期间，皇太后头一次单独召她到慈宁宫，断然道：如果皇帝归天怎么办？还问她是不是有孕了？董鄂妃连连摇头：都说皇上宠爱我，无非天天召我到养心殿去，皇上读书，叫我给他送茶；皇上写字画画，叫我给他磨墨；皇上打坐参禅，叫我侍立一旁，说是佛边天女。话不多说，笑容少见，更没有……

孝庄皇太后呆了半晌，极受震动。她的多情的儿子，竟又如此无情！孝庄太后了解儿子，相信这是真的（第一百九回《候芳魂五儿承错爱》）。

顺治十八年正月初，福临患了天花，后宫嫔妃大惊失色，但不久养心殿传出消息，说皇上病势减轻，热度渐退。宫里一片欢喜。皇太后领了后妃们前往探视。福临握住小董鄂妃的手道："半年多了，你枉担了虚名，也亏你一声不响，默默忍受。你和你姐姐长得太像，心地也一般无二，世间宫中怕是都容你不得的。与其日后受百般苦痛，不如跟我一起去吧。我们一起去见她。"董鄂妃这时反倒不哭了，眼睛一眨不眨地凝视着皇上，神色坚定，连连点头。贞妃殉葬成为福临人生悲剧的最后一幕。

第五十二回《勇晴雯病补雀金裘》隐射小董鄂妃在姐姐死了以后，填补顺治皇帝感情空白的故事。而第七十七回《俏丫鬟抱屈夭风流》隐射小董鄂妃含冤为顺治皇帝殉葬的故事，第一百九回《候芳魂五儿承错爱》隐射贞妃"承错爱"蒙冤屈的故事。第五十二回：

（1）晴雯听了半日，忍不住翻身说道："拿来我瞧瞧罢。没个福气穿就罢了。这会子又着急。"——隐射顺治无福，董鄂皇贵妃病逝，皇上难过。

（2）晴雯道："这是孔雀金线织的，如今咱们也拿孔雀金线就象界线似的界密了，只怕还可混得过去。"——隐射小董鄂妃与姐姐形似而神不似，聊作感情寄托吧。

（3）麝月笑道："孔雀线现成的，但这里除了你，还有谁会界线？"——隐射只有小董鄂妃能暂时填补顺治皇帝的感情空白。

（4）晴雯道："说不得，我挣命罢了。"——隐射小董鄂妃愿意代替姐姐。

（5）晴雯先拿了一根比一比，笑道："这虽不很象，若补上，也不很显。"宝玉道："这就很好，那里又找哦啰嘶国的裁缝去。"——隐射"鱼代熊掌"也。

（6）"补虽补了，到底不象，我也再不能了！"嗳哟了一声，便身不由主倒下。——隐射小董鄂妃为此"便身不由主倒下"了。

第七十七回：

（1）王夫人在屋里坐着，一脸怒色，见宝玉也不理。晴雯四五日水米不曾沾牙，恹恹弱息，如今现从炕上拉了下来，蓬头垢面，两个女人才架起来去了。——隐射小董鄂妃殉葬就死的情景。

（2）原来王夫人自那日着恼之后，王善保家的去趁势告倒了晴雯，本处有人和园中不睦的，也就随机趁便下了些话。王夫人皆记在心中。因节间有事，故忍了两日，今日特来亲自阅人。——"王善保家的"隐射全体蒙古籍后妃。"因节间有事"——隐射顺治十八年正月初七顺治皇帝驾崩。

（3）王夫人冷笑道："这也是个不怕臊的。他背地里说的，同日生日就是夫妻。这可是你说的？打谅我隔的远，都不知道呢。可知道我身子虽不大来，我的心耳神意时时都在这里。难道我通共一个宝玉，就白放心凭你们勾引坏了不成！"——"四儿"（殉死儿）隐射小董鄂氏。"同日生日就是夫妻"隐射小董鄂氏与顺治"同日死日就是夫妻"。

（4）晴雯拭泪，就伸手取了剪刀，将左手上两根葱管一般的指甲齐根铰下；又伸手向被内将贴身穿着的一件旧红绫袄脱下，并指甲都与宝玉道："这个你收了，以后就如见我一般。快把你的袄儿脱下来我穿。我将来在棺材内独自躺着，也就象还在怡红院的一样了。论理不该如此，只是担了虚名，我可也是无可如何了。"宝玉听说，忙宽衣换上，藏了指甲。晴雯又哭道："回去他们看见了要问，不必撒谎，就说是我的。既担了虚名，越性如此，也不过这样了。"——隐射小董鄂氏准备就死。

（5）谁知你两个竟还是各不相扰。可知天下委屈事也不少。如今我反后悔错怪了你们。——隐射孝庄明白小董鄂氏死得冤屈。

（6）宝玉又翻转了一个更次，至五更方睡去时，只见晴雯从外头走来，仍是往日形景，进来笑向宝玉道："你们好生过罢，我从此就别过了。"——隐射小董鄂氏赴死。

顺治十八年四月十七日为皇帝崩后百日，亦为梓宫火化之期，茆溪森昼夜兼程，终于在四月十六日赶到京师。翌日上午，时已即位登基的康熙皇帝亲临现场，令茆和尚为世祖章（福临谥曰"章"）皇帝梓宫举火。

《红楼梦》里晴雯与宝玉冰清玉洁，但作者利用晴雯来隐写董鄂氏皇贵妃，以《芙蓉女儿诔》来说明董鄂氏与顺治的夫妻关系——"而玉得于衾枕栉沐之间，栖息宴游之夕，亲昵狎亵，相与共处者，仅五年八月有畸。"明说董鄂氏与顺治夫妻五年有畸（顺治十二年二月入宫，顺治十七年八月死，恰好五年半），还是将晴雯拖进了浑水。

此处的晴雯指董鄂氏皇贵妃。为了澄清此事，又补充了《候芳魂五儿承错爱》，真是"一声两歌，一手二牍"也。

"柳五儿"，模样长得酷似"晴雯"。当美丽的"芙蓉花"不幸夭折，升天成仙，那朵"克隆芙蓉花"，是"死了"呢，还是"死人复活"？第七十七回，"王夫人笑道：你还强嘴！我且问你，前年我们往皇陵上去，是谁调唆宝玉要柳家的丫头五儿了？幸而那丫头短命死了，不然进来了，你们又连伙聚党遭害这园子呢。"——隐射孝庄对满族妃子董鄂氏小集团的痛恨。

王夫人的一句"幸而那丫头短命死了"显然不是讹传——隐射小董鄂氏确实为顺治殉葬了。第一百九回补充了她的冤屈："宝玉看时，居然晴雯复生！怎奈这位呆爷今晚把她当作晴雯，只管爱惜起来。""宝玉道：这个何妨？那一年冷天，也是你麝月姐姐和你晴雯姐姐玩，我怕冻着她，还把她揽在被里渥着呢，这有什么的！大凡一个人总不要酸文假醋才好。五儿听了，句句都是宝玉调戏之意，那知这位呆爷却是实心实意的话儿。"——注意此处是"爱惜"，是对"晴雯"的思念和缅怀，并无"侍寝"的意思。"五儿"毕竟不是"晴雯"，她无法理解顺治皇帝与董鄂氏的那份真情。

第一百九回：

那知宝玉要睡越睡不着，见他两个人在那里打铺，忽然想起那年袭人不在家时，晴雯、麝月两个人服侍，夜间麝月出去，晴雯要唬他，因为没穿衣服着了凉，后来，还是从这个病上死的。想到这里，一心移在晴雯身上去了。忽又想起凤姐说五儿给晴雯"脱了个影儿"，因将想晴雯的心又移在五儿身上。自己假装睡着，偷偷儿的看那五儿，越瞧越象晴雯，不觉呆性复发。听了听里间已无声息，知是睡了；但不知麝月睡了没有，便故意叫了两声，却不答应。五儿听见了宝玉叫人，便问道："二爷要什么？"宝玉道："我要漱漱口。"五儿见麝月已睡，只得起来，重新剪了蜡花，倒了一钟茶来，一手托着漱盂。却因赶忙起来的，身上只穿着一件桃红绫子小袄儿，松松的挽着一个结儿。宝玉看时，居然晴雯复生。忽又想起晴雯说的"早知担了虚名，也就打个正经主意了"，不觉呆呆的呆看，也不接茶。

宝玉对五儿的"错爱"，不是移情别恋，见异思迁，而是寄托哀思，回忆过去。作者将晴雯写成林黛玉之副，晴雯隐射贞妃小董鄂氏，而《芙蓉女儿诔》里怀念的"芙蓉花王晴雯"却隐射董鄂氏皇贵妃（林黛玉）。这是明修栈道、暗度陈仓的隐射方法。

那五儿自从芳官去后，也无心进来了。后来听说凤姐叫他进来伏侍宝玉，竟比宝玉盼他进来的心还急。不想进来以后，见宝钗、袭人一般尊贵稳重，看着心里实在敬慕；又见宝玉疯疯傻傻，不似先前的丰致；又听见王夫人为女孩子们和宝玉玩笑都撵了，所以把女儿的柔情和素日的痴心，一概搁起。怎奈这位呆爷今晚把他当作晴雯，只管爱惜起来。那五儿早已羞得两颊红潮，又不敢大声说话，只得轻轻的说道："二爷，漱口啊。"宝玉笑着接了茶在手中，也不知道漱了没有，便笑嘻嘻的问道："你和晴雯姐姐好不是啊？"五儿听了，摸不着头脑，便道："都是姐妹，也没有什么不好的。"宝玉又悄悄的问道："晴雯病重了，我看他去，不是你也去了么？"五儿微微笑着点头儿。宝玉道："你听见他说什么了没有？"五儿摇着头儿道："没有。"宝玉已经忘神，便把五儿的手一拉。五儿急的红了脸，心里乱跳，便悄悄说道："二爷，有什么话只管说，别拉拉扯扯的。"宝玉才撒了手，说道："他和我说来着：'早知担了个虚名，也就打正经主意了。'你怎么没听见么？"五儿听了，这话明明是撩拨自己的意思，又不敢怎么样，便说道："那是他自己没脸。这也是我们女孩儿家说得的吗？"宝玉着急道："你怎么也是这么个道学先生！我看你长的和他一模一样，我才肯和你说这个话，你怎么倒拿这些话遭塌他？"

宝玉对五儿的批评，实际是为晴雯昭雪，也就是对小董鄂氏贞妃的昭雪、对孝庄皇太后的抗议。抗议孝庄皇太后逼死了董鄂氏皇贵妃，又冤死了小董鄂氏贞妃。两位无辜少妇的生命，使贾宝玉在《芙蓉女儿诔》写出如此痛心疾首的悼词："呜呼！固鬼蜮之为灾，岂神灵而亦妒。钳诐奴之口，讨岂从宽；剖悍妇之心，忿犹未释！"——"悍妇"是谁？显然是指孝庄皇太后。

董鄂氏皇贵妃去世之后，顺治皇帝对母亲的不满，已经变成仇恨，这是《芙蓉女儿诔》里隐藏得最深的清宫秘密。爱子死了，爱妃死了，虽然抓不住证据，但顺治皇帝怀疑董鄂氏母子都是母后参与害死的，他与母后的关系形同水火，母子之爱，变成了母子之仇。

一个月之后，顺治毅然削发为僧，朝野为此震惊万分，而孝庄对此不置一词，听任朝臣与和尚们处理。清史对此不予解释，《红楼梦》的答案则是："固鬼蜮之为灾，岂神灵而亦妒。钳诐奴之口，讨岂从宽；剖悍妇之心，忿犹未释！"写五儿就是写晴雯——为"晴雯"喊冤，实乃为小董鄂氏喊冤。《芙蓉女儿诔》是以诔晴雯的名义诔黛玉——此处的"芙蓉女儿"隐射董鄂氏皇贵妃。

第五节　顺治皇帝情缘的因果

第五回中孝庄皇太后（警幻仙姑）批评"痴儿"顺治皇帝"皮肤淫滥之蠢物耳"，"好色即淫，知情更淫"，并非无中生有。第五回原文：

转过牌坊，便是一座宫门，上面横书四个大字，道是："孽海情天"。又有一副对联,大书云:厚地高天,堪叹古今情不尽;痴男怨女,可怜风月债难偿。宝玉看了,心下自思道:"原来如此。但不知何为'古今之情',何为'风月之债'?从今倒要领略领略。"宝玉只顾如此一想,不料早把些邪魔招入膏肓了。当下随了仙姑进入二层门内,至两边配殿,皆有匾额对联,一时看不尽许多,惟见有几处写的是:"痴情司"、"结怨司"、"朝啼司"、"夜怨司"、"春感司"、"秋悲司"。看了,因向仙姑道:"敢烦仙姑引我到那各司中游玩游玩,不知可使得?"仙姑道:"此各司中皆贮的是普天之下所有的女子过去未来的薄册,尔凡眼尘躯,未便先知的。"宝玉听了,那里肯依,复央之再四。仙姑无奈,说:"也罢,就在此司内略随喜随喜罢了。"宝玉喜不自胜,抬头看这司的匾上,乃是"薄命司"三字,两边对联写的是:春恨秋悲皆自惹,花容月貌为谁妍。

"转过牌坊,便是一座宫门,上面横书四个大字,道是:'孽海情天'。"——"太虚幻境"门隐射"乾清门"。"孽海情天"门,就是"悼红轩"(清宫皇史宬)的大门了。"当下随了仙姑进入二层门内(宬门),至两边配殿,皆有匾额对联,一时看不尽许多,惟见有几处写的是:'痴情司'、'结怨司'、'朝啼司'、'夜怨司'、'春感司'、'秋悲司'。"——隐射"悼红轩"的各部分。"薄命司"——就是存放《金陵十二钗》正册、副册与又副册的地方(南池子皇史宬正殿)。

第一百一十六回已经是康熙二十六年以后,《金陵十二钗》正册、副册与又副册隐射的历史人物,大部分已经作古。孝庄皇太后(秦可卿、元妃、王熙凤、林黛玉与薛宝钗)死了,贾宝玉代表的清帝(顺治)失魂落魄。董鄂氏皇贵妃(林黛玉)死了。康熙皇帝的母亲康妃佟佳氏(李纨)死了。香菱隐射的陈圆圆(副册)死了。晴雯隐射的小董鄂氏贞妃死了。顺治皇帝的灵魂(昏死过去的贾宝玉)在皇太极灵魂(一僧)的引领下,神游了"悼红轩"(清宫档案)。这是对过去的回忆、对未来的预测。顺治在康熙二十六年孝庄死后魂游皇史宬,第二次翻阅后妃档案,说明福临没有"痘亡",而是出家了。("过去未来,莫谓智贤能打破"——作者希望读者能够"打破"《红楼梦》的隐秘。)第一百一十六回:

那知那宝玉的魂魄早已出了窍了。你道死了不成?却原来恍恍惚惚赶到前厅,见那送玉的和尚坐着,便施了礼。那和尚忙站起身来,拉着宝玉就走。宝玉跟了和尚,觉得身轻如叶,飘飘摇摇,也没出大门,也不知从那里走出来了。行了一程,到了个荒野地方,远远的望见一座牌楼,好象曾到过的。正要问那和尚，只见恍恍惚惚又来了一个女人。宝玉心里想道："这样旷野地方，那得有如此的丽人？必是神仙下界了。"宝玉想着，走近前来，细细一看，竟有些认得的，只是一时想不起来。只见那女人合和尚打了一个照面，就不见了。宝玉一想，竟是尤三姐的样子，越发纳闷："怎么他也在这里？"又要问时，那和尚早拉着宝玉过了牌楼。只见牌上写着"真如福地"四个大字，两边一副对联，乃是：假去真来真胜假，无原有是有非无。转过牌坊，便是一座宫门。门上也横书着四个大字道："福善祸淫"。又有一副对联，大书云：过去未来，莫谓智贤能打破；前因后果，须知亲近不相逢。

按作者的意思，顺治皇帝的灵魂神游了汉族光复后的皇史宬，是故地重游。所以，"太虚幻境"改为"真如福地"。"假做真时真亦假，无为有处有还无"改为"假去真来真胜假，无原有是有非无"了。"孽海情天"改为"福善祸淫"。"厚地高天，堪叹古今情不尽；痴男怨女，可怜风月债难偿"改为"过去未来，莫谓智贤能打破；前因后果，须知亲近不相逢"。

宝玉看了，心下想道："原来如此，我倒要问问因果来去的事了。"这么一想，只见鸳鸯站在那里，招手儿叫他。宝玉想道："我走了半日，原不曾出园子，怎么改了样儿了呢？"赶着要合鸳鸯说话，岂知一转眼便不见了，心里不免疑惑起来。走到鸳鸯站的地方儿，乃是一溜配殿，各处都有匾额。宝玉无心去看，只向鸳鸯立的所在奔去，只见一间配殿的门半掩半开。宝玉也不敢造次进去，心里正要问那和尚一声，回过头来，和尚早已不见了。宝玉恍惚见那殿宇巍峨，绝非大观园景象，便立住脚，抬头看那匾额上写道："引觉情痴"。两边写的对联道：喜笑悲哀都是假（贾宝玉）；贪求思慕总因痴（痴道人）。宝玉看了，便点头叹息。想要进去找鸳鸯，问他是什么所在。细细想来，甚是熟识，便仗着胆子推门进去。满屋一瞧，并不见鸳鸯，里头只是黑漆漆的。心下害怕。正要退出，见有十数个大橱，橱门半掩。宝玉忽然想起："我少时做梦，曾到过这样个地方；如今能够亲身到此，也是大幸。"恍惚间，把找鸳鸯的念头忘了，便仗着胆子把上首大橱开了橱门一瞧，见有好几本册子。心里更觉喜欢，想道："大凡人做梦，说是假的，岂知有这梦便有这事！我常说还要做这个梦再不能的，不料今儿被我找着了。但不知那册子是那个见过的不是。"伸手在上头取了一本，册上写着"金陵十二钗正册"。宝玉拿着一想道："我恍惚记得是那个，只恨记得不清楚。"便打开头一页看去。见上头有画，但是画迹模糊，再瞧不出来。后面有几行字迹，也不清楚，尚可摹拟，便细细的看去。

"一溜配殿，各处都有匾额"，"一间配殿的门半掩半开"——隐射"悼红轩"（皇史宬）。"引觉情痴"，"喜笑悲哀都是假；贪求思慕总因痴。"——"情痴"隐射法号"行痴"的顺治皇帝。"因痴"隐射法号"痴道人"的顺治皇帝。"鸳鸯"隐射曾为顺治鹊桥引渡的苏麻喇姑。"玉带上头有个好象'林'字"隐射死于顺治十七年八月的董鄂氏皇贵妃。"'金簪雪里'四字"隐射康熙二十六年以后还活着的顺治废皇后静妃与长春宫主位。"元春姐姐"隐射康熙二十六年死去的孝庄皇太后。"我回去自不肯泄漏，只做一个未卜先知的人"隐射顺治十八年正月七日没有"痘亡"的顺治皇帝。离宫出家后他又活了将近三十年。

"那仙女道：我主人是潇湘妃子。"挑明是指董鄂氏皇贵妃。

"那侍女慌忙赶出来，说：请神瑛侍者回来。"挑明"神瑛侍者"指顺治皇帝。

只见一人手提宝剑，迎面拦住，说："那里走！"吓得宝玉惊惶无措。仗着胆抬头一看，却不是别人，就是尤三姐。宝玉见了，略定些神，央告道："姐姐，怎么你也来逼起我来了？"那人道："你们弟兄没有一个好人！败人名节，破人婚姻，今儿你到这里，是不饶你的了！"宝玉听了话头不好，正自着急，只听后面有人叫道："姐姐快快拦住，不要放他走了。"尤三姐道："我奉妃子之命，等候已久。今儿见了，必定要一剑斩断你的尘缘！"

"尤三姐"是指董鄂氏皇贵妃。顺治当年怀疑她"不干净"，抄检了她住的承乾宫，在《红楼梦》里，写成了柳湘莲与尤三姐的误会。此处，"尤三姐"找"宝玉"报仇，还说"你们弟兄没有一个好人！败人名节，破人婚姻……"表明柳湘莲与贾宝玉都隐射顺治皇帝。"破人婚姻"是指顺治破坏了弟弟襄亲王与董鄂氏的婚姻。

晴雯道："侍者不必多疑。我非晴雯，我是奉妃子之命，特来请你一会，并不难为你。"

"晴雯"隐射为顺治殉葬的董鄂氏贞妃。她的死是孝庄的旨意，与假死离宫的顺治无关，所以"并不难为你"。

只见一女子头戴花冠，身穿绣服，端坐在内。宝玉略一抬头，见是黛玉的形容，便不禁的说道："妹妹在这里，叫我好想！"

顺治终生都怀念董鄂氏皇贵妃。

见凤姐站在一所房檐下招手儿。宝玉看见，喜欢道："可好了，原来回到自己家里了。怎么一时迷乱如此？"……细看起来，并不是凤姐，原来却是贾蓉的前妻秦氏。

挑明凤姐与秦氏都演过孝庄皇太后（福临的母亲）。

宝玉看时，又象是迎春等一干人走来，心里喜欢，叫道："我迷住在这里，你们快来救我！"正嚷着，后面力士赶来，宝玉急得往前乱跑。忽见那一群女子都变作鬼怪形象，也来追扑。

"迎春"为什么来报仇？因为康熙皇帝下令杀了十四格格的丈夫与儿子。

宝玉正在情急，只见那送玉来的和尚，手里拿着一面镜子一照，说道："我奉元妃娘娘旨意，特来救你。"登时鬼怪全无，仍是一片荒郊。宝玉拉着和尚说道："我记得是你领我到这里，你一时又不见了。看见了好些亲人，只是都不理我，忽又变作鬼怪。到底是梦是真？望老师明白指示。"那和尚道："你到这里，曾偷看什么东西没有？"宝玉一想，道："他既能带我到天仙福地，自然也是神仙了，如何瞒得他？况且正要问个明白。"便道："我倒见了好些册子来着。"那和尚道："可又来。你见了册子，还不解么？世上的情缘，都是那些魔障，只要把历过的事情细细记着，将来我与你说明。"说着，把宝玉狠命的一推，说："回去罢。"宝玉站不住脚，一跤跌倒，口里嚷道："阿哟！"

隐射一僧皇太极的灵魂来救。

总而言之，到康熙二十六年十二月二十五之前，《金陵十二钗》正册、副册、又副册中活着的人，只有孝庄皇太后、孝庄的庶生女儿十四格格（迎春）、孝庄与多尔衮的亲生女儿（贾探春与巧姐儿）、孔四贞（贾惜春、史湘云与妙玉）、顺治废皇后静妃（薛宝钗）、袭人隐射的孝惠章皇后（又副册）6个人了。但所有的痴男怨女都进了《红楼梦》，他（她）们的档案都在"悼红轩"（清宫皇史宬）里。

清宫隐史——《红楼梦》索隐之一

中国当代著名的"曹学家"周汝昌早在20世纪50年代就注意到《汤若望传》的中译本，曾说：

顺治一朝，为时不甚久，福临亡时年仅二十四，为一放纵任性之青年，过恶甚多，功业殆不足言，而其个人习性行径，影响于满洲八旗人等者则甚钜，又选立玄烨之经过，亦与曹家命运密切关联，故宜有所了解。当时官书，固多避讳，即汉人私家撰述亦不敢昌言。唯魏特（AfonsVath, S. J.）汤若望传（有杨丙辰中译本，一九四九商务版）中颇有叙写。语繁不能备引，兹另文撮述其第九章第六节之主要内容。附以按语，以见一斑：

一六五八年（按即顺治十五年）皇帝遭一剧烈打击，即第三位皇后所生之子，原定为嗣位者，生后不久即殇（汝昌按当即顺治十四年十月董鄂妃所生之皇四子荣亲王，十五年正月夭亡），此母后旋亦亡逝。礼部尚书恩格德因私改钦天监所定太子殡葬时刻，以致种种"不吉利"，论死。顺治帝自此时期始，是益为太监所蛊惑。明、清易代时，太监皆驱逐出宫，到处漂泊者以千百计；而此时则又陆续收入宫中供职，终达数千名之多。太监又复引结喇嘛僧徒，相与恢复其旧日权势，并引诱顺治荒淫放荡益甚。时顺治对一满洲军人（按即御弟襄亲王博穆博果尔）之夫人（襄亲王福晋）发生热恋，此军人以是斥责其夫人（按即襄亲王鞭打福晋董鄂氏），而事为顺治所闻。顺治召见此军人怒挞之（按即顺治给了博穆博果尔一个奇特的耳光），致此人愤懑而亡（按即襄亲王博穆博果尔自杀）。顺治遂收其夫人入宫，封为贵妃（董鄂氏皇贵妃）。贵妃于一六六〇年（按即顺治十七年）亦亡，因生一子皇帝决以此子为太子。未料数星期之后此子殇。顺治痛不欲生，众人日夜守护，防其自尽。太监与宫中女官共三十名，尽行赐死以殉皇妃，俾为冥界之役侍。举国官民皆服丧。殡葬之事耗却巨额国帑。有宫殿二座，装饰辉煌，专供远来僧徒馆舍。依满俗，皇妃遗体焚化，而两宫殿及其间所有珍贵陈设并焚焉。自兹以后，皇帝遂陷溺于僧众中，亲手落发，仅以其母后并汤若望之力劝，始未至出家。然犹自杭州召来名僧，糜国帑于盖造佛寺（按此即召玉林琇为'国师'等事）。以此僧众故，一度冷淡"尚父"玛法汤若望。顺治与诸满人皆于痘症极端畏惧，宫中专立痘疹娘娘坛庙。而顺治终竟真染此症。病危，汤若望入宫求见。时嗣君尚未诏立，皇太后促皇帝速定。顺治初拟立一从兄弟，而皇太后与诸王等皆主于皇子中择立。顺治乃遣人以询汤若望。汤若望力赞皇太后所选中之一皇子，顺治始纳此意，舍一年龄较长之皇子（按似指皇二子福全）而立此未达七龄之嗣位者（按即玄烨康熙皇帝）。

2006年石景山龙袍干尸出土后,有人联想是顺治皇帝。《红楼梦》如何记载呢?"那年荣宁查抄之前,钗黛分离之日,此玉早已离世。一为避祸,二为撮合。"——指代孝庄以"假死"的形式,废黜福临,扶立玄烨,避免了"国不可一日无君"之祸,撮合了康熙的顺利接班。顺治远走后,幽居晋城皇城相府(陈廷敬"总宪第"),以痴道人身份居家修行,死后制成龙袍干尸。

福临以行痴和尚的法号,云游挂单过山西五台山与湖北黄梅清凉山,留下许多蛛丝马迹、轶闻佳话。顺治出家诗在佛门风传几百年:

黄袍换却紫袈裟,只为当年一念差;

我本西方一衲子,为何落在帝王家。

十八年来不自由,南征北战几时休?

朕今撒手归西去,管你万代与千秋。

清凉山是福临大师兄茆溪森修行之地。顺治十七年十月,茆溪森在中南海万善殿为福临剃度削发,法号行痴。顺治十八年福临"痘亡"后,行森和尚云游至黄梅清凉山老祖寺。顺治帝多次来到行森的黄梅修行地。为了安全,康熙帝派精兵1000护卫,美其名曰"护黄林"。顺治修行于清凉山,活动范围是黄龙潭、牧石庵、青林堂等处。因不便张扬,托词侍卫长在牧石庵修行。牧石庵古庙之后有唯弘禅师的塔林,十八级台阶。塔林之东有一座皇家墓地,应该是福临的衣冠冢。墓碑铭文含糊其辞,2000年盗墓贼从棺材中掏出紫色皇冠与宝物而丢弃了黄袍,后被黄梅县博物馆收藏。

总之,清世祖福临离宫出走,清圣祖继往开来,是《红楼梦》的主旋律。

第十七章 三藩之乱

第一节 康熙亲政

顺治十八年（1661）正月初七日，顺治皇帝以"痘亡"。正月初九上午，玄烨在太和殿宣布登基，以明年为康熙元年。《红楼梦》第八十一回隐射此事：

> 探春把丝绳抛下，没十来句话的工夫，就有一个杨叶窜儿吞着钩子，把漂儿坠下去。探春把竿一挑，往地下一撩，却是活迸的。侍书在满地上乱抓，两手捧着搁在小磁坛内，清水养着。探春把钓竿递与李纹。李纹也把钓竿垂下，但觉丝儿一动，忙挑起来，却是个空钩子。又垂下去半晌，钩丝一动，又挑起来，还是空钩子。李纹把那钩子拿上来一瞧，原来往里钩了。李纹笑道："怪不得钓不着。"忙叫素云把钩子敲好了，换上新虫子，上边贴好了苇片儿。垂下去一会儿，见苇片直沉下去，急忙提起来，倒是一个二寸长的鲫瓜儿。

康熙统治中国凡六十一年，基本施政方针为"姜太公钓鱼——愿者上钩"也。

（1）（探春）"没十来句话（没十来年）的工夫，就有一个杨叶窜儿（顺治皇帝）吞着钩子，把漂儿坠下去（落入迷津）……两手捧着（牌位）搁在小磁坛内（小祠堂内指故宫太庙），清水养着（清朝供养着）。"——多尔衮与孝庄的女儿（探春）出生于顺治七年八月初三，十一年后（没十来句话），亲哥哥顺治皇帝死了，尊为清世祖（清水养着），供在太庙里（两手捧着搁在小磁坛内）。

（2）"李纹笑道：'怪不得钓不着。'忙叫素云（云妞儿，康熙的性启蒙者马佳氏）把钩子敲好了，换上新虫子，上边贴好了苇片儿（违偏，指违背了顺治皇帝满汉一体的既定方针）。垂下去一会儿，见苇片直沉下去，急忙提起来，倒是一个二寸长的鲫瓜儿（入关后第二代皇帝、瓜尔佳氏之养儿）。"

——"李纹"与"李绮"代表"佟半朝"的汉军八旗两股军事势力——佟养性与佟养真两支汉军八旗部队。"李纹"与"李绮"进入荣国府，隐射康熙登基后，将"佟半朝"家族抬入满洲正蓝旗，国舅佟国维两兄弟均委以重任。由于满洲八旗兵员严重不足，入关后更多地倚重早期归降清廷的汉人，康熙将佟氏家族晋为正蓝旗，开了大清国"抬旗"的先河。

（3）"素云"隐射孝庄在康熙大婚前给他安排的四位侍妾——云、霞、雨、露四宫女之首，即云妞儿马佳氏。当时玄烨12岁，仍住慈宁宫后殿，祖母在他的卧室里安排了四位初通风情的窈窕宫女。玄烨少不更事，云、霞、雨、露四位宫女正当怀春妙龄，深得宫廷秘籍调教，肩负老佛爷嘱托的重任，便充当起玄烨的风月导师。尤其是领头的云妞儿，率先怀了孕，证明皇上长大成人，可以大婚，可以亲政了。云妞儿马佳氏生下皇长子后，封为荣嫔，立功有奖也。

荣嫔马佳氏是康熙皇帝第一位皇子的额娘，康熙对荣嫔极其宠爱，马佳氏所生的四子一女长至成年的只有一子一女，其他三个儿子均夭折。皇三子允祉，文思敏捷，深得康熙喜爱，委以文事重任。《康熙字典》等旷世巨著皆由此子负责编纂。

康熙的大婚、亲政都遇到了辅政四大臣的严重阻挠。孝庄以大婚乃皇室家事，无须垂询外臣为由，聘索尼家内大臣噶布喇的女儿赫舍里为正宫皇后：既表示归政的要求，又笼络首辅大臣的心，还分化了四大臣的联盟。从蒙古博尔济吉特氏家族聘定皇后，是三代皇帝承袭的惯例。现在朝廷之外危机四伏，南方藩王坐大，北方沙俄侵扰，皇帝幼冲，皇权旁落，辅臣擅权，结党营私。孝庄太皇太后一反数十年的惯例，给尚未成年的皇上操办大婚，在辅政大臣家族中聘定皇后，真是棋高一招。

康熙皇上完全听从老佛爷的安排。"换上新虫子，上边贴好了苇片儿。垂下去一会儿，见苇片直沉下去，急忙提起来，倒是一个二寸长的鲫瓜儿。"这个"鲫瓜儿"，就是"违偏"了顺治时代的改革国策，倾向于恢复旧制的务实的康熙皇帝。清朝皇室的汉化速度立刻减缓了。

康熙六年（1667）七月初七日，康熙皇帝在乾清宫亲政。"七月初七日"——成了《红楼梦》里"巧哥儿"（康熙皇帝）的生日。

《红楼梦》第八十一回所谓《占旺相四美钓游鱼 奉严词两番入家塾》，就隐射康熙皇帝的大婚与亲政。刘老老（汤若望）的预言成了真——第四十二回云：刘老老听说，便想了一想，笑道："不知他几时生的？"凤姐儿道：

"正是生日的日子不好呢,可巧是七月初七日。"刘老老忙笑道:"这个正好,就叫他是巧哥儿。这叫作'以毒攻毒,以火攻火'的法子。姑奶奶定要依我这名字,他必长命百岁。日后大了,各人成家立业,或一时有不遂心的事,必然是遇难成祥,逢凶化吉,却从这'巧'字上来。"

所谓"遇难成祥,逢凶化吉",指皇室与辅政四大臣的矛盾与斗争。自第八十一回开始,正式进入了康熙时代。演员贾宝玉没有变,但隐射的历史人物与政治背景变了,所以读者与贾宝玉都有一种新鲜感。"狗尾续貂"论由此产生。

第二节 皇室与辅政四大臣的矛盾

顺治十八年(1662)三月的"抗粮哭庙"案,杀江苏秀才金圣叹(人瑞)等11人。顺治时代宽松的文坛,至此为之一紧,文字狱延续了后来的几个朝代。

顺治十八年十二月,郑成功从荷兰人手中收复台湾,作为反清基地。

康熙元年三月,平西王吴三桂、定西将军爱星阿"奉命征缅,两路进兵,缅酋震惧,执永历帝朱由榔献军前,滇局告平"。此奏一上,特降殊旨,进封吴三桂为亲王,镇守如故,命爱星阿即日班师。四月十四日,奉康熙谕旨:"前明桂王朱由榔,恩免献俘,着即传旨赐死。钦此。"三桂立即升帐,将桂王及眷属二十余人,都拥到笆子坡法场,令即绞决。四月二十五,永历帝为吴三桂所杀。桂王虽死,台湾仍遥奉永历年号。

五月初一,郑成功死,子郑经嗣位。康熙帝即位,由四位辅政大臣佐理,首拟肃清宫禁,将内宫十三衙门尽行革去。宫廷内外,恭读上谕,称颂不置。

第八十一回所谓《占旺相四美钓游鱼 奉严词两番入家塾》指此:

宝玉道:"我是要做姜太公的。"便走下石矶,坐在池边钓起来。岂知那水里的鱼,看见人影儿,都躲到别处去了,宝玉抡着钓竿,等了半天,那钓丝儿动也不动。刚有一个鱼儿在水边吐沫,宝玉把竿子一晃,又唬走了。急的宝玉道:"我最是个性儿急的人,他偏性儿慢,这可怎么样好呢?好鱼儿,快来罢,你也成全成全我呢。"说的四人都笑了。一言未了,只见钓丝微微一动。宝玉喜极,满怀用力往上一兜,把钓竿往石上一碰,折作两段,丝也振断了,钓子也不知往那里去了。

第十七章 三藩之乱

贾宝玉"要做姜太公",但"把钓竿往石上一碰,折作两段,丝也振断了"究竟隐射着什么意思呢?

当年顺治皇帝亲政,一改后金以来设内务府、罢太监不用之旧制,裁内务府,改设八监、三司、二局,统称"十三衙门",兼用汉满近臣与宦官,对归降的汉臣武将优抚有加。顺治十八年(1661)二月,四位辅政大臣刚上台即向全国发布命令:朕秉承先志,厘剔弊端,因而详细体察,乃知满洲佟义,内官吴良辅阴险狡诈,巧售其奸……各衙门专务任意把持,广兴营造,糜冒钱粮,以致万民告匮,兵饷不敷……坏本朝淳朴之风俗,变祖宗久定之典章……十三衙门尽行革去,凡事皆遵太祖、太宗制,内官永不录用。吴良辅虽在悯忠寺替顺治皇帝出家,却仍以"变易旧制"罪名而论斩。四位辅政大臣废除十三衙门的本意是维持满洲"淳朴之风俗",恢复祖宗"久定之典章",用以抵制汉族的政治文化和宫廷传统。

顺治十五年(1658),顺治皇帝为了加强皇权,采用了中枢机构的体制。裁去通称为"内三院"的秘书、弘文、国史三院,改为内阁,以内阁大学士主持,同时设立翰林院,并对国家机构做相应调整。顺治十八年(1661)六月,顺治皇帝的改革方案被推翻,罢内阁、翰林院,复设"内三院"。康熙元年(1662)二月,翰林院并入内三院,侍讲学士、侍讲一概裁汰。辅政大臣的举措,依据是被"偷梁换柱"的《罪己诏》,说是遵照顺治皇帝遗愿,恢复后金与崇德时期的祖制。

孝庄太皇太后同意这一做法,因此辅政大臣票拟的诏书,均用玉玺明发了。其实,孝庄对顺治皇帝当年推行的汉化政策从大方向上是赞同的,组建汉军旗、重用汉官、满汉一体等都是顺应时势的必要措施。但顺治仙逝,康熙冲龄,四臣辅政,满洲大臣对前朝重用汉官不满,随时都可能引发内乱。孝庄太皇太后审时度势,觉得可依赖的还是满洲大臣,为此不惜付出代价,知难而退。当初选择四臣辅政是"诸害相较取其轻",眼下知难而退,则是"诸利相较取其重"也。四位辅政大臣上台,汉官受到严重打击,也得到了孝庄太皇太后的默许。顺治皇帝曾采取严加控制和收买重用的办法,使大批前明遗官为清所用,他们为清兵入关、统一中原、巩固清朝统治,作出了重大贡献。例如范文程、洪承畴、孙廷铨、吴正治、王熙等都成为清廷所倚重的汉臣。辅政四大臣却以考满、京察、大计等各种方法对汉族官吏严加"甄别"和"更定"。

从康熙元年(1662)至四年(1665),先后颁布了"停止京察"、"三年考满"的制度,并"停止督抚每二年荐举之例"。"考满"不看政绩,主要以汉满为界,大批汉官降职或革职,还引起大批汉官贿赂满官的弊政。辅政大臣乘机对汉族各阶层进行了残酷的迫害和镇压。康熙初期的哭庙案、奏销案、明史

· 373 ·

案、通海案等震惊全国，对汉族民变的镇压则更为残酷。顺治十八年（1661）五月山东于七领导的汉民族造反，遭到了残酷镇压，在登州、莱州、宁海州、胶州湾一带，大肆搜捕"于七党"，附会株连，"一月俘数百人，尽戮于演武场中，碧血满地，白骨撑天"，弄得民怨沸腾。曾经支持顺治改革的安亲王岳乐不忍坐视，在朝堂上给了苏克萨哈两个嘴巴子。索尼、苏克萨哈、遏必隆、鳌拜四位辅政大臣跪拜不起，要求太皇太后和皇上为他们做主。

　　孝庄太皇太后处在两难境地。抑制汉官，重用满臣，是她篡改的顺治遗诏的意思，她宁愿对不起汉人汉官，也不能失去满洲大臣。而安亲王岳乐是议政王会议的主持，在宗室亲王贝勒中很有威望，其满汉一体、满洲汉化的思想，代表了清朝的发展趋势，是康熙祖孙最可倚重的亲王。重治岳乐等于自残臂膀。面对跪而不起的辅政大臣，孝庄太皇太后感到一股巨大的压力：明面上是请太皇太后做主，骨子里是在示威。

　　这是康熙登基以来第一次君臣大冲突。太皇太后对岳乐说：得汉人心与得满人心，兼得当然最佳。但就目前情势，不可兼得，孰重孰轻呢？岳乐道：满汉兼得，汉满一体，方可天下太平，百姓乐业。孝庄叹息道：满汉视若冰炭水火，满汉一体，满汉兼得，谈何容易呀！为政之要，依时而动，依势而发，必须刚柔相济。先皇帝广施仁政，过柔。当今之计，正当以刚补正，以猛济仁。岳乐匍匐，揣度半天，提出了辞去政务、回避风头的做法，以免重蹈多尔衮的前车之鉴。此事在《红楼梦》里就成了贾宝玉"钓竿往石上一碰，折作两段，丝也振断了"。

　　作者对孝庄深恶痛绝，认为她是镇压汉族人的大"棒槌"。而对顺治贾宝玉、康熙贾兰与其他"金陵十二钗"流露出一定的同情与赞赏，原因在此。

第三节　薛蟠打死张三

　　康熙十三年（1674）一月，三藩之乱爆发。二月二龙抬头，吴三桂发兵北犯，称周王。耿精忠、尚之信反，广西将军孙延龄反。四月十三日，吴应熊及其子吴世霖为清廷绞杀。

　　《红楼梦》第八十一回《奉严词两番入家塾》："那个人叫做什么潘三保，有一所房子，卖给对过当铺里。这房子加了几倍价钱，潘三保他常到当铺里去，那当铺里人的内眷都和他好的，他就使了个法儿，叫人家的内人便得了邪病，家翻宅乱起来。""潘三保"隐射三藩。第九十九回《阅邸报老舅自担惊》："薛蟠（吴三桂）打死张三（废除康熙年号）。"隐射吴三桂叛乱称帝。

第十七章 三藩之乱

康熙十二年秋，刑部奉康熙皇帝谕旨，鳌拜"皆拟正法。本当依议处分，但念鳌拜效力多年，且皇考曾经倚任，朕不忍加诛，姑从宽免死，着革职籍没，仍行拘禁"。消息传到昆明，吴三桂惊恐不安。恰巧广东平南王尚可喜之子尚之信酗酒暴虐，不服父训，尚可喜恐怕弄出大祸，遂奏请归老辽东，留子镇粤。康熙除了鳌拜，痛恨权臣，令吏部议定：藩王现存，儿子不得承袭，尚可喜既请归老，不如撤藩回籍。康熙遂照议下谕。

吴三桂儿子吴应熊招为驸马，在京供职，所有国事，朝夕飞报。吴三桂闻知，写了密函，寄到福建。靖南王耿继茂已死，由其子耿精忠袭封，得了吴三桂密书，就照书中行事，上了折子，奏请撤兵。吴三桂奏折与耿精忠奏折同时到京。康熙召集廷臣会议道："藩镇久握重兵，总不免闯出祸来，朕意还是早撤。况吴三桂子应熊，耿精忠弟昭忠、聚忠等，都在京师供职，趁此撤藩，彼等投鼠忌器，尚不至有变动。"兵部尚书明珠等随声附和。康熙遂准奏撤藩，差侍郎哲尔旨、学士博达礼往云南，户部尚书梁清标往广东，吏部左侍郎陈一炳往福建，经理撤兵起行等事宜。

吴三桂得信大惊，密与部下马宝、夏国相计议。马宝道："此乃调虎离山，王爷当速谋自立。"夏国相道："马公（马道婆）之言甚是。现在且练兵要紧。"钦使到来，吴三桂接诏，检点库款，搬出金银珠宝，向众将士说，"本藩历年积蓄，诸位各应分取，留个纪念。"马宝、夏国相抗声道："清朝的天下，没有王爷，哪里能够到手？这是以怨报德。"吴三桂道："君要臣死，不得不死。只我前半生是明朝臣子，为了闯贼作乱，借兵清朝，报了君父大仇。因清朝颇有义气，故尔归降，至永历帝到云南，本藩有意保全，谁料圣上硬要他死，只得令他全尸而亡。现在大家就要远徙关外，应向永历帝陵前祭奠一回，算作告别。"

吴三桂换了明朝打扮，到永历帝坟前酹酒献爵，伏地大哭。两钦差催行。胡国柱把朝廷命官砍翻，又斩了巡抚朱国治。吴三桂回府，将两钦差捉住，打起"天下都招讨兵马大元帅吴"的旗号，推奉朱三太子为主，以甲寅年为周元年。第九十九回《阅邸报老舅自担惊》：

一日，在公馆闲坐，见桌上堆着许多邸报。贾政一一看去，见刑部一本："为报明事，会看得金陵籍行商薛蟠……"贾政便吃惊道："了不得，已经提本了！"随用心看下去，是"薛蟠殴伤张三身死，串嘱尸证，捏供误杀一案"。贾政一拍桌道："完了！"只得又看底下，是：据京营节度使咨称："缘薛蟠籍隶金陵，行过太平县，在李家店歇宿，与店内当槽之张三素不相认。于某年月日，薛蟠令店主备酒邀请太平县民吴良同饮，令当槽张三取酒。因酒不甘，薛蟠令换好酒。张三因称酒已沽定，难换。薛蟠因伊倔强，将酒照脸泼去，不期去势甚猛，恰恰张三低头拾箸，一时失手，将酒碗掷在张三囟门，皮破血出，逾时殒命。李店主趋救不及，随向张三之母告知。伊母张王氏往看，见已身死，随喊禀地保，赴县呈报。前署县诣验，仵作将骨破一寸三分及腰眼一伤（康熙十三年一月，为甲寅年一月），漏报填格，详府审转。"

"李家店"隐射木子家店。"木子家店"隐射孝庄布木布泰朝廷。

"当槽之张三"隐射"当朝"的康熙皇帝。"张大"是皇太极，"张二"是顺治皇帝，"张三"自然是康熙皇帝。

"薛蟠"隐射平西王吴三桂。"薛蟠令换好酒"隐射吴三桂要称王称尊，当大周朝的皇帝。"张三因称酒已沽定，难换"，隐射康熙皇帝认为大清国立国已稳，江山不能改换。

张三"已死"隐射在江南"军民蓄发易服"，康熙年号已废，以吴周元年与耿精忠裕民元年代之。"骨破一寸三分及腰眼一伤"——隐射吴三桂正式叛乱发生于康熙十三年一月。

作者离开爱情故事这个主线，突然写起张三李四王二麻子家的事情来，并非败笔。其实，这些看似鸡毛蒜皮的小事，才是《红楼梦》的主线，而"爱你爱得死去活来"，恰恰是过眼烟云。

第八十一回《奉严词两番入家塾》，继续东拉西扯地写"三藩之乱"：

宝玉走到贾母房中，只见王夫人陪着贾母摸牌。宝玉看见无事，才把心放下了一半。贾母见他进来，便问道："你前年那一次得病的时候，后来亏了一个疯和尚和个癞道士治好了的。那会子病里你觉得是怎么样？"宝玉想了一回道："我记得得病的时候儿，好好的站着，倒象背地里有人把我拦头一棍，疼的眼睛前头漆黑，看见满屋子里都是些青面獠牙，拿刀举棒的恶鬼。躺在炕上，觉着脑袋上加了几个脑箍似的。以后便疼的任什么不知道了。到好的时候，又记得堂屋里一片金光，直照到我床上来，那些鬼都跑着躲避，就不见了。我的头也不疼了，心上也就清楚了。"

贾母告诉王夫人道："这个样儿也就差不多了。"

此处隐射三藩之乱开始与结束时康熙皇帝的反应。

说着凤姐也进来了，见了贾母，又回身见过了王夫人，说道："老祖宗要问我什么？"贾母道："你那年中了邪的时候儿，你还记得么？"凤姐儿笑道：

"我也不很记得了。但觉自己身子不由自主,倒象有什么人拉拉扯扯,要我杀人才好。有什么拿什么,见什么杀什么,自己原觉很乏,只是不能住手。"贾母道:"好的时候儿呢?"凤姐道:"好的时候象空中有人说了几句话似的,却不记得说什么来着。"贾母道:"这么看起来,竟是他了。他姐儿两个病中的光景合才说的一样。这老东西竟这样坏心,宝玉枉认了他做干妈!倒是这个和尚道人,阿弥陀佛,才是救宝玉性命的。只是没有报答他。"凤姐道:"怎么老太太想起我们的病来呢?"贾母道:"你问你太太去,我懒怠说。"

此处从孝庄下嫁,转入了三藩之乱。隐射三藩之乱开始与结束时孝庄太皇太后的反应。

王夫人道:"才刚老爷进来,说起宝玉的干妈竟是个混账东西,邪魔外道的。如今闹破了,被锦衣府拿住送入刑部监,要问死罪的了。前几天被人告发的。那个人叫做什么潘三保,有一所房子,卖给对过当铺里。这房子加了几倍价钱,潘三保还要加,当铺里那里还肯?潘三保便买嘱了这老东西,——因他常到当铺里去,那当铺里人的内眷都和他好的,他就使了个法儿,叫人家的内人便得了邪病,家翻宅乱起来。他又去说,这个病他能治,就用些神马纸钱烧献了,果然见效。他又向人家内眷们要了十几两银子。岂知老佛爷有眼,应该败露了。这一天急要回去,掉了一个绢包儿。当铺里人捡起来一看,里头有许多纸人,还见四丸子很香的香。正诧异着呢,那老东西倒回来找这绢包儿,这里的人就把他拿住。身边一搜,搜出一个匣子,里面有象牙刻的一男一女,不穿衣裳,光着身子的两个魔王,还有七根朱红绣花针。立时送到锦衣府去,问出许多官员家大户太太姑娘们的隐情事来。所以知会了营里,把他家中一抄,抄出好些泥塑的煞神,几匣子闷香。炕背后空屋子里挂着一盏七星灯,灯下有几个草人,有头上戴着脑箍的,有胸前穿着钉子的,有项上拴着锁子的。柜子里无数纸人儿。"

"潘"字为"三番","三藩"也。"保"字为"呆人","三保"为"三代人"。"潘三保"乃隐射三藩三代人,即吴三桂、吴应熊、吴世璠一家三代;耿仲明、耿继茂、耿精忠一家三代;尚可喜与尚之信一家两代。总共三家八代人。

"有一所房子"指明皇宫,即甄士隐在姑苏阊门城的故居,北京城墙是个"昌"字,故"阊门城"即北京古城。"当铺"隐射和尚铺,指清廷。"对过"指长城对过的东北地区,也就是关外的清廷——葫芦(胡虏)庙。

三藩投降清朝，也成了"留头不留发"的和尚。"公当铺"指联合作乱的三藩。所卖房子与买主当铺之间所隔之街，即甄士隐住房所在之十里街，葫芦庙失火所烧掉的一条街——都隐射万里长城。隐射明清以长城为界，盛京位于北京斜对过。

"加了几倍价钱"隐指耿仲明、尚可喜与吴三桂等三藩引清兵入关，自己加官晋爵，直至封王封藩。但欲壑难填，还想称皇帝。

"当铺那里还肯"，三藩拥兵自重，割据称尊，还要称帝，危及国家社稷，清廷便不肯了。

"潘三保买嘱马道婆使邪法"，马道婆代表三藩之马宝。"马"字源于吴三桂第一高参马宝。买嘱马道婆使邪法，即吴三桂收买三藩喽啰反清叛乱。

"当铺内眷都与马道婆好的"，当铺内眷指孝庄与吴应熊妻子皇十四格格，耿精忠与尚可喜的后人也都是皇家的额驸。孝庄是吴三桂大公子吴应熊的老岳母，自然与吴三桂（马道婆）相好，隐指孝庄母女与三藩方面的关系一向非常密切。

"叫人家的内人便得了邪病，家翻宅乱起来"——由于三藩叛乱，搞得北京朝廷手忙脚乱，牵连许多满蒙与汉族大臣的子女，朝廷大伤脑筋。

"马道婆反过来帮助当铺内眷治病"，指耿精忠、尚之信、吴三桂爱将马宝、胡国柱等先叛清，有些人则叛而复降，反过来帮助孝庄与康熙镇压三藩。

"贾宝玉认马道婆为干妈"——此情节中的贾宝玉，前一段指顺治，后一段指康熙。范文程当干妈，指他是顺治的汉学老师，马宝当干妈，隐射他是清廷任命的军师。

"马道婆被问死罪"——三藩方面的反清或降清人物均未得好死，耿精忠与尚之信1674年从吴三桂反，1676年复又降清。降清之后，尚之信于1680年被赐死，耿精忠于1681年被处死。

马道婆被问死罪指三藩之乱已削平。第二十五回说赵姨娘为环儿争家私，买嘱马道婆使邪法。《魇魔法姊弟逢五鬼》先指顺治五年多尔衮与顺治的斗争，后指康熙十三年吴三桂与康熙的斗争。"马道婆"先隐射范文程，后隐射吴三桂的第一谋士马宝。一个故事隐射两个朝代的两件历史大事——"两番人作一番人"，作者又在"一声也两歌，一手也二牍"也。

康熙皇帝在三藩之乱早期，被吴三桂整得要死要活的故事，缩写在第八十六回中：

小厮道："小的也没听真切。那一日，大爷告诉二爷说……"说着回头看了一看，见无人，才说道："大爷说，自从家里闹的特利害，大爷也没心肠了，所以要到南边置货去。这日想着约一个人同行，这人在咱们这城南二百多地住。大爷找他去了，遇见在先和大爷好的那个蒋玉菡，带着些小戏子进城，大爷同他在个铺子里吃饭喝酒。因为这当槽儿的尽着拿眼瞟蒋玉菡，大爷就有了气了。后来蒋玉菡走了。第二天，大爷就请找的那个人喝酒。酒后想起头一天的事来，叫那当槽儿的换酒，那当槽儿的来迟了，大爷就骂起来了。那个人不依，大爷就拿起酒碗照他打去。谁知那个人也是个泼皮，便把头伸过来叫大爷打。大爷拿碗就砸他的脑袋，一下子就冒了血了，躺在地下。头里还骂，后头就不言语了。"

"自从家里闹的特利害，大爷也没心肠了，所以要到南边置货去"，隐射朝廷与藩王关系紧张起来，吴三桂到云南割据去了。

"先和大爷好的那个蒋玉菡"——"蒋玉菡"隐射盛国家玉玺与皇帝龙袍的紫檀盒子。"先和大爷好"隐射崇祯十七年吴三桂引领多尔衮入关，有利用清兵击败李自成、自己乘机称帝或当儿皇帝的意思。当时蒋玉菡将"大红汗巾子"给了贾宝玉，隐射将朱明皇帝的龙袍给了顺治皇帝。现在是康熙时代了，吴三桂想自己当皇帝，所以盛玉玺与龙袍的紫檀匣子"将玉含"又出场了。它不出场，谁也当不成皇帝。

"当槽儿的尽着拿眼瞟蒋玉菡，大爷就有了气了"——"当槽儿的"隐射当朝康熙皇帝。"尽着拿眼瞟蒋玉菡"，隐射康熙对撤藩的大事抓得很紧。"大爷就有了气了"，隐射吴三桂（薛大爷）赌气造反。

"叫那当槽儿的换酒"——隐射吴三桂让康熙皇帝撤回成命，历史记载主要是通过贿赂大学士索额图来办理的。

"那个人不依"——隐射康熙皇帝坚决回绝了索额图的请求。当年康熙帝垂问王大臣。大学士索额图奏道：撤藩太速，致生急变，现在事已如此，只好安抚三桂，令世守云南，当可了事。康熙帝道：三桂已反，难道尚肯听命么？索额图道：三桂若不肯听命，请将主张撤藩的人，从重治罪，也是釜底抽薪的一法。康熙帝道：胡说！撤藩是朕的本意，难道朕先自己治罪，谢这叛贼？索额图连忙跪伏，自称该死该死。

"大爷就拿起酒碗照他打去。谁知那个人也是个泼皮，便把头伸过来叫大爷打"，隐射康熙皇帝的政策是针锋相对，以硬碰硬。康熙皇帝竟然也是个不怕死的"小泼皮"。

"大爷拿碗就砸他的脑袋，一下子就冒了血了，躺在地下。头里还骂，后头就不言语了"，隐射康熙皇帝决心很大，破釜沉舟，置之死地而后生也。先装死躺下，乃避其锋芒，后发制人之计也。

张王氏哭禀:"小的的男人是张大,南乡里住,十八年头里死了。大儿子、二儿子,也都死了。光留下这个死的儿子,叫张三,今年二十三岁,还没有娶女人呢。为小人家里穷,没得养活,在李家店里做当槽儿的。那一天晌午,李家店里打发人来叫俺,说:'你儿子叫人打死了。'我的青天老爷!小的就唬死了!跑到那里,看见我儿子头破血出的躺在地下喘气儿,问他话也说不出来,不多一会儿就死了。小人就要揪住这个小杂种拼命!"众衙役吆喝一声,张王氏便磕头道:"求青天老爷伸冤!小人就只这一个儿子了。"……

作者又离开爱情故事的主线,来了一个东拉西扯的连环套。

"张王氏"——"张王"隐射皇太极,盘马弯弓的大王爷也。"张王氏"指孝庄文皇后。

"十八年头里"是说皇太极死于顺治元年前一年——即崇德八年八月九日。顺治当朝"十八年"也。

"大儿子、二儿子,也都死了。光留下这个死的儿子,叫张三,今年二十三岁","大儿子"隐射皇太极,"二儿子"隐射顺治十八年死的福临。一个死于崇德八年,一个死于顺治十八年。"张三"指三世康熙皇帝。康熙十七年、吴周昭武元年(1678),吴三桂不称周王了,干脆摆脱所谓的朱三太子,自称吴周皇帝,建立大周王朝,不承认康熙年号,等于康熙年号在江南彻底死了,是年康熙皇帝23岁,所以说"今年二十三岁"。

作者先记录了康熙十三年一月吴三桂称周王("骨破一寸三分及腰眼一伤"),现在又记录了吴三桂于康熙十七年自称吴周皇帝。连续向读者提供两个历史坐标时间,唯恐后人不明白。

"知县道:'这妇人胡说!现有尸格,你不知道么?'叫尸叔张二,便问道:'你侄儿身死,你知道有几处伤?'张二忙供道:'脑袋上一伤。'""张二"是"张三"的叔父,说明一、二、三确系三代人,而非同代的三个儿子。

"小人就只这一个儿子了",这是交代历史证据的话,孝庄确实只有顺治一个儿子。从而佐证"张王氏"确实隐射孝庄太皇太后。

"知县便叫:'下去。'又叫李家店的人问道:'那张三是在你店内佣工的么?'那李二回道:'不是佣工,是做当槽儿的。'"——"不是佣工,是做当槽儿的",隐射张三康熙皇帝不是清朝朝廷的"佣工",而是"当朝儿的"皇帝。

"知县便叫吴良问道:'你是同在一处喝酒的么?薛蟠怎么打的?据实供来!'吴良说:'小的那日在家,这个薛大爷叫我喝酒。他嫌酒不好,要换,张三不肯。薛大爷生气,把酒向他脸上泼去,不晓得怎么样就碰在那脑袋上了。这是亲眼见的。'"——"吴良"是人证。他与"薛大爷"是一家子，说明"薛大爷"实乃"吴大爷"吴三桂也。

"知县叫仵作：'将前日尸场填写伤痕，据实报来。'仵作禀报说：'前日验得张三尸身无伤，惟囟门有磁器伤，长一寸七分，深五分，皮开，囟门骨脆，裂破三分。实系磕碰伤。'"

李知其《红楼梦谜》早就指出，"伤长一寸七分，深五分……破裂三分"等语，提点了吴三桂于崇祯十七年五月初三日正式臣服清廷。作者将吴三桂正式归附清廷的五月初三，当成了薛蟠的生日。这是向读者提供的第三个历史时间坐标值。

总结起来为：吴三桂于崇祯十七年五月初三日正式臣服清廷，于康熙十三年一月自称周王，于康熙十七年玄烨23岁时自称吴周皇帝。三个数字与《清史稿》的记载丝毫不差。

五月初三也是贾宝玉的生日。这意味着贾宝玉与薛文龙这一对表兄弟，必要时可以表演同一个历史人物。例如《薛文龙悔娶河东狮》隐射顺治皇帝悔娶第一位皇后，而第九十七回薛蟠又演吴三桂的儿子吴应熊锒铛下狱——王梦阮所谓"不必一一派定角色"也。

第四节　薛姨妈对宝钗的交代

第一百回：

且说薛姨妈为着薛蟠这件人命官司，各衙门内不知花了多少银钱，才定了误杀具题。原打量将当铺折变给人，备银赎罪，不想刑部驳审。又托人花了好些钱，总不中用，依旧定了个死罪，监着守候秋天大审。薛姨妈又气又疼，日夜啼哭。宝钗虽时常过来劝解，说是："哥哥本来没造化，承受了祖父这些家业，就该安安顿顿的守着过日子。在南边已经闹的不象样，便是香菱那件事情就了不得，因为仗着亲戚们的势力，花了些银钱，这算白打死了一个公子。哥哥就该改过，做起正经人来，也该奉养母亲才是，不想进了京仍是这样。妈妈为他不知受了多少气，哭掉了多少眼泪。给他娶了亲，原想大家安安逸逸的过日子，不想命该如此，偏偏娶的嫂子又是一个不安静的，所以哥哥躲出门去。真正俗语说的，'冤家路儿狭'，不多几天就闹出人命来了。"

作者又开始东拉西扯了。"在南边已经闹的不象样"——隐射以吴三桂为首的三藩之乱。康熙十二年冬（1673）吴三桂造反。康熙十三年，耿精忠、尚之信反，广西将军孙延龄反。康熙十五年（1676）耿精忠、尚之信复又降清——"两个当铺给了人家"。康熙十七年（1678）吴三桂称帝，不久死，吴世璠即位，以明年为洪化元年，不久即逃奔云南——"另一个当铺管事的逃了"。

康熙十九年（1680）尚之信被赐死。康熙二十年（1681）正月，郑经死，郑克塽嗣位。十月，吴世璠兵败自杀。康熙二十一年（1682）耿精忠被处死。

薛姨妈哭着说道："这几天为闹你哥哥的事，你来了，不是你劝我，就是我告诉你衙门的事。你还不知道：京里官商的名字已经退了，两个当铺已经给了人家，银子早拿来使完了。还有一个当铺，管事的逃了，亏空了好几千两银子，也夹在里头打官司。你二哥哥天天在外头要账，料着京里的账已经去了几万银子，只好拿南边公分里银子和住房折变才够。前两天还听见一个荒信，说是南边的公当铺也因为折了本儿收了。要是这么着，你娘的命可就活不成了！"说着，又大哭起来。

"京里的官商名字已经退了"——隐射三藩叛乱，吴三桂主动抛弃清朝"平西王"的封号，抛弃了在清廷中的合法地位。

"亏空了好几千银子"——孙绍祖隐射吴三桂的儿子吴应熊。他娶了迎春，即皇太极第十四女和硕格格。孙绍祖说贾家欠孙家（东吴孙权家，即吴三桂家）"五千两银子"。一万两相当于一个皇帝（万岁），又相当于祖国的万里山河。贾家欠孙家"五千两银子"，等于说清朝的半壁江山是吴三桂奉送给清朝的。清朝欠了吴三桂的人情。此处所谓"亏空了好几千银子"，隐射吴三桂的大周政权损兵折将一败涂地。

"南边的公当铺折本收了"——指三藩打了败仗，叛乱彻底失败了。

吴三桂起事，征战五年，并没见什么朱三太子。康熙十七年，吴三桂在衡州筑坛，祭告天地，自称皇帝，改元昭武，称衡州为定天府，置百官，封诸将，造新历，举云贵川湖乡试，号召远近。吴三桂潦草成礼，算是做了大周皇帝。当下调夏国相回衡州，命他为相，令胡国柱、马宝为元帅，出御清兵。

吴三桂即位后，时常发寒发热，由夏及秋，没有好转。吴三桂年近古稀，生了几个月的病，到了八月初旬，痰喘交作，咯血频频，有时神魂颠倒，谵语终宵。自思生平行事，大半舛错，悔已无及。长子应熊，被朝廷处死，目下只一孙吴世璠，留居云南。湘滇遥隔，吴三桂亲书遗嘱，传位于孙子，当日晏驾。过了数日，吴世璠已到，就在衡州即位，夏国相率百官叩贺，议定明年为洪化元年。

　　胡国柱等因新帝尚幼，不宜久居衡州，仍令迎丧扈驾，还处云南。吴世璠回滇，清兵遂进逼云南，吴世璠复调夏国相等回救。到康熙二十年十月中，昆明城中粮尽，军心遂变，部兵倒戈，把夏国相、马宝都戳下马来，擒献清军。吴世璠悬梁自尽。后来夏国相、马宝等尽被凌迟处死，吴氏遂亡。

　　《红楼梦》作者让薛姨妈做了三藩之乱八年历史的总结报告。

第十八章 三藩之乱后

第一节 平定三藩

歼灭吴三桂部后，各路清军陆续班师。

《红楼梦》第六十三回庆祝贾宝玉的生日，这一天恰好也是薛蟠的生日，又是薛宝琴的生日。贾宝玉隐射康熙皇帝，薛蟠隐射吴三桂，薛宝琴隐射郑克塽。贾宝玉康熙皇帝不是在庆祝自己的生日，而是在庆祝平定了吴三桂的三藩之乱，又收复了台湾。与"薛蟠打死张三"隐射吴三桂废除康熙年号相对应，贾宝玉庆祝生日，显然隐射平定三藩是康熙年号在江南地区的重生之日，也是康熙年号在台湾的开始之日。

第六十三回与第六十四回原文加注：

(1) 袭人笑道："你放心，我和晴雯、麝月、秋纹四个人，每人五钱银子，共是二两。芳官、碧痕、小燕、四儿四个人，每人三钱银子，他们有假的不算，共是三两二钱银子，早已交给了柳嫂子，预备四十碟果子（1644年顺治元年清朝入关，到1683年康熙二十二年收复台湾，恰好为40年）。我和平儿说了，已经抬了一坛好绍兴酒藏在那边了。我们八个人（隐射满洲八旗与蒙古八旗）单替你（康熙皇帝）过生日（大清国一统天下之日）。"

(2) 宝玉只穿着大红棉纱小袄子（皇帝的龙袍）……当时芳官满口嚷热（兴奋异常）……头上眉额编着一圈小辫，总归至顶心，结一根鹅卵粗细的总辫，拖在脑后（满人的标志小辫子）……引的众人笑说："他两个倒象是双生的弟兄两个（此时的"芳官"与宝玉都是康熙皇帝的化身，满人形象是戏子"芳官"，汉人形象是真身贾宝玉）。"

(3) 于是袭人（孝惠皇太后）为先，端在唇上吃了一口，余依次下去，一一吃过，大家方团圆坐定（到康熙二十二年，方团圆坐定了大清江山）

……那四十个碟子（再一次强调"四十"，指1644年顺治元年清朝入关，到1683年康熙二十二年收复台湾，恰好40年），皆是一色白彩定窑的，不过只有小茶碟大，里面不过是山南海北、中原外国，或干或鲜、或水或陆，天下所有的酒馔果菜（隐射康熙皇帝稳定地拥有了天下的一切）。

（4）里面是五点，数至宝钗……只见签上画着一支牡丹，题着"艳冠群芳"四字，下面又有镌的小字一句唐诗，道是：任是无情也动人。（"五点"隐射顺治皇后博尔济吉特氏废黜为静妃后第五年，方恢复为长春宫主位，因为她是大清开国第一后，所以"艳冠群芳"。因为她代表满蒙联姻，尽管与顺治皇帝没有感情，但"金盆虽破分量在"，所以是"任是无情也动人"。康熙时代长春宫主位博尔济吉特氏晋升为皇太妃。）

（5）芳官只得细细的唱了一支《赏花时》：翠凤毛翎扎帚叉，闲踏天门扫落花。您看那风起玉尘沙。猛可的那一层云下，抵多少门外即天涯。您再休要剑斩黄龙一线儿差，再休向东老贫穷卖酒家。您与俺眼向云霞。洞宾呵，您得了人可便早些儿回话；若迟呵，错教人留恨碧桃花。（隐射顶带花翎的满蒙八旗部队与吕洞宾代表的汉族叛军和台湾军队的十年战争。吕洞宾隐射的汉族军队，即三藩叛军与郑成功的台湾军队，因"一线儿差"而没有达到"剑斩黄龙"满蒙八旗的目的。）

（6）宝钗又掷了一个十六点，数到探春……众人看上面是一枝杏花，那红字写着"瑶池仙品"四字，诗云：日边红杏倚云栽。注云："得此签者，必得贵婿……"众人笑道："……我们家已有了个王妃，难道你也是王妃不成。大喜，大喜。"（隐射多尔衮的女儿于16岁下嫁察哈尔蒙古亲王，成为王妃。"杏花"隐射孝庄布木布泰的女儿。"杏"指孝庄布木布泰，"杏"开的"花"自然指孝庄生的女儿——"日边红杏依云栽"。）

（7）湘云拿着他的手强掷了个十九点出来，便该李氏掣。李氏摇了一摇，掣出一根来一看，笑道："好极。你们瞧瞧，这劳什子竟有些意思。"众人瞧那签上，画着一枝老梅，是写着"霜晓寒姿"四字，那一面旧诗是：竹篱茅舍自甘心。（"十九点"隐射顺治第十九年即康熙元年。康熙登基佟佳氏刚二十出头，并不是"一枝老梅"。"老"者，说明在康熙二十二年，佟佳氏已死了，死时24岁。所以是"霜晓寒姿"，看到儿子"金灿灿胸悬金印"，自然是"竹篱茅舍自甘心"，含笑九泉了。）

（8）黛玉一掷，是个十八点，便该湘云掣。湘云笑着，揎拳掳袖的伸手掣了一根出来。大家看时，一面画着一枝海棠，题着"香梦沉酣"四字，那面诗道是：只恐夜深花睡去。（"十八点"隐射孔四贞于康熙十八年从桂林回到北京，尽管丈夫孙延龄参加了三藩叛乱，但自己宣布与他脱离关系，并坚决反对，所以皇家没有怪罪她，因而保住了郡主的爵位，仍然是孝庄太皇太后的义女。她的出路应该是"香梦沉酣"，但巾帼将军不甘寂寞，开始阶段采取了"只恐夜深花睡去"的态度，与叛军时有联系。结果弄得"不合时宜，权势不容"，最后才带发出家，在皇宫内修行。)

(9) 麝月一掷个十九点，该香菱。香菱便掣了一根并蒂花，题着"联春绕瑞"，那面写着一句诗，道是：连理枝头花正开。("香菱"代表汉族国脉正统，"十九点"隐射维持了19年的南明政权。"一根并蒂花"与"连理枝头花正开"隐射汉族的国统依然存在，虽然成了在野党，虽然转入了地下，但汉族政权与满族政权，依然是"连理枝头花正开"也。)

(10) 香菱便又掷了个六点，该黛玉掣。黛玉默默的想道："不知还有什么好的被我掣着方好。"一面伸手取了一根，只见上面画着一枝芙蓉，题着"风露清愁"四字，那面一句旧诗，道是：莫怨东风当自嗟。("六点"隐射从顺治十一年二月八日在南苑行宫与顺治皇帝巫山云雨，到顺治十七年八月董鄂氏皇贵妃死于承乾宫，前后正好6年。"一年三百六十日，风刀霜剑严相逼"，固然是不容于后宫的蒙古后妃，但身为弟媳妇而爱上顺治皇帝哥哥，弄得丈夫含愤自杀，董鄂氏的悲剧也有些咎由自取，所以是"莫怨东风当自嗟"。)

(11) 于是饮了酒，便掷了个二十点，该着袭人。袭人便伸手取了一支出来，却是一枝桃花，题着"武陵别景"四字，那一面旧诗写着道是：桃红又是一年春。("二十点"隐射顺治皇帝"死时"孝惠皇后实际才20岁。康熙登基乃是大清国的第三春——崇德为第一春，顺治为第二春，康熙为第三春，所谓"三春过后诸芳尽"，是指康熙朝以后，金陵十二钗都死了，自己晋升孝惠皇太后，但年龄仅仅21岁，尽管已经是"武陵别景"了，但也算"桃红又是一年春"吧。)

(12) 老婆子忙出去问时，原来是薛姨妈打发人来了接黛玉的。众人因问几更了，人回："二更以后了，钟打过十一下了。"宝玉犹不信，要过表来瞧了一瞧，已是子初初刻十分了。(两个"十一下"为22，隐射康熙二十二年，朝廷先后平定了三藩，又收复了台湾。当天晚上实际是康熙二十二年七月三日，而不是五月三日，第六十三回专门作了曲折的演绎。本年五月康熙皇帝命施琅征台湾，六月二十二日澎湖大捷，喜报频传，所以才有七月三日之夜的庆祝宴会。)

(13) 那芳官坐起来，犹发怔揉眼睛。袭人笑道："不害羞，你吃醉了，怎么也不拣地方儿乱挺下了。"芳官听了，瞧了一瞧，方知道和宝玉同榻，忙笑的下地来，说："我怎么吃的不知道了。"宝玉笑道："我竟也不知道了。若知道，给你脸上抹些黑墨。"(再次隐射此时的芳官与宝玉都是指康熙皇帝，一个是演满族人的戏子,一个是汉族血统的康熙皇帝。)

(14)一张字帖儿,递与宝玉看时,原来是一张粉笺子,上面写着"槛外人妙玉恭肃遥叩芳辰"。宝玉看毕,直跳了起来。(隐射康熙皇帝看到"只恐夜深花睡去"的孔四贞女将军的奏折,十分紧张,不知自己这位"为人孤僻,不合时宜,万人不入他目"的"姑姑"又想干什么?)

(15)岫烟笑道:"他也未必真心重我,但我和他做过十年的邻居,只一墙之隔。他在蟠香寺修炼,我家原寒素,赁的是他庙里的房子,住了十年,无事到他庙里去作伴。我所认的字都是承他所授。我和他又是贫贱之交,又有半师之分。因我们投亲去了,闻得他因不合时宜,权势不容,竟投到这里来。如今又天缘凑合,我们得遇,旧情竟未易。承他青目,更胜当日。"

宝玉听了,恍如听了焦雷一般。

("邢岫烟"隐射归顺后收编的三藩旧部,为便于近距离控制,调至邢台、幽州与燕山一带驻防。他们向朝廷汇报说,孔四贞在桂林已经与孙延龄分居,等于带发修行了,所以朝廷比较放心。但归京后邢台、幽州与燕山各部仍与孔四贞汉军正红旗有密切联系,康熙皇帝"听了,恍如听了焦雷一般"。此处值得注意的字眼是"蟠香寺"——"蟠"字正是薛蟠的"蟠"。隐射设在桂林的定南王孔四贞部与吴三桂近在咫尺。孔四贞的丈夫参加了吴三桂的叛乱,所以,定南王孔四贞部成了"蟠香寺"。孔四贞没有参加吴三桂的叛乱,坚决站在朝廷一边,所以叫"他在蟠香寺修炼"。孔四贞还对三藩旧部做过十年的安抚劝说工作,希望他们不要制造动乱,所以与"邢岫烟"还有"半师之分"。)

(16)他常说:古人中自汉晋五代唐宋以来皆无好诗,只有两句好,说道:"纵有千年铁门槛,终须一个土馒头。"所以他自称"槛外之人"。又常赞文是庄子的好,故又或称为"畸人"。他若帖子上是自称"畸人"的,你就还他个"世人"。畸人者,他自称是畸零之人;你谦自己乃世中扰扰之人,他便喜了。如今他自称"槛外之人",是自谓蹈于铁槛之外了;故你如今只下"槛内人",便合了他的心了。宝玉听了,如醍醐灌顶。(隐射孔四贞并无反意,充其量是企图拥兵自重。刚回京时与归顺的三藩旧部仍有联系,后来就不再联系了,而成了等死之人、畸零之人、槛外之人,康熙皇帝这才放心地松了一口气,"如醍醐灌顶"一般地高兴起来。)

(17)宝玉回房写了帖子,上面只写"槛内人宝玉熏沐谨拜"几字,亲自拿了到栊翠庵,只隔门缝儿投进去便回来了。(隐射康熙皇帝给孔四贞姑姑一道安慰性礼仪性的谕旨,表示尊重与谅解而已。)

(18)因又见芳官梳了头……又命将周围的短发剃了去,露出碧青头皮来,当中分大顶,又说:"冬天作大貂鼠卧兔儿带,脚上穿虎头盘云五彩小战靴,或散着裤腿,只用净袜厚底镶鞋。"又说:"芳官之名不好,竟改了男名才别致。"因又改作"雄奴"。芳官十分称心,又说:"既如此,你出门也带我出去。有人问,只说我和茗烟一样的小厮就是了。"宝玉笑道:"到底人看的出来。"芳官笑道:"我说你是无才的。咱家现有几家土番,你就说我是个小土番儿。况且人人说我打联垂好看,你想这话可妙?"宝玉听了,喜出意外,忙笑道:"这却很好。我亦常见官员人等多有跟从外国献俘之种,图其不畏风霜,鞍马便捷。既这等,再起个番名,叫作'耶律雄奴'。'雄奴'二音,又与匈奴相通,都是犬戎名姓。"(此处的"芳官"等于"宝玉",都隐射康熙皇帝的打扮,"将周围的短发剃了去,露出碧青头皮来",就是典型的满洲人了。康熙大骂叛乱的噶尔丹为"野驴匈奴"也。而"芳官"的职业是戏子,隐射康熙皇帝是汉人装扮的满人也。所以自己说"到底人看的出来"。所谓"人"者,自然是读者了。这是《红楼梦》公开表明成书的历史年代与直接挑明贾宝玉是清朝皇帝的故事情节。很引人注目。)

(19) 宝玉笑道:"况且这两种人自尧舜时便为中华之患,晋唐诸朝,深受其害。幸得咱们有福,生在当今之世,大舜之正裔,圣虞之功德仁孝,赫赫格天,同天地日月亿兆不朽,所以凡历朝中跳梁猖獗之小丑,到了如今竟不用一干一戈,皆天使其拱手俛头缘远来降。我们正该作践他们,为君父生色。"

隐射康熙皇帝俨然以汉族封建正统皇帝自居。此处的"野驴匈奴"主要是指厄鲁特蒙古的准噶尔部,其领主噶尔丹自立为汗,势力日益强大。他不仅统治了厄鲁特四部,而且占领了天山南路各回城,势力达到青海、西藏地区。噶尔丹为实现其割据一方的野心,遂与沙俄侵略者勾结起来。康熙决心平服之,大骂他们乃"跳梁猖獗之小丑"。

(20) 宝玉笑道:"所以你不明白。如今四海宾服,八方宁静,千载百载不用武备。咱们虽一戏一笑,也该称颂,方不负坐享升平了。"芳官听了有理,二人自为妥贴甚宜。宝玉便叫他"耶律雄奴"。

隐射康熙皇帝平定三藩,收复台湾,"四海宾服,八方宁静",此其时也。他戏称芳官为"耶律雄奴",说明他自己已经明白,他是汉族皇帝,不是胡族皇帝。他之所以身穿清朝的龙袍,驾坐太和殿,就像芳官当戏子一样,乃演戏耳。

(21) 湘云素习憨戏异常,他也最喜武扮的,每每自己束銮带,穿折袖。近见宝玉将芳官扮成男子,他便将葵官也扮了个小子。那葵官本是常刮剔短发,好便于面上粉墨油彩,手脚又伶便,打扮了又省一层手……李纨探春见了也爱,便将宝琴的荳官也就命他打扮了一个小童,头上两个丫髻,短袄红鞋,只差了涂脸,便俨是戏上的一个琴童……一时到了怡红院,忽听宝玉叫"耶律雄奴",把佩凤、偕鸳、香菱三个人笑在一处,问是什么话,大家也学着叫这名字,又叫错了音韵,或忘了字眼,甚至于叫出"野驴子"来,引的合园中人凡听见无不笑倒。

宝玉又见人人取笑,恐作践了他,忙又说:"海西福朗思牙,闻有金星玻璃宝石,他本国番语以金星玻璃名为'温都里纳'。如今将你比作他,就改名唤叫'温都里纳'可好?"芳官听了更喜,说:"就是这样罢。"因此又唤了这名。众人嫌拗口,仍翻汉名,就唤"玻璃"。

隐射康熙时代的清朝皇宫里,全都是汉族皇帝与媳妇们扮演的"野驴子"。爱新觉罗血统一点儿也没有,简直是"玻璃"——满洲国"王皮离王",徒有虚名,"假做真时真亦假"。

第二节 孔四贞自解兵权

顺治十三年,孔四贞离开北京回到桂林不久,顺治皇帝驾鹤西去(顺治十八年)。二十余年后孔四贞归来(康熙十八年),三藩之乱行将平息,她所代表的定南王势力已经没有存在的意义了,如果继续坚持下去,定然成为一支朝廷的敌对势力。孔四贞只有一条出路——在朝廷的监视下带发修行。孔四贞离开北京时,顺治皇帝二十余岁。孔四贞回到北京时,康熙皇帝二十余岁。贾宝玉隐射的清朝皇帝没有多少变化,但孔四贞却从一个十五六岁的少女,变成将近40岁的女郡王。此事进入《红楼梦》,孔四贞经历了惜春、史湘云与妙玉三个时期,从幼女、少女到中年妇女。

孔四贞是作者倾注心血最多的女主角之一。作者对两个历史人物的感情是极为矛盾的,一方面痛恨蔑视,一方面抱有希望。痛恨他(她)们是汉奸或汉奸子女。希望他(她)们掌握的武装力量能发挥光复汉统的作用。这两个人物一是吴三桂(薛蟠、薛文起),一是孔四贞(惜春、史湘云与妙玉)。孝庄皇太后(贾母与王夫人)、顺治皇帝(贾宝玉)与康熙皇帝(贾宝玉)对这两个历史人物的感情也是极为矛盾的,一方面充分利用他(她)们去镇压汉人的反抗,一方面要防止其拥兵自重,尾大不掉,甚至造反作乱。孝庄皇太后与顺治皇帝时代对孔四贞的态度是爱护大于防范,因为孔有德(贾敬、张道士与"一道")全家百余口为国殉难,孔四贞(史湘云)只身逃离桂林。孝庄太皇太后(贾母与王夫人)与康熙皇帝(贾宝玉)在削平三藩之后,对孔四贞（妙玉）的态度发生了微妙的变化。满蒙亲贵甚至对战功赫赫的孔四贞（妙玉）造谣诬陷，使她处于"不合时宜，权势不容"（邢岫烟语）的地位。正所谓鸟尽弓藏、兔死狗烹。但由于孔四贞主动放弃兵权，回京韬晦养闲，甚至主动在宫内带发修行，这才化险为夷，得到了善终。

在《红楼梦》里，出现了三个孔四贞形象——一是可爱的史湘云，一是性格扭曲的惜春与妙玉。孔四贞正式进入《红楼梦》，就是三藩之乱后汉军八旗旧部秋扇见捐的局面。第十七回原文加注：

又有林之孝家的（孝庄太皇太后的蒙古族副总管）来回："采访聘买的十二个小尼姑、小道姑都有了，连新作的二十分道袍也有了（清兵从江南抢掠的女孩子）。外有一个带发修行的，本是苏州人氏（姑苏人，泛指汉族人），祖上也是读书仕宦之家（孔子的后人）。因生了这位姑娘自小多病（病根是汉族人拥有武装力量），买了许多替身儿皆不中用（清朝朝廷已经平定了三藩，但还是对汉军八旗不放心），到底这位姑娘亲自入了空门（孔四贞主动放弃兵权），方才好了（清朝政府才放心了），所以带发修行（在朝廷监督下离休养闲），今年才十八岁（康熙十八年——三藩平定前一年，即1679年），法名妙玉（合法的名义是居住庙宇养闲）。

如今父母俱已亡故（孔有德夫妇死于顺治九年七月四日，即1652年），身边只有两个老嬷嬷（老卫兵），一个小丫头伏侍（小勤务兵）。文墨也极通，经文（父亲已经教育多年）也不用学了，模样儿又极好（孔四贞是美貌才女）。因听见'长安'都中（北京）有观音遗迹并贝叶遗文（老佛爷懿诏），去岁随了师父上来（康熙十七年孔四贞回京），现在西门外牟尼院（尼泊尔人设计的白塔寺）住着。

他师父（父亲孔有德）极精演先天神数，于去冬（指顺治九年）圆寂了。妙玉本欲扶灵回乡的（顺治十一年六月孔四贞扶柩还京，但没有扶柩回辽阳），他师父临寂遗言，说他'衣食起居不宜回乡（不宜在边界拥兵自重，应当出家为尼——孔有德口头遗嘱），在此静居（在京接受监督养闲），后来自有你的结果'（终于死葬公主坟）。所以他竟未回乡。"

王夫人（孝庄皇太后）不等回完，便说："既这样，我们何不接了他来。"林之孝家的（满族大内副总管）回道："请他，他说：'侯门公府，必以贵势压人，我再不去的。'"王夫人道："他既是官宦小姐，自然骄傲些，就下个帖子请他何妨（已经秋扇见捐的口气）。"林之孝家的答应了出去，命书启相公写请帖去请妙玉。次日遣人备车轿去接（朝廷的礼仪还是很好看的），等后话。

第十八章 三藩之乱后

面对这种复杂凶险的政治环境,孔四贞的性格发生了畸变,成了一个"俗语说的'僧不僧,俗不俗,女不女,男不男'"的"畸零之人"。说她是韬晦之计也可以。第六十三回原文:

(贾宝玉)忽见岫烟颤颤巍巍的迎面走来。宝玉忙问:"姐姐那里去?"岫烟笑道:"我找妙玉说话。"宝玉听了诧异,说道:"他为人孤僻,不合时宜,万人不入他目。原来他推重姐姐,竟知姐姐不是我们一流的俗人。"岫烟笑道:"他也未必真心重我,但我和他做过十年的邻居,只一墙之隔。他在蟠香寺修炼,我家原寒素,赁的是他庙里的房子,住了十年,无事到他庙里去作伴。我所认的字都是承他所授。我和他又是贫贱之交,又有半师之分。因我们投亲去了,闻得他因不合时宜,权势不容,竟投到这里来。如今又天缘凑合,我们得遇,旧情竟未易。承他青目,更胜当日。"宝玉听了,恍如听了焦雷一般,喜的笑道:"怪道姐姐举止言谈,超然如野鹤闲云,原来有本而来。正因他的一件事我为难,要请教别人去。如今遇见姐姐,真是天缘巧合,求姐姐指教。"说着,便将拜帖取与岫烟看。岫烟笑道:"他这脾气竟不能改,竟是生成这等放诞诡僻了。从来没见拜帖上下别号的,这可是俗语说的'僧不僧,俗不俗,女不女,男不男',成个什么道理。"宝玉听说,忙笑道:"姐姐不知道,他原不在这些人中算,他原是世人意外之人。因取我是个些微有知识的,方给我这帖子。"岫烟听了宝玉这话,且只顾用眼上下细细打量了半日,方笑道:"怪道俗语说的'闻名不如见面',又怪不得妙玉竟下这帖子给你,又怪不得上年竟给你那些梅花。既连他这样,少不得我告诉你原故。他常说:'古人中自汉晋五代唐宋以来皆无好诗,只有两句好,说道:纵有千年铁门槛,终须一个土馒头。'所以他自称'槛外之人'。又常赞文是庄子的好,故又或称为'畸人'。他若帖子上是自称'畸人'的,你就还他个'世人'。畸人者,他自称是畸零之人;你谦自己乃世中扰扰之人,他便喜了。如今他自称'槛外之人',是自谓蹈于铁槛之外了;故你如今只下'槛内人',便合了他的心了。"宝玉听了,如醍醐灌顶,嗳哟了一声,方笑道:"怪道我们家庙说是'铁槛寺'呢,原来有这一说。姐姐就请,让我去写回帖。"岫烟听了,便自往栊翠庵来。宝玉回房写了帖子,上面只写"槛内人宝玉熏沐谨拜"几字,亲自拿了到栊翠庵,只隔门缝儿投进去便回来了。

上述是三藩之乱后,清廷对汉军八旗政策的缩写,也是对孔四贞当时处境的特写。康熙十八年孔四贞奉旨回到北京,时年39岁。因为孔四贞是太后义女,三藩之乱时曾劝夫反正,康熙皇帝有旨实封郡主,禄赡终身。从康熙八年至康熙十八年的 10 年间（"住了十年"——邢岫烟语），她名义上与孙延龄是夫妻，但过的是单身的孤寂生活，和出家的尼姑差不多（"他在蟠香寺修炼"——邢岫烟语），与一省之隔（"只一墙之隔"——邢岫烟语）的云南吴三桂部很少联系。因为她始终对吴三桂部存有戒心（"他也未必真心重我"——邢岫烟语）。倒是吴三桂不断派人与广西的孔四贞部联系，还有长驻代表（"我家原寒素，赁的是他庙里的房子，住了十年，无事到他庙里去作伴"——邢岫烟语）。

孔四贞借机做三藩的工作，要他们以大局为重，以国家的安定与民族的团结为重，不要背叛朝廷（"我所认的字都是承他所授。我和他又是贫贱之交，又有半师之分"——邢岫烟语）。后来三藩背着孔四贞部联合起兵反叛了（"因我们投亲去了"——邢岫烟语），孙延龄也加入了叛乱。虽经孔四贞的努力，孙延龄又归降朝廷，到最后为吴三桂所杀，但孔四贞处于汉族藩部与满族朝廷都不信任的尴尬境地（"闻得他因不合时宜，权势不容，竟投到这里来"——邢岫烟语）。

孔四贞（妙玉）虽然久经磨难，似乎深藏不露，但她改不了年轻时候的"史湘云性格"与"史湘云本质"。所谓"史湘云性格"，就是"幸生来，英豪阔大宽宏量，从未将儿女私情略萦心上。好一似，霁月光风耀玉堂"。

所谓"史湘云本质"，就是对孝庄皇太后感恩戴德，对顺治皇帝有情有义，对康熙皇帝有一种变态的母爱情结，但骨子里对清朝的残暴与镇压不满，对汉族同胞有一种本能的同情，更为严重的是：她曾有过复兴汉统的念头。在第七十六回中，孔四贞明确表示了她的政治观点与军事策略：

"可恨宝姐姐，姊妹天天说亲道热，早已说今年中秋要大家一处赏月，必要起社，大家联句，到今日便弃了咱们，自己赏月去了。社也散了，诗也不作了。倒是他们父子叔侄纵横起来。你可知宋太祖说的好：'卧榻之侧，岂许他人酣睡。'他们不作，咱们两个竟联起句来，明日羞他们一羞。"

(1) "可恨宝姐姐……到今日便弃了咱们……社也散了，诗也不作了"——"宝姐姐"代表孝惠母后皇太后与长春宫主位静妃皇太妃，也就是代表满蒙联姻的大清王朝。

(2) "到今日便弃了咱们"——隐射平定三藩后孔有德部等汉军八旗处于"鸟尽弓藏，兔死狗烹"的无奈境地。

(3) "社也散了，诗也不作了"——隐射"满汉一体"的政策也不提了，定南王的封号也自动废除了。

(4)"倒是他们父子叔侄纵横起来"——隐射清廷认为大局已定,对汉族的控制与文字狱加强起来,比顺治朝有过之而无不及。

(5)"你可知宋太祖说的好:'卧榻之侧,岂许他人酣睡。'"——隐射清廷与康熙皇帝对拥兵的汉族军人决不会轻易放过。

(6)"他们不作,咱们两个竟联起句来"——隐射孔四贞想把三藩之乱后站在清政府一边的汉军八旗部队联合起来——在首都北京与他们的联系加强了("如今又天缘凑合,我们得遇,旧情竟未易。承他青目,更胜当日。"——邢岫烟语。康熙大惊,"恍如听了炸雷一般")。

(7)最令康熙皇帝心惊肉跳的是——"邢岫烟"乃荡平三藩后调防"邢台与幽燕地区"的汉军八旗部队。他们的生活十分拮据,甚至依靠当铺为生了(指邢岫烟当冬衣)。

(8)此时与史湘云联句的潇湘妃子林黛玉,也是"记住父亲在湘江地区作战历史的汉军八旗女将军"孔四贞的化身。也就是说,此时的史湘云与林黛玉,还有即将出场与她们一起联句的妙玉,在《凸碧堂品笛感凄清 凹晶馆联诗悲寂寞》一回中,共同扮演退休的女将军孔四贞。——这就是"妃子"何以冠"潇湘"的原因。

"史湘云"、"柳湘莲"、"潇湘妃子"三个人,都含一个"湘"字,在特定的场合,都隐射死于湘江源头的孔有德的子女。

第七十六回《中秋夜大观园即景联句三十五韵》并不是三个女孩子想家的中秋吟月诗,而是一个退休女将军月下独酌,写的《青梅煮酒论英雄》——回忆了二十年的战争生涯,批评朝廷对满蒙八旗与汉军八旗赏罚不均的民族歧视政策,同情汉军八旗军饷不足的处境,宣泄了对退休孤独生活的不满,分析了国内的政治形势,预测了汉军八旗的前途,最后采取了静观时变的超然态度。结论是黛玉、湘云二人皆赞赏不已,说:"可见我们天天是舍近而求远。现有这样诗仙在此,却天天去纸上谈兵。"

"赏罚无宾主,吟诗序仲昆。"——朝廷赏罚不公,汉军秘密结社。

"秋湍泻石髓,风叶聚云根。"——汉军风流云散,有的啸聚山林。

"药经灵兔捣,人向广寒奔。犯斗邀牛女,乘槎待帝孙。"——自己归京入宫,监管在帝侧。

"虚盈轮莫定,晦朔魄空存。壶漏声将涸,窗灯焰已昏。"——部队徒留番号,失去战斗力。

"箫增嫠妇泣,衾倩侍儿温。空帐悬文凤,闲屏掩彩鸳。"——自己有寡妇的寂寞,也有徐娘半老的风流韵事。

康熙皇帝(贾宝玉)原先不知道汉军八旗的秘密串联,认为孔四贞退休养闲了，不知道竟然与直隶京畿驻军有联系（"宝玉忙问：'姐姐那里去？'岫烟笑道：'我找妙玉说话。'宝玉听了诧异，说道：'他为人孤僻，不合时宜，万人不入他目。原来他推重姐姐，竟知姐姐不是我们一流的俗人。'"）清廷的反应异常强烈——康熙皇帝（贾宝玉）得知后顿时提高了警惕，但表面上故做安详（"宝玉听了，恍如听了焦雷一般。喜的笑道：'怪道姐姐举止言谈，超然如野鹤闲云，原来有本而来'"）。

在昨日（康熙18年）的寿辰上，康熙皇帝（贾宝玉）收到孔四贞（妙玉）的一封祝寿函（"槛外人妙玉恭肃遥叩芳辰"），觉得事关重大，几乎跳了起来。（宝玉看毕，直跳了起来，忙问："这是谁接了来的？也不告诉。"袭人晴雯等见了这般，不知当是那个要紧的人来的帖子。）但他对孔四贞的内心仍不甚了解，不知如何批复才好。他赶紧向汉军旧部（邢岫烟）询问。（"正因他的一件事我为难，要请教别人去。如今遇见姐姐，真是天缘巧合，求姐姐指教。"说着，便将拜帖取与岫烟看。）

汉军旧部的汇报终于使康熙皇帝悬着的心放了下来——原来"槛外人妙玉恭肃遥叩芳辰"是一封表示永远放弃军权、安心养老，甚至是安心等死的表态信。

岫烟笑道："他这脾气竟不能改，竟是生成这等放诞诡僻了。从来没见拜帖上下别号的，这可是俗语说的'僧不僧，俗不俗，女不女，男不男'，成个什么道理。"

宝玉听说，忙笑道："姐姐不知道，他原不在这些人中算，他原是世人意外之人。因取我是个些微有知识的，方给我这帖子。我因不知回什么字样才好，竟没了主意，正要去问林妹妹，可巧遇见了姐姐。"

"……他常说：'古人中自汉晋五代唐宋以来皆无好诗，只有两句好，说道：纵有千年铁门槛，终须一个土馒头。'所以他自称'槛外之人'。又常赞文是庄子的好，故又或称为'畸人'。他若帖子上是自称'畸人'的，你就还他个'世人'。畸人者，他自称是畸零之人；你谦自己乃世中扰扰之人，他便喜了。如今他自称'槛外之人'，是自谓蹈于铁槛之外了；故你如今只下'槛内人'，便合了他的心了。"

邢岫烟认为妙玉"脾气竟不能改"，"放诞诡僻"，"僧不僧，俗不俗，女不女，男不男"——这是北京满汉官场对孔四贞的普遍看法。但这是一种肤浅的表面的认识。而孔四贞我行我素，天马行空，不以为然。

"姐姐不知道"——隐射皇室对孔四贞的看法与满汉官场不同。

第十八章 三藩之乱后

"他原不在这些人中算,他原是世人意外之人"——隐射皇室认为孔四贞已经不问政治,不会再干预汉军八旗事务。

"因取我是个些微有知识的,方给我这帖子",隐射康熙皇帝也感觉到孔四贞对自己有一种畸形的母爱情结。这种变态的姑侄情结贯穿于《红楼梦》的始终。

"又怪不得妙玉竟下这帖子给你,又怪不得上年竟给你那些梅花",是变态的母爱情结的表现。

"只隔门缝儿投进去",尽量给孔四贞郡王留一个功臣的体面。

第四十一回《栊翠庵茶品梅花雪》,是这种母爱情结的集中表现。以至有些读者误认为贾宝玉与妙玉有男女关系。当时的情况是,孝庄皇太后(贾母)与孔四贞(史湘云)有一种畸形的母女情结,孔四贞(妙玉)与康熙皇帝(贾宝玉)有一种畸形的母爱情结。因为当时孔四贞父母双亡,康熙皇帝也父母双亡,按作者的说法,孔四贞是康熙皇帝的亲姑姑。第四十一回原文:

当下贾母等吃过茶,又带了刘老老至栊翠庵来。妙玉忙接了进去。至院中见花木繁盛,贾母笑道:"到底是他们修行的人,没事常常修理,比别处越发好看。"一面说,一面便往东禅堂来。妙玉笑往里让,贾母道:"我们才都吃了酒肉,你里头有菩萨,冲了罪过。我们这里坐坐,把你的好茶拿来,我们吃一杯就去了。"妙玉听了,忙去烹了茶来。宝玉留神看他是怎么行事。只见妙玉亲自捧了一个海棠花式雕漆填金云龙献寿的小茶盘,里面放一个成窑五彩小盖钟,捧与贾母。贾母道:"我不吃六安茶。"妙玉笑说:"知道。这是老君眉。"贾母接了,又问是什么水。妙玉笑回"是旧年蠲的雨水。"贾母便吃了半盏……

贾母隐射康熙皇帝的祖母,妙玉隐射三藩之乱后归京的孔四贞,栊翠庵隐射孔四贞带发修行的北海皇家庙宇阐福寺。短短一段,写的仅是"才都吃了酒肉","你这里头有菩萨,冲了罪过","把你的好茶拿来,我们吃一杯就去了",还有"六安茶"与"老君眉"的对应关系。真是母女情深,溢于言表。

宝玉笑道:"常言'世法平等',他两个就用那样古玩奇珍,我就是个俗器了。"妙玉道:"这是俗器?不是我说狂话,只怕你家里未必找的出这么一个俗器来呢。"宝玉笑道:"俗说'随乡入乡',到了你这里,自然把那金玉珠宝一概贬为俗器了。"……黛玉因问:"这也是旧年的雨水?"妙玉冷笑道:"你这么个人,竟是大俗人,连水也尝不出来。这是五年前我在玄墓蟠香寺住着，收的梅花上的雪，共得了那一鬼脸青的花瓮一瓮，总舍不得吃，埋在地下，今年夏天才开了。我只吃过一回，这是第二回了。你怎么尝不出来？隔年蠲的雨水那有这样轻浮，如何吃得。"黛玉知他天性怪僻，不好多话，亦不好多坐，吃过茶，便约着宝钗走了出来。

"五年前我在玄墓蟠香寺住着"，指桂林孔四贞部住处。"五年前"指康熙十三年至康熙十八年之间。"世法平等"，"随乡入乡"，"你虽吃的了，也没这些茶糟蹋"，"你这遭吃的茶是托他两个福，独你来了，我是不给你吃的"，"我深知道的，我也不领你的情，只谢他二人便是了"。此处贾宝玉隐射康熙皇帝。宝钗、黛玉合演孝惠皇太后。妙玉隐射与孝惠皇太后同龄的孔四贞。短短一段话，字字入扣，一种姑侄情结跃然纸上。其中最让妙玉动心的一句话是"世法平等"——康熙表示，要坚决贯彻父亲"满汉一体"的政策。

作者对孔四贞的遭遇是充满同情的。但他仍然按封建伦理道德的标准，对她进行了无情的判决。这就是第一百一十二回《活冤孽妙姑遭大劫》。抢劫她、糟蹋她、谩骂她、污蔑她的是谁呢？第一百一十二回原文：

……内中一个人胆子极大，便说："咱们走是走，我就只舍不得那个姑子，长的实在好看。不知是那个庵里的雏儿呢？"一个人道："啊呀，我想起来了，必就是贾府园里的什么栊翠庵里的姑子。不是前年外头说他和他们家什么宝二爷有原故，后来不知怎么又害起相思病来了，请大夫吃药的？就是他。"……且说伙贼一心想着妙玉，知是孤庵女众，不难欺负。到了三更夜静，便拿了短兵器，带些闷香，跳上高墙。远远瞧见栊翠庵内灯光犹亮，便潜身溜下，藏在房头僻处。等到四更，见里头只有一盏海灯，妙玉一人在蒲团上打坐……觉得一股香气透入囟门，便手足麻木，不能动弹，口里也说不出话来，心中更自着急。只见一个人拿着明晃晃的刀进来。此时妙玉心中却是明白，只不能动，想是要杀自己，索性横了心，倒不怕他。那知那个人把刀插在背后，腾出手来，将妙玉轻轻的抱起，轻薄了一会子，便拖起背在身上。此时妙玉心中只是如醉如痴。可怜一个极洁极净的女儿，被这强盗的闷香熏住，由着他摆弄了去了。……包勇道："你们师父引了贼来偷我们，已经偷到手了，他跟了贼去受用去了。"众人道："阿弥陀佛，说这些话的，防着下割舌地狱。"包勇生气道："胡说，你们再闹，我就要打了！"众人陪笑央告道："求爷叫开门，我们瞧瞧；若没有，再不敢惊动你太爷了。"包勇道："你不信，你去找，若没有，回来问你们！"包勇说着，叫开腰门。众人且找到惜春那里。

第一百一十七回《阻超凡佳人双护玉》：……两人道："倒没有听见，恍惚有人说是有个内地里的人，城里犯了事，抢了一个女人下海去了，那女人不依，被这贼寇杀了。那贼寇正要逃出关去，被官兵拿住了，就在拿获的地方正了法了。"众人道："咱们栊翠庵的什么妙玉，不是叫人抢去？不要就是他罢？"贾环道："必是他。"众人道："你怎么知道？"贾环道："妙玉这个东西是最讨人嫌的，他一日家捏酸，见了宝玉就眉开眼笑了。我若见了他，他从不拿正眼瞧我一瞧，真要是他，我才趁愿呢！"众人道："抢的人也不少，那里就是他？"贾芸说："有点信儿。前日有个人说他庵里的道婆做梦，说看见是妙玉叫人杀了。"众人笑道："梦话算不得。"

作者根据有关孔四贞在京城的风流传闻，创作了"妙玉遭劫"的不清不混的故事。补写了孔四贞在三藩之乱中被吴三桂叛匪俘获，为人质的史实。

第三节 北京的公主坟

历史上的孔四贞确有遭劫的经历，宁国府里的惜春是孔四贞少女与青年的艺术化身。因为从顺治十一年六月孔四贞扶柩回京，孝庄皇太后将她收为义女，册封和硕格格以来，宫里人就喊她为"四格格"。进入《红楼梦》就是四小姐"惜春"。所以作者在妙玉遭劫之后，又进一步地写惜春的结局。第一百一十二回原文：

……惜春正是愁闷，惦着妙玉，"……只怕又得罪了他，以后总不肯来。我的知己是没有了。况我现在实难见人，父母（孔有德夫妇）早死，嫂子（孝惠章皇后——袭人与尤氏）嫌我。头里有老太太（孝庄太皇太后），到底还疼我些，如今也死了，留下我孤苦伶仃，如何了局？"想到："迎春姐姐折磨死了，史姐姐守着病人，三姐姐远去，这都是命里所招，不能自由。独有妙玉如闲云野鹤，无拘无束。我若能学他，就造化不小了。但我是世家之女（定南王之女），怎能遂愿？这回看家，大耽不是，还有何颜？又恐太太们不知我的心事。将来的后事更未晓如何？"想到其间，便要把自己的青丝铰去，要想出家（与妙玉出家是一回事）……惜春心里从此死定个出家的念头，暂且不提。

惜春隐射孔四贞郡王，尤氏隐射顺治的孝惠章皇后。《红楼梦》里说，尤氏与惜春不和，隐射孝惠章皇后与孔四贞不和了一辈子。"父母早死，嫂子嫌我。头里有老太太，到底还疼我些，如今也死了，留下我孤苦伶仃，如何了局？"——孝庄太皇太后死于康熙二十六年，她死了以后，孝惠皇太后（尤氏）越发地不容孔四贞，才使她放弃了郡王的爵位，到北海的皇家庙宇里出家为尼了。第一百一十三回原文：

……且说栊翠庵原是贾府的地址，因盖省亲园子，将那庵圈在里头，向来食用香火，并不动贾府的钱粮。如今妙玉被劫，那女尼呈报到官，一则候官府缉盗的下落，二则是妙玉基业，不便离散，依旧住下，不过回明了贾府。那时贾府的人虽都知道，只为贾政新丧，且又心事不宁，也不敢将这些没要紧的事回禀（孔四贞将军的事此时已经"没要紧"了）。只有惜春知道此事，日夜不安。渐渐传到宝玉耳边，说："妙玉被贼劫去。"又有的说："妙玉凡心动了，跟人而走。"宝玉听得，十分纳闷："想来必是被强徒抢去。这个人必不肯受，一定不屈而死。"但是一无下落，心下甚不放心，每日长吁短叹，还说："这样一个人，自称为'槛外人'，怎么遭此结局！"

"向来食用香火，并不动贾府的钱粮"，隐射孔四贞是依赖军中的积蓄与郡王的俸禄维持生存的，并不动用皇家的内帑。

"妙玉基业，不便离散"，隐射定南王与孔四贞郡王的家产基业"不便离散"。

"只有惜春知道此事"，只有孔四贞知道"妙玉遭劫"的真相。

"这样一个人，自称为'槛外人'，怎么遭此结局！"康熙皇帝认为"妙玉遭劫"是风闻奏事。

第一百一十五回原文：

尤氏道："他那里是为要出家？他为的是大爷不在家，安心和我过不去。也只好由他罢了！"

隐射孝惠皇太后一辈子都对孔四贞耿耿于怀。因为顺治十一年六月顺治皇帝迎娶她为新皇后，而当年六月15岁的孔四贞从桂林扶柩还京，顺治皇帝立刻就爱上了她，更疏远新皇后了，差一点又要废黜新皇后。孝惠皇太后从此记恨她，一辈子都没有释怀。第一百一十七回原文：

……无奈惜春立意必要出家，就不放他出去，只求一两间净屋子，给他诵经拜佛。尤氏……怕惜春寻死，自己便硬做主张，说是："这个不是索性我耽了罢，说我做嫂子的容不下小姑子，逼的他出了家了，就完了！……"

此处真实记录了孔四贞与孝惠皇太后的矛盾，以及孔四贞出家的原因。

第一百一十八回原文：

惜春道："二哥哥说话也好笑，一个人主意不定，便扭得过太太们来了？我也是象紫鹃的话，容我呢，是我的造化，不容我呢，还有一个死呢，那怕什么。二哥哥既有话，只管说。"宝玉道："我这也不算什么泄漏了，这也是一定的。我念一首诗给你们听听罢。"众人道："人家苦得很的时候，你倒来做诗怄人。"宝玉道："不是做诗，我到过一个地方儿看了来的。你们听听罢。"众人道："使得。你就念念，别顺着嘴儿胡诌。"宝玉也不分辩，便说道：勘破三春景不长，缁衣顿改昔年妆。可怜绣户侯门女，独卧青灯古佛旁。

贾宝玉隐射顺治康熙。孔四贞从桂林逃命还京，向顺治汇报过父亲让她放弃兵权、出家为尼的口头遗嘱。与顺治的一段情缘，孝庄皇太后认她为义女，册封她为和硕格格，让她继续统领父亲的部下，派她驻守桂林，这些历史事件，打消了她出家的念头。康熙十八年三番平定孔四贞回京，才正式带发修行"勘破三春景不长"，所谓"三春"与秦可卿所说的"三春过后诸芳尽"是一个概念，指带崇德顺治康熙三个朝代。"景不长"隐射孔四贞几度生离死别。

第四节　收复台湾

康熙二十二年（1683）、明永历三十七年，郑克塽降清，次年十月进京，先后授海澄公与汉军公。朱明年号至此彻底终结。这是清朝开国史的终点。郑克塽时年14岁，《红楼梦》里的薛宝琴就隐射"汉南春历历，焉得不关心"的郑克塽。

康熙二十年三藩已平，中国本部18省及关东3省，都属大清版图，独台湾郑经，抗志海外。耿精忠与康亲王杰书合军攻郑经。郑经退守厦门。巡抚吴兴祚与将军赖塔出兵泉州，总督姚启圣与提督杨捷出兵漳州，郑军始退。只海澄仍为刘国轩所据。湖南水师万正色督率战舰二百艘赴闽，与吴兴祚、姚启圣等水陆夹攻，遂复海澄，夺回金、厦二岛。郑经及刘国轩退据台湾。将军赖塔致书郑经，颇陈朝廷屡次招抚苦心。郑经复请如约，要求把海澄县作为互市公所。赖塔有意允许，但总督姚启圣坚持不可。

郑经退归台湾，郁郁不得志，日近醇酒妇人，借消愁闷，不到一二年，心肾两亏，竟致不起，遗言命长子嗣位。只是长子乃乳婢所生，家人统看他不起。侍卫冯锡范勾通内外，拥立郑经次子郑克塽为主，袭爵延平郡王。郑克塽幼弱，不能理事，诸事统由冯锡范决断。谍报传入内地，闽督姚启圣想乘此攻灭台湾。

福建总督姚启圣系浙江会稽人。当时福建迭遭兵乱，十室九空。康亲王收服耿藩，驱逐郑氏，闽中住着一王、一贝子、一公、一伯，及将军、都统各员，都带着皇室劲旅。康亲王班师，兵士们掳去妇女。姚启圣面请康亲王下令禁止，暗地捐金20万两，拨还难民2万多人，因此闽人感激异常，摆着长生禄位，供奉总督姚公。

姚启圣奏了一本，说是台湾主少国危，时不可失。康熙帝遂降旨准奏。姚启圣力保降将施琅，康熙授施琅为福建水师提督，加太子太保衔。施琅本郑氏旧将，到任后练成水师军2万，分载战船300艘。康熙二十二年，施琅屡次上奏，康熙遂如所请。姚启圣欲候北风进取台湾，施琅独言澎湖失，台湾不战自溃。遂疏请力任讨贼，留督臣在厦门济饷。康熙帝言听计从，施琅遂夺取澎湖，乘胜至台湾。刘国轩见清军随潮进来，遂遣使迎降，缴出延平郡王招讨大将军印，献出台湾版籍。

自顺治十八年郑成功占据台湾独立，二十三年而亡。施琅遣人由海道告捷，康熙帝封施琅为靖海侯，命郑克塽入都，授海澄公，刘国轩与冯锡范亦封伯爵。郑成功曾蒙隆武帝赐以朱姓，号国姓爷，台湾始终遥奉永历年号，故郑克塽可称朱克塽。"昨夜朱楼梦，今宵水国吟。"就隐射台湾由朱明政权转变为清朝政权了。

《红楼梦》将平定三藩与收复台湾写在一起，从第四十九至第五十四回，隐射这十年的战争史。第四十九回写了平定三藩，各路兵马班师回京：

原来邢夫人之兄嫂带了女儿岫烟进京来投邢夫人的（三藩归降的汉军绿营），可巧凤姐之兄王仁也正进京（蒙古八旗），两亲家一处打帮来了。走至半路泊船时，正遇见李纨之寡婶带着两个女儿——大名李纹，次名李绮——也上京（佟半朝家族的两支汉军八旗）。大家叙起来又是亲戚，因此三家一路同行。后有薛蟠（吴三桂部）之从弟薛蝌（郑经台湾部。作者将吴三桂比做蟠龙，郑克塽部比做蝌蚪），因当年父亲（郑经死前同意归顺朝廷）在京时已将胞妹薛宝琴（郑克塽汉军公部）许配都中梅翰林之子为婚，正欲进京发嫁（归顺朝廷），闻得王仁（察哈尔蒙古部）进京，他也带了妹子随后赶来。所以今日会齐了来访投各人亲戚。

第十八章 三藩之乱后

……于是大家见礼叙过，贾母王夫人（孝庄太皇太后）都欢喜非常。贾母因笑道："怪道昨日晚上灯花爆了又爆，结了又结，原来应到今日。"（康熙二十三年秋）……探春道："老太太一见了，喜欢的无可不可，已经逼着太太认了干女儿了（册封为汉军公）。老太太要养活，才刚已经定了。"宝玉（康熙皇帝）喜的忙问："这果然的？"探春（多尔衮与孝庄太皇太后亲女儿）道："我几时说过谎！"……探春道："越性等几天，他们新来的混熟了，咱们邀上他们岂不好？……不如等着云丫头（定南王旧部）来了……如此邀一满社岂不好？（中华大一统）……倘或那三个要不在咱们这里住，咱们央告着老太太留下他们在园子里住下，咱们岂不多添几个人，越发有趣了。"宝玉听了，喜的眉开眼笑，忙说道："倒是你明白。我终久是个糊涂心肠，空喜欢一会子，却想不到这上头来。"

此乃平定三藩过程与收复台湾后中国军事与政治势力的缩写，是康熙二十三年朝廷平定三藩、收复台湾、各路兵马回京向孝庄太皇太后与康熙皇帝报功并庆祝胜利的历史场面。早在清代即有人看出，薛宝琴与台湾相关。钱静芳《红楼梦考》："前清研究红学者……海外女子指延平王郑氏之据台湾。"20世纪后期台湾潘重规等人认为薛宝琴隐射郑成功部。

此时大观园中比先更热闹了多少。李纨为首，余者迎春、探春、惜春、宝钗、黛玉、湘云、李纹、李绮、宝琴、邢岫烟，再添上凤姐儿和宝玉，一共十三个。叙起年庚，除李纨年纪最长，他十二个人皆不过十五六七岁（康熙十五六七年各路参战部队），或有这三个同年，或有那五个共岁，或有这两个同月同日，那两个同刻同时，所差者大半是时刻月分而已。连他们自己也不能细细分晰，不过是"弟""兄""姊""妹"四个字随便乱叫。……宝钗因笑道："我实在聒噪的受不得了。一个女孩儿家（孔四贞郡王），只管拿着诗（军事与事业）作正经事讲起来，叫有学问的人（清朝朝廷）听了，反笑话说不守本分的（仍有拥兵自重之嫌）……"

"湘云"隐射定南王正红旗旧部、"孔四贞郡王"部。"薛宝琴"隐射归降不久的郑克塽汉军公部。"老太太贾母与太太王夫人"都隐射孝庄太皇太后。"那屋里人"隐射满蒙亲贵——满洲八旗与蒙古八旗。

"除了在老太太跟前，就在园里"——隐射慈宁宫与朝廷。

"湘云道：'你（郑克塽汉军公）除了在老太太跟前，就在园里来，这两处只管顽笑吃喝。到了太太屋里，若太太在屋里，只管和太太说笑，多坐一回无妨；若太太不在屋里，你别进去，那屋里人（满蒙亲贵跋扈）多心坏，都是要害咱们的（汉军绿营的地位可怜）。'"隐射在平定三藩、收复台湾以后，汉军绿营部队与满蒙八旗部队的成见与隔阂还是很深。孔四贞叮嘱郑克塽对满蒙亲贵要时时小心，以免受到伤害。

　　史湘云（孔四贞郡王）与薛宝琴（汉军公郑克塽）私下里的这段悄悄话，具有重要的历史价值。说明时至康熙二十三年，汉族军队对满蒙八旗仍然存在着严重的戒备心理。当时三藩平定，台湾收复，具有野战能力的汉族军队只剩三股了；一是孔四贞（史湘云）统领的定南王残部；二是郑克塽（薛宝琴）的台湾残部；三是三藩归顺残部（邢岫烟）。而散布全国的汉族绿营兵处在满蒙八旗兵的严密监视之下。

　　第五十回《芦雪庵争联即景诗》写孝庄与朝廷对收复台湾的态度：

　　一看四面粉妆银砌，忽见宝琴披着凫靥裘站在山坡上遥等，身后一个丫鬟抱着一瓶红梅。众人都笑道："少了两个人，他却在这里等着，也弄梅花去了。"贾母喜的忙笑道："你们瞧，这山坡上配上他的这个人品，又是这件衣裳，后头又是这梅花，象个什么？"众人都笑道："就象老太太屋里挂的仇十洲画的《双艳图》。"

　　仇——求也。十洲——中国古称九洲，台湾可谓第十洲。仇十洲——隐射贾母孝庄要求郑克塽盘踞的第十洲台湾归顺朝廷。

　　……薛姨妈心中固也遂意，只是已许过梅家了，因贾母尚未明说，自己也不好拟定，遂半吐半露告诉贾母道："可惜这孩子没福，前年他父亲就没了。他从小儿见的世面倒多，跟他父母四山五岳都走遍了。他父亲是好乐的，各处因有买卖，带着家眷，这一省逛一年，明年又往那一省逛半年，所以天下十停走了有五六停了。那年在这里，把他许了梅翰林的儿子，偏第二年他父亲就辞世了，他母亲又是痨症。"

　　"已许过梅家了"——薛宝琴隐射郑经的儿子郑克塽。此处隐射郑经死前已经答应归顺朝廷，但没有付诸行动。"前年他父亲就没了"，隐射郑经死于康熙二十年。

　　"他从小儿见的世面倒多，跟他父母四山五岳都走遍了"，隐射郑克塽自幼跟随父亲转战东南沿海。

　　"他父亲是好乐的，各处因有买卖，带着家眷，这一省逛一年，明年又往那一省逛半年"，隐射郑经带领部队占领过福建、浙江、江苏、安徽等省。

"所以天下十停走了有五六停了"，隐射郑成功部队在江南东南沿海一带的军事行踪。

第五十二回《俏平儿情掩虾须镯》隐写了朝廷对台湾的既定国策：

"……我八岁时节，跟我父亲到西海沿子上买洋货，谁知有个真真国的女孩子，才十五岁，那脸面就和那西洋画上的美人一样，也披着黄头发，打着联垂，满头带的都是珊瑚、猫儿眼、祖母绿这些宝石；身上穿着金丝织的锁子甲洋锦袄袖；带着倭刀，也是镶金嵌宝的，实在画儿上的也没他好看。有人说他通中国的诗书，会讲五经，能作诗填词，因此我父亲央烦了一位通事官，烦他写了一张字，就写的是他作的诗。"……宝琴等忙让座，遂把方才的话重叙了一遍。湘云笑道："快念来听听。"宝琴因念道：昨夜朱楼梦，今宵水国吟。岛云蒸大海，岚气接丛林。月本无今古，情缘自浅深。汉南春历历，焉得不关心。

"八岁"加"十五岁"隐射康熙二十三年。"到西海沿子上"隐射郑克塽（薛宝琴）归顺朝廷后，回到台湾海峡的西海岸，于康熙二十三年十月奉旨来到北京，受封汉军公，赐府东华门大街，与孔四贞（史湘云）将军的府邸相邻，所以，《红楼梦》里的薛宝琴与史湘云很要好。

长期与大陆分离，使郑克塽（薛宝琴）有一种"异国情调"的尴尬感觉，这是可以理解的。但郑克塽（薛宝琴）心里很明白，一万年以后回到大陆，也不是外国，而是回到了祖国——"真真国"。

"昨夜朱楼梦"是康熙二十三年冬，孝庄皇太后接见郑克塽时懿旨的缩写。

"满头带的都是珊瑚、猫儿眼、祖母绿"的"真真国的女孩子"，隐射孝庄太皇太后。"祖母绿"即"祖母禄"，隐射孝庄食的是康熙祖母的俸禄。

"有人说他通中国的诗书，会讲五经，能作诗填词"，隐射孝庄太皇太后不但精通蒙古文化，而且对汉学也有一定的造诣。

"才十五岁"同时还隐射康熙十五年钦差大臣明珠与水师提督施琅奉旨与郑经谈判。谈判共计15次，明珠两次，施琅13次。谈判的原则与宗旨就是《昨夜朱楼梦》这首诗。

第五十三回《宁国府除夕祭宗祠》写了台湾回归，朝廷向祖宗祭告的场面：

清宫隐史——《红楼梦》索隐之一

已到了腊月二十九日了，各色齐备，两府中都换了门神、联对、挂牌，新油了桃符，焕然一新。宁国府从大门、仪门、大厅、暖阁、内厅、内三门、内仪门并内塞门，直到正堂，一路正门大开，两边阶下一色朱红大高照，点的两条金龙一般。次日，由贾母有诰封者，皆按品级着朝服，先坐八人大轿，带领着众人进宫朝贺，行礼领宴毕回来，便到宁国府暖阁下轿。诸子弟有未随入朝者，皆在宁府门前排班伺候，然后引入宗祠。且说宝琴是初次，一面细细留神打谅这宗祠，原来宁府西边另一个院子，黑油栅栏内五间大门，上悬一块匾，写着是"贾氏宗祠"四个字，旁书"衍圣公孔继宗书"。两旁有一副长联，写道是：肝脑涂地，兆姓赖保育之恩；功名贯天，百代仰蒸尝之盛。亦衍圣公所书。进入院中，白石甬路，两边皆是苍松翠柏。月台上设着青绿古铜鼎彝等器。抱厦前上面悬一九龙金匾，写道是："星辉辅弼"。乃先皇御笔。两边一副对联，写道是：勋业有光昭日月，功名无间及儿孙。亦是御笔。五间正殿前悬一闹龙填青匾，写道是："慎终追远"。旁边一副对联，写道：已后儿孙承福德，至今黎庶念荣宁。俱是御笔。里边香烛辉煌，锦幛绣幕，虽列着神主，却看不真切。只见贾府人分昭穆排班立定：贾敬主祭，贾赦陪祭，贾珍献爵，贾琏贾琮献帛，宝玉捧香，贾菖贾菱展拜毯，守焚池。青衣乐奏，三献爵，拜兴毕，焚帛奠酒，礼毕，乐止，退出。众人围随着贾母至正堂上，影前锦幔高挂，彩屏张护，香烛辉煌。上面正居中悬着宁荣二祖遗像，皆是披蟒腰玉；两边还有几轴列祖遗影。

"贾氏宗祠"不在清朝的太庙，偏偏要在社稷坛，也就是现在北京中山公园的中山堂。堂上悬一块匾，写着"贾氏宗祠"四个字，旁书"衍圣公孔继宗书"。

"衍圣公"乃宋仁宗所封，后来的元明清与中华民国相沿不改。周汝昌对"孔继宗"做过考证，说清代没有继字辈衍圣公，可见此名系为表达某种隐意而杜撰出来的。本义是圣衍之公，此处是蕃衍圣上之公，即为清朝皇室繁衍皇帝的孔有德也。准备祭礼的后厅（现北京政协）。社稷坛东内门（"贾氏宗祠"内门）：贾府不祭东边的太庙（现劳动人民文化宫），而祭社稷坛（现中山公园社稷坛）。他们的祖宗为孔子，并非满族爱新觉罗氏，这是十分重要的史料。"乃先皇御笔"，即顺治皇帝父亲孔有德的墨宝。"特晋爵太傅前翰林掌院事王希献书"——王希献官衔是"特晋爵太傅前翰林掌院事"，书法家王羲之、王献之父子都是晋人，这儿的"晋爵太傅"点明了一个晋字，希谐读羲，王希献隐射晋朝王羲之、王献之父子，但两人的名字都少了"之"字，言外之意是："父子无之"＝"父子无知"＝孔有德与顺治皇帝并不明白他们是父子关系。谁明白？只有一个女人明白——孝庄皇太后心里有数。

社稷坛为辽金古刹，有十几棵古柏，作者特记之。

关于《宁国府除夕祭宗祠》，王梦阮认为是天家大祀。关于"宝琴是初次进祠观看"，王梦阮认为，"祭宗祠万无外人参加之礼"。

王伯沆则说："试思贾母率同族行礼时，乃有一亲戚姑娘，随众入祠观看，成何祭体？"

王梦阮与王伯沆看出此乃皇家祭祖，万分不简单。但他俩并不明白，康熙皇帝祭的祖宗不是爱新觉罗努尔哈赤，而是中华圣人孔子。既然是祭孔，地点在社稷坛，祭堂为现在的中山堂。面对尧舜禹汤等列祖列宗，庆祝收复台湾，国家统一，朝廷就必须邀请台湾的代表参加。如果没有隐射郑克塽的薛宝琴参加，那才真是"成何祭体"呢。

第五十三回隐写清圣祖玄烨于康熙二十四年正月元宵节庆祝大清国收复台湾、海内一统。

至于"上面正居中悬宁荣二祖遗像，皆是披蟒腰玉"，直接挑明清显祖塔克石（宁荣二世）与清太祖努尔哈赤，乃是明朝的建州卫都督龙虎将军，所以穿明朝官服很正常。

第十九章 孝庄薨逝

第一节 西府海棠背时开

《红楼梦》不断暗示：清朝是"女儿国"，来自女儿国的"西府海棠"是入主中原的孝庄皇太后的化身，"西府海棠"是花妖，第九十四回预兆孝庄之死。

(1)"西府海棠"违时而开：

（紫鹃）回来说道："怡红院里的海棠本来萎了几棵，也没人去浇灌他。昨日宝玉走去瞧，见枝头上好象有了朵儿似的。人都不信，没有理他。忽然今日开的很好的海棠花，众人诧异，都争着去看，连老太太、太太都哄动了，来瞧花儿呢。所以大奶奶叫人收拾园里的树叶子，这些人在那里传唤。"……探春虽不言语，心里想道："必非好兆。大凡顺者昌，逆者亡；草木知运，不时而发，必是妖孽。"但只不好说出来……宝玉恐袭人直告诉出来，便说道："太太，这事不与袭人相干，是我前日到临安伯府里听戏在路上丢了……"探春便问："测的是什么字？"林之孝家的道："他的话多，奴才也学不上来。记得是拈了个赏人东西的'赏'字……"过了几日，元妃停灵寝庙，贾母等送殡去了几天。岂知宝玉一日呆似一日，也不发烧，也不疼痛，只是吃不象吃，睡不象睡，甚至说话都无头绪……贾母道："……我便叫琏儿来，写出赏格，悬在前日经过的地方，便说：'人有捡得送来者，情愿送银一万两'……"

海棠违时而开隐射孝庄回光返照。元妃死隐射孝庄死。贾宝玉拜会临安伯隐射汉族政权已经东山再起。贾宝玉失玉隐射孝庄带走了清朝玉玺。"赏"字为和尚的宝贝，隐射满族会启用后金金玺维持残局。"一万两"代表"万岁"，隐射"宝玉"是国家神器。

(2)"通灵宝玉"不翼而飞:

且说那日宝玉本来穿着一裹圆的皮袄在家歇息,因见花开,只管出来看一回、赏一回、叹一回、爱一回的,心中无数悲喜离合,都弄到这株花上去了。忽然听说贾母要来,便去换了一件狐腋箭袖,罩一件玄狐腿外褂,出来迎接贾母。匆匆穿换,未将"通灵宝玉"挂上。及至后来贾母去了,仍旧换衣,袭人见宝玉脖子上没有挂着,便问:"那块玉呢?"宝玉道:"刚才忙乱换衣,摘下来放在炕桌上,我没有带。"袭人回看桌上,并没有玉,便向各处找寻,踪影全无,吓得袭人满身冷汗……袭人说道:"……真要丢了这个,比丢了宝二爷的还利害呢!"

作者心目中的贾宝玉就是顺治与康熙皇帝。"一裹圆"隐射清朝的"一统江山"。"未将'通灵宝玉'挂上",隐射丢失了传国玉玺。"匆匆穿换",隐射将要改朝换代。"玄狐腿外褂"乃"元孤退外卦",隐射像元顺帝那样退到长城之外,不是独立,而是自治。这段话的意思是,贾宝玉顺治与康熙皇帝出家当和尚就是放弃了中央政权,下一代贾兰康熙皇帝要出奔关外,像元顺帝当年那样,回到满洲建立的地方自治,与汉族中央政府"欣荣预佐合欢杯"——共同繁荣。

(3)"贾娘娘薨逝":

朝门内官员有信。不多时,只见太监出来,立传钦天监。贾母便知不好,尚未敢动。稍刻,小太监传谕出来,说:"贾娘娘薨逝。""是年甲寅年十二月十八日立春,元妃薨日,是十二月十九日,已交卯年寅月,存年四十三岁。"

元春生于甲申年"正月初一",卒于甲寅年十二月十九日,为31年,不是43年——但从甲申年(1644)上推31年为万历四十一年(1613):阴历二月初八,博尔济吉特·布木布泰即孝庄文皇后出生于蒙古科尔沁部。孝庄实际卒于康熙二十六年(1687)阴历十二月二十五日,从甲申年(1644)到康熙二十六年(1687)十二月十九日为43年多一天。而多一天就是多一岁。所以,孝庄享年应为31岁加上44岁,计75岁。以甲申年(1644)为界,向上推31年为万历四十一年(1613),向下推43年为康熙二十六年(1687)。死于立春之后,多加一岁,享年75岁。

(4)林黛玉认为贾宝玉将遇不祥:

"这块玉原是胎里带来的,非比寻常之物,来去自有关系。若是这花主好事呢,不该失了这玉呀。看来此花开的不祥,莫非他有不吉之事?"不觉又伤起心来。

一隐射孝庄下嫁多尔衮(西府海棠背时而开),对摄政王、孝庄与顺治皇帝都不是好事,而是不祥的预兆。二隐射董鄂氏与顺治悖理而婚(西府海棠背时而开),也是顺治与"端敬"皇后早夭的不祥预兆。此处的林黛玉隐射孝庄的自知之说也。

康熙二十六年(1687)十二月二十五日孝庄太皇太后死。临终遗嘱云:"太宗奉安久,不可为我轻动,况我心恋汝父子,当于孝陵(顺治帝陵)近地安厝,我心始无憾。"短短35个字,写尽了一个改嫁女人临终时的无限辛酸——对原配丈夫的歉疚,对儿孙后代的尴尬!无颜与丈夫合葬,恳求儿孙容许在他们的身边埋葬。

雍正三年(1725)雍正皇帝在东陵围墙外就地起穴安葬太祖母。她的儿子顺治皇帝和孙子康熙皇帝与她隔着一堵高墙——隔墙长眠在她的身旁。清朝所有帝后妃子的陵墓都在东陵的围墙之内,唯独孝庄皇太后的陵墓位于围墙之外的东侧,没有进入东陵之内。说明在雍正时代清皇室几乎完全汉化,按照传统的封建道德,孝庄皇太后已经下嫁小叔子多尔衮,而且为他生了一个女儿,不能再算作皇家的媳妇,不具备进入皇家陵墓的资格了。

康熙皇帝是个孝子贤孙,祖母在康熙二十六年薨逝,到康熙六十一年,长达35年的时间,他都拿不定主意,以什么礼节让祖母入土为安?埋葬在什么位置才算合适?直到他死也没有解决这个棘手的问题。刚愎自用敢作敢当的雍正皇帝,主动承担了这个重任,他按照太皇太后的隆重礼仪厚葬太祖母,但必须埋葬在东陵的围墙之东。在所有东陵的墓葬中,让孝庄太祖母距离盛京沈阳的昭陵最近。意思是说,她虽然不再是皇家的媳妇,但子孙们仍然承认她是清太宗皇太极的合法妻子。

关于孝庄的最后归宿,《红楼梦》作者估计,当随同清廷败退关外而归葬本土盛京。从此点以及其他相关故事情节可见,作者虽见孝庄太皇太后之死,却未见孝庄太皇太后之葬。——孝庄的艺术化身王熙凤:"一从二令三人木,哭向金陵事更哀。"意思是说,孝庄一是皇太极的妃子,二是多尔衮的正妻,三等于被皇家休弃的女人,死后如何安葬都是一个麻烦事,孝庄的灵魂只能面对昭陵丈夫的陵墓,哀哀哭泣一万年。

第十二回写秦可卿临死时托梦王熙凤:

秦氏道:"天机不可泄漏。只是我与婶子好了一场,临别赠你两句话,须要记着。"因念道:三春去后诸芳尽,各自须寻各自门。

"三春"指崇德、顺治与康熙三个朝代。"诸芳"指《红楼梦》中女儿隐射的历史人物。"三春去后诸芳尽",是指金陵十二钗风流云散。也就是说,秦可卿隐射的皇太极向王熙凤隐射的孝庄皇太后预报——大清国将灭亡于康熙末年,让孝庄皇太后预作撤出关外的准备。这就是"天机不可泄漏"。

康熙二十六年(1687)腊月,孝庄太皇太后病症愈加严重。康熙皇帝停了朝,昼夜守在慈宁宫,大赦天下,亲赴天坛致祭许愿减己寿增太皇太后之年。药道神道百计不灵,腊月二十三过小年,到二十五日申正时牌,这位历尽政争艰险的老佛爷终于命归西天,终年75岁。

第一百回《史太君寿终归地府 王凤姐力诎失人心》:

却说贾母坐起说道:"我到你们家已经六十多年了,从年轻的时候到老来,福也享尽了。自你们老爷起,儿子孙子也都算是好的了。就是宝玉呢,我疼了他一场。"说到那里,拿眼满地下瞅着,王夫人便推宝玉走到床前。贾母从被窝里伸出手来拉着宝玉,道:"我的儿,你要争气才好!"宝玉嘴里答应,心里一酸,那眼泪便要流下来,又不敢哭,只得站着。听贾母说道:"我想再见一个重孙子,我就安心了。我的兰儿在那里呢?"李纨也推贾兰上去。贾母放了宝玉,拉着贾兰道:"你母亲是要孝顺的。将来你成了人,也叫你母亲风光风光……"

贾母实际岁数应该按她自己提供的说法计算——"我到你们家已经六十多年了"。孝庄13岁嫁给皇太极。如果"六十多年"是指六十一二年,那么贾母死时应该为七十四五岁。

史载:康熙皇帝"擗踊哀号,呼天抢地,哭无停声",坚持服丧27个月。上自皇太后下至百官一齐加以劝阻,才使得皇上放弃了原来的想法,改为27日除服。康熙二十七年(1688)正月十一日,康熙皇帝亲奉太皇太后梓宫安奉朝阳门外殡宫。康熙为太皇太后尊谥为"孝庄仁宣诚宪恭懿翊天启圣文皇后",简称为"孝庄文皇后"。遵循太皇太后临终遗言,康熙为她在遵化陵区择址建陵,为祖母在慈宁宫东新建的五间宫殿拆掉,将原料运到遵化,按原来模样建立暂安奉殿。

康熙二十七年四月,康熙亲奉太皇太后梓宫安放于此。由此开始了长达37年的"停棺不葬"——成为孝庄殡葬的第一个历史隐秘。直到雍正三年才就地起穴入土，但陵墓却在东陵的围墙之外——成为孝庄殡葬的第二个历史隐秘。

《红楼梦》对这两个历史隐秘都作了明确的回答。第三节"终久咱们是那边屋里去的"，孝庄太皇太后死无容身之地，原因是下嫁了多尔衮，又为他生了一个女儿。按封建正统观念，她已经不再是皇家的媳妇了（"纵在这屋里操上一百分的心，终久咱们是那边屋里去的"）。作者抓住这一点大作文章，将她写成《金陵十二钗》第一悲剧人物。

第二十八九回写顺治七年五月初一日孝庄皇太后到北京城西白云观（清虚观）为病体虚弱的多尔衮与即将降生的大姐儿打平安醮，求寄名符儿的事，写得云山雾嶂，十分难懂：

> 宝钗抿嘴笑道："想是天王补心丹。"王夫人笑道："是这个名儿。如今我也糊涂了。"宝玉道："太太倒不糊涂，都是叫'金刚''菩萨'支使糊涂了。"王夫人道："扯你娘的臊！又欠你老子捶你了。"宝玉道："……太太给我三百六十两银子，我替妹妹配一料丸药，包管一料不完就好了。"王夫人道："放屁！什么药就这么贵？"宝玉笑道："当真的呢，我这个方子比别的不同。那个药名儿也古怪，一时也说不清。只讲那头胎紫河车，人形带叶参，三百六十两不足。龟大何首乌，千年松根茯苓胆，诸如此类的药都不算为奇，只在群药里算。那为君的药，说起来唬人一跳。"……宝玉又道："太太想，这不过是将就呢。正经按那方子，这珍珠宝石定要在古坟里的，有那古时富贵人家装裹的头面，拿了来才好。如今那里为这个去刨坟掘墓，所以只是活人带过的，也可以使得。"王夫人道："阿弥陀佛，不当家花花的！就是坟里有这个，人家死了几百年，这会子翻尸盗骨的，作了药也不灵！"

隐射顺治七年的多尔衮肾亏体弱，需要服"天王补心丹"。顺治皇帝要给他配一副药，让他不到一年（三百六十两不足）就死，然后再去"投胎"（头胎紫河车，人形带叶参："生"）。顺治骂多尔衮是千年王八万年龟（龟大何首乌，千年松根茯苓胆）。顺治抱怨母亲太听多尔衮的了（太太倒不糊涂，都是叫"金刚""菩萨"支使糊涂了）。顺治恨不得将多尔衮扒骨扬尸——到顺治八年二月，多尔衮真被扒骨扬尸了。

> 袭人又道："昨儿贵妃打发夏太监出来，送了一百二十两银子，叫在清虚观（北京城西白云观）初一到初三打三天平安醮，唱戏献供，叫珍大爷领着众位爷们跪香拜佛呢。"

第十九章 孝庄薨逝

"贵妃"孝庄要为多尔衮与自己腹中的孩子打三天平安醮。为什么说是五月"初一到初三"呢？因为多尔衮是崇祯十七年五月初一到初三入主北京、当上"皇父"摄政王的。孝庄既然下嫁了多尔衮，就不得不给他"打平安醮"。但主要目的是为多尔衮的孩子"打平安醮"。

薛宝钗因往日母亲对王夫人等曾提过"金锁是个和尚给的，等日后有玉的方可结为婚姻"等语，所以总远着宝玉。昨儿见元春所赐的东西，独他与宝玉一样，心里越发没意思起来。

薛宝钗隐射顺治将要娶的第一位皇后，她是孝庄的亲侄女，又是多尔衮（"龟大何首乌"和尚）出面定的婚（"金锁是个和尚给的，等日后有玉的方可结为婚姻"），所以顺治皇帝很不愿意，大婚后两年皇后被废黜为"冷美人"静妃。

可巧有个十二三岁的小道士儿（孔有德的儿子顺治皇帝），拿着剪筒，照管剪各处蜡花（剪蜡花），正欲得便且藏出去，不想一头撞在凤姐儿怀里。凤姐便一扬手，照脸一下，把那小孩子打了一个筋斗，骂道："野牛肏的（野牛指孔有德），胡朝那里跑！"那小道士也不顾拾烛剪，爬起来往外还要跑。正值宝钗等下车，众婆娘媳妇正围随的风雨不透，但见一个小道士滚了出来，都喝声叫"拿，拿，拿！打，打，打！"

顺治皇帝（小道士儿）亲政前（十二三岁）恨不得杀了多尔衮，孝庄采取了又打又拉的策略。多尔衮是当年腊月初九日暴死的，顺治"剪蜡花"是要在腊月里剪除多尔衮。所以孝庄认为该打。

贾母听说，忙道："快带了那孩子来，别唬着他。小门小户的孩子，都是娇生惯养的，那里见的这个势派。倘或唬着他，倒怪可怜见的，他老子娘岂不疼的慌？"

又打又拉策略的一部分。此处的贾母王夫人与王熙凤都隐射孝庄皇太后。因为孝端皇太后在顺治六年四月已经死了。

只见凤姐儿笑道："张爷爷，我们丫头（大姐儿）的寄名符儿（求子平安符儿）你也不换去。前儿亏你还有那么大脸，打发人和我要鹅黄缎子（我皇断子）去！要不给你，又恐怕你那老脸上过不去。"

隐射孝庄祈祷自己与多尔衮的孩子会平平安安地降生。因为"皇父摄政王"多尔衮没有儿子（我皇断子）。

第二节 孝庄与多尔衮的女儿

第三十九回写的是顺治七年八月初三，孝庄为多尔衮生了一个女儿（巧姐儿＝探春）：

忽见上回来打抽丰的那刘老老和板儿又来了，坐在那边屋里，还有张材家的周瑞家的陪着，又有两三个丫头在地下倒口袋里的枣子倭瓜并些野菜……刘老老又说："……这个吃个野意儿，也算是我们的穷心。"

刘老老送上枣子、倭瓜、野菜、野意儿，说贾母与"姑奶奶姑娘们"偏又想吃个野意儿。枣子—隐射早子早产儿。倭瓜—隐射女人委身于男人所结之"瓜"。野菜、野意儿—隐射野合之意。这哪里像"信口开河"，分明是"含沙射影"。

"……只听外头柴草响。我想着必定是有人偷柴草来了。我爬着窗户眼儿一瞧，却不是我们村庄上的人。"贾母道："必定是过路的客人们冷了，见现成的柴，抽些烤火去也是有的。"刘老老道："也并不是客人，所以说来奇怪。老寿星当个什么人？原来是一个十七八岁的极标致的小姑娘，梳着溜油光的头，穿着大红袄儿，白绫裙子——"刚说到这里，忽听外面人吵嚷起来，又说："不相干的，别唬着老太太。"贾母等听了，忙问怎么了，丫鬟回说："南院马棚里走了水，不相干，已经救下去了。"

"极标致的小姑娘"是指贾母孝庄生了一个女孩子。"偷柴草"——"柴"字从此从木，木指孝庄，柴为此木，亦即博尔济吉特·布木布泰。"草"乃"早"。"偷柴草"隐射孝庄早产的女孩子乃是见不得史书的多尔衮的女儿。

有个老奶奶子，今年九十多岁了。他天天吃斋念佛，谁知就感动了观音菩萨夜里来托梦说："你这样虔心，原来你该绝后的，如今奏了玉帝，给你个孙子。"原来这老奶奶只有一个儿子，这儿子也只一个儿子，好容易养到十七八岁死了，哭的什么似的。后果然又养了一个，今年才十三四岁，生得雪团儿一般，聪明伶俐非常。

"养到十七八岁死了"，隐射顺治皇帝病于顺治十七年，死于顺治十八年正月。"好容易养到十七八岁死了……后果然又养了一个，今年才十三四岁"，隐射讲故事的时候顺治十三四岁，尚未亲政，即顺治七年。

此处的"后"不但是"后来"的意思，而且是隐射"孝庄皇太后"。"又养了一个"，隐射除了福临之外，孝庄皇太后在丈夫皇太极去世之后，又养了一个孩子。

这个孩子生于顺治七年与顺治八年之间。正是孝庄皇太后下嫁多尔衮期间——是多尔衮的孩子。因为孝庄是顺治六年二月初八下嫁多尔衮的，当时顺治12岁。孝庄皇太后当年小产了一个孩子，"下血"不止，到八九月方停。第二年八月初三才生了一个女儿。第六十一回：

平儿道："何苦来操这心！'得放手时须放手'，什么大不了的事，乐得不施恩呢。依我说，纵在这屋里操上一百分的心，终久咱们是那边屋里去的。没的结些小人仇恨，使人含怨。况且自己又三灾八难的，好容易怀了一个哥儿，到了六七个月还掉了，焉知不是素日操劳太过，气恼伤着的。如今乘早儿见一半不见一半的，也倒罢了。"一席话，说的凤姐儿倒笑了，说道："凭你这小蹄子发放去罢。我才精爽些了，没的淘气。"平儿笑道："这不是正经！"

"纵在这屋里操上一百分的心，终久咱们是那边屋里去的"，隐射当时孝庄已经下嫁多尔衮，虽然还在慈宁宫操心，还是皇太后，但死以后还是要算多尔衮的妻子，按皇家的正统观念，"终久咱们是那边屋里去的"。

"好容易怀了一个哥儿，到了六七个月还掉了"，隐射顺治六年二月初八孝庄与多尔衮结婚，到顺治六年八九月小产了，由汤若望助产手术。此处的平儿隐射孝庄贴身女待苏麻喇姑。她代主子处理后宫杂七杂八的事情。

孝庄皇太后的这个早产女孩子，应该出生于顺治七年的秋天八月初三——即贾母"第二个生日"那一天。是年顺治皇帝13岁。当时的氛围为："忽见上回来打抽丰的那刘老老和板儿又来了，坐在那边屋里，还有张材家的周瑞家的陪着，又有两三个丫头在地下倒口袋里的枣子倭瓜并些野菜。""刘老老和板儿"隐射汤若望来到皇宫助产，助孝庄顺产，但因羊水早破，还是有些早产。"倒口袋"隐射汤若望进宫后，立刻就帮助孝庄皇太后分娩。"枣子"隐射分娩了一个早产儿。"倭瓜"——委身下嫁小叔子所产的孩子。"并些野菜"——由于多尔衮死后废爵夺号,这个孩子至死没有封号,属于"野材"。"张材家的周瑞家的陪着"——由管理玉牒的满族官员与孝庄蒙古族娘家人陪着。证明这个女孩儿不是私生子。

后来由于"义忠亲王老千岁"(多尔衮)出了事,这个孩子成了"偷来的锣鼓敲不得"(偷柴草)了。"南院马棚里走了水,不相干,已经救下去了"——隐射孝庄产中一度出现"羊水早破"("走了水")的难产危象,后来才化险为夷。第四十回与第四十一回描写了孝庄分娩的经过。第四十回:

> 鸳鸯笑道:"左边'四四'是个人。"刘老老听了,想了半日,说道:"是个庄家人罢。"众人哄堂笑了。贾母笑道:"说的好,就是这样说。"刘老老也笑道:"我们庄家人,不过是现成的本色,众位别笑。"鸳鸯道:"中间'三四'绿配红。"刘老老道:"大火烧了毛毛虫。"众人笑道:"这是有的,还说你的本色。"鸳鸯道:"右边'幺四'真好看。"刘老老道:"一个萝卜一头蒜。"众人又笑了。鸳鸯笑道:"凑成便是一枝花。"刘老老两只手比着,说道:"花儿落了结个大倭瓜。"众人大笑起来。

"刘老老听了,想了半日,说道:'是个庄家人罢。'"隐射刘老老二进大观园是为了一个"庄家人",也就是为孝庄皇太后而来(生孩子)。"刘老老道:'大火烧了毛毛虫。'"隐射刘老老这次来是为孝庄皇太后"火烧毛毛虫"的紧急任务(临产不顺)。"刘老老道:'一个萝卜一头蒜。'"隐射刘老老为孝庄完成的任务,就像一个大萝卜旁边多了一个小蒜头(一母旁边多了一女)。"刘老老两只手比着,说道:'花儿落了结个大倭瓜。'"隐射孝庄皇太后将顺利地为多尔衮生下一个女儿。孩子是足月的,所以说"凑成便是一枝花。花儿落了结个大倭瓜"。

汤若望(刘老老)是如何帮助孝庄(贾母)分娩的呢?第四十一回云:

> 忽见奶子抱了大姐儿来,大家哄他玩了一会。那大姐儿因抱着一个大柚子玩的,忽见板儿抱着一个佛手,便也要佛手。丫鬟哄他取去,大姐儿等不得,便哭了。众人忙把柚子与了板儿,将板儿的佛手哄过来与他才罢。那板儿因玩了半日佛手,此刻又两手抓着些果子吃,又忽见这柚子又香又圆,更觉好玩,且当球踢着玩去,也就不要佛手了。

"果"字为木上结实,"木"指孝庄皇太后,"果"字隐射贾母孝庄怀孕在

第十九章 孝庄薨逝

身。"柚"字是"果"字上的"甲"字落到"木"字一侧,这是一个婴儿头位分娩的产程。果实落下来置于右边,隐射贾母孝庄皇太后业已顺利分娩。"那板儿因玩了半日佛手"——佛手即手拂头位顺产术,以手拂"果",使"果"头向下转由臀位变为头位右落为柚,隐射汤若望用了"半天"的时间,帮助贾母孝庄由臀位难产,变为头位顺产保证了分娩成功与母子安全,并处理了羊水早破可能引起的新生儿窒息。胎儿只要一哭,生命就开始了。"大姐儿等不得,便哭了"——明确说明"大姐儿"是38岁高龄产妇孝庄的一个臀位早产女孩儿(指胎儿因为羊水早破而"等不得"了,早产后哇的一哭,竟然成活了)。她出生于顺治七年秋天八月初三——即贾母"第二个生日"那一天。当时孝庄下嫁多尔衮一年半,当年十二月九日多尔衮死于喀喇城。第三十九回:

刘老老道:"这老爷没有儿子,只有一位小姐,名叫茗玉。小姐知书识字,老爷太太爱如珍宝。可惜这茗玉小姐生到十七岁,一病死了。"……宝玉忙道:"不是成精,规矩这样人是虽死不死的。"刘老老道:"阿弥陀佛!原来如此。不是哥儿说,我们都当他成精。他时常变了人出来各村庄店道上闲逛。我才说这抽柴火的就是他了。我们村庄上的人还商议着要打了这塑像平了庙呢。"宝玉忙道:"快别如此。若平了庙,罪过不小。"刘老老道:"幸亏哥儿告诉我,我明儿回去告诉他们就是了。"

茗烟道:"那庙门却倒是朝南开,也是稀破的。我找的正没好气,一见这个,我说'可好了',连忙进去。一看泥胎,唬的我跑出来了,活似真的一般。"宝玉喜的笑道:"他能变化人了,自然有些生气。"茗烟拍手道:"那里有什么女孩儿,竟是一位青脸红发的瘟神爷。"

"这老爷没有儿子,只有一位小姐,名叫茗玉","这老爷"隐射没有亲儿子的多尔衮。"只有一位小姐"——孝庄(贾母王夫人)为他生的女儿(贾探春),是唯一的骨血。"这茗玉小姐生到十七岁,一病死了","我才说这抽柴火的就是他了"——表面上是说多尔衮的女儿活了17岁,当死于康熙五年(从顺治七年至康熙六年为17年整),但实际上她"并没有死",而是17岁以和硕格格的身份远嫁蒙古亲王了。

"抽柴火的"即"偷柴火"的,隐射此女在玉牒上难以记载,是偷来的锣鼓敲不得。可能多尔衮活着的时候上了玉牒,多尔衮死后或康熙二十六年孝庄死后,又删掉了(贾珍检查"果子",即验证孝庄孩子的真假)。"那个像就成了精……他时常变了人出来各村庄店道上闲逛"——她并没有死,而是化了姓名，远嫁"番王"。"那庙门却倒是朝南开，也是稀破的……竟是一位青脸红发的瘟神爷"——隐射多尔衮死后的下场。坟墓与祭奠庙宇皆被顺治皇帝破坏了。

第六回说刘老老来到的这间房，乃是"大姐儿的睡觉之所"，这是大姐儿首次出现。此处的"大姐儿"可以隐射年幼的顺治皇帝，也可以隐射尚未出生的多尔衮女儿。作者故意写得糊里糊涂，目的只有一个，挑明王熙凤（孝庄皇太后）有两个孩子。

第三十九回佛手交换柚子后，凤姐要刘老老为大姐儿命名，说明大姐儿（多尔衮女儿）直到此际才出生。大姐儿被命名为巧姐，是因为出生于乞巧之夕七月初七。她的一生，显然也与巧字有关。

第二十九回提到的"带着"走的"巧姐儿"，隐射当时孝庄怀着一个孩子。这个由刘老老刚命名的"巧姐儿"显然是指刚出生的孝庄与多尔衮的女儿（探春的艺术原形）。打平安醮的日子是多尔衮入主北京的日子，即五月初二。多尔衮死的日子是十二月初九（顺治七年）。从五月初二到十二月初九，正好"七月七日"，一天也不差——所以凤姐说："正是生日的日子不好呢，可巧是七月初七日。"作者对多尔衮（贾政）的这个女儿真是煞费苦心。用八月初三说明它是孝庄所生，又用七月七日说明她是多尔衮的亲骨肉——打平安醮后七月零七日，父亲多尔衮就死了。分娩第二天，贾母与大姐儿同时病了。说明贾母（孝庄）与巧姐（探春）之间实际是母女关系，说明探春隐射的"大姐儿"生于顺治七年八月初三。

第七十二回中贾琏对鸳鸯说：

因有一件事，我竟忘了，只怕姐姐还记得。上年老太太生日，曾有一个外路和尚来孝敬一个蜡油冻的佛手，因老太太爱，就即刻拿过来摆着了。因前日老太太生日，我看古董账上还有这一笔，却不知此时这件东西着落何方。古董房里的人也回过我两次，等我问准了好记上一笔。

"老太太生日"——贾老太太孝庄的生日是二月初八日，八月初三指生孩子之日。"外路和尚"即德国传教士汤若望刘老老。文献中多尔衮曾将外国传教士称作外路和尚。他们进出皇宫办秘密差使比较方便，所谓"外路和尚好念经"也。如果没有汤若望，孝庄肯定会死于臀位难产，所以隐写得十分详细。此段文字证明《红楼梦》作者中有医学家，否则书里面不会有那么多中医方子。"蜡油冻的佛手"——"佛手"是指助产胶皮手套，"蜡油"指凡士林保护剂。当时欧洲已开展接生方法。"古董房"——即骨董房，在故宫东六所正北连续五套房屋最东端的地方，管理皇室子孙的档案。东六所是清代皇家幼儿园，现在保存完好。"古董账"——即骨董账，指记录子孙档案之皇家玉牒。"上年老太太生日"——指汤若望帮助孝庄生孩子（"探春"——生于顺治七年八月初三，见《刘老老二进荣国府》）。

"因前日老太太生日，我看古董账上还有这一笔，却不知此时这件东西着落何方。古董房里的人也回过我两次，等我问准了好记上一笔"——此处贾琏的身份隐射顺治皇帝，他也搞不清顺治七年八月初三多尔衮的女儿是怎么登记的——写的是多尔衮的女儿呢？还是写的孝庄皇太后的女儿？他想在皇室的玉牒上登记清楚。后来贾珍隐射康熙又核对过一次（"果子"）。

第三节 贾探春的艺术原形

如果汤若望（刘老老）讲的这个女孩儿的确是早产的多尔衮的女儿（贾政的女儿探春），作者肯定要作出明确交代。也就是说，必须提供更多的资料。第四十回中关于探春的卧室，原文说：

案上设着大鼎。左边紫檀架上放着一个大观窑的大盘，盘内盛着数十个娇黄玲珑大佛手。右边洋漆架上悬着一个白玉比目磬，旁边挂着小锤。那板儿略熟了些，便要摘那锤子要击。丫鬟们忙拦住他。他又要佛手吃，探春拣了一个与他说："玩罢，吃不得的。"

一个宫中的格格，房间里摆着数十个德国进口涂着凡士林的助产器具是绝对不可能的。只好写成"艺术品"——"盘内盛着数十个娇黄玲珑大佛手"。扳手替布木布泰孝庄做顺位助产手术也极难表现，只好写成刘老老的孙儿。刘老老带着板儿进荣国府，一定是汤若望进宫去做助产手术。（拂手板儿术）这是《红楼梦》的惊人之笔。

刘老老二进荣国府共住3天，主要事件为：

（1）孝庄怀的女儿是臀位，难产俗话说"横生倒养，九死一生"，急请汤若望以西洋法子助产，——"那小厮（司棋——皇太极十四格格）笑道：'……我妈（孝庄）病了，等着我去请大夫。'……周瑞家的（多尔衮妻）道：'当真的他妈（孝庄）病了……'"

（2）汤若望急忙进宫——"忽见上回来打抽丰的那刘老老和板儿又来了……"

（3）孝庄卧床待产——"只见一张榻上歪着一位老婆婆……'请老寿星安（生孩子日平安）。'……那板儿仍是怯人，不知问候（尚未做扳手翻胎术）……带了刘老老去洗了澡（手术前消毒）……'南院马棚里走了水（羊水早破），不相干，已经救下去了。'……'（孝庄皇太后）果然又养了一个（女儿，即贾探春）。'……刘老老道：'这老爷（多尔衮）没有儿子，只有一位小姐，名叫茗玉（宝玉顺治的名誉妹妹——探春）。'……板儿进来（行扳手转胎术）……盘内盛着数十个……大佛手（行数十次拂手转胎动作）……'是个庄家人吧（孝庄生的女儿）！'……'花儿落了结个大倭瓜（顺利分娩）。'……那板儿因玩了半日佛手（做了半天助产术），忽见这柚子（孩子出生了"果"变"柚"）……"——以上是臀位转头位分娩的全产程。

探春隐射的那个历史上的女孩子，难道真是孝庄为多尔衮早产而生的女儿吗？如果答案是肯定的。她父亲在她一岁时就死了，她跟着母亲孝庄皇太后长大。所以这个皇族小姐长大了，她的身上应该具有下列时代与社会烙印：

（1）正史里不可能记载这个顺治痛恨的叔父的女儿，她只能被说成"生到十七岁（康熙五年），一病死了"。实际上没有死，说她"成了精"，又说她"不是成精，规矩这样人是虽死不死的"，"时常变了人出来村庄店道上闲逛"。

（2）她是孝庄的亲骨肉，因此在《金陵十二钗》正册中排在第三名。林黛玉与薛宝钗合占第二名（媳妇只占半个名份），探春（多尔衮女儿）乃元春（孝庄皇太后）之后第一人。史湘云（孔四贞）为第四名。迎春（皇太极十四女和硕格格）为第五名。惜春（孔四贞）为第六名。也即在《金陵十二钗》中，除了孝庄皇太后，她是第一名。

（3）孝庄的艺术化身应该对她最好。她对孝庄的艺术化身应该最亲。她的亲哥哥顺治皇帝与亲侄子康熙皇帝（贾宝玉）应该对她最亲。他的亲嫂子康妃佟佳氏（李纨与王熙凤）对她处处礼让。

（4）她只承认是孝庄（贾母、王夫人）的女儿，而不愿或不方便承认是多尔衮的女儿，因而对多尔衮的老婆（赵姨娘）与多尔衮的义子多尔博（贾环）很冷淡，甚至根本不承认他们（赵国基舅舅）的合法地位，认为他（她）们只是皇家（贾府）的奴才。她才是名正言顺的皇家格格（小姐）。

（5）她知道在父亲去世之后自己已经沦为"庶出"的地位（势败休云贵，家亡莫论亲），但她仍然具有嫡出女儿的傲气，只在背后流眼泪。

（6）她具有母亲孝庄皇太后同样的智慧、胆略与决断能力。也就是说，她具有王熙凤（孝庄）的能力与智慧。但因为文化水平高于王熙凤（孝庄），她甚至敢于毫不顾忌地纠正母亲在管理后宫中存在的问题，而母亲均表示让步与支持（第五十六回《敏探春兴利除宿弊》）。第五十六回：

第十九章 孝庄薨逝

　　探春（多尔衮女儿）道："因此我心中不自在。钱费两起，东西又白丢一半，通算起来，反费了两折子，不如竟把买办的每月蠲了为是。此是一件事。第二件，年里往赖大家去，你也去的，你看他那小园子比咱们这个如何？"平儿（苏麻喇姑）笑道："还没有咱们这一半大，树木花草也少多了。"探春道："我因和他家女儿说闲话儿，谁知那么个园子，除他们带的花、吃的笋菜鱼虾之外，一年还有人包了去，年终足有二百两银子剩。从那日我才知道，一个破荷叶，一根枯草根子，都是值钱的。"……三人只是取笑之谈，说了笑了一回，便仍谈正事。探春因又接说道："咱们这园子只算比他们的多一半，加一倍算，一年就有四百银子的利息。若此时也出脱生发银子，自然小器，不是咱们这样人家的事。若派出两个一定的人来，既有许多值钱之物，一味任人作践，也似乎暴殄天物。不如在园子里所有的老妈妈中，拣出几个本分老诚能知园圃的事，派准他们收拾料理，也不必要他们交租纳税，只问他们一年可以孝敬些什么。一则园子有专定之人修理，花木自有一年好似一年的，也不用临时忙乱；二则也不至作践，白辜负了东西；三则老妈妈们也可借此小补，不枉年日在园中辛苦；四则亦可以省了这些花儿匠山子匠打扫人等的工费。将此有余，以补不足，未为不可。"……平儿笑道："既这样，我去告诉一声。"说着去了，半日方回来，笑说："我说是白走一趟，这样好事，奶奶岂有不依的。"

　　这是中国历史上第一个"联产承包责任制"试点，由多尔衮的女儿（探春）提出，得到孝庄（王夫人与王熙凤）的全力支持，而且扭亏转盈，立竿见影，母女配合，十分默契。

　　（7）特殊的身世决定了她要嫁给一个蒙古族的亲王，而成为仅次于贾元春的"王妃"（"日边红杏倚云栽"——"得此签者必得贵婿"），但她必须离开北京，远嫁外地，以减轻朝野的舆论压力。（"才自精明志自高，生于末世运偏消。清明涕送江边望，千里东风一梦遥。"）

　　（8）她父亲多尔衮的灵魂（贾政）始终关心着她的命运。（第一百一十四回里贾政道："弟那年在江西粮道任时，将小女许配与统制少君，结褵已经三载。因海口案内未清，继以海寇聚奸，所以音信不通。弟深念小女，俟老亲翁安抚事竣后，拜肯便中一视。弟即修字数行，烦尊纪带去，便感激不尽了。"）

　　（9）她母亲孝庄皇太后（贾母与王熙凤）是她生命与爵位的惟一保护伞。母亲死前十分挂念她。（湘云道："三姐姐去了，曾有书字回来么？"贾母道："自从出了嫁，二老爷回来说，你三姐姐在海疆很好。只是没有书信，我也是日夜惦记……"）（第一百八回）

　　（10）一旦母亲死了，她将成为皇室子女中最可怜的人。母亲（王熙凤）

临死时最不放心的就是这个身世可怜的女孩子，甚至想让她成为普通土财主的夫人。母亲将她托付给多尔衮的旧部下图海（刘老老之二）照应。笔者都不敢相信索隐的结果竟然如此令人惊愕。武则天留下一个太平公主。孝庄皇太后与多尔衮也留下一个大清国的"太平公主"吗？

笔者发自内心地感谢并敬佩化名曹雪芹的第二作者。曹雪芹用探春与巧姐儿（大姐儿）两个女孩子，记录了多尔衮女儿的一生，填补了多尔衮历史的空白，使人知道这位有争议的枭雄还有后人。人情冷暖，世态炎凉，以至如斯。联想到孝庄太皇太后为了多尔衮与这个女儿，连进入清东陵的资格都丧失了，至今她的游魂仍在东陵的围墙外徘徊，多尔衮的女儿能做土财主的夫人就应该感谢上苍了。

第四节　巧姐儿的亲事风波

第一百一十三回《忏宿冤凤姐托村妪》原文加注：

凤姐冷笑道："你那里知道？我是早已明白了，我也不久了。虽然活了二十五岁，人家没见的也见了，没吃的也吃了，衣禄食禄也算全了，所有世上有的也都有了，气也赌尽了，强也算争足了，就是'寿'字儿上头缺一点儿也罢了。"平儿听说，由不的眼圈儿红了。凤姐笑道："你这会子不用假慈悲，我死了，你们只有喜欢的。你们一心一计和和气气的过日子，省我是你们眼里的刺（孝庄弄权，直到死前为止）。只有一件，你们知好歹，只疼我那孩子（多尔衮的女儿）就是了。"

"二十五岁"隐射康熙二十五年，当时孝庄74岁。"'寿'字儿上头缺一点儿"——隐射下嫁多尔衮，成了皇家的大污点。"只有一件，你们知好歹，只疼我那孩子就是了"——对处境尴尬的女儿的未来十分不放心，真是"死不瞑目"。

巧姐儿道："怎么不认得？那年在园里见的时候，我还小呢。前年你来，我和你要隔年的蝈蝈儿，你也没有给我，必是忘了。"刘老老道："好姑娘，我是老糊涂了。要说蝈蝈儿，我们屯里多着呢，只是不到我们那里去。若去了，要一车也容易。"凤姐道："不然，你带了他去罢。"刘老老笑道："姑娘这样千金贵体，绫罗裹大了的，吃的是好东西，到了我们那里，我拿什么哄他

第十九章 孝庄薨逝

玩，拿什么给他吃呢？这倒不是坑杀我了么？"说着，自己还笑。因说："那么着，我给姑娘做个媒罢。我们那里虽说是屯乡里，也有大财主人家，几千顷地，几百牲口，银子钱亦不少，只是不象这里有金的，有玉的。姑奶奶自然瞧不起这样人家。我们庄家人瞧着这样财主，也算是天上的人了。"凤姐道："你说去，我愿意就给。"

"蝈蝈儿"隐射格格。"隔年的蝈蝈儿"隐射康熙一代格格的合法权利。"你也没有给我，必是忘了"——隐射康熙二十六年后，多尔衮与孝庄的亲生女儿失去了格格的合法爵位，降为庶民了。"凤姐道：'不然，你带了他去罢。'"，隐射孝庄太皇太后希望图海大学士部属能够帮助她的女儿，将她保护在图海的势力范围内。

"我给姑娘做个媒罢。我们那里虽说是屯乡里，也有大财主人家"——隐射图海大学士部属建议，必要时多尔衮的女儿可以做个当地财主家的大奶奶。"只是不象这里有金的，有玉的"，隐射失去了后金（金）与清朝（玉）格格的爵位。第一百一十四回《王熙凤历幻返金陵》：

那王仁自从王子腾死后，王子胜又是无能的人，任他胡为，已闹的六亲不和。今知妹子死了，只得赶着过来哭了一场。见这里诸事将就，心下便不舒服，说："我妹妹在你家辛辛苦苦当了好几年家，也没有什么错处，你们家该认真的发送发送才是，怎么这时候诸事还没有齐备？"……巧姐道："我父亲巴不得要好看，只是如今比不得从前了。现在手里没钱，所以诸事省些是有的。"王仁道："你的东西还少么？"巧姐儿道："旧年抄去，何尝还有呢？"……再说凤姐停了十余天，送了殡。贾政守着老太太的孝，总在外书房。

"王夫人"隐射孝庄太皇太后。"王子腾"与"王子胜"是王夫人的兄弟，隐射科尔沁蒙古亲王吴克善兄弟。"王熙凤"也隐射孝庄太皇太后。"王仁"指两个人，也隐射王熙凤的兄弟，但指察哈尔蒙古亲王兄弟。因为科尔沁蒙古与察哈尔蒙古都是元顺帝的直系后裔。察哈尔蒙古因为康熙十三年的叛乱，而成了"妄仁"之流，削去爵位，穷下来了。

"你们家该认真的发送发送才是，怎么这时候诸事还没有齐备"——隐射蒙古亲王们对孝庄太皇太后简朴的殡丧礼仪不满。对37年停棺不葬尤其不满。

"该认真的发送发送才是"——显然是要求孝庄与皇太极合葬。

"巧姐儿道：'旧年抄去，何尝还有呢？'"——此处的巧姐儿完全隐射多尔衮的女儿。

"旧年抄去，何尝还有呢?"——隐射顺治八年多尔衮被挖骨鞭尸，家产抄没的往事，当时的"巧姐儿"年仅一岁。虽然她以孝庄女儿的身份养在故宫东六所，但宗人府却知道她是多尔衮的骨血。

巧姐儿的判词"势败休云贵，家贫莫论亲"，就是隐射多尔衮家族的下场。

"凤姐停了十余天，送了殡"——此乃《红楼梦》里最重要的一句话。

"停了十余天，送了殡"，隐射到《红楼梦》作者去世为止，孝庄太皇太后已经"停棺不葬"十余年了。说明《红楼梦》成书于康熙三十六年以后(1700)。第一百一十九回：

不言宝玉、贾兰出门赴考，且说贾环见他们考去，自己又气又恨，便自大为王，说："我可要给母亲报仇了。家里一个男人没有，上头大太太依了我，还怕谁！"……贾环道："那边都定了，只等太太出了八字。王府的规矩，三天就要来娶的。但是一件，只怕太太不愿意，那边说是不该娶犯官的孙女，只好悄悄的抬了去，等大老爷免了罪，做了官，再大家热闹起来。"

"宝玉"与"贾兰"隐射顺治与康熙势力。"贾环"隐射多尔衮义子多尔博。"邢夫人"代表孝端皇太后势力。"那边说是不该娶犯官的孙女"——隐射"巧姐儿"是"犯官"多尔衮的女儿。这一段文字，主要强调"巧姐儿"是"犯官"多尔衮的女儿。在孝庄活着的时候，大家说"巧姐儿"是孝庄太皇太后的女儿。孝庄不在了，就说"巧姐儿"是多尔衮的女儿了。她的地位一落千丈。

平儿回过头来，见巧姐哭作一团，连忙扶着道："姑娘，哭是不中用的。如今是二爷觳不着。听见他们的话头……"这句话还没说完，只见邢夫人那边打发人来告诉："姑娘大喜的事来了，叫平儿将姑娘所有应用的东西料理出来。若是赔送呢，原说明了等二爷回来再办。"平儿只得答应了回来。又见王夫人过来。巧姐儿一把抱住，哭得倒在怀里。王夫人也哭道："妞儿不用着急。我为你吃了大太太好些话，看来是扭不过来的。我们只好应着缓下去，即刻差个家人赶到你父亲那里去告诉。"

"二爷觳不着"，隐射多尔衮死了，帮不了女儿的忙了。"王夫人过来。巧姐儿一把抱住，哭得倒在怀里"——此处王夫人代表孝庄太皇太后的灵魂，苏麻喇姑满心无奈，才说"姑娘，哭是不中用的"，因为孝庄太皇太后已经死了,哭有什么用?而"巧姐"将母亲的灵牌"一把抱住,哭得倒在怀里"。"即刻差个家人赶到你父亲那里去告诉"——隐射赶紧从多尔衮旧部那里寻求帮助。最后,"刘老老"(图海部属)出场救助。

由此看来,孝庄死后,皇宫内部的权力斗争多么激烈。表面上,作者好像在写一个小孤女的婚事。其实是在写康熙二十六年后,为了填补孝庄的权力真空,皇宫内外激烈的权力角逐。

"平儿道:'老老别说闲话。你既是姑娘的干妈,也该知道的。'便一五一十的告诉了。把个刘老老也唬怔了,等了半天,忽然笑道:"你这样一个伶俐姑娘,没听见过鼓儿词么?这上头的法儿多着呢,这有什么难的?"平儿赶忙问道:"老老,你有什么法儿快说罢!"刘老老道:"这有什么难的呢,一个人也不叫他们知道,扔崩一走就完了事了。"平儿道:"这可是混说了。我们这样人家的人,走到那里去?"刘老老道:"只怕你们不走,你们要走,就到我屯里去。我就把姑娘藏起来,即刻叫我女婿弄了人,叫姑娘亲笔写个字儿,赶到姑老爷那里,少不得他就来了,可不好么?"原来近日贾府后门虽开,只有一两个人看着,余外虽有几个家下人,因房大人少,空落落的,谁能照应?且那夫人又是个不怜下人的。家人明知此事不好,又都感念平儿的好处,所以通同一气,放走了巧姐。

"平儿道:'太太该叫他进来,他是姐儿的干妈,也得告诉告诉他。'"——苏麻喇姑认为必须动用多尔衮旧部的势力,才能挽救多尔衮女儿的厄运。

"刘老老道:'只怕你们不走,你们要走,就到我屯里去。'"——图海部属认为将多尔衮的女儿藏到自己的防地万无一失。

"又都感念平儿的好处,所以通同一气,放走了巧姐",隐射苏麻喇姑在宫中的为人。

且说外藩原是要买几个使唤的女人,据媒人一面之辞,所以派人相看。相看的人回去,禀明了藩王,藩王问起人家,众人不敢隐瞒,只得实说。那外藩听了,知是世代勋戚,便说:"了不得,这是有干例禁的,几乎误了大事!况我朝觐已过,便要择日起程。倘有人来再说,快快打发出去!"……

外藩的态度说明多尔衮的势力盘根错节,"虎死不倒威"也。

"奉王爷的命说,敢拿贾府的人来冒充民女者,要拿住究治的!如今太平时候，谁敢这样大胆？"隐射蒙古有爵位的王爷对多尔衮仍然是敬畏如故。

"知道探春回来，此事不肯干休，又不敢躲开，这几天竟是如在荆棘之中"，隐射多尔衮仍然有恢复名誉与爵位的可能，不可冒犯。

人报琏二爷回来，大家相见，悲喜交集。此时也不及叙话，即到前厅，叩见了。钦命大人问了他父亲好，说："明日到内府领赏。宁国府第，发交居住。"

这一段文字乃是惊人之笔。此处是最后一二回，预写清朝将要灭亡，却突然写了以贾赦、巧姐儿与贾琏为主角的情节。此处的"宁国府"隐射沈阳的后金故宫，也就是第二回贾雨村所说的"街东是宁国府，街西是荣国府"的那个"宁国府"。

发还"宁国府"意味着发还第一回贾雨村寄居过的"葫芦庙"，隐射满族兄弟衣锦还乡，回到东北的故土，成为巧姐儿婆家那样富裕的人家。"人报琏二爷回来"，预报多尔衮的历史功过也会得到公正的评价，清廷会给他平反昭雪。如乾隆皇帝几乎同时给多尔衮与袁崇焕平反。如此一来，明末清初的四位风云人物——崇祯皇帝、皇太极、孝庄与多尔衮，都在最后的时刻得到了交代。

第二十章 大清国没落

第一节 甄应嘉返京

第一百一十六回的对联,乃作者直接告诉读者——《红楼梦》写了过去、现在、未来三部分。过去未来,莫谓智贤能打破;前因后果,须知亲近不相逢。第九十三回:

却说冯紫英去后,贾政叫门上的人来吩咐道:"今儿临安伯那里来请吃酒,知道是什么事?"门上的人道:"奴才曾问过,并没有什么喜庆事,不过南安王府里到了一班小戏子,都说是个名班,伯爷高兴,唱两天戏请相好的老爷们瞧瞧,热闹热闹。大约不用送礼的。"说着,贾赦过来问道:"明儿二老爷去不去?"贾政道:"承他亲热,怎么好不去的。"……家人等秉着手灯送过贾赦去,这里贾琏便叫那管租的人道:"说你的。"那人说道:"十月里的租子,奴才已经赶上来了。原是明儿可到,谁知京外拿车,把车上的东西不由分说都掀在地下。奴才告诉他,说是府里收租子的车,不是买卖车,他更不管这些。奴才叫车夫只管拉着走,几个衙役就把车夫混打了一顿,硬扯了两辆车去了……"贾琏听了,骂道:"这个还了得!"……周瑞不在家,又叫旺儿。旺儿晌午出去了,还没有回来。贾琏道:"这些忘八旦的,一个都不在家!他们成年家吃粮不管事!"因吩咐小厮们:"快给我找去!"……贾政遣人去叫宝玉,说:"今儿跟大爷到临安伯那里听戏去。"……宝玉一见那人,面如傅粉,唇若涂朱,鲜润如出水芙蕖,飘扬似临风玉树:原来不是别人,就是蒋玉菡。前日听得他带了小戏儿进京,也没有到自己那里……宝玉暗忖度道:"不知日后谁家的女孩儿嫁他?要嫁着这么样的人才儿,也算是不辜负了。"……临安伯过来留道:"天色尚早。听见说琪官儿还有一出《占花魁》,他们顶好的首戏。"

"冯紫英"在九十三回出场有重要意义,说明作者认为李自成并没有死,李自成领导的农民造反军在清朝灭亡汉族光复的历史进程中,仍然要发挥改朝换代的作用。

"这些忘八日的,一个都不在家!他们成年家吃粮不管事!"——隐射贾家的八旗部队,已经蜕变成游手好闲的纨绔子弟,"成年家吃粮不管事"了。这种情况与明朝灭亡前十分相似了。

"临安伯"源于南宋临安府的皇上,此处是指汉族政权的筹备机构,相当于汉族临时政府或"临时大总统"。

"贾赦"带领"贾宝玉"去拜会"临安伯",隐射皇太极的灵魂要带领顺治皇帝的子孙与新的汉族筹备政府办理交接手续。

"蒋玉菡"出场,意味着清朝在中国历史舞台上,已经不再担任主角了。"蒋玉菡"与《占花魁》——"蒋玉菡"("将玉含")本来就是一个象征。隐射"盛国家玉玺"的紫檀盒子,当然也可以盛龙袍。现在它要将"龙袍"(袭人)娶走,独《占花魁》了,隐射清朝将要亡国,清朝皇帝的龙袍将要回到汉族皇帝身上了。

第一百二十回花袭人从贾府嫁给蒋玉菡,是最后一个情节:

袭人此时欲要死在这里,又恐害了人家,辜负了一番好意。那夜原是哭着不肯俯就的,那姑爷却极柔情曲意的承顺。到了第二天开箱,这姑爷看见一条猩红汗巾,方知是宝玉的丫头。原来当初只知是贾母的侍儿,益想不到是袭人。此时蒋玉菡念着宝玉待他的旧情,倒觉满心惶愧,更加周旋;又故意将宝玉所换那条松花绿的汗巾拿出来。袭人看了,方知这姓蒋的原来就是蒋玉菡,始信姻缘前定。袭人才将心事说出。蒋玉菡也深为叹息敬服,不敢勉强,并越发温柔体贴,弄得个袭人真无死所了。看官听说,虽然事有前定,无可奈何,但孽子孤臣,义夫节妇,这"不得已"三字也不是一概推委得的。此袭人所以在"又副册"也。正是前人过那桃花庙的诗上说道:千古艰难惟一死,伤心岂独息夫人!

第二十八回说蒋玉菡将自己的"大红汗巾子"送给贾宝玉,那是将朱明王朝的龙袍送给顺治皇帝。第一百二十回花袭人从贾府嫁给蒋玉菡,是说清朝的龙袍最后又归还了中华(花=华)汉族政权。回头再看第二十八回:

(蒋玉菡)说毕撩衣,将系小衣儿一条大红汗巾子(明朝龙袍)解了下来,递与宝玉,道:"这汗巾子是茜香国女国王所贡之物,夏天系着,肌肤生香，不生汗渍。昨日北静王（摄政王多尔衮）给我的，今日才上身。若是别人，我断不肯相赠。二爷请把自己系的解下来，给我系着。"宝玉听说，喜不自禁，连忙接了，将自己一条松花汗巾（松花江流域的后金龙袍）解了下来，递与琪官。

其实，早在第五回的《红楼梦曲子》里，已经交代了上引两个重要的历史情节，而且说"花袭人"（中华龙衣，中华息夫人）只是历代统治者争夺的一张"破席子"——挖苦历代统治者争夺的后妃，谁抢着就是谁的。如第五回所说：

宝玉看了，又见后面画着一簇鲜花，一床破席，也有几句言词，写道是：枉自温柔和顺，空云似桂如兰，堪羡优伶有福，谁知公子无缘。

第二节　追忆南明灭亡

第九十三回写甄应嘉委托家仆送给贾政一封信，相当于流亡的南明皇帝给摄政王多尔衮的一封国书：

那人道："我自南边甄府中来的。并有家老爷手书一封，求这里的爷们呈上尊老爷。"……门上一面进来回明贾政，呈上来书。贾政拆书看时，上写道：世交夙好，气谊素敦，遥仰慇，不胜依切。弟因菲材获谴，自分万死难偿，幸邀宽宥，待罪边隅。迄今门户凋零，家人星散。所有奴子包勇，向曾使用，虽无奇技，人尚悫实。倘使得备奔走，糊口有资，屋乌之爱，感佩无涯矣！专此奉达，余容再叙，不宣。年家眷弟甄应嘉顿首。

此信的写作时间在顺治初年。"甄家仆"包勇——包公一类的汉官奉旨到清皇宫尽职，隐射清廷中不乏好人。他们归降清朝，对国家的安定做了一些工作，又将为汉族皇帝的重新登基做好筹备工作。

"弟因菲材获谴，自分万死难偿，幸邀宽宥，待罪边隅"，隐射南明政权九死一生，潜伏边陲，等待东山再起，也有等待招安的意思。实际上，历代新政权投鞭长江，大军南下，南方的残余势力，大多数都接受了招安。

"迄今门户凋零，家人星散"，隐射明朝后裔的处境悲惨，到康熙二年才风流云散。坚持抗清"十九年矣"（贾雨村语）。

贾政道："你们老爷不该有这样事情，弄到这个田地。"包勇道："小的本不敢说：我们老爷只是太好了，一味的真心待人，反倒招出事来。"贾政道："真心是最好的了。"包勇道："因为太真了，人人都不喜欢，讨人厌烦是有的。"贾政笑了一笑道："既这样，皇天自然不负他的。"

包勇还要说时，贾政又问道："我听见说你们家的哥儿不是也叫宝玉么？"包勇道："是。"贾政道："他还肯向上巴结么？"包勇道："老爷若问我们哥儿，倒是一段奇事。哥儿的脾气也和我家老爷一个样子，也是一味的诚实，从小儿只爱和那些姐妹们在一处玩。老爷太太也狠打过几次，他只是不改。那一年太太进京的时候儿，哥儿大病了一场，已经死了半日，把老爷几乎急死，装裹都预备了。幸喜后来好了，嘴里说道：走到一座牌楼那里，见了一个姑娘，领着他到了一座庙里，见了好些柜子，里头见了好些册子。又到屋里，见了无数女子，说是都变了鬼怪似的，也有变做骷髅儿的。他吓急了，就哭喊起来。老爷知他醒过来了，连忙调治，渐渐的好了。老爷仍叫他在姐妹们一处玩去，他竟改了脾气了：好着时候的玩意儿一概都不要了，惟有念书为事。就有什么人来引诱他，他也全不动心。如今渐渐的能够帮着老爷料理些家务了。"

"你们老爷不该有这样事情，弄到这个田地"，"贾政"隐射摄政王多尔衮，批评崇祯皇帝不该"弄到这个田地"。

"我们老爷只是太好了，一味的真心待人，反倒招出事来"，隐射汉族忠臣对明朝皇帝与明亡的评价。显然是有意护短之词。

甄宝玉的性格与作为几乎同贾宝玉一样，隐射明清皇帝并无本质区别。甄宝玉与贾宝玉都视察过皇史宬，翻阅过历史的档案，明白了国家兴亡的道理。

甄宝玉"见了无数女子，说是都变了鬼怪似的，也有变做骷髅儿的。他吓急了"，隐射明朝皇帝明白了，先是败在明朝后宫的女人手里，然后又败在清朝以孝庄为首的一群女"鬼怪"与女"骷髅"手里。历代皇帝下了台，都这么说，都归罪于女人，唯独不明白败亡乃自己作恶多端。

第一百一十四回：

两人正说着，门上的进来回道："江南甄老爷来了。"贾政便问道："甄老爷进京为什么？"那人道："奴才也打听过了，说是蒙圣恩起复了。"贾政道："不用说了，快请罢。"那人出去，请了进来。那甄老爷即是甄宝玉之父，名叫甄应嘉，表字友忠，也是金陵人氏，功勋之后。原与贾府有亲，素来走动的。因前年挂误革了职，动了家产，今遇主上眷念功臣，赐还世职，行取来京陛见……甄应嘉道："主上的恩典，真是比天还高，下了好些旨意。"

贾政道："什么好旨意？"甄应嘉道："近来越寇猖獗，海疆一带，小民不安，派了安国公征剿贼寇。主上因我熟悉土疆，命我前往安抚，但是即日就要起身。昨日知老太太仙逝，谨备瓣香至灵前拜奠，稍尽微忱。"

贾政即忙叩首拜谢，便说："老亲翁即此一行，必是上慰圣心，下安黎庶。诚哉莫大之功，正在此行。但弟不克亲睹奇才，只好遥聆捷报。现在镇海统制是弟舍亲，会时务望青照。"甄应嘉道："老亲翁与统制是什么亲戚？"贾政道："弟那年在江西粮道任时，将小女许配与统制少君，结褵已经三载。因海口案内未清，继以海寇聚奸，所以音信不通。弟深念小女，俟老亲翁安抚事竣后，拜肯便中一视。"

甄应嘉"革了职，动了家产，今遇主上眷念功臣，赐还世职，行取来京陛见"——隐射明朝灭亡了，但将在孝庄太皇太后薨逝不久即复辟。这是作者对清朝灭亡时间的估计。他认为清朝必然灭亡于康熙时代，不会传到雍正时代。

甄应嘉出来，两人上去请安。应嘉一见宝玉，呆了一呆，心想："这个怎么甚象我家宝玉！只是浑身缟素。"问道："至亲久阔，爷们都不认得了。"贾政忙指贾琏道："这是家兄名赦之子琏二侄儿。"又指着宝玉道："这是第二小犬，名叫宝玉。"应嘉拍手道："奇！我在家听见说老亲翁有个衔玉生的爱子，名叫宝玉，因与小儿同名，心中甚为罕异……岂知今日一见，不但面貌相同，且举止一般，这更奇了。"问起年纪，"比这里的哥儿略小一岁"。

"不但面貌相同，且举止一般"，隐射顺治皇帝与明朝的储君一模一样。现在一个是执政方，一个是在野方。差别就是一块玉玺，仅此而已。

"比这里的哥儿略小一岁"，甄宝玉是下一朝代的汉族皇帝。"一岁"隐射一代。第一百一十五回：

甄宝玉道："弟少时不知分量，自谓尚可琢磨；岂知家遭消索，数年来更比瓦砾犹贱。虽不敢说历尽甘苦，然世道人情，略略的领悟了些须。世兄是锦衣玉食，无不遂心的，必是文章经济出人上，所以老伯钟爱，将为席上之珍。弟所以才说尊名方称。"贾宝玉听这话头又近了禄蠹的旧套，想话回答……倒是贾兰听了这话，甚觉合意，便说道："世叔所言，固是太谦，若论到文章经济，实在从历练中出来的，方为真才实学。在小侄年幼，虽不知文章为何物，然将读过的细味起来，那膏粱文绣，比着令闻广誉，真是不啻百倍的了！"贾

◈ 清宫隐史——《红楼梦》索隐之一

宝玉听了兰儿的话，心里越发不合，想道："这孩子从几时也学了这一派酸论！"……甄宝玉……便说："世兄高论，固是真切。但弟少时也曾深恶那些旧套陈言，只是一年长似一年，家君致仕在家，懒于酬应，委弟接待。后来见过那些大人先生，尽都是显亲扬名的人，便是著书立说，无非言忠言孝，自有一番立德立言的事业，方不枉生在圣明之时，也不致负了父亲师长养育教诲之恩。所以把少时那些迂想痴情，渐渐的淘汰了些。……"且说宝玉，自那日见了甄宝玉之父，知道甄宝玉来京，朝夕盼望。今儿见面，原想得一知己，岂知谈了半天，竟有些冰炭不投。闷闷的回到自己房中，也不言，也不笑，只管发怔。宝钗便问："那甄宝玉果然象你么？"宝玉道："相貌倒还是一样的，只是言谈间看起来，并不知道什么，不过也是个禄蠹。"

在作者看来，贾宝玉是浪漫主义皇帝，隐射顺治，厌恶仕途经修，最后离宫出走。贾兰是实用主义皇帝——隐射康熙文治武功，千古一帝。

甄宝玉在台上的时候也是一位浪漫主义的皇帝——隐射崇祯皇帝与南明末帝。他希望经过磨难的新上台的汉族皇帝也是一位务实的好皇帝。

第一百一十五回：

一日，又当脱孝来家，王夫人亲身又看宝玉，见宝玉人事不醒，急得众人手足无措，一面哭着，一面告诉贾政说："大夫说了，不肯下药，只好预备后事。"贾政叹气连连，只得亲自看视，见其光景果然不好，便又叫贾琏办去。贾琏不敢违拗，只得叫人料理；手头又短，正在为难。只见一个人跳进来说："二爷不好，又有饥荒来了！"贾琏不知何事，这一吓非同小可，瞪着眼说道："什么事？"那小厮道："门上来了一个和尚，手里拿着二爷的这块丢的玉，说要一万赏银。"……

贾政叫人去请，那和尚已进来了，也不施礼，也不答话，便往里就跑。贾琏拉着道："里头都是内眷，你这野东西混跑什么？"那和尚道："迟了就不能救了。"贾琏急得一面走，一面乱嚷道："里头的人不要哭了，和尚进来了！"王夫人等只顾着哭，那里理会。贾琏走进来又嚷。

王夫人等回过头来，见一个长大的和尚，吓了一跳，躲避不及。那和尚直走到宝玉炕前。宝钗避过一边，袭人见王夫人站着，不敢走开。只见那和尚道："施主们，我是送玉来的。"说着，把那块玉擎着道："快把银子拿出来，我好救他。"王夫人等惊惶无措，也不择真假，便说道："若是救活了人，银子是有的。"那和尚笑道："拿来！"王夫人道："你放心，横竖折变的出来。"

和尚哈哈大笑，手拿着玉，在宝玉耳边叫道："宝玉，宝玉！你的'宝玉'回来了。"说了这一句,王夫人等见宝玉把眼一睁。袭人说道:"好了!"只见宝玉便问道:"在那里呢?"那和尚把玉递给他手里。宝玉先前紧紧的攥着,后来慢慢的回过手来,放在自己眼前,细细的一看,说:"嗳呀!久违了。"里外众人都喜欢的念佛,连宝钗也顾不得有和尚了。

"门上来了一个和尚,手里拿着二爷的这块丢的玉,说要一万赏银"——"丢的玉",要"一万赏银",隐射"玉"是清传国玉玺,"贾宝玉"是清朝的万岁爷。

"一个长大的和尚",隐射皇太极的灵魂,是他带回了"玉",即孝庄皇太后的灵魂。他看到没有了"玉",大清国就没有了"命"、没有了灵魂("宝玉人事不醒"),只得将"玉"送回来。想以此来挽救清的灭亡,或者将清引渡到关外去。

"快把银子拿出来,我好救他"——"银"是"人",不是"银"。皇太极的灵魂要把满洲人带回满洲去。

"宝玉,宝玉!你的'宝玉'回来了"——"宝玉"隐射顺治皇帝的子孙。"你的'宝玉'"——隐射顺治皇帝子孙使用的传国玉玺。因为宝玉是神瑛侍者,传国玉玺是大荒顽石。

由此可见,作者估计,康熙将像顺治一样被迫出家,让位给儿子,父子一起退守关外成立地方政府,恢复明朝辽东为建州的政治格局。只有如此,才能挽救满洲国(后金)与满洲皇帝。时间在孝庄死后。

第三节 贾宝玉一心要出家

第一百一十七回:

宝玉笑道:"你们这些人,原来重玉不重人哪。你们既放了我,我便跟着他走了,看你们就守着那块玉怎么样?"回来,小丫头传话进来回王夫人道:"二爷真有些疯了。外头小厮们说,里头不给他玉,他也没法儿;如今身子出来了,求那和尚带了他去。"王夫人听了,说道:"这还了得!那和尚说什么来着?"小丫头回道:"和尚说,要玉不要人。"宝钗道:"不要银子了么?"小丫头道:"没听见说。后来和尚合二爷两个人说着笑着,有好些话,外头小厮们都不大懂。"王夫人道:"糊涂东西,听不出来,学是自然学得来的!"便叫小丫头:"你把那小厮叫进来。"小丫头连忙出去叫进那小厮,站在廊下,隔着窗户请了安。王夫人便问道："和尚和二爷的话，你们不懂，难道学也学不来吗？"那小厮回道："我们只听见说什么'大荒山'，什么'青埂峰'，又说什么'太虚境''斩断尘缘'这些话。"王夫人听着也不懂。

"你们这些人，原来重玉不重人哪。"——封建王朝有一套完整的制度与统治系统，只要皇权（玉玺）在，谁当皇帝实在都一样。

"求那和尚带了他去……又说什么'太虚境''斩断尘缘'这些话。"隐射清朝皇帝一心要出家。第一百一十九回：

众人见他的话，又象有理，又象疯话。大家只说他从来没出过门，都是太太的一套话招出来的，不如早早催他去了就完了事了，便说道："外面有人等你呢，你再闹就误了时辰了。"宝玉仰面大笑道："走了，走了！不用胡闹了，完了事了！"

众人也都笑道："快走罢！"独有王夫人和宝钗娘儿两个倒像生离死别的一般，那眼泪也不知从那里来的，直流下来，几乎失声哭出。但见宝玉嘻天哈地，大有疯傻之状，遂从此出门而去。

正是：走来名利无双地，打出樊笼第一关。

"走来名利无双地，打出樊笼第一关"，脱胎于吟咏山海关的著名诗句："两京锁钥无双地，万里长城第一关。"

"走来名利"隐射清朝入关是为了夺取中原的"名利"。

"打出樊笼"隐射清朝退守关外是保全民族生存的第一步。

第一百二十回：

一日，行到毗陵驿地方，那天乍寒，下雪，泊在一个清静去处。贾政打发众人上岸投帖辞谢朋友，总说即刻开船，都不敢劳动。船上只留一个小厮伺候，自己在船中写家书，先要打发人起早到家。写到宝玉的事，便停笔。抬头忽见船头上微微的雪影里面一个人，光着头，赤着脚，身上披着一领大红猩猩毡的斗篷，向贾政倒身下拜。贾政尚未认清，急忙出船，欲待扶住问他是谁。那人已拜了四拜，站起来打了个问讯。贾政才要还揖，迎面一看，不是别人，却是宝玉。贾政吃一大惊，忙问道："可是宝玉么？"那人只不言语，似喜似悲。贾政又问道："你若是宝玉，如何这样打扮，跑到这里来？"

宝玉未及回言，只见船头上来了两人，一僧一道，夹住宝玉道："俗缘已毕，还不快走。"说着，三个人飘然登岸而去。贾政不顾地滑，疾忙来赶，见

第二十章　大清国没落

那三人在前，那里赶得上？只听得他们三人口中不知是那个作歌曰：我所居兮青埂之峰，我所游兮鸿蒙太空。谁与我逝兮吾谁与从？渺渺茫茫兮归彼大荒！

（本回甄士隐对贾雨村指出："前经茫茫大士渺渺真人携带下凡，如今尘缘已满，仍是此二人携归本处：便是宝玉的下落。"）

贾政叹道："你们不知道，这是我亲眼见的，并非鬼怪。况听得歌声，大有玄妙。宝玉生下时，衔了玉来，便也古怪，我早知是不祥之兆，为的是老太太疼爱，所以养育到今。便是那和尚道士，我也见了三次：头一次，是那僧道来说玉的好处；第二次，便是宝玉病重，他来了，将那玉持诵了一番，宝玉便好了（那和尚接了过来，擎在掌上，长叹一声道："青埂峰一别，展眼已过十三载矣！"）；第三次，送那玉来，坐在前厅，我一转眼就不见了。我心里便有些诧异，只道宝玉果真有造化，高僧仙道来护佑他的，岂知宝玉是下凡历劫的，竟哄了老太太十九年！如今叫我才明白。"

（顺治五年：第二十五回 魇魔法姊弟逢五鬼 红楼梦通灵遇双真——那道人笑道："你家现有希世奇珍，如何还问我们有符水？"贾政听这话有意思，心中便动了，因说道："小儿落草时虽带了一块宝玉下来，上面说能除邪祟，谁知竟不灵验。"那僧道："长官你那里知道那物的妙用。只因他如今被声色货利所迷，故不灵验了。你今且取他出来，待我们持颂持颂，只怕就好了。"贾政听说，便向宝玉项上取下那玉来递与他二人。那和尚接了过来，擎在掌上，长叹一声道："青埂峰一别，展眼已过十三载矣！人世光阴，如此迅速，尘缘满日，若似弹指！可羡你当时的那段好处：

天不拘兮地不羁，心头无喜亦无悲；

却因锻炼通灵后，便向人间觅是非。

可叹你今日这番经历：

粉渍脂痕污宝光，绮栊昼夜困鸳鸯。

沉酣一梦终须醒，冤孽偿清好散场！"

念毕，又摩弄一回，说了些疯话，递与贾政道："此物已灵，不可亵渎，悬于卧室上槛，将他二人安在一室之内，除亲身妻母外，不可使阴人冲犯。三十三日之后，包管身安病退，复旧如初。"说着回头便走了。）

"青埂峰一别，展眼已过十三载矣！"——清朝启用满清玉玺（通灵宝玉）于崇德元年，到崇德八年八月皇太极死，为 8 年。顺治元年到顺治五年，为 5 年。八五为 13 年。"逢五鬼通吴遇双真"隐写顺治五年。

"岂知宝玉是下凡历劫的，竟哄了老太太十九年！"——此处的"宝玉"指通灵宝玉。顺治皇帝享年 24 岁，但当了 19 年皇帝，也就是使用"通灵宝玉"19年。使他的母亲孝庄空欢喜了19年。

"仍是此二人携归本处：便是宝玉的下落"，隐射"通灵宝玉"回到青埂峰下。从此，清朝的传国玉玺又恢复为一块废石头。

"毗陵驿地方，那天乍寒，下雪"——"陵驿"即"陵夷"，隐射皇太极入土为安的冰天雪地的沈阳北陵。

"贾政"隐射摄政王多尔衮的灵魂。此处的"宝玉"隐射顺治皇帝他没有"痘亡"，而是离宫出家，幽居边关了。

"一僧一道"隐射皇太极与孔有德的灵魂。

"贾政"（多尔衮）护送自己的令正夫人返回故乡，皇太极与孔有德的灵魂接送孩子们回到关外的故土，大荒顽石回到青埂峰下。

作者完全按照汉族的皇家礼仪描写孝庄太皇太后与清王朝最后的下场。因为顺治皇帝为崇祯皇帝修建过陵墓，人已作古，恩怨尽消。

作者估计，清皇室不会同意将孝庄归葬沈阳北陵，并与皇太极合葬在一起的。所以故事情节变成了贾政（多尔衮的灵魂）单独护送贾母的灵柩回归故里，而"一僧一道"与"宝玉"仅仅是来道别。也就是说，皇太极血统的后人与孔有德血统的后人，都没有护送孝庄回归故里，只有多尔衮一个人的灵魂护送她。

孝庄太皇太后明白自己的后事将使子孙后代很为难，与多尔衮合葬不行，与皇太极合葬也不行，因此，她写了一份含糊的临终遗嘱："太宗奉安久，不可为我轻动，况我心恋汝父子，当于孝陵（顺治帝陵）近地安厝，我心始无憾。"——孝庄自选葬地也是东陵之外的"近地"。

从《红楼梦》中看，宝玉（顺治皇帝）小时候很不喜欢老板着脸训人的叔父贾政（摄政王多尔衮），害怕他，躲避他，像老鼠见猫一样。由于年幼无知，由于不了解宫廷斗争的复杂，由于误会叔父"夺了"他的母爱，他仇恨叔父，甚至怨恨母亲。等他长大了，亲政了，他甚至对叔父扒骨鞭尸，削爵撤封，尚不解恨。直到他自己病入膏肓，才懂得了叔父毕竟没有篡夺他的皇位！不是没有能力篡夺，而是没有篡夺。他才理解了茹苦含辛不惜败坏名节而保护他的母亲。

在一百二十回里，作者安排贾宝玉在"白茫茫的雪地里"，"光着头，赤着脚"，向叔父"倒身下拜"，连着"拜了四拜"，却一句话也说不出来！千言万语，难以词达。叔父早已作古，说什么好呢？自己赤条条来，必将赤条条去，是养父与母亲拉扯自己成人的。区区四拜，能报答养育之恩么？有什么语言能表达对叔父与母亲的感激、愧悔、歉疚？

第四节　大幕徐徐落下

第一回是明亡清兴的起点。第一百二十回是清亡汉兴的起点。
第一百二十回云：

且说那贾雨村犯了婪索的案件，审明定罪，今遇大赦，递籍为民。……来到急流津觉迷渡口。只见一个道者，从那渡头草棚里出来，执手相迎……士隐道："宝玉，即'宝玉'也。那年荣宁查抄之前，钗黛分离之日，此玉早已离世。一为避祸，二为撮合。从此凤缘一了，形质归一。又复稍示神灵，高魁贵子，方显得此玉乃天奇地灵锻炼之宝，非凡间可比。前经茫茫大士渺渺真人携带下凡，如今尘缘已满，仍是此二人携归本处：便是宝玉的下落。"

"那贾雨村犯了婪索的案件，审明定罪，今遇大赦，递籍为民"，大者隐射清朝灭亡后皇室与皇帝的结局。小者隐写鳌拜的结局。

"雨村……来到急流津觉迷渡口"，隐射清朝皇家急流勇退是顺应历史潮流的。

"一个道者，从那渡头草棚里出来，执手相迎"，隐射汉族接管中原政权后，对下野的满族头领仍然采取友好的政策。

"宝玉，即'宝玉'也。那年荣宁查抄之前，钗黛分离之日，此玉早已离世。一为避祸，二为撮合。从此凤缘一了，形质归一。"大者隐射康熙二十六年孝庄太皇太后去世，满蒙少数民族对中原的统治已经结束。小者隐写顺治十八年正月初七，福临离宫出走"撮合"了玄烨即位。

"此玉早已离世"，隐射孝庄驾鹤西去。

"太虚幻境，即是真如福地"——清朝退守关外，中原恢复汉统。清朝灭亡后，"太虚幻境"正式恢复为"真如福地"。

士隐叹道："老先生莫怪拙言，贵族之女，俱属从情天孽海而来。大凡古今女子，那'淫'字固不可犯，只这'情'字也是沾染不得的。所以崔莺苏小，无非仙子尘心，宋玉相如，大是文人口孽。但凡情思缠绵，那结局就不可问了。"

雨村听到这里，不觉捋须长叹。因又问道："请教仙翁：那荣宁两府，尚可如前否？"士隐道："福善祸淫，古今定理。现今荣宁两府，善者修缘，恶者悔祸，将来兰桂齐芳，家道复初，也是自然的道理。"

"大凡古今女子，那'淫'字固不可犯，只这'情'字也是沾染不得的"，隐射孝庄的功过归于一个"淫"字。董鄂氏与顺治的是非归于一个"情"字。

"荣宁两府，善者修缘，恶者悔祸，将来兰桂齐芳，家道复初"——中原与东北原本是一家，清朝入关，恢复了中华民族的大统一局面，中国的版图又恢复到元顺帝时代。通灵宝玉下世，完成了一个伟大的使命。这是中国历史的必然。

士隐便道："老先生草庵暂歇。我还有一段俗缘未了，正当今日完结。"雨村惊讶道："仙长纯修若此，不知尚有何俗缘？"士隐道："也不过是儿女私情罢了。"雨村听了，益发惊异："请问仙长何出此言？"士隐道："老先生有所不知：小女英莲，幼遭尘劫，老先生初任之时，曾经判断。今归薛姓，产难完劫，遗一子于薛家，以承宗祧。此时正是尘缘脱尽之时，只好接引接引。"

甄士隐与林如海都隐射崇祯皇帝，明玉玺传给了吴三桂，明朝的江山传给了林黛玉隐射的孝庄皇后，孝庄代表的元顺帝玉玺传给了孔子的后代顺治皇帝。王夫人代表的蒙古族与薛姨妈代表的汉族是亲姐妹。

作者想要告诉后人——中华几十个民族都是血肉相连的兄弟姊妹。通灵宝玉是一块顽石——它结束了中国历史上游牧民族与农耕民族的灾难深重的战争，完成了中华民族和谐稳定的统一。

第一百一十九回与一百二十回隐射清王朝灭亡，汉族皇权光复，满族领导人"贾兰"因才录用为"一百三十名举人"，奉旨退居山海关外，继续担任东北地区的地方行政长官，大致恢复元朝与明朝的政治格局。

作者估计在1743年即乾隆八年或1746年即乾隆十一年，也就是孝庄出生后130年，或天命元年后130年，满族后裔"兰桂齐芳，家道复初"。"复初"者，元明时代建州的政治格局也。

贾政因有治国理政的才能，又反对贪污腐败，故贾兰听说"荣国世职，仍是爷爷袭了，俟丁忧服满，仍升工部郎中。所抄家产，全行赏还"，指多尔衮这样的满族人才仍在中央担任职务。

贾珍负有领导的责任，功过自有公断，所以降职留用，故"珍大爷不但免了罪，仍袭了宁国三等世职"。

新"皇上最是圣明仁德，想起贾氏功勋（清朝一代的历史功劳不能否定，罪过可以核实），命大臣查复。大臣便细细的奏明。皇上甚是悯恤，命有司将贾赦犯罪情节，查案呈奏。皇上又看到'海疆靖寇班师善后事宜'一本，奏的是'海宴河清，万民乐业'的事（指当时中国与列强的国际关系，相当于马嘎尔尼使团访华前的局面）。皇上圣心大悦，命九卿叙功议赏，并大赦天下"。

贾赦（皇太极）当年五次入关掠夺（指第十九回老耗子命令小耗子下山偷盗"果品有五种"——从崇祯二年冬到崇祯十五年，共五次），确系有罪，但乃两朝交兵，构不成"战争罪"，害死袁崇焕，毕竟没有自己动手，而是崇祯皇帝自残手足，自毁长城。

审查结论为："北静王便述道：'主上因御史参奏贾赦交通外官（指孔有德与耿仲明秘密投降），恃强凌弱（指明弱清强），据该御史指出平安州（河北长城内外）互相往来，贾赦包揽词讼，严鞫贾赦，据供平安州原系姻亲来往（长城内外毕竟是亲家往来，虽然抢了一些亲家的东西），并未干涉官事（并未占领北京朝廷），该御史亦不能指实。惟有倚势强索石呆子（袁崇焕）古扇（古山海关）一款是实的，然系玩物（历史古迹），究非强索良民之物可比（政治与军事行为，并非谋财害命）。虽石呆子自尽（被汉族自己人杀了），亦系疯傻所致（是个只知爱国不知惜命的大傻子疯呆子。你爱国，国不爱你。还不算"疯傻"吗），与逼勒致死者有间。今从宽将贾赦发往台站（指将皇太极的魂灵发配到东北的广阔天地去改造一番）效力赎罪'。"

贾珍、贾琏（都指顺治皇帝）霸占弟媳妇董鄂氏，遂逼死了十一弟襄亲王，强占小襄妃子（潇湘妃子），但并非有意杀人灭口，况且清官难断家务事，姑且免于追究："所参贾珍强占良民妻女为妾不从逼死一款，提取都察院原案，看得尤二姐实系张华指腹为婚未娶之妻，因伊贫苦自愿退婚，尤二姐之母愿结贾珍之弟为妾，并非强占。再尤三姐自刎掩埋、并未报官一款，查尤三姐原系贾珍妻妹，本意为伊择配，因被逼索定礼，众人扬言秽乱，以致羞忿自尽，并非贾珍逼勒致死。但身系世袭职员，罔知法纪，私埋人命，本应重治，念伊究属功臣后裔，不忍加罪，亦从宽革去世职，派往海疆效力赎罪。"

贾蓉（康熙皇帝）当时"系幼稚之人"（原文为"贾蓉系有职之人"——"有职"乃"幼稚"也），长成后将有功于国，故"贾蓉年幼无干，省释"。

贾政（多尔衮）不无功劳，大观园工程，功盖千秋，况受冤屈："贾政实在外任多年，居官尚属勤慎，免治伊治家不正（摄政王领导责任）之罪。"

对于多尔衮受的委屈，明朝北京的北静王特别同情，这次清朝覆灭，多尔衮又受牵连，心里老大不忍，故"北静王把手一伸，说：'请放心。'觉得脸上大有不忍之色"。

汉族官将对满族旧勋特别关照与宽容:"贾政(多尔衮灵魂)听了,感激涕零,叩首不及,又叩求王爷代奏下忱。(北京明朝旧勋)北静王道:'你该叩谢天恩,更有何奏?'贾政道:'犯官仰蒙圣恩,不加大罪,又蒙将家产给还,实在扪心惶懊。愿将祖宗遗受重禄,积余置产,一并交官。'北静王道:'主上仁慈待下,明慎用刑,赏罚无差,如今既蒙莫大深恩,给还财产,你又何必多此一奏?'众官也说不必。贾政便谢了恩,叩谢了王爷出来……"

当过皇帝的贾宝玉厌恶政治了,可以出家为僧,中央政府认为他的一生功大于过,"旨意说:宝玉的文章固是清奇,想他必是过来人(表演顺治康熙两代皇帝——"天外书传天外事,两番人作一番人",当然是过来人),所以如此,若在朝中,可以进用,他既不敢受圣朝(汉族新皇朝)的爵位,便赏了一个'文妙真人'(指"文庙真人"——特别注明顺治与康熙皇帝是文庙里"至圣先师"孔子的真正后代)的道号。"永远纪念,恩荣继世。

在这个又要改朝换代的历史关头,作者调动了三皇五帝以来形成的中国政统,对清朝宁荣二府进行了一次清查——第一百〇五回。这个专案组由唐朝长安的"西平王"、宋朝临安府的"赵堂倌"、明朝北京的"北静王"组成,也许是由于戈壁路远,没有聘请元朝的蒙古王爷参加,法律执行机构仍让明朝锦衣卫代理之。第一百二十回云:

这士隐自去度脱了香菱,送到太虚幻境,交那警幻仙子对册。刚过牌坊,见那一僧一道缥渺而来,士隐接着说道:"大士、真人,恭喜贺喜!情缘完结,都交割清楚了么?"那僧道说:"情缘尚未全结,倒是那蠢物已经回来了。还得把他送还原所,将他的后事叙明,不枉他下世一回。"士隐听了,便拱手而别。那僧道仍携了玉到青埂峰下,将"宝玉"安放在女娲炼石补天之处,各自云游而去。

"士隐自去度脱了香菱,送到太虚幻境,交那警幻仙子对册"——明朝的玉玺安放故宫。"那僧道仍携了玉到青埂峰下,将'宝玉'安放在女娲炼石补天之处"——元顺帝的玉玺回到了蒙古与满洲地区。甄士隐与一僧一道隐射的汉满蒙回藏各民族互道"恭喜贺喜!情缘完结,都交割清楚了"。

这一日,空空道人又从青埂峰前经过,见那补天未用之石仍在那里,上面字迹依然如旧,又从头的细细看了一遍。见后面偈文后历叙了多少收缘结果的

第二十章　大清国没落

话头，便点头叹道："我从前见石兄这段奇文，原说可以闻世传奇，所以曾经抄录，但未见返本还原。不知何时，复有此段佳话？方知石兄下凡一次，磨出光明，修成圆觉，也可谓无复遗憾了。只怕年深日久，字迹模糊，反有舛错，不如我再抄录一番，寻个世上清闲无事的人，托他传遍，知道奇而不奇，俗而不俗，真而不真，假而不假。或者尘梦劳人，聊倩鸟呼归去，山灵好客，更从石化飞来，亦未可知。"

想毕，便又抄了，仍袖至那繁华昌盛地方。遍寻了一番，不是建功立业之人，即系糊口谋衣之辈，那有闲情去和石头饶舌？直寻到急流津觉迷渡口草庵中，睡着一个人，因想他必是闲人，便要将这抄录的《红楼梦》给他看看。那知那人再叫不醒。空空道人复又使劲拉他，才慢慢的开眼坐起。便接来草草一看，仍旧掷下道："这事我已亲见尽知，你这抄录的尚无舛错。我只指与你一个人，托他传去，便可归结这段新鲜公案了。"空空道人忙问何人，那人道："你须待某年某月某日某时，到一个悼红轩中，有个曹雪芹先生。只说贾雨村言，托他如此如此。"说毕仍旧睡下了。

《红楼梦》原来只写到孝庄太皇太后去世，后来补充了预写未来的部分。第一作者空空道人让清朝皇室的代表贾雨村过目。他认为记录得很真实，但建议将纪实的真事隐去，改成假语村言的文学隐史。这就是当代读者手里的百二十回本《红楼梦》。

那空空道人牢牢记着此言，又不知过了几世几劫，果然有个悼红轩，见那曹雪芹先生正在那里翻阅历来的古史。空空道人便将贾雨村言了，方把这《红楼梦》示看。那雪芹先生笑道："果然是'贾雨村言'了！"空空道人便问："先生何以认得此人，便肯替他传述？"那雪芹先生笑道："说你'空空'，原来肚里果然空空。既是'假语村言'，但无鲁鱼亥豕以及背谬矛盾之处，乐得与二三同志，酒余饭饱，雨夕灯窗，同消寂寞，又不必大人先生品题传世。似你这样寻根究底，便是刻舟求剑、胶柱鼓瑟了。"

那空空道人听了，仰天大笑，掷下抄本，飘然而去。一面走着，口中说道："原来是敷衍荒唐！不但作者不知，抄者不知，并阅者也不知。不过游戏笔墨，陶情适性而已！"

后人见了这本传奇，亦曾题过四句偈语，为作者缘起之言更进一竿。云：说到辛酸处，荒唐愈可悲。由来同一梦，休笑世人痴！

"悼红轩"隐射清宫皇史宬。"曹雪芹先生"隐射皇史宬内史官吴禄，他青少年时代在养心殿当差。后来在清宫档案库当差。他是《红楼梦》的总编与金陵十二钗作者。"空空道人便问：'先生何以认得此人，便肯替他传述？'"——养心殿的史官岂能不认识顺治与康熙皇帝？

《红楼梦》写完了，明亡清亡的历史帷幕徐徐落下……

参考文献

万依、王树卿、刘潞著：《清代宫廷史》，百花文艺出版社，2004年1月
李治亭主编：《清史》，上海人民出版社，2002年12月
欧阳健、曲沐、吴国柱著：《红学百年风云录》，浙江古籍出版社，2000年12月
霍国玲、霍纪平、霍力君著：《红楼解梦》（增订本），中国文学出版社，1995年3月
王湜华著：《努尔哈赤后妃传奇》，中国人民大学出版社，2001年5月
王湜华著：《皇太极后妃传奇》，中国人民大学出版社，2001年5月
张晓虎著：《顺治帝后妃传奇》，中国人民大学出版社，2001年5月
柯尊全著：《康熙帝后妃传奇》，中国人民大学出版社，2001年5月
周汝昌著：《红楼梦新证》，华艺出版社，1976年增订
王浩沅著：《清宫秘史》，黑龙江人民出版社，2003年1月
颜也之办《红楼梦烛隐》网站2004年版
柯劭忞等办《清史稿》网站2004年版
蔡元培著：《石头记索隐》，2011年8月

图书在版编目(CIP)数据

清宫隐史——《红楼梦》索隐之一 / 隋邦森,隋海鹰著.
—北京:中央编译出版社,2013.8
ISBN 978-7-5117-1720-7

Ⅰ.①清…
Ⅱ.①隋…②隋…
Ⅲ.①《红楼梦》研究-研究资料-分类索引
Ⅳ.①Z89:I207.411

中国版本图书馆 CIP 数据核字(2013)第 172952 号

清宫隐史——《红楼梦》索隐之一

出 版 人	刘明清
出版统筹	谭　洁
责任编辑	陈　肃　曲建文
责任印制	尹　珺
出版发行	中央编译出版社
地　　址	北京西城区车公庄大街乙 5 号鸿儒大厦 B 座(100044)
电　　话	(010)52612345(总编室)　　(010)52612370(编辑室)
	(010)66161011(团购部)　　(010)52612332(网络销售)
	(010)66130345(发行部)　　(010)66509618(读者服务部)
网　　址	www.cctphome.com
经　　销	全国新华书店
印　　刷	北京瑞哲印刷厂
开　　本	787 毫米×960 毫米　1/16
字　　数	527 千字
印　　张	28.25
版　　次	2013 年 8 月第 1 版第 1 次印刷
定　　价	68.00 元

本社常年法律顾问:北京市吴栾赵阎律师事务所律师　闫军　梁勤
凡有印装质量问题,本社负责调换。电话:(010)66509618